Peter Borowsky · Deutschland 1945 bis 1969

Peter Borowsky
Deutschland 1945 bis 1969

**Fackel
träger**

Gedruckt auf chlorfrei gebleichtem Papier

Die Deutsche Bibliothek – CIP-Einheitsaufnahme

Borowsky, Peter:
Deutschland 1945–1969/Peter Borowsky. –
Hannover: Fackelträger, 1993
ISBN 3-7716-2207-7

© Fackelträger-Verlag GmbH, Hannover
Alle Rechte vorbehalten.
Nachdruck – auch auszugsweise – nur mit Genehmigung des Verlages.
Umschlaggestaltung: Karsten Henke
Gesamtherstellung: PPK, Bielefeld
Printed in Germany 1993
ISBN 3-7716-2207-7

Inhalt

Anhang   424

I. Besatzungspolitik 1945 bis 1949: Der Kalte Krieg und die Spaltung Deutschlands

1. Deutschland und die Sieger im Sommer 1945

Am 9. Mai 1945 um 0:01 Uhr ging in Europa der Krieg zu Ende, den das Deutsche Reich 1939 mit dem Angriff auf Polen begonnen und 1941 mit dem Überfall auf die Sowjetunion und die Kriegserklärung an die USA zum Zweiten Weltkrieg ausgeweitet hatte. Die meisten Opfer der deutschen Aggression und Vernichtungspolitik hatten die Völker Osteuropas zu beklagen: In der Sowjetunion waren über 20 Millionen Menschen, darunter sieben Millionen Zivilisten, getötet worden, in Polen 4,52 Millionen, die meisten von ihnen keine Soldaten. Der größte Teil der europäischen Juden und Zigeuner war der systematischen Ausrottungspolitik der Nationalsozialisten zum Opfer gefallen. Die Erinnerung an die Unterdrückung der europäischen Nationen durch die deutsche Besatzung war 1945 überall gegenwärtig, die Meldungen über die nationalsozialistischen Vernichtungslager erschütterten die Weltöffentlichkeit in solchem Maße, daß die Deutschen, die nunmehr von den bisher Unterdrückten gejagt und verfolgt wurden, weder Anteilnahme noch Mitleid erwarten konnten.

Als Befreiung wurde das Kriegsende von denjenigen Deutschen begriffen, die unter der nationalsozialistischen Diktatur gelitten hatten. Die meisten allerdings nahmen die Nachricht von der Kapitulation der deutschen Wehrmacht zwar mit Erleichterung auf, weil sie das Ende des Krieges bedeutete, erlebten den 8. Mai aber als »Zusammenbruch«. Zusammengebrochen war nicht nur die gewohnte Ordnung, sondern auch die Hoffnung auf eine bessere Zukunft und das Vertrauen auf die eigene Überlegenheit.

Über fünf Millionen Deutsche, darunter mehr als 500000 Bombenopfer, waren durch Kriegsfolgen getötet worden. Rund 25 Millionen irrten obdachlos, ohne Besitz und auf der Suche nach einer neuen Bleibe durchs Land: Aus dem Osten flüchteten Millionen vor der Roten Armee in den Westen. Ihnen folgten diejenigen, die die Polen aus den

Befreiung oder Zusammenbruch?

11

Gebieten östlich der Oder und Neiße und die Tschechen aus dem Sudetenland vertrieben. Über 12 Millionen Flüchtlinge und Vertriebene suchten schließlich in Rest-Deutschland Zuflucht. Ungefähr zehn Millionen Deutsche, die die zerbombten Städte verlassen hatten, setzten sich in Bewegung um zurückzukehren. Befreite KZ-Häftlinge, Kinder und Jugendliche aus der Kinderlandverschickung suchten ihre Familien und ihr Zuhause. Beinahe sieben Millionen deutsche Soldaten hatten sich den amerikanischen, britischen und sowjetischen Armeen ergeben. Sie wurden gefangengenommen und entwaffnet, auf freiem Feld zusammengepfercht, in Lager gesperrt oder nach Hause zurückgeschickt. Massen von alliierten Kriegsgefangenen und über die Hälfte der sechs Millionen Fremdarbeiter, die die Nationalsozialisten zum Arbeitseinsatz nach Deutschland verschleppt hatten (*Displaced Persons = DPs* im amerikanischen Sprachgebrauch), mußten repatriiert werden. Für die andere Hälfte – Polen, vor allem aber Balten und Ukrainer – hatte ihre Heimat, seit sie unter kommunistischer Herrschaft stand, jede Anziehungskraft verloren. Sie suchten im Westen eine neue Heimat und Zukunft. Doch viele wurden gegen ihren Willen aufgrund eines Abkommens mit der Sowjetunion zurückgeschickt, da sie nunmehr sowjetische Staatsbürger geworden waren.

Bombenangriffe und die Gefechte auf deutschem Boden in den letzten Kriegsmonaten hatten ein Fünftel der Wohnungen und Fabriken sowie zwei Fünftel der Verkehrsverbindungen zerstört. Die Produktion war zum Stillstand gekommen, die Lebensmittelversorgung zusammengebrochen. Das Geld hatte jeden Wert verloren. Doch unter den Trümmern der Fabrikhallen waren viele Maschinen unbeschädigt geblieben oder leicht zu reparieren. Die Hindernisse für den Wiederaufbau lagen weniger in den Zerstörungen selbst als in der Verlagerung von Betrieben, der Zerstörung von Wohnraum, der Bevölkerungsbewegung, dem Transportproblem und dem Mangel an Geld.

Eine deutsche Zentralgewalt gab es nicht mehr. Hitler hatte vor seinem Selbstmord am 30. April zwar Admiral Dönitz zu seinem Nachfolger ernannt, doch dieser und seine »Geschäftsführende Reichsregierung«, die sich nach Flensburg geflüchtet hatte, konnte außer der Kapitulation des Deutschen Reiches keine Regierungsakte mehr vollziehen. Am 23. Mai wurden ihre Mitglieder von den Engländern verhaftet.

Deutschland wurde nicht besetzt »*zum Zwecke seiner Befreiung, sondern als besiegter Feindstaat*«, so hieß es in der Weisung der Vereinigten Stabschefs der US-Army an General Eisenhower, den Oberkommandierenden ihrer Besatzungstruppen im April 1945[1]; praktisch hatten die Siegermächte nach der bedingungslosen Kapitulation des Deutschen Reiches die Verantwortung für Deutschland übernommen.

Wichtige Vorentscheidungen für die Verwaltung Deutschlands waren bereits während des Krieges gefallen: Auf der Konferenz von Teheran (28. November bis 1. Dezember 1943) hatten sich die »Großen Drei« – der US-Präsident F. D. Roosevelt, der sowjetische Diktator Josef Stalin und der britische Premierminister Winston Churchill – darauf geeinigt, daß die Sowjetunion die ihr im Hitler-Stalin-Pakt vom 23. August 1939 zugefallenen Gebiete Ost-Polens behalten und daß Polen dafür mit deutschen Gebieten »östlich der Oder« entschädigt werden sollte. Der nördliche Teil Ostpreußens sollte an die Sowjetunion fallen. Erörtert wurden damals auch Pläne, Deutschland in mehrere Einzelstaaten zu zerschlagen.

Als sich die drei Regierungschefs im Februar 1945 in Jalta erneut trafen, kamen sie überein, Deutschland in drei Besatzungszonen aufzuteilen, diese aber gemeinsam durch eine Zentralkommission, bestehend aus den drei Oberbefehlshabern der drei Besatzungsarmeen, mit Sitz in Berlin zu verwalten. Frankreich sollte eingeladen werden, als vierte Macht eine Besatzungszone und einen Sitz in diesem »Kontrollrat«, wie er später genannt wurde, zu übernehmen. Als polnische Westgrenze schlug Stalin nunmehr eine Linie entlang der Oder und der westlichen Neiße vor, so daß fast ganz Schlesien an Polen fallen sollte.

Hatte Stalin in Jalta noch auf einer »Zerstückelung Deutschlands« bestanden, so erklärte er nach dem Sieg am 9. Mai 1945 ausdrücklich: *»Die Sowjetunion feiert den Sieg, wenn sie sich auch nicht anschickt, Deutschland zu zerstückeln oder zu vernichten«*[2]. Offenbar sah die sowjetische Führung bessere Chancen, ihre Reparationsforderungen in einem ungeteilten Deutschland durchzusetzen als in einem deutschen Teilstaat. Die Ankündigung des US-Präsidenten Roosevelt, die amerikanischen Truppen würden sich nur kurze Zeit in Europa aufhalten, mag den Sowjets auch generell bessere Perspektiven für eine Beherrschung ganz Deutschlands eröffnet haben.

Am 5. Juni 1945 gaben die nunmehr vier Siegermächte – Frankreich war in ihren Kreis aufgenommen worden – in Berlin die »Erklärung in An- betracht der Niederlage Deutschlands und der Übernahme der obersten Regierungsgewalt hinsichtlich Deutschlands« bekannt. Darin heißt es: *»Die deutschen Streitkräfte zu Lande, zu Wasser und in der Luft sind vollständig geschlagen und haben bedingungslos kapituliert, und Deutschland, das für den Krieg verantwortlich ist, ist nicht mehr fähig, sich dem Willen der siegreichen Mächte zu widersetzen. Dadurch ist die bedingungslose Kapitulation Deutschlands erfolgt, und Deutschland unterwirft sich allen Forderungen, die ihm jetzt oder später auferlegt werden.*
Es gibt in Deutschland keine zentrale Regierung oder Behörde, die fähig

wäre, die Verantwortung für die Aufrechterhaltung der Ordnung, die Verwaltung des Landes und die Ausführung der Forderungen der siegreichen Mächte zu übernehmen.«

Die Verbündeten erklärten daher, daß sie *»hiermit die oberste Regierungsgewalt in Deutschland (übernehmen), einschließlich aller Befugnisse der deutschen Regierung, des Oberkommandos der Wehrmacht und der Regierungen, Verwaltungen oder Behörden der Länder, Städte und Gemeinden. Die Übernahme zu den vorstehend genannten Zwecken der besagten Regierungsgewalt und Befugnisse bewirkt nicht die Annektierung Deutschlands«.*

In 14 Artikeln folgten Forderungen bzw., Regelungen zur Entwaffnung und Gefangennahme der deutschen Wehrmachtsangehörigen, der Festnahme der »hauptsächlichen Naziführer«, der Stationierung alliierter Streitkräfte in Deutschland und zur Durchsetzung der alliierten Forderungen. In Artikel 13 heißt es:

»Alle deutschen Behörden und das deutsche Volk haben den Forderungen der Alliierten Vertreter bedingungslos nachzukommen und alle solche Proklamationen, Befehle, Anordnungen und Anweisungen uneingeschränkt zu befolgen«[3].

In der gleichzeitig veröffentlichten »Feststellung...über das Kontrollverfahren in Deutschland«[4] wurde die Einrichtung der in Jalta beschlossenen Verwaltung Deutschlands verkündet:

»1. Während der Zeit, in der Deutschland die sich aus der bedingungslosen Kapitulation ergebenden grundlegenden Forderungen erfüllt, wird in Deutschland die oberste Gewalt von den Oberbefehlshabern Großbritanniens, der Vereinigten Staaten, Sowjetrußlands und Frankreichs auf Anweisung ihrer Regierungen ausgeübt, von jedem in seiner eigenen Besatzungszone und gemeinsam in allen Deutschland als Ganzes betreffenden Angelegenheiten. Die vier Oberbefehlshaber bilden zusammen den Kontrollrat. Jeder Oberbefehlshaber wird von einem politischen Berater unterstützt.

2. Der Kontrollrat, dessen Entscheidungen einstimmig getroffen werden müssen, trägt für eine angemessene Einheitlichkeit des Vorgehens der einzelnen Oberbefehlshaber in ihren entsprechenden Besatzungszonen Sorge und trifft in gegenseitigem Einvernehmen Entscheidungen über alle Deutschland als Ganzes betreffenden wesentlichen Fragen.«

Die Zonengrenzen Zwei weitere Dokumente vom 5. Juni 1945 regelten die Einteilung Deutschlands (in den Grenzen vom 31. Dezember 1937) in vier Besatzungszonen und die Aufteilung Berlins in vier Sektoren. Britische und amerikanische Truppen, die bis nach Mecklenburg, Thüringen und Sachsen vorgedrungen waren, zogen sich vom 1. bis 4. Juli 1945 zurück, weil diese Gebiete zur sowjetischen Besatzungszone gehörten, während amerikanische, britische und (am 15. August) französische Soldaten in die ihnen zugewiesenen Sektoren Berlins einmarschierten. Die Idee, Berlin mitten in der sowjetischen Zone gemeinsam zu besetzen und zu verwalten, dokumentierte die amerikanische Absicht, die Zusammenarbeit mit den Sowjets auch über den Krieg hinaus fortzusetzen. Die Zonengrenzen sollten nur für die Stationierung von Truppen, nicht jedoch für die Verwaltung Deutschlands von Bedeutung sein. Zur sowjetischen Besatzungszone gehörten auch Ostpreußen, Pommern und Schlesien. Doch Stalin hatte diese Gebiete (bis auf den nördlichen Teil Ostpreußens) der pro-sowjetischen Provisorischen Regierung Polens übergeben, ohne die verbündeten Amerikaner und Briten zu informieren. Der Rückzug der Westmächte aus der Mitte Deutschlands und die De-facto-Annexion Ostdeutschlands durch Polen veranlaßten den britischen Premier Winston Churchill am 4. Juni 1945, dem amerikanischen Präsidenten einen besorgten Brief zu schreiben. Darin heißt es: *»Ich sehe dem im Mittelabschnitt unserer Front beabsichtigten Rückzug der amerikanischen Armee auf unsere Zonengrenzen mit größtem Unbehagen entgegen, ist doch damit der Vormarsch der Sowjetmacht ins Herz Westeuropas und die Senkung eines eisernen Vorhangs zwischen uns und dem ganzen Osten verbunden. Ich hatte gehofft, dieser Rückzug würde, falls er überhaupt erfolgen muß, von der Regelung vieler wesentlicher Dinge begleitet sein, die allein eine echte Grundlage des Weltfriedens darstellen könnten. Noch ist nichts von Bedeutung geregelt...«*[5].

2. Die Potsdamer Konferenz

Geregelt werden sollten die Probleme auf der dritten »Kriegskonferenz« der Großen Drei, die am 17. Juli 1945 im Schloß des ehemaligen deutschen Kronprinzen, dem Cecilienhof in Potsdam, begann und bis zum 2. August 1945 dauerte. Die Amerikaner waren nunmehr durch Henry Truman, den Nachfolger des im April gestorbenen F.D. Roosevelt, die Engländer zunächst durch Churchill und ab dem 28. Juli durch Clemens Attlee vertreten, dessen Labour-Party die Unterhauswahlen gewonnen hatte. Die Regierungschefs wurden von den Außenministern Byrnes (USA), Molotow (SU) und Eden bzw. Bevin (Großbritannien) begleitet. Das Treffen war keine Friedenskonferenz und konnte den Besiegten schon deshalb nichts diktieren, weil es keine deutsche Regierung mehr gab, die ein solches Diktat hätte entgegennehmen können. Die Beschlüsse der Konferenz wurden der Öffentlichkeit daher als »Protokoll« mitgeteilt (das anders als ein internationaler Vertrag nicht vom britischen Unterhaus oder vom amerikanischen Repräsentantenhaus ratifiziert zu werden brauchte).

Dreizehn der 21 Punkte, ungefähr zwei Fünftel des Texts, hatten nichts mit Deutschland zu tun, denn die Konferenz beschäftigte sich mit einer ganzen Reihe von Problemen der internationalen Nachkriegsordnung, nicht zuletzt auch mit dem Krieg in Ostasien, der in sein letztes Stadium eintrat: Am 6. August 1945 warf die US-Luftwaffe die erste Atombombe über Hiroshima, am 9. August die zweite über Nagasaki ab. Am 10. August 1945 kapitulierte Japan.

Politische Grundsätze

Über die politischen Prinzipien, nach denen Deutschland behandelt werden sollte, war man sich schnell einig. Sie wurden von den Amerikanern in den fünf großen Ds zusammengefaßt: Demokratisierung, Denazifizierung, Demilitarisierung, Dekartellisierung und Dezentralisierung. Deutschland sollte vollständig entwaffnet werden und für alle Zukunft ohne Armee bleiben. Die NSDAP und alle ihre Unterorganisationen sollten aufgelöst werden. Alle NS-Gesetze, die die Grundlage der NS-Herrschaft gebildet oder Menschen nach rassischen, religiösen oder politischen Gründen diskriminiert hatten, sollten für nichtig erklärt werden. Kriegsverbrecher sollten verhaftet und vor Gericht gestellt werden. Naziführer, einflußreiche Nazi-Anhänger und hohe Amtsträger von nationalsozialistischen Organisationen »sowie alle anderen für die Besetzung oder ihre Ziele gefährlichen Personen« sollten inhaftiert und interniert werden[6].

Vorbereitungen sollten getroffen werden, um das politische Leben in Deutschland auf einer demokratischen Grundlage wieder aufzubauen, insbesondere durch die Ermutigung von demokratischen Parteien und den Aufbau einer lokalen Selbstverwaltung. Freiheit der Rede, Presse und Religion sollten erlaubt, das Erziehungs- und Gerichtswesen in demokratischem Sinne umgestaltet werden.

Obwohl zunächst keine deutsche Zentralregierung vorgesehen war, sollten jedoch einige zentrale Verwaltungseinheiten gebildet werden, die die Anweisungen des Alliierten Kontrollrats an die mittleren und unteren Behörden weiterreichen sollten.

Wirtschaftliche Grundsätze

Umstritten waren die wirtschaftlichen Prinzipien, weil sie in engem Zusammenhang mit der Reparationsfrage standen. Einig waren sich die Alliierten darin, daß eine übermäßige Konzentration der deutschen Wirtschaft vernichtet und »das Hauptgewicht auf die Entwicklung der Landwirtschaft und der Friedensindustrie für den inneren Bedarf« gelegt werden sollte. Die Wirtschaft sollte dezentralisiert, Deutschland aber als eine einzige wirtschaftliche Einheit behandelt werden. Eine gemeinschaftliche Wirtschaftspolitik der Alliierten sollte eingerichtet und lebensnotwendige Güter sollten gleichmäßig über die Zonen verteilt

16

werden. Soweit möglich sollten Deutsche diese Maßnahmen und Kontrollen durchführen.

Kompliziert und praktisch entwertet wurden diese Prinzipien durch die Reparationsregelungen. Molotow und Stalin beharrten auch in Potsdam auf der Summe von 20 Milliarden Dollar, die sie bereits in Jalta gefordert hatten. Davon sollten zehn Milliarden Dollar an die Sowjetunion gehen. Die Briten und Amerikaner lehnten diese Forderung als unannehmbar ab. Reparationen dieser Größenordnung würden in ihren Zonen das wirtschaftliche Chaos in einem Maße erhöhen, daß dem Kommunismus dort Tür und Tor geöffnet würde. Zum anderen wären die Westzonen dann nicht mehr in der Lage, sich selbst zu erhalten, und letzten Endes würden – wie nach dem Ersten Weltkrieg – die USA mit Anleihen zu Hilfe kommen und indirekt einen Teil der deutschen Reparationen für die Sowjetunion bezahlen müssen.

Die Sowjets hatten bereits angefangen, Produktionsanlagen aus ihrer Zone abzutransportieren, ohne auf einen Viermächte-Beschluß zu warten. Nun schlugen die Amerikaner vor, jede Besatzungsmacht solle ihre Reparationsansprüche aus ihrer Zone befriedigen. Außerdem versprachen sie den Sowjets von den Reparationen der Westzonen 10 % gratis und 15 % im Austausch gegen Sachlieferungen, in erster Linie Lebensmittel.

Heftige Auseinandersetzungen gab es in der ersten Konferenz-Phase wegen der Oder-Neiße-Linie. Vor allem Churchill warnte davor, »die polnische Gans allzu sehr mit deutschem Futter vollzustopfen«, wenn sie nicht an Verdauungsstörungen eingehen sollte. Die vertriebenen Deutschen würden ihre hungrigen Mägen in den Westen mitbringen, während Deutschland gleichzeitig seiner wichtigsten Agrargebiete beraubt würde. Und Truman wies darauf hin, daß die sowjetischen Reparationsforderungen völlig illusorisch seien, wenn man Deutschland das schlesische Industriegebiet abnähme.

Die Oder-
Neiße-Linie

In einem »kleinen Kuhhandel« (so Byrnes in einem Privatbrief) zwischen Molotow und Byrnes wurde die Reparationsfrage mit der Frage der polnischen Westgrenze verbunden: Die Sowjetunion akzeptierte den amerikanischen Reparationsplan, die USA und Großbritannien anerkannten die von den Sowjets geforderte Oder-Neiße-Linie (und zwar an der westlichen Neiße) als polnische Westgrenze. Die Westmächte beugten sich der vollendeten Tatsache der polnischen Besetzung Pommerns, Schlesiens und Ostpreußens und versuchten, das Gesicht zu wahren mit der Klausel, daß eine endgültige Regelung der Grenzfrage auf einer Friedenskonferenz stattfinden sollte.

De facto war damit aber die Oder-Neiße-Linie als endgültige Westgrenze Polens anerkannt, stimmten die Westmächte doch ausdrücklich zu,

»*daß die Überführung der deutschen Bevölkerung oder Bestandteile derselben, die in Polen, Tschechoslowakei und Ungarn zurückgeblieben sind, nach Deutschland durchgeführt werden muß*«. Jede derartige »*Überführung*« sollte allerdings »*in ordnungsgemäßer und humaner Weise erfolgen*«, und die Umgesiedelten sollten gerecht auf die einzelnen Besatzungszonen verteilt werden (Potsdamer Protokoll XIII). Völlig ungeklärt blieb dabei, wer diese Vorgänge kontrollieren sollte. Allen Beteiligten war aber klar, daß diese Umsiedlung in einem endgültigen Friedensvertrag nicht wieder rückgängig gemacht werden konnte. Was das Gebiet um Königsberg angeht, so stimmten die USA und Großbritannien grundsätzlich dem sowjetischen Vorschlag zu, dieses Gebiet der Sowjetunion zuzuschlagen.

Einheit oder Spaltung? Die Reparationsregelung von Potsdam teilte Deutschland in ein westliches und ein östliches Reparationsgebiet. Wie Deutschland dennoch als wirtschaftliche Einheit behandelt werden sollte, blieb unklar. Die britische Delegation hat dieses Problem und die Folgen, die sich daraus für die politische Einheit Deutschlands ergaben, schon damals deutlich gesehen. »*Es ist unvorstellbar*«, so hieß es in einer internen Aufzeichnung des britischen Foreign Office, »*daß ein Deutschland, das nicht als wirtschaftliche Einheit behandelt wird, sehr lange als politische Einheit behandelt werden kann*«[7].

Und George F. Kennan, Botschaftsrat an der US-Botschaft in Moskau, notierte damals: »*Die Idee, Deutschland gemeinsam mit den Russen regieren zu wollen, ist ein Wahn. Ein ebensolcher Wahn ist es, zu glauben, die Russen und wir könnten uns eines schönen Tages höflich zurückziehen, und aus dem Vakuum werde ein gesundes und friedliches, stabiles und freundliches Deutschland steigen. Wir haben keine andere Wahl, als unseren Teil von Deutschland – den Teil, für den wir und die Briten die Verantwortung übernommen haben – zu einer Form von Unabhängigkeit zu führen, die so gesichert, so überlegen ist, daß der Osten sie nicht gefährden kann...Zugegeben, daß das Zerstückelung bedeutet. Aber die Zerstückelung ist bereits Tatsache, wegen der Oder-Neiße-Linie. Ob das Stück Sowjetzone wieder mit Deutschland verbunden wird oder nicht, ist jetzt nicht wichtig. Besser ein zerstückeltes Deutschland, von dem wenigstens der westliche Teil als Prellbock für die Kräfte des Totalitarismus wirkt, als ein geeintes Deutschland, das diese Kräfte wieder bis an die Nordsee vorläßt*«[8].

So problematisch die Reparationsregelung für eine gemeinsame Verwaltung Deutschlands und damit für die politische Einheit Deutschlands auch war, die im Protokoll erklärte Absicht der Alliierten, im Kontrollrat »*in den Deutschland als Ganzes betreffenden Fragen*« gemeinsam handeln zu wollen, sowie die Bestimmung, daß gesamtdeutsche Zentralverwaltungen für Finanzen, Transport, Verkehr, Außenhandel und Industrie errichtet werden sollten, boten immerhin die Chance für eine gesamtdeutsche Politik. Auch hinsichtlich der globalen Ziele der Besatzungspolitik: Demokratisierung, Entnazifizierung, Entmilitarisierung, Entflechtung und Demontage der Großindustrie sowie Dezentralisierung waren sich die Sieger im Prinzip einig. Wie diese Ziele allerdings erreicht werden sollten, darüber bestanden erhebliche Meinungsunterschiede, die sich kurze Zeit nach Potsdam bemerkbar machten.

3. Nürnberger Prozesse, Entnazifizierung und »Re-education«

Am 8. August 1945 unterzeichneten die vier Siegermächte ein »Abkommen über die Verfolgung und Bestrafung der Hauptkriegsverbrecher der europäischen Achse« und das »Statut für den Internationalen Militärgerichtshof«. Der Gerichtshof bestand aus je vier Mitgliedern und vier Stellvertretern, die jeweils von den Unterzeichnerstaaten ernannt wurden. Seine Aufgabe sollte sein, über Verbrechen gegen den Frieden, die Verletzung der Kriegsgesetze (Kriegsverbrechen) und Verbrechen gegen die Menschlichkeit zu urteilen[9].

Das Verfahren gegen 24 Angeklagte, die zu den wichtigsten Partei-, Staats- und militärischen Funktionsträgern des »Dritten Reiches« gehört hatten, wurde am 18. Oktober in Berlin eröffnet und am 20. November in Nürnberg, dem Ort der Reichsparteitage der NSDAP, fortgesetzt. Angeklagt waren unter anderen: »Reichsmarschall« Hermann Göring, der »Stellvertreter des Führers« Rudolf Heß, die ehemaligen Außenminister Constantin v. Neurath und Joachim v. Ribbentrop, der Führer der Deutschen Arbeitsfornt, Robert Ley, der »Chefideologe« Alfred Rosenberg, Rüstungsminister Albert Speer, der Generalgouverneur Polens, Hans Frank, »Reichsjugendführer« Baldur von Schirach, der ehemalige Reichskanzler Franz von Papen und der ehemalige Reichsbankchef Hjalmar Schacht, die Generäle Wilhelm Keitel und Alfred Jodl, die Admiräle Karl Dönitz und Erich Raeder und schließlich Martin Bormann, gegen den in Abwesenheit verhandelt wurde, weil die Alliierten seiner nicht hatten habhaft werden können. Angeklagt waren aber auch Organisationen und Institutionen: das Reichskabinett, das Führercorps der NSDAP, die SS und der Sicherheitsdienst (SD), die Gestapo, der Generalstab und das Oberkommando der Wehrmacht.

Eine Bedeutung des Prozesses bestand darin, daß während der Beweisaufnahme, die bis zum 31. August 1946 dauerte, immer wieder neue

Der Nürnberger Kriegsverbrecherprozeß

Einblicke in das Ausmaß der nationalsozialistischen Schreckensherrschaft in Europa enthüllt wurden. Zweimal täglich berichteten die Rundfunksender in Deutschland aus Nürnberg, und die Zeitungen veröffentlichten Zeugenaussagen und Kommentare.

Die Urteile wurden am 30. September 1946 verkündet: zwölf der 24 Hauptkriegsverbrecher wurden zum Tode durch den Strang verurteilt: Göring, der vor der Exekution Selbstmord beging, Ribbentrop, Keitel, Kaltenbrunner, Rosenberg, Frank, Frick, Streicher, Sauckel, Jodl, Seyß-Inquart, und – in Abwesenheit – Bormann. Drei wurden zu lebenslanger Gefängnishaft verurteilt: Hess, Funk und Raeder, vier zu Gefängnisstrafen von 10, 15 und 20 Jahren: Dönitz (10), v. Schirach (20), Speer (20) und Neurath (15), die die Verurteilten in der ehemaligen Festung Spandau absitzen mußten. Drei Angeklagte (Schacht, v. Papen, Fritzsche) wurden – gegen den Einspruch des sowjetischen Richters – freigesprochen. Das Führercorps der NSDAP, der Gestapo, der SS und des SD wurden als verbrecherische Organisationen verurteilt. Allerdings hielt das Gericht die bloße Zugehörigkeit zu einer dieser Oganisationen noch nicht für strafwürdig, die individuelle Verantwortung einzelner Mitglieder sollte jeweils überprüft werden.

Auf den Nürnberger Prozeß folgten weitere Verfahren vor Militärgerichten der einzelnen Siegermächte. Der Alliierte Kontrollrat hatte am 20. Dezember 1945 die Militärgouverneure dazu ermächtigt. Die Amerikaner führten zwischen 1946 und 1949 in Nürnberg zwölf Prozesse gegen SS-Ärzte, Diplomaten des Auswärtigen Amtes (Wilhelmstraßen-Prozeß), Industrielle (IG-Farben-Prozeß, Flick, Krupp), Militärs und höhere SS-Führer. Dabei wurden 36 Todesurteile und lange Freiheitsstrafen ausgesprochen. Auch in der britischen, französischen und sowjetischen Besatzungszone fanden Prozesse statt, sie richteten sich vorwiegend gegen SS-Wachmannschaften, Militärs, »Wirtschaftsführer«, hohe Parteifunktionäre und Staatsbeamte. Allein in den Westzonen wurden in diesem Zusammenhang 794 Todesurteile verhängt und davon 486 vollstreckt[10].

Das Potsdamer Abkommen öffnete den Weg für ein einheitliches Vorgehen bei der Entnazifizierung der Deutschen. Dennoch wurde sie in den vier Besatzungszonen sehr unterschiedlich gehandhabt.

Die Entnazifizierung   Die Amerikaner wollten nicht die gesellschaftlichen Verhältnisse in Deutschland verändern, sondern den Nationalsozialismus nach dem Prinzip der individuellen Verantwortlichkeit ausrotten und daher Einzelpersonen bestrafen. Unmittelbar nach der Besetzung ihrer Zone begannen sie, Nationalsozialisten aus öffentlichen Ämtern zu entlassen und zu internieren. Im Dezember 1945 saßen 117 000 Personen in amerikanischen Internierungslagern. Eine gesetzliche Basis erhielt der Entnazifizierungsprozeß durch das am 5. März 1946 auf Initiative der amerikanischen Militärbehörden vom Länderrat ihrer Zone verabschiedete »Gesetz zur Befreiung von Nationalsozialismus und Militarismus«[11]. Das Gesetz sah die Einrichtung von Spruchkammern vor, die wiederum speziellen Ministerien für politische Befreiung unterstellt werden sollten. Jeder Deutsche über 18 Jahre hatte wahrheitsgemäß einen Fragebogen mit 131 Fragen – u.a. nach Mitgliedschaften in NS-Organisationen, Dienstverhältnissen etc. – zu beantworten. Die Abgabe des Fragebogens war Voraussetzung für eine Beschäftigung und für den Empfang von Lebensmittelkarten. Nach öffentlicher Klageerhebung und Anhörung stuften die Spruchkammern jeden Einzelfall in fünf Kategorien ein: Hauptschuldige, Belastete, Minderbelastete, Mitläufer und Entlastete. Die Sühnemaßnahmen für Mitläufer bis Hauptschuldige reichten von Geldbußen über Einziehung des Vermögens, Berufsverbot, Verlust von Pensionsansprüchen, Wohnungs- und Aufenthaltsbeschränkungen und Wahlrechtsverlust bis zu zehn Jahren Arbeitslager.

Die britischen und französischen Besatzungsbehörden gingen weniger bürokratisch und konsequent vor. Sie beschränkten sich im wesentlichen auf eine Säuberung der obersten Behörden. In den Westzonen waren bald über sechs Millionen Entnazifizierungsverfahren anhängig. In der amerikanischen Zone war annähernd ein Fünftel der erwachsenen Bevölkerung direkt von der Entnazifizierung betroffen. Nur ein kleiner Prozentsatz wurde bearbeitet und hatte für die Betroffenen einschneidende Konsequenzen. Bis zum Februar 1950 wurden in den drei Westzonen insgesamt 3 660 648 Fälle behandelt. Als Hauptschuldige eingestuft wurden 1667 Personen, als Belastete 23 060, als Minderbelastete 150 425, als Mitläufer 1 005 854 und als Entlastete 1 213 873. Unbelastet, d.h. vom Gesetz nicht betroffen waren 782 803. 358 317 Personen fielen unter eine Amnestie (Jugend-, Heimkehrer-, Weihnachtsamnestie), bei 124 629 wurde das Verfahren aus anderen Gründen eingestellt[12]. Die Entnazifizierungspraxis wurde in der deutschen Öffentlichkeit von Anfang an kritisiert, weil aus arbeitstechnischen Gründen zunächst die kleinen Parteigenossen an die Reihe kamen und teilweise hart bestraft wurden, während höhere Funktionäre meist ungeschoren davon kamen, denn ehe ihre Fälle verhandelt wurden, hatte sich die politische Stimmung gewandelt, und die Verfahren wurden abgebrochen. Das Verfahren förderte Korruption und Denunziation und verkam schließlich zur »Mitläuferfabrik«[13]. Unter dem Vorzeichen des Kalten Krieges und der Annäherung zwischen Westdeutschen und Westalliierten wurde die Entnazifizierung in Westdeutschland zu Beginn der 50er Jahre durch Gesetz formell abgeschlossen. Mit Ausnahme der strafrechtlich verurteilten Personen kehrten die belasteten, angeblich aber ganz unentbehrlichen Fachleute in ihre Ämter und Positionen zurück. In der sowjetischen Zone bedeutete Entnazifizierung nicht ein individuelles Problem, hier war sie Teil einer umfassenden Gesellschaftspolitik. Entsprechend der marxistisch-leninistischen Gesellschaftstheorie sahen die sowjetischen Militärbehörden es als notwendig an, den Kapitalismus als ökonomische Grundlage des Faschismus zu beseitigen und die für das »Dritte Reich« verantwortlichen Eliten auszuschalten. Diese Zielsetzung teilten sie nicht nur mit den deutschen Kommunisten, sondern auch mit vielen Sozialdemokraten und Vertretern der liberalen Parteien. Die Bodenreform und die Verstaatlichung der Banken und Großbetriebe (s. unten, S. 29 f.) sollten die Demokratisierung Deutschlands einleiten. Parallel dazu wurden Justiz, Verwaltung und der Bildungsbereich personell von Nationalsozialisten gesäubert. Bei der Justizreform im September 1945 wurden 85 % der Richter entlassen und durch »Volksrichter« ersetzt. Ähnlich verlief die gleichzeitig durchgeführte Schulreform. Die Sowjets verzichteten im Gegensatz zu den Amerikanern auf eine Gesamterfassung der Bevölkerung und auf eine Bestrafung der kleinen Parteimitglieder, sie konzentrierten sich vielmehr auf die ehemals führenden Nationalsozialisten. Bis 1948 wurden etwa 520 000 Personen aus ihren Stellungen entlassen. Bereits im Februar 1948 verfügte die Sowjetische Militäradministration (SMAD) das Ende der Entnazifizierung in ihrer Zone. Um den ehemaligen Wehrmachtsoffizieren und kleineren Parteigenossen der NSDAP einen politischen Spielraum zu geben, ließ die SMAD im Juni 1948 eine neue Partei, die Nationaldemokratische Partei Deutschlands (NDPD), zu. Für alle ehemaligen Parteigenossen blieben jedoch auch in Zukunft Justiz, Polizei und leitende Verwaltungsstellen geschlossen.

Das positive Gegenstück zur Entnazifizierung war zumindest für die amerikanische Besatzungsmacht die Umerziehung (re-education) der Deutschen im Sinne der Demokratie. Gerade im Hinblick auf die unzureichenden und nicht lange andauernden Versuche zu einer Veränderung der politischen Kultur nach dem Ersten Weltkrieg konnte nach Meinung der amerikanischen Besatzungsoffiziere dieser Prozeß nicht den Deutschen allein überlassen werden. Auf deutscher Seite wiederum bestand nach Aufhebung einer zwölfjährigen Isolation von der Außenwelt ein ausgeprägter Hunger auf westliche Ideen, auf moderne Literatur, Musik und eine andere Lebensweise.

Hinter allen Versuchen zur Umerziehung der Deutschen stand die Überzeugung, daß autoritäre Traditionen das deutsche Volk letztlich unfähig gemacht hätten, das Verbrecherische und Verderbliche des Nationalsozialismus zu durchschauen. Die für die Umerziehung verantwortlichen Besatzungspolitiker vertraten zwar nicht die These von der deutschen Kollektivschuld, aber sie hielten daran fest, daß es eine kollektive Verantwortung aller Deutschen für das vergangene Geschehen gäbe, die den Deutschen bewußt gemacht werden müsse.

Die Umerziehung sollte sich auf viele Lebensbereiche erstrecken: Kindergarten, Schule, Universitäten, Presse, Rundfunk und Film. Aber die Hauptzielgruppe war die Jugend. Zunächst schlossen die Amerikaner die Schulen und entließen die meisten Lehrer, da sie alle auf ihre Nazivergangenheit überprüft werden sollten. Um den Lehrermangel aufzufangen, mußten Pensionäre, von den Nationalsozialisten entlassene Lehrer und kurzfristig umgeschulte Aushilfskräfte eingestellt werden. Seit Juli 1945 wurden Lehrer in »Reorientierungs-Seminaren« für ihre neuen Aufgaben geschult. Die alten Schulbücher wurden aus dem Verkehr gezogen, neue gab es nicht, also griff man auf Schulbücher aus der Weimarer Zeit zurück. An der Struktur des traditionellen dreigliedrigen Schulsystems änderte sich wegen solcher Rückgriffe nichts. Die Schwäche des Re-education-Programms lag darin, daß es von den Deutschen selbst hättte durchgeführt werden müssen, daß aber gerade die Schulbeamten oft nicht bereit oder in der Lage waren, gewohnte Bahnen zu verlassen. Von den Amerikanern geforderte Veränderungen, wie Differenzierung nach Schultypen erst nach der 6. Klasse, Abschaffung des Schulgeldes, kostenlose Lehrbücher, Koedukation, Schülermitverwaltung, Beteiligung der Eltern an der Schulverwaltung und Ähnliches konnten während der Besatzungszeit, wenn überhaupt, nur in Ansätzen verwirklicht werden und blieben bis in die 70er Jahre Gegenstand erbitterter innenpolitischer Auseinandersetzungen.

Eine Rückkehr zur Vorkriegstradition kennzeichnete auch die Situation an den Universitäten. Nur die eindeutig belasteten Professoren mußten gehen, nur wenige Emigranten wurden zur Rückkehr aufgefordert, und kaum einer kehrte aus dem Exil zurück. Die Lehrinhalte und -methoden wie auch die Akademische Selbstverwaltung knüpften an die akademischen Traditionen von vor 1933 an.

Bereitschaft zum Umdenken zeigte dagegen die evangelische Kirche. Nach seiner Sitzung am 18. und 19. Oktober 1945 in Stuttgart veröffentlichte der Rat der Evangelischen Kirche in Deutschland (EKD) ein Erklärung, in der es hieß: *»Durch uns ist unendliches Leid über viele Völker und Länder gebracht worden. Was wir unserer Gemeinde oft bezeugt haben, das sprechen wir jetzt im Namen der ganzen Kirche aus: Wohl haben wir lange Jahre hindurch im Namen Jesu Christi gegen den Geist gekämpft, der im nationalsozialistischen Gewaltregiment seinen furchtbaren Ausdruck gefunden hat; aber wir klagen uns an, daß wir nicht mutiger bekannt, nicht treuer gebetet, nicht fröhlicher geglaubt und nicht brennender geliebt haben«*[14]. Dieses »Stuttgarter Schuldbe-

Das Schulwesen

Die Hochschulen

Das Stuttgarter Schuldbekenntnis

kenntnis« löste eine Diskussion über die Rolle der evangelischen Kirchen im »Dritten Reich« aus, die bis Mitte 1947 andauerte und dazu führte, daß viele Vertreter der evangelischen Kirche die traditionelle Identifizierung vor allem der lutherischen Kirchen mit der Obrigkeit aufgaben.

Die Presse   Als wichtigste Mittel zur Umerziehung und Demokratisierung der gesamten Bevölkerung sahen die Alliierten Presse und Rundfunk an, deren Kontrolle sie sich daher selbst vorbehielten. Zunächst publizierten die Militärbehörden selbst Mitteilungsblätter, die die deutsche Bevölkerung über die Maßnahmen der Besatzungsmächte informierten. Seit dem 15. Mai 1945 gab die sowjetische Militärverwaltung für ihre Zone die »Tägliche Rundschau« heraus. Im Sommer 1945 erschienen in dreizehn Städten der amerikanischen Besatzungszone Militärzeitungen für die deutsche Bevölkerung.

Deutsche konnten Zeitungen nur veröffentlichen, wenn sie eine Lizenz der Besatzungsmächte erhalten hatten. Als erstes Lizenzblatt erschien am 21. Mai 1945 die »Berliner Zeitung« als »Organ des Magistrats von Groß-Berlin«, herausgegeben von zwei aus Moskau zurückgekehrten Emigranten, unterstützt von der SMAD. Kurz danach ließ die sowjetische Militäradministration Parteiorgane der KPD, der SPD und der CDU zu. Die englischen und amerikanischen Besatzungsbehörden vergaben Lizenzen nicht an politische Parteien oder Einzelpersonen, sondern an Personengruppen, die unterschiedliche politische Standpunkte vertraten (panel-system). Die Amerikaner erteilten ihre erste Lizenz am 31. Juli 1945: Am nächsten Tag erschien die erste Ausgabe der »Frankfurter Rundschau«. Ihre Lizenzträger waren zwei Sozialdemokraten, ein ehemaliges Zentrumsmitglied, ein Kommunist und zwei Unabhängige. Als »überparteiliche Zeitung für die gesamte britische Zone« erschien am 2. April 1946 zum ersten Mal in Hamburg »Die Welt«. Als Lizenzzeitungen der Besatzungsmächte entstanden damals auch die »Süddeutsche Zeitung« und »Die Zeit«.

Von 1945 bis zum Ende des Genehmigungszwangs am 21. September 1949 wurden in den Westzonen insgesamt 169 Lizenzen vergeben. Nach den »Richtlinien für alle Lizenzträger« vom 30. September 1946 war *»jeder einzelne Lizenzträger Treuhänder für einen lebenswichtigen Teil der Zukunft Deutschlands. Durch Beantragung und Entgegennahme der Lizenz hat er seine Absicht bekundet, sich im öffentlichen Interesse zu betätigen mit dem Ziel, Freiheit in einer Demokratie zu erlangen«*[15].

Als 1949 die Lizenzpflicht aufgehoben wurde, hatten die Lizenzverleger und ihre Publikationen einen solchen Vorsprung gegenüber der nun entstehenden Konkurrenz gewonnen, daß sie weiterhin die westdeutsche Presselandschaft bestimmten. Alle heute führenden Verleger von Zeitungen, Zeitschriften und Illustrierten wie Augstein, Bauer, Burda, Gruner + Jahr und Springer gehen auf alliierte Lizenzen zurück.

Wegen der großen Papierknappheit erschienen die Zeitungen zunächst nicht täglich, sondern nur zwei oder dreimal die Woche und beschränkten sich auf vier bis sechs Seiten. Pressefreiheit gab es noch nicht, die Besatzungsmächte kontrollierten die Zeitungen durch Vor- und Nachzensur. Aber solange die Journalisten die Besatzungsmächte nicht kritisierten, waren sie in der Berichterstattung und Kommentierung ziemlich frei. In der britischen Besatzungszone konnten sich parteipolitisch engagierte, allerdings nicht parteiabhängige, in der amerikanischen Zone eher überparteiliche Zeitungen etablieren.

Charakteristisch für die deutsche Presselandschaft zwischen Kriegsende und Währungsreform ist die große Zahl kulturpolitischer Zeitschriften. Die »Frankfurter Hefte«, der »Ruf« oder die »Wandlung« setzten sich mit der nationalsozialistischen Vergangenheit, der gegenwärtigen Situation Deutschlands und Europas sowie der kulturellen Entwicklung im Ausland, von der man jahrelang ausgeschlossen gewesen war, auseinander. Sie halfen vor allem der geistigen Elite, sich nach dem Zusammenbruch aller Ordnungen und Werte neu zu orientieren oder an Traditionen von vor 1933 anzuknüpfen. Die Währungsreform und der Kalte Krieg mit seiner Ost-West-Polarisierung bedeutete für die meisten dieser Zeitschriften 1948 das Ende.

Als die Besatzungsmächte nach dem Krieg den Rundfunk in Deutschland wieder aufbauten, entstanden zunächst »Sender der Militärregierung«. Daraus entwickelten sich für jede der vier Besatzungszonen eigene Rundfunksysteme. Die Amerikaner tendierten dazu, die für das politische Programm zuständigen deutschen Redakeure streng zu überwachen; die Engländer waren dagegen relativ großzügig und ließen sogar kritische Bemerkungen über die Besatzungsmacht zu. Aber bereits Mitte Mai 1946 ernannten die amerikanischen Besatzungsbehörden den ersten Deutschen zum Intendanten von Radio Frankfurt. Rundfunk

Wie das deutsche Rundfunksystem der Zukunft organisiert sein sollte, war zwischen deutschen Politikern und westlichen Besatzungsmächten umstritten. Die meisten deutschen Politiker wollten den Rundfunk wie in der Weimarer Republik und im »Dritten Reich« unter Staatsaufsicht betreiben und die technische Seite der Post überlassen. Die Anglo-Amerikaner aber wandten sich gegen jede Form von Staats- oder Parteiabhängigkeit des Rundfunks und traten für ein unabhängiges Rundfunkwesen ein. In der britischen Zone einigten sich schließlich die britischen Kontrolloffiziere mit den Vertretern der vier Länder auf einen Kompromiß: Am 1. Januar 1948 wurde nach dem Vorbild der BBC der

Nordwestdeutsche Rundfunk (NWDR) als erste Rundfunkanstalt des Öffentlichen Rechts in Deutschland gegründet. Diesem Vorbild folgten im Herbst 1948 der Bayerische und der Hessische Rundfunk sowie Radio Bremen in der Amerikanischen Zone. Noch vor Ende 1948 ging die Leitung der ersten Rundfunkanstalten in deutsche Hände über. Am 15. November 1948 übergab Hugh Carleton Greene, der Chiefcontroller des NWDR, die Leitung des Senders dem vom Verwaltungsrat gewählten bisherigen niedersächsischen Kultusminister Adolf Grimme. Mit diesem Tag entfiel auch jegliche Vorzensur der Rundfunksendungen. 1949 existierten auf dem Gebiet der Bundesrepublik sechs unterschiedlich große öffentlich-rechtliche Rundfunkanstalten.

In den Satzungen wurde den Rundfunkanstalten das Selbstverwaltungsrecht zuerkannt und Unabhängigkeit bei der Programmgestaltung zugesichert. Die Kontrollinstanzen waren unterschiedlich zusammengesetzt. Beim NWDR waren Partei- und Regierungsvertreter am stärksten, im Hessischen Rundfunk am schwächsten vertreten. Im Laufe der Zeit konnten Landesregierungen und Parteien ihren Einfluß auf die Rundfunkanstalten immer weiter ausbauen.

4. Die alliierte Wirtschaftspolitik 1945–1946: Demontage, Reparationen und Gesellschaftsreform

Das Reparationsproblem

In Potsdam herrschte Einmütigkeit darüber, daß die deutsche Wirtschaft entflochten und ihre Kapazitäten so weit zurückgefahren werden sollten, daß sie nie wieder zu Kriegszwecken eingesetzt werden konnten. Einig waren sich die Alliierten auch darüber, daß die Deutschen als Verursacher des Krieges Reparationen an die besetzten Länder zu zahlen hätten. Wie diese Ziele zu erreichen seien, darüber gingen die Meinungen aber von Anfang an auseinander. Um das doppelte Ziel von Entmilitarisierung und Reparationen zu verwirklichen, begannen die Besatzungsmächte in allen vier Zonen mit der Demontage von Industriebetrieben. Vor allem die Sowjetunion und Frankreich waren bestrebt, möglichst schnell und möglichst viele Reparationen aus ihren Zonen herauszuholen und darüber hinaus an der Kontrolle des Ruhrgebiets beteiligt zu werden. Hier waren Konflikte mit den anderen Besatzungsmächten vorprogrammiert und unvermeidlich. Den Amerikanern und vor allem den Briten ging es nämlich bald vorrangig darum, ihre Zonen wirtschaftlich so zu konsolidieren, daß sie nicht länger auf Unterstützung der jeweiligen Besatzungsmächte angewiesen waren.

Als der Kontrollrat im Winter 1945/46 über das Ausmaß der Demontagen und das künftige Produktionsniveau der deutschen Industrie verhandelte, forderten die Sowjets eine Produktionsbeschränkung auf 4,6 Millionen Tonnen Stahl jährlich, während die Briten eine Produktion von 9 Millionen Tonnen für erforderlich hielten, um ihre Zone von britischen Zuschüssen unabhängig zu machen. In dem vom Kontrollrat am 26. März 1946 schließlich verabschiedeten »Plan für Reparationen und den Nachkriegsstand der deutschen Wirtschaft« (Industrieplan) einigte man sich auf einen Kompromiß von 5,8 Millionen Tonnen. Nach britischen Berechnungen würde die britische Zone auf dieser Grundlage jährlich einen Zuschuß von 70 Millionen Pfund benötigen. Kein Wunder, daß die britische Regierung ihre Zone immer mehr als Last empfand und die Sowjets verdächtigte, sie wollten den Lebensstandard in Westdeutschland auf ein solches Niveau drücken, daß sich der Kommunismus dort um so schneller ausbreiten könnte[16].

Der Industrieplan vom März 1945

Im übrigen sah der Industrieplan vor, daß 14 Industriezweige überhaupt verboten und 12 auf einen bestimmten Prozentsatz ihrer Vorkriegsproduktion begrenzt werden sollten; die Spannbreite lag zwischen 11 und 80 %. Die Stahlindustrie sollte etwas mehr produzieren dürfen, als sie vor dem Krieg für die Leichtindustrie produziert hatte. Alles, was an Industriekapazitäten darüber hinaus ging, sollte als Reparation benutzt oder vernichtet werden. Das bedeutete, daß in der britischen und in der amerikanischen Zone 1636 Fabriken hätten zerstört werden müssen. Trotzdem sollte die deutsche Handelsbilanz 1949 bereits wieder einen Überschuß aufweisen. Statt Industriegüter sollte Deutschland Kohle und Konsumgüter exportieren. Der Lebensstandard der Deutschen sollte auf 74 % des Vorkriegsdurchschnitts sinken, das wäre der Stand von 1932 gewesen, dem Höhepunkt der Wirtschaftskrise, durch die Hitler mit zur Macht gekommen war.

1946 war die Bevölkerung der vier Besatzungszonen durch den Zustrom von Flüchtlingen und Vertriebenen von knapp 50 Millionen Menschen, die dieses Gebiet 1939 bewohnt hatten, auf knapp 66 Millionen Menschen angestiegen. Für die um beinahe ein Drittel gewachsene Bevölkerung standen erheblich weniger Wohnungen als vor dem Kriege zur Verfügung, denn 2,25 Millionen Wohnungen waren im Krieg total zerstört und weitere 2,5 Millionen schwer beschädigt worden. Katastrophal wie die Wohnungslage war auch die Versorgung mit Nahrungsmitteln: 1946 wurde die Kalorienzahl, die einer Person pro Tag auf Lebensmittelkarten zustand, in der amerikanischen Zone auf 1330, in der sowjetischen auf 1038, in der britischen auf 1050 und in der französischen Zone auf weniger als 1000 festgesetzt; 2000 Kalorien galten medizinisch für eine gesunde Ernährung als erforderlich. Vielfach waren die amtlich festgesetzten Kalorienmengen auf Lebensmittelkarten aber gar nicht zu erhalten. Der einzige Ausweg waren der Tauschhandel, der schwarze

Die Lage der deutschen Bevölkerung 1946

Markt und Hamsterfahrten aufs Land, wo die Großstädter ihre letzten Wertgegenstände gegen Speck und Kartoffeln eintauschten.

Die sowjetische Reparations-politik Die Reparationspolitik der sowjetischen Besatzungsmacht vermehrte die Versorgungsschwierigkeiten nicht nur in der sowjetischen Besatzungszone sondern auch in den Westzonen. Denn die Sowjets entnahmen – entgegen alliierten Absprachen – wie die Franzosen Reparationen auch aus der laufenden Produktion ihrer Zone. Die Versorgung der deutschen Bevölkerung in der SBZ war daher kaum möglich, an Lieferungen in die westlichen Besatzungszonen war gar nicht zu denken. Anfang 1946 waren noch Betriebe in den westlichen Besatzungszonen abgebaut und als Reparationen an die Sowjetunion geliefert worden. Als aber die in Potsdam vereinbarten Gegenlieferungen aus der sowjetischen Zone ausblieben und die UdSSR sich weigerte, die Entnahme von Reparationen aus der laufenden Produktion als deutsche Exporte anzurechnen (gegen die beispielsweise Nahrungsmittel nach Deutschland importiert werden sollten), ordnete General Clay im Mai 1946 an, alle Lieferungen aus Demontagen in der amerikanischen Zone an die Sowjetunion einzustellen.

Es handelte sich zwar nur um geringe Lieferungen, dennoch war diese Entscheidung von hohem Symbolwert, stellte sie doch fest, daß Fabriken, die für die Versorgung der deutschen Bevölkerung wichtig waren, nicht zu Reparationszwecken abgerissen werden durften. Tatsächlich betrugen die Reparationsleistungen aus der amerikanischen und britischen Zone nur 5 % der industriellen Kapazität dieser Zonen. Wegen des Kohlemangels konnte die deutsche Stahlindustrie aber nicht einmal die Mengen produzieren, die ihr nach dem alliierten Plan erlaubt waren. Und ohne Stahl konnten wiederum die Konsumgüterindustrien die ihnen genehmigten Quoten nicht erreichen. Die landwirtschaftliche Produktion blieb ebenfalls weit hinter den Erwartungen zurück, weil es nicht genug Kunstdünger gab.

Clays Entscheidung machte den Industrieplan vom März 1946 endgültig illusorisch und leitete die Wende in der amerikanischen Wirtschaftspolitik Deutschland gegenüber ein. Großbritannien sicherte das Ruhrgebiet gegen die französischen und sowjetischen Forderungen nach dessen Internationalisierung u. a. durch Gründung des Landes Nordrhein-Der Industrie-plan vom Oktober 1947Westfalen ab, fuhr aber mit der Demontagepolitik erheblich länger fort als die anderen Besatzungsmächte. Der revidierte Industrieplan vom Oktober 1947 halbierte zwar die Zahl der zu demontierenden Betriebe von 1336 auf 682 und verbot die Demontage einzelner Maschinen oder Maschinenteile völlig, aber er war immer noch ein Demontageplan und löste daher in der deutschen Öffentlichkeit Kritik und bei den betroffenen Arbeitern Proteste aus.

Insgesamt demontierten die Westmächte auf dem Gebiet der späteren Bundesrepublik bis Ende 1949 323 Werke. Es wurde geschätzt, daß auf diese Weise 4 bis 7 % der Industriekapazitäten abgebaut wurden. Unter dem Gesichtspunkt der Modernisierung und Intensivierung der westdeutschen Industrie hatte die Demontage letztlich sogar Vorteile. Doch für die Arbeiter bedeutete der Abbau ganzer Industriebetriebe einen schweren Schlag gegen ihre Existenz. Der Kampf gegen die Demontage einte daher bald Unternehmer und Gewerkschaften, Parteien und Landesregierungen. Obwohl die Demontage in offensichtlichem Gegensatz zur inzwischen einsetzenden amerikanischen Wiederaufbaupolitik stand, wurde sie bis 1951 fortgesetzt, da die abgebauten Industrieanlagen als Reparationsleistungen für die von Deutschland im Krieg geschädigten kleineren Länder benötigt wurden.

Die in Potsdam aufgestellte Forderung nach Dekartellisierung oder Entflechtung der deutschen Großunternehmen erfüllten die amerikanischen und britischen Besatzungsbehörden, indem sie den IG-Farben-Konzern, die Kruppwerke, zahlreiche Kohlengruben und Werke der Stahlindustrie beschlagnahmten und in kleinere Unternehmen auflösten. Auch die Großbanken wurden in mehrere kleine Institute »zerschlagen«. Das Wirtschaftsleben in den westlichen Besatzungszonen war nach dem Krieg in hohem Maße reglementiert durch Preis- und Lohnfestsetzungen, Produktionsverbote und -beschränkungen, Lebensmittelkarten, Bezugsscheine, Wohnraumbewirtschaftung und Abwicklung des Außenhandels ausschließlich durch die Besatzungsmächte. An der privatwirtschaftlichen Grundlage dieses Systems wurde jedoch prinzipiell festgehalten.

Anders sah es in der sowjetischen Besatzungszone aus: Hier waren zunächst einmal die Demontageverluste erheblich höher als im Westen. Bis Ende 1946 wurden rund 1000 Werke, vornehmlich der Metallindustrie sowie der chemischen und optischen Industrie, abgebaut und in die Sowjetunion abtransportiert. Bereits im Herbst 1945 wurde jeweils das zweite Gleis auf sämtlichen Eisenbahnstrecken der Sowjetischen Besatzungszone abgebaut und abtransportiert. Angeblich hat die Sowjetunion aus ihrer Zone bzw. aus der DDR bis 1953 etwa 16 Mrd. Dollar Reparationen entnommen, also 6 Mrd. Dollar mehr als in Jalta und danach immer wieder gefordert[17].

Im übrigen verfolgte die sowjetische Militärverwaltung in ihrer Zone von vornherein eine Politik, die auf Abschaffung des Privateigentums an Produktionsmitteln und der Marktwirtschaft abzielte. Bereits im Juli 1945 wurden alle Banken und Sparkassen entschädigungslos enteignet und durch neue Länder- und Provinzialbanken ersetzt. Anfang September begann unter dem Schlagwort »Junkerland in Bauernhand« die

Bodenreform. Der Großgrundbesitz, der nach sowjetischer und kommunistischer Auffassung wie die Schwerindustrie zu den Hauptstützen des Nazi-Regimes gehört hatte, wurde entschädigungslos enteignet, ehemalige Nationalsozialisten und »Kriegsverbrecher« vollständig, alle anderen Großgrundbesitzer oberhalb einer Grenze von 100 ha Grundbesitz. Kommunale Bodenkommissionen verteilten das Land – immerhin 35 % der landwirtschaftlichen Nutzfläche der SBZ – an Landarbeiter, Kleinbauern und aus dem Osten vertriebene Landwirte. Der Rest wurde sozialisiert und Ländern, Kreisen und Gemeinden zur Bewirtschaftung übertragen[18]. Lange besessen haben die Neubauern ihr Land freilich nicht. Im Zuge der Zwangskollektivierung wurden diese kleinen und meist unrentablen Bauernstellen ab 1952 in die Landwirtschaftlichen Produktionsgenossenschaften (LPG) eingebracht.

Die Sozialisierung der Industrie

Mit Befehl Nr. 124 der SMAD vom 30.Oktober 1945 wurde Eigentum der öffentlichen Hand, der NSDAP, führender Nationalsozialisten, NS-Organisationen und der Wehrmacht beschlagnahmt. Am 5. Juni 1946 gingen 213 der wichtigsten Industriebetriebe als Reparationsleistung in den Besitz der zu diesem Zweck gegründeten »Sowjetischen Aktiengesellschaften« (SAG) über. In bestimmten Industriezweigen verfügten die SAGs über beherrschenden Einfluß, bis sie 1952 für 2,5 Mrd. DDR-Mark zurückgekauft wurden. Die übrigen Betriebe übergab die SMAD im Mai 1946 treuhänderisch den deutschen Landes- und Provinzialverwaltungen. Am 30. Juni 1946 fand in Sachsen auf Initiative der SED ein Volksentscheid über die Enteignung von Betrieben statt. Von den 3,4 Millionen (97,7 % der Wahlberechtigten), die sich an dem Entscheid beteiligten, beantworteten 2,68 Millionen die Frage: »Stimmen Sie dem Gesetz über die Übergabge von Betrieben von Kriegs- und Naziverbrechern in das Eigentum des Volkes zu?« mit »Ja« – das waren 78,8 % der Stimmen. Daraufhin erließen auch die übrigen Landes- und Provinzialverwaltungen im Juli und August 1946 – allerdings ohne Volksentscheid – Verordnungen zur entschädigungslosen Enteignung. Bis Mitte Mai 1948 wurden über 9000 Betriebe in »Volkseigentum« überführt, darunter Unternehmen der Konzerne AEG, Krupp, Wintershall, IG-Farben, Mannesmann, Flick und Siemens. Aus diesen Unternehmen wurden ab Juni 1947 die Volkseigenen Betriebe gebildet[19].

5. Die Konstituierung der Länder

Als oberstes Entscheidungorgan der Besatzungspolitik in Deutschland hatten die Sieger in Potsdam den ständigen Rat der vier Außenminister eingerichtet. Das eigentliche Exekutivorgan der vier Alliierten war aber der Kontrollrat in Berlin. Bis zum Ende seiner Tätigkeit 1948 erließ der Kontrollrat beinahe 100 Gesetze, Befehle und Direktiven, die freilich immer weniger Deutschland als Ganzes betrafen. In den einzelnen Besatzungszonen übten die jeweiligen Oberbefehlshaber gemäß den Anweisungen ihrer Regierung die oberste Gewalt aus. Sie verfügten über eine große Machtfülle, denn sie konnten die Weisungen ihrer Regierungen und die Gesetze des Kontrollrats mit Hilfe ihrer Militärverwaltung nach eigenem Ermessen ausführen. Auch hieraus ergab sich bald nach Beginn der Besatzungszeit ein gewisser Zonenseparatismus.

Damit die Anordnungen der Besatzungsmächte überhaupt nach unten weitergegeben und die deutsche Bevölkerung versorgt werden konnten, waren alle Besatzungsmächte an einer funktionierenden deutschen Verwaltung interessiert. So blieb die deutsche Verwaltungsstruktur, abgesehen von ersten personellen Säuberungen, im wesentlichen intakt bzw. wurde wieder aufgebaut, wo sie infolge der letzten Kriegswochen zusammengebrochen war. Auf allen Ebenen bestanden neben deutschen Verwaltungsbehörden weisungsbefugte Militärbehörden der jeweiligen Besatzungsmacht. Bereits im Herbst 1945 wurden die Kompetenzen der deutschen Verwaltung in allen vier Besatzungszonen immer mehr erweitert. Das gab den deutschen Verwaltungsfachleuten einen Vorsprung vor den Vertretern der neuzugelassenen Parteien, die erst 1946 aktiv werden konnten.

Die sowjetische Besatzungsmacht errichtete bereits im Juli 1945 fünf Landes- bzw. (in Preußen) Provinzialregierungen in Brandenburg, Mecklenburg, Sachsen, Sachsen-Anhalt und Thüringen. Sie setzten sich aus Vertretern aller vier zugelassenen Parteien zusammen. Als Vorsitzende wurden Nichtkommunisten, als deren Stellvertreter allerdings Kommunisten eingesetzt. Auch für das Bildungswesen und Personalangelegenheiten waren meist Kommunisten zuständig. Walter Ulbricht bemerkte dazu: *»Es muß demokratisch aussehen, aber wir müssen alles in der Hand haben«*[20]. Ende Juli 1945, während die Beratungen von Potsdam noch andauerten, baute die SMAD elf deutsche Zentralverwaltungsstellen auf, die im Hinblick auf die damals noch geplante gemeinsame Verwaltung ganz Deutschlands konzipiert waren. Sie unterstanden der SMAD und waren zuständig für Transport, Post, Energieversorgung, Handel- und Versorgung, Industrie, Landwirtschaft, Finanzen, Arbeit und Soziales, Volksbildung, Justiz und Gesundheit. Fünf der von der SMAD eingesetzten Präsidenten dieser Verwaltungen gehörten der KPD, drei der SPD, je einer der CDU und der LDPD an, einer war parteilos. Seit 1947 wurde die Tätigkeit der Zentralverwaltungen koordiniert von der »Deutschen Wirtschaftskommission«, deren Hauptaufgabe der Ausbau einer staatlichen Wirtschaftsplanung für die

SBZ bildete. Ab Februar 1948 übertrug die SMAD der Wirtschaftskommission gesetzgebende Kompetenzen und baute sie zum obersten wirtschaftsleitenden Organ der SBZ aus. So wurde die Wirtschaftskommission zum Kern des späteren Staatsapparats der DDR. Die Verwaltungsgliederung der SBZ war also nur anfangs und eher scheinbar eine föderalistische, in Wirklichkeit organisierten die Sowjets ihre Zone nach den Prinzipien des »demokratischen Zentralismus«, wie er offiziell im eigenen Land galt.

Die amerikanische Zone Die amerikanische Besatzungsmacht versuchte konsequent, föderalistische Grundsätze in die Praxis umzusetzen: Bereits am 28. Mai 1945 setzte sie in Bayern Fritz Schäffer, den letzten Vorsitzenden der (katholischen) bayerischen Volkspartei in der Weimarer Republik, zum Ministerpräsidenten ein. Im September 1945 wurde Schäffer allerdings wegen seiner Kritik an der amerikanischen Entnazifizierungspolitik abgesetzt und von dem Sozialdemokraten Wilhelm Hoegner abgelöst. Dessen Wirtschaftsminister war der parteilose Ökonomieprofessor Ludwig Erhard. Ebenfalls im September 1945 gründeten die Amerikaner die »Staaten« Bayern (das, abgesehen von der Oberpfalz und dem Kreis Lindau, in seinen historischen Grenzen bestehen blieb), Groß-Hessen (zusammengesetzt aus der preußischen Provinz Hessen-Nassau und dem rechtsrheinischen Teil von Hessen-Darmstadt) sowie Württemberg-Baden (zusammengefügt aus den nördlichen Hälften der alten Länder Württemberg und Baden). Anfang 1947 kam die als Enklave im britischen Besatzungsgebiet liegende Freie Hansestadt Bremen (mit Bremerhaven) dazu.

Demokratisch legitimiert wurden die Verwaltungsorgane der amerikanischen Zone durch vier Wahlgänge des Jahres 1946. Schon im Januar 1946 ließen die Amerikaner die ersten freien Gemeindewahlen und im April 1946 die ersten Wahlen zu den Kreistagen und in den kreisfreien Städten zu. Am 30. Juni wurden Verfassungsgebende Landesversammlungen gewählt, die bis zum Herbst 1946 Länderverfassungen ausarbeiteten. Am 24. November und 1. Dezember 1946 stimmten die Bevölkerungen über die Verfassungen ab und wählten Landtage. In Württemberg-Baden und in Bayern siegte die CDU bzw. CSU, in Groß-Hessen die SPD. In Württemberg-Baden bildete Reinhold Maier (DVP) eine Allparteien-Regierung, in Bayern kam eine Koalition aus CSU, SPD und WAV unter Hans Ehard (CSU) zustande, und in Hessen regierte Ministerpräsident Christian Stock (SPD) mit einer Koalition aus SPD und CDU. In Bremen fanden die Bürgerschaftswahlen erst am 12. Oktober 1947 statt. Hier konnte sich die SPD unter Wilhelm Kaisen durchsetzen (s. a. Anhang).

Noch bevor diese ersten demokratisch legitimierten Landesregierungen entstanden, veranlaßte General Clay am 17. Oktober 1945 die vier Ministerpräsidenten »seiner« Zone zur Gründung des Süddeutschen Länderrats in Stuttgart. Hier sollten die Landesregierungen der amerikanischen Zone ihre Gesetzgebung und ihre sozial- und wirtschaftspolitischen Maßnahmen koordinieren. Dem Länderrat wurde eine amerikanische Verbindungsstelle (Coordinating Office) zugeordnet, deren Direktor, der Politologe K. Pollock, General Clay direkt unterstellt war. Die Zusammenarbeit zwischen Länderrat und Pollocks Verbindungsstab wurde im März 1946 effektiver und demokratischer, als ein ständiges Direktorium gegründet und ein »Parlamentarischer Rat« aus Abgeordneten der vier Landtage dem Länderrat angegliedert wurde. Gleichwohl kann für die amerikanische Zone gelten, daß hier die Ministerpräsidenten der Länder eine dominierende Stellung gegenüber Parlamenten und Parteien einnahmen.

Während die Amerikaner bewußt eine demokratisch legitimierte Verwaltung von unten nach oben aufbauten und schrittweise Kompetenzen an deutsche Stellen abgaben, regierten die britischen Besatzungsbehörden ihre Zone länger direkt und zentralistisch. In der britischen Zone wurden die neuen Länder ein Jahr später als in der amerikanischen gebildet, und zwar hauptsächlich aus preußischen Provinzen. Bei der politischen Neuordnung spielte die Zukunft des Ruhrgebiets eine übergeordnete Rolle. Um die Lebensfähigkeit ihrer Zone zu sichern und als Zeichen gegen die französischen und russischen Bestrebungen, das Ruhrgebiet zu internationalisieren oder einer gemeinsamen Viermächte-Kontrolle zu unterstellen, löste die britische Militärregierung am 23. August 1946 die früheren preußischen Provinzen auf und verfügte die Gründung der Länder Nordrhein-Westfalen, Schleswig-Holstein und Hannover.

Die britische Zone

Nordrhein-Westfalen wurde aus der Provinz Westfalen und dem Nordteil der Rheinprovinz zusammengefügt. Am 21. Januar 1947 kam noch Lippe-Detmold dazu. Durch Verbindung des Industriegebiets mit seinem agrarischen Hinterland und dessen eher konservativer Landbevölkerung wollten die Briten das befürchtete Übergewicht kommunistischer Wähler in den Großstädten kompensieren. Tatsächlich war Nordrhein-Westfalen das einzige Land in der britischen Besatzungszone, in dem die SPD 1947 bei den Landtagswahlen keine Mehrheit erhielt. Allerdings schaffte das auch die CDU nicht.

Das Land Schleswig-Holstein entsprach in der Ausdehnung der ehemaligen preußischen Provinz. Hannover wurde am 1. November 1946 noch einmal umgebildet und in Niedersachsen umgenannt. Es bestand nunmehr aus der ehemaligen preußischen Provinz Hannover und den Ländern Oldenburg, Braunschweig und Schaumburg-Lippe, während

Lippe-Detmold an Nordrhein-Westfalen fiel. Zum Ministerpräsidenten ernannten die Briten im Oktober 1946 den Sozialdemokraten Hinrich Kopf. Hamburg blieb in der Ausdehnung, die es 1936 mit dem Groß-Hamburg-Gesetz erhalten hatte, als selbständiger Stadtstaat erhalten. Landtagswahlen fanden in der britischen Zone erst im Frühjahr 1947 statt.

Die Kompetenzen der zunächst eingesetzten Länderregierungen beschränkten sich auf genau festgelegte Funktionen. Den zentralistischen Elementen der britischen Besatzungsverwaltung entsprachen auf deutscher Seite Zentralämter für die ganze britische Zone. Sie sollten Handel und Industrie, Ernährung und Landwirtschaft, Justiz, Gesundheitswesen, die Post, das Verkehrswesen, den Arbeitseinsatz, öffentliche Sicherheit, Erziehung und Flüchtlingsprobleme in der britischen Zone koordinieren. Der als weiteres Koordinationsgremium am 15. Februar 1946 gebildete Zonenbeirat in Hamburg hatte strikt beratende Funktion. In ihm saßen 32 Vertreter von Parteien, Gewerkschaften, die Leiter der Zentralämter und die Ministerpräsidenten der Länder. Die Einflußmöglichkeiten dieses Gremiums waren jedoch bescheidener als die des Stuttgarter Länderrats. Immerhin hatten hier die entstehenden politischen Parteien ein parlamentähnliches Forum auf Zonenebene. Unter dem Druck der wirtschaftlichen Verhältnisse ließen die britischen Besatzungsbehörden den deutschen Behörden allmählich mehr Spielraum. Die demokratische Legitimierung begann wie in der amerikanischen Zone auf lokaler Ebene im Herbst 1946.

Die französische Zone Die Abgrenzung der französischen Zone von der amerikanischen erfolgte im Norden entlang der Autobahn Karlsruhe-Ulm, so daß die historischen Länder Baden und Württemberg willkürlich auseinandergerissen wurden. Die Besatzungspolitik war bestimmt vom französischen Sicherheitsinteresse und entgegen der eigenen Tradition extrem föderalistisch orientiert. Die Bildung kleiner Verwaltungseinheiten sollte der Herausbildung einer starken Zentralverwaltung entgegenwirken. Die französische Besatzungsmacht richtete in ihrer Zone Verwaltungsbezirke ein, aus denen 1946 die Länder Rheinland-Pfalz, Württemberg-Hohenzollern und (Süd)Baden hervorgingen. Die Kompetenzen der Länderregierungen waren im Vergleich zu denen in der amerikanischen und britischen Zone sehr eingeschränkt; die Besatzungsmacht behielt sich alle wichtigen Entscheidungen vor. Eine die Länder übergreifende deutsche Koordinierungsinstanz wie in den anderen Besatzungszonen existierte in der französischen Zone nicht.

Das Saargebiet Frankreich war die einzige Besatzungsmacht, deren Territorium unmittelbar an ihre Zone grenzte. Es blieb daher nicht aus, daß die französische Regierung langgehegte Annexionspläne bezüglich des Saarlandes zu verwirklichen suchte. Neben dem Sicherheitsbedürfnis spielten dabei vor allem wirtschaftliche Überlegungen eine Rolle: Die Kohlegruben des Saarlandes bildeten eine vorzügliche Ergänzung zu den Erzgruben in Lothringen. Die französische Regierung trennte das Saarland sofort von seiner Besatzungszone ab und verlegte die Zollgrenze im Dezember 1946 an die Demarkationslinie zwischen dem Saarland und der übrigen französischen Zone. Bereits im Sommer 1946 hatten Briten und Amerikaner auf der Pariser Außenmininsterkonferenz der Abtrennung des Saargebiets zugestimmt und es damit – wie die Gebiete östlich von Oder und Neiße – der Hoheit des Kontrollrats entzogen. Die französische Verwaltung rief eine Bewegung für den Anschluß des Saargebiets an Frankreich ins Leben und unterstützte insbesondere die Christliche Volkspartei unter Führung von Johannes Hoffmann, die ebenfalls dieses Ziel verfolgte. Bei den Landtagswahlen, die am 5. Oktober 1947 mit der erstaunlich hohen Wahlbeteiligung von 96 % stattfanden, siegte die Christliche Volkspartei mit 51,2 % der Stimmen. Am 15. Dezember 1947 verabschiedete der Landtag eine Verfassung, deren Präambel den Anschluß an Frankreich deutlich ausdrückte: »*Das Volk der Saar...gründet seine Zukunft auf den wirtschaftlichen Anschluß des Saarlandes an die französische Republik und an die Währungs- und Zolleinheit mit ihr, die einschließen: die politische Unabhängigkeit des Saarlandes vom Deutschen Reich, die Landesverteidigung und die Vertretung der saarländischen Interessen im Ausland durch die französische Republik*«[21]. Schritt für Schritt wurde das Saarland bis zum 1. April 1948 in das französische Zoll- und Währungsgebiet einbezogen. Im Juli 1948 wurde per Gesetz eine eigene saarländische Staatsangehörigkeit eingeführt.

Berlin war zwar in vier Sektoren aufgeteilt, wurde aber von der alliierten Kommandantur gemeinsam verwaltet. Eigentümlich an der Berlin-Regelung, wie sie in Potsdam noch einmal festgeschrieben wurde, war die Tatsache, daß in keinem Dokument der Zugang der westlichen Alliierten durch die sowjetische Besatzungszone nach Berlin geregelt, geschweige denn garantiert worden war. Erst unmittelbar vor der Verlegung der amerikanischen, britischen und französischen Truppen nach Berlin erklärten sich die Sowjets am 29. Juni 1945 bereit, »*eine Straße und eine Eisenbahnlinie zuzuteilen, auf denen Engländer und Amerikaner das uneingeschränkte Verkehrsrecht haben sollten; die Verantwortung für die Instandhaltung und Kontrolle behielten dagegen die Russen*«[22]. Der sowjetische Sektor umfaßte 45,6 % der Fläche und 36,8 % der Einwohner Groß-Berlins, das im August 1945 noch 2,8 Millionen Einwohner zählte. Noch vor dem Einzug der westlichen Truppen organisierte der sowjetische Stadtkommandant, General Bersarin, eine deutsche Verwaltung. Am 17. Mai 1945 wurde Arthur Werner zum Bürgermeister ernannt. Unter den 18 Stadträten seines Magistrats waren neun Kommunisten, darunter die Abteilungsleiter für Volksbildung und für Personalfragen.

Alles in allem bestand Deutschland 1947, als die Reorganisation auch in der französischen und der sowjetischen Zone abgeschlossen war, aus 18 Einheiten (einschließlich Berlins) mit sehr unterschiedlicher Bevölkerungsstärke: Das größte Land war Nordrhein-Westfalen mit 11,8 Millionen Einwohnern (das entsprach etwa der Einwohnerzahl von Holland), das kleinste Bremen mit 226 000. Die gewaltige Überlegenheit, die Preußen bis in die Weimarer Zeit besessen hatte, war beseitigt, noch ehe der Kontrollrat im Februar 1947 auch offiziell die Auflösung des preußischen Staates beschloß.

6. Die Neugründung der Parteien und Gewerkschaften

Das politische Leben im zerstörten Nachkriegsdeutschland erwachte zuerst in den ehemaligen nationalsozialistischen Konzentrationslagern. Kommunisten und Sozialdemokraten, die wegen ihres Widerstandes gegen den Nationalsozialismus ins Konzentrationslager gesperrt worden waren, wollten aus dem Versagen der Arbeiterparteien in den Jahren 1930 bis 1933 Konsequenzen ziehen. Kurz nach der Befreiung Buchenwalds durch die US-Armee verfaßten Mitte April 1945 ehemalige Häftlinge ein »Manifest der demokratischen Sozialisten des ehemaligen Konzentrationslagers Buchenwald«, in dem sie dazu aufriefen, *»die Einheit der sozialistischen Bewegung als eine Einheit des praktischen Handelns, der proletarischen Aktion«* herzustellen, um den Sozialismus als *»unmittelbare Gegenwartsaufgabe«* zu verwirklichen.

Antifas   Gleich nach dem Einmarsch der Alliierten bildeten sich in vielen Orten und Fabriken spontan »Antifaschistische Ausschüsse« (Antifas) aus Sozialdemokraten, Kommunisten und Gewerkschaftern, die sich zum Teil im Widerstand betätigt hatten. Sie kümmerten sich vornehmlich um die Wasser-, Strom- und Gasversorgung sowie die Verteilung von Nahrungsmitteln und sorgten für die Verhaftung führender Nationalsozialisten, entwickelten aber auch schon Ansätze eines gesellschaftspolitischen Programms, das u.a. staatliche Wirtschaftsplanung und weitgehende Mitbestimmungsrechte vorsah. Anfangs arbeiteten die lokalen Besatzungsbehörden mit diesen Ausschüssen zusammen. Je mehr aber die herkömmliche Verwaltung wieder in Gang kam, desto mehr wurden die »Antifas« wieder zurückgedrängt oder verboten. Eine politische

Betätigung der deutschen Bevölkerung war in den westlichen Besatzungszonen vor der Potsdamer Konferenz noch nicht gestattet. Abgesehen davon erschienen die Antifaschistischen Ausschüsse den Briten und Amerikanern als zu sozialistisch oder gar revolutionär, den Sowjets als zu undogmatisch und demokratisch ausgerichtet. Auch lokale Bemühungen um eine Neugründung von Gewerkschaften wurden von den westlichen Besatzungsmächten zunächst unterbunden.

6.1. Parteien und Massenorganisationen in der SBZ

Als erste Siegermacht erlaubte die sowjetische Miltärregierung in ihrem Befehl Nr. 2 vom 10. Juni 1945 in ihrer Zone »*die Bildung und Tätigkeit aller antifaschistischen Parteien,... die sich die endgültige Ausrottung der Überreste des Faschismus und die Festigung der Grundlage der Demokratie und der bürgerlichen Freiheiten in Deutschland ... zum Ziel setz(t)en*«[23]. Am nächsten Tag folgte in Berlin der Aufruf des Zentralkommitees der KPD an »das schaffende Volk in Stadt und Land«. Von den sechzehn Unterzeichnern dieses Aufrufs hatten dreizehn das »Dritte Reich« in Moskau überlebt. Unter ihnen befanden sich auch die ehemaligen kommunistischen Reichstagsabgeordneten Wilhelm Pieck und Walter Ulbricht. Ulbricht und eine Gruppe stalintreuer deutscher Kommunisten (»Gruppe Ulbricht«) hatte die Rote Armee bereits am 30. April nach Frankfurt an der Oder geflogen, damit sie sofort nach dem Sieg der Roten Armee die Stadt- und Bezirksverwaltung in Berlin sowie die KPD wieder aufbauten.

KPD

Der Aufruf der KPD vermied jeden Hinweis auf Sozialismus und Kommunismus, ja lehnte den Aufbau einer Gesellschaft nach sowjetischem Muster ausdrücklich ab: »*Wir sind der Auffassung, daß der Weg, Deutschland das Sowjetsystem aufzuzwingen, falsch wäre, denn dieser Weg entspricht nicht den gegenwärtigen Entwicklungsbedingungen in Deutschland*«[24]. Statt dessen rief die KPD zur Vollendung der bürgerlich-demokratischen Revolution von 1848 auf und forderte »*die Aufrichtung eines antifaschistischen, demokratischen Regimes, einer parlamentarisch-demokratischen Republik mit allen demokratischen Rechten und Freiheiten für das Volk*«.

In einem Zehn-Punkte-Programm befürwortete das ZK der KPD die Enteignung der Großgrundbesitzer, die Übergabe der öffentlichen Versorgungsbetriebe an örtliche Selbstverwaltungsorgane und die »*völlig ungehinderte Entfaltung des freien Handels und des freien Unternehmertums auf der Grundlage des Privateigentums*«. Offenbar hofften die Verfasser des Aufrufs, mit dieser Absage an frühere Sozialisierungsforderungen und Klassenkampfparolen eine breitere Basis in der Bevölkerung zu gewinnen, als es der KPD vor 1933 gelungen war. Der Aufruf endete mit der Erklärung: »*Das ZK der KPD ist der Auffassung, daß das vorstehende Aktionsprogramm als Grundlage zur Schaffung eines Blocks antifaschistisch-demokratischer Parteien...dienen kann*«.

SPD Dieser Appell wurde positiv aufgenommen, als am 15. Juni 1945 der Berliner Zentralausschuß der SPD mit einem Aufruf »zum Neuaufbau der Organisation« an die Öffentlichkeit trat. In dem Aufruf hieß es: »*Der Kampf um die Neugestaltung Deutschlands muß auf dem Boden der organisatortischen Einheit der Arbeiterklasse geführt werden. Wir sehen darin eine moralische Wiedergutmachung politischer Fehler der Vergangenheit*«[25]. Die programmatischen Vorstellungen waren radikaler als die der KPD, denn die Berliner SPD forderte die Verstaatlichung der Banken, der Vericherungsunternehmen, der Bodenschätze, der Bergwerke und der Energiewirtschaft. Sprecher dieser ersten SPD-Wiedergründung nach dem Krieg war der frühere Braunschweiger SPD-Abgeordnete Otto Grotewohl. Er und seine Parteifreunde hatten im Mai versucht, die Vertreter der KPD zur Gründung einer gemeinsamen Arbeiterpartei zu bewegen. Doch die KPD-Funktionäre hatten abgelehnt, sie wollten zunächst eine eigene Parteiorganisation aufbauen und ihre Mitglieder entsprechend schulen. Am 19. Juni 1945 vereinbarten Vertreter beider Parteien aber die Bildung eines gemeinsamen zentralen Arbeitsausschusses.

CDU Mittlerweile hatte die SMAD weitere Parteien in ihrer Zone zugelassen: die Christlich-Demokratische Union Deutschlands (CDU) und die Liberal-Demokratische Partei Deutschlands (LDPD). Die CDU trat am 26. Juni 1945 mit einem Gründungsaufruf an die Öffentlichkeit. Zu ihren Gründern gehörten Gewerkschafter wie Jakob Kaiser und Ernst Lemmer sowie Zentrumspolitiker wie der ehemalige Reichsminister Andreas Hermes, Heinrich Krone, Ferdinand Friedensburg und Otto Nuschke. In dem Gründungsaufruf bekannte sich die neue Partei zu einer christlichen, demokratischen und sozialen Politik: »*Das unermeßliche Elend in unserem Volk zwingt uns, den Aufbau unseres Wirtschaftlebens... in straffer Planung durchzuführen...Dabei ist es unerläßlich, schon um für alle Zeiten die Staatsgewalt vor illegitimen Einflüssen wirtschaftlicher Interessenballungen zu sichern, daß die Bodenschätze in Staatsbesitz übergehen. Der Bergbau und andere monopolartige Schlüsselunternehmungen unseres Wirtschaftslebens müssen klar der Staatsgewalt unterworfen werden. Wir bejahen das Privateigentum, das die Entfaltung der Persönlichkeit sichert, aber an die Verantwortung für die Allgemeinheit gebunden bleibt*«[26].

LDPD Am 5. Juli 1945 wurde die Liberal-Demokratische Partei (LDPD) zugelassen. Sie erhob keine Sozialisierungsforderungen, sondern setzte sich

38

ausdrücklich für die Erhaltung des Privateigentums und eine freie Wirtschaft ein. Am 14. Juli 1945 schlossen sich die vier Parteien der Sowjetischen Besatzungszone zur »Einheitsfront der antifaschistisch-demokratischen Parteien« (Antifa-Block) zusammen. Als Hauptaufgaben der Einheitsfront wurden aufgezählt: rascher Wiederaufbau der deutschen Wirtschaft, Herstellung der vollen Rechtssicherheit, Sicherung der Freiheit des Geistes, Pflicht zur Wiedergutmachung, Bereitschaft zur Durchführung der Maßnahmen der Besatzungsbehörden. Ein gemeinsamer Ausschuß aus je fünf Vertretern der vier Parteien sollte eine gemeinsame Politik abstimmen. Da der Ausschuß seine Beschlüsse nur einstimmig fassen konnte, war die Handlungsfreiheit von SPD, CDU und Liberalen empfindlich eingeschränkt. Eine Koalition ohne oder gegen die KPD war nicht möglich. Umgekehrt konnte die KPD mit Hilfe der SMAD und Druck auf die anderen Parteien ihre Ziele eher durchsetzen.

Diesen Druck bekam im Herbst 1945 vor allem die SPD in der SBZ zu spüren. Inzwischen war die Partei auf Initiative Kurt Schumachers auch in der britischen und amerikanischen Zone wiedergegründet worden (s. unten, S. 42 f.). Auf der Konferenz von Wennigsen bei Hannover verständigten sich Schumacher und Grotewohl darauf, daß vorläufig der Zentralausschuß der SPD in Berlin nicht als Zentrale der Gesamtpartei, sondern lediglich als Führung der SPD in der sowjetischen Zone anzusehen sei, während der politische Beauftragte der SPD in den drei westlichen Besatzungszonen Kurt Schumacher sein sollte.

Durch die organisatorische Trennung von der SPD in den westlichen Besatzungszonen war die SPD in der SBZ geschwächt und letztlich dem Vereinigungsdruck, der von der KPD und der SMAD ausging, nicht lange gewachsen. Anders als im Sommer 1945 waren die Kommunisten in der SBZ gegen Ende des Jahres an einer Vereinigung mit der SPD interessiert, weil sie fürchten mußten, in freien Wahlen keine Chance zu haben. Die KPD litt von Anfang an unter dem Ruf, Erfüllungsgehilfe der sowjetischen Militäradministration zu sein. Bei den Wahlen zum österreichischen Nationalrat hatte die Kommunistische Partei trotz bzw. gerade wegen massiver Unterstützung seitens der sowjetischen Besatzungsmacht eine vernichtende Niederlage erlitten. Auch die Kommunalwahlen in Bayern waren für die Kommunisten eine Katastrophe geworden. Eine Verschmelzung beider Parteien würde für die KPD auch den Vorteil haben, daß bewährte Arbeiterfunktionäre zur Verfügung stünden, wobei freilich die Kommunisten die Schaltstellen von Wirtschaft und Verwaltung besetzten wollten.

Doch nun lehnten die meisten sozialdemokratischen Führer der SBZ die Fusion ab. Sie hatten in den vergangenen sechs Monaten negative

Kommunistischer Druck auf die SPD in der SBZ

39

Erfahrungen mit der sowjetischen Besatzungsmacht und deren Politik
gegenüber SPD und KPD gesammelt. Auf der sogenannten 60er Konferenz, zu der sich am 20. und 21. Dezember 1945 je dreißig Spitzenfunktionäre der beiden Parteien in Berlin trafen, beschwerten sich die Sozialdemokraten über die eindeutige Bevorzugung der kommunistischen
Zeitungen bei der Papierzuteilung, über Ausschreitungen gegen Sozialdemokraten und den zentralistischen, undemokrtischen Aufbau der
KPD. Sie beharrten jedoch nicht auf einer Urabstimmung unter den
SPD-Mitgliedern aller vier Zonen, sondern einigten sich mit den KPD-
Vertretern auf eine Sieben-Punkte-Erklärung, in der es u.a. hieß:
*1. Die Einheit der deutschen Arbeiterklasse ist eine Notwendigkeit. Sie
wird von den Parteitagen für ganz Deutschland beschlossen werden. Bis
dahin bleiben die beiden Parteien selbständig.
2. Die Einheitspartei wird eine unabhängige deutsche sozialistische Partei sein...
3. Der Aufbau der Einheitspartei erfolgt nach demokratischen
Grundsätzen. Freie Meinungsbildung, freie Meinungsäußerung und die
freie Wahl aller Instanzen sind unveräußerliche Rechte der Mitglieder.
4. Die Einheitspartei will die parlamentarisch-demokratische Republik.
Ihr Ziel ist die Verwirklichung des Sozialismus in der sozialen Demokratie...
5. Bei kommenden Wahlen stellen beide Parteien eigene Listen auf...*[27].

Wie sich bald zeigte, wurde nichts davon in die Tat umgesetzt. In der
amerikanischen Zone lehnten am 6. Januar 1946 von 150 SPD-Delegier-
ten 144 die Vereinigung mit der KPD ab, in der britischen Zone wurde
die Vereinigung am 3./4. Januar 1946 einstimmig verweigert. Als am 6.
Februar 1946 Otto Grotewohl und Gustav Dahrendorf in Braunschweig mit Kurt Schumacher zusammentrafen, riet der ihnen, die SPD
in der SBZ aufzulösen. Doch Grotewohl wollte die SPD mit der KPD
vereinigen mit dem Ziel, der neuen Einheitspartei einen demokratischen
Charakter zu verleihen.

Auch in West-Berlin regte sich Widerstand gegen die Vereinigung der
SPD mit der KPD. Am 31. März 1946 fand in den drei Westsektoren
der Stadt, da die SMAD die Aktion in ihrem Sektor verboten hatte, eine
Urabstimmung der Sozialdemokraten statt. 82 % der 23 755 an der Abstimmung teilnehmenden Genossen sprachen sich gegen eine sofortige
Vereinigung der beiden Parteien aus; 62 % waren aber für ein Bündnis
mit der KPD. Eine Versammlung in Berlin-Zehlendorf beschloß daraufhin, eine selbständige SPD in Berlin aufrechtzuerhalten. Wenig später ließ die Alliierte Kommandatur beide Parteien – SED und SPD – in
Berlin zu[28].

Nach entsprechenden Entschließungen auf Landes- und Zonenparteitagen der KPD und der SPD fand am 21. und 22. April 1946 der Gründungsparteitag der Sozialistischen Einheitpartei Deutschlands (SED) im Ost-Berliner Admiralitätspalast statt. Die Vereinigung beider Parteien wurde einstimmig beschlossen. Otto Grotewohl und Wilhelm Pieck wurden zu gleichberechtigten Vorsitzenden gewählt, auch die anderen Spitzenpositionen der neuen Partei wurden paritätisch besetzt. Die Gründung der SED (April 1946)

Bis 1948 vertrat die SED offiziell die Vorstellung von einem besonderen deutschen Weg zum Sozialismus, der nicht dem Weg der Sowjetunion gleichen müsse. Die meisten Bewohner der SBZ betrachteten die SED jedoch als die Partei, die die Weisungen der sowjetischen Militärverwaltung ideologisch begründete, praktisch rechtfertigte und bei ihrer Umsetzung aktiv unterstützte. Trotz der Vereinigung mit der SPD blieben die Chancen der Partei, eine Massenpartei zu werden, daher bescheiden. Bei den Landtagswahlen in der SBZ, die im Oktober 1946 stattfanden – den einzigen in der Geschichte der SBZ bzw. DDR in der mehrere Parteien konkurrierten –, ging die SED als stärkste Partei hervor. In Mecklenburg, Thüringen und Sachsen erreichte sie knapp die absolute Mehrheit; in Brandenburg und Sachsen-Anhalt indes erhielten CDU und LDPD zusammen mehr Stimmen als die SED.

In Groß-Berlin, wo auch die SPD kandidierte, erlitt die SED eine schwere Niederlage: sie erhielt nur 19,8 % der Stimmen, während die SPD 48,7 % gewann. Selbst im sowjetischen Sektor der Stadt kam die SED nur auf 29,9 %, während die SPD 43,6 % der Stimmen erhielt (s. Tabelle im Anhang). Dessen ungeachtet konnte die SED ihre Position in der SBZ weiter ausbauen, stellte sie doch vier der fünf Ministerpräsidenten der Länder und 17 der 33 Minister in den Allparteien-Regierungen der Länder. 1948 wandelte sich die SED auch offiziell zu einer »Partei neuen Typs« mit zentralistischem Führungsapparat im Sinne Lenins.

Am gleichen 15. Juni 1945, als der Berliner Zentralausschuß der SPD seinen Aufruf veröffentlichte, rief ein »Vorbereitender Gewerkschaftsausschuß für Groß-Berlin« zur Gründung freier Gewerkschaften auf. Die Vielzahl der Richtungsgewerkschaften sollte überwunden werden zugunsten einer *»Kampfeinheit zur völligen Vernichtung des Faschismus und zur Schaffung eines neuen demokratischen Rechtes der Arbeiter und Angestellten«*[29]. Die bald darauf gegründeten Einzelgewerkschaften schlossen sich bereits im Juli 1945 zum Freien Deutschen Gewerkschaftsbund zusammen. Die Gründung des FDGB war eine wichtige Voraussetzung für den Zusammenschluß von KPD und SPD in der sowjetischen Zone, denn er bildete – im Unterschied zu den freien Gewerkschaften vor 1933, die eine Domäne der SPD gewesen waren – eine wichtige Machtbastion der Kommunisten in der SBZ. Bei den gewerk- Der FDGB schaftlichen Delegiertenwahlen, die Ende Dezember in Berlin stattfanden, hatte die KPD 312 Mandate, die SPD 226 und die CDU nur drei Mandate erhalten. Im Februar 1946, als die erste Zentrale Delegierten-Konferenz die Gründung des FDGB abschloß, hatte er bereits zwei Millionen Mitglieder. Eine zeitlang gab es noch Konflikte zwischen FDGB-Funktionären und den in der SBZ wie anderswo spontan entstandenen Betriebsräten. Die letzten Betriebsrätewahlen fanden in der SBZ 1947 statt. Die Bitterfelder Beschlüsse des FDGB vom November 1948 lösten die Betriebsräte auf und ersetzten sie durch Betriebsgewerkschaftsleitungen, die untersten Organe des FDGB. Im übrigen verlangten die in Bitterfeld versammelten FDGB-Funktionäre die Abkehr von »den überholten gewerkschaftlichen Traditionen in der Lohn- und Tarifpolitik«. Die Gewerkschaften hätten nicht länger die Aufgabe, Arbeiter gegenüber den Unternehmern (die ja enteignet worden waren) zu vertreten, sie müßten ihre Aufmerksamkeit vielmehr auf die Arbeitsdisziplin und die Steigerung der Arbeitsproduktivität in den volkseigenen Betrieben richten.

Die FDJ Am 20. Juni 1945 genehmigte die SMAD die Bildung antifaschistischer Jugendausschüsse. Sie waren offiziell überparteilich, standen jedoch von Anfang an unter kommunistischem Einfluß. Am 7. März 1946 wurde auf der Basis der antifaschistischen Jugendausschüsse die Freie Deutsche Jugend (FDJ) gegründet. Vorsitzender wurde Erich Honecker, der seit seinen Jugendtagen Mitglied der KPD und daher von den Nazis verfolgt und in Buchenwald inhaftiert gewesen war. Honecker erwies sich als loyaler Mitstreiter Ulbrichts und sorgte schnell für eine Ausrichtung der FDJ im stalinistischen Sinne.

6.2. Parteien und Gewerkschaften in den Westzonen

In den westlichen Besatzungssszonen durften Parteien erst nach Beendigung der Potsdamer Konferenz gegründet werden. Im Unterschied zur SBZ, wo die Parteien von oben nach unten, also zuerst mit der jeweiligen Parteispitze in Berlin (offenbar mit der Zielsetzung, sie als Parteien auf gesamtdeutscher Ebene zu etablieren), gegründet worden waren, ließen die westlichen Besatzungsmächte Parteien zunächst auf der lokalen Ebene zu. In der amerikanischen Zone geschah dies seit August, in der britischen seit Mitte September und in der französischen Zone erst seit Ende November 1945.

SPD Die Wiedergründung der SPD in den Westzonen begann in Hannover, wo der frühere Reichstagsabgeordnete Kurt Schumacher (1895-1952) noch im April 1945, kurz nach Besetzung der Stadt durch amerikanische Truppen, eine Konferenz alter Sozialdemokraten zusammenrief. Schumacher stammte aus Kulm in Westpreußen. Als Kriegsfreiwilliger hatte er im Ersten Weltkrieg einen Arm verloren. Während der Weimarer Republik war er zunächst Abgeordneter im württembergischen Landtag, seit 1930 auch im Reichstag, wo er dem rechten Flügel der SPD zugerechnet wurde. Von 1933 bis 1943 und nach dem 20. Juli 1944 erneut für einige Wochen war er in verschiedenen Konzentrationslagern inhaftiert gewesen. Die Haft hatte seine Gesundheit ruiniert: 1947 mußte ihm auch ein Bein amputiert werden.

In einer grundlegenden Erklärung faßte Schumacher im Sommer 1945 die Forderungen der SPD zusammen. Im Kern waren sie denen der Berliner SPD sehr ähnlich, forderte Schumacher doch ebenfalls die Verstaatlichung der Großfinanz und der Großindustrie. Doch in seiner Haltung gegenüber der KPD unterschied sich Schumacher grundsätzlich von der Berliner SPD: Für ihn kam eine Zusammenarbeit mit der KPD nicht infrage. Die KPD war seiner Meinung nach lediglich ein Instrument des sowjetischen Expansionsdranges, und die SPD hatte keinen Grund, »für den geschwächten Parteikörper der KPD den Blutspender abzugeben«[30].

Vom 5. bis 7. Oktober 1945 trafen sich in Wennigsen bei Hannover Vertreter des Berliner Zentralausschusses der SPD mit Vertretern der SPD aus den westlichen Besatzungszonen. Inzwischen hatte sich Schumacher mit seiner antikommunistischen Linie trotz der in manchen Großstädten gegründeten Aktionsbündnisse zwischen SPD und KPD durchgesetzt und war unumstrittener Führer der westlichen Sozialdemokraten. Er lehnte Grotewohls Vorschlag ab, den Berliner Zentralausschuß durch Vertreter aus den Westzonen und des Londoner Exilvorstands der SPD zu erweitern und zu einer »provisorischen zentralen Leitung der Partei« zu machen. Die Konferenz von Wennigsen endete mit dem Beschluß, daß bis zur Wiederherstellung der Reichseinheit der Zentralausschuß der SPD in Berlin als die Führung der SPD in der SBZ anzusehen sei, während der politische Beauftragte der SPD in den drei westlichen Besatzungszonen Kurt Schumacher sein sollte. Damit besaß die SPD schon im Oktober 1945 zwei getrennte Führungsspitzen, die politisch unterschiedliche Ziele ansteuerten.

Vom 9. bis 11. Mai 1946 fand der erste Parteitag der SPD in den drei Westzonen statt. Kurt Schumacher wurde mit 244 von 250 Stimmen zum Vorsitzenden gewählt, sein Stellvertreter war der aus dem Londoner Exil zurückgekehrte Erich Ollenhauer. Die Partei hatte ca. 700 000 Mitglieder, die ihr größtenteils bereits vor 1933 angehört hatten. Die meisten von ihnen waren Industriearbeiter. Schumachers Ziel, auch größere Teile des Mittelstandes, vor allem die seiner Meinung nach proletarisierten Angestellten, für die SPD zu gewinnen, mißlang zunächst. Der Parteitag verabschiedete »Politische Leitsätze«, in denen u. a. die Vergesellschaftung der Produktionsmittel gefordert wurde. *»Entweder wird es uns gelingen, Deutschland in seiner Ökonomie sozialistisch und in seiner Politik demokratisch zu formen«*, so Schumacher damals, *»oder wir werden aufhören, ein deutsches Volk zu sein«*[31]. Obwohl solche Forderungen bis in das konservative Lager hinein auf Zustimmung stießen, konnten sie nicht durchgesetzt werden, da die Besatzungsmächte – sogar das von der Labour Party regierte Großbritannien – entsprechende Verfassungsartikel oder Landtagsbeschlüsse suspendierten.

KPD Auch in den Westzonen war 1945 die KPD wiedererstanden. Mit ihrem antifaschistisch-demokratischen Programm schnitt sie bei den ersten Landtagswahlen 1946/47 relativ erfolgreich ab und stellte Minister in verschiedenen Landesregierungen. In Württemberg-Baden, Hamburg und Hessen kam sie auf über 10 %, in Nordrhein-Westfalen sogar auf 14 % der Stimmen. Die Zwangsvereinigung von SPD und KPD in der sowjetischen Besatzungszone und die uneingeschränkte Unterstützung der KPD für die sowjetische Politik brachte ihr bald Stimmenverluste und isolierte sie in zunehmendem Maße von den übrigen Parteien.

CDU Die wichtigste Partei-Neugründung nach dem Krieg war die Christlich-Demokratische Union (CDU) bzw. in Bayern Christlich-Soziale Union (CSU). Das politische Ziel der Neugründung war eine »Union« aller sozial engagierten Christen beider Konfessionen. Damit sollten die konfessionellen Schranken der alten katholischen Zentrumspartei, aus der viele Gründer der CDU kamen, überwunden und eine christlich-soziale Sammlungsbewegung gegründet werden. Das übergeordnete Ziel war, die Zersplitterung des bürgerlichen Lagers in viele Parteien, wie sie charakteristisch für die Weimarer Republik gewesen war, durch Gründung einer christlichen Volkspartei zu überwinden.

Gründungsschwerpunkte waren das Rheinland und Berlin. Die Gründung der CDU in Berlin ist bereits erwähnt worden (s. oben, S. 38). Die Kölner »Leitsätze der Christlichen Demokraten Deutschlands« vom Juni 1945 waren von der katholischen Soziallehre geprägt. Sie vertraten einen *»wahren christlichen Sozialismus, der nichts gemein hat mit falschen kollektivistischen Zielsetzungen«*, sondern *»die gottgegebene Freiheit des einzelnen und die Ansprüche der Gemeinschaft mit den Forderungen des Gemeinwohls zu verbinden weiß«*[32]. Auf Kreisebene wurde die CDU in Köln am 19. August 1945 zugelassen. Der Kölner Gründungskreis bestand hauptsächlich aus früheren Zentrumspolitikern und christlichen Gewerkschaftern. Sie nahmen bald Kontakt auf zu protestantischen und von der christlichen Gewerkschaftsbewegung geprägten Gruppierungen in Düsseldorf (hier waren der ehemalige Kartellsekretär der christlichen Gewerkschaften Karl Arnold und der ehemalige Oberbürgermeister Robert Lehr aktiv geworden) und Wuppertal (wo Mitglieder der evangelischen Bekennenden Kirche dominierten). Diese Gruppen verabschiedeten im September 1945 die »Leitsätze der Christlich-Demokratischen Partei in Rheinland und Westfalen«, in denen der Ausdruck »christlicher Sozialismus« nicht mehr vorkam, da der Begriff des Sozialismus als »historisch vorbelastet« angesehen wurde.

Auf Initiative des ehemaligen Reichsministers Andreas Hermes, den die sowjetische Militäradministration allerdings nicht reisen ließ, trafen sich vom 14. bis 16. Dezember 1945 die christlich-demokratischen Gruppierungen Deutschlands zum ersten »Reichstreffen« in Bad Godesberg. Die Abgesandten einigten sich auf den gemeinsamen Parteinamen »Christlich-Demokratische Union« für alle Gruppierungen in den vier Besatzungszonen bzw. »Christlich-Soziale Union« für Bayern und die Errichtung eines »Zonenverbindungsausschusses« in Frankfurt am Main. Statt vom »christlichen Sozialismus« sprach man nun vom »Sozialismus aus christlicher Verantwortung«.

Auf der zweiten Tagung des Zonenausschusses der CDU der britischen Zone, die vom 26. Februar bis zum 1. März 1946 in Neheim-Hüsten stattfand, schlossen sich die Landesverbände Westfalen und Rheinland der CDU zu einem Zonenverband zusammen und wählten den ehemaligen Kölner Oberbürgermeister Konrad Adenauer zum Vorsitzenden der CDU der britischen Zone.

Adenauer (1876–1967) war bereits im Kaiserreich und in der Weimarer Republik politisch in der Zentrumspartei aktiv und als Oberbürgermeister von Köln und Präsident des preußischen Staatsrats einflußreich gewesen. Die Nationalsozialisten hatten ihn zum Rücktritt gezwungen; und so hatte er das »Dritte Reich« zurückgezogen in seinem Haus bei Rhöndorf überlebt. Unmittelbar nach Kriegsende hatten die Amerikaner ihn wiederum zum Oberbürgermeister von Köln eingesetzt. Im Oktober entließen ihn die Briten mit der offiziellen Begründung, er habe sich nicht energisch genug dem Wiederaufbau der Stadt gewidmet, vermutlich hatte aber den britischen Besatzungsbehörden seine Kritik an ihrer Politik mißfallen. Diese Entlassung erwies sich auf längere Sicht als vorteilhaft für Adenauer, denn sie entlastete ihn von dem Verdacht, ein Werkzeug der Besatzungsmächte gewesen zu sein.

Adenauer gehörte nicht zu den Anhängern eines wie auch immer gearteten »christlichen Sozialismus«, sondern war der führende Vertreter des bürgerlichen Lagers in der sich formierenden Partei. Im Herbst 1946 wurde er Fraktionsvorsitzender der CDU im ersten (ernannten) Landtag von Nordrhein-Westfalen.

Konrad
Adenauer

Die in Neheim-Hüsten verabschiedeten Grundsätze ließen die Frage der Sozialisierung offen. Erst ein Jahr später verabschiedete der Zonenausschuß der CDU für die britische Zone in Ahlen (1. bis 3. Februar 1947) ein Wirtschaftsprogramm, das gleich zu Beginn programmatisch erklärte: *»Das kapitalistische Wirtschaftssystem ist den staatlichen und sozialen Lebensinteressen des deutschen Volkes nicht gerecht geworden... Durch eine gemeinwirtschaftliche Ordnung soll das deutsche Volk eine Wirtschafts- und Sozialverfassung erhalten, die dem Recht und der Würde des Menschen entspricht«*[33]. Die CDU der britischen Zone sprach sich für eine gewisse Lenkung und Planung der Wirtschaft aus, für eine Vergesellschaftung des Bergbaus und der Stahlindustrie sowie für das Mitbestimmungsrecht der Arbeitnehmer.

In der SBZ war die CDU bereits im Sommer 1945 in Schwierigkeiten geraten, als ihr Vorsitzender Hermes gegen die Art der Bodenreform, vor allem die Ausdehnung der Gruppe derer, die von der Enteignung betroffen waren, protestierte. Er wurde daraufhin von der SMAD im Dezember 1945 als Parteivorsitzender abgesetzt. Seine Nachfolger Jakob Kaiser und Ernst Lemmer versuchten einen Mittelweg zu gehen, indem sie einerseits Deutschland eine verbindende Rolle in dem sich anbahnenden Systemkonflikt zwischen den USA und der SU zusprachen und andererseits sowohl den dogmatischen Kommunismus der SED als auch den restaurativen Kapitalismus ihrer Parteifreunde im Westen kritisierten. Damit stießen sie vor allem bei Konrad Adenauer auf Widerstand, der Kaiser und der »Reichsgeschäftsstelle« der Berliner CDU den Führungsanspruch innerhalb der CDU streitig machte.

Im Februar 1947 gründeten Vertreter der CDU/CSU aus allen vier Zonen die »Arbeitsgemeinschaft der CDU/CSU Deutschlands«, deren Vorstand freilich nie politisch einflußreich wurde. Als Kaiser und Lemmer sich für den Marshallplan einsetzten und eine Beteiligung der CDU an der von der SED gelenkten Volkskongreßbewegung in der SBZ (s. unten, S. 80) ablehnten, wurden sie Ende Dezember 1947 auf Druck der SMAD als Vorsitzender der CDU in der SBZ und Berlins abgesetzt. Die CDU in der SBZ verlor ihre Rolle als selbständige bürgerliche Kraft und wurde zu einer mit der SED gleichgeschalteten Blockpartei.

Die Ausschaltung Lemmers und Kaisers hatte zur Folge, daß sie als Führer und Berlin als Zentrum einer überregionalen CDU-Organisation auschieden. In der West-CDU war nunmehr der Führungsanspruch Konrad Adenauers unangefochten. Diese Personalentscheidungen waren ausschlaggebend für die Richtung, die die CDU künftig in der Wirtschafts- und Sozialpolitik einschlug. Kaiser unterstützte im Dezember den Plan des britischen Außenministers Bevin, die Kohle- und Stahlindustrie des Ruhrgebiets in öffentliches Eigentum zu überführen, doch Adenauer bestand darauf, daß diese Entscheidung vertagt würde, bis die deutsche Wirtschaft wieder frei sei.

Das Ahlener Programm erwies sich als Pyrrhus-Sieg des linken Flügels der CDU: Auf dem CDU-Parteitag von Recklinghausen 1948 wurden die Ahlener Grundsätze praktisch aufgegeben, als Ludwig Erhard das Konzept der »sozial verpflichteten Marktwirtschaft« durchsetzte. Die »Düsseldorfer Leitsätze« vom Juli 1949 beendeten dann die Grundsatzdiskussion innerhalb der CDU zugunsten der »sozialen Marktwirtschaft«. Es verging aber noch ein weiteres Jahr, ehe sich die verschiedenen Landesverbände der CDU zusammenschlossen: Erst im Oktober 1950 wählten sie auf ihrem ersten Bundesparteitag in Goslar Konrad Adenauer, der bereits ein Jahr lang Kanzler der Bundesrepublik Deutschland war, zu ihrem Bundesvorsitzenden.

Neben der CDU existierte seit dem Oktober 1945 vor allem im Rheinland und in Westfalen die Zentrumspartei wieder, die ehemalige Zentrumspolitiker erneut gegründet hatten. Sie konnte sich jedoch gegenüber der Anziehungskraft der CDU nicht lange behaupten.- In Niedersachsen sammelten sich konservative Kräfte, darunter auch ehemalige Nationalsozialisten, in der am 20. Juni 1945 gegründeten Niedersächsischen Landespartei, die im Juni 1947 den Namen Deutsche Partei annahm.

Zentrum und Deutsche Partei

Die politischen Kräfte, die in der sowjetischen und britischen Zone die CDU zu begründen halfen, gründeten in Bayern die Christlich-Soziale Union (CSU). Initiator war der ehemalige Führer der christlichen Gewerkschaften Adam Stegerwald, der am 10. Oktober 1945 in Würzburg die CSU gründete, aber bereits im Dezmber 1945 starb. Seine Rolle übernahmen der ehemalige KZ-Häftling und Widerstandskämpfer Josef Müller (»Ochsensepp«), der der letzte Vorsitzende der Bayerischen Volkspartei vor 1933 gewesen war, und der von den Amerikanern ernannte erste Nachkriegs-Ministerpräsident Bayerns, Fritz Schäffer. Am 8. Januar 1946 – am gleichen Tag wie die SPD – wurde die Partei lizenziert. Bei den Wahlen zur Verfassunggebenden Versammlung Bayerns am 30. Juni 1946 errang sie die absolute Mehrheit.

CSU

Später als die CSU entstand am 28. Oktober 1946 die Bayernpartei, eine Partei mit stark separatistischen und monarchistischen Tendenzen, die gegen alles »Preußische« und Protestantische, gegen Flüchtlinge und Umsiedler protestierte. Ihre Wähler kamen vornehmlich aus dem ländlichen und kleinstädtischen Milieu Altbayerns. Sie sicherten der Partei bis in die 50er Jahre bei den Landtagswahlen einen Stimmenanteil von rund 20 %. – 1945 gründete der Rechtsanwalt Alfred Loritz in München die »Wirtschaftliche Aufbau-Vereinigung« (WAV), die sich wie die Bayernpartei an den Mittelstand und die Bauern, außerdem aber auch

Bayernpartei und WAV

an die Arbeiter richtete. Bei den bayerischen Landtagswahlen 1946 wurde sie die drittstärkste Partei. Diesen Erfolg verdankte sie vor allem ihrer Agitation gegen die Entnazifizierung.

Die Liberalen Anders als SPD und CDU stand die im Juni 1945 in Berlin gegründete Liberal-Demokratische Partei Deutschlands einer öffentlichen Kontrolle von Großunternehmen eher zurückhaltend gegenüber. Wie alle Parteien der SBZ schloß sie sich der antifaschistischen Einheitsfront an. In Westdeutschland organisierten sich Liberale unter unterschiedlichen Namen in Parteien. Der Mittelpunkt der liberalen Bewegung lag in Württemberg, wo die Liberalen auf eine hundertjährige Tradition zurückblicken konnten. Im September 1945 gründeten ehemalige Mitglieder der Deutschen Demokratischen Partei wie Theodor Heuss und Reinhold Maier die Demokratische Volkspartei (DVP). Bei den ersten Landtagswahlen erhielt die DVP einen Stimmenanteil von rund 20 %.

In der liberal-demokratischen Tradition stand auch die in Bayern gegründete »Freie Demokratische Partei«. Dagegen waren in Nordrhein-Westfalen und in Niedersachsen nationalliberale und unternehmerfreundliche Tendenzen in den liberalen Gruppierungen, die dort seit 1945 entstanden, stärker ausgeprägt. Erklärtes Ziel der DVP war es, die ehemaligen Mitglieder und Anhänger der linksliberalen DDP und der rechtsliberalen Deutschen Volkspartei zu vereinigen. Im Dezember 1948 schlossen sich die verschiedenen liberalen Parteien der Westzonen in Heppenheim, wo 1847 die südwestdeutschen Liberalen das erste deutsche Parteiprogramm beschlossen hatten, zur Freien Demokratischen Partei Deutschlands (FDP) zusammen und wählten Theodor Heuss zu ihrem Bundesvorsitzenden.

Die Gewerkschaften Im Sommer 1945 wurden in der britischen Zone alte Gewerkschafter wie Hans Böckler und Albin Karl wieder aktiv. Aus den Erfahrungen der Weimarer Republik hatten sie die Konsequenz gezogen, daß die Zersplitterung der Gewerkschaftsbewegung in verschiedene Richtungen (liberale, sozialdemokratische, christliche, kommunistische) ein Ende haben müsse. Sie verfolgten nun das Ziel einer Einheitsgewerkschaft, die alle Arbeitnehmer – Arbeiter, Angestellte, Beamte – umfassen und in den Betrieben jeweils nur mit einer Einzelgewerkschaft vertreten sein sollte. Die britische Besatzungsverwaltung lehnte diesen Plan ab, da sie eine solche Einheitsgewerkschaft als undemokratisch betrachtete und einen allmählichen Aufbau der Gewerkschaften von unten nach oben bevorzugte. Außerdem befürchtete sie – ähnlich wie die Amerikaner – daß eine solche zentralisierte Organisation durch Auswechseln einiger Personen rasch unter kommunistischen Einfluß geraten könnte.

Im August 1945 wurden in der britischen Besatzungszone zunächst Be-

48

triebsräte zugelassen. Im September durften sich Gewerkschaften auf lokaler Ebene bilden. Gegen das Konzept der Einheitsgewerkschaft setzten die Briten das Prinzip des Industrieverbands. Die einzelnen Industriegewerkschaften sollten autonom sein und sich in einem Dachverband organisieren dürfen. Am 7. Dezember 1945 schlossen sich führende deutsche Gewerkschafter des Bezirks Nordrhein den entsprechenden Ratschlägen einer Gruppe englischer Gewerkschafter in Düsseldorf an. Damit waren die Auseinandersetzungen um die Organisationsform der zukünftigen deutschen Gewerkschaften aber noch nicht beendet. Im Laufe des Jahres 1946 bildeten sich überall regionale Gewerkschaften, im April 1947 wurde schließlich in Bielefeld der »Deutsche Gewerkschaftsbund« (DGB) in der britischen Besatzungszone unter dem Vorsitz von Hans Böckler gegründet. Er hatte bald zwei Millionen Mitglieder.

In der amerikanischen Zone waren in den ersten Nachkriegsjahren hunderte von Gewerkschaftsorganisationen entstanden. Im April 1947 gestatteten die Besatzungsbehörden, daß sie sich zu einem Zonensekretariat mit Sitz in Stuttgart zusammenschließen durften. Am 27. April 1947 wurde der Bayerische Gewerkschaftsbund gegründet, kurz danach folgten Gewerkschaftsverbände in den Ländern der französischen Besatzungszone. Im Oktober 1949 schlossen sich die Verbände der drei Westzonen auf dem Münchener Gewerkschaftskongreß zum DGB auf Bundesebene zusammen. Damals hatte der DGB knapp fünf Millionen Mitglieder, darunter 530.000 Angestellte, während die im Sommer 1948 gegründete Deutsche Angestelltengewerkschaft (DAG) nur 300.000 Mitglieder zählte.

Diese Verzögerung beim Neuaufbau der Gewerkschaften führte dazu, daß sich die Gewerkschaften erst 1947 in die Diskussion um die wirtschaftliche und gesellschaftliche Neuordnung Deutschlands einschalten konnten, zu einem Zeitpunkt also, als wesentliche Entscheidungen, wie etwa die gegen die Verstaatlichung der Grundstoffindustrien, bereits gefallen waren und der Ost-West-Konflikt sich zuzuspitzen begann.

Hatten anfangs kommunistische und sozialdemokratische Gewerkschafter in den Betriebsräten eng zusammengearbeitet, so begannen sie ab Anfang 1947 um die Führung in den Betrieben und Gewerkschaftsorganisationen gegeneinander zu kämpfen. Die Haltung des FDGB in der sowjetischen Besatzungszone und die Ablehnung eines deutschen Sonderwegs zum Sozialismus durch die SED verschärften den Konflikt 1948. Die grundsätzliche Auseinandersetzung über Westorientierung und Marshallplan fand auf dem Außerordentlichen Bundeskongreß des DGB der britischen Zone vom 16. bis 18. Juni 1948 in Recklinghausen statt. Der kommunistische Führer der IG Bergbau, Willi Agatz, warnte vor den politischen und wirtschaftlichen Folgen, die eine Anlehnung an die USA für die deutsche Einheit und die deutsche Wirtschaftsentwicklung haben würde.

Doch Hans Böckler erhielt eine breite Mehrheit, als er für eine Einbeziehung der drei Westzonen in die Marshallplan-Hilfe plädierte mit dem Argument, daß nur aus dem Westen die dringend benötigte ökonomische Hilfe kommen könne, denn der Osten sei selbst hilfsbedürftig. Der »Eiserne Vorhang« sei längst eine Realität, die der Marshallplan nur noch unterstreiche. Wörtlich sagte Böckler: »*Wir halten es als Realpolitiker, die wir sind, für richtig, uns zum Marshall-Plan zu bekennen und alle Kräfte darauf zu konzentrieren, die Vorteile restlos auszuschöpfen und all dem rechtzeitig zu begegnen, was wir als Nachteile des Plans empfinden*«[34].

Vom 17. bis 19. August 1948 fand in Lindau-Enzisweiler die neunte und letzte Interzonenkonferenz der deutschen Gewerkschaften unter Teilnahme von Vertretern des FDGB der sowjetischen Zone statt. Doch Bemühungen, einen gesamtdeutschen Gewerkschaftsbund zu gründen, schlugen endgültig fehl.

7. Die Bizone

Das Potsdamer Abkommen hatte mit der Abmachung, zentrale deutsche Verwaltungsstellen zu errichten, Möglichkeiten für eine gemeinsame Verwaltung Deutschlands durch die Alliierten eröffnet. Daß diese Möglichkeiten nicht genutzt wurden, lag zunächst nicht an einem der drei Unterzeichner-Staaten, sondern an Frankreich. Hier rächte sich die Entscheidung der »Großen Drei«, den französischen Staatschef, General de Gaulle, nicht nach Potsdam einzuladen.

Die französische Deutschland-politik Nach den Erfahrungen des Krieges und der Besatzung gab es in Frankreich kaum einen Politiker, der nicht die dauernde Schwächung Deutschlands in wirtschaftlicher und militärischer Hinsicht gefordert hätte. Deutschland sollte daher aufgeteilt werden. General de Gaulle und sein Außenminister Bidault forderten, daß wie im Osten auch im Westen große Gebiete vom Reich abgetrennt würden. Aus dem Rheinland und Westfalen sollten unabhängige Kleinstaaten geschneidert, das Ruhrgebiet sollte unter eine internationale Regierung gestellt und das Saargebiet in das französische Wirtschafts- und Währungsgebiet eingegliedert werden.

Die französische Regierung nahm die Potsdamer Beschlüsse zur Kenntnis und akzeptierte ihren Sitz im Kontrollrat nur, um diesen für ihre Interessen zu nutzen. Da die Beschlüsse des Kontrollrats einstimmig gefaßt werden mußten, konnte die französische Regierung alle Vereinbarungen, die ihren Zielen zuwiderliefen, verhindern. So blockierte Frankreich von Anfang an alle Entscheidungen, die auf die Errichtung der in Potsdam beschlossenen zentralen Verwaltungsstellen abzielten. Am französischen Veto scheiterten die Versuche, Eisenbahn, Post und andere Dienstleistungsbetriebe als gesamtdeutsche Unternehmen zu betreiben. Die französischen Besatzungsbehörden sperrten ihre Zone für Flüchtlinge und Vertriebene und versuchten, Reparationen in möglichst großer Menge auch aus der laufenden Produktion ihrer Zone zu entnehmen. Das Saargebiet wurde Schritt für Schritt dem französischen Wirtschaftsgebiet angegliedert (s. oben, S. 34 f.).

Als Folge des französischen Verhaltens und der sowjetischen Politik in ihrer Zone entwickelten sich die einzelnen Zonen bereits im Herbst 1945 auseinander und wurden zu politischen Einheiten, in denen die jeweilige Besatzungsmacht die Politik betrieb, die sie für richtig hielt.

Wachsende Gegensätze zwischen den Alliierten

Die Sowjetunion unterstütze im Sommer 1945 zwar noch die Bildung zentraler deutscher Verwaltungen, verfolgte gleichzeitig aber in ihrer Zone eine Wirtschafts- und Strukturpolitik, die auf die Errichtung einer sozialistischen Planwirtschaft nach sowjetischem Muster hinauslief (s. oben, S. 28 ff.). Ihre Reparationspolitik entsprach nicht den Potsdamer Beschlüssen und trug dazu bei, die Versorgungsschwierigkeiten in den Westzonen zu vermehren.

Die Gründung einer kommunistischen Einheitsgewerkschaft und schließlich der Zusammenschluß von KPD und SPD im Frühjahr 1946 (s. oben, S. 40 f.) widersprachen dem Demokratieverständnis der westlichen Verbündeten vollkommen und stießen vor allem bei der britischen Labour-Regierung auf Ablehnung.

Das britische Mißtrauen gegenüber der sowjetischen Politik wuchs schließlich auch wegen ihres Vorgehens in Osteuropa und ihrer Versuche, Einfluß in Persien, der Türkei, Griechenland und Ägypten zu gewinnen. Im Frühjahr 1946 war die britische Regierung jedenfalls entschlossen, die Viermächteverwaltung Deutschlands aufzukündigen und die Westzonen in ihrem Sinne zu organisieren – vorausgesetzt, die USA unterstützten eine solche Politik.

Das geschah, als General Lucius D. Clay, der stellvertretende amerikanische Militärgouverneur in Deutschland und US-Vertreter im Kontrollrat, im Mai 1946 alle Reparationslieferungen aus seiner Zone an Frankreich und die Sowjetunion untersagte und den zuständigen Stellen in Washington vorschlug, als ersten Schritt zu einer gemeinsamen Verwaltung Deutschlands wenigstens die amerikanische und die britische Besatzungszone zusammenzuschließen.

Damit schwenkte auch Clay auf einen Kurs ein, den amerikanische Diplomaten in Moskau und Washington bereits seit langem vorgeschlagen hatten. In dem später berühmt gewordenen »langen Telegramm« aus Moskau hatte George F. Kennan am 22. Februar 1946 die Politik der Sowjetunion als militant, aggressiv und expansionistisch charakterisiert. Seiner Meinung nach wollte die Sowjetunion in Ostdeutschland ihre Position konsolidieren und zentrale Verwaltungen für ganz Deutschland nur dazu nutzen, ihren Einfluß auch auf die Westzonen auszudehnen. Unter diesen Umständen, so meinte Kennan, könnten die USA kein Interesse mehr an deutschen Zentralverwaltungen haben, sondern sollten sich auf die politische Organisation und Konsolidierung der Westzonen konzentrieren[35].

Der amerikanische Außenminister Byrnes machte sich diese Überlegungen noch nicht zu eigen, sondern schlug im Frühjahr 1946 vor, die vier Besatzungsmächte sollten sich verpflichten, Deutschland nach dem Ende der Besatzungszeit noch weitere 25 Jahre entwaffnet und entmilitarisiert zu halten, und zu diesem Zweck eine gemeinsame energische Kontrolle ausüben. Offensichtlich hielt der amerikanische Außenminister zu diesem Zeitpunkt eine gemeinsame Verwaltung und eine Neutralisierung Deutschlands noch für möglich.

Die Pariser Außenministerkonferenz (1946)

Entschieden werden sollte über diese und andere Fragen der gemeinsamen Verwaltung Deutschlands durch die Siegermächte auf der Außenministerkonferenz in Paris, deren erste Phase vom 25. April bis zum 16. Mai, deren zweite vom 15. Juni bis zum 12. Juli 1946 dauerte. Auf dieser Konferenz lehnte Molotow Byrnes' Plan einer vollständigen Entmilitarisierung und Besetzung Deutschlands ab, obwohl Byrnes die Dauer der Besetzung auf 40 Jahre verlängern wollte. Die französische Forderung, das Ruhrgebiet einer internationalen Kontrolle zu unterstellen, beantwortete Molotow mit der Forderung nach einer Vier-Mächte-Kontrolle des Ruhrgebiets. Vor allem beharrte Molotow auf der alten sowjetischen Forderung nach 10 Mrd. Dollar Reparationen aus Deutschland.

Byrnes' Stuttgarter Rede (6. 9. 1946)

Im Anschluß an die gescheiterte Außenministerkonferenz beschlossen der amerikanische und der britische Außenminister, ihre Besatzungszonen zu vereinigen und als wirtschaftliche Einheit zu behandeln. Zwei Monate nach der Pariser Außenministerkonferenz hielt US-Außenminister Byrnes am 6. September 1946 in Stuttgart, dem Sitz des Länderrats der amerikanischen Zone, eine Rede an die deutsche Bevölkerung, die die Wende der amerikanischen Deutschland-Politik vor der Öffentlichkeit dokumentierte. Byrnes kritisierte wiederholt die Nichteinhaltung der Potsdamer Beschlüsse, erteilte allen französischen Plänen für eine Abtrennung des Rheinlandes und des Ruhrgebiets eine Absage, wandte sich gegen die Entnahme von Reparationen aus der laufenden

Produktion und kündigte die Vereinigung der britischen mit der amerikanischen Zone sowie die Einrichtung politisch verantwortlicher deutscher Zentralbehörden an. Gleich zu Beginn seiner Rede stellte Byrnes klar, daß die amerikanischen Truppen, anders als nach dem Ersten Weltkrieg, solange in Deutschland und Europa bleiben würden, bis der Wiederaufbau des alten Kontinents abgeschlossen sein würde. Byrnes fuhr dann fort: *»Es liegt weder im Interesse des deutschen Volkes noch im Interesse des Weltfriedens, daß Deutschland eine Schachfigur oder ein Teilnehmer in einem militärischen Machtkampf zwischen dem Osten und dem Westen wird.«* Zur wirtschaftlichen Einheit Deutschlands und zu seiner künftigen Entwicklung sagte Byrnes: *»Wir treten für die wirtschaftliche Vereinigung Deutschlands ein. Wenn eine völlige Vereinigung nicht erreicht werden kann, werden wir alles tun, was in unseren Kräften steht, um eine größtmögliche Vereinigung zu sichern...*
Deutschland ist ein Teil Europas. Die Gesundung in Europa und besonders in den Nachbarstaaten Deutschlands wird nur langsam voranschreiten, wenn Deutschland mit seinen großen Bodenschätzen an Eisen und Kohle in ein Armenhaus verwandelt wird...
Die Amerikanische Regierung steht auf dem Standpunkt, daß jetzt dem deutschen Volk innerhalb ganz Deutschlands die Hauptverantwortung für die Behandlung seiner eigenen Angelegenheit bei geeigneten Sicherungen übertragen werden sollte«.
Byrnes Rede schloß mit den Worten: *»Das amerikanische Volk wünscht, dem deutschen Volk die Regierung Deutschlands zurückzugeben. Das amerikanische Volk will dem deutschen Volk helfen, seinen Weg zurückzufinden zu einem ehrenvollen Platz unter den freien und friedliebenden Nationen der Welt«*[36]
Die Rede wurde über alle Rundfunksender der amerikanischen und britischen Zone übertragen und trotz Papierknappheit in mehreren hunderttausend Exemplaren gedruckt. Die Deutschen begriffen die Rede als dramatische Wende in der amerikanischen Deutschlandpolitik, denn Byrnes wies ihnen zum ersten Mal seit Kriegsende eine Perspektive – allerdings nur den Westdeutschen, die Ostzone und ihre Bewohner waren von den Briten und Amerikanern offenbar bereits abgeschrieben.
Am 2. Dezember 1946 unterzeichneten der britische und der amerikanische Außenminister in New York das Abkommen über die Zusammenlegung der beiden Besatzungszonen mit Wirkung vom 1. Januar 1947[37]. Ziel der gemeinsamen Wirtschaftspolitik sollte es sein, die wirtschaftliche Selbständigkeit der Bizone bis Ende 1949 zu erreichen. Außerdem wollten die beiden Besatzungsmächte die tägliche Ration für Normalverbraucher so bald als möglich von 1550 auf 1800 Kalorien steigern. Bereits im September 1946 hatten deutsche Fachleute im Auftrag der

Die Gründung
der Bizone
(1. 1. 1947)

53

amerikanischen und britischen Militärgouverneure begonnen, fünf Zentralämter für die vereinigten Zonen zu errichten. Sie wurden über beide Zonen verstreut angesiedelt, um den Eindruck zu vermeiden, als solle eine neue Hauptstadt entstehen: für Wirtschaft in Minden, für Finanzen in Bad Homburg, für Ernährung und Landwirtschaft in Stuttgart, für Verkehrswesen in Bielefeld und für Post in Frankfurt am Main. Die Aufgabe der Zentralämter sollte darin bestehen, die Maßnahmen der jeweiligen Landesministerien untereinander und mit den beiden Besatzungsmächten zu koordinieren.

Die Leistungsfähigkeit der deutschen Bizonenverwaltung war beschränkt durch ihre Dezentralisierung, ihre komplizierte Struktur, durch die fehlende Koordinierungsinstanz, durch konkurrierende Verwaltungen auf Länder- und Zonenebene, durch ihre Abhängigkeit von den Militärregierungen und vor allem durch die Tatsache, daß wichtige Bereiche des deutschen Wirtschaftslebens nicht in ihre Kompetenz fielen: Für den Außenhandel war die »Joint Export-Import Agency« (JEIA) der Besatzungsmächte die oberste Instanz. Die Eisen- und Stahlindustrie der britischen Zone war beschlagnahmt und unterstand der »North German Iron and Steel Control« in Düsseldorf, die die Entflechtung der Konzerne durchführen sollte. Die Kohlegruben unterstanden seit Juli 1945 der »North German Coal Control«, die im Herbst 1947 durch Beitritt der Amerikaner zur »UK/US Coal Control Group« erweitert wurde.

Die Lage der deutschen Bevölkerung 1947 Der Zusammenschluß der amerikanischen und britischen Zone schuf ein vereinigtes Wirtschaftsgebiet, in dem 39 Millionen Menschen, ungefähr 60 % der deutschen Bevölkerung diesseits der Oder-Neiße-Linie, lebten. Davon waren neun Millionen Flüchtlinge, Vertriebene und Evakuierte, die große Not litten. Ihre Lage verschlechterte sich im Jahrhundertwinter 1946/47 katastrophal: Er war extrem kalt, dauerte bis zum März 1947 und brachte zeitweise den Verkehr, die Industrie, die Energie- und die Lebensmittelversorgung der Bizone zum Stillstand. Er verschärfte die Versorgungskrise aber nicht nur in Deutschland, sondern überall in Europa, vor allem in Großbritannien, dessen Regierung sich immer weniger in der Lage sah, die britische Zone in Deutschland zu unterstützen. Auf den extrem kalten Winter folgte ein extrem heißer Sommer; die Ernten fielen katastrophal schlecht aus. So wurde 1947 für die deutsche Bevölkerung zum Hungerjahr und zum schlimmsten Nachkriegsjahr überhaupt. Von Juli 1946 bis Juni 1947 führten Großbritannien und die USA 1,596 Mill. Tonnen Lebensmittel in ihre Zonen ein, dennoch erhielten im Mai 1947 Erwachsene im Ruhrgebiet manchmal nur 850 Kalorien pro Tag. Im Sommer kam es in verschiedenen Großstädten der britischen und amerikanischen Zone zu Protestkundgebungen gegen die Hungerrationen und die Demontagepolitik.

Der britische und der amerikanische Militärgouverneur waren sich mit den Ministerpräsidenten »ihrer« Länder bald einig, daß die Wirtschaftsverwaltung der Bizone gestrafft und politisch entscheidungsfähig gemacht werden sollte. Vor der Moskauer Außenministerkonferenz sollte jedoch nichts geschehen, das ihnen den Vorwurf eintragen konnte, vollendete Tatsachen geschaffen zu haben.

Die Moskauer Außenministerkonferenz dauerte vom 10. März bis zum 24. April 1947. Einigen konnten sich die Minister auf die Bildung deutscher Zentralverwaltungen und eines Konsultativrats. Doch an der Frage der Zusammensetzung, Arbeitsweise und Kompetenz dieser Gremien zerbrach die Einigkeit bald. Die Konferenz endete weitgehend ergebnislos, weil Molotow seine Forderung nach Reparationen im Wert von 10 Milliarden Dollar wiederholte und eine Rücknahme der Entscheidung über die Vereinigung der britischen und amerikanischen Zone forderte. Die Moskauer Außenminister-konferenz (März/April 1947)

Zwei Tage nach dem Zusammentreten der Moskauer Konferenz, am 12. März 1947, hielt Präsident Truman vor dem amerikanischen Kongreß eine Rede, in der er die Zusicherung wirtschaftlicher Hilfe an Griechenland und die Türkei mit der Erklärung verband, die USA würden alle freien Völker unterstützen, *»die sich der Unterwerfung durch bewaffnete Minderheiten oder durch Druck von außen widersetzen«*[38]. Diese als »Truman-Doktrin« bekannt gewordene Grundsatzrede war ein deutliches Signal an die Sowjetunion und an die europäischen Nationen, daß die USA ein weiteres Vordringen der Sowjetunion nach Zentral- und Westeuropa nicht dulden, sondern den Einfluß der Sowjetunion eindämmen wollten (containment-Politik). Die Truman-Doktrin

Eine Folge der gescheiterten Moskauer Außenministerkonferenz war die Straffung der Bizonenverwaltung durch das anglo-amerikanische »Abkommen über die Neugestaltung der zweizonalen Wirtschaftsstellen« vom 29. Mai 1947. Danach sollte die Bizone 1. eine Art Parlament erhalten, einen »Wirtschaftsrat«, der von den Landtagen der beiden Zonen gewählt werden sollte, 2. »ein hauptamtliches Koordinierungs- und Exekutivorgan, genannt Exekutivausschuß«, in das jede Landesregierung ein Mitglied entsenden sollte. Und 3. sollten an die Spitze der bizonalen Verwaltungsstellen »Direktoren« treten, die ministerähnliche Funktionen erfüllen würden. Diese Umorganisierung sollte dazu dienen, *»die Lösung dringender wirtschatlicher Probleme und den Ausbau des Wirtschaftslebens durch dem Volke verantwortliche deutsche Stellen zu fördern«*[39]. Reform der Bizonen-verwaltung

Einen Tag später, am 6. Juni 1947 trafen sich in München zum ersten (und letzten) Male die Ministerpräsidenten aller Besatzungszonen. Die Initiative zu diesem Treffen war von dem bayerischen Ministerpräsi- Die Münchener Ministerpräsi-dentenkonferenz (6. 6. 1947)

denten Hans Ehard ausgegangen. Er wollte mit solch einem Treffen der deutschen Öffentlichkeit nach dem Fehlschlag der Moskauer Außenministerkonferenz ein Hoffnungszeichen geben und den Willen zur Einheit Deutschlands unterstreichen. Die Ministerpräsidenten sollten die Hungersnot, die Wirtschaftsnot und das Flüchtlingselend erörtern. Den Ministerpräsidenten der französischen Zone war von ihrer Besatzungsmacht ausdrücklich untersagt worden, über politische Probleme zu beraten. Gerade das aber wollten die überraschend angereisten Ministerpräsidenten aus der sowjetischen Zone tun. Am Vorabend der Konferenz forderten sie, »*als entscheidende Voraussetzung für die Verhandlungen der Konferenz folgenden ersten Punkt auf die Tagesordnung zu setzen: Bildung einer deutschen Zentralverwaltung durch Verständigung der demokratischen Parteien und Gewerkschaften zur Schaffung eines deutschen Einheitsstaates*«[40].

Die westdeutschen Regierungschefs befürchteten eine politische Demonstration und lehnten die Aufnahme dieses Punktes in die Tagesordnung ab, auch als die ostdeutschen Länderchefs versicherten, daß sie lediglich eine Erklärung »entsprechend dem Antrag« verlesen wollten. Unter den zwölf Ministerpräsidenten der Westzonen gehörten sieben der SPD an. Sie verhielten sich wegen der Zwangsvereinigung von SPD und KPD im Jahr zuvor besonders ablehnend gegenüber den östlichen Regierungschefs, denen sie – ohne Rücksicht darauf, ob es sich um ehemalige Sozialdemokraten, Liberale oder Kommunisten handelte – jede demokratische Legitimation absprachen. Wenn auch einige der westlichen Teilnehmer begriffen, daß den östlichen Kollegen die Hände gebunden waren, so lehnten sie die geforderte Erweiterung der Tagesordnung doch ab, und die Ministerpräsidenten der Ostzone reisten zurück. Als sie den Sitzungssaal der bayerischen Staatskanzlei verließen, erklärte Ministerpräsident Ehard, »*daß dies die Spaltung Deutschlands bedeute*«. Wieweit die Münchener Ministerpräsidentenkonferenz eine Chance war, den Zerfall Deutschlands zu verhindern, darf angesichts der zunehmenden Spannungen zwischen den beiden Weltmächten bezweifelt werden, auffällig ist allerdings, daß die westdeutschen Regierungschefs offenbar nicht bereit waren, Kontakt zu ihren ostdeutschen Kollegen zu halten und das gesamtdeutsche Gespräch fortzuführen. Nicht zuletzt im Hinblick auf die wirtschaftliche Notlage erschien es mittlerweile sinnvoller und konstruktiver, die Bizone zu konsolidieren, als auf eine zentrale Wirtschaftsverwaltung für ganz Deutschland zu warten.

Die »Magnet-
theorie«

Die Bizone würde wie ein Magnet die Ostzone anziehen und schließlich zur Wiedervereinigung Deutschlands führen. Vor der Münchener Ministerpräsidentenkonferenz hatte der SPD-Vorsitzende Kurt Schumacher am 31. Mai diesen Gedankengang so ausgedrückt:

»Man muß soziale und ökonomische Tatsachen schaffen, die das Über-
gewicht der drei Westzonen über die Ostzone deklarieren... Die Prosperi-
tät der Westzonen, die sich auf der Grundlage der Konzentrierung der
bizonalen Wirtschaftspolitik erreichen läßt, kann den Westen zum ökono-
mischen Magneten machen. Es ist realpolitisch vom deutschen Gesichts-
punkt aus kein anderer Weg zur Erringung der deutschen Einheit möglich
als diese ökonomische Magnetisierung des Westens, die ihre Anziehungs-
kraft auf den Osten so stark ausüben muß, daß auf die Dauer die bloße
Innehabung des Machtapparates dagegen kein sicheres Mittel ist«[41]

Am 25. Juni 1947 trat der Wirtschaftsrat des »Vereinigten Wirtschafts-
gebiets« (so der offizielle Name der Bizone) zu seiner konstituierenden
Sitzung in Frankfurt am Main zusammen. Die 52 Abgeordneten waren
entsprechend der Bevölkerungszahl (jeweils ein Vertreter für 750 000
Einwohner) von den Landtagen der acht Länder der amerikanischen
und britischen Besatzungszone gewählt worden. In ihrer Parteizugehörigkeit entsprachen sie dem Parteienproporz in den Landtagen: 20
Abgeordnete stellten CDU/CSU (die Fraktionsgemeinschaft wurde damals gegründet), 20 die SPD. Dazu kamen zwei Abgeordnete der
»Deutschen Partei« aus Niedersachsen, die sich bald der CDU/CSU
anschlossen, vier liberale Abgeordnete, die noch nicht als FDP firmier-
ten, aber als geschlossene Gruppe agierten, drei Kommunisten, zwei
Abgeordnete des wiedergegründeten Zentrum und ein Vertreter der
»Wirtschaftlichen Aufbauvereinigung« des bayerischen Politikers Alfred Loritz[42].

Der Wirtschaftsrat hatte das Gesetzgebungsrecht für die Gebiete Wirtschaft, Verkehr, Post, Finanzen und Landwirtschaft. Die beiden Militärgouverneure erteilten ihm Weisungen und genehmigten die Gesetze. In
der Praxis geschah dies durch das in Frankfurt eingerichtete »Bipartite
Control Office« oder BICO, in dem ein Stab von 900 britischen und
amerikanischen Experten die Tätigkeit der deutschen Bizonenverwaltung überwachte. Im Wirtschaftsrat hatten die bürgerlichen Parteien die
Mehrheit, im Exekutivrat die SPD. Die Direktoren (= Minister) wurden
auf Vorschlag des Exekutivrats vom Wirtschaftsrat ernannt. SPD und
CDU/CSU beanspruchten für sich das wichtige Wirtschaftsressort.
Obwohl die Diskussion über Planwirtschaft und Marktwirtschaft damals noch nicht mit der späteren Schärfe geführt wurde, waren beide
Seiten doch davon überzeugt, daß die Verwaltung für Wirtschaft eine
politische Schlüsselfunktion sein würde. Als sich im Wirtschaftsrat
keine Mehrheit für den SPD-Vorschlag abzeichnete, ging die SPD am
24. Juli 1947 freiwillig in die »konstruktive Opposition«. Zum Direktor
des Wirtschaftsamts wurde Johannes Semler (CSU) gewählt, und auch
alle anderen Direktorenposten wurden mit CDU/CSU-Vertretern be-

setzt. Die SPD stellte damals zwar in allen acht Ländern der Bizone die Wirtschaftsminister, aber durch den Verzicht auf die Direktorenämter der Bizone begab sie sich der Möglichkeit, aktiv in die westdeutsche Wirtschaftspolitik einzugreifen.

Die Sozialisierungsfrage Während die SPD nach wie vor am Konzept der Sozialisierung wenigstens der Grundstoffindustrieen festhielt, hatte sich in der CDU die Überzeugung durchgesetzt, daß Sozialisierung für den Wiederaufbau der deutschen Wirtschaft eher schädlich denn förderlich sein würde. Diese Einstellung entsprach der Auffassung der amerikanischen Besatzungsbehörden, die den Sozialisierungsplänen der deutschen Parteien und des britischen Verbündeten von Anfang an spektisch gegenüberstanden hatten. So hatten sie am 1. Dezember 1946 ausschließlich den Sozialisierungsartikel der hessischen Verfassung, unabhängig vom übrigen Verfassungsentwurf, den Wählern zur Abstimmung vorgelegt – in der Hoffnung auf Ablehnung. Doch 71,9 % der hessischen Wähler sprachen sich für die Sozialisierung aus. Als sich die Durchführung aufgrund von Auseinandersetzungen zwischen den deutschen Parteien verzögerte, suspendierten die Amerikaner den Artikel im November 1947 und erneut im Dezember 1948. Das im Mai 1947 vom bayerischen Landtag verabschiedete Durchführungsgesetz zum Artikel 160 der bayerischen Verfassung, wonach der Bergbau, die Energiewirtschaft und das öffentliche Verkehrswesen verstaatlicht werden sollten, fand nicht die Billigung der amerikanischen Militärregierung und konnte daher nicht in Kraft treten.

Nach Bildung der Bizone konnten die Amerikaner auch die Wirtschaftspolitik in der britischen Zone in ihrem Sinne bestimmen: Als die britischen Besatzungsbehörden im Sommer 1947 damit begannen, als ersten Schritt zur Sozialisierung Treuhänder für beschlagnahmte Betriebe einzusetzen, erhoben die Amerikaner Einspruch. Als der Düsseldorfer Landtag im Sommer 1948 ein Gesetz verabschiedete, das die Verstaatlichung der Kohlebergwerke vorsah, sorgte amerikanischer Druck dafür, daß die britische Militärregierung am 23. August 1948 dem Gesetz die Genehmigung versagte mit der Begründung, daß die Frage der Sozialisierung der Kohleindustrie von einer deutschen Regierung und nicht von einer Landesregierung behandelt werden sollte. Das englisch-amerikanische Entflechtungsgesetz vom 10. November 1948 bestimmte ausdrücklich, daß die Frage der künfigen Eigentumsrechte an der Kohle- und Stahlindustrie der Entscheidung einer frei gewählten deutschen Regierung vorbehalten bleiben sollte[43].

Mit der Gründung des Wirtschaftsrats in Frankfurt hatte die Bizone so etwas wie ein Parlament und eine Hauptstadt erhalten; es war ein weiterer Schritt auf dem Weg zur Gründung eines westdeutschen Staates. Als

Antwort auf die Errichtung des Wirtschaftsrats gründete die Sowjetische Militäradministration in ihrer Zone am 14. Juni 1947 die Deutsche Wirtschaftskommission. Sie bestand aus den fünf Präsidenten der Zentralverwaltungen für Industrie, Verkehr, Handel und Versorgung, Landwirtschaft und Forstwirtschaft, Brennstoff und Energie sowie den beiden Vorsitzenden der »Vereinigung für gegenseitige Bauernhilfe« und des Freien Deutschen Gewerkschaftsbundes (FDGB).

Ehe der Wirtschaftsrat sich konstituiert hatte, kündigte Byrnes' Nachfolger George Marshall am 5. Juni 1947 (dem Tag, an dem die Ministerpräsidetenkonferenz in München platzte) in seiner berühmt gewordenen Rede vor Studenten der Harvard-Universität an, daß die USA alle europäischen Staaten, die sich einem vereinigten Plan zum Wiederaufbau Europas anschlössen, finanziell unterstützen würden[44]. Marshalls Angebot bezog die Sowjetunion und die osteuropäischen Staaten ein. Polen, Ungarn und die Tschecholowakei waren an der Marshall-Plan-Hilfe interessiert, die Tschechoslowakei nahm die Einladung sogar an. Zur Beratung des amerikanischen Hilfsangebots kamen die Außenminister der vier Siegermächte vom 27. Juni bis zum 2. Juli 1947 in Paris zusammen. Die Außenminister Großbritanniens und Frankreichs stimmten dem Marshallplan sofort zu. Molotow kritisierte den Plan als Eingriff in die Souveränität der europäischen Staaten und forderte, daß jedes Land das Recht erhalten sollte, selbst über die Verwendung der Gelder zu verfügen. Dem wollten die Amerikaner nicht zustimmen. Außerdem war von vornherein klar, daß sie nur solchen Wiederaufbauplänen zustimmen würden, die den freien Handelsverkehr und die freie Marktwirtschaft wiederherstellen würden und nicht etwa Plänen zum Auf- oder Ausbau einer zentral gelenkten Planwirtschaft. Die Sowjets verließen die Verhandlungen und veranlaßten die osteuropäischen Staaten einschließlich der Tschechoslowakei, die Einladung zu der auf den 12. Juli bis 22. September anberaumten Wirtschaftskonferenz abzulehnen.

In Paris zeichnete sich die Bildung eines Westblocks unter der Führung der USA, gestützt auf eine neue Einigkeit zwischen Großbritannien und Frankreich, deutlich ab. Die Sowjetunion reagierte darauf mit der Gründung des Kommunistischen Informationsbüros im September 1947, in das neun kommunistische Parteien, darunter die Frankreichs und Italiens, Vertreter entsandten. Das Grundsatzreferat des sowjetischen Parteitheoretikers und KPdSU-Sekretärs A. Shdanow umriß eindeutig die sowjetische Theorie von der Teilung der Welt in ein »imperialistisches und antidemokratisches« Lager einerseits, dessen Ziel die »Weltherrschaft des amerikanischen Imperialismus« sei, und in ein »antiimperialistisches und demokratisches Lager« andererseits, das den

Der Marshallplan

Die Kominform (September 1947)

»Untergang des Imperialismus, Festigung der Demokratie und Liqui-
dierung der Überreste des Faschismus« anstrebte[45]. Alle Vorstellungen
von einem eigenen nationalen Weg zum Sozialismus, wie ihn nicht nur
Tito für Jugoslawien vertrat, sondern die KPD und die SED auch längere Zeit für Deutschland propagiert hatten, lehnte die Kominform entschieden ab.

Auf der Pariser Konferenz für wirtschaftliche Zusammenarbeit Europas
(12. Juli bis 22. September 1947) arbeiteten sechzehn europäische Staaten ein Vierjahresprogramm aus, das vom amerikanischen Kongreß im
Winter 1947/48 angenommen und ab Mitte 1948 in die Tat umgesetzt
wurde. Ein wichtiger Aspekt dieses Programms war, daß finanzielle
Hilfe auch den westlichen Besatzungszonen Deutschlands geleistet
werden sollte, denn »*die übrigen westeuropäischen Länder werden solange nicht gedeihen können, als die Wirtschaft der Westzonen* (!)
*gelähmt sein wird, und es wird eine wesentliche Steigerung des Ertrags
dieser Zonen nötig sein, wenn gewünscht wird, daß Europa aufhöre, von
äußerer Hilfe abhängig zu sein*«[46]. Dagegen blieb die sowjetische Zone
wegen der ablehnenden Haltung der Sowjets von der amerikanischen
Hilfe ausgeschlossen.

Die Londoner Außenminister-konferenz (November 1947)

In dieser Situation trafen sich die vier Außenminister der USA, der
UdSSR, Großbritanniens und Frankreichs am 25. November 1947 in
London, um über Deutschland zu beraten. Die Konferenz wurde am
15. Dezember ergebnislos abgebrochen, nachdem Molotow erneut 10
Milliarden Dollar Reparationen und eine Vier-Mächte-Kontrolle der
Ruhr gefordert hatte. Das Scheitern der Konferenz machte deutlich,
daß die Anti-Hitler-Koalition der Alliierten zerbrochen war und der
Ost-West-Konfrontation Platz gemacht hatte. Alle Hoffnungen auf
eine wirtschaftliche und politische Einheit, die in Deutschland noch existiert haben mögen, hatten sich zerschlagen. Beide Seiten hatten für ihre
Besatzungszonen Strukturentscheidungen gefällt, die die Chancen für
eine einheitliche Entwicklung Nachkriegsdeutschlands immer weiter
verringert hatten.

Wendepunkt der alliierten Deutschland-politik

Das Scheitern der Londoner Konferenz war ein Wendepunkt in der
Deutschlandpolitik. Für die Amerikaner und Engländer gab sie das
Signal, den »kühnen Schritt« zu wagen und der Bizone den politischen
Charakter zu verleihen, den sie bisher so sorgfältig vermieden hatten.
Die Franzosen wurden für diese Maßnahme gewonnen mit der Dro-
hung, daß sie, falls sie sich weiter einer Vereinigung ihrer Zone mit der
Bizone widersetzen sollten, für ihre Zone keine Marshallplanhilfe erhal-
ten würden.

Reorganisation der Bizone (Februar 1948)

Ein erster Schritt war die Reorganisation der Bizonenverwaltung. Nach
intensiven Beratungen mit deutschen Experten verkündeten die beiden

60

Militärgouverneure am 9.Februar 1948 die Verdoppelung des Wirtschaftsrats auf 104 Mitglieder. Daneben trat an die Stelle des Exekutivrates als eine Art zweiter Kammer ein Länderrat, in den jedes Land der Bizone zwei Vertreter entsandte. Die Direktoren der Verwaltungen sollten künftig in einem als »Verwaltungsrat« bezeichneten Kabinett unter einem Vorsitzenden beraten und entscheiden. Wenig später wurde ein Deutsches Obergericht in Köln errichtet, das Streitigkeiten zwischen den Ländern und den Organen der Bizone schlichten sollte. In Frankfurt wurde am 1. März 1948 die Bank Deutscher Länder (die Vorläuferin der Deutschen Bundesbank) gegründet.

Die Ministerpräsidenten der Bizone erkannten sehr wohl, daß mit dieser Konstruktion das Vereinigte Wirtschaftsgebiet einen quasi staatlichen Charakter erhielt und die Vorstufe eines westdeutschen Separatstaates bilden konnte. Sie akzeptierten gleichwohl die Entscheidungen der Alliierten und rechtfertigten sich in einer gemeinsamen Erklärung vom 26. Januar 1948 mit der wirtschaftlichen Notlage: »*Da die wirtschaftliche Notlage ein sofortiges Handeln verlangt, sind wir bereit, an der durch die Proklamation der Zonenbefehlshaber zu treffenden Neuordnung mitzuarbeiten. (Wir) stellen jedoch fest, daß das neue Recht nicht von deutschen Stellen, sondern von den Besatzungsmächten geschaffen wird, die hierfür allein die Verantwortung tragen*«[47].

Zu seinem Präsidenten wählte der Wirtschaftsrat am 24. Februar 1948 wieder Erich Köhler (CDU). Vorsitzender des Verwaltungsrats wurde am 2. März der CDU-Politiker und ehemalige Kölner Oberbürgermeister Hermann Pünder. Zum Direktor des Wirtschaftsamts wurde ein Mann ernannt, den die Sozialdemokraten und die Amerikaner anderthalb Jahre vorher von seinem Posten als bayerischer Wirtschaftsminister entfernt hatten: Ludwig Erhard. Er gehörte keiner Partei an; seine politischen und wirtschaftspolitischen Vorstellungen standen jedoch denen des Adenauer-Flügels in der CDU nahe.

Vom 23. Februar bis 5. März 1948 berieten die drei Westmächte und die Benelux-Staaten in London über die Zukunft Westdeutschlands. Nach langem Widerstand der französischen Delegation einigten sich die Teilnehmer im Grundsatz über eine internationale Kontrolle des Ruhrgebiets und die Einbeziehung aller drei Zonen in das europäische Wiederaufbauprogramm.

Am 17. März 1948 unterzeichneten in Brüssel Vertreter Großbritanniens, Frankreichs und der Benelux-Staaten den Brüsseler Pakt, in dem sie sich gegenseitigen Beistand im Falle eines Angriffes, insbesondere für den Fall der Erneuerung einer deutschen Aggressionspolitik, zusagten. In Wirklichkeit richtete sich der Pakt schon damals gegen die Sowjetunion. Nach der kommunistischen Machtübernahme in Prag am 25. Fe-

Der Brüsseler Pakt (17. 3. 1948)

bruar 1948 war die Angst vor einer Ausbreitung der Sowjetunion nach Westen vor allem im Großbritannien weit verbreitet. Der Brüsseler Pakt wurde zur Keimzelle der NATO.

Das Ende des Kontrollrates (20. März 1948)

Am 20. März 1948 verließ Marschall Sokolowskij den Kontrollrat in Berlin, nachdem die Vertreter der Westmächte sich geweigert hatten, ihn über die Abmachungen der Westmächte in London zwischen Februar und März zu informieren, weil sie dazu nicht von ihren Regierungen autorisiert worden seien. Es war ein Akt des Protests gegen den Brüsseler Pakt und den Marshallplan. Der alliierte Kontrollrat hatte aufgehört zu bestehen. Die Viermächteverwaltung Deutschlands war an ihrem Ende angelangt. Am 1. April begannen die Sowjets den Verkehr zwischen den Westzonen und Berlin immer strenger zu kontrollieren; sie probten die totale Blockade der Stadt, wie sie kurze Zeit später Wirklichkeit wurde.

OEEC und Comecon

Nachdem der amerikanische Präsident am 3. April 1948 das Auslandshilfegesetz unterzeichnet hatte, gründeten am 16. April 1948 sechzehn Nationen in Paris die Organisation für europäische wirtschaftliche Zusammenarbeit (Organization for European Economic Cooperation = OEEC), die die Marshallplan-Gelder für Europa verwalten sollte. Die drei Westzonen wurden – vertreten durch die drei Militärgouverneure – Mitglied der OEEC. Die Sowjetunion antwortete im Januar 1949 mit der Gründung des »Rates für Gegenseitige Wirtschaftshilfe« (Comecon), dem alle osteuropäischen Staaten und bald auch die DDR angehörten.

Die Londoner Empfehlungen (7. Juni 1948)

Die zweite Phase der Sechsmächte-Konferenz dauerte vom 20. April bis zum 2. Juni 1948 und endete mit dem Deutschland-Kommuniqué vom 7. Juni 1948, den »Londoner Empfehlungen«. Die Delegierten erkannten an, »daß es bei Berücksichtigung der augenblicklichen Lage notwendig (sei), dem deutschen Volk Gelegenheit zu geben, die gemeinsame Grundlage für eine freie und demokratische Regierungsform zu schaffen, um dadurch die Wiedererrichtung der deutschen Einheit zu ermöglichen, die zum gegenwärtigen Zeitpunkt zerrissen« sei. Daher sollten die westdeutschen Ministerpräsidenten »Vollmacht« erhalten, »eine verfassungsgebende Versammlung zur Ausarbeitung einer Verfassung einzuberufen, die von den Ländern zu genehmigen« sei normal[48]. Diese Empfehlungen bildeten den Kern der »Frankfurter Dokumente«, die den Minsterpräsidenten der westdeutschen Länder am 1. Juli 1948 überreicht wurden und den Weg zum Parlamentarischen Rat eröffneten.

Am 17. Juni 1948 nahm die französische Nationalversammlung mit knapper Mehrheit die Londoner Vereinbarungen an. Einen Tag später verkündeten die drei Militärgouverneure die Währungsreform für die Westzonen.

8. Die Währungsreform

Das NS-Regime hatte den Zweiten Weltkrieg hauptsächlich über Anleihen finanziert. Der Geldumlauf hatte sich am Ende des Krieges gegenüber 1938 verfünffacht. Von den Alliierten gedruckte Geldscheine (Alliierte Mark) vermehrten den Geldumlauf erneut und machten Geld praktisch wertlos.

Am 20. Juni 1948 wurde die Reichsmark nach einem Plan, den die Westalliierten in Zusammenarbeit mit deutschen Experten ausgearbeitet hatten, abgeschafft und durch die Deutsche Mark (DM) ersetzt. Jeder Bewohner der drei Westzonen konnte sofort 40 Reichsmark in 40 neue Deutsche Mark umtauschen. Vier Wochen später erhielt jeder noch einmal 20 DM. Alle regelmäßigen Zahlungen, wie Löhne, Renten, Mieten, wurden im Verhältnis 1:1 umgewertet. Um die umlaufende Geldmenge drastisch zu reduzieren, wurden Guthaben und Barbestände zur Hälfte im Verhältnis 100 zu 10, zur anderen Hälfte im Verhältnis 100 RM zu 6,50 DM umgetauscht. Alle Schulden mußten im Verhältnis 10:1 zurückgezahlt werden. Anleihen des Reiches, der Länder, der Gemeinden und öffentlicher Anstalten wurden zu noch geringeren Raten »aufgewertet«. Die Menge der umlaufenden Noten wurde auf 10 Milliarden DM festgesetzt, und die Alliierten verpflichteten sich, diese Obergrenze nicht zu überschreiten, um das Vertrauen des Publikums in die neue Währung nicht zu unterminieren.

Die Einführung der DM (20. 6. 1948)

Letztlich lief die Währungsreform auf eine fast entschädigungslose Enteignung der Sparer hinaus. Sie begünstigte Schuldner und die Besitzer von Sachwerten und Aktien, die erst später zur Finanzierung des Lastenausgleichs herangezogen wurden. Die Abwertung der deutschen Währung reduzierte den Kostenfaktor der deutschen Industrie derartig, daß sie erfolgreich mit anderen Industrieländern auf dem internationalen Markt konkurrieren konnte.

Zwei Tage vor der Währungsreform hatte der Wirtschaftsrat der Bizone nach erbitterten Diskussionen am 18. Juni 1948 mit den Stimmen der CDU, CSU und FDP das sogenannte Leitsätzegesetz (Gesetz über Leitsätze für die Bewirtschaftung und Preispolitik nach der Geldreform) angenommen. Diese Leitsätze[49] waren vom Wirtschaftsdirektor Ludwig Erhard entworfen worden und ein Plädoyer für die schrittweise Ablösung der Zwangswirtschaft durch die Marktwirtschaft. Sie gaben dem Wirtschaftsrat die Möglichkeit, eine ganze Reihe von Bewirtschaftungsvorschriften und Kontrollen außer Kraft zu setzen. Zusammen mit Steuererleichterungen sollten diese Maßnahmen nach der Währungsreform die westdeutsche Wirtschaft in Schwung bringen.

L. Erhards Leitsätze zur Wirtschaftspolitik (18. 6. 1948)

Eine unmittelbare Folge der Währungsreform war, daß bisher gehortete

Waren plötzlich wieder auf dem Markt erschienen. Andererseits verdoppelte sich von Juni bis Dezember 1948 die Zahl der Arbeitslosen; die Lebenshaltungskosten stiegen um 17 %, während für die Löhne bis November ein Stopp galt. Daraufhin organisierten die Gewerkschaften am 12. November einen Proteststreik gegen die liberale Wirtschaftspolitik. Auch in Kreisen der CDU/CSU mehrten sich kritische Stimmen. Erhards Wirtschaftspolitik schien gescheitert zu sein. Erst Anfang 1949 beruhigte sich die Preisentwicklung wieder, und das »Wirtschaftswunder« begann sich zu entfalten (s. Kap. II.1).

9. Die Blockade Berlins und die Luftbrücke

Die Westalliierten hatten ursprünglich nicht die Absicht gehabt, die Währungsreform auf ihre Sektoren von Berlin auszudehnen. Sie machten daher den Sowjets am 18. Juni den Vorschlag, die vier Mächte sollten sich auf eine gemeinsame Währung für ganz Berlin einigen. Doch Marschall Sokolowskij lehnte dieses Angebot ab und fügte hinzu, daß Banknoten, die in den Westzonen ausgegeben würden, weder in der Sowjetischen Besatzungszone noch in Berlin, das er (im Gegensatz zu den Regelungen von 1944) als Teil der sowjetischen Zone bezeichnete, zirkulieren dürften. Da die Sowjets andererseits nicht dulden konnten, daß neben der in ihrer Zone noch gültigen Reichsmark im Westen eine Währung eingeführt wurde, die zehnmal so viel wert war, improvisierten sie ihrerseits am 22. Juni auch in ihrer Zone eine Währungsreform, indem sie die alten Geldscheine überstempelten Diese sollten nun in ganz Berlin gelten. Die Westmächte sahen darin die Gefahr, daß sich die Wirtschaft West-Berlins nach dem Osten orientieren könnte, und erklärten daher am 25. Juni, daß sowohl West- als auch Ostmark in den westlichen Sektoren von Berlin Gültigkeit haben sollten. Die Westberliner bezahlten vor allem Steuern, Gebühren und Mieten mit der »Tapetenmark«, wie das Ostgeld wegen der auf die Reichsmarkscheine geklebten Coupons genannt wurde. Das Verhältnis zwischen den beiden Währungen pendelte sich auf dem freien Markt bei 1 zu 2 ein, veränderte sich aber rasch auf 1 zu 4.

Währungsreform in der SBZ (22. 6. 1948)

Die Sowjets beantworteten diese Maßnahmen am 24. Juni mit der Blockade West-Berlins: Sie sperrten den Personen- und Güterverkehr zwischen den Westzonen und Berlin und beendeten alle Lieferungen aus der sowjetischen Besatzungszone in die Westsektoren Berlins. Das Ziel dieser Aktionen schien klar zu sein: Die Sowjets wollten Berlin abschnüren, aushungern und nach Abzug der Westmächte gänzlich in ihre Zone eingliedern. Wie ein Gespräch zwischen den drei westlichen

Beginn der Berlin-Blockade (24. 6. 1948)

Stadtkommandanten mit ihrem sowjetischen Kollegen am 3. Juli 1948 klarmachte, ging es der Sowjetunion bei der Blockade West-Berlins aber noch um mehr: Die Westalliierten sollten ihre Pläne zur Gründung eines westdeutschen Staates aufgeben.

Die sowjetischen Aktionen trafen die Westalliierten an ihrer verwundbarsten Stelle. Denn es gab kein offizielles Dokument, daß den Briten und Amerikanern den Zugang nach Berlin gesichert hätte. Die Versorgung von Berlin hing vollständig von seinem Umland, der sowjetischen Zone, ab. Der sowjetische Schritt stellte die Westmächte vor die Alternativen, sich sofort zurückzuziehen, sich in West-Berlin aushungern zu lassen oder Vereinbarungen über einen ungehinderten Zugang auszuhandeln – was mit Sicherheit Konzessionen in der Ruhrfrage und Verzicht auf die Gründung eines westdeutschen Staates bedeutet hätte. Alle drei Möglichkeiten hätten der Welt demonstriert, daß die Westmächte nicht in der Lage oder willens waren, ihre Freunde zu schützen. Eine vierte Möglichkeit wäre gewesen, sich den Zugang mit Waffengewalt zu erzwingen. Dazu war General Clay auch bereit: doch diese Möglichkeit wurde nie ernsthaft erwogen, denn die drei Regierungen entschieden sich für eine fünfte Möglichkeit: die Versorgung Berlins aus der Luft. Anders als die Landverbindungen waren die drei Luftkorridore nach Berlin für westalliierte Maschinen in einem Viermächteabkommen schriftlich festgelegt worden, und die Sowjets hätten Gewalt anwenden müssen, um sie zu schließen. Niemand rechnete zu Beginn der Blockade damit, daß man eine Stadt von 2,25 Millionen Einwohnern längere Zeit aus der Luft würde versorgen können. Und so war dieser Ausweg zunächst auch nur dazu gedacht, Zeit für Verhandlungen zu gewinnen. Doch die Sowjets zeigten sich in den ersten Wochen unnachgiebig, und so entwickelte sich die »Luftbrücke« in den kommenden Monaten zu einem Unternehmen, in dem schließlich täglich bis zu 380 Flugzeuge alle zwei Minuten Lebensmittel, Gebrauchsgüter, Heizmaterial und andere Dinge nach Berlin brachten[50].

Die Luftbrücke

Den Großteil der Kosten, die die Blockade verursachte, trugen die USA. Allein die täglichen Transportkosten wurden auf 150000 Dollar geschätzt. Die nach Berlin eingeflogenen Versorgungsgüter und Lebensmittel wurden zum Teil aus der Kasse der »Joint Export-Import Agency« (JEIA), die den westdeutschen Außenhandel abwickelte, bezahlt. Einen anderen Teil der Kosten trug die Bizone: 1949 gab der Wirtschaftsrat 480 Millionen Mark, das war gut die Hälfte seines auf 950 Millionen Mark angesetzten Etats, für die Berlinhilfe aus. Die Mittel wurden zum Teil durch zusätzliche Steuern auf Kaffee und Tee und ab November 1948 duch das »Notopfer Berlin« aufgebracht. Dies war eine Sondersteuer, die zuzüglich zur Lohn- bzw. Einkommensteuer und durch einen Zuschlag von zwei Pfennig auf Postsendungen erhoben wurde[51].

Die westlichen Militärgouverneure hatten im Sommer 1948 eine Gegenblockade gegen Ost-Berlin und die sowjetische Zone verhängt. Im Frühjahr 1949 wurde klar, daß der sowjetische Versuch, Westberlin auszuhungern, gescheitert war, während die westliche Gegenblockade langsam Wirkungen zeigte. Am 4. Mai 1949 unterzeichneten die vier Besatzungsmächte ein Abkommen, daß die Aufhebung der Blockade und der Gegenblockade vorsah. Am 12. Mai 1949 fuhren die ersten mit Lebensmitteln beladenen Lastwagen über die Autobahn von Hannover nach Berlin. Das Ergebnis der elfmonatigen Blockade war für die Sowjetunion eine klare Niederlage in der Deutschlandpolitik und im globalen Ost-West-Konflikt. Stalins Politik hatte alle Vorurteile bestätigt, die bei den Regierungen und in der öffentlichen Meinung des Westens gegen ihn bestanden. Während der Blockade hatte sich ein Gefühl der Verbundenheit zwischen den Westdeutschen und Westberlinern einerseits und ihren Besatzern andererseits herausgebildet, aus Feinden waren Verbündete geworden.

Inzwischen hatte sich aber die Teilung der Stadt vollzogen. Aus den Wahlen im Oktober 1946 war die SPD als stärkste Partei hervorgegangen. Sie stellte den Oberbürgermeister Otto Ostrowski, der den von der sowjetischen Militäradministration eingesetzten parteilosen Bürgermeister Arthur Werner ablöste. Auch in den Bezirksverwaltungen waren an führender Stelle Sozialdemokraten tätig. Dennoch war der Einfluß der Kommunisten größer als ihre Wahlerfolge. Die SED beherrschte vor allem den Polizeiapparat der Stadt; der Polizeipräsident Markgraf war noch von der SMAD eingesetzt worden und wurde von ihr auch dann noch gestützt, als der zuständige Polizeisenator Ferdinand Friedensburg (CDU) und die Mehrheit des Stadtparlaments am 13. November 1947 seine Abberufung forderten. Im April 1947 zwang die SPD Oberbürgermeister Ostrowski zum Rücktritt, weil er ihrer Meinung nach der sowjetischen Besatzungsmacht gegenüber zu nachgiebig gewesen war. Zu seinem Nachfolger wurde am 24. Juni 1947 Ernst Reuter mit 89 gegen 17 Stimmen (der SED) gewählt. Reuter hatte sich 1917 als Kriegsgefangener in Rußland den Bolschewiki angeschlossen, 1922 aber mit dem Bolschewismus gebrochen und war zur SPD übergewechselt. Als Stadtrat für Verkehr arbeitete er erfolgreich in der Berliner Kommunalverwaltung, ehe ihn die Nationalsozialisten vertrieben. Seine Wahl mußte die Alliierte Kommandantur bestätigen; doch der sowjetische Vertreter verweigerte seine Zustimmung, denn Reuter galt bei den Sowjets als Initiator einer »antisowjetischen Kampagne« in Berlin. Da die SPD nicht bereit war, einen anderen Politiker zur Wahl vorzuschlagen, wurde Louise Schröder, bisher eine der Stellvertreter des Oberbürgermeisters, zur »Amtierenden Oberbürgermeisterin« gewählt. Aus Krankheitsgründen mußte sie sich häufig durch Bürgermeister Friedensburg (CDU) vertreten lassen.

Auch nach Einführung von zwei Währungen und nach Beginn der Blockade gab es in Berlin einen gemeinsamen Magistrat, der seinen Sitz im Neuen Stadthaus im sowjetischen Sektor hatte. Magistrat und Abgeordnetenhaus gerieten freilich immer mehr unter kommunistischen Druck. Im Juli und August 1948 organisierte die SED »spontane« Protestkundgebungen vor und in dem Stadthaus, wobei Ratsmitglieder aus den Westsektoren am Betreten des Gebäudes gehindert wurden. Die Polizei weigerte sich einzugreifen. Als eine für den 6. September 1948 anberaumte Sitzung wieder einmal nicht stattfinden konnte, weil Demonstranten den Sitzungsraum besetzt hielten, verlegte der Stadtverordnetenvorsteher Otto Suhr die Sitzung in das Studentenhaus der Technischen Universität im britischen Sektor. Die Fraktion der SED nahm an dieser Sitzung nicht teil und erkannte fortan die Beschlüsse der Stadtverordnetenversammlung, die weiterhin im britischen Sektor tagte, nicht mehr als verbindlich an.

Drei Tage nach der Sprengung der Stadtverordnetenversammlung, am 9. September 1948, fand auf dem Platz der Republik vor den Ruinen des Reichstagsgebäudes die bisher größte Kundgebung West-Berlins stand. Etwa 300 000 Menschen waren den Aufrufen von SPD, CDU, LDP und der neu gegründeten Unabhängigen Gewerkschaftsorganisation gefolgt, um gegen die Politik der SED und der Sowjetunion zu protestieren. Ernst Reuter, der immer mehr zum Sprecher der Berliner und zum Symbol des Überlebenswillens der Stadt wurde, hielt hier seine berühmte Rede, in der er davor warnte, Berlin, den »Vorposten der Freiheit«, als Tauschobjekt in Viermächteverhandlungen preiszugeben, und zum Schluß ausrief: »*Ihr Völker der Welt, ihr Völker in Amerika, in England, in Frankreich, in Italien! Schaut auf diese Stadt und erkennt, daß ihr diese Stadt und dieses Volk nicht preisgeben dürft, nicht preisgeben könnt! Es gibt nur eine Möglichkeit für uns alle: gemeinsam so lange zusammenzustehen, bis dieser Kampf gewonnen, bis dieser Kampf endlich durch den Sieg über die Feinde, durch den Sieg über die Macht der Finsternis besiegelt ist...Völker der Welt, schaut auf Berlin! Und Volk von Berlin, sei dessen gewiß, diesen Kampf, den wollen, diesen Kampf, den werden wir gewinnen!*«[52]

Formell vollzogen wurde die Spaltung der Berliner Stadtverwaltung am 30. November 1948. Auf einer Versammlung im Ost-Berliner Admiralitätspalast, an der Mitglieder der SED-Fraktion der Stadtverordnetenversammlung und des »Demokratischen Blocks« (des Zusammen-

Ernst Reuter

Die Spaltung der Berliner Stadtverwaltung

schlusses der SED mit der Ost-CDU und der LDP), der Massenorganisationen (FDGB, FDJ und Demokratischer Frauenbund) und Deligierte Ost-Berliner Betriebe teilnahmen, wurde der amtierende Magistrat »wegen Mißachtung elementarer Lebensinteressen Berlins und seiner Bevölkerung« für abgesetzt erklärt. Die aus 1600 Personen bestehende Versammlung wählte einstimmig einen neuen »demokratischen Magistrat« mit Friedrich Ebert (SED), einem Sohn des ersten Reichspräsidenten der Weimarer Republik, zum Oberbürgermeister. Am 2. Dezember 1948 erkannte der amtierende sowjetische Stadtkommandant den »demokratischen Magistrat« als einziges rechtmäßiges Organ der Stadtverwaltung Berlins an. Der »alte« Magistrat und die Stadtverordnetenversammlung traten am 1. Dezember im britischen Sektor zu einer Sondersitzung zusammen und protestierten gegen den Ost-Berliner »Staatsstreich«. An den vollzogenen Tatsachen konnte das freilich nichts mehr ändern.

Die Stadtverordnetenwahl vom 5. 12. 1948 Am 5. Dezember 1948 fanden entsprechend der von allen vier Mächten bewilligten Verfassung (die alle zwei Jahre Wahlen zur Stadtverordnetenversammlung vorsah) Wahlen für ein neues Stadtparlament statt. Wählen konnten freilich nur die Wahlberechtigten in den zwölf Bezirken der Westsektoren, da der sowjetische Stadtkommandant die Wahl im sowjetischen Sektor untersagt hatte. Die SED lehnte es ab, sich an den »Spalterwahlen« zu beteiligen und forderte die West-Berliner zum Wahlboykott auf. Dennoch lag die Wahlbeteiligung bei 86 Prozent. Die SPD erzielte mit 65 Prozent (60 von 98 Sitzen) ihren größten Wahlerfolg in der deutschen Nachkriegsgeschichte. Am 7. Dezember wählte die Stadtverordnetenversammlung – noch in ihrer alten Zusammensetzung – Ernst Reuter zum Oberbürgermeister. Nachdem das neue Stadtparlament ihn im Januar 1949 wiedergewählt hatte, bildete Reuter einen Magistrat, dem alle drei im Parlament vertretenen Parteien angehörten (SPD, CDU, FDP). Sitz des nunmehr auf die Westsektoren der Stadt begrenzten Parlaments und des Magistrats wurde das Schöneberger Rathaus. Im März 1949 wurde das System der Doppelwährung aufgegeben. In West-Berlin galt fortan wie in den Westzonen bzw. der Bundesrepublik Deutschland ausschließlich die DM (West).

10. Parlamentarischer Rat und Grundgesetz der Bundesrepublik Deutschland

Die Frankfurter Dokumente (1. 7. 1948) Die drei Westmächte ließen sich durch die Blockade Berlins nicht von ihren im Frühjahr 1948 in London gefaßten Beschlüssen abbringen. Am 1. Juli 1948 übergaben die drei Militärgouverneure in Frankfurt den Mi-

68

nisterpräsidenten der westdeutschen Länder drei »Dokumente zur künftigen politischen Entwicklung Deutschlands« (»Frankfurter Dokumente«), die man auch die Geburtsurkunde der Bundesrepublik Deutschland genannt hat.

Im ersten Dokument autorisierten die Militärgouverneure die Ministerpräsidenten, eine Verfassunggebende Versammlung einzuberufen. Sie sollte »*eine demokratische Verfassung ausarbeiten, die für die beteiligten Länder eine Regierungsform des föderalistischen Typs schafft, die am besten geeignet ist, die gegenwärtig zerissene deutsche Einheit schließlich wieder herzustellen, und die Rechte der beteiligten Länder schützt, eine angemessene Zentralinstanz schafft und die Garantien der individuellen Rechte und Freiheiten enthält*«[53].

Das zweite Dokument ersuchte die Ministerpräsidenten, die Grenzen der Länder zu überprüfen und Vorschläge zur Neuordnung zu machen. Das dritte Dokument enthielt in Umrissen das künftige Besatzungsstatut. Es skizzierte die Befugnisse, die sich die Alliierten nach Schaffung einer deutschen Regierung vorbehalten wollten.

Die elf Ministerpräsidenten der Westzonen (5 Sozialdemokraten, 5 Christliche Demokraten und ein FDP-Mitglied) trafen sich vom 8. bis 10. Juni 1948, eine Woche nach dem Beginn der Berliner Blockade, auf dem Rittersturz bei Koblenz, um über die alliierten Vorschläge zu beraten. Parallel dazu tagten auch die Parteiführungen von CDU/CSU und SPD. Grundsätzlich waren sowohl die Ministerpräsidenten als auch die Parteivorstände zur Mitarbeit an den alliierten Vorschlägen bereit, d.h. sie sahen die Notwendigkeit einer westdeutschen Staatsgründung. Bedenken äußerten sie aber gegen die von den Alliierten vorgeschlagene Art und Weise, wie dieses Staatswesen zustandekommen sollte. Der Entwurf einer Verfassung durch eine Verfassunggebende Versammlung und deren Verabschiedung durch eine Volksabstimmung erschien ihnen zu endgültig. Sie wünschten eine stärkere Hervorhebung des provisorischen Charakters der vorgeschlagenen Staatsgründung. Carlo Schmid wollte den Ausdruck »Staat« ganz vermeiden und sprach von einem »Zweckverband administrativer Qualität«. Dieses zukünftige Gebilde sollte keine Verfassung, sondern ein »Grundgesetz« erhalten; und dieses sollte nicht vom Volk, sondern von den Landtagen verabschiedet werden.

In ihrer Stellungnahme zu den »Frankfurter Dokumenten« schrieben die Ministerpräsidenten am 10. Juli 1948 daher, daß, »*unbeschadet der Gewährung möglichst vollständiger Autonomie an die Bevölkerung dieses Gebietes, alles vermieden werden (müsse), was dem zu schaffenden Gebilde den Charakter eines Staates verleihen würde*«. Auch im Verfahren müsse zum Ausdruck kommen, »*daß es sich lediglich um ein*

Die Koblenzer Ministerpräsidentenkonferenz (8. – 10. 6. 1948)

69

Provisorium handelt sowie um eine Institution, die ihre Entstehung lediglich dem augenblicklichen Stand der mit der gegenwärtigen Besetzung Deutschlands verbundenen Umstände verdankt«. Die Ministerpräsidenten betonten, *»daß ihrer Meinung nach eine deutsche Verfassung erst dann geschaffen werden (könne), wenn das gesamte deutsche Volk die Möglichkeit (besitze), sich in freier Selbstbestimmung zu konstituieren; bis zum Eintritt dieses Zeitpunktes könnten nur vorläufige organisatorische Maßnahmen getroffen werden«.*

Daß es bei den Koblenzer Beschlüssen nicht zuletzt auch darum ging, den schwarzen Peter für eine eventuelle Spaltung Deutschlands den Alliierten zuzuschieben, erhellt die Stellungnahme der Ministerpräsidenten zum Entwurf des Besatzungsstatuts. Zunächst forderten sie, daß das Besatzungsstatut erlassen werden sollte, bevor mit der Beratung des Grundgesetzes begonnen würde. Sie waren außerdem der Meinung, *»daß in dem Besatzungsstatut deutlich zum Ausdruck kommen sollte, daß auch die nunmehr geplanten organisatorischen Änderungen letztlich auf den Willen der Besatzungsmächte zurückgingen, woraus sich andere Konsequenzen ergeben müßten, als wenn sie ein Akt freier Selbstbestimmung des deutschen Volkes wären«*[54].

Die Militärgouverneure waren über diese Stellungnahme zunächst verblüfft und – was General Clay anging – wütend, hatten sie doch den Eindruck gewonnen, daß die Ministerpräsidenten der Gründung eines westdeutschen Staates grundsätzlich positiv gegenüberstünden. Nach einigen Verhandlungen zwischen Alliierten und Deutschen (am 14. und 20. Juli in Frankfurt) sowie der Ministerpräsidenten untereinander (15./16. und 21./22. Juli im Jagdschloß Niederwald bei Rüdesheim) wurde schließlich am 26. Juli in Frankfurt eine Einigung erzielt. In der Sache folgten die Ministerpräsidenten weitgehend den Londoner Beschlüssen; in der Terminologie und in der Ausgestaltung des Verfahrens gaben die Alliierten den Bedenken der Ministerpräsidenten nach: Nicht eine Verfassunggebende Versammlung, sondern ein »Parlamentarischer Rat« sollte über das »Grundgesetz« (und nicht die »Verfassung«) beraten und beschließen. Das Grundgesetz sollte auch nicht durch das Volk, sondern durch die Landtage ratifiziert werden.

Der Verfassungskonvent von Herrenchiemsee (10.–23. 8. 1948)

Zur Vorbereitung der Beratungen des Parlamentarischen Rates hatten die Ministerpräsidenten bereits am 25. Juli 1948 einen Sachverständigenausschuß für Verfassungsfragen eingesetzt, der vom 10. bis 23. August in Herrenchiemsee tagte. Diesem Verfassungskonvent gehörten elf Länderdelegierte unter dem Vorsitz des bayerischen Ministers Anton Pfeiffer und etwa zwanzig Sachverständige und Mitarbeiter an. Der Verfassungskonvent erarbeitete »Richtlinien für ein Grundgesetz« mit teilweise unterschiedlichen Vorschlägen zu strittigen Punkten, die später die

Debatten des Parlamentarischen Rats strukturierten und auch inhaltlich bestimmten.

Der Parlamentarische Rat trat am 1. September 1948 im zoologischen Museum Alexander König in Bonn zusammen. Jeder Landtag entsandte einen Vertreter für jeweils 750.000 Einwohner. Danach erhielten die CDU/CSU und die SPD jeweils 27 Sitze, die FDP fünf und die Deutsche Partei, das Zentrum und die Kommunisten jeweils zwei. Aus Berlin kamen fünf Delegierte ohne Stimmrecht (drei Sozialdemokraten, je einer der CDU und der FDP). Da die Stimmen der drei kleinen Parteien selten zusammen abgegeben wurden, spielte die FDP oft die Rolle des Züngleins an der Waage. Nur vier Frauen gehörten dem Parlamentarischen Rat an. 60 % der Mitglieder waren aktive oder ehemalige Beamte, 42 % Juristen. Daher haben schon Zeitgenossen den Parlamentarischen Rat als »Beamtenparlament« bezeichnet. Das hier bereits auffällige Übergewicht des öffentlichen Dienstes im Parlament stieg in den folgenden Jahren sowohl im Bundestag als auch in den Landtagen ständig an.

Der Parlamentarische Rat

In seiner konstituierenden Sitzung wählte der Parlamentarische Rat mit den Stimmen der SPD Konrad Adenauer zu seinem Präsidenten. Seine Stellvertreter waren Adolph Schönfelder (SPD) und Hermann Schäfer (FDP). Zum Vorsitzenden des wichtigen Hauptausschusses, in dem die verschiedenen Entwürfe des Grundgesetzes zuerst beraten wurden, wählten die Mitglieder Carlo Schmid (SPD). Sein Stellvertreter war Heinrich von Brentano (CDU). Kurt Schumacher war von März 1948 bis April 1949 ans Krankenbett gefesselt und konnte an den Beratungen des Parlamentarischen Rates nicht teilnehmen.

Hauptdiskussionspunkte des Parlamentarischen Rates waren:

1. der Charakter des Grundgesetzes. Die SPD wollte lediglich ein Organisationsstatut für eine Übergangszeit bis zur Wiedervereinigung Deutschlands erarbeiten. Die CDU sah dagegen im Grundgesetz ein Modell für eine gesamtdeutsche Verfassung. Einvernehmlich wurde schließlich der Wiedervereinigungsgrundsatz in der Präambel und im Schlußartikel 146 verankert.

Kernpunkte der Verfassungsdiskussion

2. die Machtverteilung zwischen Zentralregierung und Länderregierungen, insbesondere in Steuerfragen. SPD und FDP waren bemüht, die Zentralgewalt so stark wie möglich zu machen, während Bayern, die Ministerpräsidenten und die Militärregierungen sie schwach halten wollten. Die CDU/CSU war gespalten: der linke Flügel neigte mehr dem SPD-Standpunkt zu, der rechte dem Länderstandpunkt. Amerikanischer Druck, das erste der Frankfurter Dokumente und die Weigerung der Länder, Einfluß abzugeben, sorgten schließlich dafür, daß ein hohes Maß an Föderalismus und Dezentralisation in das Grundgesetz

Eingang fanden. In der Finanzverfassung erhielt allerdings der Bund die entscheidenden Kompetenzen.

3. die Rolle der zweiten Kammer. Die SPD und die CDU der britischen Zone, einschließlich Adenauers, befürworteten einen Senat, den die Landtage entsprechend ihrer Bevölkerungsstärke und Parteizusammensetzung ernennen sollten. Die süddeutsche CDU und die CSU sowie das Zentrum und die Deutsche Partei setzten sich energisch für einen Bundesrat ein, der sich aus Delegierten der Landesregierungen zusammensetzen sollte. In einem Kompromiß zog die SPD ihre Opposition gegen den Bundesrat zurück, dafür wurden die Befugnisse dieses Gremiums in der Gesetzgebung reduziert. Die Regelung, daß der Bundesrat alle Beschlüsse des Bundestages, die die Länder betrafen, aufhalten konnte, machte ihn dann jedoch stärker, als die SPD 1948 vorausahnen konnte. Denn wie sich bald herausstellte, fällt ungefähr die Hälfte aller Gesetze in diese Kategorie.

4. die Gestaltung der Sozial- und Wirtschaftsordnung. Die von Vertretern der SPD und der CDU/CSU zum Teil erbittert geführten Auseinandersetzungen über die sozial- und wirtschaftspolitischen Grundsätze des neuen Staates fanden keinen Niederschlag im Grundgesetz. Lediglich der Grundsatz »*Die Bundesrepublik Deutschland ist ein demokratischer und sozialer Bundesstaat*« (Art. 20.1) wurde festgehalten.

Im Parlamentarischen Rat hatten auch Vertreter West-Berlins mitgearbeitet. Der Rat hatte ursprünglich beabsichtigt, West-Berlin als zwölftes Land in die neue Republik einzuschließen. Als diese Absicht bekannt wurde, protestierten die Sowjets. Die Westmächte wollten ihnen keinen Vorwand für weitere Repressalien gegen West-Berlin geben und bestanden daher darauf, daß dieser Plan aufgegeben wurde. Den West-Berliner Vertretern wurde nur erlaubt, an den Bundestagssitzungen mit beratender Stimme teilzunehmen. Die 1950 beschlossene Verfassung West-Berlins sah dann vor, daß Bundesgesetze in Berlin angewendet werden, sofern das Abgeordnetenhaus sie verabschiedete – vorbehaltlich ihrer Genehmigung durch die alliierten Stadtkommandanten.

Die Alliierten und das Grundgesetz
Ein erster Entwurf des Grundgesetzes war Ende des Jahres fertig und wurde nach weiterer Beratung am 13. Februar 1949 den Militärgouverneuren vorgelegt. Am 2. März erhoben sie Einwände gegen einige Kompromißlösungen in Fragen der Kompetenzaufteilung zwischen Bund und Ländern und der Finanzverfassung. Einen modifizierten Vorschlag des Parlamentarischen Rats, der freilich die Finanzverfassung unverändert ließ, lehnten die Militärgouverneure erneut ab. Alle Kompromißlösungen, auf die sich die Fraktionen im Parlamentarischen Rat mühselig genug geeinigt hatten, schienen wieder in Frage gestellt. Die sogenannte »Märzkrise« fand indes ein überraschendes Ende auf der

Washingtoner Außenministerkonferenz Anfang April 1949: Am 4. April hatten die drei Westmächte zusammen mit den Benelux-Staaten und Kanada die NATO gegründet. Gleichzeitig liefen Geheimverhandlungen mit der Sowjetunion über eine Beendigung der Berliner Blockade. Die einzige Bedingung, die die sowjetische Führung für den Abbruch der Blockade stellte, war eine Außenministerkonferenz der vier Siegermächte, die am 23. Mai in Paris zusammenkommen sollte. Bis zu diesem Zeitpunkt sollte nach übereinstimmender Meinung der drei Westmächte endlich die Verfassung des westdeutschen Staates unter Dach und Fach kommen. Die Regierungen der drei Westmächte gaben daher am 8. April dem Grundgesetzentwurf des Parlamentarischen Rats prinzipiell ihre Zustimmung. Am 25. April fanden die abschließenden Verhandlungen zwischen einer Delegation des Parlamentarischen Rats und den Militärgouverneuren in Frankfurt statt.

Am 8. Mai 1949 – genau vier Jahre nach Kriegsende – wurde das Grundgesetz in dritter Lesung vom Parlamentarischen Rat verabschiedet. 53 Abgeordnete stimmten für den Entwurf, dagegen stimmten sechs der acht CSU-Abgeordneten, und die jeweils zwei Vertreter des Zentrums, der Deutschen Partei und der KPD. Vier Tage später, am 12. Mai 1949, als die Blockade Berlins nach über dreihundert Tagen zu Ende ging, genehmigten die drei Militärgouverneure das Grundgesetz. Gleichzeitig verkündeten sie das Besatzungsstatut, das mit der Konstituierung der ersten Bundesregierung in Kraft treten sollte. Am 18., 20. und 21. Mai ratifizierten die Landtage von zehn Ländern das Grundgesetz. Nur der bayerische Landtag lehnte das Grundgesetz als zu zentralistisch ab. Da er aber hinzugefügt hatte, daß er das Grundgesetz akzeptieren würde, wenn es die anderen Länder täten, konnte die bayerische Ablehnung auch als stillschweigende Zustimmung interpretiert werden. Am 23. Mai 1949 wurde das Grundgesetz für die Bundesrepublik Deutschland in der Schlußsitzung des Parlamentarischen Rates feierlich verkündet. Anwesend waren außer den Mitgliedern des Parlamentarischen Rates auch die Ministerpräsidenten der Länder, die Landtagspräsidenten, Vertreter der Militärregierungen und des Wirtschaftsrates. Am gleichen Tag begann in Paris die Außenministerkonferenz der vier Siegermächte, die zwar bis zum 20. Juni dauerte, aber in der deutschen Frage keinerlei Ergebnisse zeitigte.

Verabschiedung und Verkündung des Grundgesetzes (8. u. 23. 5. 1949)

Das Grundgesetz

Deutsche
Einheit

Der vorläufige Charakter des Grundgesetzes wird in der Präambel deutlich, wo es heißt, daß das deutsche Volk in den Ländern Baden, Bayern etc. (aufgezählt werden die Länder der drei westlichen Besatzungszonen) *von dem Willen beseelt, seine nationale und staatliche Einheit zu wahren und als gleichberechtigtes Glied in einem vereinten Europa dem Frieden der Welt zu dienen«*, dieses Grundgesetz beschlossen habe, *»um dem staatlichen Leben für eine Übergangszeit eine neue Ordnung zu geben«*. Weiter heißt es dann in der Präambel: *»Es (das deutsche Volk in den Westzonen) hat auch für jene Deutsche gehandelt, denen mitzuwirken versagt war. Das gesamte deutsche Volk bleibt aufgefordert, in freier Selbstbestimmung die Einheit und Freiheit Deutschlands zu vollenden«*. Die Existenz der mit dem Grundgesetz gegründeten Bundesrepublik Deutschland fand ihre Rechtfertigung also in dem Ziel, die deutsche Einheit wiederherzustellen.

Dieses Einheitsgebot in der Präambel wird ergänzt durch Artikel, die der Überwindung der deutschen Spaltung dienen sollten. Nach Art. 23 galt das Grundgesetz *»zunächst«* im Gebiet der Länder der drei westlichen Besatzungszonen. *»In anderen Teilen Deutschlands ist es nach deren Beitritt in Kraft zu setzen«*, heißt es dann weiter. Diese Regelung wurde 1956 beim Beitritt des Saarlandes und 1990 beim Beitritt der fünf Länder der ehemaligen DDR angewendet. In Art. 116 werden als Deutsche im Sinne des Grundgesetzes alle Einwohner des Deutschen Reiches in den Grenzen vom 31. Dezember 1937 und deren Abkömmlinge bezeichnet. Das Grundgesetz erkannte eine besondere Staatsangehörigkeit der ebenfalls 1949 gegründeten DDR also nicht an. In Art. 146 schließlich heißt es: *»Dieses Grundgesetz verliert seine Gültigkeit an dem Tage, an dem eine Verfassung in Kraft tritt, die von dem deutschen Volke in freier Entscheidung beschlossen worden ist.«*

Die
Grundrechte

Viele Bestimmungen des Grundgesetzes waren beeinflußt von den Erfahrungen der Weimarer Republik. So stehen im Unterschied zur Weimarer Reichsverfassung die individuellen Grundrechte am Anfang der Verfassung und gehen damit der staatlichen Grundordnung voran. Vor allem sind die Grundrechte als unmittelbar geltendes Recht bindend für Gesetzgebung, Verwaltung und Rechtssprechung, sie sind also für jeden Bürger einklagbar (Art. 1.3).

Der Antrag der sozialdemokratischen Rechtsanwältin Dr. Elisabeth

Selbert, Frauen nicht nur in staatsbürgerlicher Hinsicht (wie in der Weimarer Verfassung), sondern in allen Rechtsbereichen den Männern gleichzustellen, wurde zunächst vom Grundsatzausschuß des Parlamentarischen Rates abgelehnt. Nachdem Elisabeth Selbert an die Öffentlichkeit gegangen war und die wichtigsten Frauenverbände, die weiblichen Abgeordneten aller Landtage (bis auf den bayerischen) sowie empörte Frauen aus allen Schichten und politischen Richtungen den Parlamentarischen Rat mit Protestschreiben eingedeckt hatten, lenkten die Abgeordneten der CDU und der FDP ein: Der Parlamentarische Rat nahm den Artikel 3.2 »*Männer und Frauen sind gleichberechtigt*« in das Grundgesetz auf. Die sich daraus ergebenden Anpassungen im Familien-, Erb- und Namensrecht haben Jahrzehnte gedauert und sind immer noch nicht abgeschlossen. Gleichberechtigung von Mann und Frau

Die plebiszitären Elemente der Weimarer Verfassung – Volksbegehren und Volksentscheid, direkte Wahl des Staatsoberhaupts – schaffte der Parlamentarische Rat fast vollständig ab (nur bei der Änderung von Ländergrenzen sollten Volksabstimmungen möglich sein), weil die meisten seiner Mitglieder davon ausgingen, daß diese Regelungen während der Weimarer Republik von Demagogen mißbraucht worden seien und zum Untergang der Republik beigetragen hätten. Ausschluß plebiszitärer Elemente

Während in der Weimarer Verfassung die politischen Parteien gar nicht genannt werden und infolgedessen auch ihre Organisation und Programmatik gesetzlich nicht geregelt war, weist ihnen das Grundgesetz als Träger der politischen Willensbildung einen wichtigen Platz in der Verfassung zu. In ihrer inneren Ordnung müssen die Parteien demokratischen Grundsätzen entsprechen. Parteien, die durch ihre Zielsetzung oder das Verhalten ihrer Mitglieder die freiheitliche demokratische Grundordnung beeinträchtigen oder beseitigen wollen, können durch das Bundesverfassungsgericht verboten werden (Art. 21). Stellung der Parteien

Der Präsident wird nicht mehr direkt vom Volk gewählt, sondern von einem parlamentarischen Gremium, der Bundesversammlung. Seine Amtszeit ist auf zwei Wahlperioden von jeweils fünf Jahren begrenzt; seine Befugnisse sind wesentlich geringer als die des Reichspräsidenten (Art. 54-61). Hatte die Weimarer Verfassung den Reichspräsidenten zu einer Art »Ersatzkaiser« mit vielen Exekutivrechten aufgebaut, so stärkte das Grundgesetz den Bundeskanzler: er ist nur durch ein konstruktives Mißtrauensvotum – also bei gleichzeitiger Wahl eines Nachfolgers – zu stürzen (Art. 67). Das Ziel dieser Rege- Die Exekutive lung war, den Fall zu vermeiden, den es in der Weimarer Republik seit 1930 gegeben hatte, daß nämlich zwei extreme Parteien zwar einen Kanzler stürzen, sich aber nicht auf einen neuen einigen konnten. Der Bundeskanzler besitzt die Richtlinienkompetenz im Kabinett; die Bundesminister können nur auf seinen Vorschlag hin vom Bundespräsidenten ernannt und entlassen werden (Art. 64 u. 65).

Das Verhältnis zu internationalen Institutionen

Das Grundgesetz regelt erstmals für eine deutsche Verfassung auch das Verhältnis der Bundesrepublik Deutschland zu überstaatlichen Organisationen und erklärt die allgemeinen Regeln des Völkerrechts zu Bestandteilen des Bundesrechts. Der Bund kann durch Gesetze Hoheitsrechte auf zwischenstaatliche Einrichtungen übertragen (Art. 24). Nicht zuletzt aufgrund der Erfahrungen mit dem Naziregime bestimmt Art. 16.2: *»Politisch Verfolgte genießen Asylrecht«*.

Das föderative System

Die Gesetzgebungskompetenz liegt bei Bundestag und Bundesrat. Die Verteilung der Sitze im Bundesrat resultiert aus einem Kompromiß zwischen dem SPD-Vorschlag, der analog zum US-Senat für alle Länder die gleiche Zahl von Vertretern vorgesehen hatte (was 1948/49 eine Überlegenheit von 18 SPD- gegen 15 CDU-Vertreter bedeutet hätte) und den anderen Parteien, die eine Vertretung entsprechend der Bevölkerungszahl der Länder vorgeschlagen hatten (was damals der CDU 25 und der SPD 19 Sitze gesichert hätte). Nach Artikel 51 erhielten nun die größten Länder mit einer Bevölkerung von über 6 Millionen (Nordrhein-Westfalen, Bayern, Niedersachsen und das 1952 geschaffenen Land Baden-Württemberg) je fünf Sitze, Länder mit 2 bis 6 Mill. Einwohnern (Rheinland-Pfalz, Schleswig-Holstein und Hessen) jeweils vier und die kleinen Länder mit weniger als 2 Mill.Einwohnern (Hamburg, Bremen und ab 1956 das Saarland) je drei Sitze. Die Bundesratsmitglieder werden von den Länderregierungen ernannt und nicht von der Bevölkerung – so das US-Modell – gewählt.

Als provisorische Hauptstadt der Bundesrepublik Deutschland (der Staatstitel geht auf einen Vorschlag des FDP-Abgeordneten und ersten Bundespräsidenten Theodor Heuss zurück) bestimmte der Parlamentarische Rat Bonn. Auf Bonn (und nicht Frankfurt am Main) einigte sich im November auch der Bundestag. Der provisorische Charakter dieser Hauptstadt war lange Zeit in den Gebäuden ablesbar, in denen das Parlament, der Bundeskanzler und die meisten Ministerien untergebracht waren. Das gleiche gilt für die Parteizentralen. Berühmt geworden ist hier vor allem das Hauptquartier der SPD, das jahrzehntelang in einer Baracke untergebracht war.

Neben dem Grundgesetz bildeten vier alliierte Abkommen die rechtlichen Grundlagen der Bundesrepublik Deutschland, die dadurch nur bedingt souverän war:

1. Im Besatzungsstatut vom 12. Mai 1949, das am 21. September 1949 in Kraft trat, behielten sich die drei Alliierten Befugnisse vor auf dem Gebiet der Abrüstung und Entmilitarisierung, einschließlich der damit zusammenhängenden Forschung, der Industrie und der zivilen Luftfahrt, der Ruhrkontrolle, der Reparationen, der Entflechtung, der ausländischen Ansprüche gegen Deutschland, der auswärtigen Angelegenheiten, der Displaced Persons, des Außenhandels und der Devisenwirtschaft sowie der Aufsicht über den Strafvollzug von Kriegsverbrechen. Die Besatzungsmächte behielten sich das Recht vor, »*die Ausübung der vollen Gewalt ganz oder teilweise wieder zu übernehmen, wenn sie dies für unerläßlich erachten für die Sicherheit oder zur Aufrechterhaltung der demokratischen Ordnung in Deutschland*«. Jede Änderung des Grundgesetzes bedurfte aufgrund des Besatzungsstatuts der Genehmigung durch die Besatzungsbehörden[55]. Das Besatzungsstatut

2. Die Satzung der Hohen Kommission für Deutschland und das Abkommen über Drei-Mächte-Kontrolle verpflichtete die Regierungen der USA, Großbritanniens und Frankreichs, einen Hohen Kommissar zu ernennen, der neben dem Oberbefehlshaber der Besatzungstruppen die im Besatzungsstatut festgelegten Kontrollrechte in der Bundesrepublik wahrnehmen sollte. Der Rat der Hohen Kommission bestand aus den drei Kommissaren und hatte vor allem die Aufgabe, Verfassungsänderungen zu bestätigen. In den Bundesländern wirkten Landeskommissare, die von der jeweiligen Besatzungsmacht ernannt wurden[56]. Die Hohe Kommission

3. Der Hohen Kommission unterstellt war das im Januar 1949 geschaffene alliierte Sicherheitsamt[57]. Es hatte das Recht, alle Fabriken und Industrieanlagen darauf zu überprüfen, ob sie Rüstungsgüter im weitesten Sinne produzierten, und die Aufgabe, das »*Wiederaufleben militärischer Organisationen und militärischen Geistes zu verhindern*«. Das alliierte Sicherheitsamt

4. Das Ruhrstatut vom 28. Dezember 1948 und das Abkommen über die Errichtung einer Internationalen Ruhrbehörde vom 28. April 1949 begründete die Internationale Ruhrbehörde, in deren Rat die drei westlichen Siegermächte und die Bundesrepublik Deutschland mit je drei Stimmen, Belgien, die Niederlande und Luxemburg mit jeweils einer Stimme vertreten waren. Die Bundesrepublik war nicht berechtigt, den alle halbe Jahre wechselnden Vorsitz im Rat zu übernehmen. Hauptaufgabe der internationalen Ruhrbehörde war es, Kohle, Koks und Stahl des Ruhrgebiets zu verteilen und zu diesem Zweck die innerdeutsche Verbrauchsquote und die Preise festzusetzen[58]. Das Ruhrstatut

Das Grundgesetz sagte nichts über das Wahlrecht zum Bundestag, aber der Parlamentarische Rat hatte ein Wahlgesetz vorbereitet. Die weitverbreitete Überzeugung, daß das Verhältniswahlrecht zum Untergang der Weimarer Republik beigetragen habe, veranlaßte manche Mitglieder des Parlamentarischen Rats, für ein reines Mehrheitswahlrecht nach britischem Muster einzutreten. Dagegen wurden jedoch Bedenken laut, weil unter den deutschen Verhältnissen vermutlich in den meisten Wahlen eine einzige Partei die überwältigende Mehrheit bekommen hätte. Als Kompromiß auch mit den Militärgouverneuren wurde das im Prinzip noch heute geltende Wahlverfahren angenommen. Danach erhielt jeder Wähler zwei Stimmen. Die erste Stimme diente dazu, 60 Prozent (seit den Bundestagswahlen von 1953 50 %) der Bundestagsmitglieder in direkter Wahl zu wählen. Die Zweitstimmen wurden jeweils für ein Bundesland ausgezählt und jeder Partei so viele Sitze zugeteilt, wie ihr entsprechend ihrer Stimmenzahl zustanden. Nach der Zahl der Zweitstimmen bemaß sich auch die Zahl der Sitze, die eine Partei im Bundestag erhielt. In gewisser Weise war die Wahl von Direktkandidaten nur eine Verhüllung des tatsächlich eingeführten Verhältniswahlrechts. Immerhin sorgte sie dafür, daß jeder Wahlkreis sich durch eine bestimmte Person repräsentiert fühlen konnte.

Um die für die Weimarer Republik so fatale Zersplitterung der Stimmen auf viele Parteien zu verhindern, sollten nach dem Willen des Parlamentarischen Rates nur solche Parteien künftig Sitze im Parlament erhalten, die mindestens 5 % der Stimmen im Bundesgebiet auf sich hatten vereinen können. Auf Wunsch der Militärgouverneure wurde die Hürde etwas gesenkt: Jede Partei, die drei Wahlkreise in den Direktwahlen oder 5 % der Stimmen in einem Bundesland gewonnen hatte, konnte in den Bundestag einziehen.

Der Wahlkampf zu den ersten Bundestagswahlen tobte am heftigsten zwischen CDU/CSU und SPD. Die wichtigsten Themen waren die zukünftige Wirtschaftsordnung und das Verhältnis zu den Westmächten. Die Sozialdemokraten forderten weiterhin die Sozialisierung der Schlüsselindustrien und sprachen sich für eine Planung der Produktion wichtiger Wirtschaftszweige aus. Die CDU hatte sich in den Düsseldorfer Leitsätzen vom 15. Juli 1949 zum Konzept der »Sozialen Marktwirtschaft« bekannt. Ihr Hauptpropagandist war Ludwig Erhard, der damals noch parteilos war, aber bei der CDU kandidierte. Beide Seiten warfen einander vor, im Umgang mit den Besatzungsmächten zu nachgiebig zu sein und stellten die eigene Position als besonders national heraus.

Die Bundestagswahlen fanden am 14. August 1949 statt. Die CDU/CSU erhielt 31 % der Stimmen und 139 Sitze, die SPD 29,2 % der Stimmen und 131 Sitze, die FDP 11,9 % der Stimmen und 52 Sitze.

Die Bayernpartei und die Deutsche Partei waren mit 4,2 bzw. 4 % zwar unter der 5 %-Klausel geblieben, hatten aber genug Direktmandate gewonnen, um mit jeweils 17 Abgeordneten in den Bundestag einziehen zu können. Die KPD gewann 5,7 % der Stimmen und 15 Mandate. Kleinere Parteien und Wählervereinigungen, darunter das Zentrum und die Deutsche Rechtspartei erhielten insgesamt 31 Mandate (zum Ergebnis im Einzelnen s. Anhang!).

Angesichts dieser Zahlen traten die Sozialdemokraten für eine »große Koalition« ein, desgleichen der linke Flügel der CDU und die CDU-Ministerpräsidenten. Andererseits befürwortete Adenauer eine Fortsetzung der kleinen Koalition im Frankfurter Wirtschaftsrat mit der FDP und der Deutschen Partei. Er erhielt die Unterstützung der FDP, nachdem er der FDP-Führung versprochen hatte, daß seine Partei bei der bevorstehenden Bundespräsidentenwahl für den FDP-Kandidaten Theodor Heuss stimmen würde.

Am 7. September fand im Gebäude der ehemaligen Pädagogischen Akademie in Bonn die konstituierende Sitzung des Deutschen Bundestages statt. Sie wurde vom ehemaligen Reichstagspräsidenten Paul Löbe, der nun als Alterspräsident fungierte, eröffnet. Zum Bundestagspräsidenten wählten die Abgeordneten Erich Köhler (CDU). Am gleichen Tage konstituierte sich auch der Bundesrat und wählte den Ministerpräsidenten von Nordrhein-Westfalen, Karl Arnold (CDU) zu seinem Präsidenten.

Die Konstituierung des Bundestages (7. 9. 1949)

Am 12. September wählte die Bundesversammlung, bestehend aus den 402 Abgeordneten des Bundestages und ebensovielen Landtagsabgeordneten, Theodor Heuss im zweiten Wahlgang zum Bundespräsidenten. Seine Gegenkandidaten waren Kurt Schumacher und der Zentrumspolitiker Rudolf Amelunxen. Am 15. September wählte der Bundestag auf Vorschlag des Bundespräsidenten Konrad Adenauer mit einer Stimme Mehrheit (seiner eigenen) zum Bundeskanzler. Am 20. September stellte Adenauer dem Parlament sein Kabinett vor.

Theodor Heuss wird Bundespräsident und Adenauer Bundeskanzler (12. u. 15. 9. 1949)

Ursprünglich sollte die neue Bundesregierung nur acht Ressorts umfassen: Finanzen, Wirtschaft, Justiz, Inneres, Ernährung, Landwirtschaft, Arbeit und Post. Adenauer fügte fünf neue Ministerien hinzu, teils um Bündnispartner zu belohnen, teils weil es von der Sache her notwenig erschien: Bundesratsangelegenheiten, Gesamtdeutsche Angelegenheiten (damit wurde sein Gegner vom linken Flügel der CDU, Jakob Kaiser, abgefunden), Vertriebene und Flüchtlinge, Wohnungsbau und Marshall-Plan-Angelegenheiten. Da die Bundesrepublik demilitarisiert und noch nicht souverän war, fehlten die klassischen Ressorts Verteidigung und Auswärtige Angelegenheiten. Die Beziehungen zu den Besatzungsmächten behielt sich der Kanzler selbst vor. Fünf der dreizehn Ministerien fielen an die CDU, drei an die CSU, drei an die FDP und zwei an die DP. Abgesehen von Kaiser gehörte kein Mitglied des linken CDU-Flügels dem Kabinett an (zur Besetzung der Kabinettsposten vgl. Anhang!).

Am 21. September machte Adenauer seinen Antrittsbesuch bei den Hohen Kommissaren auf dem Petersberg bei Bonn; an diesem Tag trat das Besatzungsstatut in Kraft.

11. Die Gründung der Deutschen Demokratischen Republik

Parallel zur Umwandlung der Bizone in die westdeutsche Bundesrepublik vollzog sich in der sowjetischen Besatzungszone Schritt für Schritt die Gründung eines ostdeutschen Staates. Bereits am 15. November 1946 hatte der SED-Parteivorstand den »Entwurf einer Verfassung für die Deutsche Demokratische Republik« veröffentlicht, der für ganz Deutschland gelten sollte und von den Landtagen der sowjetischen Zone angenommen wurde. Er sah u.a. die Einführung der Planwirtschaft und die Überführung der Bodenschätze in Volkseigentum vor.

Der Volkskongreß in der SBZ (Dezember 1947) Gleichzeitig mit der Londoner Außenministerkonferenz (25. November bis 25. Dezember 1947) startete die SED im November 1947 eine gesamtdeutsche Kampagne. Am 26. November 1947 lud sie zu einem »Deutschen Volkskongreß für Einheit und gerechten Frieden« für den 6. und 7. Dezember 1947 nach Berlin ein. Eingeladen waren *»alle antifaschistisch-demokratischen Parteien, Gewerkschaften und andere Massenorganisationen, Betriebsräte und Belegschaften großer Betriebe, Organisationen der Bauernschaft, Vertreter der Wissenschaft und der Kunst in ganz Deutschland«*[59]. Ein Großteil der über 2000 Delegierten, darunter 664 aus Westdeutschland, waren daher von Parteien und Verbänden benannt worden; die Mehrheit gehörte der SED oder einer der von ihr dominierten Massenorganisationen an. Der Versuch, über die Volkskongreßbewegung Einfluß auf die Londoner Außenministerkonferenz zu nehmen, scheiterte allerdings, weil die Konferenz an dem Tag (15. Dezember), als Molotow den Antrag stellte, die Delegation des Volkskongresses anzuhören, abgebrochen und vertagt wurde.

Die Vorsitzenden der CDU der SBZ, Jakob Kaiser und Ernst Lemmer, setzten dieser in ihren Augen manipulierten Volksbewegung Widerstand entgegen, bis sie am 20. Dezember 1947 auf Druck der sowjetischen Besatzungsmacht abgesetzt wurden. Ihr Nachfolger wurde Otto Nuschke. Die CDU war fortan fest im Block mit der SED verankert. In den Westzonen schenkten die Ministerpräsidenten und die Besatzungsmächte der Bewegung zunächst keine Aufmerksamkeit; später wurde sie verboten.

Für den 17. und 18. März 1948 berief die SED den zweiten Deutschen Volkskongreß ein. Daran nahmen knapp 2000 Delegierte, darunter 512 aus Westdeutschland, teil. Der Kongreß bezeichnete sich als einzigen Repräsentanten Gesamtdeutschlands, anerkannte die Oder-Neiße-Linie als deutsche Ostgrenze, beschloß, ein Volksbegehren über die deutsche Einheit durchzuführen und berief aus seiner Mitte als Exekutivorgan einen »Deutschen Volksrat«, der aus 400 Mitgliedern bestand. *(Der 2. Volkskongreß (März 1948))*

Dieser Deutsche Volksrat konstituierte sich am 19. März 1948 unter den Vorsitzenden Wilhelm Pieck (SED), Wilhelm Külz (LDPD) und Otto Nuschke (CDU). Daß der Volksrat in Wirklichkeit von der SED geführt wurde, zeigt die Besetzung der Ausschüsse, in denen die praktische Arbeit geleistet wurde. Walter Ulbricht leitete den Wirtschaftsausschuß, Otto Grotewohl den Verfassungsausschuß.

Das vom 2. Volkskongreß beschlossene Volksbegehren »für eine unteilbare deutsche demokratische Republik« wurde im Mai und Juni 1948, noch vor Beginn der Blockade Berlins durchgeführt und erhielt die Zustimmung von 14,8 Millionen Wählern. Der damit geforderte Volksentscheid hätte vom Alliierten Kontrollrat durchgeführt werden sollen. Der war aber seit dem Auszug General Sokolowskijs am 20. März 1948 nicht mehr arbeits- und entscheidungsfähig.

Im Sommer 1948 begann die Umwandlung der SED in eine »Partei neuen Typs«. Am 30. Juni 1948 beschloß der SED-Parteivorstand, den politischen Weg der osteuropäischen Volksdemokratien zu gehen und verabschiedete einen Zweijahreswirtschaftsplan. Die Parteiführung rückte im September von der These ab, es gebe einen »besonderen deutschen Weg zum Sozialismus«, und startete eine Säuberungskampagne, der vor allem ehemalige SPD-Mitglieder zum Opfer fielen. Die erste Parteikonferenz der SED vollendete am 28. Januar 1949 die Umwandlung der SED von einer Massenpartei in eine »Partei neuen Typs«, nämlich eine marxistisch-leninistische Kaderpartei, die sich politisch-ideologisch dem Führungsanspruch der KPdSU unterwarf. Aus dem relativ großen Parteivorstand wurde als höchstes Entscheidungsgremium das Politbüro herausgehoben. Der Beitritt zur SED wurde erschwert; die paritätische Besetzung der Führungsgremien mit ehemaligen Kommunisten und Sozialdemokraten wurde offiziell wieder abgeschafft. *(Die »Partei neuen Typs«)*

Am 22. Oktober 1948 legte der Verfassungsausschuß dem Volksrat einen Verfassungsentwurf für eine »Deutsche Demokratische Republik« vor, den dieser nach öffentlicher Diskussion am 19. März 1949 annahm. Die Verfassung bezog sich mehrfach auf Deutschland als Ganzes (»*Es gibt nur eine deutsche Staatsangehörigkeit*« – heißt es u .a. in Arti- *(Der Verfassungsentwurf vom 22. 10. 1948)* kel. 1), zählte wie alle demokratischen Verfassungen Grund- und Bürgerrechte auf, enthielt aber auch Bestimmungen, die neu und problematisch waren. So wurde das Blocksystem zum Verfassungsprinzip erhoben und damit jede parlamentarische Opposition praktisch unmöglich gemacht. Die Justiz wurde nicht als dritte Gewalt etabliert, sondern der Volksvertretung untergeordnet. Artikel 6 führte einen neuen Straftatbestand ein: »*Boykotthetze gegen demokratische Einrichtungen und Organisationen... sind Verbrechen im Sinne des Strafgesetzbuches*«. Damit war der Verfolgung von Oppositionellen Tor und Tür geöffnet.

Wahlen zum 3. Volkskongreß (Mai 1949) Der Volksrat schrieb für den 15. und 16. Mai 1949 Wahlen für den 3. Deutschen Volkskongreß aus. Diese Wahlen waren insofern ungewöhnlich, als die Wähler nicht zwischen verschiedenen Kandidaten wählen, sondern nur für oder gegen eine Einheitsliste stimmen konnten, die wiederum mit der Zustimmung zur deutschen Einheit gekoppelt war. Die Formulierung lautete: »*Ich bin für die Einheit Deutschlands und für einen gerechten Friedensvertrag. Ich stimme darum für die nachstehende Kandidatenliste zum 3. Deutschen Volkskongreß*«. Die Wahlbeteiligung lag bei 95 %. Trotz der suggestiv formulierten Eingangssätze stimmten 4 Millionen Wähler (=33,9 % der gültigen Stimmen) in der SBZ mit nein. In Wirklichkeit waren es noch mehr, aber alle weiß gelassenen oder durch Bemerkungen eigentlich ungültig gewordenen Stimmzettel wurden nachträglich auch als Ja-Stimmen gezählt.

Der 3. Volkskongreß Die Einheitsliste hatte dem Wählerwillen vorgegriffen, und so stand die Zusammensetzung des 3. Deutschen Volkskongresses schon fest, bevor die Wahl zu Ende war. 25 % der Sitze fielen an die SED, je 15 % an die CDU und die LDPD sowie je 7,5 % an die National-Demokratische Partei Deutschlands (NDPD) und die Demokratische Bauernpartei Deutschlands (DBD). Diese Parteien waren überhaupt erst im April und Mai 1948 gegründet worden, um das bürgerliche und bäuerliche Wählerpotential im Sinne der SED-Blockpolitik nutzen zu können. Die restlichen 30 % der Sitze entfielen auf die Massenorganisationen: 10 % auf den FDGB, je 5 % auf die FDJ und den Kulturbund zur demokratischen Erneuerung Deutschlands (KB), je 3,7 % auf den Deutschen Frauenbund (DFB) und die Vereinigung der Verfolgten des Naziregimes (VVN) sowie je 1,3 % auf die Vereinigung der gegenseitigen Bauernhilfe (VdgB) und die Genossenschaften.

Vom 2. Deutschen Volksrat zur Volkskammer der DDR Dieser 3. Deutsche Volkskongreß konstituierte sich am 29. und 30. Mai 1949, bestätigte die am 19. März 1949 beschlossene Verfassung noch einmal und wählte wieder 400 Mitglieder in den 2. Deutschen Volksrat, in dem diesmal keine Delegierten aus Westdeutschland vertreten waren. Dieser Volksrat wiederum konstituierte sich am 7. Oktober 1949 zur »Provisorischen Volkskammer der Deutschen Demokratischen Repu-

82

blik«. Ein zweites Gesetz vom 7. Oktober 1949 richtete eine provisorische Länderkammer ein, in der die Länder der bisherigen SBZ je nach Bevölkerungsstärke vertreten waren und (Ost-)Berlin sieben »Beobachter« entsandte. Ein drittes Gesetz des Volksrats setzte die Verfassung der Deutschen Demokratischen Republik in Kraft, ein viertes setzte eine provisorische Regierung ein, die aus einem Ministerpräsidenten, drei Stellvertretern und vierzehn Fachministern bestand. Der 7. Oktober 1949 gilt seitdem als Gründungstag der DDR.

Am 11. Oktober wählten Volks- und Länderkammer in einer gemeinsamen Sitzung einstimmig Wilhelm Pieck zum ersten Präsidenten der DDR. Am nächsten Tag bestimmte die Volkskammer ebenso einstimmig Otto Grotewohl zum Ministerpräsidenten. Seine Stellvertreter waren Walter Ulbricht (SED), Hermann Kastner (LDPD) und Otto Nuschke (CDU). In seiner Antrittsrede sagte Pieck: *»Diese Regierung, die die Interessen des gesamten deutschen Volkes wahrnimmt und die Legitimation besitzt, für das ganze deutsche Volk zu sprechen, wird durch ihre Arbeit den Kampf um den Frieden, um die nationale Einheit Deutschlands ... auf einer höheren Ebene fortsetzen und zum Siege führen. Niemals wird die Spaltung Deutschlands, die Verewigung der militärischen Besetzung Westdeutschlands durch das Besatzungsstatut, die Losreißung des Ruhrgebiets aus dem deutschen Wirtschaftskörper von der Deutschen Demokratischen Republik anerkannt werden, und nicht werden wir ruhen, als bis die widerrechtlich von Deutschland losgerissenen und dem Besatzungsstatut unterworfenen Teile Deutschlands mit dem deutschen Kerngebiet, mit der Deutschen Demokratischen Republik, in einem einheitlichen demokratischen Deutschland vereinigt sind«*[60].

Wilhelm Pieck wird Präsident und Otto Grotewohl Ministerpräsident der DDR (11. 10. 1949)

In seinem Glückwunsch-Telegramm an Pieck und Grotewohl bezeichnete Stalin »die Bildung der friedliebenden Deutschen Demokratischen Republik« als »Wendepunkt in der Geschichte Europas«[61].

Dagegen stellte Konrad Adenauer am 21. Oktober 1949 vor dem Bundestag fest: *»In der Sowjetzone gibt es keinen freien Willen der deutschen Bevölkerung. Das, was jetzt dort geschieht, wird nicht von der Bevölkerung getragen und damit legitimiert. Die Bundesrepublik Deutschland stützt sich dagegen auf die Anerkennung durch den frei bekundeten Willen von rund 23 Millionen stimmberechtigter Deutscher. Die Bundesrepublik Deutschland ist somit bis zur Erreichung der deutschen Einheit insgesamt die alleinige legitimierte staatliche Organisation des deutschen Volkes«*[62].

II. »Wirtschaftswunder«, soziale Marktwirtschaft und Kanzlerdemokratie

1. Das »Wirtschaftswunder«

Im Bewußtsein der meisten Westdeutschen war nicht die Gründung der Bundesrepublik Deutschland 1949, sondern die Währungsreform von 1948 die große Zäsur der Nachkriegsgeschichte. Mit der Währungs- und Wirtschaftsreform begann für viele Zeitgenossen das »Wirtschaftswunder«. Unmittelbar auf die Währungsreform folgte allerdings zunächst eine schwierige Phase wirtschaftlicher Unsicherheit, steigender Preise und großer Arbeitslosigkeit. Erst der Boom in Folge des Koreakrieges brachte 1950 den Aufschwung, der gemeinhin als das deutsche Wirtschaftswunder bezeichnet wird.

Folgen der Währungsreform

Die Aufhebung der Bewirtschaftung für viele Konsumgüter führte im Sommer 1948 schon bald zu einer spürbaren Verbesserung der Versorgung der Bevölkerung mit Lebensmitteln, Kleidung und Gebrauchsgegenständen. Zwar galten für die meisten Güter des täglichen Bedarfs und insbesondere für Mieten, Heizung, Lebensmittel und Verkehrstarife auch nach der Währungsreform weiterhin feste Preise, doch im Zuge der Liberalisierung gerieten immer mehr Konsumgüter auf den freien Markt, und mit der Nachfrage stiegen auch die Preise. Dagegen hielten die Besatzungsmächte den aus der NS-Zeit übernommenen Lohnstopp bis zum 3. November 1948 aufrecht. Und so erhöhte sich im zweiten Halbjahr 1948 der Index der Lebenshaltung um 14 %; die Preise für Grundstoffe stiegen sogar um 21 %[1].

Der von den Gewerkschaften ausgerufene 24stündige Generalstreik gegen Preistreiberei am 12. November 1948 war ein Zeichen für die wachsende Unruhe in der Bevölkerung. Im Juni 1948 hatte die Arbeitslosenquote noch bei 3,2 % gelegen – was zumindest statistisch Vollbeschäftigung bedeutete. Die Währungsreform führte nun dazu, daß nur noch solche Arbeitnehmer beschäftigt wurden, die auch produktiv einzusetzen waren. Die industrielle Produktion wuchs nicht schnell genug, um alle »freigesetzten« Arbeitskräfte aufzunehmen. Infolgedessen stieg die Arbeitslosenquote im dritten Quartal 1948 auf 5,5 %. Anfang 1949 lag sie bereits bei 8 %, und Anfang 1950 erreichte sie die alarmierende Höhe von 12,2 % (vgl. Tabelle 1).

Bereits wenige Wochen nach der Währungsreform schien das Vertrauen in die neue Währung erschüttert: Ende Juli 1948 gab der Kurs der D-Mark auf Auslandsmärkten nach. Im Herbst 1948 unternahmen daher der Wirtschaftsrat und die Bank deutscher Länder Gegenmaßnahmen. Wirtschaftsminister Ludwig Erhard versuchte in einem behördlich kontrollierten »Jedermann-Programm« für besonders preisgünstige Konsumgüter und durch die Veröffentlichung von »Preisspiegeln« den Preisauftrieb zu bremsen. Wirksamer waren wahrscheinlich restriktive geldpolitische Maßnahmen der Bank deutscher Länder. Sie erhöhte die Mindestreservesätze von 10 auf 15 %, verringerte den Kreditspielraum der Banken und schränkte deren Refinanzierungsmöglichkeiten bei der Notenbank drastisch ein. Dadurch verkleinerte sich auch der Finanzierungsspielraum der Unternehmen.

Auf den inflationistischen Boom folgte eine 15 Monate anhaltende deflationistische Phase. Das Wachstumstempo halbierte sich, die Preise fielen, und die Arbeitslosigkeit nahm dramatische Formen an: Anfang 1950 erreicht sie mit 2 Millionen Arbeitslosen ihren Höhepunkt (s. Tabelle 1).

Tabelle 1: Daten zur wirtschaftlichen Entwicklung der Bundesrepublik Deutschland 1948–1953 (vierteljährlich)

Jahr	Industrie-produktion (1936 = 100)	Beschäftigte (Mill.)	Erwerbs-losigkeit (v. H.)	Lebens-haltung (1950 = 100)	Brutto-Stunden-löhne (1950 = 100)
1948					
II	57	13,5	3,2	98	77
III	65	13,5	5,5	104	84
IV	79	13,7	5,3	112	89
1949					
I	83	13,4	8,0	109	90
II	87	13,5	8,7	107	94
III	90	13,6	8,8	105	95
IV	100	13,6	10,3	105	95
1950					
I	96	13,3	12,2	101	97
II	107	13,8	10,0	98	98
III	118	14,3	8,2	99	100
IV	134	14,2	10,7	103	105

Jahr	Industrie-produktion (1936 = 100)	Beschäftigte (Mill.)	Erwerbs-losigkeit (v. H.)	Lebens-haltung (1950 = 100)	Brutto-Stunden-löhne (1950 = 100)
1951					
I	129	14,2	9,9	115	108
II	137	14,7	8,3	119	117
III	133	14,9	7,7	108	118
IV	146	14,6	10,2	112	–
1952					
I	136	14,6	9,8	111	120
II	143	15,2	7,6	109	122
III	144	15,5	6,4	109	123
IV	158	15,0	10,1	110	124
1953					
I	146	15,2	8,4	109	125
II	158	15,8	6,4	108	128
III	160	16,0	5,5	108	128
IV	174	15,6	8,9	107	128

Aus: Abelshauser, S. 64

Ludwig Erhard hatte im Februar 1948 gehofft, er könne das für den Der Marshall-
Wiederaufbau der deutschen Wirtschaft erforderliche Kapital aus dem plan
Marshallplan gewinnen und das westdeutsche Sozialprodukt fast vollständig für den Konsum verwenden. Doch die Lieferungen aus dem
Marshallplan setzten erst Ende des Jahres 1948 ein. Ende 1949 machte
die Auslandshilfe zwar 37 % der Gesamteinfuhr der Bundesrepublik
aus, 1950 waren es aber nur noch 18 %, 1951 12 % und 1952 beim Aus-
laufen des Programms ganze 3 %[2].
Die Marshallplan-Hilfe wurde Westdeutschland unter vergleichsweise
ungünstigen Bedingungen gewährt. Sie wurde als Anleihe behandelt,
belastete also das westdeutsche Schuldenkonto in Dollar-Währung und
verschärfte so das Problem der ungeregelten deutschen Auslandsschulden, über die die Bundesregierung ab 1951 in London mit den Westmächten verhandelte (s. dazu unten, Kap. III.3). Außerdem behielten
sich die USA die Entscheidung über die Verwendung des Warenkredits
vor, was sie im Verhältnis zu anderen Ländern nur taten, wenn es sich
nicht um einen Kredit, sondern eine Schenkung (grant) handelte.

Die Marshallplan-Lieferungen insgesamt gingen nicht über die Lieferungen des sogenannten GARIOA-Programms *(Government Appro-
priation for Relief in Occupied Areas* = Regierungsbewilligungen für
Hilfeleistungen in besetzten Gebieten) hinaus. Dies waren Güter, die
das amerikanische Kriegsministerium zur Verhinderung von Hungers-
nöten bis 1950 in die Westzonen bzw. die Bundesrepublik (und an
Österreich und Japan) lieferte. Ihr Gesamtwert lag bei 1,62 Mrd. Dollar.
Die Hilfe, die die Bundesrepublik aus dem Marshallplan bezog, betrug
zwischen 1948 und 1952, dem Ende der Laufzeit, 1,560 Mrd. Dollar.
Die Lieferungen waren allerdings anders zusammengesetzt als die des
GARIOA-Programms. Hatte das Kriegsministerium hauptsächlich Lebensmittel geliefert, so handelte es sich jetzt hauptsächlich um Rohstof-
fe und auch um Investitionsgüter[3] (vgl. Tabelle 2).

Tabelle 2: Amerikanische Auslandshilfe an Westdeutschland (Mio.
Dollar)

	GARIOA	ERP/MSA
1946/47	263	–
1947/48	580	–
1949/50	198	416
1950/51	–	479
1951/52	–	210
1952/53[a]	–	67
Summe	1620	1560

(a) bis 31. 12. 1952

Für den Wiederaufbau Westdeutschlands war der Marshallplan von
großer Bedeutung. Zwar spielten die Lieferungen selbst eher eine untergeordnete Rolle; sie stellten zumindest nicht die Initialzündung für den
wirtschaftlichen Aufschwung dar. Zusammen mit der Währungsreform
beschleunigte die Marshallplan-Hilfe aber den seit 1947 einsetzenden
Wiederaufbau. Noch wichtiger als seine wirtschaftliche Funktion war
die politische und psychologische Bedeutung des Marshallplans: Er
setzte die Integration der Bizone bzw. der Bundesrepublik in das westliche Wirtschafts- und Bündnissystem in Gang und ermutigte westdeutsche Unternehmer durch die Gewißheit, in den wirtschaftlichen Wiederaufbau ganz Westeuropas einbezogen zu sein, zu Investitionen.

Gegen die Wirtschaftspolitik Erhards regte sich Opposition nicht nur bei der SPD, sondern auch bei den Kabinettskollegen und bei den Alliierten Hochkommissaren. Sie verlangten den Abbau der restriktiven Geldpolitik und den Einsatz staatlicher Aufbauprogramme zur Stützung der Nachfrage. Sie wiesen auf die Gefahr hin, die die wachsende Zahl der Arbeitslosen für die Verankerung der westdeutschen Demokratie darstellte. Die Hochkommissare warnten Erhard auch ausdrücklich davor, sich ausschließlich auf den Marshallplan zu verlassen[4].

Der Wirtschaftsminister mußte schließlich gegen seine wirtschaftspolitischen Grundsätze verstoßen und der Aufstellung eines Arbeitsbeschaffungsprogramms zustimmen, das die SPD-Opposition seit langem gefordert hatte. So entstand ein »erweitertes Investitionsprogramm« mit einem Volumen von 5,4 Mrd. DM, das im wesentlichen allerdings bereits beschlossene Vorhaben der Regierung zusammenfaßte. Außerdem lockerte die Notenbank im Laufe des Jahres 1949 ihren Restriktionskurs, und die Bundesregierung wertete die Deutsche Mark im zweiten Halbjahr gegenüber dem Dollar von 30 auf 22,50 Cents ab[5].

Noch ehe aber das Konjunkturprogramm und die übrigen Maßnahmen zur Stimulierung der Nachfrage greifen konnten, begann ein neuer Abschnitt im Wiederaufbau der westdeutschen Wirtschaft, den niemand hatte vorhersehen können: Der Koreaboom.

Der Koreakrieg trieb im Ausland die Nachfrage auch nach deutschen Investitionsgütern und Rohstoffen (Kohle vor allem) in die Höhe. Es erwies sich nun als günstig, daß Westdeutschland als einziger bedeutender Industriestaat des Westens über freie Kapazitäten und niedrige Produktionskosten verfügte. Die Wirtschaftspolitik Ludwig Erhards hatte bisher die Konsumgüterindustrie gegenüber der Grundstoff- und Schwerindustrie bevorzugt behandelt. Die durch den Koreakrieg verursachte Steigerung der Nachfrage machte hier sehr schnell die ersten Engpässe sichtbar: Im Oktober 1950 wurde die im Frühjahr gerade erst abgeschaffte Kohlebewirtschaftung wieder eingeführt. Im Januar 1951 mußten aus Kohlenmangel wieder Stromsperrungen verfügt werden; ganze Industriezweige waren aus Energie- und Rohstoffmangel von der Schließung bedroht.

In dieser Situation kritisierten die Alliierten Hohen Kommissare erneut die westdeutsche Wirtschaftspolitik als unhaltbar. Die amerikanische Regierung erwartete von der jungen Bundesrepublik nicht nur einen personellen Verteidigungsbeitrag (s. unten, Kap. III.1), sondern auch wirtschaftliche Anstrengungen, die das Rüstungspotential des Westens steigern sollten. John McCloy, der amerikanische Hohe Kommissar und Sonderbeauftragte der Marshallplan-Verwaltung für Deutschland, forderte am 6. Mai 1951 von Bundeskanzler Adenauer »eine bedeutende

Modifizierung der freien Marktwirtschaft«, nämlich direkte staatliche Bewirtschaftungs- und Lenkungsmaßnahmen, Preis- und Devisenkontrollen, Prioritätenfestsetzung und Planungsstäbe. Die Amerikaner drohten sogar mit der Einstellung der Marshallplan-Hilfe und mit einem Rohstoffembargo, das für die Wirtschaft der Bundesrepublik tödlich gewesen wäre[6].

Die Forderungen standen in krassem Gegensatz zu den marktwirtschaftlichen Prinzipien des Bundeswirtschaftsministers. Für die Bundesregierung war die geforderte Rückkehr zur Planung und Lenkung der Wirtschaft, deren Abbau sie doch gerade erst als Erfolg gefeiert hatte, unannehmbar. Dennoch wurden die amerikanischen Forderungen in der Praxis weitgehend verwirklicht, allerdings nicht von Seiten der Regierung, sondern durch die wirtschaftlichen Interessenverbände. Sie nutzten die Gunst der Stunde, um wieder Einfluß auf die Wirtschaftspolitik zu gewinnen.

Von der »freien« zur »korporativen« Marktwirtschaft

Die 1949 wiedergegründeten Dachorganisationen der Unternehmerverbände – die Bundesvereinigung der Deutschen Arbeitgeberverbände (BDA), der Bundesverband der Deutschen Industrie (BDI) und der Deutsche Industrie- und Handelstag (DIHT) – erboten sich, die notwendigen Planungs- und Lenkungsmaßnahmen im privatwirtschaftlichen Rahmen durchzuführen. In Form von Sonderbeauftragten, Beratern, Ausschüssen, Beiräten und ähnlichen Gremien setzte eine enge Vernetzung verbandlicher und öffentlicher Interessen ein, die den Wirtschaftsverbänden erneut einen wachsenden Einfluß auf die Formulierung und Durchführung der westdeutschen Wirtschaftspolitik verschaffte. Auch die Gewerkschaften beteiligten sich an diesen Planungs- und Lenkungsmaßnahmen; und so veränderte sich die »freie« Marktwirtschaft in Richtung auf eine »korporative« Marktwirtschaft[7].

Der Bundesverband der Deutschen Industrie übernahm während der Koreakrise die Aufgaben der Rohstofflenkung, der Exportsteuerung und andere von amerikanischer Seite geforderte Maßnahmen gezielter Rüstungsförderung. In Zusammenarbeit zwischen Wirtschaftsverbänden und Gewerkschaften wurde auch ein Investitionslenkungsprojekt durchgeführt, das der Schwerindustrie und anderen Engpaßbereichen der westdeutschen Wirtschaft zugute kam: Mit dem »Gesetz über die Investitionshilfe der gewerblichen Wirtschaft« vom Januar 1952 wurden Unternehmen der Konsumgüterindustrie verpflichtet, eine Milliarde DM für den vordringlichen Investitionsbedarf des Kohlebergbaus, der eisenschaffenden Industrie, der Energie- und Wasserwirtschaft und der Bundesbahn aufzubringen. Hinzu kamen Sonderabschreibungen zugunsten dieser Bereiche in Höhe von 3,2 Mrd. DM. Insgesamt wurde bis Ende 1955 eine Investitionshilfe von 5,7 Mrd. DM aufgebracht[8].

Die Investitionslenkung zugunsten der Schwerindustrie, die Reglementierung des Außenhandels und die Kohlebewirtschaftung wurden bald wieder abgeschafft, doch das hier erstmals praktizierte Prinzip der korporativen Wirtschaftsplanung und -lenkung blieb erhalten und konnte in Krisenzeiten, so zum Beispiel in der Rezession von 1965, wieder aktiviert werden.

Aus der Koreakrise entwickelte sich schnell eine Hochkonjunktur, die sich für die westdeutsche Wirtschaft wie ein riesiges Arbeitsbeschaffungsprogramm auswirkte und die improvisierten Rationierungsprogramme bald überflüssig machte. Die Industrieproduktion wuchs trotz der anfänglichen Engpässe sprunghaft um mehr als 20 % von Juli bis September 1950. Mitte 1950 hatte sie bereits wieder den Stand von 1936 erreicht (s. Tabelle 1). Setzt man die Industrieproduktion von 1950 auf den Index von 100, dann erreichte sie 1955 einen Wert von 176, im Jahre 1960 lag der Index bei 248 und 1965 bei 327[9].

»Korea-Boom« und Wirtschaftswunder

Auch das Bruttosozialprodukt – Gradmesser des Wirtschaftswachstums – stieg in den folgenden Jahren erstaunlich schnell: Zwischen 1950 und 1960 wuchs es um das Dreifache. Das durchschnittliche Wirtschaftswachstum lag zwischen 1950 und 1960 bei 8,6 % im Jahr. Danach verlangsamte sich das Tempo auf durchschnittlich 4,9 % zwischen 1960 und 1970 und schließlich auf durchschnittlich 2,7 % pro Jahr in dem Jahrzehnt zwischen 1970 und 1980[10].

Vor allem in der Schwerindustrie, die von allen Produktionsbeschränkungen frei wurde, entstanden neue Arbeitsplätze, die Arbeitslosigkeit ging zurück. In der zweiten Jahreshälfte 1950 konnten die Gewerkschaften bereits Lohnerhöhungen von 19 % durchsetzen. Vorangegangen waren Streiks der hessischen Bau- und Metallarbeiter, die diesen Forderungen Nachdruck verliehen. Danach stiegen die Löhne schneller als die Preise für die Lebenshaltung, so daß die Kaufkraft zunahm. 1965 hatten sich die Reallöhne von Industriearbeitern gegenüber 1950 verdoppelt (vgl. Tabelle 1, Spalte 4 und 5, sowie Tabellen 3 und 4). Obwohl der Zustrom von Arbeitskräften aus dem Osten weiter anhielt, ging die Arbeitslosenquote seit Mitte 1950 kontinuierlich zurück. 1956 fiel sie unter die klassische 5 %-Marke, die als Merkmal der Vollbeschäftigung gilt. Anfang der 60er Jahre wurde sie vollends bedeutungslos (s. Tabelle 4). – Inzwischen hatte die westdeutsche Industrie angefangen, Arbeiter im Ausland anzuwerben. Die ersten »Gastarbeiter« kamen 1956 aus Italien; dann folgten Spanier, Griechen, Jugoslawen und ab 1961 Türken.

Zu Beginn des Jahres 1952 nahm die Bundesrepublik den während der Koreakrise unterbrochenen Liberalisierungsprozeß im Außenhandel wieder auf. Ende 1956 gab es keine Import-Kontingente mehr für Waren aus dem OEEC-Raum. Aber auch im Handel mit den übrigen

Tabelle 3: Preisindex und Lohnentwicklung 1950–1965

Jahr	Preisindex f. d. Lebenshaltung 1950 = 100		Bruttostundenlohn der Industriearbeiter			
			Nominal 1950 = 100		Real 1950 = 100	
1950	100		100		100	
1951	107,8	(7,7)[1]	114,9	(14,9)	106,7	(6,7)
1955	110,0	(1,6)	142,2	(6,8)	129,1	(5,0)
1960	120,5	(1,4)	209,0	(9,3)	173,5	(7,8)
1965	138,3	(3,4)	328,8	(9,8)	237,4	(6,2)

[1] In Klammern jeweils die Veränderung gegenüber dem Vorjahr in v. H. Die letzte Spalte ergibt sich nicht genau als Differenz der 3. u. 5. Spalte, da sie unabhängig unter Berücksichtigung der Preissteigerungen errechnet worden ist.
Aus: DIFF 6, S. 27

Tabelle 4: Beschäftigte, Arbeitslose, offene Stellen, Gastarbeiter (Jahresdurchschnitte in 1000)

Jahr	Beschäftigte	Registrierte Arbeitslose	Quote in %	offene Stellen	Gastarbeiter
1950[1]	20 376	1584	11,0	142	–
1951	20 895	1435	10,4	124	–
1952	21 300	1385	9,5	128	–
1953	21 810	1265	8,4	140	–
1954	22 395	1225	7,6	166	72
1955	23 230	935	5,6	239	80
1956	23 830	765	4,4	236	98
1957	25 335	759	3,7	249	108
1958	25 530	780	3,7	258	127
1959	25 797	540	2,6	345	166
1960	26 247	271	1,3	539	279
1961[2]	26 591	181	0,8	598	507
1962	26 783	154	0,7	607	629
1963	26 880	186	0,8	624	773
1964	26 979	169	0,8	670	902
1965	27 153	147	0,7	700	1118

[1] ohne Berlin
[2] Bis 1961, Stichtag 31. Juli des jeweiligen Jahres; ab 1962 Jahresdurchschnittswerte
Aus: DIFF 6, S. 29

westlichen Ländern setzte sich das Prinzip des freien Außenhandels weithin durch; ausgenommen blieben allerdings zum großen Teil Agrarprodukte. 1952 erzielte die Bundesrepublik den ersten Überschuß in der Zahlungsbilanz. Die westdeutsche Außenhandelsbilanz wies 1952 einen Ausfuhrüberschuß von 700 Mill. DM aus; 1953 waren es 2,5 Mrd. DM und 1954 2,7 Mrd. DM, bis 1964 stieg er kontinuierlich weiter an. 1958 überholte die Bundesrepublik Großbritannien und wurde zur zweitgrößten Handelsmacht nach den USA. 1961 war sie der drittgrößte Industrieproduzent der Welt[11].

Von Jahr zu Jahr wuchsen auch die Gold- und Devisenreserven der Bundesbank. 1952 waren es 4,635 Mrd. DM, 1955 bereits 12,782 Mrd. DM. Seit 1954 näherte sich die Deutsche Mark schrittweise der Konvertibilität. 1958, als der Vertrag über die Europäische Wirtschaftsgemeinschaft (EWG) in Kraft trat (s. unten, Kap. III.7), betrugen die Währungsreserven knapp 20 Mrd. DM – mehr als die Hälfte davon in Gold. Die Konvertibilität der Deutschen Mark wurde zum 29. Dezember 1958 offiziell verkündet[12]. Am 6. März 1961 wurde die Deutsche Mark gegenüber ausländischen Währungen um 4,76 % aufgewertet. Statt 4,20 DM kostete jetzt ein Dollar nur noch 4,00 DM.

Die »Rekonstruktionsperiode« nach dem Ende des Zweiten Weltkrieges war keine spezifisch deutsche Erscheinung. Auch in anderen europäischen Ländern wurde der Wiederaufbau – wenn auch unterschiedlich intensiv und schnell – von der Marshallplan-Hilfe und vom Koreaboom angetrieben. Was ausländische Beobachter und auch die Bundesbürger selbst so überraschte, war die Geschwindigkeit, mit der sich der Wiederaufbau der westdeutschen Wirtschaft nach den enormen Zerstörungen des Krieges, den großen Gebietsverlusten, der Teilung des Landes und den gewaltigen Bevölkerungsverschiebungen vollzog.

Gründe für das deutsche »Wirtschaftswunder«

Das westdeutsche »Wirtschaftswunder« läßt sich außer auf den Koreaboom und die politisch-psychologische Wirkung des Marshallplans auf eine Reihe weiterer Faktoren zurückführen, darunter einige, die zunächst eher als Belastungen denn als Vorteile für die westdeutsche Wirtschaft erschienen:

1. Nach Kriegsschäden, Reparationen und Demontage mußte die deutsche Industrie neu aufgebaut werden. Sie erhielt dabei staatliche Unterstützung, die sie unter anderen Umständen nicht in dem Maße erhalten hätte, wie dies während des Koreakrieges der Fall war. Diese erzwungene Modernisierung kam der deutschen Industrie im internationalen Konkurrenzkampf voll zugute.

2. Die Abtrennung der Ostgebiete mit ihren Nahrungsmittelressourcen ist zunächst als volkswirtschaftlicher Verlust betrachtet worden. Doch in Wirklichkeit hatten diese Gebiete im Vergleich zu Westdeutschland

und Westeuropa relativ unökonomisch produziert und waren nur durch staatliche Maßnahmen wie Subventionen und Schutzzölle lebensfähig gehalten worden. Sobald Westdeutschland durch den Export von Industrieprodukten genügend Mittel für die Bezahlung von Nahrungsmittelimporten erworben hatte, profitierte seine Wirtschaft von dieser Veränderung.

3. Unmittelbar nach 1945 erschien es unwahrscheinlich, daß Westdeutschland in der Lage sein würde, die Flüchtlingsmassen, die ins Land geströmt waren, zu versorgen. Bald erwies sich dieses Reservoir an ausgebildeten Arbeitskräften jedoch als großer Vorteil für die deutsche Industrie. Sie waren billig und konnten, entwurzelt wie sie waren, leicht so verteilt werden, wie sie von der Wirtschaft gebraucht wurden. Oder Firmen wurden dort neu gegründet, wo sich die Flüchtlinge drängten (s. dazu unten, Kap. II.2). Schätzungen beziffern den Wert dieser Arbeitskraft für Westdeutschland auf das Zehnfache der Hilfe aus dem Marshallplan.

4. Das Vorhandensein einer »industriellen Reservearmee« von Arbeitslosen veranlaßte die Gewerkschaften in der Anfangsphase des wirtschaftlichen Wiederaufbaus, maßvolle Lohnforderungen zu stellen. Die Löhne stiegen im Einklang mit der Produktivität und blieben in der Regel hinter der Wachstumsrate zurück. Die Produktion wurde nicht durch Streiks – wie oft bei den europäischen Nachbarn – unterbrochen (s. dazu unten, Kap. II.4).

5. Die Sparneigung der deutschen Bevölkerung war auch nach zwei Währungsreformen in zwei Generationen ungebrochen. Sparguthaben und Überschüsse der Unternehmen wurden reinvestiert. Der Privatkonsum machte nur 59 % des Bruttosozialprodukts aus, während er in Großbritannien beispielsweise bei 65 % lag[13].

6. Die Besteuerung begünstigte hohe Einkommen, förderte das Sparverhalten und die Abschreibung von Investitionen. Die Investitionsrate war entsprechend hoch. Die Brutto-Kapitalbildung wuchs zwischen 1950 und 1960 in der Bundesrepublik um 157 %, in Großbritannien nur um 46 %[14]. Auch die staatliche Exportförderung trug erheblich zum Wiederaufbau und zum Wachstum der deutschen Industrie in den 50er Jahren bei.

2. Lastenausgleich und Eingliederung der Vertriebenen und Flüchtlinge

Eine der größten Folgelasten des Zweiten Weltkrieges für Wirtschaft und Gesellschaft Westdeutschlands war der Zustrom von Flüchtlingen und Vertriebenen aus dem Osten. Nach der Volkszählung von 1950 waren von den 47,7 Millionen Einwohnern des Bundesgebiets 9,6 Millionen erst während oder nach Beendigung des Krieges zugewandert. 7,9 Mill. Menschen oder 16,5 % der Gesamtbevölkerung hatten den Status von Vertriebenen[15]. Von den übrigen »Zugewanderten« stammten die meisten aus der sowjetischen Besatzungszone und Berlin. Dazu kamen mehr als drei Millionen Menschen, die Vermögensschäden durch Luftangriffe, andere Kampfhandlungen oder durch Verfolgungen erlitten hatten. Jeder dritte Bundesbürger war also durch den Krieg in seinem Vermögen geschädigt worden. Der private Vermögensverlust durch die Vertreibung aus dem Osten wurde auf 62 Mrd. RM, der private Sachschaden durch den Luftkrieg im Reich auf 27 Mrd. RM geschätzt. Außerdem fielen 100 Mrd. RM an Ersparnissen dem Währungsschnitt von 1948 zum Opfer. Davon anerkannte das »Feststellungsgesetz« vom 21. April 1952 25,8 Mrd. RM als »entschädigungspflichtig«[16].

Andererseits gab es in den Westzonen Millionen von Grund- und Hausbesitzern, Firmeninhaber, Aktionäre und Schuldengewinner, die im Krieg und in der Nachkriegszeit wenig oder gar nichts verloren hatten. Allein das Bruttoanlagevermögen der westdeutschen Industrie war zum Zeitpunkt der Währungsreform trotz der Kriegs- und Demontageverluste noch immer höher als vor dem Kriege.

Die Forderung nach einem Lastenausgleich unter den von Krieg und Nachkriegsfolgen unterschiedlich stark betroffenen Deutschen beherrschte daher die sozialpolitische Diskussion der ersten Nachkriegsjahre. Die meisten Vorschläge offizieller deutscher Stellen verknüpften den Lastenausgleich zunächst mit einer umfassenden Währungs- und Sozialreform, die eine Umverteilung derjenigen Vermögen mit sich bringen sollte, die den Krieg überdauert hatten. Als die Militärregierungen schließlich die Währungsreform durchführten, stellten sie solche Forderungen zurück und überließen die Lastenausgleichregelung ausdrücklich der deutschen Verantwortung.

Im August 1949 trat – zunächst in der Bizone, ein Jahr später auch in der französischen Zone – das im Dezember 1948 noch vom Wirtschaftsrat erarbeitete »Gesetz zur Milderung sozialer Notstände« (»Soforthilfe«) in Kraft. Es war ein Vorläufer des Lastenausgleichsgesetzes

Die »Soforthilfe«

(LAG) vom 14. August 1952 und sah für Flüchtlinge, Kriegsgeschädigte, Währungsgeschädigte und politisch Verfolgte Hilfen zum Lebensunterhalt, zur Beschaffung von Hausrat, zum Wohnungsbau, zum Aufbau einer Existenz und zur Berufsausbildung vor. An die Stelle bisher gezahlter Fürsorgezahlungen trat die monatliche Unterhaltshilfe (Sockelbetrag: 70 DM). Finanziert wurden diese Leistungen durch eine »Soforthilfeabgabe« in Höhe von zwei bis drei Prozent der abgabepflichtigen Altvermögen. Bis August 1952 brachte diese Abgabe über 6 Mrd. DM ein. Die zweite Finanzierungsquelle war die Hypothekengewinnabgabe. Sie schöpfte Gewinne ab, die in der Währungsreform durch die Abwertung der Grundschulden im Verhältnis 1:10 entstanden waren[17].

Am 8. Januar 1950 wurde in Kiel der »Bund der Heimatvertriebenen und Entrechteten« (BHE) gegründet, eine Partei, die in erster Linie die wirtschaftlichen und sozialen Interessen der Vertriebenen verfolgen wollte. Bei den schleswig-holsteinischen Landtagswahlen vom 9. Juli 1950 erhielt die neue Partei auf Anhieb 23,4 % der Stimmen und wurde nach der SPD zur zweitstärksten Fraktion im Landtag dieses typischen Flüchtlingslandes. Rasch breitete sich die Partei über das ganze Bundesgebiet aus.

Inzwischen hatten die Vertriebenen auch Landsmannschaften gegründet, die ihre Interessen in der Öffentlichkeit vertraten. Am 5. August 1950 verkündeten die ostdeutschen Landsmannschaften in Stuttgart-Bad Cannstatt die »Charta der Heimatvertriebenen«. Darin verzichteten sie ausdrücklich auf Rache und Vergeltung, forderten die Anerkennung des Rechts auf Heimat als eines von Gott gegebenen Grundrechts und verlangten das gleiche Recht als Staatsbürger[18].

BHE und Vertriebenenverbände traten für einen »wirklichen« Lastenausgleich ein. Die SPD befürwortete nach wie vor einen Lastenausgleich, der zugleich eine umfassende Gesellschaftsreform herbeiführen würde. Die Bundesregierung lehnte eine Umverteilung des vorhandenen Vermögens jedoch ab, denn ein Zugriff auf die Vermögenssubstanz hätte mit Sicherheit die private Initiative, auf die Erhards Wirtschaftspolitik setzte, gelähmt. Der Wiederaufbau hatte Vorrang vor der Forderung nach sozialer Gerechtigkeit. Konrad Adenauer sprach dies in seiner Regierungserklärung deutlich aus: *»Der Wiederaufbau unserer Wirtschaft ist die vornehmste, ja einzige Grundlage für jede Sozialpolitik und für die Eingliederung der Vertriebenen. Nur eine blühende Wirtschaft kann die Belastungen aus dem Lastenausgleich auf die Dauer tragen«*[19].

Das Lastenausgleichsgesetz (LAG) vom 14. August 1952 bedeutete dann auch keinen Eingriff in die bestehenden Besitzverhältnisse, sondern versuchte, die Geschädigten aus dem Vermögenszuwachs der Ungeschädigten zu entschädigen. Das Gesetz schrieb neben einer Hypothekengewinn- und einer Kreditgewinnabgabe eine Vermögensabgabe auf das am Stichtag der Währungsreform vorhandene Vermögen in Höhe von 50 % (in der Landwirtschaft 25 %) vor. Der Berechnung der Vermögen wurden die – für das Grundvermögen relativ niedrigen – steuerlichen Einheitswerte zugrunde gelegt. Erleichtert wurde die Lastenausgleichabgabe auch durch großzügige Freibeträge und Abzüge für selbst erlittene Schäden. Außerdem wurde die Abgabeschuld mit gleichbleibenden Annuitäten über den Zeitraum bis 1979 verteilt.

Die Vermögensabgabe war also von Anfang an eine Art Steuer, die de facto aus den laufenden Vermögenserträgen bestritten werden konnte. Selbst 1950 machte die Belastung auf Unternehmertätigkeit und Vermögen lediglich 5 % aus. In den folgenden Jahren, in denen die Vermögenserträge stark zunahmen, ging diese Belastung manchmal bis zur Bedeutungslosigkeit zurück. Bis 1979, als die Abgabepflicht erlosch, sind 113,9 Mrd. DM an den Ausgleichsfonds abgeführt worden, den das Bundesausgleichsamt in Bad Homburg als Sondervermögen des Bundes verwaltete. Bis zur Auszahlung der letzten Kriegsschadenrente jenseits des Jahres 2000 werden es voraussichtlich 146 Mrd. DM geworden sein[20].

Aus diesem Fonds wurden Ausgleichszahlungen in Milliardenhöhe geleistet: Hauptentschädigungen (gestaffelt nach der Höhe des erlittenen Verlusts), Kriegsschadenrenten (Unterhaltshilfe für den Lebensunterhalt und die Altersversorgung; Entschädigungsrenten nach der Höhe des Verlusts und nach Familieneinkommen), Hausratsentschädigungen, Entschädigungen für verlorene Sparguthaben. Die Unterhaltsrenten wurden bis Ende 1973 nicht an die Einkommens- und Preisentwicklung angepaßt. Außerdem konnten Darlehen zur Wiedereingliederung und Wohnraumbeschaffung sowie Ausbildungsbeihilfen gewährt werden. Die Hauptentschädigungen wurden allerdings erst ab 1959 ausgezahlt, weil die Schadensfeststellungen und die Finanzierung schwierig waren. Bis 1979 wurden rund 22 % der anerkannten Vermögensverluste von Vertriebenen ausgeglichen. Viele Leistungen gingen freilich schon an die Erben der eigentlich Betroffenen.

Nach dem Umfang der aufzubringenden und zu verteilenden Mittel gehörte der Lastenausgleich zu den größten Wirtschafts- und Finanztransaktionen der deutschen Geschichte. Die wichtigsten Empfänger des Lastenausgleichs waren Flüchtlinge und Vertriebene. Das Bundesvertriebenengesetz vom 19. Mai 1952 definierte als Vertriebene alle Deutschen, die ihren Wohnsitz in den deutschen Ostgebieten (Grenzen von 1937) oder im Ausland verloren hatten. Flüchtlinge waren danach Deutsche, die aus der DDR übergesiedelt oder geflüchtet waren. Jeder

Die Lage der Vertriebenen und Flüchtlinge

sechste Bewohner der Bundesrepublik gehörte 1952 dieser Bevölkerungsgruppe an, deren Lebensbedingungen durch soziale Entwurzelung und existentielle Not geprägt war. Fast jeder dritte Vertriebene war arbeitslos. Nicht einmal jeder vierte hatte eine Wohnung. Die meisten lebten zur Untermiete oder in Not- und Massenunterkünften. Die wenigsten konnten ihren früheren Beruf wieder ausüben, sondern mußten sich an die neuen Umstände anpassen, und das bedeutete meist den sozialen Abstieg[21].

Die Integration der Vertriebenen und Flüchtlinge war nicht zuletzt deshalb schwierig, weil ständig weitere Flüchtlinge aus der SBZ bzw. DDR nachströmten. 1950 verabschiedete der Bundestag das Notaufnahmegesetz. Danach sollten nur solche Flüchtlinge besondere Unterstützung genießen, die die »Sowjetzone« oder Ost-Berlin wegen Gefährdung für Leib und Leben und persönliche Freiheit verlassen hatten. Von September 1949 bis Ende 1952 beantragten 675 000 Menschen die Notaufnahme. Damals gab es westdeutsche Politiker, die die »selbstmörderische Humanität« der Notaufnahme kritisierten und eine Absperrung der Zonengrenze gegen die weitere Zuwanderung aus dem Osten forderten. Dabei erhielten von der Einrichtung des Bundesnotaufnahmeverfahrens 1950 bis zur wirtschaftlichen Konsolidierung der Bundesrepublik 1954 nur 43,4 % aller Zuziehenden eine Aufenthaltserlaubnis nach dem Notaufnahmegesetz. Die meisten Abgelehnten blieben freilich trotzdem im Westen, fanden bei Verwandten, Bekannten und karitativen Organisationen Unterkunft und mit fortschreitender Konjunktur auch Arbeit[22].

Eine Lösung des Vertriebenen- und Flüchtlingsproblems ohne internationale Hilfe schien damals unvorstellbar. Daß die Vertriebenen und Flüchtlinge dann doch relativ schnell in die westdeutsche Gesellschaft eingegliedert werden konnten, ist einmal dem Lastenausgleich, vor allem aber der überraschend positiven Wirtschaftsentwicklung zu verdanken gewesen. Im Rahmen des Lastenausgleichs wurden bis 1956, als sich die Lage auf dem Arbeitsmarkt entspannte, 286 Mill. DM für Arbeitsbeschaffung ausgegeben. Damit wurden 58 000 Arbeitsplätze geschaffen, davon 48 000 für Vertriebene. Das Wachstum der deutschen Wirtschaft infolge des Koreabooms führte aber dazu, daß die Zahl der arbeitslosen Vertriebenen zwischen 1950 und 1956 um 350 000 zurückging. Hier wird deutlich, wie entscheidend das »Wirtschaftswunder« für die Lösung des Vertriebenenproblems gewesen ist.

Die Vertriebenen und Flüchtlinge gliederten sich kontinuierlich in den Arbeitsmarkt und die Gesellschaft der Bundesrepublik ein. Diese weitgehende Integration verhinderte, daß die Vertriebenen und Flüchtlinge zu einem sozialen und politischen Sprengsatz für den westdeutschen Staat wurden. Im Gegenteil: die anfängliche Last der Zuwanderung ver-

Integration der
Vertriebenen
und Flüchtlinge

98

wandelte sich bald in einen Vorteil für die westdeutsche Wirtschaft. Der Überschuß an qualifizierten Arbeitskräften, über den die westdeutsche Wirtschaft im Gegensatz zu den anderen westeuropäischen Volkswirtschaften verfügte, wirkte sich positiv auf das Tempo des wirtschaftlichen Wiederaufbaus aus. Diese »stille Reserve« wurde zwischen 1950 und 1961 ständig erneuert: Aus der DDR siedelten 3,6 Mill. Menschen in die Bundesrepublik über (s. unten, Kap. V).

Die wirtschaftliche Bedeutung des Arbeitskräftenachschubs aus der DDR kann gar nicht hoch genug eingeschätzt werden. Setzt man die durchschnittliche Investition in eine Arbeitskraft, die in der DDR ausgebildet wurde und später den Arbeitsmarkt der Bundesrepublik bereicherte, mit 15 000 DM an, so beläuft sich der Wert des in den 50er Jahren aus der DDR »importierten Humankapitals« auf rund 30 Mrd. DM. Tatsächlich sind überdurchschnittlich viele Ingenieure, Ärzte und Angehörige anderer hochqualifizierter Berufe aus der DDR in die Bundesrepublik übergewechselt[23].

Die Zuwanderung von 12 Millionen Menschen innerhalb kurzer Zeit beschleunigte in Westdeutschland den Prozeß der Verstädterung und der Konzentration der Bevölkerung auf bestimmte Ballungsgebiete. Er verstärkte die Mobilität von Ort zu Ort, von Betrieb zu Betrieb und von Beruf zu Beruf. Dennoch hat sich die Integration der Vertriebenen regional sehr unterschiedlich ausgewirkt. So lenkten Wohnraummangel und Zuzugssperren anfangs den Strom der Vertriebenen und Flüchtlinge fast völlig an Nordrhein-Westfalen vorbei. 1946 lag der Anteil der Vertriebenen hier mit 6,1 % besonders niedrig, während »Flüchtlingsländer« wie Schleswig-Holstein, Niedersachsen und Bayern Anteile von 32,9 %, 24 % und 18,9 % aufwiesen. Noch 1957 lag der Flüchtlings-Anteil in Nordrhein-Westfalen mit 15,3 % deutlich unter dem Bundesdurchschnitt von 17,9 %. Nur in den Stadtstaaten und in Rheinland-Pfalz, wo die französische Besatzungsmacht den Zuzug von Flüchtlingen und Vertriebenen verhindert hatte, war die Lage ähnlich. Staatliche Umsiedlungsaktionen, aber vor allem der Sog der Konjunktur führten dazu, daß in den 50er Jahren Hunderttausende aus den ursprünglichen Aufnahmeländern nach Nordrhein-Westfalen strömten[24].

Wurden hier Menschen aus Schleswig-Holstein und Niedersachsen in das rheinisch-westfälische Industriegebiet umgesiedelt, so entschloß sich die Regierung in Bayern, Industriebetriebe in jenen Gebieten anzusiedeln, wo viele Vertriebene lebten. Der Zustrom qualifizierter Arbeitskräfte förderte in Bayern – und später auch in Baden-Württemberg – den Industrialisierungsprozeß und trug zur Modernisierung und Diversifizierung der gewerblichen Wirtschaft bei. Dagegen bewirkte die Umsiedlung von Flüchtlingen und Vertriebenen nach Nordrhein-Westfalen keinen Strukturwandel, sondern verstärkte eher noch die im Ruhrgebiet vorhandene Monokultur der Eisen- und Stahlindustrie.

3. Sozialpolitik und Reform der Rentenversicherung

Für die Väter der »sozialen Marktwirtschaft«, Alfred Müller-Armack und Ludwig Erhard, war der freie Wettbewerb das wichtigste Ordnungsprinzip der Wirtschaft. Die staatliche Wirtschaftspolitik sollte sich darauf beschränken, die Wettbewerbsordnung einzurichten, sie zu sichern und ihre sozialen Härten abzufangen. Für Ludwig Erhard war in der Marktwirtschaft selbst schon die soziale Komponente enthalten: Ein kontinuierliches Wirtschaftswachstum und ein harter Preiswettbewerb würden für mehr Wohlstand und gleichzeitig für dessen gerechte Verteilung sorgen.

Trotz dieser wirtschaftsliberalen Prämissen blieb der Bundesregierung angesichts der riesigen Folgelasten des Krieges gar nichts anderes übrig, als eine aktive Sozialpolitik zu treiben. Dazu gehörten neben dem Lastenausgleich (s. Kap. II.2) die Versorgung der Kriegsopfer, die Wiedergutmachung an den Opfern des Nationalsozialismus und nicht zuletzt die Beseitigung der ungeheuren Wohnungsnot.

Als erste gesetzliche Maßnahme zur Linderung der Kriegsfolgen verabschiedete der Bundestag am 19. Juni 1950 das Heimkehrergesetz. Es gewährte ehemaligen Kriegsgefangenen besondere Rechte und Vergünstigungen, darunter ein Entlassungsgeld von 150 DM, Übergangsbeihilfen, Steuererleichterungen, Wohnungs- und Arbeitsplatzzuteilung. Das Kriegsgefangenenentschädigungsgesetz vom 30. Januar 1954 gewährte später Entschädigungen, Darlehen und Beihilfen.

Am 19. Oktober 1950 verabschiedete der Bundestag das Bundesversorgungsgesetz (BVG), das am 20. Dezember 1950 in Kraft trat. Neben dem Lastenausgleichsgesetz von 1952 (s. Kap. II.2) war es das wichtigste Gesetz auf sozialpolitischem Gebiet, das der Bundestag in seiner ersten Legislaturperiode annahm.

Das Bundesversorgungsgesetz vereinheitlichte die Versorgung der Kriegsopfer, d. h. der Kriegsversehrten (Gesundheitsschäden) und Hinterbliebenen (Witwen, Witwer, Waisen, Eltern). Die Versorgung umfaßte vor allem Heil- und Krankenbehandlung der Versehrten und Rentenzahlungen an Kriegsversehrte, Witwen (Witwer), Waisen und Eltern, die durch den Krieg ihre Ernährer verloren hatten. Grundrenten wurden ohne Berücksichtigung der wirtschaftlichen Lage, Ausgleichs- und Elternrenten je nach Einkommensverhältnissen der Empfänger ausgezahlt. Erst am 1. Januar 1970 wurden diese Renten dynamisiert, also jährlich an die wirtschaftliche Entwicklung angepaßt.

100

Heimkehrergesetz 1950

Bundesversorgungsgesetz 1950

1960 gab es noch 1,1 Millionen Kriegerwitwen (und einige Witwer), 500 000 Waisen und 800 000 Eltern, deren Sohn oder Söhne gefallen waren. Die Kosten für die Versorgung nach dem BVG beliefen sich 1959 auf 3,54 Mrd. DM[25].

Das Gesetz zu Artikel 131 des Grundgesetzes regelte ab Mai 1951 die Rechtsverhältnisse, Wiederverwendungs- und Versorgungsansprüche von Personen, die am 8. Mai 1945 im öffentlichen Dienst gestanden hatten und aus ihm durch die Arbeits- und Wehrpflicht, die Vertreibung oder die Entnazifizierung verdrängt worden waren[26] (s. a. unten, Kap. III.8). Wiedereingliederung der »131er«

Die Opfer des Nationalsozialismus mußten noch eine Zeitlang auf ihre Entschädigung warten: Nachdem am 10. September 1952 Vertreter der Bundesrepublik das Wiedergutmachungsabkommen mit Israel unterzeichnet hatten, forderte am nächsten Tag der Bundestag die Bundesregierung auf, einen Gesetzentwurf für die individuelle Entschädigung von Opfern des Nationalsozialismus vorzulegen. Entschädigung der NS-Opfer

Als Ergebnis der Beratungen und Überlegungen verabschiedete der Bundestag am 29. Juli 1953 das Bundesergänzungsgesetz zur Entschädigung für Opfer der nationalsozialistischen Verfolgung, das am 18. September 1953 in Kraft trat (seit der 3. Änderung vom 9. Juli 1953 heißt es Bundesentschädigungsgesetz). Entschädigt werden sollte jeder, der in den Jahren 1933 bis 1945 *»wegen seiner gegen den Nationalsozialismus gerichteten politischen Überzeugung, aus Gründen der Rasse, des Glaubens oder der Weltanschauung durch das nationalsozialistische Regime verfolgt worden ist und hierdurch Schaden an Leben, Körper, Gesundheit, Freiheit, Eigentum, Vermögen oder in seinem beruflichen Fortkommen erlitten«* hatte[27]. Anspruch auf Entschädigung hatten auch die Menschen, die Widerstand gegen den Nationalsozialismus geleistet hatten. Problematisch war allerdings die Einschränkung, wonach Personen, die die freiheitlich-demokratische Grundordnung des Grundgesetzes bekämpfen würden, ebenso wie diejenigen, die dem nationalsozialistischen Regime Vorschub geleistet hatten, unberücksichtigt bleiben sollten. So blieben viele kommunistische Widerstandskämpfer ohne Entschädigung.

Die Wiedergutmachungsleistungen, für die insgesamt rund vier Milliarden DM angesetzt wurden, bestanden aus Pauschalabgeltungen, Renten, aber auch Ausbildungsbeihilfen. Bis 1962 sollten Ansprüche abgegolten sein, der Termin konnte indes nicht eingehalten werden.

Das erste sozialpolitische Gesetz, das keinen Zusammenhang mit den Folgen des »Dritten Reiches« und des Zweiten Weltkrieges aufwies, war das Kindergeldgesetz vom 13. November 1954. Das Kindergeld war ursprünglich im Dritten Reich eingeführt worden, als das Regime Kindergeld für das sechste und jedes weitere Kind einen monatlichen Bonus von 10 RM gewährte. Die Alliierten hatten es 1945 zunächst aufgehoben. Mit dem Kindergeldgesetz führte die Bundesregierung 1954 für das dritte und jedes weitere Kind unter 18 Jahren das Kindergeld in Höhe von 25 DM wieder ein. Zunächst wurde es durch Beiträge der Arbeitgeber über Familienausgleichskassen finanziert; ab Juli 1964 trug es der Bund. Zahlreiche Novellen dieses Gesetzes verbesserten seine Leistung fortlaufend, so daß 1965 schließlich für das zweite Kind 25 DM, für das dritte 50 DM, für das vierte 60 DM und für das fünfte 70 DM aus der Staatskasse gezahlt wurden. Mit 2,8 Mrd. DM Gesamtleistung rangierte das Kindergeld damit nach den Ausgaben für die Sozialversicherung (8,4 Mrd. DM) und nach der Kriegsopferversorgung (5,8 Mrd. DM) an dritter Stelle der Sozialausgaben des Bundes. Die Kritik am Kindergeldgesetz richtete sich einmal gegen die versteckten bevölkerungspolitischen Motive, zum anderen gegen das »Gießkannenprinzip«, das staatliche Mittel auch an jene Familien verteilte, deren Einkommen für die Kindererziehung ausreichend war[28].

Mitte der 50er Jahre entsprach das Netz der sozialen Sicherung in der Bundesrepublik im wesentlichen immer noch dem überkommenen System der deutschen Sozialversicherung, wie es unter Bismarck entstanden (Unfall-, Kranken- und Rentenversicherung) und in der Weimarer Republik (Arbeitslosenversicherung seit 1927) vervollständigt worden war. Die Bundesrepublik war, was soziale Leistungen anging, hinter dem Standard zurückgeblieben, den manche europäische Staaten (vor allem Großbritannien und die skandinavischen Länder) inzwischen in der Sozialpolitik erreicht hatten.

Insbesondere die Versorgung der Rentner, der Kern des Sozialversicherungssystems, hinkte hinter der Entwicklung der Preise und Löhne her. 1950 betrug die durchschnittliche Rente der Arbeiter 60,50 DM im Monat; die gesicherte Mindestrente lag bei 50 DM; die Beiträge kosteten 10 % der Löhne und Gehälter. Gewerkschaften und SPD forderten seit langem – die SPD zuletzt in ihrem »Sozialplan« von 1952/53 – eine »Volkspension«, die nach skandinavischem Vorbild aus Steuergeldern finanziert werden sollte.

Bundeskanzler Adenauer kündigte in seiner Regierungserklärung vom 20. Oktober 1953 eine umfassende Sozialreform als wichtigste innenpolitische Aufgabe an. 1955 begannen die Vorarbeiten zu einer Reform der Sozialversicherung. Zu dieser Zeit entwickelten SPD und Gewerkschaften ein Konzept, wonach die Renten laufend an die Lohnentwicklung angepaßt werden sollten (Dynamisierung der Renten), damit die Rentner am wirtschaftlichen Erfolg teilhaben konnten. Dieses Ziel vertrat auch der Arbeitnehmerflügel der CDU, dessen Repräsentant Anton

Storch damals das Arbeitsministerium leitete. Auf entschiedenen Widerstand stießen die Gesetzesentwürfe des Arbeitsministeriums und der SPD, die in wesentlichen Punkten übereinstimmten, bei Finanzminister Schäffer, Wirtschaftsminister Erhard und den Unternehmerverbänden (BDI und BDA). Schäffer befürchtete neben Milliardenmehrausgaben des Bundes vor allem Gefahren für die Stabilität des Geldwertes; darin unterstützte ihn die Notenbank. Für Ludwig Erhard war die geplante Reform grundsätzlich nicht vereinbar mit der von ihm gewünschten liberalen Wirtschaftsordnung. Die Wirtschaftsverbände warnten vor einer Steigerung der Lohnnebenkosten, die die westdeutsche Wirtschaft im internationalen Wettbewerb zurückwerfen würde.

Die Reformgegner innerhalb und außerhalb der Regierung konnten das Vorhaben jedoch nicht mehr verhindern, sondern lediglich verzögern und geringfügig modifizieren, denn Bundeskanzler Adenauer hatte die außerordentliche politische Bedeutung der Rentenfrage – unmittelbar vor der nächsten Bundestagswahl – erkannt und setzte die Reform unter ausdrücklichem Einsatz seiner Richtlinienkompetenz gegen alle Widerstände durch. Mit den Stimmen der SPD und gegen die Stimmen des Koalitionspartners FDP und eines Teils der Deutschen Partei nahm der Bundestag am 21. Januar 1957 das Gesetz zur Rentenreform an[29].

Die rechtzeitig vor dem Wahltermin erfolgenden Rentennachzahlungen bescherten der CDU/CSU den größten Wahlerfolg ihrer Geschichte: In der Bundestagswahl vom 15. September 1957 gewann die Union die absolute Mehrheit der Stimmen und Mandate im Bundestag.

Die Reform bedeutete den Übergang von der statischen zur dynamischen Rente. Im einzelnen hieß das:

1. Die laufenden Renten wurden rückwirkend ab 1. Januar 1957 um 60 % erhöht und damit die Benachteiligung der Sozialrentner, die bisher vom »Wirtschaftswunder« wenig gespürt hatten, aufgehoben.

2. Die Renten folgen seitdem in gewissen Abständen den Löhnen, die Rentner nehmen also auch nach dem Ende ihrer aktiven Beschäftigungszeit am Wirtschaftswachstum teil. In den Jahren 1957 bis 1969 beispielsweise stiegen die Nettolöhne um 115,7 %, die Renten um 110,5 %. Grundlage für diese Neuregelung war die Auffassung, daß die Rentner ebenso wie die Erwerbstätigen an der Entwicklung des Sozialprodukts teilhaben sollen, daß Rentenerhöhungen wie Lohnerhöhungen dann gerechtfertigt sind, wenn die Wirtschaft eine entsprechende Produktivitätssteigerung aufweist. Dahinter steht außerdem das Konzept eines Generationenvertrages, wonach die Erwerbstätigen einen Teil ihres Einkommens in die Rentenkasse einzahlen in der Erwägung, daß die nächste Generation sie ebenfalls mit Renteneinkommen versorgen wird.

3. Die Altersrente gilt nicht mehr als Zuschuß zum Unterhalt, sondern als Lohnersatz. Die »Standardrente« sollte 60 % der aktuellen durchschnittlichen Bruttobezüge aller Versicherten umfassen, so daß unter Berücksichtigung von Abzügen und Werbungskosten kein Absinken des Lebensstandards im Alter zu befürchten war. Auch wenn dieses Ziel in den kommenden Jahren nicht ganz erreicht werden konnte (tatsächlich bewegte sich die »Standardrente« zwischen 40 und 50 %), hat die Rentenreform doch erheblich dazu beigetragen, das Vertrauen in die Sozialstaatlichkeit der Bundesrepublik herzustellen und den sozialen Frieden dauerhaft zu festigen.

4. Der Beitragssatz wurde von 11 % auf 14 % vom Grundlohn erhöht; die Versicherungspflicht für Angestellte wurde von 750 DM auf 1250 DM monatlich heraufgesetzt.

Die Rentenreform von 1957 markierte den Durchbruch der Bundesrepublik zum Sozialstaat, wie ihn das Grundgesetz in Artikel 20 fordert. Die Rentenreform brachte Westdeutschland auch wieder auf den Stand der wohlfahrtsstaatlich weit fortgeschrittenen Länder, zumal sie der Beginn weiterer Reformen war. Das Prinzip der Dynamisierung wurde Schritt für Schritt auf andere Sozialleistungen ausgedehnt: die Kriegsopferversorgung, die Entschädigung der Verfolgten des NS-Regimes, die Unfallrenten, die Altershilfe für Landwirte etc..

Sozialhilfegesetz 1961

Am 30. Juni 1961 schließlich wurde das Sozialhilfegesetz verkündet, das das in seinen wesentlichen Teilen noch aus dem Jahre 1924 stammende Fürsorge- und Armenrecht neu ordnete. Die staatliche Sozialhilfe wird seitdem als Hilfe zum Lebensunterhalt oder als Hilfe in besonderen Lebenslagen gewährt und soll ein menschenwürdiges Existenzminimum in persönlichen Notfällen ohne Rücksicht auf die Ursache der Bedürftigkeit garantieren, wenn alle anderen Hilfen versagen. Die Sozialhilfe ist Angelegenheit der Städte und Landkreise; überregional sind die Wohlfahrts- und Landschaftsverbände, sowie Sozialhilfeverwaltungen und Sozialämter in Zusammmenarbeit mit der freien Wohlfahrtspflege zuständig.

4. Der soziale Wohnungsbau

Angesichts der zerstörten Städte Westdeutschlands rechneten Experten bei Kriegsende mit einer Aufbauphase von 40 bis 50 Jahren. 1948 wurde der Bedarf an Wohnungen auf über fünf Millionen geschätzt. 1950 lebten im Bundesgebiet noch über 250 000 Personen in »Unterkünften außerhalb von Wohnungen«, wie es in der amtlichen Statistik heißt; über zwölf Millionen Westdeutsche wohnten als Untermieter mit anderen Mietparteien in der gleichen Wohnung zusammen[30]. Politiker aller Parteien waren sich einig, daß möglichst schnell möglichst viele Wohnungen gebaut werden sollten.

Mit welchen Mitteln dies zu erreichen sei, war freilich umstritten. Die Bundesregierung setzte auch hier in erster Linie auf die Privatwirtschaft, die durch gesetzliche Maßnahmen zum Wohnungsbau ermutigt werden sollte. So erklärte Konrad Adenauer in seiner Regierungserklärung am 20. September 1949: »*Wir wollen mit allen Mitteln den Wohnungsbau energisch fördern, nicht indem der Bund selbst baut, sondern indem er Mittel zur Verfügung stellt und darauf dringt, daß von den Ländern alle Möglichkeiten auf dem Gebiete des Wohnungsbaus erschöpft werden. Wir werden weiterhin dazu übergehen, durch entsprechende, in vorsichtiger und nicht überstürzender Weise durchgeführte Lockerungsvorschriften der Raumbewirtschaftung und der Mietfestsetzung das Privatkapital für den Bau von Wohnungen wieder zu interessieren. Wenn es nicht gelingt, das Privatkapital für den Wohnungsbau zu interessieren, ist eine Lösung des Wohnungsproblems unmöglich*«[31].

Dagegen legte die SPD im Dezember 1949 einen Gesetzentwurf zum sozialen Wohnungsbau vor. Danach sollten in zehn bis zwölf Jahren vier Millionen Sozialwohnungen und eine Million frei finanzierter Wohnungen gebaut werden. Die Regierung antwortete mit einem eigenen Gesetzentwurf, der sich in der Gewichtung von privatem und staatlich gefördertem Wohnungsbau nicht allzusehr von den Vorschlägen der SPD unterschied.

Wohnungsbaugesetze 1950–1956

Am 23. März 1950 verabschiedete der Bundestag fast einstimmig das erste Wohnungsbaugesetz: Vorgesehen war darin eine staatliche Finanzierung von 1,8 Millionen Wohnungen für sechs Millionen Menschen. Die Wohnungen des sozialen Wohnungsbaus sollten in der Regel Personen mit einem Monatseinkommen von weniger als 600 DM zugute kommen. Der Mietpreis pro Quadratmeter Wohnfläche wurde auf 1,00 bis 1,10 DM festgesetzt[32].

Deutlich wird in diesem Gesetz bereits eine Grundlinie der Wohnungsbaupolitik im Zeichen der sozialen Marktwirtschaft: Der Bau billiger Sozialwohnungen wurde von der öffentlichen Hand (Bund, Ländern, Gemeinden) gefördert. Parallel dazu wurde die Wohnraumbewirtschaftung abgebaut, um private Investitionen im Wohnungsbau zu ermutigen.

Diesem Ziel diente beispielsweise das Wohnungseigentumsgesetz vom 15. März 1951. Es schuf die gesetzliche Grundlage für das Eigentum an Gebäudeteilen, die Eigentumswohnung als Alternative zum Eigenheim. Diese Regelung beschleunigte den Wiederaufbau der Innenstädte und förderte die Bildung von Eigentum in breiten Bevölkerungsschichten.

Das erste Bundesmietengesetz von 1955 und das zweite von 1956 führten Rentabilitätsgesichtpunkte wieder in die Wohnungswirtschaft ein und förderten den Eigenheimbau. Das zweite Wohnungsbaugesetz vom 27. Juni 1956 förderte im Anschluß an das erste den Bau von Sozialwohnungen für einkommensschwache Personen, für kinderreiche Familien, Schwerbeschädigte, Vertriebene und Kriegsopfer.

Abbau der Bewirtschaftung

Am 23. Juni 1960 verabschiedete der Bundestag gegen die Stimmen der Sozialdemokraten das Gesetz über den Abbau der Wohnungszwangswirtschaft. Schritt für Schritt sollten die seit 1923 bestehende Wohnraumbewirtschaftung und der Mieterschutz abgebaut und damit auch der Wohnungsmarkt als letzter großer Bereich staatlicher Bewirtschaftung in die soziale Marktwirtschaft einbezogen werden. Dafür wurde eine Rangfolge von »weißen« und »schwarzen« Kreisen aufgestellt, je nachdem wie groß der Bedarf an Wohnungen jeweils war. So wurden am 1. Juli 1960 die Mieten in all den kreisfreien Städten und Landkreisen freigegeben, in denen am 31. Dezember des Vorjahres weniger als drei Prozent Wohnungen gefehlt hatten. Zuletzt erfolgte die Freigabe der Mieten in den »schwarzen« Kreisen der Großstädte und Ballungsgebiete.

Das Gesetz führte zugleich ein »soziales Mietrecht« mit verlängerten Kündigungsfristen und einem sozial begründeten Widerspruchsrecht in Härtefällen ein. Als Ausgleich für Mietanhebungen, die bei Altbauwohnungen zunächst 15 % betrugen, gewährte ein Gesetz – ebenfalls vom 23. Juni 1960 – nach Einkommensverhältnissen gestaffelte Miet- und Lastenbeihilfen. Sie wurden 1965 durch das »Wohnungsgeld« ersetzt.

Zwischen 1950 und 1964 wurden in der Bundesrepublik mehr als acht Millionen Wohnungen gebaut, davon mehr als zwei Millionen Eigentumswohnungen und Eigenheime. Ab 1953 entstanden jedes Jahr mehr als 500000 Wohnungen. Die Kosten betrugen 184 Mrd. DM, davon trug die öffentliche Hand 50 Mrd. DM[33].

5. Betriebsverfassung, Mitbestimmung der Arbeitnehmer und gewerkschaftliche Politik

Mitbestimmung statt Sozialisierung

Auf seinem Gründungskongreß, der vom 12. bis 14. Oktober 1949 in München tagte, verabschiedete der Deutsche Gewerkschaftsbund (DGB) vier Grundsatzforderungen:

»1. Eine Wirtschaftspolitik, die unter Wahrung der Würde freier Menschen die volle Beschäftigung aller Arbeitswilligen, den zweckmäßigsten Einsatz aller volkswirtschaftlichen Produktivkräfte und die Deckung des volkswirtschaftlich wichtigen Bedarfs sichert.

2. Mitbestimmung der organisierten Arbeitnehmer in allen personellen, wirtschaftlichen und sozialen Fragen der Wirtschaftsführung und Wirtschaftsgestaltung.
3. Überführung der Schlüsselindustrien in Gemeineigentum, insbesondere des Bergbaues, der Eisen- und Stahlindustrie, der Großchemie, der Energiewirtschaft, der wichtigen Verkehrseinrichtungen und der Kreditinstitute.
4. Soziale Gerechtigkeit durch angemessene Beteiligung aller Werktätigen am volkswirtschaftlichen Gesamtertrag und Gewährung eines ausreichenden Lebensunterhaltes für die infolge Alter, Invalidität oder Krankheit nicht Arbeitsfähigen«[34].

Die hier noch geforderte »Überführung der Schlüsselindustrien in Gemeineigentum« war spätestens 1948, als die Besatzungsmächte die Sozialisierung des Kohlebergbaus in Nordrhein-Westfalen blockierten und die ebenfalls schon beschlossene Sozialisierung von Schlüsselindustrien in Hessen aufhoben, am passiven Widerstand der Militärregierungen gescheitert (vgl. dazu oben, Kap. I.6.2.). Realisierbar schien aber 1949 immer noch das Ziel der *Mitbestimmung*, das die bisherige *Mitsprache* der Betriebsräte in wirtschaftlichen und sozialen Angelegenheiten der Betriebe ersetzen und nicht nur von Betriebsangehörigen, sondern auch von Vertretern der Gewerkschaften wahrgenommen werden sollte.

Die britischen Besatzungsbehörden hatten 1947 in den entflochtenen und unter Treuhandverwaltung gestellten Unternehmen der deutschen Eisen- und Stahlindustrie eine Mitbestimmungsregelung eingeführt. Die Aufsichtsräte waren paritätisch mit fünf Vertretern der Treuhandverwaltung als Arbeitgeber und mit fünf Gewerkschaftern auf der Arbeitnehmerseite besetzt, das elfte, »neutrale« Mitglied wurde ebenfalls von der Treuhandverwaltung benannt. Im Vorstand saßen drei gleichberechtigte Direktoren, darunter ein auf Vorschlag der Gewerkschaften ernannter Arbeitsdirektor. Dieses Modell wollten die Gewerkschaften auf die gesamte westdeutsche Großindustrie übertragen.

Das Tarifvertragsgesetz vom 9. April 1949 stellte die Tarifautonomie – das freie Aushandeln der Lohn- und Arbeitsbedingungen – wieder her. Als autonome Verhandlungspartner standen sich Gewerkschaften und Arbeitgeberverbände gegenüber. Wie die Gewerkschaften schufen sich auch die Arbeitgeber 1949 wieder ihre Dachorganisationen: Am 28. Januar 1949 wurde die Bundesvereinigung der Deutschen Arbeitgeberverbände (BDA) mit Sitz in Köln gegründet. Als Dachorganisation war sie zwar nicht tariffähig, sie erarbeitete aber sozial-, arbeits-, lohn- und bildungspolitische Grundsätze und Richtlinien und gab ihren autonomen Mitgliederverbänden Tarifempfehlungen.

Am 19. Oktober 1949 wurde der Bundesverband der Deutschen Industrie (BDI) als Dachorganisation der Industriespitzenfachverbände ebenfalls in Köln gebildet. Er wollte die wirtschaftlichen und wirtschaftspolitischen Interessen der deutschen Industrie im In- und Ausland vertreten. Als dritte Säule unternehmerischer Interessenvertretung konstituierte sich am 27. Oktober 1949 der Deutsche Industrie- und Handelstag (DIHT). In diesem als Verein organisierten Spitzenverband waren und sind die regionalen Industrie- und Handelskammern zusammengeschlossen, die als Selbstverwaltungsorgane der gewerblichen Wirtschaft öffentlich-rechtliche Funktionen wahrnehmen, vor allem im beruflichen Bildungswesen.

Diese Spitzenverbände sprachen sich wie die FDP und große Teile der CDU/CSU gegen die gewerkschaftlichen Forderungen nach betrieblicher Mitbestimmung der Arbeitnehmer aus, da diese ihrer Ansicht nach zur Planwirtschaft führen würde. Als die alliierten Zuständigkeiten in der Eisen- und Stahlindustrie auf deutsche Stellen übergingen, wollte die Bundesregierung die Betriebsverfassung neu ordnen. Die Gewerkschaften befürchteten, daß dabei die in der Montanindustrie praktizierte Mitbestimmung wieder abgeschafft werden sollte, und mobilisierten ihre Mitglieder. In Urabstimmungen sprachen sich Ende 1950 über 90 % der Mitglieder der IG Metall und der IG Bergbau für Streiks aus, die am 1. Februar 1951 beginnen sollten.

Die Regierungskoalition und die Arbeitgeberverbände lehnten weitgehende Mitbestimmungsregelungen nach wie vor ab, ein schwerer Arbeitskampf schien also unvermeidlich. In dieser Situation einigten sich
Bundeskanzler Adenauer und der DGB-Vorsitzende Hans Böckler in mehreren Gesprächen über den Erhalt der paritätischen Mitbestimmung im Montanbereich. Adenauer war auf die Zusammenarbeit mit den Gewerkschaften angewiesen, wenn er den Alliierten in den komplizierten Verhandlungen über die Entflechtung und Neuordnung der Montanindustrie, die internationale Kontrolle des Ruhrgebiets und den Schuman-Plan eine einheitliche deutsche Position entgegenstellen wollte (vgl. dazu unten, Kap. III.1). Zur Überwindung der wirtschaftlichen und sozialen Spannungen im Innern brauchte Adenauer die Gewerkschaften ebenfalls. Aus dieser Konstellation ist es zu verstehen, daß er sich für die Mitbestimmung in der Eisen- und Stahlindustrie aussprach und diese Entscheidung auch in seiner Fraktion durchsetzte. Am 10. April 1951 stimmte der Bundestag mit den Stimmen der CDU/CSU und der SPD gegen die Stimmen der Regierungsparteien FDP und DP dem »Gesetz über die Mitbestimmung der Arbeitnehmer in den Aufsichtsräten und Vorständen der Unternehmen des Bergbaus und der eisen- und stahlerzeugenden Industrie« zu[35].

Im wesentlichen entsprach die Neuregelung der bis dahin bestehenden Mitbestimmungspraxis in den entflochtenen Unternehmen der Eisen- und Stahlindustrie. Die gesetzlichen Regelungen galten für alle Unternehmen der Montanindustrie in Form einer AG, GmbH oder bergrechtlichen Gesellschaft mit mehr als 1000 Arbeitnehmern. Die Aufsichtsräte dieser Unternehmen umfassen in der Regel elf Personen, so daß auf die Aktionärs- und Arbeitnehmerseite je fünf Vertreter entfallen. Auf der Arbeitnehmerseite müssen zwei Betriebsangehörige sitzen, und zwar je ein Arbeiter und ein Angestellter. Zwei weitere Arbeitnehmervertreter werden von der zuständigen Einzelgewerkschaft bzw. vom DGB nominiert. Das fünfte Mitglied der Arbeitnehmer- wie auch der Arbeitgeberseite muß »neutral« sein, d. h., es darf nicht hauptamtlich den Gewerkschaften oder Arbeitgeberorganisationen verbunden sein. An die Stelle des bisherigen elften Mannes im Aufsichtsrat, den die von alliierter Seite eingesetzte Stahltreuhändervereinigung gestellt hatte, trat nun ebenfalls eine »neutrale« Person. Sie wird von beiden im Aufsichtsrat vertretenen Gruppen gewählt, muß also das Vertrauen beider Seiten haben. Der Arbeitsdirektor darf vom Aufsichtsrat nur mit mindestens drei Arbeitnehmerstimmen bestellt werden. Als gleichberechtigtem Vorstandsmitglied obliegen ihm Personal-, Tarif-, Sozial- und Ausbildungs- bzw. Weiterbildungsfragen sowie die Zusammenarbeit mit dem Betriebsrat.

In den Verhandlungen mit der DGB-Führung war es Adenauer gelungen, die Gewerkschaften in der Frage der Westintegration und der Eigentumsregelung von der SPD abzutrennen, indem er der Mitbestimmungsregelung in der Montanindustrie zustimmte. Die Gewerkschaften sahen in der Durchsetzung der Montanmitbestimmung nur den ersten Schritt in Richtung auf Einführung der qualifizierten Mitbestimmung in allen größeren Unternehmen der deutschen Industrie. Diese Hoffnungen mußten sie jedoch bald begraben. Für die Bundesregierung war die Regelung in der Montanindustrie eine Ausnahme, die auf die übrige Industrie nicht übertragen werden sollte. Nur unter dieser Bedingung hatten die Spitzenverbände der Industrie und der Arbeitgeber der Montanmitbestimmung ihre Zustimmung gegeben.

Als die Gewerkschaften 1952 nach Einbringung des Betriebsverfassungsgesetzes in den Bundestag ihren Erfolg wiederholen wollten, stießen sie auf den entschlossenen Widerstand der CDU/CSU und des Bundeskanzlers. Auch Streikdrohungen hatten dieses Mal keinen Erfolg, denn die wirtschafts-, innen- und außenpolitische Situation hatte sich derart verändert, daß Adenauer die Unterstützung der Gewerkschaften nicht mehr benötigte. Der Bundestag verabschiedete am 19. Juli 1952 gegen die Stimmen der SPD und der KPD das Betriebsverfas-

Betriebsverfassungsgesetz 1952

sungsgesetz, das am 11. Oktober 1952 in Kraft trat[36]. Danach mußte ein Drittel der Aufsichtsratssitze von Kapitalgesellschaften mit über 500 Beschäftigten mit Arbeitnehmervertretern besetzt sein. Sie werden von der Belegschaft gewählt, die – falls die Arbeitnehmerseite mehr als zwei Aufsichtsratssitze erhält – auch »Betriebsfremde« dazu bestimmen kann. Damit fanden erstmals Gewerkschaftsvertreter Zugang zu den Aufsichtsräten und stärkten dort die Position der Arbeitnehmerminderheit. Neu waren auch weitgehende Informationsrechte für den Betriebsrat in Unternehmen mit mehr als 100 Beschäftigten auch in wirtschaftlichen Fragen unter Offenlegung aller betrieblicher Unterlagen. Der Betriebsrat erhielt zahlreiche *Mitspracherechte* in personellen und *Mitbestimmungsrechte* in sozialen Angelegenheiten. Dies betrifft Einstellungen, Versetzungen, Umgruppierungen, Kündigungen bzw. Arbeitszeit- und Pausenregelungen, Urlaubspläne, Entlohnungsgrundsätze, die Verwaltung sozialer Einrichtungen und andere Angelegenheiten, die die Arbeitgeber seitdem nur noch einvernehmlich mit dem Betriebsrat regeln können. Im übrigen verpflichtete das Gesetz die Betriebsräte zur Friedens- und Schweigepflicht und zur vertrauensvollen Zusammenarbeit mit den Unternehmern: »*Arbeitgeber und Betriebsrat arbeiten ... zum Wohle des Betriebs und seiner Arbeitnehmer unter Berücksichtigung des Gemeinwohls zusammen*« (§ 49).

Für den öffentlichen Dienst regelte 1955 das Personalvertretungsgesetz die Rechte der Beamten, Angestellten und Arbeiter im öffentlichen Dienst. Den Personalräten stehen – ähnlich wie den Betriebsräten in der Privatwirtschaft – Beteiligungsrechte in innerdienstlichen, personellen und sozialen Angelegenheiten zu.

Ein Jahr später, am 3. September 1953, wurde das Arbeitsgerichtsgesetz erlassen. Es regelte Zuständigkeiten und Verfahren bei Rechtsstreitigkeiten aus Arbeitsverhältnissen vor Arbeitsgerichten und schuf das Bundesarbeitsgericht in Kassel als letzte Instanz für diese Fälle. Auch dort, wo den Betriebsräten nur Mitsprache und Anhörungsrechte eingeräumt wurden, sorgte die Rechtsprechung der Arbeitsgerichte bald dafür, daß diese nicht Formsachen blieben.

Die Neuordnung der Betriebsverfassung blieb weit hinter den hochgespannten Erwartungen der Gewerkschaften zurück. Aus ihrer Sicht brachte es keinen entscheidenden Fortschritt in den Arbeitsbeziehungen gegenüber der Weimarer Republik. Dennoch akzeptierten sie das Gesetz, weil es nach den Regeln der parlamentarischen Demokratie zustande gekommen war. Der IG-Metall- und spätere DGB-Vorsitzende Walter Freytag erklärte auf dem 2. Gewerkschaftstag der IG Metall im September 1952 in Stuttgart: »*Wir haben die Haltung eingenommen, alle zusammen, wie sie nur eingenommen werden konnte: Das Parla-*

ment hat gesprochen, und der Entscheidung des Parlaments müssen wir uns beugen«[37].

Im Bundestagswahlkampf 1953 schlugen sich die Gewerkschaften mit ihrem Aufruf »für einen besseren Bundestag« voll und ganz auf die Seite der Sozialdemokraten, mit deren Programm sie weitgehend übereinstimmten. Nachdem aber die Regierungskoalition unter Konrad Adenauer ihre Position weiter hatte ausbauen können, trat bei den Gewerkschaften die Mitbestimmungsforderung in den Hintergrund zugunsten pragmatischer Forderungen. Das DGB-Aktionsprogramm von 1955 forderte

»1. Kürzere Arbeitszeit (Fünftagewoche bei vollem Lohn- und Gehaltsausgleich mit täglich achtstündiger Arbeitszeit;
2. höhere Löhne und Gehälter (Hebung des Lebensstandards durch Erhöhung der Löhne und Gehälter für Arbeiter, Angestellte und Beamte; gleiche Entlohnung für Männer und Frauen; Zahlung eines Urlaubsgeldes; Sicherung der Weihnachtszuwendungen, Lohnfortzahlung in Krankheitsfällen auch für Arbeiter);
3. größere soziale Sicherheit (Sicherung des Arbeitsplatzes; ausreichende Unterstützung bei Arbeitslosigkeit, Unfall und Krankheit; Alter ohne Not);
4. gesicherte Mitbestimmung (gesetzliche Regelung der paritätischen Mitbestimmung in den Obergesellschaften; gleichberechtigte Mitbestimmung für alle Betriebe und Verwaltungen);
5. verbesserter Arbeitsschutz, ausreichende Ausbildungsmöglichkeiten für die Jugend«[38].

Tatsächlich ist dieses Programm Schritt für Schritt verwirklicht worden, wenn auch die Reform des Betriebsverfassungsgesetzes erst 1972 bis 1974 wieder aufgegriffen wurde.

Wichtigster Gradmesser gewerkschaftlichen Erfolges wurde nun die Erhöhung des Reallohns. Bis 1965, dem Zeitpunkt des nächsten gewerkschaftlichen Aktionsprogramms, stieg der Reallohn, d. h. die Kaufkraft, auf das Zweieinhalbfache des Standes von 1950 (s. oben, Tabelle 3). Dabei hat es bis in die späten 60er Jahre offenbar eine stillschweigende Orientierung der Lohnpolitik an der Produktivitätsentwicklung gegeben. Mit dem Beginn der 60er Jahre konnten die Arbeitnehmer ihren Anteil am Volkseinkommen deutlich ausbauen. Zwischen 1960 und 1968 erhöhte sich das Einkommen je Arbeitnehmer um 78 %, jenes der Selbständigen um 73 %, so daß zumindest eine Angleichung der Zuwachsraten, wenn auch keine Annäherung der absoluten Unterschiede stattfand. An der Einkommensrelation zwischen Abhängigen und Selbständigen von rund 1:3 des Jahres 1950 hat sich auch im Verlauf der 50er Jahre wenig geändert[39].

Das DGB-Aktionsprogramm 1955

Lohnerhöhung und Arbeitszeitverkürzung

Seit 1954 stand die Forderung nach der 40-Stunden-Woche auf der Tagesordnung der Tarifauseinandersetzungen zwischen Gewerkschaften und Arbeitgebern. Tatsächlich lag die effektive Arbeitszeit der männlichen Arbeitnehmer in dieser Zeit sogar bei knapp unter 50 Stunden. Die IG Metall erzielte den entscheidenden Durchbruch in der Arbeitszeitfrage, als sie im »Bremer Abkommen« 1956 die 45-Stunden-Woche bei vollem Lohnausgleich vereinbarte. Bis Mitte 1957 war die 45-Stunden-Woche in allen Industriezweigen erreicht; 1958 folgte auch der öffentliche Dienst. 1965 war es dann die Schuhindustrie, die erstmals die 40-Stunden-Woche verwirklichte[40].

Die Verlängerung der Urlaubszeit war ein anderes wichtiges Ziel der Tarifverhandlungen. Das Bundesurlaubsgesetz vom 8. Januar 1963 schrieb schließlich vor, daß jedem Arbeitnehmer jährlich mindestens 18 Werktage bezahlter Urlaub zustehen.

Arbeitskämpfe Streiks wurden in der Bundesrepublik zu einer Ausnahme: Zusammen mit den Niederlanden und Schweden lag die Bundesrepublik weit am Ende der internationalen Skala der Streikhäufigkeit. Gewerkschaften und Arbeitgeberverbände zogen es vor, ihre unterschiedlichen Interessen in Verhandlungen auszugleichen. Meist machten Kompromisse zwischen den »Sozialpartnern« – wie liberale Wirtschaftspolitiker und -theoretiker die Kontrahenten gern nannten – Arbeitskämpfe überflüssig. In Lohnfragen war eine Einigung um so leichter möglich, als das Volkseinkommen ständig wuchs.

Dennoch blieb das Verhältnis zwischen Arbeitgebern und Gewerkschaften nicht konfliktfrei: In sozial- und tarifpolitischen Grundsatzfragen wie der Lohnfortzahlung und der Arbeitszeit kam es immer wieder zu erbitterten Arbeitskämpfen, die auch mit den Waffen des Streiks und der Aussperrung geführt wurden. So streikten vom Oktober 1956 bis zum Februar 1957 bis zu 34 000 Metallarbeiter in Schleswig-Holstein, um die Lohnfortzahlung im Krankheitsfall für Arbeiter durchzusetzen[41]. Die Gleichstellung der Arbeiter mit den Angestellten im Krankheitsfall erreichten die Gewerkschaften erst mit dem Gesetz zur Verbesserung der wirschaftlichen Sicherung der Arbeiter im Krankheitsfall (Lohnfortzahlungsgesetz), das am 1. August 1961 in Kraft trat und dem sowohl CDU/CSU als auch SPD zugestimmt hatten. Arbeiter erhalten seitdem wie Angestellte in den ersten sechs Wochen einer Erkrankung den vollen Nettolohn. Den größten Teil davon, das Krankengeld, tragen die Pflichtkassen; der Arbeitgeber zahlt die Differenz zum sonst gezahlten Nettolohn. Die vorher üblichen unbezahlten Karenztage fallen fort. Krankengeld und Krankenhauspflege wurden von 26 auf 78 Wochen ausgedehnt. Längerfristige Versorgung wird von der Sozialversicherung übernommen[42].

Insgesamt trug auch im Verhältnis von Arbeitnehmern und Unternehmern das »Wirtschaftswunder« der 50er Jahre zur Entschärfung gesellschaftlicher Konflikte bei, da es materielle Entschädigungen für die gescheiterten gesellschaftspolitischen Ambitionen der Gewerkschaften bereithielt.

6. Vermögensbildung und »Volkskapitalismus«

Private Vermögensbildung als Chance für alle war ein wichtiger Programmpunkt für die Anhänger der sozialen Marktwirtschaft. Je breiter die Vermögensverteilung, desto stabiler würde die Wirtschafts- und Gesellschaftsordnung sein. Aus diesen sozialpolitischen Überlegungen heraus und wegen der mit großen Vermögen verbundenen Machtkonzentration stieß die ungleiche Vermögensverteilung in der Bundesrepublik bereits in den 50er Jahren auf wachsende Kritik. Wie beim Lastenausgleich zielten die Überlegungen, wie eine breitere Vermögensstreuung erreicht werden könnte, jedoch nicht auf eine Umverteilung des Bestehenden, sondern vielmehr auf eine gleichmäßigere Verteilung der künftigen Vermögenszuwächse.

Dabei spielte der staatlich geförderte Wohnungsbau eine wichtige Rolle. In den Wohnungsbau waren bis 1964 50 Mrd. DM aus öffentlichen Mitteln geflossen. Die Bindung dieser Mittel an soziale Vergabekriterien führte in den 50er Jahren dazu, daß sich die soziale Zusammensetzung der Wohnungseigentümer erheblich veränderte. Von den 1950 vorhandenen 3,6 Millionen Einfamilien- und Bauernhäusern gehörten nur 24 % Arbeitnehmern. Von den 1952 bis 1960 fertiggestellten 1,3 Mill. Eigenheimen wurden dagegen 57 % von Arbeitnehmerbauherren erstellt. Das Wohnungsbauprämiengesetz von 1952 förderte das Bausparen, indem es je nach Familienstand und Aufwendungen Prämien für Sparleistungen zugunsten des Wohnungsbaus einführte. 1959 kam das Prämiensparen hinzu, das staatliche Zusatzprämien zwischen 20 und 30 % bzw. 42 % für langfristige Einlagen vorsah[43]. *Wohnungseigentum*

Trotz dieser Veränderung beim Wohnungseigentum kam ein im Auftrag der Bundesregierung erstelltes Gutachten zu dem Ergebnis, daß Ende der 50er Jahre 75 % aller privaten Vermögen im Besitz von 17 % der westdeutschen Bevölkerung waren, während sich die Mehrheit der Bevölkerung, nämlich 83 %, die verbleibenden 25 % der privaten Vermögen teilte. Die Vermögensbildung war auch nach der Währungs- und Wirtschaftsreform einseitig verlaufen und hatte die Masse der Arbeitnehmer nicht erreicht. Aufschlußreich sind in diesem Zusammenhang *Ungleiche Vermögensverteilung* einige Angaben, die der SPD-Abgeordnete Georg Leber am 15. Oktober 1964 in einer Bundestagsrede machte. Danach bildeten 1959 18,9 Millionen Arbeitnehmer 6,1 Mrd. DM Vermögen. Pro Kopf waren das 322 DM im Jahre 1959. Im gleichen Jahr bildeten 3,2 Millionen Selbständige 6,8 Mrd. DM Vermögen, d. h. 2125 DM pro Person. Dazu kamen weitere 10,8 Mrd. DM an umverteilten Gewinnen aus Personengesellschaften und Einzelunternehmungen, also weitere 5500 je Selbständigem. Im Ergebnis bedeutete dies, daß ein Selbständiger 1959 23mal soviel Vermögen bilden konnte wie ein Unselbständiger[44].

»Volksaktien« und Privatisierung von Bundesvermögen

Gefördert werden sollte die Vermögensbildung in »Arbeitnehmerhand« 1960 durch die Belegschaftsaktie und durch die Einführung der »Kleinaktie« im Aktiengesetz von 1965. Die Ausgabe von »Volksaktien« sollte die Beteiligung an Kapitalgesellschaften beim Publikum populär machen und zugleich eine breitere Streuung des Produktivvermögens bewirken. Die Ausgabe von Volksaktien des staatlichen Montankonzerns Preussag (Preußische Bergwerks- und Hütten-AG) leitete im März 1959 die Privatisierung von Bundesvermögen ein.

Erwerben durften diese Aktien nur Personen, deren steuerpflichtiges Einkommen unter 8000 DM (Ledige) bzw. 16000 DM (Verheiratete) im Jahr betrug. Aufsehenerregender als die Teilprivatisierung der Preussag war die Privatisierung von 60 % des Grundkapitals des Volkswagenwerks im Nennwert von 360 Mill. DM Anfang 1961. Auch hier wurden die Aktien nur Personen mit einem bestimmten Höchsteinkommen angeboten. Auch dieses Mal gab es so viele Interessenten, daß die Aktien zugeteilt werden mußten. Statt der möglichen fünf Aktien konnten die Kaufinteressenten nur bis zu vier Preussag- und zwischen zwei und drei VW-Aktien erwerben.

Im April 1965 verkaufte der Bund noch für 528 Mill. DM Aktienkapital des Energiekonzerns Vereinigte Elektrizitäts- und Bergwerks AG (VEBA).

Durchschlagende Erfolge im Sinne der Vermögensbildung in Arbeitnehmerhand blieb diesen Aktionen jedoch versagt, denn die ersten Volksaktien wurden zu einem Zeitpunkt ausgegeben, als die Hausse in deutschen Aktien ihren absoluten Höhepunkt erreicht hatte; ab 1961 fielen die Kurse wieder. Die VW-Aktie beispielsweise wurde zum Preis von 350 DM und einem Sozialrabatt von 25 % verkauft. Die erste Börsennotiz lag am 7. April 1961 bei 750, der Kurs stieg schnell auf 1100 und fiel Anfang August auf unter 800 zurück. Viele Erwerber hatten ihre VW-Aktien als Spekulationsobjekte erworben und stießen sie schnell wieder ab. Andere waren von der Kursentwicklung enttäuscht und investierten nie wieder in Aktien. Im übrigen war höchst fraglich, ob bei einem Aktienbesitz von 200 bis 300 DM Nominalwert das Bewußtsein, Teilhaber am Produktivvermögen der Nation zu sein, entstehen konnte.

Als in den 60er Jahren die öffentliche Diskussion über die Vermögensbildung in Arbeitnehmerhand anhob, wurde schließlich im Juli 1961 das Gesetz zur Förderung der Vermögensbildung für Arbeitnehmer verabschiedet (312-DM-Gesetz). Sonderleistungen der Arbeitgeber, sofern sie 312 DM im Jahr nicht überstiegen und vermögenswirksam – auch in Aktien – angelegt wurden, wurden geringer besteuert und von Sozialversicherungsabgaben befreit. Das zweite Vermögensbildungsgesetz, das im April 1965 in Kraft trat, erweiterte diese Maßnahmen, die nunmehr völlige Steuerbefreiung vorsah, auch auf tarifvertraglich (und nicht nur auf Betriebsebene) vereinbarte Leistungen und schloß die Arbeitnehmer des öffentlichen Dienstes ein.

Es ist teilweise dieser Gesetzgebung zuzuschreiben, die in den 70er Jahren noch intensiver weitergeführt wurde, daß die Konzentration der privaten Vermögen auf einen kleinen Personenkreis seit den 60er Jahren etwas geringer geworden ist. Die Verteilung des Produktivvermögens sah dagegen anders aus: 1960 verfügten 1,7 % der Haushalte über 70 % des Produktivvermögens (aber »nur« über 35 % des Gesamtvermögens). Dieser Konzentrationsprozeß verstärkte sich in den folgenden Jahren noch, denn 1966 verfügte derselbe Personenkreis bereits über 74 % des Produktionsvermögens. Sein Anteil am gesamten Privatvermögen war dagegen auf 31 % zurückgegangen[45]. Diese hohe Konzentration bezeugt den Mißerfolg all jener Bemühungen, die durch die Propagierung des »Volkskapitalismus« das Eigentum an Produktionsmitteln breiter streuen und damit das Konzept der sozialen Marktwirtschaft auf eine breitere materielle Grundlage stellen wollten.

Gesetz zur Vermögensbildung 1961

7. Von der »nivellierten Mittelstandsgesellschaft« zur Konsumgesellschaft

1953 entwickelte der Soziologe Helmut Schelsky das Konzept der »nivellierten Mittelstandsgesellschaft«[46]. Danach ließ sich die Bevölkerung der Bundesrepublik nicht mehr als bürgerliche Klassengesellschaft definieren. Vielmehr sei im Zuge der Entwicklung zur Industriegesellschaft die Industriearbeiterschaft als Ganzes sozial aufgestiegen, das Besitz- und Bildungsbürgertum sozial abgesunken. Dieser Prozeß habe bereits mit dem Ersten Weltkrieg begonnen, sei aber durch den Zweiten Weltkrieg und die ihm folgende massenhafte Entwurzelung durch Flucht und Vertreibung, durch politisch bedingte Deklassierung höherer Führungsschichten und ähnliche Phänomene außerordentlich beschleunigt worden.

»Nivellierte Mittelstandsgesellschaft« oder »Schichtungsgesellschaft«

Im Ergebnis waren Schelsky zufolge die Klassengegensätze eingeebnet worden, und es war eine verhältnismäßig einheitliche Gesellschaftsschicht entstanden, die »ebensowenig proletarisch wie bürgerlich« sei. Zu Schelskys Konzept der »nivellierten Mittelstandsgesellschaft« gehörte auch die These, daß ein »verhältnismäßig einheitlicher Lebensstil« und der »universale Konsum der industriellen und publizistischen Massenproduktionen«, kurz eine Nivellierung der Einkommen, Vermögen, Lebensstile und Einstellungen kennzeichnend für die Gesellschaft der Bundesrepublik sei.

Schelskys Thesen wurden von anderen Soziologen in Frage gestellt und vor allem von den Gewerkschaften und den Sozialdemokraten kritisiert. Sie gingen davon aus, daß es auch in der westdeutschen Gesellschaft nach wie vor Klassenunterschiede und -konflikte gab. Gegen Schelskys Konzept sprach die Beobachtung, daß ein charakteristisches Kennzeichen der Nachkriegszeit der Wille zum sozialen Aufstieg war. Gerade die Deklassierung und Verelendung ehemals bürgerlicher Schichten und die Entwurzelung der vorwiegend ländlich geprägten ostdeutschen Bevölkerung hatten hierzu beigetragen. Dieser Aufstiegswillen mobilisierte starke berufliche und wirtschaftliche Energien. Auch die Entwicklung der Einkommens- und Vermögensverteilung ließ einen Trend zur Nivellierung nicht erkennen. Angemessener erschien die Charakterisierung der bundesdeutschen Gesellschaft als »Schichtungsgesellschaft«. Dieses Konzept bestritt wie Schelsky die Existenz einer Klassengesellschaft, stellte aber die Gesellschaft der Bundesrepublik als eine »durchaus ungleiche Gesellschaft mit deutlich höher und tieferstehenden Bevölkerungsteilen dar«[47].

Andererseits beobachteten Soziologen im Lauf der 50er Jahre durchaus eine gewisse Angleichung ehemals schichttypischer Verhaltensstrukturen beispielsweise des Familienlebens, der Berufs- und Ausbildungswünsche der Kinder, der Wohn-, Verbrauchs- und Unterhaltungsformen bis hin zu den kulturellen, politischen und wirtschaftlichen Einstellungen. Sie sahen darin die entscheidende Veränderung in der Entwicklung der westdeutschen Gesellschaft. Ein Beispiel für diese Angleichung sozialer Gruppen aneinander und für das Aufweichen ehemaliger Klassengegensätze war die schon damals konstatierte »Entproletarisierung« der Arbeiterschaft. Mit zunehmendem Wohlstand und wachsender sozialer Sicherheit verschwand nahezu die gesamte proletarische Subkultur, die in der Weimarer Republik das Erscheinungsbild der Arbeiterbewegung geprägt hatte, und die Unterschiede zwischen Arbeitern und Angestellten verwischten sich[48].

Ein anderes Beispiel ist die Entwicklung des Mittelstandes: Die Hochkonjunktur und der zunehmende Konsum stabilisierten die Position des Handwerks und des Handels. Die Furcht vor der Proletarisierung – die 1930 als »Panik im Mittelstand« (Th. Geiger) charakterisiert worden ist – trat in dem Maße zurück, wie der Übergang von einer selbständigen in eine Angestelltenposition nicht mehr zwingend zu einer Senkung des Lebensstandards und zum Verlust des gesellschaftlichen Ansehens führen mußte.

Das von Schelsky schon 1953 behauptete Stadium des Massenkonsums erreichte die westdeutsche Gesellschaft allerdings erst gegen Ende der 50er Jahre. 1951 war der private Verbrauch pro Kopf der Bevölkerung gerade wieder auf das Niveau des »Vorkriegsnormaljahres« 1936 herangekommen. Und erst 1953/54 erreichte der Kaloriengehalt der Nahrung je Einwohner wieder den Standard von 1935–38. Es ist daher wenig verwunderlich, daß das Schwergewicht des Verbrauchs Anfang der 50er Jahre noch auf Nahrungsmitteln sowie auf der Anschaffung von Kleidung und Hausrat lag. 1955 lebte noch immer ein Fünftel der erwachsenen Bevölkerung in Haushalten, deren Einkommem monatlich unter 250 Mark und damit nach zeitgenössischen Maßstäben an der Grenze zum Existenzminimum lag. Im Sommer 1955 hatten nach einer Repräsentativumfrage des Allensbacher Instituts 53 % der Bevölkerung nicht mehr als drei Wohnräume – Bad und Küche mitgerechnet – zur Verfügung. 84 % besaßen zwar ein Radio, aber nur 11 % einen Kühlschrank und erst 10 % eine elektrische Waschmaschine. Nahezu ein Drittel der Bevölkerung hatte noch nie eine Urlaubsreise gemacht, und nur jeder fünfte war seit der Währungsreform im Ausland gewesen, die meisten in Österreich und in der Schweiz[49].

Mit der Hochkonjunktur und dem Übergang zur Vollbeschäftigung 1956 begann auch in der Bundesrepublik eine Anschaffungswelle für langlebige Gebrauchsgüter. Dabei spielte für Erwerb und Besitz von Fernsehgeräten, Musiktruhen oder Kühlschränken die soziale Stellung kaum noch eine bestimmende Rolle. Und nirgendwo dokumentierte sich die »Demokratisierung des Konsums« deutlicher als in der Verbreitung des Autos. Zwischen 1951 und 1961 versiebenfachte sich der Bestand an Personenkraftwagen von 700000 auf über 5 Millionen. Seit 1954 wurden mehr Pkws zugelassen als Motorräder; 1957 übertraf der Bestand an Pkws erstmals den an Motorrädern. Der Motorisierungsgrad stieg von 12,7 auf 81,2 Pkw je 1000 Einwohner, lag allerdings noch immer deutlich unter demjenigen vergleichbarer Länder. Die Bundesrepublik hatte 1960 erst den Motorisierungsgrad erreicht, den die Vereinigten Staaten schon 1920 aufzuweisen hatten. Gleichzeitg stieg der Anteil der Arbeitnehmer unter den neuen Pkw-Eigentümern von 8,8 % 1950 auf 53 % 1960[50].

In den 50er Jahren wuchs der Anteil des Individualverkehrs an den gesamten Verkehrsleistungen im Personenverkehr von 33,1 % auf 63 %, während der der Eisenbahn von 37,5 % auf 17,1 % und der des öffentlichen Personennahverkehrs von 28,8 % auf 18,9 % zurückging.

Das Privatauto wurde in den 50er Jahren zum Inbegriff von Freiheit, Glück, Erfolg und gesellschaftlichem Ansehen. Die Konsequenzen, die sich daraus für Städtebau, Siedlungspolitik, Wirtschaftsstruktur, Freizeitgestaltung und Umwelt ergaben, veränderten das Alltagsleben der Westdeutschen ganz entscheidend.

Weitere Kennzeichen der Konsumgesellschaft, der Massentourismus und das neue Massenmedium Fernsehen, bildeten sich in der Bundesrepublik ebenfalls in der zweiten Hälfte der 50er Jahre heraus. Diese Segnungen der Konsumgesellschaft – Motorisierung, Tourismus und Massenmedien – haben tiefe Spuren im Bewußtsein und im Lebensgefühl der meisten Bundesbürger hinterlassen. Sie wurden zu Recht als Ergebnisse des Wirtschaftswunders gesehen und verstärkten in der Bevölkerung die Identifikation mit dem wirtschaftlichen, gesellschaftlichen und politischen System der Bundesrepublik Deutschland. Dazu beigetragen hat auch das Gefühl der wirtschaftlichen und sozialen Sicherheit für die eigene Person, das Vollbeschäftigung und Sozialgesetzgebung seit 1957 vermittelten.

Am Ende der 50er Jahre hatte die Bundesrepublik ihre Identität als Industriegesellschaft gefunden. Dies war teils ein Ergebnis der »gewaltsamen Modernisierung« (Dahrendorff) in der Zeit des Nationalsozialismus, teils war es der Gunst der wirtschaftlichen Rekonstruktion zu verdanken, die in den *industriellen* Wiederaufbau nicht nur alle Hoffnungen setzte, sondern auch die Bedingungen schuf, diese Hoffnungen zu realisieren.

8. Kanzlerdemokratie und politische Parteien

Das politische System der Bundesrepublik Deutschland zeichnete sich bereits in den 50er Jahren durch eine bemerkenswerte Stabilität aus. Die wichtigsten Elemente dieser im Vergleich zur Weimarer Republik bemerkenswerten Erscheinung waren die Ausbildung der »Kanzlerdemokratie« und die Konzentration des Parteienspektrums in einem Drei-Parteien-System.

Die »Kanzler-
demokratie« Das Grundgesetz räumt dem Bundeskanzler eine starke Stellung ein. Er kann nur durch ein konstruktives Mißtrauensvotum gestürzt werden (Art. 67 GG); er *bestimmt die Richtlinien der Politik und trägt dafür Verantwortung« (Art. 65 GG). Konrad Adenauer nutzte diesen verfassungsrechtlichen Rahmen, um sein Amt autoritär und patriarchalisch

wahrzunehmen. Sein hohes Alter, seine politische Erfahrung, nicht zuletzt seine geschickte Taktik im Umgang mit Personen und Institutionen verliehen ihm bald eine unangreifbare Autorität im Kabinett, gegenüber den Koalitionspartnern und innerhalb der eigenen Fraktion[51]. Von Anfang an besetzte er die wichtigsten Kabinettsposten mit seinen Vertrauten, soweit es die Koalitionsarithmetik zuließ, und sorgte dafür, daß beim Aufbau des neuen Regierungsapparates Spitzenbeamte ernannt wurden, auf die er sich verlassen konnte. Zur zentralen Schaltstelle der Macht baute Adenauer das Bundeskanzleramt aus. Seine Staatssekretäre Hans Lenz und Hans Maria Globke übten großen Einfluß auf die Besetzung anderer Machtpositionen aus und kontrollierten die Geheimdienste. Die Referate des Bundeskanzleramts wurden den verschiedenen Ministerien und Bundesbehörden direkt zugeordnet, so daß Adenauer über eine ständige Kontroll- und Einflußmöglichkeit verfügte. Vertreter der Parteien und Verbände hatten direkten Zugang zum Kanzleramt. Mit ihrer Hilfe regierte Adenauer gelegentlich an einzelnen Ministerien vorbei oder über ihre Minister hinweg, wenn er nicht überhaupt wichtige Entscheidungen im Gespräch mit seinen engsten Mitarbeitern fällte und das Kabinett erst nachträglich informierte. Über das Bundespresseamt konnte der Bundeskanzler die Öffentlichkeit beeinflussen, wobei er sich zur Finanzierung verschiedener »Reptilienfonds« bediente, die vor dem Parlament nicht offengelegt wurden[52].
Als die neuen Bundesministerien aufgebaut wurden, geschah dies ohne Kontrolle der Alliierten. Angesichts der scharfen Polarisierung zwischen Regierung und Opposition ist es nicht erstaunlich, daß kaum Sozialdemokraten in die Ministerien einzogen. Andererseits hatten alle ehemaligen Beamten des »Dritten Reiches« aufgrund des Ausführungsgesetzes zum Artikel 131 des Grundgesetzes (s. oben Kap. II.3) mit Ausnahme der schwer belasteten einen Rechtsanspruch auf Beschäftigung. Alle Behörden mußten 20 % ihrer Stellen für diesen Zweck reservieren. In den neuen Bundesministerien wurde dieses »Soll« oft übererfüllt, denn ein »131er« zog den nächsten nach sich. So kam es, daß zwischen 1949 und Juni 1950 23 ehemalige Nationalsozialisten in das Wirtschaftsministerium einrückten. Im März 1952 waren 39 der 49 obersten Beamten im Auswärtigen Amt ehemalige Nationalsozialisten[53].
Adenauer kümmerte sich weder bei der Kabinettsbildung noch bei der Besetzung hoher Beamtenstellen sonderlich um die politische Vergangenheit seiner Mitarbeiter: 1953 hatte er in seinem Kabinett einen Innenminister (Gerhard Schröder), der NSDAP-Mitglied gewesen war, einen Minister für Vertriebene und Flüchtlinge (Theodor Oberländer), der der SS angehört hatte, und einen Verkehrsminister (Hans-Christoph Seebohm), der nach wie vor die Heimkehr des Sudetenlandes ins Reich

propagierte. Adenauers engster Mitarbeiter, der Staatssekretär im Bundeskanzleramt, Hans Globke, hatte im »Dritten Reich« den offiziösen Kommentar zu den Nürnberger Gesetzen von 1935 verfaßt – worin Juden zu Staatsbürgern zweiter Klasse abgestempelt und Ehen zwischen Juden und Nichtjuden als »Rassenschande« strafbar wurden – und eine wichtige Position im Reichsinnenministerium innegehabt.

Seine starke Stellung als Bundeskanzler verdankte Adenauer der stabilen Mehrheit seiner Partei im Bundestag. Umgekehrt nutzte er den Kanzlereffekt, um seine Autorität auch in der CDU/CSU durchzusetzen. Als Vorsitzender der CDU in der britischen Zone übte er bereits 1949 großen Einfluß auf die Landespolitik in Nordrhein-Westfalen aus. Den Zusammenschluß der CDU auf Bundesebene verzögerte er bis Mai 1950, als er sicher sein konnte, nun auch Vorsitzender der Gesamtpartei zu werden. Im Wahlkampf trat Adenauer weniger als Vorsitzender einer großen demokratischen Partei in Erscheinung, er präsentierte sich vielmehr als Kanzler des ganzen Volkes, als Vaterfigur, die über den Parteien stand. Diese Mischung aus verfassungsmäßigen Rechten, autoritärer Machtausübung und patriarchalischem Auftreten hat dem Adenauerschen Regierungsstil das Attribut »demo-autoritär« (so der amerikanische Politologe Löwenstein) und dem westdeutschen Regierungssystem der 50er Jahre den Namen »Kanzler-Demokratie« eingetragen.

Kennzeichnend für die Entwicklung des westdeutschen Parteigefüges ab 1949 war die Tendenz zur Konzentration. 1949 waren zehn Parteien und drei unabhängige Abgeordnete, 1953 sechs Parteien, 1957 vier Parteien und 1961 nur noch CDU/CSU, SPD und FDP im Bundestag vertreten. Das für die Bundesrepublik lange Zeit typische Drei-Parteien-System hatte sich etabliert.

Wahlen zum 1. Bundestag 1949   Im ersten Bundestag von 1949 schien sich allerdings noch die Parteienvielfalt der Weimarer Republik zu wiederholen. Die Parteien, die die Regierungskoalition stellten, CDU/CSU, FDP und Deutsche Partei, verfügten nur über eine knappe Mehrheit (208 von 402 Abgeordneten). Die Koalition wurde aber meist von kleineren regionalen oder konfessionellen Parteien unterstützt, die ihr politisch nahestanden: der Bayernpartei (17 Abgeordnete), der Wirtschaftlichen Aufbauvereinigung (WAV mit 12 Abgeordneten) und dem Zentrum (10 Abgeordnete). Dazu kamen drei unabhängige Abgeordnete und ein Abgeordneter des Südschleswigschen Wählerverbands (SSW), der Partei der dänischen Minderheit in Schleswig-Holstein, und schließlich die rechtsextreme »Deutsche Rechtspartei und Deutsche Konservative Partei« (DKP, ab 1950 Deutsche Reichspartei – DRP) mit fünf Abgeordneten.

In Opposition zur Regierungskoalition unter Konrad Adenauer standen SPD und KPD. Auf die SPD-Führung wirkte der Wahlausgang

120

lange Zeit wie ein Schock, hatte sie doch aufgrund der Wahlergebnisse in den Landtagswahlen mit einem sicheren Sieg bei der ersten Bundestagswahl gerechnet. Mit einem Stimmenanteil von 29,2 % landete sie im ersten Bundestag auf den Bänken der Opposition. Die SPD-Abgeordneten lieferten den Vertretern der Regierungspolitik im Bundestag heftige Rededuelle vor allem auf dem Feld der Wirtschafts- und Außenpolitik. Anders als die KPD identifizierte sich die SPD aber mit dem parlamentarisch-demokratischen System, an dessen Verfassung sie maßgeblich mitgewirkt hatte. Bei wichtigen sozialpolitischen Entscheidungen stimmten ihre Abgeordneten für die Vorlagen der Regierung.

Die Opposition der KPD dagegen richtete sich nicht gegen einzelne Entscheidungen und Gesetzesvorhaben, sondern prinzipiell und systematisch gegen das politische, wirtschaftliche und gesellschaftliche System der »Bonner Republik«. Die Ablehnung des Grundgesetzes im Parlamentarischen Rat durch die Abgeordneten der KPD war das erste Zeichen dieser prinzipiellen Opposition gewesen.

Am 14. Januar 1950 hob die Alliierte Hohe Kommission den Lizenzzwang für politische Parteien auf. Daraufhin entstanden über dreißig neue Parteien, die zuvor nicht zugelassen worden waren, darunter einige Flüchtlingsparteien und viele rechtsextreme Gruppierungen, die sich an die alten Nationalsozialisten und Deutschnationalen richteten. Besonders erfolgreich im norddeutschen Raum war die – allerdings bereits im Oktober 1949 gegründete – Sozialistische Reichspartei: In Niedersachsen erhielt sie 1951 bei den Landtagswahlen 11 %, in Bremen 7,7 % der Stimmen. Gleichzeitig sank allerdings der Stimmenanteil der Deutschen Reichspartei. Am 28. September 1951 begann das Bundesverfassungsgericht mit seiner Tätigkeit. Auf Antrag der Bundesregierung erklärte das Gericht am 23. Oktober 1952 die Sozialistische Reichspartei (SRP) zu einer rechtsradikalen, verfassungsfeindlichen Partei (gemäß Art. 21.2 GG) und löste sie mit der Begründung auf, die Partei verachte die Menschenrechte, belebe den Antisemitismus neu, bekämpfe die Demokratie und trete für das Führerprinzip ein.

Die DRP beerbte die SRP, nachdem diese verboten worden war. Auch diese Partei hatte ihren Schwerpunkt in Norddeutschland, wo sie an deutschnationale Traditionen und die Harzburger Front von 1931 anknüpfen wollte. Aber selbst in ihrer Hochburg Niedersachsen kam sie kaum über 3 Prozent hinaus. Bei der Bundestagswahl 1953 erhielt sie in Niedersachsen 3,3 % der Stimmen. Bei den Bundestagswahlen 1957 kam sie nicht einmal auf 1 %, existierte aber weiter und beteiligte sich 1968 an der Gründung der Nationaldemokratischen Partei Deutschlands (NPD) (vgl. Kap. VII.1).

Auch die kleineren Koalitionspartner der CDU – vor allem die Deut-

Neue Parteien 1950

sche Partei – versuchten, die ehemaligen Wähler und Mitglieder der NSDAP für sich zu gewinnen, um sich gegen die Sogkraft der CDU zu behaupten. So sagte der DP-Vorsitzende und Bundesminister Heinrich Hellwege 1949: »*Auch ich sehe eine unserer wichtigsten Aufgaben darin, die zum Rechtsradikalismus hin tendierenden Kräfte unseres Volkes auf uns zu ziehen, sie über und mit uns in die Bahn einer konstruktiven Politik zu lenken und damit vor dem politischen Nichts zu bewahren.*« Und Verkehrsminister Hans-Christoph Seebohm ging in seiner Annäherung an die alten Nationalsozialisten so weit, daß er 1951 auf einem Parteitag der Deutschen Partei öffentlich erklärte: »*Wir neigen uns in Ehrfurcht vor jedem Symbol unseres Volkes – ich sage ausdrücklich jedem –, unter dem deutsche Menschen ihr Leben für ihr Vaterland geopfert haben*«[54].

Aber auch mit ihrer nationalistischen Propaganda hatte die DP auf die Dauer keinen Erfolg gegenüber der CDU. Sie wurde zu deren Anhängsel und ging schließlich in ihr auf. Als Erbe der DP konnte sich die CDU Mitte der 50er Jahre auch im protestantischen Norddeutschland ausdehnen, wo sie in den ersten Nachkriegsjahren kaum hatte Fuß fassen können.

Unter den damals entstandenen Flüchtlingsparteien war der BHE die wichtigste. Bei den Landtagswahlen von Schleswig-Holstein erhielt er 1950 auf Anhieb 23,4 % und breitete sich dann rasch auf das übrige Bundesgebiet aus. Seine Anfangserfolge verdankte der BHE seinem Eintreten für die Belange der Vertriebenen und Flüchtlinge, solange diese noch am Rande der Gesellschaft standen. Im Bundestag und in der Bundesregierung war der BHE nur in der zweiten Legislaturperiode von 1953 bis 1957 vertreten. Nicht zuletzt die Tätigkeit seiner Minister im Kabinett Adenauer machte den BHE schließlich überflüssig. Auch die Umbenennung in »Gesamtdeutscher Block« und die Aufnahme nationalistischer Parolen konnte die Partei nicht retten. 1958 löste sie sich auf. Ihre Wähler gingen größtenteils zur CDU/CSU über.

In der FDP lassen sich von Anfang an ein liberaler und ein nationaler Flügel unterscheiden. Die eine Richtung tendierte zum Ausbau individueller Rechte und Freiheiten, die andere bemühte sich um die Bildung einer »dritten Kraft« rechts von der CDU. 1953 wurde bekannt, daß der FDP-Landesvorsitzende von Nordrhein-Westfalen, Friedrich Middelhauve, sechs ehemalige NSDAP-Funktionäre um den ehemaligen SS-Brigadeführer und Staatssekretär im Reichspropaganda-Ministerium, Werner Naumann, als Mitarbeiter eingestellt hatte. Dieser Vorfall stürzte die FDP in eine tiefe Krise, trug aber auch zu einer klaren Standortbestimmung der FDP in der liberalen Mitte bei. In der Folgezeit gelang es Vertretern einer jüngeren und pragmatischen Generation, wie Willy

Weyer und Walter Scheel, Einfluß auf die nordrhein-westfälische FDP zu gewinnen. Die FDP überlebte als einzige der kleinen Parteien den Konzentrationsprozeß, der auf ein Zweiparteiensystem hinauszulaufen schien, indem sie in der Wirtschaftspolitik, in der Kultur- und Schulpolitik und nicht zuletzt in der Deutschlandpolitik eigene Aussagen machte. Diese näherten sich in einem Bereich eher der CDU, in einem anderen eher der SPD, so daß die Partei nach beiden Seiten hin koalitionsfähig war. Die Geschichte der FDP ist daher weitgehend die Geschichte ihrer Koalitionsentscheidungen.

Die von vielen in- und ausländischen Beobachtern in den frühen 50er Jahren befürchtete Radikalisierung und Destabilisierung des jungen politischen Systems der Bundesrepublik trat nicht ein, da die rechtsradikalen Parteien ihre Wähler nicht auf Dauer zu halten vermochten. Der Nationalsozialismus war für die meisten Westdeutschen keine Alternative mehr zu den demokratischen Parteien, die nach dem Krieg von den Alliierten zugelassen worden waren.

Bevor die Legislaturperiode des ersten Bundestages 1953 zu Ende ging, verabschiedeten die Abgeordneten ein neues Wahlgesetz. Die Zahl der Abgeordneten wurde von 400 auf 484 erhöht. Die Hälfte sollte durch Direktwahl in den 242 Wahlkreisen gewählt, die andere Hälfte aus den Landeslisten der Parteien besetzt werden (1949 waren die Bundestagssitze im Verhältnis 60 zu 40 verteilt worden). Jeder Wähler bekam zwei Stimmen, eine für den Direktkandidaten, eine für die Landesliste. Die Verteilung der Mandate unter die Parteien erfolgte nach dem Verhältnis der Zweitstimmen, wobei wie bisher die direkt errungenen Sitze abgezogen wurden. Überhangsmandate (also Direktmandate, die über den prozentual errechneten Anteil der Sitze einer Partei hinausgingen) konnten die Gesamtzahl der Abgeordneten im Bundestag erhöhen (wie schon 1949 geschehen). Die Fünfprozentklausel wurde verschärft: Fortan mußte eine Partei mindestens fünf Prozent der Stimmen im Bundesgebiet (und nicht in einem Land!) oder ein Direktmandat gewinnen, um Sitze im Bundestag zu erhalten. Das Wahlgesetz trat am 8. Juli 1953, also noch rechtzeitig zu den Bundestagswahlen, die auf den 6. September anberaumt waren, in Kraft.

Das Bundeswahlgesetz 1953

Am Wahlkampf beteiligten sich zwölf Parteien. Gegenüber den ersten Bundestagswahlen waren neu hinzugekommen u. a. der BHE und die 1952 von Gustav Heinemann gegründete Gesamtdeutsche Volkspartei (GVP). Die CDU setzte in ihrer Agitation gegen die SPD ganz auf verbreitete Ängste vor den Kommunisten, indem sie direkt und indirekt die Sozialdemokratie mit Sozialismus und Kommunismus gleichsetzte. »*Alle Wege des Sozialismus führen nach Moskau*«, suggerierte ein Wahlplakat. Adenauer behauptete sogar, eine SPD-Regierung sei der »Unter-

Wahlen zum 2. Bundestag 1953

123

gang Deutschlands« und die SPD werde von der DDR finanziell unterstützt[55]. Nach dem Tode Kurt Schumachers am 20. August 1952 hatte die SPD Erich Ollenhauer zum Vorsitzenden gewählt. Er setzte die Politik seines Vorgängers – ohne dessen polemische Schärfe – in der Sozialisierungs- und Wiedervereinigungsfrage fort. Im September 1952 verabschiedete der SPD-Parteitag in Dortmund ein Aktionsprogramm, das die Regierungspolik der Westintegration kritisierte und die unsozialen Züge der »sozialen« Marktwirtschaft anprangerte. – Die FDP-Führung war bemüht, sich im Streit zwischen dem nationalen und dem liberalen Flügel der Partei als »dritte Kraft« zwischen SPD und CDU zu profilieren, unterstützte in ihrem Wahlprogramm aber die Außenpolitik der Bundesregierung.

Das wichtigste Ergebnis der Bundestagswahlen vom 6. September 1953 war die Konzentration der Stimmen auf wenige Parteien. Statt zehn waren noch sechs Parteien im Bundestag vertreten. Beherrscht wurde der zweite Bundestag eindeutig von den großen Parteien: Der Stimmenanteil der CDU/CSU vergrößerte sich von 31 % auf 45,2 % der Zweitstimmen. Mit 243 Abgeordneten verfehlte sie knapp die einfache Mehrheit im Bundestag, der wegen der Überhangmandate 487 Abgeordnete zählte.

Der hohe Wahlsieg der Unionsparteien war ein deutliches Indiz dafür, daß die Wähler in großer Mehrheit die Außen- und Sicherheitspolitik der Regierung Adenauer akzeptiert hatten. Noch mehr mag zum Wahlerfolg jedoch der wirtschaftliche Aufschwung beigetragen haben, den Ludwig Erhard als Erfolg seiner Wirtschaftspolitik darzustellen wußte. Enttäuschend war das Ergebnis für die SPD, die zwar mehr Stimmen und auch mehr Mandate als 1949 (151 statt 131) erhalten hatte, wegen der größeren Wahlbeteiligung aber nur auf 28,8 % (1949: 29,2 %) der Zweitstimmen gekommen war, ihren »30 %-Turm« also nicht hatte verlassen können.

Auffällig waren der Erfolg des BHE und die Niederlage der rechts- wie linksextremen Parteien. Die KPD verlor über die Hälfte ihrer Wähler und gelangte mit 2,2 % der Zweitstimmen nicht über die 5 %-Hürde. Auch die Deutsche Partei und das Zentrum waren unter 5 % Stimmenanteil geblieben. Es war ihnen – teilweise durch Listenabsprachen mit der CDU – jedoch gelungen, Direktmandate zu gewinnen, so daß sie mit 15 bzw. drei Abgeordneten in den Bundestag einziehen konnten.

Am 9. Oktober 1953 wurde Konrad Adenauer – diesmal mit großer Mehrheit – erneut zum Bundeskanzler gewählt. Er bildete eine Koalitionsregierung aus CDU/CSU, FDP, DP und BHE, die im Bundestag über eine Zweidrittelmehrheit verfügte. Die einzige Oppositionspartei im 2. Bundestag war die SPD.

Zwischen den Koalitionspartnern und auch innerhalb der kleinen Koalitionsparteien kam es allerdings bald zu erheblichen Spannungen und Konflikten. Koalitionskrisen 1955 und 1956
Bei der Verabschiedung des Saarabkommens im Februar 1955 (s. Kap. III.4) stimmten die meisten Abgeordneten der FDP und des BHE gegen das Abkommen. Von den drei FDP-Ministern enthielten sich zwei der Stimme und einer stimmte mit Nein. Dagegen stimmten die BHE-Minister Oberländer und Kraft dem Saarabkommen zu. Am 11. Juli 1955 erklärten sie und sieben weitere BHE-Abgeordnete ihren Austritt aus dem BHE. Zwei der ehemaligen BHE-Abgeordneten traten der FDP bei, die anderen Mitglieder der »Gruppe Kraft/Oberländer« hospitierten zunächst bei der CDU/CSU-Franktion und schlossen sich ihr am 18. Februar 1956 an. Die beim BHE verbliebenen 18 Abgeordneten gingen am 23. Juli 1955 in die Opposition. Dadurch verlor die Regierungskoalition im Bundestag ihre Zweidrittelmehrheit.

Die Differenzen, die zwischen CDU/CSU und FDP in außenpolitischen Fragen entstanden waren, spitzten sich zu, als die CDU/CSU am 15. Dezember 1955 zusammen mit der DP einen Antrag auf Änderung des Wahlrechts für den Bundestag einbrachte. Danach sollte zwar jeder Wähler weiterhin zwei Stimmen für die Wahl des Direktkandidaten und für die Landesliste haben, im Unterschied zum bisherigen Verfahren sollten die Direktmandate aber nicht mehr bei der Verteilung der Listenmandate angerechnet werden. Dieser als »Grabensystem« bezeichnete Vorschlag lief im Grunde auf die Einführung des Mehrheitswahlrechts hinaus und hätte den kleineren Parteien den Garaus gemacht. Vor allem die FDP lehnte ihn daher entschieden ab. Anfang Februar 1956 verzichtete die CDU/CSU zwar auf das »Grabensystem«, doch die Spannungen zwischen den beiden Koalitionspartnern wurden dadurch nicht abgebaut. Ein Teil der FDP-Führung versuchte jedenfalls, ihre Eigenständigkeit gegenüber der führenden CDU dadurch zu demonstrieren, daß sie die Mehrheitsverhältnisse im Bundesrat umstürzte.

In Düsseldorf entschloß sich die FDP-Fraktion, gemeinsam mit der SPD die Regierung des CDU-Ministerpäsidenten Karl Arnold zu stürzen, um im Bundesrat eine Mehrheit gegen die Bundesregierung zu schaffen. Und so wurde am 20. Februar 1956 erstmals in der Geschichte der Bundesrepublik eine Landesregierung mit Hilfe des konstruktiven Mißtrauenvotums gestürzt: Mit 102 gegen 96 Stimmen sprach der Landtag dem bisherigen Ministerpäsidenten Arnold das Mißtrauen aus und wählte den Sozialdemokraten Fritz Steinhoff zu seinem Nachfolger. Die Gründe für Arnolds Sturz lagen eindeutig auf Bundesebene, nämlich im Konflikt um das neue Wahlrecht. Durch den Regierungswechsel in Düsseldorf verlor die Bonner Regierungskoalition im Bun- Sturz der Regierung Arnold in NRW 1956 desrat ihre Zweidrittelmehrheit. Damit wurde das »Grabenwahlrecht« abgewehrt. Zugleich war ein wichtiger Präzedenzfall geschaffen, daß nämlich auf Landesebene die FDP Koalitionen abweichend vom Bonner Muster schließen konnte.

Spaltung der FDP 1956
Eine unmittelbare Folge der Düsseldorfer Regierungsbildung war der Austritt von 16 Abgeordneten unter Führung des Abgeordneten Martin Euler aus der FDP-Bundestagsfraktion am 23. Februar 1956. Zu dieser Gruppe gehörten auch die Bundesminister Blücher, Neumayer, Schäfer und Preusker. Diese Abgeordneten und Minister hatten vor dem Koalitionswechsel in Düsseldorf gewarnt. Sie trennten sich aber auch von der FDP, weil sie nicht mit der Kritik Thomas Dehlers und anderer FDP-Abgeordneter am außen- und deutschlandpolitischen Kurs der Regierung einverstanden waren. Zwei Tage später, am 25. Februar 1956, gingen die bei der FDP-Fraktion verbliebenen Abgeordneten wie vorher die BHE-Fraktion in die Opposition. Die bisher der FDP angehörigen Minister blieben im Amt. Die aus der FDP-Fraktion ausgetretenen Abgeordneten der »Euler-Gruppe« bildeten zunächst eine eigene Fraktion und gründeten am 23. April 1956 die Freie Volkspartei (FVP). Diese bildete ab September eine Arbeitsgemeinschaft mit der DP und verschmolz mit ihr im Januar 1957.

Die SPD/FDP-Koalition in Düsseldorf bestand nur zwei Jahre, weil bei der Landtagswahl vom 6. Juli 1958 die CDU in Nordrhein-Westfalen die absolute Mehrheit gewann und die FDP 4,4 Prozentpunkte ihres Stimmenanteils verlor. Damit hatte auch die Anti-CDU/CSU-Mehrheit im Bundesrat ein Ende.

Verbot der KPD 1956
Zu den Verlierern der Bundestagswahl von 1953 hatte auch die KPD gehört. Sie war im 2. Deutschen Bundestag nicht mehr vertreten und wurde 1956 verboten. Den Antrag auf ein Verbot der Partei hatte die Bundesregierung bereits 1951 gleichzeitig mit dem Antrag auf Verbot der SRP gestellt. Parallel zu den Verhandlungen des Bundesverfassungsgerichts bekämpfte die Bundesregierung die KPD und ihre Nebenorganisationen mit allen rechtlichen und informellen Mitteln. Den Anfang bildete der Beschluß der Bundesregierung vom 19. September 1950 über die »politische Betätigung von Angehörigen des öffentlichen Dienstes gegen die demokratische Grundordnung«[56]. Darin hieß es: »*Wer als Beamter, Angestellter oder Arbeiter im Bundesdienst an Organisationen oder Bestrebungen gegen die freiheitliche demokratische Staatsordnung teilnimmt, sich für sie betätigt oder sie sonst unterstützt . . ., macht sich einer schweren Pflichtverletzung schuldig.*« Ausdrücklich genannt wurden als solche Organisationen die KPD, die FDJ, der »Kulturbund zur demokratischen Erneuerung« und die »Vereinigung der Verfolgten des Nazi-Regimes« (VVN), aber auch die Sozialistische Reichspartei. In

126

einem weiteren Beschluß der Bundesregierung vom 27. Februar 1951 wurden diese Organisationen sogar als »verfassungsfeindlich« bezeichnet[57]. Die KPD wiederum forderte seit 1952 offen den revolutionären Sturz des »Adenauer-Regimes«. Zu dieser Zeit war sie freilich bereits auf die Hälfte ihrer Mitglieder von 1948 geschrumpft.

Nach fünfjähriger Prozeßdauer erklärte am 17. August 1956 das Bundesverfassungsgericht die KPD für verfassungswidrig. Die von der KPD erstrebte »proletarische Revolution« und der Staat der »Diktatur des Proletariats« seien, so das Gericht, mit der freiheitlich-demokratischen Grundordnung des Grundgesetzes unvereinbar. Das Gericht ordnete die Auflösung der KPD an, verbot Ersatzorganisationen und verfügte die Beschlagnahme des Parteivermögens.

Das Urteil gründete sich auf Artikel 21, 2 des Grundgesetzes. Darin heißt es : »*Parteien, die nach ihren Zielen oder nach dem Verhalten ihrer Anhänger darauf ausgehen, die freiheitliche demokratische Grundordnung zu beeinträchtigen oder zu beseitigen oder den Bestand der Bundesrepublik Deutschland zu gefährden, sind verfassungswidrig. Über die Frage der Verfassungswidrigkeit entscheidet das Bundesverfassungsgericht*«[58]. Zu den Zielen der KPD stellten die Richter in ihrer Urteilsbegründung fest:

»*Das Endziel der KPD ist die Errichtung der sozialistisch-kommunistischen Gesellschaftsordnung auf dem Wege über die proletarische Revolution und die Diktatur des Proletariats. Sowohl die proletarische Revolution als auch der Staat der Diktatur des Proletariats sind mit der freiheitlichen demokratischen Grundordnung unvereinbar. Beide Staatsordnungen schließen einander aus. Es ist nicht denkbar, den Wesenskern des Grundgesetzes (Würde, Freiheit und Gleichheit der Person) aufrechtzuerhalten, wenn eine Staatsordnung errichtet würde, bei der die Prinzipien der Diktatur des Proletariats allein Geltung haben. Soziale rechtstaatliche Demokratie, Mehrparteiensystem und Recht auf Opposition, geistige Freiheit und Toleranz, geduldige Reformarbeit und fortwährende Auseinandersetzung mit anderen grundsätzlich als gleichberechtigt angesehenen Überzeugungen stehen in unvereinbarem Gegensatz zur Diktatur des Proletariats . . . Auch die Vertreter der KPD haben in der mündlichen Verhandlung die Unvereinbarkeit der beiden Staatsordnungen bejaht. Proletarische Revolution und Diktatur des Proletariats erstrebt die KPD zwar nicht als aktuelles, unmittelbar verwirklichbares Ziel. Aber die Art und Weise, wie sie die proletarische Revolution und die Diktatur des Proletariats systematisch zum Gegenstand ihrer parteipolitischen Schulung, Propaganda und Agitation im politischen Kampf innerhalb der Bundesrepublik Deutschland macht, und ihr gesamtes Verhalten als Partei beweisen, daß sie schon jetzt darauf ausgeht, die freiheitliche demokratische Grundordnung des Grundgesetzes zu unter-graben.«*

Im Verlauf des Prozesses hatte das Gericht immer wieder versucht, seine Entscheidung zwischen rechtlichen Erwägungen und politischen Konsequenzen für die Wiedervereinigung abzuwägen. Den Richtern war klar, daß ein Verbot der KPD alle Bemühungen um eine Wiedervereinigung sehr erschweren würde, wenn es etwa zur Vorbereitung gesamtdeutscher Wahlen und einer Kandidatur der SED oder einer anderen kommunistischen Partei im Westen kommen würde, ganz abgesehen von der atmosphärischen Belastung des Verhältnisses zu Moskau. In der Urteilsbegründung stellten die Richter zu den politischen Konsequenzen schließlich fest, *»daß das Verbot der KPD die Wiedervereinigung weder rechtlich hindert noch praktisch unmöglich macht. Solange die Wiedervereinigung eine internationale Frage bleibt, kann keine Maßnahme der Besatzungsmächte, die diese zur Wiedervereinigung Deutschlands unter sich vereinbaren, von einem Verbotsurteil behindert werden. Aber auch wenn Maßnahmen zur Vorbereitung der Wiedervereinigung, insbesondere der Erlaß und die Durchführung eines Wahlgesetzes für gesamtdeutsche Wahlen, von den deutschen Verfassungsorganen selbständig ohne bindende Auflage der Besatzungsmächte zu treffen wären, würde ihnen die verfassungsgerichtliche Feststellung der Verfassungswidrigkeit der KPD und ihr Verbot nicht entgegenstehen. Denn ein Urteil des Bundesverfassungsgerichts kann nur für den vom Grundgesetz zeitlich und sachlich beherrschten Raum wirken, nicht aber für die gesetzgeberische Vorbereitung gesamtdeutscher Wahlen als der Vorbereitung eines Aktes des pouvoir constituant des ganzen deutschen Volkes.«*

Antikommunis-
mus als Integra-
tionsideologie

Die öffentliche Reaktion auf das Urteil war zwiespältig. Einerseits wurde die klare Entscheidung des Gerichts gelobt, andererseits wurden Bedenken hinsichtlich der politischen Zweckmäßigkeit laut. Eine in die politische Illegalität abgedrängte Partei werde nur schwer zu kontrollieren sein, so hieß es. Das Urteil verwandle die Mitglieder und Funktionäre der KPD in Märtyrer und verschaffe einer schon in die politische Bedeutungslosigkeit abgesunkenen Partei neue Anhänger. Auch die grundsätzliche Frage, ob die KPD die Demokratie in der Bundesrepublik überhaupt gefährden könne, wurde diskutiert. So fragte die »Frankfurter Rundschau«: *»Ist unser Staatsgefüge so schwach, daß man sich nicht zutraut, die Kommunisten, ähnlich wie England und die Schweiz, höchst legal und demokratisch zu bewältigen?«*[59].

Daß der Verbotsantrag und das Urteil selbst eine Funktion im »Wettkampf der Systeme« zwischen West und Ost hatte, wird ersichtlich aus einer Rede Innenminister Gerhard Schröders. Darin heißt es: *»Die Aus-*

sichten für eine illegale Betätigung der KPD sind verhältnismäßig gering. Die günstige soziale Entwicklung in der Bundesrepublik bietet einer linksradikalen Betätigung keinen Nährboden...Es kann natürlich nicht ausbleiben, daß die kommunistische Minderheit, die das mitteldeutsche Gebiet gewaltsam beherrscht, aus dem Urteil propagandistisches Material zu schlagen versucht. Viel wichtiger aber ist, daß die Bevölkerung der Sowjetzone aus dem Karlsruher Spruch entnimmt, daß die Sicherung der rechtsstaatlichen Ordnung und der Schutz der Freiheit vor den Feinden der Freiheit in der Bundesrepublik mit allen Konsequenzen gewährleistet wird.«

Die Bekämpfung der KPD und ihr schließliches Verbot hatten mehr mit außen- und innenpolitischem Freund-Feind-Denken zu tun als mit realen Gefahren, die von dieser Partei ausgingen. Denn die KPD hatte schon in den ersten Nachkriegsjahren nicht mehr dieselben Wahlerfolge erzielen können wie in der Weimarer Republik. Seit 1948 gingen ihre Stimmenanteile bei allen Wahlen kontinuierlich zurück. Die Abhängigkeit der KPD-Führung von der DDR war zu offensichtlich, die Entwicklung in der DDR verglichen mit der in der Bundesrepublik zu negativ, als daß die KPD hätte Wähler anziehen können. Als die Partei verboten wurde, war sie nur noch in den Landesparlamenten Bremens und des Saarlandes vertreten.

Das Verbot der KPD war die wichtigste einer Reihe von Entscheidungen und Maßnahmen, die den Antikommunismus zu einer quasi offiziellen Staatsideologie der Bundesrepublik entwickelten. Im Antikommunismus konnte sich die westdeutsche Gesellschaft, die noch keine eigene Identität gefunden hatte, mit den ehemaligen Kriegsgegnern im Westen, mit der Demokratie, dem »christlichen Abendland« identifizieren. Auf dieser Grundlage war sogar eine Versöhnung zwischen ehemaligen Nationalsozialisten und deren Gegnern, sofern sie nicht zu den Kommunisten gehört hatten, möglich.

Bei den Bundestagswahlen vom 15. September 1957 setzte sich der Konzentrationsprozeß der deutschen Parteien fort: Zwar stellten dreizehn Gruppierungen Kandidaten auf, doch Chancen, die Fünfprozentklausel zu überwinden, hatten lediglich CDU/CSU, SPD und FDP. Um diese Hürde zu nehmen, hatten sich DP und FVP zusammengeschlossen und überdies mit der CDU Wahlabsprachen getroffen, die ihnen drei Direktmandate sichern sollten. Die Gesamtdeutsche Volkspartei hatte am 19. Mai 1957 ihre Auflösung beschlossen und ihren Mitgliedern empfohlen, der SPD beizutreten oder sie zu unterstützen.

Wahlkampfthemen waren vor allem die Außen- und die Wirtschaftspolitik. Die CDU/CSU führte ihren Wahlkampf unter der Parole »Keine Experimente« und verwies auf ihre Verdienste in der Wirtschafts- und

Die Wahlen zum 3. Bundestag 1957

Sozialpolitik. Der gescheiterte Ungarnaufstand 1956 rechtfertigte die Rüstungspolitik und den antikommunistischen Kurs der Regierung; die Dynamisierung der Renten unmittelbar vor der Bundestagswahl dokumentierte den sozialen Zug der »sozialen Marktwirtschaft«. Dagegen setzte die SPD ihre Forderung nach einer aktiven Wiedervereinigungspolitik und Neutralisierung Gesamtdeutschlands sowie einer gerechteren Verteilung des wirtschaftlichen Zugewinns. Die FDP verabschiedete 1957 in Berlin ihr erstes offizielles Parteiprogramm und versuchte sich in einem Zweifrontenkrieg gegen beide großen Parteien zu profilieren, indem sie die SPD auf wirtschaftspolitischem Gebiet, die CDU/CSU auf außenpolitischem Gebiet angriff. Sie vermied jede Aussage darüber, mit welcher der beiden großen Parteien sie nach der Wahl eventuell ein Regierungsbündnis eingehen würde.

Die Wahl erfolgte nach dem zeitlich nicht befristeten (3.) Wahlgesetz vom 7. Mai 1956. Danach erhielt Mandate nur jene Partei, die im Bundesgebiet mindestens 5 % der Zweitstimmen oder drei Direktmandate gewann. Die CDU/CSU errang als erste deutsche Partei in freien Wahlen die absolute Mehrheit (nämlich 50,2 %) der abgegebenen Zweitstimmen und (einschließlich dreier Überhangsmandate) 270 der 497 Sitze im Bundestag. Die SPD hatte ihren Stimmenanteil von 28,8 % auf 31,8 % und die Zahl der Mandate von 151 auf 169 gesteigert, war aber von einer Beteiligung an der Regierung weiter entfernt denn je. Die Bemühungen der FDP um ein eigenes Profil hatten die Wähler nicht honoriert: Das Wahlergebnis fiel mit 7,7 % der Zweitstimmen enttäuschend aus. Auf der Strecke blieben die kleinen Parteien. DP/FVP erhielten 3,4 % der Stimmen und konnten nur dank der Wahlabsprachen mit der CDU 17 Abgeordnete in den Bundestag schicken, der Gesamtdeutsche Block/BHE scheiterte mit 4,6 % an der 5-Prozent-Klausel.

Der Wahlerfolg der CDU zeigte, daß es ihr gelungen war, die Wähler der kleineren Koalitionspartner zu sich herüberzuziehen und in Wählerschichten vorzudringen, die ihr bisher ferngestanden hatten. Sie war mittlerweile eine interkonfessionelle Sammlungsbewegung geworden, die unterschiedliche soziale Schichten anzusprechen vermochte. Dies gelang mit Hilfe einer Propaganda, die um die zentralen Begriffe Marktwirtschaft, Westbindung und Antikommunismus kreiste. Trotzdem blieb sie noch längere Zeit eher eine Honoratioren- als eine Mitgliederpartei, zusammengesetzt vor allem aus Angehörigen des alten und des neuen Mittelstandes[60]. Noch 1970 hatte die SPD doppelt so viele Mitglieder wie die CDU und eine wesentlich straffere und schlagkräftigere Organisation. Doch die CDU profitierte vom Kanzlerbonus und wurde vom Kanzleramt aus gelenkt. Adenauer wurde Ende der 50er Jahre zu *der* Leitfigur des konservativen Bürgertums. Seit 1957 rangierte er in den Meinungsumfragen des Allensbacher Instituts vor Bismarck als der »große Deutsche«, der »am meisten für Deutschland geleistet hat«[61]. – Am 22. Oktober wurde Adenauer zum dritten Mal zum Bundeskanzler gewählt. Er bildete ein Kabinett aus CDU/CSU- und DP-Ministern.

Auch die SPD profitierte von der Konzentrationstendenz in der Wählerschaft. Sie war in diejenigen Arbeiterschichten eingedrungen, die früher kommunistisch orientiert waren oder zur katholischen Gewerkschaftsbewegung gehört hatten. Im Laufe der Zeit gelang es der Partei ebenfalls, Wähler auch aus der stetig wachsenden Schicht der Angestellten zu gewinnen. Aus dem »30 %-Turm« konnte sie sich jedoch auch 1957 nicht befreien. Anscheinend gab es in der Bundesrepublik eine »geborene« Regierungspartei, die CDU/CSU, und eine »geborene« Oppositionspartei, die SPD, die keine Chance hatte, je selber die Regierung zu übernehmen[62].

Doch so chancenlos, wie die Ergebnisse der Bundestagswahlen es zu beweisen scheinen, war die SPD nicht. Sie hatte großen Einfluß in den Landesparlamenten und Landesregierungen. In Hessen und Bremen stellte sie ununterbrochen die Regierungschefs, in Hamburg, Berlin und Niedersachsen war dies meistens der Fall, und auch in Bayern und Nordrhein-Westfalen gab es in den 50er Jahren zeitweise SPD-geführte Regierungen. Die Personalisierung der Politik, von der die CDU auf Bundesebene durch die Vaterfigur Adenauer und die »Wirtschaftslokomotive« Erhard profitierte, hatte ihr SPD-Gegenstück auf Landesebene, wo sozialdemokratische »Landesväter« wie Ernst Reuter in Berlin, Wilhelm Kaisen in Bremen, Max Brauer in Hamburg und Hinrich Wilhelm Kopf in Niedersachsen es der Opposition fast unmöglich machten, Profil und Wahlen zu gewinnen.

Auch die Oberbürgermeister der meisten großen Städte der Bundesrepublik gehörten in den 50er Jahren der SPD an. Ihre Verdienste um den Wiederaufbau der zerstörten Städte waren unbestritten und kamen der SPD in Kommunalwahlen zugute.

Die Enttäuschung über das Wahlergebnis von 1957 verstärkte den Druck auf die Parteiführung, eine politische und programmatische Neuorientierung der SPD in die Wege zu leiten. Mit Herbert Wehner, Willy Brandt und Fritz Erler wurden nun Vertreter des neuen Kurses in den Parteivorstand gewählt. Die Vordiskussionen um das neue Parteiprogramm, das das immer noch geltende Heidelberger Programm von 1925 ersetzen sollte, hatten 1955 begonnen, als eine Programmkommission unter dem Vorsitz von Willi Eichler eingerichtet wurde. Nach langer und intensiver Diskussion mit breiter Beteiligung der Mitglieder wurde schließlich auf einem außerordentlichen Parteitag, der vom 13.

bis 15. November 1959 in Bad Godesberg tagte, ein neues Grundsatzprogramm verabschiedet.

Das Godesberger Programm[63] verzichtete auf jede weltanschauliche Festlegung der Partei und nahm weder Bezug auf die Geschichte der deutschen Arbeiterbewegung noch auf deren Wurzeln in der Marxschen Theorie. Ausgangspunkt des Programms war vielmehr die im Grundgesetz vorgegebene parlamentarische Demokratie. Die SPD forderte, das Demokratiegebot auf weitere gesellschaftliche und wirtschaftliche Gebiete zu übertragen. Sozialismus erschien nicht als Gegensatz zu liberaldemokratischen Vorstellungen, sondern als deren Vollendung.

Die Partei bekannte sich zu Freiheit, Gerechtigkeit und Solidarität als den Grundwerten des demokratischen Sozialismus. Dieser Sozialismus wurzelte nicht mehr in der Marxschen Theorie, sondern in der christlichen Ethik, im Humanismus, in der klassischen Philosophie und »will keine letzten Wahrheiten verkünden«. Das Programm grenzte sich ausdrücklich vom Marxismus-Leninismus ab (»*Sozialismus wird nur durch die Demokratie verwirklicht, die Demokratie durch den Sozialismus erfüllt*«) und respektierte die Kirchen und Religionsgemeinschaften.

In der Deutschlandpolitik näherte sich die SPD im Godesberger Programm prinzipiell der Bundesregierung, indem sie die Wiedervereinigung als unmittelbar zu lösendes Problem aufgab und eine Landesverteidigung bejahte, die »*der politischen und geographischen Lage Deutschlands gemäß sein*« muß. Allerdings hieß es im Godesberger Programm auch: »*Die Sozialdemokratische Partei Deutschlands erstrebt die Einbeziehung ganz Deutschlands in eine europäische Zone der Entspannung und der kontrollierten Begrenzung der Rüstung, die im Zuge der Wiederherstellung der Einheit Deutschlands in Freiheit von fremden Truppen geräumt wird und in der Atomwaffen und andere Massenvernichtungsmittel weder hergestellt noch gelagert oder verwendet werden dürfen.*«

Wirtschaftspolitisch verzichtete die SPD auf das Ziel der Sozialisierung (»*Überführung in Gemeineigentum ist ein Mittel der Wirtschaftspolitik, aber kein Grundsatz*«) und akzeptierte ausdrücklich die Marktwirtschaft – wenn auch mit planerischen Eingriffen. Der SPD-Wirtschaftsexperte Professor Karl Schiller brachte dieses Konzept auf die Formel »*Wettbewerb soweit wie möglich – Planung soweit wie nötig!*«

Das Godesberger Programm zog die Konsequenzen aus dem sozialen Wandel, der in der Bundesrepublik beobachtet wurde, und akzeptierte die Auffassung, wonach es in der Bundesrepublik keine Klassengesellschaft mehr gab. Es beseitigte die Spannung zwischen radikaler Programmatik und reformistischer Politik, die seit Ende des 19. Jahrhunderts die SPD belastet hatte. Auch programmatisch wurde die SPD nun eine Reformpartei, die sich den Vorstellungen bürgerlicher und bürgerlich orientierter Wähler annäherte.

In einer aufsehenerregenden Grundsatzrede vor dem Bundestag leitete der stellvertretende Parteivorsitzende Herbert Wehner am 30. Juni 1960 auch die außenpolitische Annäherung der SPD an die Regierungspolitik ein: Die SPD bekannte sich nun zum europäischen und atlantischen Bündnis- und Verteidigungssystem als Basis jeder Deutschland- und Wiedervereinigungspolitik. Wehner rückte ausdrücklich von den bisherigen sozialdemokratischen Leitzielen Wiedervereinigung durch Bündnisfreiheit und Schaffung eines kollektiven europäischen Sicherheitssystems ab und befürwortete eine gemeinsame Außenpolitik von Bundesregierung und Opposition im Rahmen der europäischen Integration und NATO-Mitgliedschaft: *»Das geteilte Deutschland kann nicht unheilbar miteinander verfeindete Christliche Demokraten und Sozialdemokraten vertragen«*[64]. Damit gab auch die SPD der Westintegration Vorrang vor der Wiedervereinigung.

Außenpolitischer Kurswechsel der SPD 1960

Die programmatische Anpassung wurde auch personell abgestützt: Den Zugpferden der CDU, Adenauer und Erhard, wollte die SPD ebenfalls eine populäre Persönlichkeit entgegenstellen. Am 24. August 1960 wählte der Parteirat der SPD einstimmig den Regierenden Bürgermeister von Berlin, Willy Brandt, zum Kanzlerkandidaten für die Bundestagswahl 1961. Brandt galt als jung (er war damals 47, Adenauer 84 Jahre alt) und fortschrittlich, als eine Art deutscher Kennedy, also das krasse Gegenbild zum Patriarchen Adenauer. Nach dem Tod von Erich Ollenhauer übernahm Brandt 1964 auch das Amt des Parteivorsitzenden, das er bis 1987 innehatte.

Eine Folge des sozialdemokratischen Wandels war die Gründung einer neuen Partei: Im Dezember 1960 bildete sich die »Deutsche Friedensunion« (DFU) aus ausgetretenen oder ausgeschlossenen Sozialdemokraten, früheren Kommunisten und zahlreichen Pazifisten – mit einem hohen Anteil protestantischer Theologen. In den Vorstand wurden die Professorin der Erziehungswissenschaft, Renate Riemeck, Graf Karl von Westphalen und der frühere Vorsitzende der sozialistischen Jugendorganisation »Die Falken«, Lorenz Knorr, gewählt. Die Partei forderte einen sofortigen Rüstungsstopp und Ablehnung der Atombewaffnung der Bundeswehr, die militärische Neutralisierung beider deutscher Staaten und weitgehende »Entspannung der innerdeutschen Beziehungen«. Die Alternative »Kommunismus oder freie Welt« ließ die DFU nicht gelten. Ihre Alternative lautete »friedlicher Wettbewerb oder Untergang«.

Von Anfang an wurde die Partei verdächtigt, von ehemaligen Kommunisten unterwandert und ein trojanisches Pferd der DDR zu sein. Die

Die DFU 1960

SPD forderte daher ein Verbot der DFU. Der Bundesinnenminister stellte jedoch keinen solchen Antrag beim Bundesverfassungsgericht, weil die Querverbindungen zwischen DFU und SED nicht ausreichend nachzuweisen waren und eine eventuelle Ablehnung des Verbotsantrages durch das Gericht der DFU propagandistisch nur genützt hätte[65].

SPD und SDS Eine andere Folge des sozialdemokratischen Kurswechsels nach Godesberg waren erbitterte Auseinandersetzungen zwischen der SPD-Führung und dem Sozialistischen Deutschen Studentenbund (SDS). Im Juli 1960 brach die SPD alle Beziehungen zum SDS ab und stellte die Finanzierung ihrer Studentenorganisation ein. Als neue Studentenorganisation der SPD wurde der Sozialdemokratische Hochschulbund (SHB) gegründet. Im November 1961 wurde die Mitgliedschaft im SDS mit der in der SPD für unvereinbar erklärt[66].

Mit dem Godesberger Programm hatte sich die SPD innen- und wirtschaftspolitisch, mit Wehners Rede auch außenpolitisch der Regierungspolitik angenähert, ohne diese jedoch vollständig zu übernehmen. Die Partei war auf dem Weg zu einer sozialreformerischen Volkspartei und bot personell mit der Wahl Willy Brandts zum Kanzlerkandidaten eine Alternative zum greisen Kanzler. In der Bundestagswahl von 1961 gelang der Partei zwar nicht der Durchbruch zur Regierungspartei, sie konnte aber so deutliche Stimmengewinne verbuchen, daß die Entscheidung von Bad Godesberg gerechtfertigt schien.

III. Westintegration und Wiedervereinigung: Die Außen- und Sicherheitspolitik der Bundesrepublik 1949 bis 1963

1. Westintegration und Wiederaufrüstung 1949–1952

Die Bundesrepublik Deutschland war im Herbst 1949 noch keineswegs souverän, sondern eher ein Protektorat der Westmächte. Das Besatzungsstatut schränkte die Handlungsfähigkeit der Bundesregierung empfindlich ein. Bundeskanzler Adenauer war von Anfang an entschlossen, so eng wie möglich mit den Westmächten zusammenzuarbeiten. Ein Grund war, daß die prinzipielle Absicht der Westmächte, der Ausdehnung des sowjetischen Einflusses Einhalt zu gebieten, seinen eigenen Vorstellungen von der politischen Zukunft Deutschlands vollkommen entsprach. Darüber hinaus aber glaubte er wie Gustav Stresemann in den 20er Jahren, daß nur Zusammenarbeit und nicht Widerstand am schnellsten zur Befreiung Westdeutschlands von den drückendsten Beschränkungen und Verpflichtungen führen würde. Er war daher bereit, Vorleistungen zu erbringen, die Vertrauen schaffen und die Bundesrepublik Schritt für Schritt zu einem gleichberechtigten Partner der Westmächte machen würden.

Auch die SPD-Opposition unter Kurt Schumacher orientierte sich nach Westen und blieb strikt antikommunistisch und antisowjetisch. Schumacher beharrte im Verhältnis zu den Westmächten aber von vornherein auf Gleichberechtigung, ein Verhalten, das weder dem Machtgefälle zwischen Bundesrepublik und Besatzungsmächten noch – wie sich zeigen sollte – der Stimmung der westdeutschen Bevölkerung entsprach und wohl kaum die Erfolge gezeitigt hätte, die Adenauers Politik bald beschieden waren.

Ein zentraler Konfliktpunkt zwischen der neuen westdeutschen Regierung und den Alliierten waren die Demontagen deutscher Industriebetriebe, die sowohl Produktivität als auch Arbeitsplätze vernichteten und in krassem Widerspruch zur Zielsetzung des Marshallplans standen. Adenauer nutzte daher die wiederholten Versprechungen der Westmächte, Deutschland müsse ein blühendes Mitglied der europäischen Gemeinschaft werden, als Druckmittel gegen die Demontagepolitik. Er konnte sich in diesem Falle der Unterstützung der Oppositionsparteien

Konfliktpunkte zwischen Bundesrepublik und Westmächten

135

und der gesellschaftlichen Kräfte Unternehmer und Gewerkschaften sicher sein.

Andere wunde Punkte der Besatzungspolitik waren das Ruhrstatut und die Internationale Ruhrbehörde. Ihre Aufgabe, die Kohle-, Koks- und Stahlproduktion des Ruhrgebiets so zwischen dem deutschen Markt und dem seiner Nachbarn zu verteilen, daß die Deutschen ihre eigenen Bedürfnisse nicht auf Kosten der Nachbarn befriedigten, stieß bei allen deutschen Parteien auf Kritik. Denn die Festlegung hoher Exportquoten konnte letztlich zu Behinderungen beim Wiederaufbau der deutschen Industrie führen. Darüber hinaus erregte grundsätzlich die Einschränkung der Verfügungsgewalt über das wichtigste deutsche Industriegebiet, die bis zum Abschluß eines Friedensvertrages dauern sollte, in der Öffentlichkeit große Empörung. Die Sozialdemokraten befürchteten zudem, daß eine Anerkennung der Ruhrbehörde die Sozialisierung der Grundstoffindustrien für lange Zeit unmöglich machen würde. Die Opposition forderte die Regierung daher auf, die Entsendung deutscher Vertreter in die Internationale Ruhrbehörde zu verweigern. Doch Adenauer argumenierte dagegen, daß die Ruhrbehörde sich Schritt für Schritt zu einer Organisation entwickeln sollte, die auch die Grundstoffindustrien anderer Staaten miteinbeziehen würde. Er hatte sehr gut erkannt, daß hinter der Ruhrbehörde vor allem das französische Sicherheitsinteresse stand. Das Vertrauen der Franzosen zu gewinnen, war absolut notwendig, wenn die enge Zusammenarbeit mit dem Westen funktionieren sollte. Der beste Weg dazu schien die Mitarbeit in der Ruhrbehörde und nicht deren Boykott zu sein.

Ein zweiter Konfliktstoff zwischen der Bundesrepublik und Frankreich war das Saargebiet. Dort betrieben die französische Regierung und die aus den Wahlen von 1947 hervorgegangene Regierung Hoffmann eine offen separatistische Politik, und Frankreich bemühte sich, die Anerkennung des Saargebiets als französisches Protektorat auch international durchzusetzen.

Am 5. Mai 1949 hatten in London Großbritannien, Frankreich, Italien, die Benelux-Staaten, Dänemark, Norwegen, Schweden und Irland den Europarat als losen Staatenbund gegründet mit der Zielsetzung, das gemeinsame europäische Erbe zu pflegen, den wirtschaftlich-sozialen Fortschritt seiner Mitglieder zu fördern und eine engere Verbindung zwischen ihnen herbeizuführen. In Straßburg sollte eine »Beratende Versammlung« eingerichtet werden, in der – gestaffelt nach der Größe der Mitgliedstaaten – Delegierte der nationalen Parlamente vertreten sein würden. Deren Empfehlungen sollten wiederum einem Ministerkomitee, bestehend aus den Außenministern der Mitgliedsstaaten, vorgelegt werden.

Als die Westmächte vorschlugen, sowohl die Bundesrepublik als auch das Saargebiet sollten assoziierte Mitglieder des Europarats werden, war die Reaktion in Bonn gespalten. Einerseits würde die (wenn auch noch nicht gleichberechtigte) Mitgliedschaft in diesem Gremium die Bundesrepublik einen Schritt vorwärts auf dem Weg zur Souveränität und internationalen Anerkennung bringen, das gleiche würde andererseits aber auch dem Saargebiet zuteil werden und die stillschweigende Anerkennung der Tatsache bedeuten, daß es nicht mehr zu Deutschland gehörte. Die Opposition und auch viele Mitglieder der Regierungskoalition lehnten die Mitgliedschaft im Europarat daher ab, Adenauer sprach sich dafür aus.

Die oft harsche Kritik der Opposition hat Adenauer in seinen Verhandlungen mit den Hohen Kommissaren meist gestärkt, konnte er doch unter Hinweis auf die Unnachgiebigkeit seiner politischen Gegner den drei Alliierten immer wieder Zugeständnisse abringen. Einige der Probleme wurden im Petersberger Abkommen gelöst, das die drei Hohen Kommissare und der Bundeskanzler am 22. November 1949 unterzeichneten[1]. Die Bundesregierung drückte den Wunsch aus, dem Europarat beizutreten, und erklärte ihre Bereitschaft, Vertreter in die Ruhrbehörde zu entsenden und im Alliierten Sicherheitsamt in Berlin mitzuwirken. Dafür wurde ihr die Aufnahme konsularischer Beziehungen zum Ausland gestattet. Sie durfte eigene Vertreter in die OEEC entsenden, wo sie bislang durch die Hohe Kommission vertreten worden war, und internationalen Organisationen beitreten. Die Demontagen sollten nur noch zwei Jahre lang, und zwar in geringerem Maße als bisher, fortgeführt werden. Einige Stahl- und Chemiewerke im Ruhrgebiet, in Leverkusen, Ludwigshafen und Berlin wurden von der Demontageliste gestrichen; Beschränkungen im Schiffbau wurden gelockert.

Zwei Monate nach seiner Amtseinführung hatte Adenauer relativ viele Zugeständnisse der Alliierten erreicht. Die Opposition kritisierte ihn in der Bundestagsdebatte vom 24. November trotzdem, vor allem wegen des Beitritts zur Internationalen Ruhrkontrolle. Schumacher warf in der hitzigen Auseinandersetzung Adenauer vor, »*der Bundeskanzler der Alliierten*« zu sein (worauf der Bundestagspräsident ihn für 20 Tage von den Verhandlungen des Bundestages ausschloß).

Am 3. März 1950 unterzeichneten die französische und die Saarregierung zwölf Konventionen, die den wirtschaftlichen Anschluß des Saarlandes an Frankreich festigen sollten. Die Saarregierung verpachtete die Kohlegruben für 50 Jahre an Frankreich. Der Vertreter Frankreichs in Saarbrücken erhielt ein Einspruchsrecht gegen Verordnungen und Gesetze, die Währungs- und Zollangelegenheiten betrafen. Adenauer legte am 10. März 1950 im Bundestag Rechtsverwahrung gegen die Konven-

Petersberger Abkommen 22. 11. 1949

Saarfrage und Europarat

tionen ein, da sie auf eine verschleierte Annexion des Saarlandes durch Frankreich hinausliefen. Er benutzte in diesem Zusammenhang ein Argument, das auch in bezug auf die Ostgebiete wichtig war, daß nämlich die vier Mächte mit ihrer Erklärung vom 5. Juni 1945 Deutschland in den Grenzen von 1937 unberührt gelassen hätten und daß kein Teil dieses Gebietes an einen anderen Staat übertragen werden dürfte, wenn nicht die Regierung eines freien und vereinigten Deutschland dem zugestimmt hätte.

Unter diesen Umständen gewannen die Gegner eines Beitritts der Bundesrepublik zum Europarat, die es abgesehen von der Opposition auch in den Reihen der CDU und der FDP gab, Oberwasser. Adenauer bat den französischen Hohen Kommisar um ein Zeichen der französischen Regierung, daß die Zustimmung Bonns zum Beitritt födern würde. Die französische Regierung hatte inzwischen erkannt, daß ihre Politik, Sicherheit vor Deutschland durch dessen wirtschaftliche Schwächung zu erlangen, nicht zuletzt auch an den eigenen Alliierten gescheitert war. Sie hatte daher ein neues Konzept entwickelt: Westdeutschland sollte durch dauerhafte Institutionen so fest mit den Westalliierten verbunden werden, daß es auch im Falle einer Wiederaufrüstung keine Gefahr mehr für Frankreich darstellen würde. Funktionieren konnte dieses Konzept aber nur, wenn die westdeutsche Regierung freiwillig mitarbeitete. Und dafür war es erforderlich, sie als gleichberechtigten Partner zu behandeln.

Der Schuman-Plan Am 8. Mai 1950, genau 5 Jahre nach Kriegsende, als das Kabinett in Bonn gerade über den Beitritt zum Europarat beriet, schlug der französische Außenminister Robert Schuman der Bundesregierung die Bildung einer deutsch-französischen Gemeinschaft für Kohle und Stahl vor, die auch anderen europäischen Staaten offen stehen sollte[3]. Der französische Vorschlag, der am 9. Mai 1950 veröffentlicht wurde, war ein erster Schritt zur Integration Europas und zur Versöhnung zwischen Frankreich und Deutschland. Die geplante Gemeinschaft würde die Internationale Ruhrbehörde abschaffen, die Zollunion zwischen Frankreich und dem Saargebiet gegenstandslos machen und der Bundesrepublik ein gewisses Maß an internationaler Gleichberechtigung verleihen. Die alliierten Regierungen sicherten der Bundesregierung im übrigen zu, daß sie die Beschränkungen der deutschen Stahlproduktion sofort nach Bildung der Gemeinschaft für Kohle und Stahl aufheben würden.

Während Unternehmer und Gewerkschaften das Projekt unterstützten, bekämpften die Sozialdemokraten den Plan erbittert. Ihrer Meinung nach würde er die alliierte Kontrolle nicht abbauen, sondern in anderer Form fortsetzen und die deutsche Wiedervereinigung unmöglich machen. Kurt Schumacher bezeichnete die geplante Union als »konservativ und klerikal, kapitalistisch und kartellistisch«[3]. Und in einem Interview sagte er: »*Die Wiedervereinigung Deutschlands ist nach sozialdemokratischer Meinung vordringlicher und für die Befriedung und Neuordnung wichtiger als jede Form der Integration mit anderen Ländern*«[4]. Trotzdem wurden sechs Wochen nach Schumans Vorschlag die Verhandlungen eröffnet. Auch die Benelux-Staaten und Italien erklärten sich einverstanden, Mitglieder der Gemeinschaft zu werden; nur England hielt sich fern.

Am 15. Juni 1950 stimmte der Bundestag mit den Stimmen der Regierungskoalition dem Beitritt der Bundesrepublik zum Europarat als assoziiertes Mitglied (d.h. ohne Stimmrecht im Ministerkomitee) zu. Der Beitritt erfolgte am 13. Juli 1950. Vollgültiges Mitglied wurde die Bundesrepublik ein Jahr später, am 2. Mai 1951.

Am 18. April 1951 unterzeichneten Adenauer und die Außenminister Frankreichs, Italiens und der Benelux-Staaten den Vertrag über die Europäische Gemeinschaft für Kohle und Stahl (EGKS oder Montanunion). Für die Vertragsdauer von 50 Jahren sollte ein gemeinsamer Markt für die Kohle, Eisen und Stahl erzeugende Industrie geschaffen werden. Ein gemeinsames Zolltarifschema sah vor, die Binnenzölle aufzuheben und die Außenzölle zu harmonisieren. Eine Hohe Behörde, die aus neun Mitgliedern bestehen und ihren Sitz in Luxemburg haben würde, sollte als eine Art Regierungsorgan die oberste Gewalt ausüben und daher supranationale Hoheitsrechte erhalten. Hatte im Falle der Internationalen Ruhrbehörde nur die deutsche Regierung auf Hoheitsrechte verzichtet, so taten dies – erstmals in der europäischen Geschichte – jetzt alle Mitgliedsstaaten der Montanunion. Eine Gemeinsame Versammlung, die aus 78 Delegierten nach nationalen Kontingenten bestand (die Bundesrepublik entsandte achtzehn), sollte als internationales Parlament die Tätigkeit der Hohen Behörde überwachen. Als eine Art Staatenkammer fungierte der Ministerrat (je Staat ein Mitglied). Für Streitigkeiten wurde ein Gerichtshof eingerichtet. Die Hohe Behörde nahm ihre Tätigkeit am 10. August 1952 auf – zu einer Zeit, als die vierjährige Marschallplanhilfe gerade auslief.

Vor der Unterzeichnung des Vertragswerkes tauschten Adenauer und Schuman Noten aus, in denen die französische Regierung anerkannte, daß die deutsche Unterschrift nicht die endgültige Anerkennung des Saarstatus bedeutete. Als die Montanunion am 24./25. Juli 1952 Wirklichkeit wurde, endeten Ruhrstatut, Ruhrbehörde und alle alliierten Kontrollen oder Beschränkungen im Montanbereich.

Inzwischen hatte der Koreakrieg, der mit dem Angriff nordkoreanischer Truppen auf Südkorea am 25. Juni 1950 begann und bis 1953 dauerte, die weltpolitische Situation entscheidend verändert. Die Rückwir-

Auswirkungen des Koreakrieges

139

kungen des Krieges auf die weitere Entwicklung in Europa und Deutschland können gar nicht hoch genug eingeschätzt werden. Hatten sich die europäischen Staaten bisher weitgehend auf das atomare Übergewicht der USA gegenüber der Sowjetunion (die ihre erste Atombombe 1949 zündete) verlassen, so lehrte das koreanische Beispiel, wie gefährlich es war, sich allein auf diese verheerende Waffe zu stützen und die konventionelle Rüstung zu vernachlässigen. Im Sommer 1950 wurden sich die europäischen Regierungen der Tatsache bewußt, daß das Kräfteverhältnis im Bereich der konventionellen Waffen zwischen West- und Osteuropa sehr ungleich war. Allgemein herrschte Übereinstimmung, daß der Westen seine konventionelle Rüstung ausbauen mußte, um das Konzept der Abschreckung gegenüber der Sowjetunion glaubwürdig zu machen. Keines der europäischen NATO-Länder war indes bereit und in der Lage, weitere ökonomische Resourcen in die Verstärkung der Rüstung zu investieren. Außerdem hatten Frankreich und Großbritannien immer noch einen Teil ihrer Streikräfte in Übersee stationiert. So schien nur eine Alternative möglich: die Bundesrepublik Deutschland zu bewaffnen.

Das War Department in Washington hatte eine solche Politik bereits 1947 befürwortet. Unter dem Eindruck des Korea-Krieges überwanden sowohl das amerikanische State Department (Außenministerium) als auch die europäischen Verbündeten der USA ihre Bedenken gegen eine Bewaffnung der Deutschen. So empfahl am 11. August 1950 die Versammlung des Europarats auf Vorschlag von Winston Churchill mit einer Mehrheit von 89 zu fünf Stimmen bei 27 Enthaltungen, eine »Europa-Armee« mit westdeutschen Kontingenten aufzustellen.

Konrad Adenauer sah in einer Integration der Bundesrepublik in das westliche Militärbündnis eine weitere Möglichkeit, Souveränität für die Bundesrepublik und ihre Gleichberechtigung mit den anderen westlichen Staaten zu gewinnen. Bereits 1949 hatte er in Zeitungsinterviews Versuchsballons in diese Richtung gestartet. Für ihn und weite Teile der deutschen Öffentlichkeit gab es enge Parallelen zwischen der Entwicklung im geteilten Korea und der Situation im geteilten Deutschland. Im Sommer 1950 hatte die kasernierte Volkspolizei in der DDR bereits eine Stärke von 60.000 Mann erreicht. Dazu kamen rund 30.000 Grenz- und Transportpolizisten. Die Bundesrepublik hatte dem nichts entgegenzusetzen.

Adenauers Sicherheitsmemorandum 29. 8. 1950

Knapp zwei Wochen vor Beginn der New Yorker Außenministerkonferenz der drei Westalliierten ließ Adenauer am 30. August 1950 dem amerikanischen Hohen Kommissar in Bonn, John McCloy, ein streng geheimes »Memorandum über die Sicherung des Bundesgebietes nach innen und außen«[5] überreichen. Darin forderte er zunächst die Alliierten auf, ihre Besatzungstruppen in Deutschland zu verstärken. *»Denn die Verstärkung der alliierten Besatzungstruppen in Westeuropa kann allein der Bevölkerung sichtbar den Willen der Westmächte kundtun, daß Westdeutschland im Ernstfall auch verteidigt wird«.* Danach bot er einen deutschen Verteidigungsbeitrag an: *»Der Bundeskanzler hat ferner wiederholt seine Bereitschaft erklärt, im Falle der Bildung einer internationalen westeuropäischen Armee einen Beitrag in Form eines deutschen Kontingents zu leisten. Damit ist eindeutig zum Ausdruck gebracht, daß der Bundeskanzler eine Remilitarisierung Deutschlands durch Aufstellung einer eigenen nationalen militärischen Macht ablehnt«.* In einem zweiten Memorandum forderte er als Gegenleistung für den deutschen Verteidigungsbeitrag die Beendigung des Kriegszustandes, eine Neudefinierung des Besatzungszwecks als Sicherung der Bundesrepublik gegen äußere Bedrohung und die Ablösung des Besatzungsstatuts durch vertragliche Regelungen.

Dieser Schritt war vorher nicht im Kabinett diskutiert worden. Bundesinnenminister Heinemann warf deshalb in der Kabinettssitzung vom 31. August dem Bundeskanzler Eigenmächtigkeit und Verletzung des demokratischen Stils vor. Er trat am 11. Oktober 1950 zurück und schloß sich der Opposition gegen die Aufrüstung der Bundesrepublik an. Heinemanns Rücktritt 11. 10. 1950

Vom 12. bis 18. September 1950 diskutierten die Außenminister der drei Westalliierten (Acheson, Bevin und Schuman) in New York ihre Deutschlandpolitik. Sie einigten sich darauf, den Kriegszustand mit Deutschland zu beenden, das Besatzungsstatut zu revidieren, der Bundesrepublik die Aufnahme diplomatischer Beziehungen zu gestatten und ihren Alleinvertretungsanspruch zu unterstützen. Keine Einigung konnte jedoch über den wichtigsten Punkt, einen deutschen Beitrag zur Verteidigung Westeuropas, erzielt werden. US-Außenminister Acheson erklärte den Verbündeten kategorisch, daß die USA nur unter der Bedingung in Europa bleiben würden, daß die westeuropäischen Staaten ihre Verteidigungsanstrengungen vermehrten und möglichst rasch eine Übereinkunft über die Wiederbewaffnung Westdeutschland erzielt würde. Zehn deutsche Divisionen schienen ihm für diesen Zweck notwendig zu sein. Die französische Regierung jedoch lehnte zu diesem Zeitpunkt jede deutsche Wiederaufrüstung entschieden ab; und so wurde in New York zu diesem Punkt noch nichts beschlossen. New Yorker Außenminister- konferenz der Westmächte 12.–18. 9. 1950

Regierung und öffentliche Meinung in Frankreich fürchteten zwar die Sowjetunion, aber auch ein wiederbewaffnetes Deutschland. Das Dilemma wurde mit dem Bonmot beschrieben, Frankreich wünsche eine deutsche Armee, die stärker als die sowjetische, aber schwächer als die französische sein sollte. Frankreichs Armee war durch Kolonialkriege in Algerien und in Vietnam gebunden. Die französische Regierung war realistisch genug zu sehen, daß sie angesichts der Verschärfung des Ost-West-Konflikts und des Drucks der USA eine deutsche Armee auf die Dauer nicht würde verhindern können. Ähnlich wie beim Schuman-Plan trat sie daher die Flucht nach vorn an und ergriff die Initiative zur Internationalisierung dieser offenbar unvermeidbaren westdeutschen Armee.

Pleven-Plan
24. 10. 1950

Am 24.Oktober 1950 schlug der französische Ministerpräsident René Pleven den sechs Staaten der Montan-Union die Schaffung einer europäischen Armee vor, »*die mit den politischen Institutionen des geeinten Europas verbunden*« sein sollte. Diese Armee sollte übernational organisiert, überall gleich ausgerüstet und ausgebildet sein. Nur die deutschen Truppen sollten allerdings durch einen europäischen Hochkommissar rekrutiert werden, während die anderen Partnerstaaten ihre Generalstäbe und Verteidigungsminister beibehalten würden[6].

Die Gründung der Bundeswehr wird vorbereitet

Auch Adenauer hatte Anfang Oktober Initiativen zur deutschen Wiederaufrüstung ergriffen: Am 5. Oktober 1950 trafen sich im Eifelkloster Himmerod ehemalige Offiziere der deutschen Wehrmacht, unter ihnen die Generäle Heusinger und Speidel, zu einer streng geheimen Konferenz, auf der über die Größe und Struktur der zukünftigen westdeutschen Armee beraten wurde. Die Beteiligten verständigten sich auf zwölf Divisionen und ein Verteidigungskonzept, wonach die Bundesrepublik nicht mehr als Vorfeld der am Rhein beabsichtigten Hauptverteidigungslinie des westlichen Bündnisses dienen, sondern diese an die Elbe vorverlegt werden sollte. Die in der Himmeroder Denkschrift niedergelegten Prinzipien bestimmten auf Jahre hinaus den Auf- und Ausbau der Bundeswehr. Am 26. Oktober 1950 ernannte Adenauer den CDU-Abgeordneten Theodor Blank zu seinem »Beauftragten für die mit der Vermehrung der alliierten Truppen zusammenhängenden Fragen«. In Wirklichkeit ging es in der »Dienststelle Blank« weniger um die Vermehrung der alliierten als um die Aufstellung deutscher Truppen. Sie war die Keimzelle des späteren Verteidigungsministeriums. Adenauer begrüßte am 8. November in einer Rede vor dem Bundestag ausdrücklich den Pleven-Plan: er gewährleiste nicht nur die Sicherheit der Bundesrepublik, sondern ebne auch den Weg zur Wiedervereinigung Deutschlands. Voraussetzung für den deutschen Verteidigungsbeitrag sei allerdings die vollständige Gleichberechtigung der Bundesrepublik.

Opposition gegen die Wiederbewaffnung

Nicht nur in Frankreich, auch in der Bundesrepublik selbst regte sich seit dem Sommer 1950 Widerstand gegen die Wiederaufrüstungspläne der Bundesregierung. Zwar sprachen die weitverbreitete Furcht vor der »roten Gefahr« und die Erfahrungen mit dem kommunistischen Regime in der DDR für den Aufbau einer Schutztruppe, andererseits litten fast alle Bürger der Bundesrepublik an den Folgen des Krieges. Die teils spontane, teils organisierte »Ohne-mich«-Bewegung gewann breite Anhängerschaft und öffentliche Resonanz. Ende August 1950 erklärte der Rat der Evangelischen Kirche auf dem Kirchentag in Essen: *»Einer Remilitarisierung Deutschlands können wir das Wort nicht reden, weder was den Westen noch was den Osten anlangt«*[7]. Die von der SPD angeführte politische Opposition war der Überzeugung, die Aufrüstung gefährde den wirtschaftlichen Wiederaufbau, Deutschland laufe Gefahr, wieder Kriegsschauplatz zu werden, die Chancen für eine Wiedervereinigung würden gänzlich zerstört. Kurt Schumacher vertrat dezidiert die Ansicht, die Wiederbewaffnung diene nicht der Verteidigung Deutschlands und seiner Wiedervereinigung, sondern allein der Verteidigung des westlichen Glacis zwischen Elbe und Rhein.

Adenauers ehemaliger Innenminister Heinemann schloß sich dieser Opposition an, indem er aus der CDU austrat und gemeinsam mit Helene Wessel, die das Zentrum verließ, am 21. November 1951 die Notgemeinschaft für den Frieden Europas gründete. Daraus ging ein Jahr später die Gesamtdeutsche Volkspartei (GVP) hervor, die sich für eine Wiedervereinigung und Neutralisierung Deutschlands einsetzte, aber keine Resonanz bei den Wählern fand. Nach dem Scheitern der GVP schlossen sich Heinemann und Helene Wessel 1957 der SPD an.

Ein erstes Ergebnis von Adenauers Westorientierung war die Revision des Besatzungstatuts am 6. März 1951. Die Alliierte Hohe Kommission verzichtete fortan auf die Überwachung der Bundes- und Ländergesetzgebung, stellte die deutsche Devisenhoheit weitgehend wieder her und erweiterte die Befugnisse der Bundesregierung in auswärtigen Angelegenheiten. Am 15. März 1951 wurde das Auswärtige Amt wieder errichtet. Das Amt des Außenministers übernahm Adenauer bis zum 6. Juni 1955 selbst. Sein Staatssekretär wurde Walter Hallstein.

Revision des Besatzungsstatuts

Im Gegenzug erklärte sich die Bundesregierung bereit, die deutsche Rohstoffpolitik mit den westlichen Alliierten abzustimmen (d.h. knappe Rohstofffe und Erzeugnisse, die für die Kriegführung in Korea benötigt wurden, ungehindert auszuführen) und die Auslandsschulden des Deutschen Reiches anzuerkennen. Die Verhandlungen darüber zogen sich bis 1953 hin (s. unten, S. 149 f.).

Parallelverhandlungen zwischen den Westmächten und der Bundesregierung führten zur Erklärung vom 9. Juli 1951, die den Kriegszustand zwischen den Unterzeichnern für beendet erklärte. Am 14. September beschlossen die Außenminister der drei Westmächte auf ihrer Washingtoner Konferenz, die Bundesrepublik *»auf der Grundlage der Gleichberechtigung in eine kontinental-europäische Gemeinschaft«* zu integrieren, an der westlichen Verteidigung zu beteiligen und das Besatzungsstatut durch einen Deutschlandvertrag zu ersetzen. Verhandlungen über die komplexe Materie hatten bereits im Mai 1951 begonnen. Ende November 1951 einigten sich Adenauer und die Außenminister der drei Westmächte über den Entwurf zum sogenannten Generalvertrag, der das Besatzungsstatut ablösen sollte, und legten die Grundzüge der EVG fest.

2. Eine verpaßte Chance? Der Notenwechsel mit der Sowjetunion 1952

Als im Frühjahr 1952 die Verträge fast unterschriftsreif waren, übersandte am 10. März 1952 die sowjetische Regierung den drei Westmächten eine Note[8], in der sie vorschlug, mit Deutschland, das durch eine gesamtdeutsche Regierung vertreten werden sollte, einen Friedensvertrag auf folgender Basis abzuschließen: »*Deutschland wird als einheitlicher Staat wiederhergestellt... Sämtliche Streitkräfte der Besatzungsmächte müssen spätestens ein Jahr nach Inkrafttreten des Friedensvertrages aus Deutschland abgezogen werden... Deutschland verpflichtet sich, keinerlei Koalitionen oder Militärbündnisse einzugehen, die sich gegen irgendeinen Staat richten, der mit seinen Streitkräften am Krieg gegen Deutschland teilgenommen hat... Das Territorium Deutschlands ist durch die Grenzen bestimmt, die durch die Beschlüsse der Potsdamer Konferenz der Großmächte festgelegt wurden... Es wird Deutschland gestattet sein, eigene nationale Streitkräfte (Land-, Luft- und Seestreitkräfte) zu besitzen, die für die Verteidigung des Landes notwendig sind*«.

Stalin schlug also eine Wiedervereinigung und Neutralisierung Deutschlands vor. Der Friedensvertrag sollte mit einer gesamtdeutschen Regierung abgeschlosen werden, die Note sagte aber nicht, wie diese Regierung zustandekommen sollte.

War der sowjetische Vorschlag ernst gemeint? War Stalin bereit, die DDR aufzugeben, um die Integration der Bundesrepublik in das westliche Bündnis zu verhindern? Diese Fragen sind von Zeitgenossen und Historikern immer wieder kontrovers diskutiert worden. Die Frage, ob hier eine Chance zur Wiedervereinigung Deutschlands verpaßt wurde, ist auch heute noch nicht verstummt. Solange die sowjetischen Akten zu diesem Komplex nicht zugänglich sind, wird man über die Motive und Absichten der sowjetischen Regierung weiter spekulieren müssen. Inzwischen veröffentlichte englische Geheimakten vermitteln immerhin den Eindruck, daß die Westalliierten das sowjetische Angebot zwar ernst genommen, aber abgelehnt haben, weil sie ein geteiltes Deutschland, dessen westliche Hälfte mit dem Westen eng verbunden war, einem neutralisierten Gesamtdeutschland vorzogen[9].

Die Westmächte waren sich einig in der Einschätzung, daß die sowjetische Note zunächst einmal ein durchsichtiger Versuch war, die Verhandlungen über die EVG zu verzögern, wenn nicht ganz zunichte zu machen. Klar war daher, daß diese Verhandlungen zügig fortgesetzt werden mußten mit dem Ziel, zu einem baldigen Abschluß zu kommen. Vielleicht würden die Sowjets ihr Angebot verbessern oder, was das Zustandekommen der gesamtdeutschen Regierung anging, konkretisieren. Adenauer unterstützte diese Position, wie seine grundsätzliche Stellungnahme zur Stalinnote am 16. März 1952 deutlich macht. In einer Rede vor dem Evangelischen Arbeitskreis der CDU in Siegen sagte er: *»Es gibt drei Möglichkeiten für Deutschland: den Anschluß an den Westen, Anschluß an den Osten und Neutralisierung. Die Neutralisierung aber bedeutet für uns die Erklärung zum Niemandsland. Damit würden wir zum Objekt und wären kein Subjekt mehr. Ein Zusammenschluß mit dem Osten aber kommt für uns wegen der völligen Verschiedenheit der Weltanschauungen nicht in Frage. Ein Zusammenschluß mit dem Westen bedeutet – und das möchte ich nach dem Osten sagen – in keiner Weise einen Druck gegen den Osten, sondern er bedeutet nichts anderes als die Vorbereitung einer friedlichen Neuordnung des Verhältnisses zur Sowjetunion, zur Wiedervereinigung Deutschlands und zur Neuordnung in Osteuropa«.* Zu sowjetischen Note direkt sagte Adenauer: *»Im Grunde genommen bringt sie wenig Neues. Abgesehen von einem starken nationalistischen Einschlag will sie die Neutralisierung Deutschlands, und sie will den Fortschritt in der Schaffung der Europäischen Verteidigungsgemeinschaft und in der Integration Europas verhindern«.* Eine Verzögerung der EVG dürfe aber keinesfalls eintreten, denn sie *»würde wahrscheinlich auch das Ende dieser gemeinsamen Bestrebungen bedeuten«.* Seine Überzeugung von der »Politik der Stärke« faßte Adenauer in die Worte: *»Wenn wir so fortfahren, wenn der Westen unter Einbeziehung der Vereinigten Staaten so stark ist, wie er stark sein muß, wenn er stärker ist als die Sowjetregierung, dann ist der Zeitpunkt gekommen, an dem die Sowjetregierung ihre Ohren öffnen wird. Das Ziel eines vernünftigen Gesprächs zwischen Westen und Osten aber wird sein: Sicherung des Friedens in Europa, Aufhören von unsinnigen Rüstungen, Wiedervereinigung Deutschlands in Freiheit und die Neuordnung im Osten«*[10]. Die hier ausgedrückte Absicht, die Sowjetunion aus ihrem Einflußbereich in Osteuropa zurückzudrängen, läßt nicht gerade auf Kompromißbereitschaft schließen.

Adenauers
Position zum
sowjetischen
Angebot

In Ihrer Antwortnote vom 25. März 1952[11] lehnten die Westmächte Erörterungen über einen Friedensvertrag mit Gesamtdeutschland ab, solange nicht geklärt sei, wie diese gesamtdeutsche Regierung gebildet werden sollte. Sie stellten fest, daß eine gesamtdeutsche Regierung *»nur auf der Grundlage freier Wahlen in der Bundesrepublik, der sowjetischen Besatzungszone und in Berlin«* geschaffen werden könne. Deren Voraussetzungen wiederum sollten vorher von einer Untersuchungskommission der UNO geprüft werden. Eine solche Kommission war übrigens bereits am 20. Dezember 1951 auf Betreiben der Westmächte von der UNO-Vollversammlung ins Leben gerufen worden, sie hatte aber im August 1952 ihre Tätigkeit einstellen müssen, da die DDR-Regierung ihr die Einreise verweigert hatte.
Wichtiger noch als die Forderung nach freien Wahlen in ganz Deutschland war die »Ansicht« der Westmächte, *»daß es der gesamtdeutschen Regierung sowohl vor wie nach Abschluß eines Friedensvertrages freistehen sollte, Bündnisse einzugehen, die mit den Grundsätzen und Zielen der Vereinten Nationen in Einklang stehen«.* Sie lehnten also den sowjetischen Neutralisierungsvorschlag ab.

Die erste Antwort der Westmächte

In einer zweiten Note[12] stimmte die sowjetische Regierung am 9. April 1952 *»freien gesamtdeutschen Wahlen«* zu. Die Prüfung der Voraussetzungen sollte allerdings nicht eine UNO-Kommission, sondern eine Kommission der vier Siegermächte vornehmen. Auf die von den Westmächten geforderte Koalitionsfreiheit einer zukünftigen gesamtdeutschen Regierung ging die sowjetische Anwortnote nicht ein.
In der deutschen Öffentlichkeit machte die zweite sowjetische Note ebenso viel Eindruck wie die erste. Die Gegner von Adenauers Integrationspolitik forderten immer wieder Viermächteverhandlungen und warfen Adenauer vor, daß er die sowjetischen Angebote nicht ernsthaft genug auf ihre Möglichkeiten für eine deutsche Wiedervereinigung geprüft habe.

Die Westmächte beharrten in ihrer Antwort vom 13. Mai 1952[13] darauf, daß ein Friedensvertrag erst abgeschlossen werden könne, wenn 1. eine gesamtdeutsche Regierung aufgrund garantiert freier Wahlen entstanden sei und diese 2. vor und nach der Friedensregelung frei entscheiden dürfte, welcher Allianz sie sich anschließen wollte.

Die zweite Forderung war für die Sowjetunion unannehmbar. Die Sowjetunion hatte ihre Angebote gemacht, um die Integration Westdeutschlands in das westliche Bündnis zu verhindern. Warum sollte sie auf ihren sicheren Einfluß in der DDR verzichten, wenn sie Gefahr lief, daß eventuell ganz Deutschland sich der westlichen Allianz anschloß? Am 24. Mai 1952, zwei Tage vor der geplanten Unterzeichnung der Verträge zwischen der Bundesrepublik und den Westmächten, beschul-

146

digte die Sowjetunion in einer dritten Note die Westmächte, ein Komplott »zwischen den revanchelüsternen herrschenden Kreisen Westdeutschlands und der nordatlantischen Staatengruppe« zu schmieden mit dem Ziel, »die Entfesselung eines neuen Krieges in Europa« vorzubereiten. Trotz aller Meinungsverschiedenheiten schlug die Sowjetunion eine Viermächtekonferenz über die deutsche Frage vor. Die propagandistische Absicht der Note war offenkundig: die Verantwortung für die deutsche Spaltung sollte den Westmächten und der Bundesregierung zugewiesen werden.

Die Antwort der Westmächte und der Bundesregierung war die Unterzeichnung des Generalvertrags und des EVG-Vertrags am 26. und 27. Mai. Aber noch waren die Verträge nicht durch die Parlamente ratifiziert, und so ging der Notenwechsel weiter: Die Westmächte wiederholten am 10. Juli ihre Forderungen nach freien Wahlen und schlugen eine Vier-Mächte-Konferenz vor. Der vierte und letzte Notenwechsel vom 25. August und 23. September 1952 dokumentierte noch einmal die verhärteten Standpunkte: Die Westmächte wollten wie Adenauer die Voraussetzungen für freie Wahlen erst prüfen, bevor sie stattfanden, dann eine gesamtdeutsche Regierung bilden und zuletzt über einen Friedensvertrag auf der Basis der Koalitionsfreiheit Deutschlands verhandeln. Die sowjetischen Vorschläge bestanden auf der umgekehrten Reihenfolge und der Neutralisierung ganz Deutschlands.

3. Generalvertrag und Europäische Verteidigungsgemeinschaft 1952–1954

Am 26. Mai 1952 unterzeichneten der Bundeskanzler (und Außenminister) Adenauer und die Außenminister Acheson, Eden und Schuman in Bonn den »Vertrag über die Beziehungen zwischen der Bundesrepublik und den Drei Mächten«[14] (Generalvertrag oder – wie Adenauer ihn gern nannte – Deutschlandvertrag) sowie vier Zusatzabkommen. Der Generalvertrag beendete das Besatzungsregime, hob das Besatzungsstatut auf, schaffte die Alliierte Hohe Kommission ab und gewährte der Bundesrepublik »die volle Macht eines souveränen Staates über ihre inneren und äußeren Angelegenheiten«. Diese Souveränität wurde allerdings eingeschränkt durch bestimmte Sonderrechte, die die Alliierten sich im ausdrücklichen Einverständnis mit der Bundesregierung vorbehielten. Sie bezogen sich einmal auf Berlin, zum anderen auf Deutschland als Ganzes »einschließlich der Wiedervereinigung Deutschlands und einer friedensvertraglichen Regelung«, drittens auf die Stationierung westalliierter Truppen in Deutschland, und schließlich behielten

Der Generalvertrag
26. 5. 1952

147

sich die Westalliierten das Recht vor, im Falle eines Angriffs von außen oder innerer Unruhen selbst Maßnahmen zur Aufrechterhaltung der Sicherheit zu ergreifen (Notstandsklausel). Die wichtigsten Zusatzabkommen waren der Truppenvertrag über die »Rechte und Pflichten ausländischer Streitkräfte und ihrer Mitglieder in der Bundesrepublik« und der Finanzvertrag über die Höhe des westdeutschen Verteidigungsbeitrags. Festgelegt wurde schließlich, daß das ganze Vertragswerk nur zusammen mit dem EVG-Vertrag in Kraft treten konnte.

Der EVG-Vertrag 27. 5. 1952

Am nächsten Tag (27. Mai 1952) unterzeichneten in Paris die Außenminister Frankreichs, Italiens, der Benelux-Staaten und der Bundesrepublik den Vertrag über die Europäische Verteidigungsgemeinschaft (EVG). Der Bundesrepublik wurden darin zwölf Divisionen für das Heer, 85.000 Mann taktische Luftwaffe (1350 Flugzeuge) und 12.000 Mann Marinestreitkräfte, insgesamt 407.000 Soldaten, zugestanden. Die deutsche würde nach der französischen die zweitstärkste Armee in Westeuropa sein. Der Vertrag sah die Integration der nationalen Streitkräfte unter einem übernationalen Oberbefehl bei gleicher Ausrüstung, Ausbildung und Dienstzeit der Soldaten vor. Die Divisionen von etwa 10.000 Mann Stärke sollten national einheitlich, die übergeordneten Korps schon übernational zusammengesetzt sein. Den Aufbau der EVG stellte man sich ähnlich dem der Montanunion vor: An der Spitze eine neunköpfige Kommission, die von einem Ministerrat kontrolliert würde. Außerdem sollte die EVG eine (zunächst von den nationalen Parlamenten) gewählte Parlamentarische Versammlung und einen (mit der Montanunion gemeinsamen) Gerichtshof haben. Aufgabe der Kommission würde es sein, ein gemeinsames Budget aufzustellen, dem der Ministerrat (einstimmig) und die parlamentarische Versammlung ihre Zustimmung zu geben hätten. Diese Beschlüsse würden dann bindend für jeden einzelnen Mitgliedsstaat sein.

Als Reaktion auf den Generalvertrag begannen am 26. Mai DDR-Behörden, die bis dahin noch durchlässige innerdeutsche Grenze hermetisch abzuriegeln und eine fünf Kilometer breite Sperrzone anzulegen. Die Übergänge zwischen West- und Ostberlin wurden drastisch vermindert, der Fernsprechverkehr eingeschränkt.

Die New Yorker Außenministerkonferenz vom März 1951 hatte die Revision bzw. Abschaffung des Besatzungsstatuts auch davon abhängig gemacht, daß die Bunderepublik die Auslandsschulden des Deutschen Reiches übernahm. Die Verhandlungen darüber hatten im Februar 1952 in London begonnen und kamen am 8. August 1952 zum Abschluß. Einen Monat später wurde am 10. September 1952 das Wiedergutmachungsabkommen zwischen der Bundesrepublik und Israel unterzeichnet. Beide Verträge sollten den deutschen Kredit in wirtschaftlicher und moralischer Hinsicht wiederherstellen und den Anspruch der Bundesrepublik untermauern, Rechtsnachfolgerin des Deutschen Reiches zu sein. Bereits im März 1951 hatte sich die israelische Regierung an die vier Besatzungsmächte gewandt und für die materiellen Verluste, die Juden in Deutschland und in den von Deutschland besetzten Gebieten erlitten hatten, einen Reparationsanspruch von 1,5 Milliarden Dollar gefordert. Der Staat Israel rechtfertigte diese Forderung mit der Begründung, daß zwischen 1933 und 1950 aus den vom Deutschen Reich beherrschten Ländern 380 000 Menschen nach Palästina bzw. Israel geflüchtet seien. Die Kosten für die Eingliederung dieser Flüchtlinge habe allein das israelische Volk aufgebracht. Die Bundesregierung war bereit, mit jüdischen Organisationen über eine Entschädigung der im und vom Deutschen Reich verfolgten und beraubten Juden zu verhandeln, nicht jedoch mit dem Staate Israel, da man im Falle eines deutsch-israelischen Abkommens weitere Reparationsforderungen anderer von deutschen Kriegsschäden betroffener Staaten fürchtete.

Wiedergut-machungs-abkommen mit Israel 10. 9. 1952

Als dieses Problem in die Londoner Verhandlungen über die Anerkennung der Auslandsschulden des Deutschen Reiches durch die Bundesrepublik eingebracht worden war, begannen am 20. März 1952 – weitgehend parallel zu den Londoner Verhandlungen – unter größter Geheimhaltung die Verhandlungen zwischen Vertretern der Bundesregierung, des Staates Israel und einer Delegation von 23 jüdischen Organisationen in Wassenaar bei Den Haag. Das Ergebnis war das Luxemburger Wiedergutmachungsabkommen vom 10. September 1952. Darin verpflichtete sich die Bundesrepublik zu Zahlungen und Sachleistungen im Werte von 3 Milliarden DM an den Staat Israel. Sie sollten »*der Erweiterung der Ansiedlungs- und Wiedereingliederungsmöglichkeiten für jüdische Flüchtlinge in Israel dienen*«. Außerdem sicherte die Bundesrepublik der »Conference on Jewish Material Claims against Germany« Zahlungen und Güter im Wert von 450 Millionen DM zu. – Im Bundestag wurde das Wiedergutmachungsabkommen nur mit 239 (darunter alle Stimmen der SPD) von 360 Stimmen angenommen. Zahlreiche Abgeordnete der Regierungskoalition stimmten gegen das Abkommen oder enthielten sich der Stimme.

Das Londoner Schuldenabkommen legte die deutschen Vorkriegsschulden aus Auslandsanleihen (darunter Verpflichtungen aus dem Dawes- und dem Young-Plan der 1920er Jahre) auf rund 7,5 Mrd. DM, die Verbindlichkeiten aus der Nachkriegswirtschaftshilfe auf rund 7 Mrd. DM fest. (Ursprünglich waren 13,5 Mrd. DM für die Vorkriegs- und 16 Mrd. DM für die Nachkriegsschulden gefordert worden.) Die Bundesrepublik verpflichtete sich, diese Schulden in jährlichen Raten von 567 Millionen DM (ab 1958 von 765 Mill. DM) zu tilgen. Der Leiter der

Londoner Schulden-abkommen 1953

149

deutschen Delegation, der Bankier Hermann Josef Abs, erklärte ausdrücklich, daß die Bundesrepublik darüber hinaus Reparationszahlungen nicht leisten könne. Unterzeichnet wurde das Bündel von Verträgen erst am 27. Februar 1953 durch Vertreter der Bundesrepublik und neunzehn betroffener Staaten. Zwölf weitere Staaten traten dem Abkommen später bei. Die Bundesrepublik leistete die Tilgungsraten pünktlich, bis 1979 die Schulden abgetragen waren. Mit der Übernahme der Auslandsschulden des Deutschen Reiches und Preußens unterstrich die Bundesrepublik ihren Anspruch, Erbe des Reiches und legitimer Sprecher aller Deutschen zu sein.

Die Verträge von Bonn und Paris bedurften der Ratifikation durch die nationalen Parlamente. Im Bonner Bundestag wurde darüber vor allem im Juli (1. Lesung) und Dezember 1952 (2. Lesung) erbittert debattiert. Die Regierungsparteien standen hinter Adenauer; die Sozialdemokraten, nach dem Tode Schumachers seit August 1952 unter der Führung von Erich Ollenhauer, opponierten gegen die Verträge, weil sie prinzipiell gegen die Wiederbewaffnung waren und weil sie die Wiedervereinigung Deutschlands nicht durch Konfrontation, sondern durch Verhandlungen mit der Sowjetunion zu erlangen hofften. Aus der Opposition gegen die Wiederbewaffnung wurde eine Opposition gegen die Westintegration der Bundesrepublik.

Adenauers Haltung zu dieser Frage wurde stark beeinflußt von dem neuen amerikanischen Außenminister John Foster Dulles, der im Januar 1953 sein Amt zusammen mit dem neuen Präsidenten Eisenhower angetreten hatte. Das einzige, was »die Sowjets« verstünden, war nach Meinung von Dulles und Adenauer Gewalt oder Androhung von Gewalt. Die beste Aussicht für die deutsche Wiedervereinigung bestand daher in einer »Politik der Stärke«, die schließlich zum Zurückdrängen (»Roll back«) der Roten Armee aus Osteuropa führen würde.

Unter dem Gesichtspunkt der deutschen Innenpolitik sprach manches für Adenauers Konzept der Westintegration und des Bündnisses mit der mächtigsten Nation der Welt, den USA, da ihr Ergebnis mehr Sicherheit und größeren Wohlstand versprach als jeder Versuch, neutral zu bleiben oder mit den Staatswirtschaften des Ostens zusammenzuarbeiten. Doch wegen der großen Zahl von Flüchtlingen in der Bundesrepublik und der bisherigen politischen Rhetorik, die den Wählern ständig die Wiedervereinigung und sogar die Wiedergewinnung der Gebiete jenseits von Oder und Neiße als nahe Möglichkeit vor Augen geführt hatte, konnte Adenauer es nicht riskieren, seine Politik in der Öffentlichkeit allein mit den verständlichen Zielen der Westintegration zu rechtfertigen, er mußte sie mit irreführenden Hoffnungen auf die Wiedervereinigung verbinden. Im Laufe der Zeit wurde die Widersprüch-

lichkeit dieser Rhetorik immer offenkundiger; sie schadete dem Ansehen Adenauers und seiner Partei, änderte aber nichts an der Zustimmung der meisten Wähler zur Integration der Bundesrepublik in den
Westen.

Am 19. März 1953 ratifizierte der Bundestag nach langer Debatte mit
226 gegen 164 Stimmen (der SPD und der KPD) den Generalvertrag
und mit 224 gegen 164 Stimmen den EVG-Vertrag.

Der Notenwechsel zwischen den Westalliierten und der Sowjetunion
erlebte eine Neuauflage bei der Außenministerkonferenz der vier Siegermächte, die vom 25. Januar bis zum 18. Februar 1954 im ehemaligen
Kontrollratsgebäude in Berlin zusammentrat. Die Initiative zu dieser
ersten Vierer-Konferenz seit 1949 war im Mai 1953 vom britischen Premierminister Winston Churchill ausgegangen, der die Verhandlungsbe-
reitschaft der sowjetischen Seite testen wollte. Die sowjetische Regierung war auf den Vorschlag eingegangen, weil der EVG-Vertrag noch
nicht von der französischen Nationalversammlung ratifiziert, die
Westintegration der Bundesrepublik also noch nicht vollzogen war.
Schon in der Eröffnungssitzung prallten indes die Gegensätze ähnlich
wie im Notenwechsel 1952 wieder aufeinander: Der britische Außenminister Eden schlug einen Fünf-Punkte-Plan vor: 1. Freie Wahlen in ganz
Deutschland, 2. Einberufung einer Nationalversammlung, 3. Ausarbeitung einer Verfassung und Bildung einer Regierung, die über einen
Friedensvertrag verhandelt, 5. Abschluß des Friedensvertrages.

Der sowjetische Außenminister Molotow bestand auf einer nahezu umgekehrten Reihenfolge: 1. Ausarbeitung eines Friedensvertrages mit
Vertretern der DDR und der Bundesrepublik, 2. Bildung einer provisorischen Regierung durch Volkskammer und Bundestag, 3. gesamtdeutsche Wahlen, 4. Bildung einer gesamtdeutschen Regierung.

Die Gegensätze waren unüberwindbar; und wahrscheinlich war mittlerweile keine der beiden Seiten mehr an einer Wiedervereinigung
Deutschlands interessiert. Die Westmächte bevorzugten nach wie vor
eine in das westliche Bündnis integrierte Bundesrepublik gegenüber
einem neutralisierten vereinigten Deutschland. Die Sowjetunion verfolgte zu diesem Zeitpunkt schon den Plan eines gesamteuropäischen Sicherheitssystems, in dem beide deutsche Staaten ihren Platz finden sollten. Molotow legte seinen überraschten Kollegen den Entwurf für einen
»Gesamteuropäischen Vertrag über die kollektive Sicherheit in Europa«
vor, an dem die Bundesrepublik und die DDR als gleichberechtigte
Partner teilnehmen sollten. Da dieser Vorschlag auf die Auflösung der
NATO und der EVG abzielte und die Teilnahme der USA ausschloß,
war er für die Westmächte unannehmbar. In Umrissen zeichnete sich
aber hier schon das europäische Sicherheitssystem der 70er Jahre ab.

Die Berliner
Vier-Mächte-
Konferenz
1954

Die Berliner Außenminister-Konferenz ging am 18. Februar ohne Ergebnis zu Ende. Am 25. März 1954 erklärte die Sowjetunion die DDR für souverän. Einen Tag später verabschiedete der Bundestag mit der Zweidrittel-Mehrheit, über die die Regierungsparteien seit der Bundestagswahl von 1953 verfügten, die 1. Wehrergänzung. Sie räumte dem Bund die ausschließliche Gesetzgebungskompetenz für »*die Verteidigung einschließlich der Wehrpflicht für Männer vom vollendeten achtzehnten Lebensjahr an und des Schutzes der Zivilbevölkerung*« ein (Art. 73) und stellte ausdrücklich die Vereinbarkeit des EVG-Vertrages mit dem Grundgesetz fest (Art 142a).

Die EVG scheitert Kurz darauf scheiterte das Vertragswerk: Am 30. und 31. August 1954 debattierte endlich auch die französische Nationalversammlung über die EVG und lehnte sie mit 319 gegen 164 Stimmen ab. Hauptgrund für die Ablehnung waren Bedenken gegen die Aufgabe souveräner Rechte im militärischen Bereich zugunsten einer supranationalen Einrichtung. Gegenüber der Entstehungsphase des EVG-Projekts hatten sich die Rahmenbedingungen für Frankreich geändert: Sowohl der Korea- als auch der Indochinakrieg waren beendet. Nach Stalins Tod am 5. März 1953 schien die neue Moskauer Führung bemüht, die Konfrontation mit dem Westen zugunsten des Prinzips der »Friedlichen Koexistenz« abzubauen. Ein Bündnis mit dem ehemaligen Kriegsgegner Deutschland unter Aufgabe souveräner Rechte und ohne Beteiligung Englands erschien jetzt vielen Abgeordneten sowohl der nationalen Rechten als auch der Sozialisten und Kommunisten nicht mehr als zwingend notwendig.

4. Die Pariser Verträge: Die Bundesrepublik wird souverän und Mitglied der NATO

Für Adenauer war das Scheitern des EVG-Projekts ein »Fiasko« (H.P. Schwartz). Denn die Bundesrepublik hatte bereits viele Aspekte der Verträge von Bonn und Paris – außer der Wiederbewaffnung selbst – in die Wirklichkeit umgesetzt, und es war unmöglich, die Uhr wieder auf das Besatzungsstatut zurückzustellen. Die Modalitäten, wie die Bundesrepublik die von den Alliierten zugesicherte Souveränität erhalten, ihren Beitrag zur westlichen Verteidigung leisten und gleichzeitig das französische Sicherheitsbedürfnis befriedigen sollte, mußten nun freilich geändert werden.

Darüberhinaus bedeutete das Scheitern der EVG auch, daß es nicht gelungen war, den nationalstaatlichen Gedanken zugunsten der supranationalen Integration Westeuropas zu überwinden. Hatten im Projekt der Europäischen Verteidigungsgemeinschaft alle westeuropäischen Mitgliedsstaaten nationale Rechte zugunsten einer übernationalen Souveränität aufgeben sollen, so mußte nun umgekehrt die Bundesrepublik Deutschland als souveräner Nationalstaat konstituiert werden, obwohl sie nur einen Teil der deutschen Nation umfaßte.

Der ganze Komplex wurde noch im Herbst 1954 auf mehreren Konferenzen relativ schnell geklärt, wobei der Gedanke der übernationalen Integration gegenüber den einzelstaatlichen Souveränitäten zurücktrat. Auf Initiative der britischen Regierung berieten am 30. und 31. August und vom 28. September bis zum 3. Oktober 1954 in London Vertreter der drei Westmächte, der Benelux-Staaten, Kanadas, Italiens und der Bundesrepublik über Alternativen zur EVG. Die in der Londoner Schlußakte fixierten Ergebnisse waren: 1. Italien und der Bundesrepublik wird empfohlen, dem revidierten Brüsseler Pakt von 1948 beizutreten; die Bundesrepublik soll Mitglied der NATO werden. 2. England, Frankreich und die USA sind bereit, das Besatzungsstatut bald aufzuheben und die Bundesregierung wie bisher als einzige Regierung anzusehen, die für Deutschland als Ganzes zu sprechen legitimiert ist. Sie nehmen jedoch die Verantwortlichkeit für Deutschland als Ganzes weiterhin wahr und stationieren Truppen auf dem Kontinent. 3. Die Bundesrepublik verpflichtet sich, Politik nach der UN-Charta und den Grundsätzen des Brüsseler bzw. des NATO-Pakts zu treiben, die Wiedervereinigung Deutschlands oder eine Änderung seiner Grenzen nicht gewaltsam anzustreben, Streitfragen mit anderen Staaten friedlich zu lösen und freiwillig auf schwere Waffen sowie die Herstellung von ABC-Waffen zu verzichten.

In vier Konferenzen, die vom 19. bis 23. Oktober 1954 in Paris stattfanden, wurden die Beziehungen zwischen den Staaten der »westlichen Gemeinschaft« neu geregelt.

1. Die Vier-Mächte-Konferenz zwischen den drei Westmächten und der Bundesrepublik formulierte den Deutschlandvertrag und die Zusatzverträge von 1952 um, vereinbarte ein Protokoll über die Beendigung des Besatzungsregimes und bekräftigte die Sicherheitsgarantien der Westmächte bzw. die Hilfeleistungen der Bundesrepublik für Berlin.

2. Die Neun-Mächte-Konferenz der sechs ehemaligen EVG-Staaten mit England, Kanada und den USA änderte und ergänzte durch vier Protokolle und vier Anlagen den Brüsseler Vertrag, dem Italien und die Bundesrepublik beitraten, und gründete so die Westeuropäische Union (WEU). Die Bundesrepublik verpflichtete sich, ABC-Waffen auf ihrem Gebiet nicht herzustellen; sie unterwarf sich weiteren Rüstungsbeschränkungen und der Aufsicht des Rüstungskontrollamts der WEU.

3. Die 15-Mächte-Konferenz der 14 NATO-Staaten und der Bundesre-

publik als Beobachter lud die Bundesrepublik ein, der NATO beizutreten. Die Bundesrepublik mußte allerdings ihre gesamten Streitkräfte, die auf 500.000 Mann fixiert wurden, in die NATO einbringen und durfte keinen eigenen Generalstab unterhalten, was kein anderes Mitglied zu tun hatte. Die NATO-Staaten erkannten im Gegenzug die Bundesrepublik als einzige rechtmäßige deutsche Regierung an und erklärten die Wiedervereinigung Deutschlands zu ihrem gemeinsamen Ziel. Die Bundesrepublik bekannte sich zur UN-Charta, zum Defensivcharakter der NATO und WEU und verzichtete darauf, Deutschland mit gewalttätigen Mitteln wiederzuvereinigen oder seine gegenwärtigen Grenzen zu ändern.

4. Auf einer Zwei-Mächte-Konferenz zwischen Frankreich und der Bundesrepublik unterzeichneten Adenauer und der französische Ministerpräsident Pierre Mendès-France das Saarstatut. Danach sollten die Währungs- und Zollunion des Saarlandes mit Frankreich fortbestehen, die politische Autonomie des Saarlandes erhalten bleiben, Landesverteidigung und Außenpolitik aber einem der WEU verantwortlichen europäischen Kommissar anvertraut und alle demokratischen Freiheiten wiederhergestellt werden. Die Saarbevölkerung sollte drei Monate nach Inkrafttreten des Saarstatuts darüber abstimmen.

Auseinandersetzungen über die Ratifizierung der Pariser Verträge

In die nun beginnenden Auseinandersetzungen um die Ratifizierung der Pariser Verträge schaltete sich auch die Sowjetunion wieder ein. Am letzten Tag der Pariser Konferenzen (23. Oktober 1954) bot die sowjetische Regierung an, über gesamtdeutsche freie Wahlen als Grundlage für einen Friedensvertrag zu diskutieren. Am 14. Januar 1955 verbreitete die Nachrichtenagentur TASS eine Erklärung der sowjetischen Regierung zur deutschen Frage[15], in der es u.a. hieß: *»Das deutsche Volk muß durch die Abhaltung allgemeiner freier Wahlen in ganz Deutschland, einschließlich Berlin, die Möglichkeit haben, seinen freien Willen zu äußern, damit ein einheitliches Deutschland als Großmacht wiederersteht und einen würdigen Platz unter den anderen Mächten einnimmt«.* Auch eine internationale Aufsicht über die Durchführung der Wahlen hielt die sowjetische Regierung nun für möglich. Sie schlug Verhandlungen der vier Siegermächte *»über die Frage der Wiederherstellung der Einheit Deutschlands auf der Grundlage der Durchführung gesamtdeutscher freier Wahlen«* vor und fügte hinzu: *»Solche Verhandlungen verlieren ihren Sinn und werden unmöglich, wenn die Pariser Abkommen ratifiziert sind«.*

Wieder entbrannte in der Bundesrepublik ein Streit darüber, wie ernst die sowjetischen Vorschläge gemeint seien. Bundeskanzler Adenauer lehnte in einer Radio-Ansprache am 22. Januar 1955[16] die sowjetischen Vorschläge als taktische Manöver ab. Der Oppositionsführer Erich Ollenhauer dagegen forderte den Kanzler am nächsten Tag auf, die Sowjetunion jetzt beim Wort zu nehmen, denn die Opposition war der festen Überzeugung, daß noch nicht alle Möglichkeiten ausgeschöpft waren, auf dem Wege von Vier-Mächte-Verhandlungen die Einheit Deutschlands wiederherzustellen[17].

Die Gegner der Pariser Verträge, in vorderster Linie die SPD, der DGB, weite Kreise der evangelischen Kirche und viele Intellektuelle, sammelten sich in der »Paulskirchen-Bewegung«. Auf Einladung des DGB-Vorstandes, des SPD-Vorsitzenden Ollenhauer, des Soziologen Alfred Weber und des Theologen Helmut Gollwitzer trafen sich am 29. Januar 1955 rund tausend Persönlichkeiten des öffentlichen Lebens in der Frankfurter Paulskirche und verabschiedeten ein »Deutsches Manifest«. Darin hieß es: »*Die Aufstellung deutscher Streitkräfte in der Bundesrepublik Deutschland und in der Sowjetzone muß die Chancen der Wiedervereinigung für unabsehbare Zeit auslöschen und die Spannung zwischen Ost und West verstärken. Eine solche Maßnahme würde die Gewissensnot großer Teile unseres Volkes unerträglich steigern. Das furchtbare Schicksal, daß sich Geschwister einer Familie in verschiedenen Armeen mit der Waffe in der Hand gegenüberstehen, würde Wirklichkeit werden...Unermeßlich wäre die Verantwortung derer, die die große Gefahr nicht sehen, daß durch die Ratifizierung der Pariser Verträge die Tür zu Viermächteverhandlungen über die Wiederherstellung der Einheit Deutschlands in Freiheit zugeschlagen wird.*«[18] Die Versammelten appellierten daher an Bundestag und Bundesregierung, »*alle nur möglichen Anstrengungen zu machen, damit die vier Besatzungsmächte dem Willen unseres Volkes zur Einheit Rechnung tragen*«. Der Appell endete mit dem Satz: »*Das deutsche Volk hat ein Recht auf seine Wiedervereinigung!*«

Das Paulskirchenmanifest 1955

Die Opposition konnte die Ratifizierung der Pariser Verträge jedoch nicht aufhalten. Am 27. Februar 1955 verabschiedete der Bundestag gegen die Stimmen der SPD die Zustimmungsgesetze, am 18. März folgte der Bundesrat. Eine Normenkontrollklage von 174 SPD-Abgeordneten wegen des Saarstatuts wurde vom Bundesverfassungsgericht am 4. Mai 1955 zurückgewiesen. Am 5. Mai 1955 traten die Pariser Verträge in Kraft: das Besatzungsstatut erlosch, die alliierten Hohen Kommissare wurden durch Botschafter ersetzt, die Bundesrepublik wurde souverän. Am 7. Mai wurde sie in die WEU, am 9. Mai 1955 – zehn Jahre nach Kriegsende – in die NATO aufgenommen.

Die Bundesrepublik wird souverän 5. 5. 1955

Als einziger der Pariser Verträge war das Saarstatut schon kurze Zeit später überholt. Nach einem dreimonatigen Wahlkampf, in dem sich jetzt auch die prodeutschen Parteien frei betätigen konnten, lehnte die Saarbevölkerung in der Volksabstimmung am 23. Oktober 1955 mit

Die Lösung der Saarfrage

einer Mehrheit von 67,7 % der Wahlbeteiligten (die Wahlbeteiligung lag bei 97,5 %) das Saarstatut ab. Nach diesem Votum erklärte sich Frankreich bereit, das Saarland mit der Bundesrepublik zu vereinigen. Im Luxemburger Saarvertrag vom 27. Oktober 1956 vereinbarten Frankreich und die Bundesrepublik, das Saarland in zwei Etappen in die Bundesrepublik einzugliedern: politisch zum 1. Januar 1957, wirtschaftlich zum 31. Dezember 1959. Der wirtschaftliche Anschluß wurde dann bereits am 5. Juli 1959 vollzogen. Eine paritätisch besetzte deutsch-französische Kohlekauforganisation sicherte Frankreich Bezugsrechte auf ein Drittel der saarländischen Kohleproduktion. Außerdem wurde der Ausbau der Mosel und des Oberrheins zur Verschiffung der lothringischen Erze vereinbart. Die Christliche Volkspartei, seit 1957 mit der CSU fusioniert, vereinigte sich am 19.August 1959 mit der CDU.

Die Sowjetunion beantwortete die Aufnahme des ehemaligen Kriegsgegners in die westliche Allianz am 7. Mai mit der Annullierung ihrer 1942 bzw. 1944 gegen Hitler-Deutschland geschlossenen Bündnisse mit England und Frankreich. Vom 11. bis zum 15. Mai 1955 trafen sich in Warschau Vertreter der Sowjetunion, Albaniens, Bulgariens, Polens, Rumäniens, der CSSR und der DDR und gründeten als Gegengewicht gegen die NATO den Warschauer Pakt. Er sah gegenseitigen militärischen Beistand im Falle eines Angriffs und die Bildung eines gemeinsamen Oberkommandos mit Sitz in Moskau vor. An die Spitze des Warschauer Pakts trat der sowjetische Marschall Konjew. Die DDR brachte ab Januar 1956 ihre Nationale Volksarmee in die Streitkräfte des Warschauer Pakts ein.

Der Warschauer Pakt 1955

5. Die Genfer Gipfelkonferenz und die Moskau-Reise Adenauers 1955

Die Pariser Verträge und die Gründung des Warschauer Paktes 1955 vollendeten die Teilung Europas in zwei Militärblöcke. Ihre Grenze verlief mitten durch Deutschland. Diese Situation barg zwei Entwicklungsmöglichkeiten in sich: eine Tendenz zur Verhärtung der Fronten und zur Verschärfung des Kalten Krieges, aber auch die Alternative, nämlich Abbau der Spannungen durch Anerkennung des Status quo in Europa. Das allerdings hätte die Festschreibung der deutschen Teilung bedeutet.

Ein Indiz für die zweite Möglichkeit war die Unterzeichnung des Österreichischen Staatsvertrages am 15. Mai 1955 – also in der Schlußphase jener Verhandlungen, die zum Abschluß der Pariser Verträge

Österreichischer Staatsvertrag 1955

156

führten – durch die vier Siegermächte des Zweiten Weltkrieges und die Republik Österreich. Österreich wurde souverän, die Siegermächte zogen ihre Besatzungstruppen ab, und Österreich verpflichtete sich zu einer »immerwährenden Neutralität«.

Die deutsche Opposition gegen Adenauers Politik der Westintegration und Wiederbewaffnung sah in der österreichischen Lösung ein Modell, dem Deutschland folgen sollte. Österreich blieb der parlamentarischen Demokratie und dem Prinzip der Marktwirtschaft verpflichtet, in militärischer Hinsicht aber war es so neutral wie Schweden, das wiederum wegen seiner weitreichenden Sozialgesetzgebung immer ein Vorbild für die deutschen Sozialdemokraten war. Für die Regierung Adenauer war eine Neutralisierung Deutschlands allerdings ebenso wenig diskutabel wie für die Westmächte. Wahrscheinlich hatte Adenauer recht, wenn er meinte, eine Neutralisierung käme für Deutschland und Westeuropa einer Unterwerfung unter die sowjetische Übermacht gleich, denn in diesem Fall würden die Vereinigten Staaten ihre Truppen aus Europa zurückziehen.

Die soeben souverän gewordene Bundesrepublik setzte sich aktiv für eine Fortsetzung der westeuropäischen Integration auf wirtschaftlichem Gebiet ein: Auf der Konferenz von Messina (1. bis 3. Juni 1955) verständigten sich die Außenminister der sechs Montanunion-Staaten auf die Errichtung eines gemeinsamen Marktes und die gemeinsame Nutzung der Atomenergie zu friedlichen Zwecken[19]. Konkretisiert wurden diese Absichten 1957 in den Römischen Verträgen, die die Europäische Wirtschaftsgemeinschaft (EWG) und die Europäische Atomgemeinschaft (Euratom) begründeten (s. unten, S. 160 f.).

Konferenz von Messina Juni 1955

Die Genfer Gipfelkonferenz war 1955 das zweite Indiz für den Abbau der Spannungen und das Interesse beider Weltmächte an der Aufrechterhaltung des Status quo in Europa. Vom 18. bis 23. Juli 1955 trafen sich in Genf zum ersten Mal seit der Potsdamer Konferenz wieder die Staats- und Regierungschefs der vier Siegermächte: US-Präsident Eisenhower mit Außenminister John Foster Dulles, die sowjetischen Staats- und Parteiführer Bulganin und Chruschtschow mit Außenminister Molotow, der britische Premierminister Eden mit Außenminister Macmillan und der französische Ministerpräsident Faure mit Außenminister Pinay. Als »Beobachter« waren Vertreter beider deutscher Staaten, der Bundesrepublik und der DDR, zugelassen. Das Erscheinen von DDR-Diplomaten auf einer Gipfelkonferenz gemeinsam mit Vertretern der Bundesregierung und der Westmächte unterstrich die sowjetische Doktrin von der Existenz zweier deutscher Staaten und bedeutete eine internationale Aufwertung der DDR.

Die Genfer Gipfelkonferenz Juli 1955

Wenn die in Genf versammelten Staatsmänner über die Wiedervereinigung Deutschlands sprächen, so Bulganin in der Sitzung vom 20. Juli, dann dürften sie *»nicht vergessen, daß es in Deutschland jetzt zwei Staaten gibt, zwei Parlamente, zwei Regierungen, und daß es daher notwendig ist, die Meinung der Deutschen Demokratischen Regierung genauso zu berücksichtigen wie die der Bundesrepublik Deutschland«*[20]. Die Sowjetunion war nicht mehr an einer Wiedervereinigung Deutschlands interessiert, sondern an einem europäischen Sicherheitssystem, das die bestehenden Grenzen und Machtverhältnisse in Europa, also auch die Existenz zweier deutscher Staaten, festschrieb.

Die Westmächte versuchten am Prinzip freier gesamtdeutscher Wahlen als Voraussetzung für die Wiedervereinigung Deutschlands festzuhalten. Premierminister Eden hatte seinen Berliner Plan modifiziert: beiderseits der Oder-Neiße-Linie sollten »militärisch verdünnte« Zonen geschaffen werden. Im Falle einer Wiedervereinigung wäre also nicht das gesamte DDR-Territorium automatisch in den Bereich der NATO miteinbezogen worden. Aber auch dieser zweite Eden-Plan war für die sowjetische Delegation nicht akzeptierbar. Einen Kompromiß fanden die Regierungschefs in der »Genfer Direktive«. Darin wurde ein Junktim zwischen der deutschen Wiedervereinigung auf der Basis freier Wahlen und der Schaffung eines gesamteuropäischen Sicherheitssystems hergestellt. Die Wiedervereinigung sollte nur *»im Einklang mit den nationalen Interessen des deutschen Volkes und den Interessen der europäischen Sicherheit«* durchgeführt werden.

Die sowjetische Zweistaaten-theorie Auf dem Rückflug von Genf nach Moskau vertrat Chruschtschow in Ostberlin am 26. Juli erneut die »Zwei-Staaten-Theorie« und sprach sich für ein System der kollektiven Sicherheit in Europa aus. Er ließ keinen Zweifel daran, daß für die Sowjetunion die DDR nicht mehr zur Disposition stand und daß die Wiedervereinigung Deutschlands eine Annäherung zwischen der souveränen DDR und der souveränen BRD erfordere. Wörtlich sagte er: *»Man kann nicht umhin, zu berücksichtigen, daß jetzt in Europa neue Verhältnisse sind und daß wir auf der Suche nach Wegen zur Vereinigung Deutschlands diese Verhältnisse in Rechnung stellen müssen. Ist denn nicht klar, daß die mechanische Vereinigung beider Teile Deutschlands, die sich in verschiedenen Richtungen entwickeln, eine unreale Sache ist? In der entstandenen Situation ist der einzige Weg zur Vereinigung Deutschlands die Schaffung eines Systems der kollektiven Sicherheit in Europa, die Festigung und Entwicklung wirtschaftlicher und politischer Kontakte zwischen beiden Teilen Deutschlands. Man kann die deutsche Frage nicht auf Kosten der Interessen der Deutschen Demokratischen Republik lösen«*[21].

Molotow konkretisierte Chruschtschows Worte auf der dem Gipfel folgenden Außenministerkonferenz, die vom 27. Oktober bis zum 16. November 1955 ebenfalls in Genf tagte, durch einen Konföderationsplan: die beiden deutschen Staaten sollten als ersten Schritt zur Wiedervereinigung einen gesamtdeutschen Rat bilden. Alle ausländischen Truppen sollten bis auf kleine Kontingente abgezogen werden.

Der Gipfel und die Außenministerkonferenz von Genf endeten zwar ohne konkrete Ergebnisse, markierten aber als »Konferenz des Lächelns« einen Klimawechsel in den Ost-Westbeziehungen. Der viel zitierte »Geist von Genf« sorgte dafür, daß die Spitzenpolitiker beider Lager fortan freundlich-sachlich miteinander umgingen, auch wenn der Propaganda-Krieg gegeneinander noch auf vollen Touren lief. In Genf zeigte sich, daß sich östliche wie westliche Mächte einig waren, den jeweiligen Besitzstand in Europa anzuerkennen und kriegerische Handlungen zu vermeiden. Das fand seine Bestätigung, als während der Aufstände in Ungarn und Polen 1956 die Westmächte nicht eingriffen.

Es entsprach ihrer Auffassung von der Existenz zweier deutscher Staaten, wenn die sowjetische Führung am 6. Juni 1955 Bundeskanzler Adenauer zu einem Besuch nach Moskau einlud. Der Besuch fand vom 8. bis 14. September 1955 statt[22]. Der westdeutschen Delegation gehörten außer Adenauer und Außenminister von Brentano als weitere Vertreter der Regierungsparteien u.a. Kurt Georg Kiesinger und Karl Arnold sowie Carlo Schmid von der SPD-Opposition an. Die sowjetische Seite war vertreten durch Bulganin, Chruschtschow und Molotow. Die beiden Delegationen vereinbarten die Aufnahme diplomatischer Beziehungen. Die sowjetische Seite sicherte die Heimkehr der letzten deutschen Kriegsgefangenen (es waren genau 9626) und Zivilinternierten zu (ca. 20 000). Adenauer erklärte, daß die Aufnahme diplomatischer Beziehungen weder eine Anerkennung des beiderseitigen territorialen Status quo darstelle noch den Rechtsanspruch der Bundesrepublik beeinträchtige, Deutschland allein zu vertreten. Tatsächlich bedeutete die Aufnahme diplomatischer Beziehungen zur Sowjetunion aber eine indirekte Anerkennung der sowjetischen Zwei-Staaten-Theorie durch die Bundesregierung.

Adenauers Moskaubesuch Sept. 1955

Unmittelbar nach der Abreise der bundesdeutschen Delegation aus Moskau traf der DDR-Ministerpräsident Grotewohl dort ein. Die Sowjetunion verlieh der DDR die volle Souveränität und löste die sowjetische Hohe Kommission auf. Die sowjetischen Truppen blieben weiterhin in der DDR stationiert. Alle Beschlüsse des Kontrollrats aus den Jahren 1945 bis 1948 wurden für das Territorium der DDR außer Kraft gesetzt. Chruschtschow erklärte, daß die Wiedervereinigung jetzt nur noch von den beiden deutschen Staaten selbst gelöst werden könne.

Über die Problematik, die der Austausch von Botschaftern mit der SU mit sich brachte, war sich die westdeutsche Seite von Anfang an im Kla-

Die Hallstein-Doktrin

ren. Um den Alleinvertretungsanspruch Bonns durchzusetzen, wurde die Hallstein-Doktrin – so genannt nach dem Staatssekretär im Auswärtigen Amt, Walter Hallstein, aber entworfen von Professor Wilhelm Grewe, dem damaligen Leiter der Politischen Abteilung des AA, – formuliert: Die Bundesregierung erklärte jede Anerkennung der DDR als *»einen gegen die Lebensinteressen des deutschen Volkes gerichteten unfreundlichen Akt«*, auf den sie ihrerseits mit dem Abbruch der diplomatischen Beziehungen antworten würde. Eine Ausnahme wurde nur in den Beziehungen zur Sowjetunion gemacht: Weil die Sowjetunion Siegermacht des Zweiten Weltkrieges war, mußte man mit ihr wegen der Vier-Mächte-Verantwortung für Berlin und Deutschland als Ganzes in Kontakt treten.

Angewandt wurde die Hallstein-Doktrin bis zur letzten Konsequenz, als Jugoslawien 1957 und Kuba 1963 die DDR anerkannten. Die Drohung, die diplomatischen Beziehungen abzubrechen und wirtschaftliche Unterstützung einzustellen, verhinderte, daß bis 1969 weitere Staaten außerhalb des Ostblocks die DDR anerkannten. Aber die Hallstein-Doktrin machte die Bundesrepublik auch erpreßbar. Staaten der »Dritten Welt« sicherten sich die finanzielle Hilfe Bonns, indem sie sich des Druckmittels Anerkennung der DDR bedienten.

Darüber hinaus hatte sich die westdeutsche Außenpolitik durch die Hallstein-Doktrin selbst Fesseln angelegt, die ihre Bewegungsfreiheit in einer sich wandelnden Welt immer stärker einschränkten. Die Nichtanerkennung der DDR wurde zum Kernpunkt bundesdeutscher Außenpolitik. Das Ziel blieb – zumindest in der offiziellen Rhetorik – die Wiedervereinigung Deutschlands auf der Grundlage freier Wahlen und völliger Bündnisfreiheit für den neuen gesamtdeutschen Staat.

Auf dem 20. Parteitag der KPdSU im Februar 1956 rechnete Chruschtschow mit dem Stalinismus ab. In den internationalen Beziehungen betonte er immer stärker das Prinzip der *»friedlichen Koexistenz«* zwischen dem sozialistischen und dem kapitalistischen Lager. Dies Konzept ging davon aus, daß auch bei Fortdauer der Konkurrenz unter kapitalistischen und sozialistischen Systemen dieser Wettbewerb ohne kriegerische Mittel ausgetragen werden könne.

Dem Bemühen der Supermächte um Entspannung und Abrüstung schien die deutsche Frage im Wege zu stehen. Die Bundesrepublik geriet allmählich in die Rolle des Störenfrieds, denn Adenauer hielt an der alten Verknüpfung zwischen Wiedervereinigung, Entspannung und Abrüstung fest. Es wurde für ihn aber immer schwieriger, die westlichen Verbündeten bei der Stange zu halten.

Die Römischen
Verträge
25. 3. 1957

Der Stagnation auf dem Felde der Deutschlandpolitik standen Anfang 1957 Erfolge in der Westintegration der Bundesrepublik gegenüber: Am

160

25. März 1957 unterzeichneten die Bundesrepublik, Frankreich, Italien und die Benelux-Staaten auf dem Kapitol in Rom feierlich die Verträge zur Gründung der Europäischen Wirtschaftsgemeinschaft (EWG) und der Europäischen Atomgemeinschaft (Euratom). Das Ziel der EWG war mehr als eine Zollunion der Mitgliedsstaaten, nämlich eine vollständige wirtschaftliche Integration. Die Vertragspartner verpflichteten sich, Binnenzölle und Handelsschranken abzubauen, einen gemeinsamen Außenhandelszoll einzuführen und ihre Wirtschafts-, Landwirtschafts-, Handels-, Verkehrs- und Sozialpolitik zu koordinieren. Nach Vollendung des gemeinsamen Marktes sollten in ihm die »vier Freiheiten« herrschen: Freiheit des Warenaustauschs bzw. der Dienstleistungen, Freizügigkeit, Freiheit der Niederlassung und Freiheit des Zahlungs- und Kapitalverkehrs. Euratom sollte die friedliche Atomforschung und -nutzung, vor allem den Bau von Kernkraftwerken, fördern[23]. Wie die Montanunion wurde die EWG mit supranationalen Institutionen und Rechten ausgestattet. Der aus Regierungsvertretern bestehende Rat übte legislative Befugnisse aus. Wichtige Beschlüsse erforderten Einstimmigkeit. Die Exekutive lag in Händen der Kommission; sie hatte die Aufgabe, durch Initiativen, Empfehlungen und Stellungnahmen für das Funktionieren und die Fortentwicklung der Gemeinschaft zu sorgen und die Beschlüsse des Rats auszuführen. Die Mitglieder wurden von den Regierungen im gegenseitigen Einvernehmen auf vier Jahre ernannt. Ergänzt wurde diese Konstruktion durch das Europäische Parlament, das freilich nur beratende Funktion hatte, und einen Europäischen Gerichtshof.

Die Römischen Verträge traten am 1. Januar 1958 in Kraft. Die Zollunion im gewerblichen Bereich wurde am 1. Juli 1968, der gemeinsame Arbeitsmarkt (damit verbunden die Freizügigkeit) am 8. November 1968, die Zollunion im landwirtschaftlichen Bereich am 1. Januar 1970 vollendet. Die Exekutiven der EWG, Euratoms und der Montanunion wurden am 1. Juli 1967 zur »Europäischen Gemeinschaft« vereinigt (s. unten, S. 266).

6. Der Aufbau der Bundeswehr und der Streit um die Atombewaffnung

Die organisatorischen Vorbereitungen zum Aufbau der Bundeswehr waren bereits vor Inkrafttreten der Pariser Verträge im Mai 1955 angelaufen. Am 6. Juni 1955 wurde der Sicherheitsbeauftragte Theodor Blank (CDU) zum ersten Bundesverteidigungsminister ernannt. Ein Dreijahresplan der Bundesregierung sah vor, bis zum Beginn des Jahres

1959 zwölf Divisionen aufzustellen und bis 1960 den Aufbau der Luftwaffe und der Marine abzuschließen. Die voraussichtlichen Kosten für die Wiederbewaffnung wurden auf 51 Mrd. DM veranschlagt. Der Bundeshaushaltsplan für 1956 sah zunächst einen Betrag von 9 Mrd. DM für Verteidigungszwecke vor. Für das Heer waren sechs Grenadier-, sechs Panzerdivisionen und weitere Truppen (Artillerie, Flak, Raketenwerfereinheiten u. a.) mit einer Gesamtstärke von 370 000 Mann vorgesehen. Die Luftwaffe sollte 80.000, die Marine 20 000 Mann umfassen.- Tatsächlich wurde die letzte der zwölf Divisionen erst 1965 aufgestellt. 1967 war die Bundeswehr in ihrer geplanten Form voll ausgebaut.

Am 1. Januar 1956 wurden die ersten Lehrkompanien aus freiwilligen Soldaten nach dem Freiwilligengesetz vom 23. Juli 1955 in Andernach (Heer), Nörvenich (Luftwaffe) und Wilhelmshaven (Marine) aufgestellt.

Am 6. März 1956 verabschiedete der Bundestag die zweite Wehrergänzung des Grundgesetzes. Die darin festgelegten Kontrollmöglichkeiten des Parlaments über die Streitkräfte fanden auch die Zustimmung der SPD: Die Befehls- und Kommandogewalt liegt im Frieden beim Verteidigungsminister, im Kriegsfall beim Bundeskanzler, die beide dem Parlament verantwortlich sind. Der Verteidigungsausschuß des Bundestages erhielt als Kontroll- und Untersuchungsauschuß eine Sonderstellung. Zum Schutz der Grundrechte der Soldaten und als Hilfsorgan des Bundestages sollte nach schwedischem Vorbild ein Wehrbeauftragter ernannt werden. – Die gesetzlichen Regelungen über die Aufgaben des Wehrbeauftragten verabschiedete der Bundestag am 26. Juni 1957. Danach hatte jeder Soldat das Recht, sich mit Beschwerden und Vorschlägen unmittelbar an den Wehrbeauftragten zu wenden.

Ebenfalls am 6. März 1956 beschloß der Bundestag, diesmal gegen die Stimmen der SPD, das Soldatengesetz. Es führte den Namen Bundeswehr für die westdeutsche Armee ein und regelte Rechte und Pflichten der Berufssoldaten, der Soldaten auf Zeit und der Wehrpflichtigen. Das Wehrpflichtgesetz vom 21. Juli 1956 schrieb für alle Männer zwischen dem 18. und dem 45. Lebensjahr die allgemeine Wehrpflicht vor. Es regelte auch das Wehrersatzwesen für Wehrdienstverweigerer und stellte bestimmte Personengruppen (einzige Söhne von Kriegerwitwen, Söhne von NS-Opfern) vom Wehrdienst frei. Ein Gesetz vom 24. Dezember 1956 legte die Dauer des Grundwehrdienstes auf zwölf Monate fest mit der Möglichkeit der freiwilligen Verlängerung auf 18 Monate. Am 23. März 1962 wurde die Dauer des Grundwehrdienstes auf 18 Monate erhöht. Die ersten Wehrpflichtigen des Jahrgangs 1937 wurden am 1. April 1957 einberufen. – Alle die Bundeswehr betreffenden Gesetze galten nicht in West-Berlin.

Am 16. Oktober 1956 bildete Adenauer sein Kabinett um. Anstelle von

Theodor Blank wurde der bisherige Minister für Atomfragen, Franz Josef Strauß (CSU), neuer Verteidigungsminister. Er gehörte von Anfang an zu den eifrigen Befürwortern einer Ausrüstung der Bundeswehr mit Atomwaffen.

Die Aufstände in Polen (Juni 1956) und Ungarn (Oktober 1956) zeigten, daß die Unzufriedenheit mit den kommunistischen Regimen in diesen Staaten groß war, aber sie unterstrichen auch die Entschlossenheit der sowjetischen Führung, die Einheit des »sozialistischen Lagers« notfalls mit Waffengewalt zu wahren, und die Bereitschaft des Westens, das sowjetische Vorgehen hinzunehmen. Militärisch war das Ost-West-Verhältnis im Umbruch: Während die Sowjetunion ihre ersten interkontinentalen Raketen erprobte, planten amerikanische Strategen, die Verbündeten der USA mit Trägersystemen für Nuklearwaffen auszurüsten, da die NATO der Kampfkraft des Warschauer Pakts auf dem Gebiet der konventionellen Waffen unterlegen schien. Im Oktober 1957 gelang es der Sowjetunion, den (unbemannten) Sateliten »Sputnik« in eine Erdumlaufbahn zu schießen. Das Piepen aus dem Weltraum löste in den USA den »Sputnik-Schock« aus – das Gefühl, in naturwissenschaftlicher und technologischer Hinsicht hinter die UdSSR zurückgefallen zu sein. Die militärische Bedeutung des Sputniks lag auf der Hand: Die Sowjetunion war offenbar in der Lage, interkontinentale Rakten einzusetzen und die USA direkt mit Atomwaffen zu bedrohen. Die amerikanische Regierung setzte riesige Mittel ein, um den Vorsprung der Sowjetunion auf diesem Gebiet möglichst schnell einzuholen, und hatte damit auch Erfolg: Der erste Mensch auf dem Mond war 1969 ein Amerikaner; das Bedrohungspotential der USA übertraf an strategischen und taktischen Atomwaffen bald das der UdSSR.

Als die amerikanische Regierung eine neue Militärkonzeption entwickelte, die die Truppenstärken der NATO vermindern wollte und stärker auf atomare Bewaffnung setzte, erhob die Bundesregierung die Forderung nach »gleichberechtigter Bewaffnung«. Verteidigungsminister Franz Josef Strauß und Adenauer meinten damit eine Ausrüstung der Bundeswehr mit Atomwaffen, vergleichbar der Großbritanniens und Frankreichs, die in diesen Jahren ihre Atombewaffnung weiterentwickelten oder – wie die »Force de frappe« de Gaulles – gerade schufen. Die deutsche Forderung widersprach dem in den Pariser Verträgen ausdrücklich ausgesprochenen Verzicht der Bundesrepublik auf ABC-Waffen. Adenauer sprach sich am 4. April 1957 in einer Pressekonferenz für eine Ausrüstung der Bundeswehr mit Atomwaffen aus. Obwohl er die grundsätzliche Problematik mit der Bemerkung, taktische Atomwaffen seien »nichts weiter als die Weiterentwicklung der Artillerie«[24], herunterzuspielen versuchte, lösten die Absichten der Bundesregierung eine

Die Bundesregierung fordert Atomwaffen für die Bundeswehr

163

heftige internationale und innerdeutsche Diskussion aus, in der auch verschiedene Abrüstungspläne entwickelt wurden.

Für die Sowjetunion war die atomare Bewaffnung der Bundeswehr ein neues Schreckgespenst, das sie ebenso wie den angeblichen westdeutschen Revanchismus (der sich in der Nichtanerkennung der Oder-Neiße-Grenze und den Aktivitäten der Vertriebenenverbände auszudrücken schien) einsetzte, um ihr Bündnissystem zusammenzuhalten.

Der Rapacki-Plan Oktober 1957
Ähnlich alarmiert war die polnische Regierung. Im Oktober 1957 legte der polnische Außenminister Rapacki einen Abrüstungsplan vor, der zwar vornehmlich polnischen Interessen entsprach, aber sicher mit der sowjetischen Führung abgestimmt war. Der Rapacki-Plan sah im wesentlichen vor, in Mitteleuropa eine kernwaffenfreie Zone zu schaffen. Die Staaten in dieser Zone sollten sich verpflichten, »*Kernwaffen aller Art weder zu produzieren, zu unterhalten noch für eigene Zwecke anzuschaffen und ihre Stationierung in ihren Gebieten nicht zu erlauben, wie auch Vorrichtungen und Geräte, die für den Einsatz von Kernwaffen bestimmt sind, wie Raketenabschußrampen, auf ihren Territorien nicht aufzustellen und nicht zuzulassen*«[25]. Die eingegangenen Verpflichtungen sollten durch ein wirksames Kontrollsystem überprüfbar sein.

Die Bundesregierung lehnte den Rapacki-Plan rigoros ab. Westliche Pläne, wie der von George F. Kennan im November 1957 vorgeschlagene Rückzug sowohl der sowjetischen als auch der NATO-Truppen aus Mitteleuropa, und der Eden-Plan, der ähnlich wie der Rapacki-Plan atomwaffenfreie Zonen vorsah, stießen in Bonn ebenfalls auf wenig Beifall. Dahinter stand ein grundsätzliches Mißtrauen gegen jede Art von Ausnahmebehandlung der Bundesrepublik, die zur Neutralisierung und Isolierung zu führen drohte. Die Regierung Adenauer beharrte darauf, daß Abrüstungsverhandlungen immer nur in Verbindung mit einer Lösung der deutschen Frage stattfinden sollten.

Göttinger Erklärung deutscher Atomwissenschaftler 12. 4. 1957
In der Bundesrepublik hatte sich inzwischen eine breite Opposition gegen die geplante Aufrüstung der Bundeswehr mit Atomwaffen formiert. Am 3. April 1957 traten achtzehn führende Atomwissenschaftler, darunter Max Born, Otto Hahn, Werner Heisenberg, Max von Laue, Wilhelm Walcher und Carl Friedrich von Weizsäcker, mit einem Manifest gegen die nukleare Bewaffnung der Bundeswehr an die Öffentlichkeit. In dieser »Göttinger Erklärung« wiesen sie zunächst auf einige Tatsachen hin: »*1. Taktische Atomwaffen haben die zerstörende Wirkung normaler Atombomben. Als ›taktisch‹ bezeichnet man sie, um auszudrücken, daß sie nicht nur gegen menschliche Siedlungen, sondern auch gegen Truppen im Erdkampf eingesetzt werden sollen. Jede einzelne taktische Atombombe oder -granate hat eine ähnliche Wirkung wie*

die erste Atombombe, die Hiroshima zerstört hat...2. Für die Entwick-
lungsmöglichkeit der lebensausrottenden Wirkung der strategischen
Atomwaffen ist keine natürliche Grenze bekannt. Heute kann eine tak-
tische Atombombe eine kleine Stadt zerstören, eine Wasserstoffbombe
aber einen ganzen Landstrich von der Größe des Ruhrgebietes zeitwei-
lig unbewohnbar machen. Durch Verbreitung der Radioaktivität könn-
te man mit Wasserstoffbomben die Bevölkerung der Bundesrepublik
heute schon ausrotten. Wir kennen keine technische Möglichkeit, große
Bevölkerungsmengen vor dieser Gefahr sicher zu schützen«.
Dann bezogen die Wissenschaftler eindeutig Stellung gegen die Herstellung, Erprobung und den Einsatz von Atomwaffen: *»Wir bekennen uns*
zur Freiheit, wie sie heute die westliche Welt gegen den Kommunismus
vertritt. Wir leugnen nicht, daß die gegenseitige Angst vor den Wasser-
stoffbomben heute einen wesentlichen Beitrag zur Erhaltung des Frie-
dens in der ganzen Welt und der Freiheit in einem Teil der Welt leistet.
Wir halten aber diese Art, den Frieden und die Freiheit zu sichern, auf
die Dauer für unzuverlässig. Und wir halten die Gefahr im Falle ihres
Versagens für tödlich...Für ein kleines Land wie die Bundesrepublik
glauben wir, daß es sich heute noch am besten schützt und den Weltfrie-
den noch am ehesten fördert, wenn es ausdrücklich und freiwillig auf
den Besitz von Atomwaffen jeder Art verzichtet. Jedenfalls wäre keiner
der Unterzeichneten bereit, sich an der Herstellung, Erprobung oder
dem Einsatz von Atomwaffen in irgendeiner Weise zu beteiligen.
Gleichzeitig betonen wir, daß es äußerst wichtig ist, die friedliche Ver-
wendung der Atomenergie mit allen Mitteln zu fördern, und wir wollen
an dieser Aufgabe wie bisher mitwirken«[26].
In einem Gespräch zwischen dem Bundeskanzler und den Wissenschaftlern wurde klar gestellt, daß die Bundesregierung nicht an die
Entwicklung und den Bau von Atomwaffen dachte, sich aber an einer
von der NATO beschlossenen atomaren Umrüstung beteiligen würde.
Am 19. Dezember 1957 vereinbarten die Regierungschefs der NATO-
Mitgliedsstaaten, die europäischen Armeen mit Mittelstreckenraketen
und Atomsprengköpfen auszurüsten.
Im Bundestag fand die innenpolitische Auseinandersetzung über Entspannungspolitik und die atomare Bewaffnung der Bundeswehr ihren
ersten Höhepunkt in einer dramatischen Debatte am 23. Januar 1958.
Gustav Heinemann (SPD) und Thomas Dehler (FDP) griffen die
Außenpolitik Adenauers heftig an und behaupteten, daß die Bundesregierung mit der Ablehnung des sowjetischen Angebots vom 10. März
1952 die Chance zur Wiedervereinigung vertan habe. Sie warfen Adenauer vor, daß er die Wiederevereinigung nicht wolle und nie gewollt
habe[27].

Der Bundestag
beschließt die
atomare Bewaff-
nung der
Bundeswehr
25. 3. 1958
Der deutsche Bundestag entschied nach einer leidenschaftlichen viertä-
gigen Wehrdebatte am 25. März 1958 mit der absoluten Mehrheit der
CDU/CSU und den Stimmen der Deutschen Partei, »die Streitkräfte
der Bundesrepublik Deutschland mit den modernsten Waffen so (auszurüsten), daß sie den von der Bundesrepublik übernommenen Verpflichtungen im Rahmen der NATO zu genügen vermögen und den
notwendigen Beitrag zur Sicherung des Friedens wirksam leisten können«. Der SPD-Vorsitzende Ollenhauer kündigte vor der Schlußab-
stimmung die Initiative für eine Volksbefragung an, da das Ziel der Regierung, die Bundeswehr mit Massenvernichtungswaffen auszurüsten,
seiner Meinung nach den nationalen Notstand heraufbeschwören
werde.

Gleichzeitig initiierte die SPD gemeinsam mit dem DGB und unterstützt von Theologen, Professoren und Schriftstellern die Protestbewegung »Kampf dem Atomtod«. Am 19. April 1958 fanden in zahlreichen
deutschen Städten Massenkundgebungen gegen die Ausrüstung der
Bundeswehr mit atomaren Sprengkörpern statt.
In der evangelischen Kirche hatte es schon Anfang der 50er Jahre eine
engagierte Auseinandersetzung über die Wiederbewaffnung gegeben.
Die Gegner der Aufrüstung unter Führung von Martin Niemöller
waren damals in der Minderheit geblieben. 1958 debattierten evangelische Geistliche und Laien in den unterschiedlichen Gremien der Kirche
und in der Öffentlichkeit kontrovers über die Atombewaffnung der
Bundeswehr. Auf ihrer dritten Tagung beschloß die zweite Synode der
EKD am 30. April 1958 in Berlin: »In Übereinstimmung mit den Beschlüssen, die vom Ökumenischen Rat in New Haven im Sommer 1957
gefaßt wurden, verwirft die Synode den mit Massenvernichtungsmitteln
geführten totalen Krieg als unvereinbar mit dem Gewissen der Mensch-
heit vor Gott. Sie bittet alle verantwortlichen Politiker, alles zu tun, was
zu einer allgemeinen Abrüstung, nicht nur der Atomwaffen, sondern
auch der sogenannten konventionellen Waffen führen kann. Sie bittet
die Weltmächte, die Atombombenversuche einzustellen und nicht wie-
deraufzunehmen. Sie bittet in unserem gespaltenen Vaterland die beiden
Regierungen, alles zu tun, um die Glaubens- und Gewissensfreiheit zu
sichern, dem Frieden zu dienen, und eine atomare Bewaffnung deutscher Streitkräfte zu vermeiden«[28].
Die Bundesländer Hamburg und Bremen sowie die hessischen Städte
Frankfurt, Offenbach und Darmstadt beschlossen, Volksbefragungen
über die Atomausrüstung der Bundeswehr durchzuführen. Auf Antrag
der Bundesregierung wurden diese Vorhaben aber am 30. Juli 1958 vom
Bundesverfassungsgericht als verfassungswidrig ausgesetzt. Danach
ebbte die Protestbewegung »Kampf dem Atomtod« ab; ihre Aktivisten

fanden sich später in der Außerparlamentarischen Opposition wieder zusammen.

Tatsächlich hat die Bundeswehr nie ein Verfügungsrecht über Atomwaffen erhalten. Denn inzwischen hatten Verhandlungen zwischen den USA und der SU eingesetzt mit dem Ziel, Produktion und Ausbreitung von Atomwaffen zu verhindern. 1960 wurden die deutschen Streitkräfte – wie die anderer NATO-Partner – mit Trägersystemen ausgerüstet, die für Atomwaffen geeignet waren. Die Sprengköpfe aber blieben unter amerikanischer Kontrolle.

7. Die Berlin-Krise und der Bau der Mauer 1958–1961

Nachdem Adenauer sich allen Neutralisierungsplänen für die Bundesrepublik erfolgreich widersetzt hatte, unternahm er im März 1958, als die öffentliche Debatte über die Atombewaffnung der Bundeswehr ihrem Höhepunkt zustrebte, einen geheimen Vorstoß in der Deutschlandpolitik, der auf eine Neutralisierung der DDR abzielte. In Gesprächen mit dem sowjetischen Botschafter in Bonn, Andrej Smirnow, schlug Adenauer am 7. und 19. März 1958 eine »Österreich-Lösung« für die DDR vor: Die Sowjetunion sollte der DDR einen neutralen Status wie Österreich verleihen und ihre Truppen abziehen[29]. Adenauer wiederholte diese Vorschläge beim Besuch des stellvertretenden sowjetischen Ministerpräsidenten Mikojan am 25. bis 28. April 1958 in Bonn. Indirekt bedeutete dieser Vorstoß eine Anerkennung der Moskauer Zwei-Staaten-Theorie und Verzicht auf eine baldige Wiedervereinigung. Für die Sowjetunion war der Vorschlag gleichwohl inakzeptabel, denn seine Verwirklichung hätte die Auflösung des Warschauer Pakts bedeutet. Wenn die Sowjetunion in einen neutralen Status der DDR einwilligte und ihr das Recht auf Selbstbestimmung zugestand, dann würde sie früher oder später auch den Wunsch der DDR-Bevölkerung nach Vereinigung mit der Bundesrepublik akzeptieren müssen.

Der »Österreich-Plan« Adenauers für die DDR macht immerhin deutlich, daß Adenauer im Frühjahr 1958 erkannt hatte, daß die Wiedervereinigung auf absehbare Zeit nicht zu erreichen sein würde, und daß er wenigstens intern bereit war, ausgehend vom Status quo in Europa neue Wege in der Deutschlandpolitik zu beschreiten. In der Öffentlichkeit äußerte sich Adenauer allerdings erheblich zurückhaltender, wenn er z. B. am 20. März 1958 vor dem Bundestag sagte: »*Mir liegt am Herzen, daß wir endlich dazu kommen, daß die 17 Millionen Deutschen hinter dem Eisernen Vorhang so leben können, wie sie wollen. Darum denke ich, wir sollten diese ganze Frage* [die Frage der Wiedervereinigung]

Adenauers
»Österreich-
Plan« für die
DDR
März 1958

nicht nur unter nationalen oder nationalistischen Aspekten des Machtbe-
reiches, sondern unter dem Gesichtspunkt betrachten, daß dort 17 Mil-
lionen Deutsche zu einer Lebens- und Denkweise gezwungen werden,
die sie nicht wollen«[30].

Verteidigungsminister Strauß stellte zur selben Zeit fest: *»Ist es denn*
wirklich die Wiedervereinigung, die uns in erster Linie drängt, quält,
bedrückt? Es ist doch weniger die Wiedervereingung im Sinne der Wie-
derherstellung der staatlichen Einheit Deutschlands; es ist vielmehr das
Herzensanliegen der Wiederherstellung demokratischer und menschen-
würdiger Zustände in diesem Gebiet«[31].

Was hier in der damals üblichen Wiedervereinigungsrhetorik angedeutet
wurde, war nichts weniger als die Bereitschaft, zur Not einen zweiten
deutschen Staat anzuerkennen, wenn dieser seinen Bewohnern ein gewisses Maß an Demokratie und menschlichen Freiheiten gewährte. Die
öffentliche Resonanz auf Adenauers und Strauß' Äußerungen war damals gleich Null. Es dauerte noch zehn Jahre, ehe diese Gedanken
Grundlage einer neuen Deutschland- und Ostpolitik der Bundesrepublik Deutschland wurden. Für die sowjetische Führung waren diese
Äußerungen führender bundesdeutscher Politiker möglicherweise von
Bedeutung, als sie Ende 1958 die Theorie von den zwei Staaten auf
deutschem Boden zur Drei-Staaten-Theorie ausweitete.

Das sowjetische Ultimatum 27. 11. 1958

Am 10. November 1958 forderte Chruschtschow in einer öffentlichen
Rede die Westmächte auf, das Besatzungsregime in West-Berlin zu beenden. Am 27. November 1958 kündigte die Sowjetunion in Noten an
die drei Westmächte, die Bundesregierung und die DDR ihre Vier-
Mächte-Verantwortung für Deutschland und Berlin auf. Aus der »fakti-
schen Lage«, daß nämlich die Westmächte sich schon längst von den in
Potsdam beschlossenen Grundsätzen losgesagt hätten, zog die sowjetische Regierung die Konsequenzen und betrachtete die alliierten Vereinbarungen über Berlin von 1944 und 1945 *»als nicht mehr in Kraft be-*
findlich«. Sie forderte ultimativ, West-Berlin, das sich ihrer Meinung
nach *»auf dem Territorium der DDR«* befand, binnen sechs Monaten
zu entmilitarisieren und als Freie Stadt in eine *»selbständige politische*
Einheit« umzuwandeln. Andernfalls werde die Sowjetunion mit der
DDR einen separaten Friedensvertrag abschließen und ihr die »Berlin-
Rechte« – unter anderem die Kontrolle des Zugangs nach West-Berlin –
übertragen[32].

Der sowjetische Entwurf eines Friedens- vertrages mit Deutschland 10. 1. 1959

Dem Ultimatum folgte am 10. Januar 1959 eine Note an alle Staaten der
ehemaligen Anti-Hitler-Koalition mit dem Entwurf eines Friedensvertrages, über den auf einer Gipfelkonferenz beraten werden sollte. Er
knüpfte an die Vorschläge der Sowjetunion vom März 1952 und vom
Januar 1954 an und sah die Neutralisierung sowie weitgehende Entmili-

tarisierung Deutschlands vor. Im Unterschied zu den früheren Vorschlägen zielte dieser Entwurf freilich nicht auf ein wiedervereingtes Deutschland ab, sondern betonte ausdrücklich die Existenz von drei politischen Einheiten auf deutschem Boden. Artikel 2 lautete: »*Bis zur Wiedervereinigung Deutschlands in dieser oder jener Form werden unter dem Begriff Deutschland die beiden bestehenden deutschen Staaten – die DDR und die BRD – verstanden*« – und zwar in den Grenzen von 1959. Ihnen wurde empfohlen, eine Konföderation zu bilden. Artikel 25 bestimmte: »*Bis zur Wiederherstellung der Einheit Deutschlands ... erhält West-Berlin die Stellung einer entmilitarisierten Freien Stadt auf der Grundlage ihres besonderen Status*«[33].

Ob die Abschnürung West-Berlins und dessen schließliche Einverleibung in die DDR 1958 das Ziel der sowjetischen Aktion war, ob die Westmächte durch die sowjetische Berlin-Offensive zur Anerkennung der DDR – unter anderem als Kontrollinstanz des Berlinverkehrs – gezwungen werden sollten oder ob bereits damals die hermetische Trennung zwischen Ost- und West-Berlin geplant war, läßt sich nicht mit Gewißheit sagen. Wenn die Sowjetunion die DDR als selbständigen Staat erhalten wollte, dann allerdings mußte in Berlin etwas geschehen. West-Berlin war »Schaufenster« und »Vorposten« des Westens, vor allem aber der einfachste Fluchtweg für alle diejenigen, die die DDR verlassen wollten.

Seit Gründung der DDR hatten über zwei Millionen Menschen dem »ersten Arbeiter- und Bauernstaat auf deutschem Boden« den Rücken gekehrt. Die Hälfte von ihnen war jünger als fünfundzwanzig Jahre und verfügte über eine berufliche Qualifikation, die ihr die Integration in die westdeutsche Wirtschaft und Gesellschaft leicht machte. Diese »Abstimmung mit den Füßen« bedrohte die DDR in ihrer wirtschaftlichen und politischen Existenz. Nirgends war es so einfach, über die deutsch-deutsche Grenze zu wechseln wie in Berlin. Für die Sowjetunion galt es nun, dieses Schlupfloch zu verstopfen, um das Überleben der DDR zu sichern.

Die westliche Reaktion auf den sowjetischen Vorstoß war negativ. Eine Annahme der sowjetischen Vorschläge hätte die Preisgabe West-Berlins, die Anerkennung der DDR und der sowjetischen Drei-Staaten-Theorie sowie den endgültigen Verzicht auf die deutsche Wiedervereinigung bedeutet. In ihren Antwortnoten lehnten es die Westmächte und die Bundesregierung ab, unter dem Druck eines Ultimatums zu verhandeln, schlugen aber vor, die deutsche Frage auf einer Außenministerkonferenz im Sommer 1959 – also nach Ablauf des sowjetischen Ultimatums – zu erörtern, und zwar mit Beteiligung beider deutscher Staaten. Das bedeutete eine Aufwertung der DDR schon im Vorfeld der Konferenz.

Die Reaktion des Westens

169

Die USA interpretierten Chruschtschows Ultimatum und den Entwurf eines Friedensvertrages allerdings nicht als einen Schritt zur Annexion West-Berlins durch die DDR und waren auch nicht willens, wegen West-Berlin einen Atomkrieg zu riskieren. Als Willy Brandt, der Regierende Bürgermeister von Berlin, bei einem Besuch in Washington im Februar 1959 mit Außenminister Dulles sprach, wurde ihm klar, daß es *»so etwas wie eine stille Übereinkunft zwischen Moskau und Washington über die Respektierung der Einflußsphären in Europa«* gab[34]. Offensichtlich nahmen die Westmächte die Spaltung Deutschlands für absehbare Zeit hin, gingen aber auch davon aus, daß die Sowjetunion die westliche Einflußsphäre einschließlich West-Berlins nicht antasten würde.

Der Deutschlandplan der SPD 18. 3. 1959

Auf dem Hintergrund der Berlinkrise legte die SPD am 18. März 1959 einen eigenen »Deutschland-Plan« vor. Er war von den verschiedenen Disengagement-Plänen der vergangenen Jahre beeinflußt – zu Rapackis und Kennans Plänen vom Herbst 1957 war im April 1958 noch der Fünf-Punkte-Vorschlag des britischen Labour-Führers Hugh Gaitskell gekommen – und sah in Mitteleuropa (Deutschland, der ČSSR, Polen, Ungarn) eine entmilitarisierte, atomwaffenfreie »Entspannungszone« vor[35]. Damit sollte die schrittweise Wiederherstellung der deutschen Einheit in Stufen kombiniert werden. Der Plan verzichtete auf die bisherige westliche Forderung nach freien Wahlen als Beginn des Wiedervereinigungsprozesses und schlug stattdessen die Zusammenarbeit paritätisch zusammengesetzter Gremien aus der Bundesrepublik und der DDR als erste Stufe zur Wiedervereinigung vor. Die Forderung nach Abzug aller ausländischen Truppen aus Deutschland sollte die Sicherheit schaffen, daß sich die Demokratie in ganz Deutschland auch durchsetzen könne.

Die Bundesregierung lehnte den Plan ab, weil die militärischen Entspannungspläne mit dem politischen Stufenplan nicht gekoppelt waren und auch nicht gesichert war, daß einer Stufe auch wirklich die nächste folgte[36]. Sie sah die Gefahr, daß der Wiedervereinigungsprozeß bei den »Vorleistungen« einer entmilitarisierten Zone und der Anerkennung der DDR als gleichberechtigtem Verhandlungspartner durch die Bundesrepublik stecken blieb. Auch die sowjetische Reaktion war negativ: Als die SPD-Abgeordneten Carlo Schmid und Fritz Erler 1959 Moskau besuchten, erklärte ihnen die sowjetische Führung, sie sei ebensowenig wie der Westen an einer Wiedervereinigung Deutschlands interessiert. Die SPD stand also mit ihrem Deutschlandplan zwischen den Fronten; 1960 ließ sie ihn wieder fallen.

Am 5. März 1959 drohte Chruschtschow auf einer Kundgebung in Leipzig noch einmal den Abschluß eines separaten Friedensvertrages mit der DDR an und sagte bei dieser Gelegenheit: »*Wir sind für die Einheit Deutschlands, und das deutsche Volk bedarf ihrer. Können aber die Völker der Welt ohne die Wiedervereinigung der beiden deutschen Staaten leben? Sie können es, ja, sie können ohne sie nicht schlecht leben. Können die Deutschen ohne die Wiedervereinigung leben? Ja, sie können es, sie können ohne sie sogar gut leben. Folglich ist dies zwar eine wichtige, aber keine Grundfrage*«[37].

Am 19. März 1959 bestritt er wiederum, daß es sich bei den sowjetischen Berlin-Initiativen um ein Ultimatum gehandelt habe. Der Weg für die von den Westmächten vorgeschlagene Außenministerkonferenz war damit frei. Vom 11. Mai bis zum 20. Juni und dann wieder vom 13. Juli bis zum 5. August 1959 trafen sich in Genf die Außenminister der vier Siegermächte. Neben dem eigentlichen Konferenztisch saßen an »Katzentischen« – wie die Presse dieses Arrangement sogleich karikierte – die als »Berater« bezeichneten Delegierten der Bundesrepublik und der DDR, beide geführt von ihren Außenministern Heinrich von Brentano und Lothar Bolz. An den Geheimsitzungen der »großen Vier« nahmen sie nicht teil.

Die Genfer Außenminster-Konferenz Juli und August 1959

Der amerikanische Außenminister John Foster Dulles war am 15. April wegen einer schweren Krankheit zurückgetreten und am 24. Mai gestorben. Sein Nachfolger Christian Herter legte in Genf den letzten großen westlichen Stufenplan zur Wiedervereinigung Deutschlands vor. Er war mit der Bundesregierung abgestimmt worden und stellte wieder das bekannte Junktim zwischen Berlinfrage, Wiedervereinigung, europäischer Sicherheit und allgemeiner Abrüstung her. Zum ersten Mal wurde hier allerdings auf die Forderung nach freien Wahlen als Ausgangspunkt für die Wiedervereinigung verzichtet. Stattdessen sollte ein gemeinsamer Ausschuß, bestehend aus 25 Delegierten der Bundesrepublik und zehn Delegierten der DDR, ein Wahlgesetz ausarbeiten, der Wiedervereinigungsprozeß also mit offiziellen Kontakten zwischen den beiden deutschen Staaten beginnen, was die Anerkennung der DDR durch die Bundesrepublik bedeutet hätte. Unverändert aber blieb die Forderung, daß die gesamtdeutsche Regierung »*volle Entscheidungsfreiheit bezüglich innerer und äußerer Angelegenheiten*« erhalten müsse. Das hatte die Sowjetunion schon 1952 abgelehnt und so lehnte sie den Herter-Plan auch 1959 ab. Der neue sowjetische Außenminister Andrej Gromyko bestand auf dem Friedensplan vom 10. Januar 1959 und drohte erneut mit dem Abschluß eines separaten Friedensvertrags zwischen der Sowjetunion und der DDR. Ihr würden dann alle sowjetischen Berlin-Rechte übertragen.

In der zweiten Konferenzphase gingen die Westmächte immer mehr von ihren gesamtdeutschen Zielsetzungen ab. Sie koppelten die Berlinfrage von der Deutschlandfrage ab und signalisierten Konzessionsbereitschaft zur Bereinigung der »unormalen Lage« in Berlin. So sollte die Kontrolle des Zugangs nach West-Berlin »auch durch deutsches Personal durchgeführt« werden können. Doch die Sowjetunion beharrte auf einer Verbindung der Berlinfrage mit der Bildung eines gesamtdeutschen Ausschusses, was wiederum die Westmächte ablehnten. So endete die Genfer Außenministerkonferenz ohne greifbares Ergebnis. Andererseits war am 27. Mai 1959 Chruschtschows Ultimatum abgelaufen und kein Konflikt über Berlin ausgebrochen, sondern eine Art stillschweigendes Einverständnis zwischen den Großmächten über den Status quo in Europa erzielt worden. Chruschtschows Besuch in den USA vom 15. bis 28. September 1959 und das Gipfeltreffen mit Eisenhower in Camp David waren Zeichen dieser relativ entspannten Atmosphäre, auch wenn die Ergebnisse bescheiden ausfielen. Die Führer der beiden Supermächte einigten sich auf eine neue Gipfelkonferenz, die im Mai 1960 in Paris stattfinden sollte.

Fraglich war der Stellenwert, den Berlin in diesen Entspannungsbemühungen einnehmen würde. Im Dezember 1959 sagte Eisenhower bezüglich der Lage in Berlin zu Adenauer: »*Die ausdrücklich vereinbarten Rechte der Westmächte in Berlin seien nicht so wichtig, daß die Öffentlichkeit außerhalb Deutschlands ihre Verletzung als ausreichenden Grund für ein gewaltsames Vorgehen ansehen würde*«[38]. Adenauer sah die besondere Verbindung zwischen der Bundesrepublik und den USA gefährdet und setzte von nun an mehr und mehr auf die Unterstützung durch den französischen Staatspräsidenten de Gaulle, obwohl dieser eher französische als westdeutsche Interessen verfolgte und beispielsweise für eine Anerkennung der Oder-Neiße-Grenze eintrat.

Die gescheiterte Gipfelkonferenz vom Mai 1960   Das vereinbarte Gipfeltreffen der Großen Vier ließ Chruschtschow zwei Wochen vor dem vereinbarten Termin am 1. Mai 1960 platzen, weil die sowjetische Flugabwehr über Swerdlowsk ein amerikanisches Aufklärungsflugzeug vom Typ U-2 abgeschossen hatte. Solche »Aufklärungsflüge« amerikanischer Maschinen waren der sowjetischen Führung seit langem bekannt. Chruschtschow nahm den Vorfall im Mai zum Anlaß, die Gipfelkonferenz zu torpedieren, weil er die Berlinfrage – so seine Äußerung vom 20. Mai – bis zur Wahl eines neuen US-Präsidenten ruhen lassen wollte. Offenbar erhoffte er sich von einem Sieg des demokratischen Kandidaten John F. Kennedy bei den Präsidentschaftswahlen im November 1960 weitere Konzessionen in der Berlinfrage.

Kennedy und die Sowjetunion   Kennedy gewann die Wahl und trat sein Amt im Januar 1961 an. Er und sein Außenminister Dean Rusk trieben den bereits am Ende der Eisenhower-Administration begonnenen Abbau der Ost-West-Konfrontation weiter voran. Angesichts des atomaren Patts zwischen den Supermächten verfolgten sie eine Strategie des Friedens und der Zusammenarbeit mit der Sowjetunion, die die Containment- und Rollback-Politik John Foster Dulles' endgültig ablösen sollte. Während Adenauer immer noch hoffte, mit einer »Politik der Stärke« dem Druck der Sowjets standhalten und möglichst Gegendruck vorbereiten zu können, war die atomare Rüstung für Kennedy eher die Grundlage der friedlichen Koexistenz mit Moskau, wobei man sich auf den Status quo verständigen mußte.

Die Militärstrategie der USA wechselte in dieser Zeit vom Konzept der massiven Vergeltung, d.h. des atomaren Gegenschlages, zur abgestuften, flexiblen Reaktion. Den europäischen NATO-Verbündeten, vor allem der Bundesrepublik, war die untergeordnete Rolle des »konventionellen Schildes« zugedacht, wozu als einziger de Gaulle nicht bereit war. Sie sollten einen möglichen sowjetischen Angriff mit konventionellen Waffen abwehren. Erst wenn alle Bemühungen der USA, mit der SU zu einem Ausgleich zu kommen, gescheitert wären, wäre der atomare Gegenschlag ausgelöst worden.

Die Entspannungsbemühungen zwischen den Supermächten führten vom 3. bis 4. Juni 1961 zu einem Treffen zwischen Kennedy und Chruschtschow in Wien, das freilich ohne positive Ergebnisse blieb. Im Gegenteil: Chruschtschow überreichte ein Memorandum zur Deutschlandfrage, das die Berlinkrise eher zu verschärfen schien: Unter anderem sollte nun der Drei-Mächte-Status West-Berlins durch Stationierung sowjetischer Truppen in einen Vier-Mächte-Status verwandelt werden. Auch stellte die Sowjetunion erneut den Abschluß eines separaten Friedensvertrages mit der DDR und Übertragung der sowjetischen Berlin-Rechte an die DDR in Aussicht.

Das Treffen Kennedy–Chruschtschow in Wien 3.–4. 6. 1961

Der Abschluß eines solchen Friedensvertrages hätte vielleicht den Interessen der DDR-Führung mehr entsprochen als der Bau der Mauer wenige Wochen später. Walter Ulbricht sagte am 15. Juni 1961 auf einer internationalen Pressekonferenz: »*Niemand hat die Absicht, eine Mauer zu errichten...Wir sind für vertragliche Regelung der Beziehungen zwischen Westberlin und der Regierung der Deutschen Demokratischen Republik. Das ist der einfachste und normalste Weg zur Regelung dieser Fragen*«[39]. Die sowjetische Führung hat diesem Wunsch indes nicht entsprochen. Offenbar befürchtete sie, daß eine Übertragung ihrer Berlinrechte an die DDR eine internationale Krise heraufbeschwören würde, an der ihr nicht gelegen war.

In ihrer Antwort auf das Wiener Memorandum der Sowjetunion erinnerten die Westmächte die Sowjetunion daran, »*daß die Stadt Berlin weder zur Sowjetunion noch zur sogenannten Deutschen Demokratischen Republik gehört. Sie liegt nicht, wie die Sowjetregierung behaup-*

tet, auf dem Territorium der Deutschen Demokratischen Republik«. Sie warnten die Sowjetunion vor einer einseitigen Aufkündigung der Berlin-Abkommen von 1944, da ein solcher Schritt »unübersehbare Folgen haben würde«[40].

Kennedy verkündet die „Three Essentials" für Westberlin 25. 7. 1961

Am 25. Juli 1961 verkündete Präsident Kennedy in einer Rundfunk- und Fernsehansprache die Entschlossenheit der USA, West-Berlin notfalls auch mit Atomwaffen zu verteidigen. Unabdingbar seien drei wesentliche Grundbedingungen (»three essentials«): 1. die Anwesenheit westlicher Truppen in West-Berlin, 2. der freie Zugang von und nach Berlin, 3. die politische Selbstbestimmung der West-Berliner. – Ost-Berlin erwähnte Kennedy nicht, die amerikanischen Garantien waren auf den Westteil der Stadt beschränkt. Daraus konnte man schließen, daß die USA nicht eingreifen würden, wenn die Sowjets in ihrem Einflußbereich die Maßnahmen ergriffen, die sie zur Stabilisierung der DDR für notwendig erachteten.

Die Vorbereitung des Mauerbaus

Anfang August gaben die Mitglieder des Warschauer Pakts ihre Zustimmung zur »kleinen Lösung« der Berlinkrise: zum Bau der Mauer (s. unten, Kap. V.8). Marschall Iwan S. Konjew wurde aus dem Ruhestand geholt und zum Oberbefehlshaber der sowjetischen Streitkräfte in der DDR ernannt. Am 10. August lud er die drei westlichen Stadtkommandanten in sein Potsdamer Hauptquartier ein. Ob er ihnen eröffnete, was konkret am 13. August geschehen würde, ist nicht bekannt. Sicher dürfte aber sein, daß er ihnen versicherte, daß die Rechte der Westmächte in Berlin nicht angetastet werden würden.

Die Mauer wird gebaut 13. 8. 1961

Am 13. August 1961 wurde Berlin in zwei Teile zerschnitten. Ost-Berlinern und DDR-Bewohnern war es nicht mehr möglich, nach West-Berlin zu gelangen. West-Berliner konnten den Ostteil der Stadt noch bis zum 22. Oktober 1961 ungehindert besuchen.

Die Reaktion des Westens

Die Westmächte und die Bundesregierung protestierten gegen den Bau der Mauer, unternahmen aber nichts, ihn zu verhindern. Wie am 17. Juni 1953, bei den Volksaufständen in Ungarn und Polen 1956 bestand offenbar Einverständnis zwischen den Supermächten, den Status quo nicht zu gefährden. Präsident Kennedy entsandte am 18. August seinen Vizepräsidenten Johnson und den in Berlin nach wie vor populären General Clay nach West-Berlin, um das Vertrauen der Westdeutschen und West-Berliner in die US-Politik zurückzugewinnen. Am 20. August rollten 1500 US-Soldaten über die Autobahn nach West-Berlin, ohne daß die Sowjets eingriffen. Am selben Tag besuchte Adenauer Berlin und wurde kühl empfangen. Er setzte seinen Wahlkampf gegen den Spitzenkandidaten der SPD, Willy Brandt, fort, als sei nichts geschehen. Der Mauerbau war Höhepunkt und Ende der von den Sowjets inszenierten Berlin-Offensive. Mit der Mauer zementierte die SU im wahrsten Sinne des Wortes die Verhältnisse in Deutschland[41]. Der Mauerbau hätte auch eine Änderung in der Deutschlandpolitik der Bundesrepublik bringen müssen. So rieten General Clay und der ehemalige amerikanische Hochkommissar John Mc Cloy intern der Bundesregierung, die DDR und die Oder-Neiße-Linie anzuerkennen und damit außenpolitische Bewegungsfreiheit zurückzugewinnen. Die Bundesregierung glaubte indes, dies aus innenpolitischen Gründen nicht tun zu können. Zu lange und zu oft hatte die offizielle Rhetorik die Behauptung aufgestellt, daß die Westintegration letztlich auch die Wiedervereinigung bringen würde, als daß die Regierung nun plötzlich – noch dazu mitten im Wahlkampf – den Kurs hätte ändern können.

8. Der deutsch-französische Vertrag vom 22. Januar 1963

Die Entspannungsbemühungen zwischen den Supermächten erlitten zwar einen Rückschlag, als die sowjetische Führung im Oktober 1962 versuchte, durch Stationierung von Raketen in Kuba das militärische Gleichgewicht zu ihren Gunsten zu verschieben. Doch ein amerikanisches Ultimatum zwang die Sowjetunion am 27. Oktober 1962 zum Abbau der Raketen. Die Kuba-Krise markierte den Höhe- und Wendepunkt des Kalten Kriegs, denn nun erhielten die Befürworter einer Entspannungspolitik zwischen den Supermächten auf beiden Seiten Auftrieb. Zur Verständigung zwischen den USA und der Sowjetunion beigetragen hat auch die gemeinsame Feindschaft zu China. Zwischen der Sowjetunion und der Volksrepublik China war es im Winter 1961/62 nach Zwischenfällen am Grenzfluß Ussuri zum Bruch gekommen. Und je tiefer sich die USA in den Vietnamkrieg verstrickten, desto mehr wurde statt der Sowjetunion die Volksrepublik China als Hauptfeind der USA angesehen.

Ziel der in den USA diskutierten Entspannungspolitik war, durch die Verflechtung der beiderseitigen Interessen zu einem Netz gegenseitiger Abhängigkeiten auf politischem, wirtschaftlichem und kulturellem Gebiet zu gelangen und die Beziehungen zwischen Ost und West so eng zu gestalten, daß sie beiden Seiten Vorteile brachten und keine Seite sie abbrechen konnte, ohne den eigenen Interessen zu schaden. Auf politischer Ebene sollten Europa und der Atlantik zu einer »Ruhezone« der Weltpolitik werden, was die Anerkennung der in Europa bestehenden Grenzen und Systemunterschiede – also auch der deutsch-deutschen – voraussetzte. Dadurch sollten auf militärischer Ebene das Kriegsrisiko gesenkt und Grundlagen für eine Rüstungsbegrenzung geschaffen wer-

Ziele der US-Entspannungspolitik

175

den. Auf wirtschaftlicher Ebene sollte durch verstärkten Handelsaustausch und durch wirtschaftliche Zusammenarbeit eine gegenseitige materielle Abhängigkeit geschaffen werden, die die Rückkehr zu Konfliktformen des Kalten Krieges unmöglich machen würde. Auf der »kommunikativ-humanitären« Ebene schließlich sollte das Mißtrauen zwischen West und Ost abgebaut werden, indem der Dialog nicht nur auf die Regierungen beschränkt blieb, sondern die Völker durch freie Presseberichterstattung, Familienzusammenführung und Kulturaustausch mit einbezogen würden[42].

Unter so veränderten weltpolitischen Bedingungen – und dazu gehörte auch das stärker werdende Gewicht der Länder der »Dritten Welt« in der UNO und auf anderen Tribünen der internationalen Auseinandersetzung – wurde das Deutschlandproblem nicht länger als *das* zentrale Problem im Verhältnis der beiden Supermächte zueinander angesehen. Es war lediglich ein Aspekt der internationalen Diskussion über Sicherheits- und Abrüstungsfragen. Die Deutschlandpolitik der Bundesregierung geriet dadurch in eine schwierige Lage, denn die Entspannungspolitik der Großmächte ging prinzipiell vom Status quo in Europa aus, während die Forderung nach Wiedervereinigung seine Überwindung voraussetzte.

Adenauer und de Gaulle

Bundeskanzler Adenauer war von dieser Entwicklung in höchstem Maße beunruhigt. Er versuchte, sich aus der einseitigen Abhängigkeit von den USA zu lösen, indem er die Beziehungen zu Frankreich intensivierte. Charles de Gaulle wollte Europa unter französischer Führung zur dritten Kraft neben den beiden Supermächten machen. Er hielt allerdings nichts von den supranationalen europäischen Institutionen, sondern wollte sie durch zwischenstaatliche Organisationen und einen Rat von Ministerpräsidenten als Entscheidungsorgan ersetzen. Im Februar 1961 legte die französische Regierung den Entwurf für eine »Union der europäischen Staaten« (Fouchet-Plan) vor. Diese Union sollte ein Staatenbund mit gemeinsamer Verteidigungs- und Außenpolitik sein. Als oberstes Gremium war ein Rat der Regierungschefs vorgesehen, der sich wenigstens alle vier Monate treffen sollte. Dieser Plan basierte auf einer engen Zusammenarbeit zwischen den Regierungen Frankreichs und der Bundesrepublik. Vor allem die Benelux-Länder lehnten ihn daher entschieden ab. Als Gegengewicht zur befürchteten deutsch-französischen Vorherrschaft in Westeuropa forderten sie die Beteiligung Großbritanniens und eine Stärkung der europäischen Institutionen gegenüber den einzelstaatlichen Regierungen.

Ein zweiter Fouchet-Plan, der de Gaulles Konzept vom »Europa der Vaterländer« einen institutionellen Rahmen geben sollte, betonte die Souveränität der Einzelstaaten noch stärker und hätte die politische Integration Westeuropas weiter zurückgeworfen. Im Frühjahr 1962 wurde deutlich, daß de Gaulle die französischen Streitkräfte nicht länger dem integrierten Oberkommando der NATO unterstellen und eine nationale Atomstreitmacht (»Force de Frappe«) aufbauen wollte. Er machte auch keinen Hehl daraus, daß er gegen einen Beitritt Großbritanniens zur EWG war.

Frankreichs Partner in Westeuropa lehnten diese Vorschläge und Pläne ab. Als einziger unterstützte Konrad Adenauer die Vorschläge de Gaulles, nachdem er seine anfänglichen Vorbehalte überwunden hatte, denn auch er stand einem Beitritt Großbritanniens zur EWG skeptisch bis ablehnend gegenüber. Außerdem schien eine engere Beziehung zu Frankreich einen gewissen Ausgleich für die Lockerung der Beziehungen zu den USA zu bieten. Adenauer und de Gaulle hatten sich am 14. und 15. September 1958 zum ersten Mal auf de Gaulles Landsitz Colombey-les-deux-Églises in Lothringen getroffen und bald einen engen persönlichen Kontakt zu einander gefunden. Die Staatsbesuche Adenauers in Frankreich vom 2. bis 6. Juli und de Gaulles in Deutschland vom 4. bis 9. September 1962 vertieften die Beziehungen. In der Bundesrepublik wurde de Gaulle überall, wo er erschien und Reden hielt, begeistert gefeiert. Auch in der deutschen Öffentlichkeit stieß die neu entdeckte deutsch-französische Freundschaft auf große positive Resonanz. De Gaulles Vorschlag, als Kern einer künftigen politischen Union Europas eine engere Zusammenarbeit zwischen Frankreich und der Bundesrepublik vertraglich zu vereinbaren, führte im Herbst und Winter 1962/63 zu Verhandlungen zwischen Regierungsdelegationen beider Länder.Am 14. Januar 1963 erklärte de Gaulle, Großbritannien könne zur Zeit nicht Mitglied der EWG werden. Am 28. Januar 1963 scheiterten die Beitrittsverhandlungen mit Großbritannien -vordergründig an britischen Sonderwünschen für die Landwirtschaft, die mit den Beziehungen zum Commonwealth zusammenhingen, in Wirklichkeit aber an den politischen Vorbehalten de Gaulles.

De Gaulle besucht die Bundesrepublik

Am 22. Januar 1963 unterzeichneten de Gaulle und Adenauer im Pariser Elysée-Palast feierlich den Vertrag über die deutsch-französische Zusammenarbeit. Der Vertrag sah eine enge Zusammenarbeit zwischen beiden Staaten auf dem Gebiet der Außenpolitik, der Verteidigung, des Erziehungswesens und des Jugendaustauschs vor. Regelmäßige Konsultationen der Regierungschefs (zweimal jährlich) und der Außen- und Verteidigungsminister (viermal jährlich) beider Länder sollten sicherstellen, daß die deutsch-französische Zusammenarbeit auf all diesen Gebieten immer enger würde. Ein deutsch-französischer Gemeinschaftsfonds wurde eingerichtet. Aus ihm werden Begegnungen und der Austausch von Schülern, Studenten, jungen Handwerkern und Arbeitern finanziert.

Der deutsch-französische Vertrag vom 22. Januar 1963

Die USA und die übrigen Mitgliedsstaaten der NATO und der EWG nahmen den deutsch-französischen Vertrag sehr reserviert zur Kenntnis, denn sie sahen darin die Grundlage für ein deutsch-französisches Sonderverhältnis und den Beginn einer Gruppenbildung innerhalb des westlichen Bündnisses. Aber auch in der westdeutschen Öffentlichkeit, im Bundestag und selbst innerhalb der Regierung und der Regierungsparteien stieß Adenauers Frankreich-Politik nicht nur auf Zustimmung.

Auf der einen Seite standen die sogenannten »Atlantiker«, auf der anderen die sogenannten »Gaullisten«. Die »Atlantiker« beharrten darauf, daß die Grundlage der deutschen Sicherheit das enge Bündnis mit den USA bildete. Sie traten für eine Stärkung der übernationalen Elemente und Organisationen der europäischen Gemeinschaften ein und forderten den Eintritt Großbritanniens in die EWG, weil über England die EWG enger mit den USA und der NATO zu einer »atlantischen Gemeinschaft« verbunden würde. Sie befürworteten zugleich eine flexiblere Haltung gegenüber den osteuropäischen Staaten. Der führende »Atlantiker« der CDU war der neue Außenminister Gerhard Schröder. Im Regierungslager stützte er sich vor allem auf die norddeutsche CDU und auf die FDP. Im Bundestag konnte er auf Rückendeckung seitens der SPD rechnen. In der Öffentlichkeit trat insbesondere die Hamburger Wochenzeitung »Die Zeit« für die »atlantische« Orientierung ein.

Die sogenannten »Gaullisten« wurden angeführt von Adenauer und dem CSU-Vorsitzenden Franz Josef Strauß. Dazu gehörten auch Schröders Amtsvorgänger Heinrich von Brentano, der CSU-Abgeordnete Karl-Theodor Freiherr von und zu Guttenberg, Minister Heinrich Krone, Bundestagspräsident Eugen Gerstenmaier und der westfälische CDU-Chef Hermann Dufhues. Publizistisch wurde diese Orientierung vor allem vom »Rheinischen Merkur« vertreten[43]. Die deutschen »Gaullisten« fürchteten, daß die Bundesrepublik ein Opfer der amerikanischen Entspannungspolitik werden könnte, und wollten daher das Gewicht der Bundesrepublik gegenüber den USA durch einen westeuropäischen Zusammenschluß, insbesondere eine enge deutsch-französische Zusammenarbeit verstärken. Sie waren bereit, den dauernden Ausschluß Großbritanniens aus der EWG dafür in Kauf zu nehmen. Hinsichtlich der Ostpolitik hielten sie am Alleinvertretungsanspruch der Bundesrepublik und an der Hallstein-Doktrin fest. Daß sie damit de Gaulles Politik einer »Öffnung nach Osten« (»Europa vom Atlantik bis zum Ural«) nicht mitmachten, war eine Inkonsequenz, auf die sie die »atlantisch« orientierten Befürworter einer flexibleren deutschen Ostpolitik immer wieder vergeblich hinwiesen.

Im Bundestag dominierten die »Atlantiker«. Und so ratifizierte das Parlament den deutsch-französischen Vertrag am 16. Mai 1963 erst, nachdem ihm eine Präambel vorangestellt worden war, die klarstellte, daß die enge Partnerschaft der Bundesrepublik mit den USA, die Weiterentwicklung der europäischen Gemeinschaften unter Einschluß Großbritanniens und die Integration der NATO-Streitkräfte wichtige Ziele der bundesdeutschen Außenpolitik blieben. Damit wurden Ziele benannt, die de Gaulle ausdrücklich abgelehnt hatte[3].

Vom 23. bis 26. Juni 1963 besuchte der amerikanische Präsident John F. Kennedy die Bundesrepublik und wurde noch begeisterter gefeiert als vorher de Gaulle. Er war der erste US-Präsident, der auch West-Berlin in seinen Staatsbesuch einschloß. In einer Rede vom Balkon des Schöneberger Rathauses erklärte er sich am 26. Juni vor über 300 000 Menschen solidarisch mit den Berlinern und ihrem Freiheitswillen. Die auf Englisch gehaltene Rede gipfelte in dem deutsch gesprochenen Ausruf »Ich bin ein Berliner«.

Kennedy besucht die Bundesrepublik und West-Berlin

Der Kennedy-Besuch und sein ungeheures Echo in der deutschen Öffentlichkeit stärkte die Position der »Atlantiker« in Adenauers Regierung. Dennoch wiederholte sich der Disput zwischen »Atlantikern« und »Gaullisten« im August 1963, als es um den Beitritt der Bundesrepublik zu dem zwischen den USA, Großbritannien und der Sowjetunion ausgehandelten Abkommen über ein Verbot von Kernwaffenversuchen in der Luft, im Weltraum und unter Wasser ging. Die französische Regierung lehnte den Beitritt ab, weil sie nicht eine Entspannungspolitik unterstützen wollte, die ihrer Meinung nach nur die Führungsposition der USA und der Sowjetunion im jeweiligen Lager untermauern und Frankreich die Entwicklung einer eigenen Atomstreitmacht unmöglich machen würde.

Der Atomteststop-Vertrag 1963

Führende CDU- und CSU-Politiker, wie Strauß, Guttenberg und Brentano forderten, daß die Bundesrepublik sich dem französischen Vorbild anschließen sollte. Stein des Anstoßes war für sie, daß auch die DDR dem Abkommen zugestimmt hatte und daß die Unterzeichnung eines solchen Vertrages der De-facto-Anerkennung der DDR durch die Bundesrepublik gleichkommen könnte. Adenauer selbst sah die Bundesrepublik als »Opfer der amerikanischen Entspannungspolitik«. Außenminister Schröder dagegen befürchtete, daß sich die Bundesrepublik außenpolitisch isolieren würde, wenn sie diesen Versuch, das Verhältnis zwischen Ost und West zu entspannen, nicht unterstützte[44]. Schröder konnte sich schließlich auch gegenüber dem mißtrauischen Kanzler durchsetzen, weil die Mehrheit im Bundestag auf seiner Seite stand. Am 19. August 1963 trat die Bundesrepublik Deutschland dem Atomteststop-Vertrag bei. Dieser Schritt war verbunden mit einer Erklärung, daß die Bundesregierung damit nicht die Eigenstaatlichkeit der DDR anerkenne[45].

Der Konflikt zwischen »Atlantikern« und »Gaullisten« war nicht nur ein Zeichen für den zunehmenden Autoritätsverfall Adenauers, der am 15. Oktober 1963 als Kanzler zurücktrat, er machte darüberhinaus noch einmal deutlich, daß die Bonner Außenpolitik in eine Sackgasse geraten war, aus der nur neue Konzepte in der Deutschland- und Ostpolitik einen Ausweg weisen konnten.

IV. Das Ende der Ära Adenauer

Bald nach dem triumphalen Wahlsieg von 1957 begann paradoxerweise die Autorität Konrad Adenauers als Regierungschef und Vorsitzender der CDU/CSU zu zerfallen. Seine Führungsrolle war nicht mehr unumstritten, da in der Öffentlichkeit und in der CDU/CSU selbst immer dringender und lauter über eine Ablösung des über achzigjährigen Kanzlers und Parteivorsitzenden diskutiert wurde. Als eindeutiger Favorit für die Nachfolge Adenauers galt allgemein der »Vater des Wirtschaftswunders«, Ludwig Erhard. Adenauer dagegen hielt Erhard für ungeeignet und tat alles, um dessen Nominierung zu seinem Nachfolger zu vereiteln. Dabei untergrub er seine eigene Autorität und sein Ansehen in der Partei, in der Regierungskoalition und in der Öffentlichkeit. Deutlich wurde dieser Autoritäts- und Vertrauensverlust zuerst in der »Präsidentenkrise« von 1959[1].

Im Sommer 1959 lief die zweite Amtszeit des Bundespräsidenten Theodor Heuss ab. Eine Wiederwahl war nach den Vorschriften des Grundgesetzes nicht möglich. Da die CDU/CSU in der Bundesversammlung, die den Präsidenten zu wählen hat, fast die Hälfte der Sitze hielt, kam ihrem Vorschlag besondere Bedeutung zu. Adenauer schlug zunächst Ludwig Erhard als Nachfolger von Heuss vor. So geeignet Erhard für das Amt auch sein mochte, in der Öffentlichkeit wurde sofort der Verdacht laut, daß Adenauer den populären Wirtschaftsminister in die Villa Hammerschmidt »fortloben« wollte, damit er für seine eigene Nachfolge nicht mehr in Betracht kam. Erhard lehnte ab, und darauf kandidierte zur größten Überraschung aller Adenauer selbst für das Amt des Bundespräsidenten. In einer Funk- und Fernseh-Rede begründete er am 8. April 1959 seine Entscheidung damit, daß er kraft seiner Erfahrung und des Vertrauens, das man im In- und Ausland in ihn setzte, in der Lage sein werde, »auf Jahre hinaus die Kontinuität unserer Politik zu sichern«. Denn Adenauer war sicher: *»Die Stellung, die Aufgaben und die Arbeit des Bundespräsidenten werden in der deutschen Öffentlichkeit, und damit auch in der internationalen Öffentlichkeit, zu gering eingeschätzt. Sie sind viel größer, als man schlechthin glaubt.«*[2]

Als ehemaliger Vorsitzender des Parlamentarischen Rats hätte Adenauer eigentlich wissen müssen, wie begrenzt die Möglichkeiten des Bundespräsidenten waren, in politische Entscheidungen einzugreifen. Of-

Die Präsidentenkrise 1959

fenbar glaubte er aber, er könne als Bundespräsident entscheidenden Einfluß auf die Ernennung seines Nachfolgers im Bundeskanzleramt ausüben. In Wirklichkeit obliegt die Wahl des Bundeskanzlers aber dem Parlament, und angesichts der Mehrheitsverhältnisse lag die Entscheidung 1959 de facto bei der CDU/CSU-Fraktion des Bundestages. Als sich herausstellte, daß diese Ludwig Erhard – und nicht den angeblich von Adenauer favorisierten Finanzminister Franz Etzel – zum Kanzler nominieren würde , zog Adenauer am 5. Juni 1959 seine Kandidatur zurück. Er begründete seinen Entschluß mit der Verschlechterung der außenpolitischen Lage, die sein Verbleiben im Amt des Bundeskanzlers erforderlich machte, doch allen Beobachtern war klar, daß er die Wahl Ludwig Erhards zum Bundeskanzler verhindern wollte.

Adenauer bewegte Landwirtschaftsminister Heinrich Lübke dazu, sich um das durch die öffentliche Debatte diskreditierte Amt zu bewerben. Lübke war ein tüchtiger Landwirtschaftsminister, der sich allerdings nicht gerade durch intellektuelle und rhetorische Fähigkeiten für das repräsentative Amt des Bundespräsidenten empfahl. Er stellte sich aber der Wahl und wurde am 1. Juli 1959 in Berlin erwartungsgemäß im zweiten Wahlgang von der Mehrheit der Bundesversammlung aus CDU/CSU und DP gewählt. Lübke erhielt in diesem Wahlgang 526 Stimmen, sein sozialdemokratischer Gegenkandidat Carlo Schmid kam auf 386 und der FDP-Kandidat Max Becker auf 99 Stimmen.

Die öffentliche Debatte um die Nachfolge von Theodor Heuss schadete dem Ansehen des Bundespräsidenten, aber auch der Autorität Adenauers. Der Glaube an die eigene Unersetzlichkeit, die Unbedenklichkeit, mit der er das höchste Staatsamt angestrebt und wieder ausgeschlagen hatte, und die rücksichtslose Art, wie er Menschen und Institutionen für seine Zwecke ausnutzte, stieß auch die eigenen Parteifreunde ab und erschütterte nachhaltig den Glauben an die Unfehlbarkeit des Kanzlers. Durch weitere Fehleinschätzungen und -entscheidungen trug Adenauer zum Verfall seiner Autorität bei. Dazu gehörte auch der gescheiterte Versuch, eine von der Bundesregierung abhängige Fernsehanstalt zu errichten.

Der Fernseh-streit 1961 Bereits 1953, als Adenauer sein zweites Kabinett bildete, hatte er ein »Ministerium für Presse und Volksaufklärung« schaffen wollen. Dieser Plan scheiterte an heftigen Protesten der deutschen Öffentlichkeit und am Einspruch des amerikanischen Hochkommissars John McCloy. Trotzdem gab Adenauer sein Ziel, den Regierungseinfluß auf die Medien auszubauen, nicht auf. Er war der Auffassung, der Rundfunk solle ein »politisches Führungsmittel der jeweiligen Bundesregierung« sein[3]. Gerade das aber hatten die Besatzungsmächte mit ihren Satzungen für die öffentlichen Rundfunkanstalten verhindern wollen. Auch das

Grundgesetz und die Verfassungen der Länder setzten der politischen Instrumentalisierung des Rundfunks durch die Bundesregierung Schranken. So fiel nach dem Grundgesetz dem Bund zwar die alleinige Zuständigkeit im Fernmeldewesen und damit der Bundespost die Berechtigung zur Erteilung von Lizenzen für Hörfunk und Fernsehen zu, doch die Kulturhoheit der Länder erstreckte sich auch auf das Gebiet von Rundfunk und Fernsehen.

Einen Präzedensfall für die politische Einflußnahme auf Rundfunkanstalten hatte 1955 die CDU-Regierung von Nordrhein-Westfalen geschaffen: Als sie die Aufspaltung des NWDR in den Westdeutschen und den Norddeutschen Rundfunk erzwang, wurden die Aufsichtsgremien beider Anstalten ausschließlich mit Politikern besetzt, so daß in den Rundfunkräten im Prinzip die gleichen Mehrheitsverhältnisse herrschten wie in den Landtagen. Die jeweilige Landesregierung konnte also praktisch die Personalpolitik »ihrer« Rundfunkanstalt kontrollieren. Erst in den 70er Jahren wurde diese Praxis per Gerichtsbeschluß wieder geändert.

Diesem Verstoß gegen das Prinzip der überparteilich und pluralistisch organisierten Aufsichtgremien der öffentlich-rechtlichen Rundfunkanstalten folgte ein Vorstoß der Bundesregierung zur Entwicklung eines zweiten Fernsehprogramms unter Aufsicht und Einfluß des Bundes. Als 1957 die Rundfunkanstalten beim Bundespostministerium Sendefrequenzen für ein geplantes »Zweites Fernsehprogramm« beantragten, verweigerte die Bundesregierung die Lizenzerteilung und versuchte, die freien Frequenzen für Bundeszwecke zu reservieren.

Am 22. Juni 1959 einigten sich die Ministerpräsidenten der Länder auf ihrer Konferenz in Kiel auf den »Entwurf eines Vertrages über die Organisation des Zweiten Fernsehprogramms«. Danach sollten die Rundfunkanstalten einen öffentlich-rechtlichen Verband unter Beteiligung der Länder und des Bundes bilden und das zweite Programm ausstrahlen. Die Bundesregierung dagegen wollte unter Aufsicht des Bundes eine Anstalt errichten, die sich aus Werbeeinnahmen finanzieren und die Durchführung der Fernsehsendungen Gesellschaften privaten Rechts übertragen würde.

Monatelange Verhandlungen führten am 15. Juli 1960 schließlich zur Unterzeichnung eines Verwaltungsabkommens zwischen dem Bund und den CDU/CSU-regierten Ländern über eine privatrechtlich organisierte »Deutschland-Fernsehen GmbH«. Ihre Anteile sollten zu 51 % dem Bund, zu 49 % den Ländern gehören. Dabei sollte den bisher nicht beteiligten SPD-regierten Ländern die Übernahme ihrer Anteile offen gehalten werden. Die neue Anstalt sollte zunächst 50 % der gesamten Fernsehgebühren erhalten. Dieser Anteil sollte innerhalb von fünf Jah-

Die »Deutschland-Fernsehen GmbH«

ren auf 30 % sinken. Im übrigen würde sich die neue Gesellschaft aus Werbung finanzieren. Daher sollten den bestehenden Sendern überregionale Reklamesendungen verboten werden. Im Aufsichtsrat der neuen Gesellschaft würden der Bund und die Länder je fünf, die katholische und die evangelische Kirche, der Zentralrat der Juden, Arbeitgeber und Arbeitnehmer je einen Vertreter haben. Auch die sozialdemokratisch regierten Länder stimmten schließlich dieser Vereinbarung unter der Voraussetzung zu, daß die Bundesregierung eine verbindliche Erklärung abgebe, wonach alle weiteren Programme nicht dem Bund, sondern den Ländern zuständen.

Nun versuchte Adenauer, das Bundesfernsehen per Handstreich durchzusetzen: Am 23. Juli 1960, einem Samstag, wurden die Ministerpräsidenten über deren Sprecher, den rheinland-pfälzischen Ministerpräsidenten Peter Altmeier (CDU), zur Unterzeichnung des Gesellschaftervertrages der »Deutschland-Fernsehen GmbH« für Montag, den 25. Juli, um 11.00 Uhr nach Bonn eingeladen. Der Gesellschaftervertrag werde auch den späteren Beitritt der Länder ermöglichen, so hieß es in der Einladung. Als der Brief in Mainz ankam, hatten Bundeskanzler Adenauer und Bundesjustizminister Fritz Schäffer als »Treuhänder« der Länder den Vertrag bereits unterzeichnet und eine Stammeinlage von je 11 000 DM hinterlegt. Die Länder wurden aufgefordert, Anteile von je 1 000 DM zu übernehmen. Da keines der Bundesländer dazu bereit war, gab Minister Schäffer ihre Anteile an die Bundesregierung zurück, die daraufhin alleinige Gesellschafterin wurde.

Das Urteil des Bundesverfassungsgerichts im Fernsehstreit

Dieses Vorgehen stieß bei Politikern aller Parteien, auch in der CDU/CSU, auf Empörung. Am 19. August 1960 rief die Freie und Hansestadt Hamburg das Bundesverfassungsgericht an. Dieser Klage schlossen sich die SPD-regierten Länder Bremen, Niedersachsen und Hessen an. Am 28. Februar 1961 erklärte das Gericht die Gründung der »Deutschland-Fernseh-GmbH« für verfassungswidrig. Die Richter begründeten ihre Entscheidung damit, daß die geplante Anstalt allein von der Bundesregierung beherrscht werden und daher die Freiheit der öffentlichen Meinungsbildung gefährden würde. Es müsse verhindert werden, daß Rundfunk und Fernsehen mit ihrer überragenden Bedeutung für die öffentliche Meinungsbildung dem Staat oder einzelnen gesellschaftlichen Gruppen ausgeliefert würden. Außerdem schmälere die von der Bundesregierung gegründete und beherrschte Gesellschaft die Länderrechte, denn der Erlaß gesetzlicher Regelungen, die die in Artikel 5 des Grundgesetzes garantierte Freiheit des Rundfunks sicherzustellen haben, sei ausschließlich Sache der Länder. Im übrigen warf das Gericht der Bundesregierung vor, ihre »Pflicht zu bundesfreundlichem Verhalten« verletzt zu haben, als sie die Bundesländer je nach parteipolitischer Richtung ihrer Regierungen unterschiedlich behandelte[4].

Das Urteil war ein Sieg des Föderalismus und eine empfindliche Niederlage für die Bundesregierung, insbesondere für den Bundeskanzler, der die Errichtung einer ihm unterstellten Fernsehanstalt zu seiner persönlichen Sache gemacht hatte.

Während die Beratungen des Bundesverfassungsgerichts noch andauerten, verabschiedete der Bundestag am 26. Oktober 1960 gegen die Stimmen der SPD das »Gesetz über die Errichtung von Rundfunkanstalten des Bundesrechts«. Es gestattete dem Bund die Errichtung einer Rundfunkanstalt zur Ausstrahlung von Sendungen nach Übersee – die »Deutsche Welle«, und einer anderen zur Ausstrahlung von Sendungen in die DDR und ins europäische Ausland – den »Deutschlandfunk«. Beide nahmen ihre Sendungen am 1. Januar 1962 auf.

Kurz nach dem Urteil des Bundesverfassungsgerichts beschlossen die Ministerpräsidenten der Länder am 17. März 1961 in Bonn einstimmig, eine von der ARD unabhängige zentrale öffentlich-rechtliche Anstalt zur Durchführung eines zweiten Fernsehprogramms zu gründen. Am 6. Juni 1961 unterzeichneten die Ministerpräsidenten in Stuttgart einen Staatsvertrag über die Errichtung einer öffentlich-rechtlichen Anstalt »Zweites Deutsches Fernsehen« (ZDF) mit Sitz in Mainz. Die ARD-Anstalten mußten 30 % ihrer Einnahmen aus den Fernsehgebühren an die neue Anstalt abführen. Das ZDF nahm am 1. April 1963 seinen Sendebetrieb auf. Gründung des ZDF 1961

Bereits im Vorfeld der Bundestagswahlen von 1961 setzte sich der Konzentrationsprozeß im deutschen Parteiwesen fort. Die aus 15 Mitgliedern bestehende Fraktion der Deutschen Partei, des einzigen Koalitionspartners der CDU/CSU in Bonn, zerbrach am 1. Juli 1960. Neun Bundestagsabgeordnete, darunter die Bundesminister Hans-Christoph Seebohm und Hans Joachim v. Merkatz, verließen die Deutsche Partei und traten am 20. September der CDU/CSU-Fraktion bei, die nunmehr 288 Mitglieder zählte. Hauptgrund für diese Spaltung waren Konflikte über eine Zusammenarbeit der Deutschen Partei mit der FDP, wie sie vor allem in Niedersachsen viele Mitglieder der DP anstrebten. Die ausgetretenen Bundestagsabgeordneten lehnten diese Zusammenarbeit jedoch ab, da die FDP seit den Landtagswahlen von 1959 in Hannover (wie auch in Bremen) eine Regierungskoalition mit der SPD eingegangen war. Das Ende der DP

Der Verlust der Fraktionseigenschaft im Bundestag und der Verlust an Wählerstimmen in den Landtagswahlen von 1959 und 1960 veranlaßte die Rest-DP, sich am 24. November 1960 mit dem ebenfalls geschwächten GB/BHE zur Gesamtdeutschen Partei (GDP) zu vereinigen. Die

Hoffnung, auf diese Weise bei den Bundestagswahlen die Fünfprozenthürde überwinden zu können, erfüllte sich jedoch nicht.

Wechsel der FDP-Führung 1960

Auch die FDP orientierte sich neu. Seit 1956 befand sie sich in der Opposition und wurde von fortwährenden Richtungskämpfen zwischen der liberalen Richtung im deutschen Südwesten und der nationalen Richtung im Rheinland und in Norddeutschland erschüttert. Im Januar 1960 wählte der Parteitag den bisherigen Fraktionsvorsitzenden der FDP im Bundestag, Erich Mende, zum neuen Vorsitzenden. Mit Mende (Jahrgang 1916) übernahm ein Angehöriger der Frontgeneration des Zweiten Weltkrieges die Führung der Partei. Der nationale Flügel hatte sich auf Bundesebene durchgesetzt. Mende wollte die FDP aus der Oppositionsrolle heraus- und in eine erneute Koalition mit der CDU/CSU hineinführen. Dies setzte freilich voraus, daß die CDU auf einen Koalitionspartner angewiesen war. Ihre absolute Mehrheit zu brechen, war daher ein erklärtes Wahlziel der FDP. Eine Koalition mit der SPD wurde auf dem Frankfurter Parteitag im Frühjahr 1961 ausdrücklich abgelehnt.

Testwahlen in Baden-Württemberg 1960

Die SPD hatte in allen Landtagswahlen seit 1957 Stimmen gewonnen. Aus der ersten Landtagswahl nach Verabschiedung des Godesberger Programms in Baden-Württemberg ging die SPD am 15. Mai 1960 als eindeutige Siegerin hervor: Sie erhielt 35,4 % (gegenüber 28,9 % in den Wahlen von 1956) der Stimmen und gewann acht Mandate hinzu. Bundeskanzler Adenauer hatte die Landtagswahl als Testfall für die bevorstehende Bundestagswahl bezeichnet und auf eine absolute Mehrheit der CDU gehofft. Statt dessen ging der Stimmenanteil der CDU von 42,6 % 1956 auf 39,5 % zurück, die Partei verlor fünf Mandate. Die bisherige Allparteienregierung wurde nicht fortgesetzt. Ministerpräsident Kurt Georg Kiesinger (CDU) bildete eine Koalitionsregierung aus CDU, FDP/DVP und GB/BHE.

Wahlen zum 4. Bundestag 1961

Den Wahlkampf zu den Bundestagswahlen führte die CDU/CSU erneut unter der Parole »Keine Experimente«. Er war aber nicht mehr allein auf die Person Adenauers zugeschnitten, sondern stellte Adenauer und Erhard gemeinsam in den Mittelpunkt. Die SPD verabschiedete auf ihrem außerordentlichen Parteitag in Bonn im April ein Regierungsprogramm, das zahlreiche soziale Forderungen und Absichtserklärungen enthielt, setzte mit der Kanzlerkandidatur Willy Brandts aber ebenfalls auf Personalisierung. Zu dieser Personalisierung des Wahlkampfes gehörten auch persönliche Angriffe auf Willy Brandt: Adenauer spielte auf dessen uneheliche Geburt an (»ein gewisser Herr Frahm«); andere unterstellten Brandt, er habe während seines Exils in Norwegen auf deutsche Soldaten geschossen.

Der Bau der Mauer am 13. August 1961 änderte schlagartig die Situation. Die SPD-Führung stellte sich darauf schneller ein als die Wahl-kampfleitung der CDU. Willy Brandt demonstrierte als Regierender Bürgermeister von Berlin Besonnenheit und Verantwortungsgefühl für die Interessen seiner Stadt und der Nation. Dagegen setzte Adenauer seine persönlichen Angriffe auf den Gegner fort, als sei nichts geschehen.

Nach den Wahlen zum 4. Bundestag vom 17. September 1961 waren nur noch drei Parteien im Bundestag vertreten. Die CDU/CSU verlor ihre absolute Mehrheit. Mit 36,2 % der Zweitstimmen war der Anteil der SPD gegenüber 1957 um 4,4 Prozentpunkte gewachsen, was fast genau dem durchschnittlichen Stimmengewinn der Sozialdemokraten in den vorangegangenen Landtagswahlen entsprach. Sie gewann 21 Abge-ordnetensitze im Bundestag hinzu. Die Parteiführung sah in diesem Wahlergebnis eine Bestätigung des mit dem Godesberger Programm eingeschlagenen Kurses. Die CDU/CSU fiel zwar von 50,2 % auf 45,3 % der Zweitstimmen zurück und verlor gegenüber 1957 28 Mandate, sie blieb jedoch die stärkste Partei im Bundestag. Offenbar hatten sich der Bau der Mauer und die verfehlte Wahlkampftaktik Adenauers nicht so negativ ausgewirkt, wie die CDU-Führung noch im August befürch-tet hatte. Die Wahlkampfstrategie der FDP erwies sich als richtig: Mit 12,8 % der Zweitstimmen erzielte die Partei 1961 das beste Ergebnis ihrer Geschichte und zog mit 67 statt 41 Abgeordneten in den Bundes-tag ein. Das Kalkül von DP und GB/BHE dagegen scheiterte: Die kurzfristig zusammengekittete Gesamtdeutsche Partei (GDP) erhielt nur 2,8 % der gültigen Zweitstimmen. Die Parteifusion wurde bereits am 30. Oktober 1961 wieder rückgängig gemacht. Aber auch als selb-ständige Parteien hatten die DP und der BHE keine Chancen mehr, sich zu behaupten.

Bei den nun folgenden Koalitionsverhandlungen fiel der FDP eine Schlüsselrolle zu. Eine Koalition mit der SPD hatte sie vor den Wahlen eindeutig ausgeschlossen, ebenso klar hatte sie sich gegen eine vierte Kanzlerschaft Konrad Adenauers ausgesprochen. In den Koalitionsver-handlungen mit der CDU/CSU bestand die Fraktionsführung zunächst auf einer Kandidatur Erhards, ließ sich dann aber auf einen Kompromiß in der Personalfrage ein: Die FDP war zu einer Koalition mit der CDU/CSU unter der Führung Adenauers bereit, wenn dessen Amtszeit als Kanzler befristet wurde und wenn der FDP eine gewisse Kontrolle über die Außenpolitik eingeräumt würde. Voraussetzung dafür war der Rücktritt des bisherigen Außenministers Heinrich von Brentano. In einem Schreiben an die Fraktionsvorsitzenden Heinrich Krone (CDU/CSU) und Erich Mende (FDP) versicherte Adenauer, er werde vorzeitig zurücktreten, damit seinem Nachfolger genügend Zeit zur

Die Regierungs-bildung

Einarbeitung bleibe. Brentano reichte am 30. Oktober 1961 seinen Rücktritt ein. Sein Nachfolger wurde der bisherige Innenminister Gerhard Schröder (CDU). Am 7. November 1961 wählte der Bundestag Konrad Adenauer mit 258 gegen 206 Stimmen bei 26 Enthaltungen zum vierten Mal zum Bundeskanzler. Die Koalitionsparteien CDU/CSU und FDP verfügten über 309 Stimmen; offenbar hatten einige ihrer Abgeordneten gegen Adenauer gestimmt oder sich der Stimme enthalten. Erich Mende hielt sich an seine Ankündigung, unter Adenauer nicht in ein Kabinett einzutreten, und verzichtete auf ein Ministeramt. In der Presse wurde die Entscheidung der FDP-Führung gleichwohl als »Umfall« kritisiert. Aus Protest traten die stellvertretenden Parteivorsitzenden und Landesvorsitzenden der FDP Kohut (Hessen) und Schneider (Saarland) von ihren Ämtern zurück.

Die »Spiegel«-Affäre 1962

Die Wahl Adenauers zum Kanzler auf Zeit stärkte nicht gerade seine Autorität. Eine weitere Minderung erfuhr das Ansehen des alten Kanzlers 1962 durch die »Spiegel«-Affäre, die in Wirklichkeit eine Strauß-Affäre war[5]. Franz-Josef Strauß hatte sich seit seiner Ernennung zum Bundesverteidigungsminister 1956 besonders energisch für das Konzept der »massiven« Abschreckung und der Bewaffnung der Bundeswehr mit taktischen Atomwaffen eingesetzt. Dazu gehörte auch die Vorstellung, daß die NATO im Falle »als sicher erkannter« sowjetischer Angriffsabsichten diesen mit einem vorbeugenden Schlag (*»preemptive strike«*) zuvorkommen sollte. Er hielt an diesem Konzept auch dann noch fest, als die amerikanische Regierung unter John F. Kennedy 1961 zur Verteidigungskonzeption der *»flexible response«* überging. Diese Strategie sollte im Konfliktfall den Einsatz von Atomwaffen möglichst hinauszögern, um Zeit für Verhandlungen zu gewinnen.

Die SPD-Opposition im Bundestag vermied eine Grundsatzdiskussion zu diesem Thema, obwohl sie im Prinzip die Kennedy-Linie verfolgte. Um so kritischer wurde das Konzept des Verteidigungsministers in der Öffentlichkeit diskutiert. Nachdem Strauß im März 1962 zum Vorsitzenden der CSU gewählt worden war, verschärfte vor allem »Der Spiegel« seine Angriffe auf Strauß. Das Magazin enthüllte immer wieder neue Unregelmäßigkeiten und Affären, in die der Verteidigungsminister oder seine Freunde und Verwandten verwickelt waren, wie im Falle der Fibag-Affäre, wo sich im Zusammenhang mit dem Bau von Kasernen für amerikanische Truppen Freunde des Ministers Vorteile verschafft hatten. Eingehend setzte sich der »Spiegel« auch mit der Verteidigungskonzeption von Strauß auseinander. Am 8. Oktober 1962 analysierte ein Artikel unter dem Titel »Bedingt abwehrbereit« das NATO-Stabsmanöver »Fallex 61« und kam zu dem Schluß, die Verteidigung der Bundesrepublik sei im Falle eines Angriffs des Warschauer Pakts nicht voll gewährleistet. Der »Spiegel« erörterte auch die strategischen Alternativen, die die NATO diskutierte, und bezeichnete das Konzept des *preemptive strike* als Gefährdung des Friedens.

Am 25. Oktober 1962 bescheinigte der Bundestag gegen die Stimmen der SPD dem Bundesverteidigungsminister, daß er in der Fibag-Affäre seine Dienstpflichten nicht verletzt habe. In der Nacht vom 26. auf den 27. Oktober 1962, also 18 Tage nach Erscheinen des »Bedingt abwehrbereit«-Artikels, wurden auf Anordnung des Ermittlungsrichters beim Bundesgerichtshof in Karlsruhe der »Spiegel«-Verlag in Hamburg, die »Spiegel«-Redaktion in Bonn und mehrere Privatwohnungen von Kommandos der Bundeskriminalpolizei und Hilfskommandos der Hamburger Polizei durchsucht und der »Spiegel«-Herausgeber Rudolf Augstein, der Verlagsdirektor Hans Detlev Becker und mehrere leitende Redakteure verhaftet. Die Bundesanwaltschaft hatte diese Maßnahmen eingeleitet, nachdem ein von ihr angefordertes Gutachten des Bundesverteidigungsministeriums am 19. Oktober zu dem Ergebnis gekommen war, daß der »Spiegel« im Artikel vom 8. Oktober Tatsachen, die im Interesse der Landesverteidigung geheimzuhalten waren, öffentlich bekanntgemacht und seine Informationen durch Verrat von Bundeswehrangehörigen erhalten hätte. Die Begründungen für die Haftbefehle lauteten auf Tatverdacht des Landesverrats, der landesverräterischen Fälschung und der aktiven Bestechung.

Der zuständige Bundesjustizminister Wolfgang Stammberger, der der FDP angehörte, wurde ebenso wie der zuständige Hamburger Innensenator Helmut Schmidt (SPD) nicht oder erst verspätet informiert. Der Verfasser des Artikels »Bedingt abwehrbereit«, Conrad Ahlers, verbrachte gerade seinen Urlaub in Südspanien. Ohne gesetzliche Grundlage und ohne Einschaltung des Auswärtigen Amtes erreichte Strauß durch ein Telefongespräch mit dem Militärattaché an der deutschen Botschaft in Madrid, daß die spanische Polizei Ahlers und seine Frau verhaftete und nach Deutschland bringen ließ.

Die polizeiliche Besetzung der »Spiegel«-Zentrale in Hamburg dauerte bis zum 26. November. Nur mit Hilfe anderer Hamburger Redaktionen und Verlage konnte die »Spiegel«-Redaktion ihre Arbeit weiterführen und die nächsten Ausgaben des Magazins veröffentlichen. Der die Untersuchung führende Bundesanwalt ließ sich sogar die Druckfahnen der »Spiegel«-Ausgabe vom 29. Oktober vorlegen – eine Zensurmaßnahme, für die es keine Rechtsgrundlage gab.

Die Maßnahmen der Bundesanwaltschaft, die in engem Kontakt mit dem Verteidigungsministerium stattfanden, wurden ergänzt durch öffentliche Erklärungen von Politikern, welche dem »Spiegel« von vornherein landesverräterische Absichten und Aktionen unterstellten.

Adenauer sprach am 7. November vor dem Bundestag von einem »Abgrund an Landesverrat«, der sich hier aufgetan hätte. Der »Spiegel« habe »systematisch, um Geld zu verdienen, Landesverrat getrieben«. Für Unternehmen, die im »Spiegel« inserierten, habe er kein Verständnis. Die CSU ging so weit, eine Verschwörung aus SPD, »Koexistenz-Idealisten und -Fanatikern« in den USA, der Linken in Italien, fast der gesamten Presse in Frankreich und England, Walter Ulbricht und dem »Spiegel« zu konstruieren.

F. J. Strauß'
Beteiligung
Gerade diese Übertreibungen provozierten indes Fragen der Opposition und der kritischen Presse im In- und Ausland nach den Hintergründen und Motiven der »Nacht-und-Nebel-Aktion« gegen den »Spiegel«. Aus den widerwillig und zögernd gegebenen Antworten wurde nach und nach ersichtlich, welche Rolle die Verteidigungsminister in der »Spiegel-Affäre« gespielt hatte. Noch am 3. November hatte Strauß behauptet, es handle sich nicht um einen Racheakt seinerseits, er habe mit der Sache »im wahrsten Sinne des Wortes nichts zu tun«. Nachdem sich aber die spanischen Behörden geäußert hatten, mußte er am 9. November einräumen, daß er an vorbereitenden Gesprächen mit der Bundesanwaltschaft beteiligt gewesen war und selbst für die Verhaftung von Ahlers in Spanien gesorgt hatte.

Es stellte sich auch heraus, daß Bundeskanzler Adenauer und Bundesinnenminister Hermann Höcherl im Bundestag nicht die Wahrheit gesagt hatten. Auf die Kritik am verfassungswidrigen Vorgehen des Verteidigungsministers antwortete der Innenminister, die Verhaftung von Conrad Ahlers sei »etwas außerhalb der Legalität« gewesen, aber er könne nicht den ganzen Tag mit dem Grundgesetz unterm Arm herumlaufen. Diese und andere Äußerungen unterstrichen deutlich, daß die Regierung die Staatsraison, so wie sie sie verstand, über die Gesetze des demokratischen Rechtsstaates stellte. Die Nichtachtung des Parlaments und das wochenlange Leugnen der Regierung brachten diese in der öffentlichen Meinung um jede Glaubwürdigkeit.

Protestaktionen
Die Aktionen gegen den »Spiegel« nährten den Verdacht, daß der dehnbare Begriff des »Staatsgeheimnisses« als Vorwand benutzt wurde, um eine regierungskritische Zeitschrift mundtot zu machen. Schon am Tage nach der Besetzung der »Spiegel«-Redaktion protestierten die Schriftsteller der »Gruppe 47« gegen die Aktion und erklärten die Unterrichtung der Öffentlichkeit über »sogenannte militärische Geheimnisse« für eine sittliche Pflicht. Es folgten weitere Proteste von Schriftstellern, Künstlern und Pastoren. Mehr als 600 Hochschullehrer schlossen sich diesen Protesten an und veranstalteten kritische Podiumsdiskussionen an allen deutschen Hochschulen. Verstärkt wurde der Protest durch Massenkundgebungen der Studenten und der Gewerkschaften. Die Kri-

tik richtete sich gegen die Bundesregierung wegen ihrer massiven Eingriffe in die Pressefreiheit. Die Proteste forderten den Rücktritt des Verteidigungsministers und des Bundeskanzlers.

Als die Verantwortung von Strauß für die Aktion gegen den »Spiegel« feststand, stellte die SPD-Opposition im Bundestag den Antrag, ihn zu entlassen. Die FDP-Fraktion, deren Minister beim Vorgehen gegen den »Spiegel« übergangen worden waren, unterstützte die Zielsetzung der SPD. Am 19. November traten daher die fünf FDP-Minister zurück, um die Entlassung von Strauß zu erzwingen. Am 27. November folgte der Rücktritt der CDU/CSU-Minister, die damit Adenauer eine Neubildung des Kabinetts ermöglichen wollten. Vier von ihnen erklärten intern, sie würden nicht ins Kabinett zurückkehren, wenn Strauß im Amt bliebe. Strauß verzichtete auf ein Ministeramt, nachdem die bayerischen Landtagswahlen am 25. November 1962 günstig für die CSU ausgefallen waren, was er als einen persönlichen Vertrauensbeweis interpretierte. Rücktritt der FDP-Minister

Obwohl somit einer erneuten Koalition zwischen CDU/CSU und FDP nichts mehr im Wege stand, sondierten der Wohnungsminister Paul Lücke (CDU) und der CSU-Abgeordnete Karl Theodor Freiherr von und zu Guttenberg die Möglichkeiten für eine große Koalition aus CDU/CSU und SPD mit dem stellvertretenden SPD-Vorsitzenden Herbert Wehner. Zu eigentlichen Koalitionsverhandlungen kam es jedoch nicht mehr, weil die SPD nicht bereit war, die von der CDU/CSU vorgeschlagene Einführung des Mehrheitswahlrechts zu unterstützen, geschweige denn eine weitere Kanzlerschaft Adenauers mitzutragen.

Das Ergebnis der »Spiegel«-Krise war zunächst, daß Adenauer am 14. Dezember ein neues Kabinett bildete, dem Strauß nicht mehr angehörte, und daß er seinen eigenen Rücktritt für den Herbst 1963 ankündigte. Was den »Abgrund an Landesverrat« betraf, so lehnte der Bundesgerichtshof am 13. Mai 1965 die Eröffnung des Hauptverfahrens gegen Augstein und Ahlers aus Mangel an Beweisen ab. Darüber hinaus hatte die »Spiegel«-Krise weitreichende Folgen für die politische Kultur der Bundesrepublik: Spontan hatten sich Menschen unterschiedlicher politischer Richtungen zusammengetan, um gegen die Verletzung eines Grundrechts zu protestieren. Und erstmals war aus dieser Krise nicht die Staatsmacht, sondern die Öffentlichkeit als Sieger hervorgegangen. Ergebnisse der »Spiegel«-Krise

Das nach der »Spiegel«-Krise entstandene fünfte Kabinett Adenauer war eine Übergangslösung, kein Neubeginn. Der mit der Präsidentenkrise 1959 einsetzende Autoritätsverfall Adenauers hatte 1962 seinen Tiefpunkt erreicht. Auch im Kabinett hatte der Kanzler auf Zeit die Führung weitgehend verloren. Zwar konnte in Konfliktfragen die FDP durch die Drohung mit dem Mehrheitswahlrecht oder mit einer großen

Koalition einigermaßen im Zaum gehalten werden, doch für konzeptionell neue Lösungen der innen- und außenpolitischen Probleme war dieses Zweckbündnis auf Zeit keine Grundlage. Am 22. Januar 1963 unterzeichneten Adenauer und de Gaulle in einer feierlichen Zeremonie den deutsch-französischen Freundschaftsvertrag. Dieser Vertrag war der krönende Abschluß von Adenauers Westpolitik, auch wenn die Mehrheit im Bundestag durch Hinzufügung der Präambel dafür sorgte, daß der Vertrag den Charakter eines deutsch-französischen Sonderbündnisses gegen die EWG, die USA und Großbritannien verlor (vgl. Kap. III.9).

Adenauers
Rücktritt am 15.
Oktober 1963
Adenauer hatte seit 1959 allen Bestrebungen, die Ludwig Erhard zu seinem Nachfolger im Kanzleramt nominieren wollten, hartnäckigen Widerstand entgegengesetzt mit der Begründung, daß die Leistungen Erhards in der Wirtschaftspolitik nicht unbedingt bedeuteten, daß er auch für das Amt des Bundeskanzlers geeignet sei. Mit dieser Auffassung stand er in der Partei und in der Öffentlichkeit zwar nicht allein, doch ein anderer Nachfolgekandidat war auch nicht im Gespräch. Am 23. April 1963 nominierte die CDU/CSU-Bundestagsfraktion mit 159 gegen 47 Stimmen bei 19 Enthaltungen Ludwig Erhard zum Kanzlerkandidaten. Adenauer kündigte am 11. Oktober – wie im Koalitionspapier mit der FDP vereinbart – seinen Rücktritt als Kanzler für den 15. Oktober 1963 an, blieb aber Vorsitzender der CDU. Der Bundestag verabschiedete den inzwischen 87jährigen am 15. Oktober in einer feierlichen Sitzung und wählte am nächsten Tag Ludwig Erhard (66) zu seinem Nachfolger.

Das Ende einer
Ära
Indem er sich zu lange an die Macht klammerte, die ihm doch zusehends entglitt, hatte Adenauer selbst seit 1959 seine Autorität untergraben. Sein durch Druck aus den eigenen Reihen erzwungener Rücktritt verstärkte den Eindruck, daß er sich selbst überlebt hatte. Dennoch markierte Adenauers Abschied von der Macht – so lange er sich auch hingezogen hatte – das Ende einer Ära, die zu Recht seinen Namen trägt. In den vierzehn Jahren seiner Kanzlerschaft hatte er die Innenpolitik der Bundesrepublik in hohem Maße geprägt und ihre Stellung als verläßlicher Partner im internationalen System erstaunlich schnell gesichert. Pragmatisch und nüchtern hatte er die Integration der Bundesrepublik in das westliche Wirtschafts- und Verteidigungssystem betrieben und dabei der Sicherheit, der Freiheit und dem Wohlstand Westdeutschlands Vorrang vor der Wiedervereinigung mit Ostdeutschland eingeräumt. Auch die Verständigungspolitik mit Frankreich und der Ausbau der westeuropäischen Gemeinschaften dokumentieren, daß er für die Bundesrepublik eher europäische als nationale Ziele verfolgte. So modern Adenauers Außenpolitik auf dem Hintergrund deutscher

Großmachtpolitik im 19. und 20. Jahrhundert wirkt, so konservativ und autoritär war sein politischer Stil im Innern. Er betonte zwar die Notwendigkeit einer starken parlamentarischen Opposition, empfand aber die Kontrolle der Regierung durch Parlament und kritische Öffentlichkeit eher als anmaßend. Eine kritische Auseinandersetzung mit der nationalsozialistischen Vergangenheit erschien ihm überflüssig, ja gefährlich für den inneren Frieden und das Zusammenleben der jüngeren mit der älteren Generation. Diese Einstellungen wurden allerdings von einer mehrheitlich noch autoritär fixierten Bevölkerung jahrelang akzeptiert. Gerade den Angehörigen der älteren Generation, die wie er ihre ersten politischen Erfahrungen noch in der Monarchie gemacht oder das »Dritte Reich« mitgetragen hatten, erleichterte Adenauer den Übergang aus der Diktatur in die parlamentarische Demokratie.

Seit Ende der 50er Jahre strebte allerdings eine neue Generation nach Überwindung des »restaurativen« Klimas der »Adenauer-Ära«, nach Verwirklichung der im Grundgesetz verankerten demokratischen Grundsätze und nach Aufarbeitung der nationalsozialistischen Vergangenheit. Für sie war Adenauer ein Fossil, die Personifizierung gesellschaftlicher und politischer Stagnation. Doch auch sein Nachfolger Erhard verkörperte in den Augen der Jüngeren nicht den angestrebten Generationenwechsel, er konnte bestenfalls als Übergangslösung gelten.

V. Die Deutsche Demokratische Republik 1949-1961

Stärker noch als die Bundesrepublik Deutschland ist die Deutsche Demokratische Republik bei ihrer Gründung als Provisorium betrachtet worden. Für die sowjetische Führung war »ihr« deutscher Staat anfangs vermutlich lediglich ein Bauer auf dem Schachbrett der Ost-West-Auseinandersetzung mit den USA. Die Bevölkerung der DDR sah den neuen Staat auf jeden Fall eher als Provisorium denn als dauerhafte Lösung. Auch die Führung der DDR betonte in den Anfangsjahren der Republik immer wieder, daß ihre Politik nur das eine Ziel verfolge, die Spaltung Deutschlands zu überwinden. Doch im Laufe der folgenden Jahre trat in der politischen Rhetorik der DDR und der Sowjetunion der Einheitsgedanke immer mehr zurück hinter dem Ziel, in der DDR eine sozialistische Volksdemokratie nach sowjetischem Muster aufzubauen. Mit dem Bau der Mauer erreichte die DDR 1961 auch ihre territoriale Abgeschlossenheit, und die Bewohner dieses zweiten deutschen Staates mußten sich gezwungenermaßen in ihm einrichten.

Ähnlich wie die Bundesregierung war auch die Regierung der DDR anfangs noch nicht Herr im eigenen Haus. Die sowjetische Militäradministration (SMAD) wurde zwar 1949 aufgelöst, an ihre Stelle trat indes die Sowjetische Kontrollkommission (SKK), die die Verwirklichung des Potsdamer Abkommens und anderer Viermächte-Vereinbarungen überwachen sollte. Sie kontrollierte sowohl die Regierung der DDR als auch die einzelnen Länderregierungen. Chef der SKK war Armeegeneral W.I. Tschuikow, Oberbefehlshaber der sowjetischen Truppen in Deutschland und vorher oberster Chef der SMAD. Die DDR-Regierung besaß anfangs nicht einmal Regierungsgewalt über ihre eigene Hauptstadt. Entsprechend der Verfassung vom 7. Oktober 1949 galt »Berlin« als Hauptstadt der DDR, doch der Ostteil der Stadt, wo die Regierung ihren Sitz hatte, stand wie der Westteil formal nach wie vor unter Viermächtekontrolle[1].

Schritt für Schritt übertrug die Sowjetunion bis 1961 Rechte an die DDR-Regierung und dokumentierte damit, daß sie die DDR auf Dauer erhalten wollte. Die Absicht der sowjetischen Führung, auch die sowjetischen Rechte an der Viermächte-Verwaltung Berlins der DDR-Regierung zu übertragen, löste 1958 die Berlinkrise aus und führte schließlich zur Errichtung der Mauer.

Die Verfassung der DDR vom 7. Oktober 1949 trug noch weitgehend bürgerlich-demokratische Züge und entwarf den Staatsaufbau einer föderalistisch organisierten parlamentarischen Republik mit Gewaltenteilung und Mehrparteiensystem. Tatsächlich aber war die Staatsmacht von Anfang an in den Händen der Sozialistischen Einheitspartei konzentriert. Die SED verfügte aber nicht nur über die politische Macht, sie kontrollierte aufgrund der schon in der Besatzungszeit durchgeführten Reformen auch Wirtschaft, Justiz, Erziehung, Kultur und Massenmedien. Zwischen 1949 und 1961 gelang es der Parteiführung, ihren Führungsanspruch in allen diesen Bereichen weiter auszubauen und zu konsolidieren.

1. Der SED-Staat

Die »Nationale Front« Einige Tage vor Gründung der DDR proklamierte am 4. Oktober 1949 der Parteivorstand der SED die »Nationale Front des demokratischen Deutschland«. Sie sollte als überparteiliche Nachfolgerin der Volkskongreßbewegung die Bevölkerung in der DDR und in der Bundesrepublik für die Ziele der SED gewinnen. Die »Nationale Front« war keine Organisation mit eingetragenen Mitgliedern und einer Grundorganisation, sondern eine Massenbewegung, die sich auf eine breite ehrenamtliche Tätigkeit von Bürgern in Orts-, Kreis- und Landesausschüssen stützte. Gleichwohl bildeten die Parteien und Massenorganisationen ihren organisatorischen Kern. Seit dem 7. Januar 1950 fungierte das Sekretariat der Volkskongreß-Bewegung als Sekretariat der Nationalen Front. Am 3. Februar 1950 entstand aus dem erweiterten Präsidium des Deutschen Volkskongresses der »Nationalrat der Nationalen Front«, der am 15. Februar das »Programm der Nationalen Front des demokratischen Deutschland« verabschiedete.

Als Ziele der »Nationalen Front« wurden ein dauerhafter Frieden, die *»Herstellung der Einheit des demokratischen Deutschland, Abschluß eines gerechten Friedensvertrages und Abzug aller Besatzungstruppen innerhalb einer festzusetzenden Frist«* proklamiert. Die »Nationale Front« stellte sich vor allem *»die entschiedene Aufgabe der Mobilisierung und Organisierung aller Deutschen für die Befreiung Deutschlands von der Anwesenheit und den Umtrieben der anglo-amerikanischen Imperialisten«*[2].

Praktisch unterstützte die Agitation der »Nationalen Front« die Ziele der SED, deren Massenbasis sie zu erweitern suchte. Ihre wichtigste Rolle spielte sie als Träger der Einheitswahlen in der DDR: Von nun an gab es für alle Wahlen, die in der DDR durchgeführt wurden, nur noch Einheitslisten mit »Kandidaten der Nationalen Front«. - Auch in der

Bundesrepublik versuchte die »Nationale Front« sich zu betätigen. Sie konnte hier aber nur auf die Unterstützung der KPD rechnen. Die Tätigkeit für die Nationale Front wurde schon 1950 als verfassungsfeindlich geahndet.

Die in der Verfassung der DDR vorgeschriebene Wahl zur Volkskammer und die im Herbst 1949 fällig gewesenen Landtags-und Kommunalwahlen fanden schließlich am 15. Oktober 1950 statt. Wie bei den Volkskongreßwahlen im Mai 1949 (s. Kap.I.11) gab es keine Einzelkandidaten mehr, sondern nur noch Einheitslisten mit »Kandidaten der Nationalen Front«. Der Schlüssel für die Aufstellung von Kandidaten für die Einheitsliste zur Volkskammerwahl verschleierte das tatsächliche Übergewicht der SED. Sie stellte offiziell nur ein Viertel der Abgeordneten, während die übrigen vier Parteien - CDU und LDP je 15 %, DBD und NDPD je 7,5 % - zusammen knapp die Hälfte der Sitze erhalten sollten. Da aber die restlichen 30 % der Mandate den Massenorganisationen und damit meist Abgeordneten zufielen, die neben ihrer FDGB- oder FDJ-Mitgliedschaft auch ein SED-Parteibuch besaßen, war letztlich der bestimmende Einfluß der SED in der Volkskammer gesichert. Ähnliche Schlüssel wurden für die Landtags- und Kommunalwahlen vereinbart. Unmittelbar vor dem Wahltag forderte die Nationale Front auch noch zur offenen Stimmabgabe auf. Nach dem amtlichen Wahlergebnis hatten 98,44 % der Wahlberechtigten ihre Stimme abgegeben, davon wiederum 99,72 % für die Einheitsliste der Nationalen Front. In vielen Fällen war eine geheime Wahl schon nicht mehr möglich gewesen[3].

Volkskammerwahlen 1950

Entsprechend war die Zusammensetzung der Volkskammer: Die SED erhielt 100 Sitze, CDU und LDP jeweils 60, der FDGB 40, NDP und DBD je 30, FDJ und Kulturbund je 20, DFD und VVN je 15 und VdgB und Genossenschaften je fünf Sitze. Zusammen mit den SED-Mitgliedern in den Massenorganisationen verfügte die SED über die absolute Mehrheit im Parlament. Otto Grotewohl wurde erneut zum Ministerpräsidenten gewählt. Die SED stellte zwei der fünf Stellvertreter (Ulbricht und Rau) und verstärkte ihren Einfluß durch die neugebildeten Ministerien für Staatssicherheit (Zaisser) und für Maschinenbau (Ziller) sowie die Aufteilung des Ministeriums für Arbeit und Gesundheitswesen, wobei zum Arbeitsminister der FDGB- und SED-Funktionär Roman Chwalek ernannt wurde. Noch wichtiger für den maßgeblichen Einfluß der SED auf die Regierung war die Tatsache, daß Beschlüsse des Politbüros der SED für das Kabinett de facto bindend wurden[4].

Der Aufbau eines neuen Staatsapparates, dessen Institutionen und Personal der SED allein verpflichtet waren, begann kurz nach Gründung der DDR im Dezember 1949 mit der Errichtung des Obersten Gerichts

Der Staatsapparat

und der Obersten Staatsanwaltschaft der DDR durch Volkskammerbeschluß vom 7. Dezember 1949. Das Oberste Gericht entschied danach in Straftaten von »überragender Bedeutung« in erster und letzter Instanz und wirkte als Kassationsgericht. Die Oberste Staatsanwaltschaft wurde ein selbständiges Organ. In zahlreichen Schauprozessen war das Oberste Gericht später eine wichtige Instanz zur Festigung des SED-Regimes durch politischen Druck und Terror.

Diesem Zweck diente auch das Ministerium für Staatssicherheit (MfS), das am 8. Februar 1950 aus der »Hauptverwaltung für den Schutz des Volkseigentums« im Innenministerium hervorging. De facto unterstand dieses Ministerium einzig dem Politbüro der SED. Ein weitverzweigtes Netz von Agenten und Beobachtern bewachte das öffentliche Leben und sorgte dafür, daß jede Opposition im Keim erstickt wurde. Allein 1950 sollen nach westlichen Angaben Gerichte der DDR insgesamt über 78 000 politische Angeklagte verurteilt haben, darunter 15 zum Tode. Dem Innenministerium unterstand weiterhin die Deutsche Volkspolizei, die nun verstärkt wurde. 1950 umfaßten die »Bereitschaften« der Kasernierten Volkspolizei (KVP) bereits 50 000 Mann[5].

Ebenfalls vor den Volkskammerwahlen hatte sich die DDR-Regierung auch als zentrale Instanz gegenüber den Ländern durchgesetzt. Die Hauptverwaltungen der Deutschen Wirtschaftskommission wurden in Ministerien umgewandelt, die ihrerseits Kompetenzen der Länder an sich zogen. Im Oktober 1950 wurden die Verkehrs- und Justizministerien der Länder aufgelöst und die Kompetenzen der Länderinnenminister beschnitten. Seit Gründung der Einheitspartei hatte ihre Führung die wichtigsten Institutionen des Staatsapparates mit ihren Kadern besetzt. 1948 gehörten knapp 44 % des Personals im Staatsapparat der SED an; in den folgenden Jahren wuchs der Anteil der SED-Mitglieder vor allem auf den entscheidenden Posten rasch.

Die 1. Parteikonferenz der SED 1949
Die 1. Parteikonferenz der SED, die vom 25. bis 28. Januar 1949 tagte, hatte einstimmig beschlossen, die Partei in eine »marxistisch-leninistische Partei neuen Typs« umzuwandeln, d.h. in eine Kader- und Kampfpartei nach dem Vorbild der KPdSU. Dazu gehörte auch die Übernahme des Organisationsprinzips des »demokratischen Zentralismus«. Als Führungsspitze des Parteivorstandes setzte die Parteikonferenz nach sowjetischem Vorbild ein Politbüro ein[6]. Bereits 1948 war mit der Säuberung der Partei von sogenannten »Karrieristen« begonnen worden. Dabei waren auch viele ehemalige Sozialdemokraten ausgeschlossen worden[7]. Die 1. Parteikonferenz schaffte die auf dem Vereinigungsparteitag beschlossene paritätische Besetzung der Parteileitungen auf allen Ebenen mit ehemaligen SPD- und KPD-Mitgliedern wieder ab.

In dem vom Parteivorstand aus seiner Mitte gewählten Politbüro arbeiteten vier ehemalige KPD-Mitglieder (Wilhelm Pieck, Walter Ulbricht, Paul Merker und Franz Dahlem) und drei frühere Sozialdemokraten (Otto Grotewohl, Otto Meier und Friedrich Ebert jun.) zusammen. Die beiden Kandidaten des Politbüros waren Anton Ackermann (früher KPD) und Karl Steinhoff (früher SPD). Zugleich entstand ein »kleines Sekretariat des Politbüros«, dessen Vorsitzender Walter Ulbricht war und dem vier weitere Mitglieder angehörten. Hier wurden die Beschlüsse des Politbüros vorbereitet und ihre Durchführung kontrolliert. Diese neuen Gremien entmachteten den Parteivorstand, der aus 60 Mitgliedern bestand, und sein 14köpfiges Zentralsekretariat. An die Stelle des Parteivorstandes trat 1950 das Zentralkommitee; das Zentralsekretariat wurde aufgelöst. Wie bei der KPdSU gab das jeweils kleinere Spitzengremium dem nächstgrößeren die Richtlinien der Politik vor und ließ sie von ihm nur noch formal bestätigen.

Der III. Parteitag der SED vom 20. bis 24. Juli 1950 verabschiedete ein neues Parteistatut. Es verpflichtete alle untergeordneten Parteigremien der Länder (später Bezirke), Kreise, Städte, Gemeinden, Ministerien, Behörden oder Betriebe, die Beschlüsse der ihnen jeweils übergeordneten Parteileitungen als verbindlich anzuerkennen. Das Statut verlangte von jedem Parteimitglied strikte Parteidisziplin, die Unterordnung von unterlegenen Minderheiten unter die Mehrheit und verbot ausdrücklich innerparteiliche Gruppenbildungen (»Fraktionen«) zur Durchsetzung von Teilinteressen oder alternativen Konzeptionen.

Der III. Parteitag der SED 1950

Nichts unterstreicht den Führungsanspruch der SED besser als die Hymne von Louis Fürstenberg mit dem Refrain »Die Partei, die hat immer recht!«, deren Text vom III. Parteitag veröffentlicht wurde. Der Parteitag bestätigte das neue Politbüro, dem 15 Personen angehörten. Unter den neun Vollmitgliedern waren nur noch zwei ehemalige Sozialdemokraten: Otto Grotewohl und Friedrich Ebert. Unter den sechs Kandidaten hatte nur Erich Mückenberger früher der SPD angehört[8]. Vorsitzende der SED blieben Grotewohl und Pieck. Immer stärker trat nun aber der Mann in den Vordergrund, der die Partei wirklich leitete: Walter Ulbricht (1893-1973). Seit 1946 war er stellvertretender Parteivorsitzender und Mitglied des ZK der SED. 1949 wurde er Mitglied des Politbüros; und auf dem III. Parteitag wählte ihn das ZK in das neu geschaffene Amt eines Generalsekretärs der SED. Ulbricht war außerdem Abgeordneter der Volkskammer und erster Stellvertreter des Vorsitzenden des Ministerrats.

Der III. Parteitag rief zum »Kampf gegen Spione und Agenten«, insbesondere gegen die »Tito-Clique«, und zur Beseitigung aller Überreste des »Sozialdemokratismus« auf. 1948 war nach sowjetischem Vorbild die Zentrale Parteikontrollkommission (ZPKK) gegründet worden, die

Säuberungen 1950/51

alle Fälle politischer Abweichungen zu untersuchen hatte. Unter der Beschuldigung, mit dem Imperialismus gemeinsame Sache gemacht zu haben, schloß das ZK der SED im August 1950 den Chefredakteur des »Deutschlandsenders«, Leo Bauer, den Chefredakteur des »Neuen Deutschland«, Lex Ende, den Altkommunisten Paul Merker, der noch Mitglied des ersten Politbüros gewesen war, den ehemalige Reichsbahn-Chef Willy Kreikemeyer und andere Altgenossen aus der Partei aus. Sie wurden beschuldigt, Kontakte zu dem angeblichen US-Agenten Noel H. Field unterhalten zu haben. Kreikemeyer und Bauer wurden sofort, die anderen nach dem Prozeß gegen Rudolf Slansky und andere führende Kommunisten in der Tschechoslowakei verhaftet[9]. Lex Ende und Willy Kreikemeyer überlebten die »Bewährung in der Produktion« bzw. das sowjetische Lager nicht. Der neben Pieck und Grotewohl einflußreichste Funktionär im Politbüro, Franz Dahlem, verlor 1953 alle Parteiämter unter der Beschuldigung, während der Emigration in Frankreich und auch nach 1945 die »imperialistischen Westmächte« falsch eingeschätzt zu haben[10]. 1956 wurde Dahlem rehabilitiert.

In der ersten Hälfte des Jahres 1951 wurden alle Mitglieder der SED generell überprüft, weil die Partei auf Kaderkurs gebracht werden sollte. Alle passiven Mitglieder und alle »parteifeindlichen und parteifremden Elemente«, so vor allem sogenannte Trotzkisten und Sympathisanten der westdeutschen SPD, sollten ausgeschieden werden. Wer die Untersuchung der Überprüfungskommission überstand, erhielt ein neues Parteibuch, das »Parteidokument«. 151000 Genossinnen und Genossen wurden so aus der Partei ausgeschlossen[11], 30000 traten während dieser Säuberungsaktion aus der SED aus. Drei Jahre später verabschiedete der Parteitag ein neues Statut, das einen solchen freiwilligen Austritt unmöglich machte. Parteimitglied war man fortan lebenslang. Erst 1976 wurde der Austritt aus der SED wieder möglich. Am Ende der Säuberung hatte die SED nur noch 1,2 Mio. Mitglieder (statt 2 Mio. 1948). Diese waren diszipliniert und eingeschüchtert. Vor allem die zahlreichen Angestellten aus der Staats- und Wirtschaftsverwaltung mußten »Parteiergebenheit« an den Tag legen, wollten sie Karriere machen[12].

Die Parteibüro-kratie

In relativ kurzer Zeit gelang es so der SED, eine neue politische Führungsschicht zu schaffen. Den Kern dieser neuen Bürokratie, die meist aus der Arbeiterschaft stammte, bildeten SED-Mitglieder. Aufstiegschancen und Einfluß gewannen sie durch politische Disziplin und Anpassung. Und so hatte die neue politische Obrigkeit große Ähnlichkeit mit der alten. Der westdeutsche DDR-Historiker Dietrich Staritz beschreibt diesen Vorgang so: »*Verlangt waren wieder Subalternität, förmlicher Vollzug, strikte Regelhaftigkeit, gefördert wurde das Klima der Bürokratie. Gewiß, der Prozeß vollzog sich unter anderen politi-*

schen Vorgaben und auf neuer sozialer Grundlage, doch er prägte eine vergleichbare Mentalität: verantwortungsscheu, subaltern und machtbewußt in einem – und dies umfassender als jemals zuvor in Deutschland. Denn nun beherrschte sie außer dem klassischen öffentlichen Dienst auch die gesamte Volkswirtschaft. Doch sie stützte die politische Hegemonie der SED«[13].

Eine sorgfältig geplante Personal- oder Kaderpolitik sorgte seit Anfang der 50er Jahre dafür, daß in Partei, Staat und Massenorganisationen nur der SED-Führung gegenüber loyale Kader in Schlüsselstellungen gelangten. Nach offiziellen Angaben arbeiteten 1955 110 000 Angestellte und 30 000 Arbeiter bei »politischen, sozialen und wirtschaftlichen Organisationen«. In der öffentlichen Verwaltung waren – ebenfalls nach offiziellen DDR-Angaben – 1955 rund 317 000 Angestellte tätig. An der Spitze dieser Hierarchie standen die politischen Funktionäre, es folgten die verantwortlichen Kader im Bildungswesen und bei den Massenmedien. Über große Privilegien verfügten die Direktoren der Industriebetriebe und der Volkseigenen Güter. Zur neuen Funktionärselite der DDR gehörten schließlich auch das Offizierscorps, die Leiter des Staatssicherheitsdienstes und die Angehörigen der Justiz[14].

Eine Aufgabe der Parteibürokratie bestand darin, durch »Schulung« der Parteikader und -mitglieder die Grundprinzipien des Marxismus-Leninismus in ihrer stalinistischen Version zu verbreiten sowie das Bündnis und die Freundschaft mit der Sowjetunion zu feiern. Zu dieser Ostorientierung von SED und DDR gehörte auch der Stalinkult, der gelegentlich groteske Formen annahm. So beendete Walter Ulbricht seine Rede vor der 2. Parteikonferenz der SED 1952 mit dem Ausruf: »Wir müssen siegen, weil uns der große Stalin führt«[15]. Und wie eine Parodie auf den Stalinkult liest sich die »Danksagung«, die der spätere DDR-Kulturminister Johannes R. Becher zum Tode Stalins 1953 verfaßte. Darin heißt es u. a.: | Der Stalinkult

> »Dort wirst Du, Stalin, stehn, in voller Blüte
> Der Apfelbäume an dem Bodensee,
> Und durch den Schwarzwald wandert seine Güte,
> Und winkt zu sich heran ein scheues Reh.
> Gedenke Deutschland, deines Freunds, des besten.
> O danke Stalin, keiner war wie er
> So tief verwandt dir. Osten ist und Westen
> In ihm vereint. Er überquert das Meer,
> Und kein Gebirge setzt ihm eine Schranke,
> Kein Feind ist stark genug, zu widerstehn
> Dem Mann, der Stalin heißt, denn sein Gedanke
> Wird Tat, und Stalins Wille wird geschehn.«[16]

2. Die Wirtschaft 1949-1952: Verstaatlichte Industrie und private Landwirtschaft

Die Ausgangssituation für die wirtschaftliche Entwicklung der DDR war weitaus ungünstiger als die für die Bundesrepublik Deutschland. Zwar entfielen 1936 auf das spätere Gebiet der DDR 30 % der industriellen Produktion des Deutschen Reiches, durch Krieg und Reparationen waren jedoch 45 % der Produktionskapazitäten der Sowjetischen Besatzungszone zerstört worden (die Kriegszerstörungen in der westdeutschen Industrie wurden auf ca. 20 % geschätzt).

Kennzeichnend für die Industrie in der späteren DDR waren der hohe Anteil der Lebensmittel- und Leichtindustrie (50 %) und die enge Verflechtung mit der westdeutschen Grundstoffindustrie gewesen. So lag der Anteil der eisenschaffenden Industrie auf dem Gebiet der späteren DDR 1936 nur bei 7,3 % der deutschen Gesamterzeugung. Die hochentwickelte metallverarbeitende Industrie (Werkzeug- und Textilmaschinen, feinmechanische und optische Industrie, Elektroindustrie) in Sachsen, Thüringen und Berlin war also auf Zulieferungen aus dem Westen angewiesen, oder die DDR mußte eine eigene Grundstoffindustrie aufbauen[17]. Dies war ab 1949 das wirtschaftspolitische Hauptziel der DDR-Regierung.

Der erste Fünf-jahresplan 1950–1955
Der III. Parteitag der SED beschloß auf Vorschlag der Parteiführung im Juli 1950 den ersten Fünfjahresplan für die Jahre 1951 bis 1955. Ausgearbeitet wurde der Plan im November von der staatlichen Planungskommission nach den Weisungen der SED-Führung. Laut Plan sollten bis 1950 die Industrieproduktion auf 190 %, die landwirtschaftlichen Erträge um 25 % und das Volkseinkommen insgesamt um 60 % gesteigert werden[18].

Die DDR folgte damit dem Beispiel osteuropäischer Volksdemokratien wie Bulgarien und der Tschechoslowakei, die seit 1949 das Planungsinstrumentarium der Sowjetunion übernommen hatten. Ebenfalls 1950 übernahmen Ungarn und Polen, 1951 Albanien und Rumänien das sowjetische Modell. Die Fünfjahrespläne bildeten die Grundlagen für eine wirtschaftliche und politische Gemeinschaft, deren organisatorischer Rahmen bereits 1949 mit dem »Rat für Gegenseitige Wirtschaftshilfe« (RGW) geschaffen worden war. Die DDR trat dem RGW am 29. September 1950 bei. Der Außenhandel der DDR mit den Staaten des RGW verdreifachte sich zwischen 1950 und 1955. 1954 entfielen drei Viertel des Außenhandels der DDR auf dieses Gebiet[19].

Mit den Fünfjahresplänen und ihrer Abstimmung innerhalb des RGW übernahmen die Mitgliedsländer die Grundzüge des sowjetischen Wirtschaftssystems. Unter dem Schlachtruf »Von der Sowjetunion lernen, heißt siegen lernen«, beschloß das ZK der SED im Juni 1951 die Prinzipien der sowjetischen Wirtschaftsführung zu übernehmen. Dies führte zu einer weiteren Zentralisierung der Planung und zur Ausrichtung der DDR-Außenwirtschaft auf den sowjetischen Block. Die Wirtschaftslenkung richtete sich wie in der Sowjetunion auf quantitatives Wachstum aus und vernachlässigte die Qualität der Produktion. Das Schwergewicht der Wirtschaftspolitik lag auf dem Auf- und Ausbau der Schwerindustrie und nicht - wie es zunächst in der Bundesrepublik der Fall war - auf der Konsumgüterindustrie. Gegenüber 1950 sollte die Produktion der Schwerindustrie auf 208 % gesteigert werden. Den sichtbarsten Ausdruck fand diese Prioritätensetzung in der Grundsteinlegung für das Eisenhüttenkombinat Ost in Fürstenberg an der Oder im Januar 1951. Hier sollte Erz aus der Sowjetunion mit Kohle aus Polen verhüttet werden[20].

Für Investitionen in anderen Industriezweigen blieben bei dieser Zielsetzung keine Mittel übrig, zumal die DDR-Wirtschaft durch Reparationen und Besatzungskosten zusätzlich belastet war. 1950 sollten für Reparationen 17 % und für Besatzungskosten 8 % der Nettoproduktion bereitgestellt werden. Von 1951 bis 1953 mußte der Staatshaushalt der DDR jährlich 3,3 bis 3,5 Milliarden Mark für Zahlungen an die Sowjetunion aufbringen[21].

Für die Organisierung der volkswirtschaftlichen Planung und Lenkung war entscheidend, daß der Führungsanspruch der SED unter allen Umständen gewahrt bleiben mußte.

Planwirtschaft in der Industrie

In den ersten Jahren der DDR hieß dies, daß die Privatwirtschaft zurückgedrängt und solche Eigentumsverhältnisse durchgesetzt werden mußten, die eine zentrale Planung der Produktion, Investition und Verteilung möglich machten.

In der Industrie war die Verstaatlichung bei Gründung der DDR bereits weit fortgeschritten: 1948 lieferten die Volkseigenen Betriebe (VEB) zusammen mit den Sowjetischen Aktiengesellschaften (SAG) 61 %, 1949 knapp 69 % und 1950 76 % der Industrieproduktion. Banken und Versicherungen waren bereits verstaatlicht; die Enteignung des Großhandels war so gut wie abgeschlossen. Die noch existierenden privaten Industriebetriebe - meist kleine und mittlere Unternehmen - waren seit dem Beginn des Zweijahrplans (1949 bis 1950) ebenso wie das Handwerk durch staatlich gelenkte Materialzuteilungen und langfristige Verträge eng an die Volkseigenen Betriebe gebunden. Der private Einzelhandel hatte einen schweren Stand, denn die meisten Lebensmittel waren noch rationiert, die meisten Konsumgüter kontingentiert - so überhaupt vorhanden. Außerdem stand der private Einzelhandel unter dem starken Konkurrenzdruck der 1948 gegründeten Staatlichen Handelsorganisation (HO) und der staatlich geförderten Konsumgesell-schaften[22].

Die seit 1945 durch die Enteignung der Großindustrie entstandenen Volkseigenen Betriebe (VEB) unterstanden zunächst den Wirtschafts-verwaltungen der Länder. 1948 wurden sie für die ganze SBZ nach Branchen bzw. Produktionsketten in 75 zentrale »Vereinigungen Volks-eigener Betriebe« (VVB) zusammengefaßt und diese den Hauptverwal-tungen der Deutschen Wirtschaftskommission unterstellt. Deren Lei-tungskompetenz ging nach Gründung der DDR auf das Ministerium für Planung und nach dessen Umwandlung im November 1950 in die Staatliche Plankommission auf diese über. Die Plankommission war di-rekt dem Ministerrat unterstellt und für die zentrale Wirtschaftslenkung (in Bezug auf langfristige und Jahresvolkswirtschaftspläne) und deren Kontrolle zuständig. Ebenfalls im November 1950 wurde das Industrie-ministerium aufgelöst, stattdessen wurden drei neue Ministerien für Schwerindustrie, Maschinenbau und Leichtindustrie geschaffen. Die meisten Vereinigungen Volkseigener Betriebe wurden wieder aufgelöst und bedeutende Betriebe den Hauptverwaltungen der Ministerien di-rekt unterstellt. 1950 gab es 2600 zentral geleitete und über 1800 von den Ländern geführte Volkseigene Betriebe. Sie beschäftigten 1,5 Mill. Arbeiter und Angestellte und produzierten drei Viertel der industriellen Produktion.

Noch existierten 17000 Privatbetriebe, die ein Viertel der Industriepro-duktion erzeugten[23].

Für die wirtschaftspolitische Konzeption war die Parteiführung verant-wortlich, für den Plan und die Leitungsmethodik die Staatliche Plan-kommission, für die unmittelbare Leitung der Betriebe die Ministerien. Sie gaben den Betrieben bis ins Einzelne gehende Produktionsauflagen, schrieben vor, mit welchem finanziellen und materiellen Aufwand das Produktionssoll zu erreichen sei, bestimmten die Zahl der notwendigen Abeitskräfte und waren sogar befugt, ja angehalten, vor Ort in die be-trieblichen Entscheidungen einzugreifen. Der Betriebsleitung blieb nur noch die technisch-organisatorische Realisierung des Planes, der vor allem in Mengen und Gewichtseinheiten abgerechnet wurde. Bei Übererfüllung gab es Prämien. Für technologische Innovationen bot diese Art von Planung keinen Anreiz. Die Wünsche der Konsumenten spielten keine Rolle; und von betrieblicher Mitbestimmung der Arbeiter und Gewerkschaften konnte schon deshalb keine Rede sein, weil die Betriebsleitungen selber kaum etwas zu bestimmen hatten[24].

Löhne und Ar-beitsprodukti-vität

Mit dem ersten Fünfjahresplan war die Summe aller zwischen 1951 und 1955 in der DDR zu zahlenden Löhne und Gehälter festgeschrieben worden. Für Tarifverhandlungen zwischen Gewerkschaften und Betriebsleitungen bzw. Industrieministerien bestand also kein Spielraum mehr. Wegen der für jeden Industriezweig feststehenden Lohnhöhe konnten die Gewerkschaftsvertreter in sogenannten »Rahmenkollektivverträgen« höchstens Zuschläge, Urlaubszeiten oder Einkommensdifferenzierungen nach Lohn- und Gehaltgruppen beeinflussen[25]. Nach Auflösung der VVB hatten die Gewerkschaften auch jede Einwirkungsmöglichkeit auf einer mittleren Entscheidungsebene verloren.

Die in den ersten Nachkriegsjahren sehr intensive Mitbestimmung auf Betriebsebene war schon 1948 verloren gegangen, als in jedem Betrieb leitende Direktoren eingesetzt und die Betriebsräte aufgelöst wurden. An ihre Stelle traten Betriebsgewerkschaftsleitungen (BGL), die im Laufe der Zeit meist ihre Funktion als Interessenvertretung der Arbeiter verloren und sich selbst zunehmend als Instrumente der Planerfüllung verstanden.

Daraus mußten bald Konflikte entstehen, denn der Plan sah vor, innerhalb von fünf Jahren die Industrieproduktion beinahe zu verdoppeln, eine eigene Schwerindustrie aufzubauen, dafür aber die Entwicklung der Nahrungsmittelproduktion zurückzustellen, die Arbeitsproduktivität in der Industrie zu erhöhen und die Löhne nur mäßig zu steigern. So war 1947 wieder die Akkord-Arbeit eingeführt worden. Außerdem versuchten die Betriebsleitungen, durch Vorgabezeiten für Stückzahlen oder Arbeitsgänge (Technische Arbeitsnormen = TAN) und leistungsabhängige Löhne eine Steigerung der Produktioon zu erzielen. Die nach sowjetischem Vorbild gestartete »Aktivistenbewegung« sollte den Aufschwung bewirken. Vorbildfunktion hatte der Bergmann Adolf Hennecke, der 1948 in der Zwickauer Steinkohlengrube »Karl Liebknecht« (in einem Schacht mit Namen »Gottes Segen«) nach sorgfältiger Vorbereitung und mit viel Unterstützung seine Norm mit 387 % übererfüllte[26].

Dennoch lag die Arbeitsproduktivität 1948 nur bei 50 % des Vorkriegsstandes. Diese zu steigern war daher das vorrangige Ziel von Partei, Staatsapparat und Gewerkschaften. Der Fünfjahresplan sah eine Erhöhung der Arbeitsproduktivität um mindestens 60 % vor, dabei sollten die Löhne in der Industrie aber nur um durchschnittlich 20 Prozent steigen.

Im März 1950 verpflichtete die Regierung alle Betriebe, »Betriebskollektivverträge« (später meist als »Betriebsverträge« bezeichnet) mit den Betriebsgewerkschaftsleitungen abzuschließen. Darin wurden Lohndifferenzierungen, Zuschläge, Urlaubsregelungen und Sozialleistungen festgelegt, vor allem aber mußten sich die Arbeiter verpflichten, das vorgegebene Produktionssoll tatsächlich auch zu erfüllen. In den Verträgen sollten auch Regelungen über Lohnabzüge bei Ausschußproduktion und die Kürzung von Lohnzuschlägen bei Sonntags-, Nacht- und Schichtarbeit enthalten sein. Wegen dieser Forderungen kam es in vielen Industriebetrieben 1950 und 1951 wiederholt zu Auseinandersetzungen[27]. Anders als durch Leistungserhöhung und Konsumverzicht war Wirtschaftswachstum zu dieser Zeit wohl auch nicht zu erreichen, aber das Tempo und die Höhe der Produktionssteigerung waren unrealistisch angesetzt und mußten bei der Bevölkerung der DDR unterschwelligen Unmut auslösen, zumal die Versorgung mit den notwendigsten Gütern des täglichen Bedarfs Anfang der 50er Jahre immer noch sehr zu wünschen übrig ließ.

Preise und Einkommen

Bis 1948 waren Preise und Löhne auf dem Niveau von 1944 eingefroren. Danach stiegen die Löhne langsam an: 1950 lag das monatliche Durchschnittseinkommen bei 256 Mark, 1955 war es auf 354 Mark gestiegen. Die meisten Lebensmittel blieben bis 1958 rationiert und billig. Wer seine Rationen durch Käufe in der HO aufbessern wollte, mußte 1950 noch 5 Mark für ein kg Mehl, 36 Mark für ein kg Butter bezahlen. Dazu waren die meisten Arbeiter nicht in der Lage; ganz zu schweigen von den Rentnern. Die Altersrenten deckten 1952 mit durchschnittlich 91,15 Mark im Monat kaum das Existenzminimum. Nach Berechnungen von DDR-Ökonomen lag die Kaufkraft des Lohnes 1950 bei 73 %, nach anderen DDR-Berechnungen sogar nur bei 51 % der Kaufkraft von 1936[28].

Die Landwirtschaft

In der Landwirtschaft waren die Besitzverhältmnisse völlig anders als in der Industrie. Nach der Agrarreform von 1945, durch die Betriebe von über 100 ha landwirtschaftlicher Nutzfläche enteignet und an landarme Bauern, »Umsiedler« aus den Ostgebieten und Landarbeiter verteilt worden waren, dominierten hier kleinere und mittlere Betriebe zwischen fünf und 20 ha. Sie bewirtschafteten zusammen ungefähr 59 % des Landes. Die seit 1948 in der DDR als »Großbauern« bezeichneten Besitzer von Höfen zwischen 20 und 100 ha bewirtschafteten 26 % der Nutzfläche. Nur die wenigen »Volkseigenen Güter«, bisher nicht enteignete landwirtschaftliche Betriebe der Kirchen und staatliche Saatzuchtbetriebe bewirtschafteten über 100 ha Nutzfläche. Sie machten gerade 4,4 % der landwirtschaftlichen Nutzfläche aus (1939 hatte diese Betriebsgröße einen Anteil von 28,3 %). Gewachsen waren auch Nebenerwerbswirtschaften in der Größenklasse zwischen einem halben und zehn Hektar (von ca. 94 000 auf ca. 250 000)[29].

Die Landreform hatte den bäuerlichen Individualismus gestärkt und die landwirtschaftliche Produktion unplanbar gemacht. Denn die meisten dieser kleinen Betriebe arbeiteten nicht produktiv. Es mangelte ihnen an Vieh, Düngemitteln und landwirtschaftlichem Gerät, ihren Besitzern fehlte oft die Erfahrung. Durch Festlegung von Ablieferungsauflagen (»Soll«), festen Niedrigpreisen und höheren Preisen für Übersollproduktion (»Freie Spitzen«) versuchte die staatliche Plankommission, die landwirtschaftliche Produktion zu steigern und planbar zu machen. Auch die 1948 eingeleitete Kampagne gegen die nunmehrigen »Großbauern«, die höhere Steuern zahlen und größere Mengen abliefern mußten, steigerte weder die Produktion noch die Loyalität der Bauern dem SED-Regime gegenüber. Zu einer Kollektivierung der Landwirtschaft, wie sie in den Nachbarländern eingeleitet wurde, konnte sich die SED zu diesem Zeitpunkt indes noch nicht entschließen, denn die Parole »Junkerland in Bauernhand« hatten die »Neubauern« noch nicht vergessen[30].

Der entscheidende Wendepunkt für die Landwirtschaft kam 1952. Nach der 2. Parteikonferenz wurden die Bauern mehr und mehr zum Eintritt in die Landwirtschaftlichen Produktionsgenossenschaften gedrängt. Mitglieder der LPGs erhielten Steuerermäßigungen, sie wurden bevorzugt mit Düngemitteln, Geräten, Zuchtvieh und Futtermitteln versorgt. Die Maschinenausleihstationen waren verpflichtet, vorrangig und zum niedrigsten Preis die LPGs zu versorgen (s. unten, Kap. V.4).

3. Die DDR-Führung und die deutsche Einheit

Im Unterschied zur Bundesrepublik Deutschland, die erst im März 1951 wieder ein Ministerium für Auswärtige Angelegenheiten errichten durfte, verfügte die DDR-Regierung bereits nach ihrer Gründung auch über ein Außenministerium. Erster Außenminister der DDR war Georg Dertinger. Er gehörte der Ost-CDU an und führte sein Amt bis zum Januar 1953, als er verhaftet wurde. 1954 wurde er wegen Spionage zu 15 Jahren Zuchthaus verurteilt und war bis 1964 in Bautzen inhaftiert. Ende Februar 1950 bezeichnete Dertinger in einer Regierungserklärung die Forderung nach dem *»unverzüglichen Abschluß eines Friedensvertrages mit Gesamtdeutschland«* als ein *»Grund- und Naturrecht«* und die DDR als *»Sachwalter des gesamten deutschen Volkes«, der sich »unbeirrbar um die Durchsetzung dieses Rechtsanspruchs bemüht«[31].*

Die DDR-Führung hielt also zunächst am Konzept der nationalen Einheit Deutschlands fest. Gleichzeitig suchte sie ein besseres Verhältnis zu ihren unmittelbaren Nachbarn Polen und der Tschechoslowakei zu erreichen, indem sie deren Forderungen nach endgültiger Anerkennung der Grenz- und Bevölkerungsverhältnisse entgegenkam. Am 23. Juni 1950 unterzeichneten die DDR und die Tschechoslowakei ein Abkommen, in dem es u.a. hieß: »*Unsere Staaten haben keine Gebiets- oder Grenzansprüche, und ihre Regierungen betonen ausdrücklich, daß die durchgeführte Umsiedlung der Deutschen aus der Tschechoslowakischen Republik unabänderlich, gerecht und endgültig ist*«[32].

Die Anerkennung der Oder-Neiße-Grenze durch die DDR 1950

Am 6. Juli 1950 unterzeichneten die Regierungen der DDR und der Volksrepublik Polen den Görlitzer Vertrag, der unter Bezugnahme auf das Potsdamer Abkommen die Grenze entlang der Oder und der Lausitzer Neiße als »Staatsgrenze zwischen Deutschland und Polen« festsetzte. - Die Bundesregierung erklärte diese Abmachungen der DDR für »null und nichtig«, da das Potsdamer Abkommen die endgültige Festlegung der deutsch-polnischen Grenze einer Friedenskonferenz vorbehalten und die DDR-Regierung mangels demokratischer Legitimation nicht das Recht hätte, für die Bevölkerung der DDR, geschweige denn für alle Deutschen, zu sprechen[33].

Mit der Verhärtung der Fronten zwischen den beiden Lagern infolge des Koreakrieges verschärfte sich im Sommer 1950 auch der Tonfall der SED-Propaganda gegen die »Kolonialisierungsmaßnahmen des USA-Imperialismus« in Westdeutschland[34]; und in der Bundesrepublik begann die Maßregelung von KPD-Mitgliedern.

Die Prager Außenminister-konferenz 1950

Nach der New Yorker Außenminister-Konferenz der Westmächte vom September, die die Aufrüstung der Bundesrepublik beschlossen hatte (s. oben, Kap. III.2), trafen sich am 20. und 21. Oktober 1950 die Außenminister des Ostblocks in Prag. Erstmals nahm auch der Außenminister der DDR an einem solchen Treffen teil. Die Konferenz protestierte gegen die geplante Aufrüstung der Bundesrepublik, schlug vor, den Rat der Außenminister wieder einzuberufen, und forderte den »*unverzüglichen Abschluß eines Friedensvertrages mit Deutschland unter Wiederherstellung der Einheit des deutschen Staates in Übereinstimmung mit dem Potsdamer Abkommen und mit der Maßgabe, daß die Besatzungstruppen aller Mächte in Jahresfrist nach Abschluß des Friedensvertrages aus Deutschland zurückgezogen werden*«. Bis dahin sollte ein aus ost- und westdeutschen Vertretern paritätisch zusammengesetzter »Gesamtdeutscher Konstituierender Rat« gebildet werden. Dieser wiederum sollte die Bildung einer »gesamtdeutschen souveränen demokratischen und friedliebenden provisorischen Regierung« vorbereiten und von den Siegermächten bei der Ausarbeitung eines Friedensvertrages konsultiert werden. Diese »Prager Deklaration« wurde von den Westmächten, an die sie gerichtet war, nach einiger Zeit mit der Forderung nach gesamtdeutschen Wahlen beantwortet. Adenauer wies die Vorschläge bereits am 21. Oktober 1950 zurück[35].

»Deutsche an einen Tisch«

Die DDR-Regierung unterstützte die »Prager Deklaration« mit der Initiative »Deutsche an einen Tisch«. Sie wandte sich mit ihren Vorschlägen direkt an die Bundesregierung in Bonn, während die Bundesregierung ihre Vorschläge an die Besatzungsmächte gerichtet hatte. Ministerpräsident Otto Grotewohl schlug Bundeskanzler Adenauer am 30. November 1950 vor, einen paritätisch besetzten Gesamtdeutschen Konstituierenden Rat zu bilden. Er sollte gesamtdeutsche freie Wahlen zu einer Nationalversammlung vorbereiten, eine Regierungsbildung und Friedensverhandlungen einleiten. Die Bundesregierung vermied eine direkte Antwort, die von der DDR-Regierung als Anerkennung der Eigenstaatlichkeit der DDR interpretiert worden wäre, und nahm daher in einer Pressekonferenz am 15. Januar 1951 dazu Stellung. Sie lehnte den Vorschlag ab, weil ein paritätisch besetzter Konstituierender Rat von vornherein ein Übereinkommen ausschlösse, und forderte erneut freie Wahlen zu einer gesamtdeutschen Nationalversammlung, wobei die Voraussetzungen für freie Wahlen freilich noch zu schaffen seien[36].

Auch die SPD-Opposition sprach sich gegen den DDR-Vorschlag aus. Kurt Schumacher erklärte am 9. März 1951 vor dem Bundestag: »*Dieser Konstituierende Rat ist die nationale Methode zur Erkämpfung der kommunistischen Diktatur in Deutschland...Sie [die Sowjets] erstreben die verstärkte politische Einwirkungsmöglichkeit auf die Gestaltung des deutschen Staatswesens. Diese undemokratische Zweckeinrichtung des Konstituierenden Rates soll eine ebenso undemokratische Zweckregierung schaffen. Die Aufgabe dieser sogenannten Regierung wäre, die Politik der vollendeten Tatsachen im kommunistischen Sinne durchzuführen*«[37].

Auf der deutsch-deutschen Ebene wiederholten sich also Vorgänge, die kennzeichnend auch für die Vier-Mächte-Gespräche waren: Hinter dem Streit über die Reihenfolge des Verfahrens, das zur Wiedervereinigung führen sollte, stand auf der östlichen Seite die Erkenntnis, daß freie Wahlen das Ende der DDR bedeuten würden, und auf der westlichen Seite die Sorge, daß sich die DDR und die Sowjetunion in einem Konstitutionellen Rat nur Positionen sichern wollten, um auch einen gesamtdeutschen Staat in eine Volksdemokratie umwandeln zu können. Insofern redeten beide Seiten bewußt an einander vorbei (vgl. a. oben, Kap. III.1).

Im September verzichtete die DDR auf eine paritätische Besetzung des »Konstituierenden Rates«. Zur gleichen Zeit kamen die Bundesregierung und die Westmächte überein, die Durchführbarkeit freier gesamtdeutscher Wahlen durch eine unparteiische internationale Kommission unter Aufsicht der Vereinten Nationen prüfen zu lassen. Auf Antrag der Westmächte setzte die UNO-Vollversammlung am 20. Dezember 1951 eine Kommission ein, bestehend aus Vertretern Brasiliens, Islands, der Niederlande, Pakistans und Polens. Sie sollte die in der Bundesre-

»Freie Wahlen in ganz Deutschland«

publik, Berlin und der DDR geltenden Verfassungsbestimmungen und ihre Anwendung, die Freiheit der politischen Parteien und die Organisation und Tätigkeit der richterlichen, polizeilichen und anderen Verwaltungsorgane untersuchen. Die Entschließung war gegen die Stimmen der Sowjetunion, der Ukraine, Weißrußlands, der CSSR, Polens und Israels bei acht Enthaltungen angenommen worden. Die Regierung der DDR bezeichnete den Beschluß als »Einmischung in die inneren Angelegenheiten des deutschen Volkes« und verweigerte der Kommission - an der sich der polnische Vertreter nicht beteiligte - die Einreise. So konnte diese am 30. April 1952 in ihrem zusammenfassenden Bericht nur feststellen, daß ihre Mission gescheitert war[38]. Im August 1952 stellte die UNO-Kommission ihre Arbeit ein.

Am 9. Januar 1952 verabschiedete die Volkskammer ein Wahlgesetz für die deutsche Nationalversammlung auf der Basis freier Wahlen unter Viermächte-Kontrolle. Am 6. Februar 1952 billigte auch der Bundestag das Wahlgesetz für eine verfassungsgebende gesamtdeutsche Nationalversammlung. Weitere Schritte unterblieben jedoch, denn mit der sowjetischen Note vom 10. März 1952 war die Diskussion der deutschen Frage in ein neues Stadium getreten. Die Moskauer Note folgte im wesentlichen der »Prager Deklaration«, betonte aber deutlicher das Junktim zwischen Einheit und Neutralität Deutschlands. Wären die Westmächte auf das sowjetische Angebot eingegangen, so hätte das die Auflösung der beiden deutschen Teilstaaten und die Bildung eines neutralen gesamtdeutschen Staates zur Folge gehabt. Daß dieses neue Deutschland kein kommunistisches, sondern ein konservatives oder ein sozialdemokratisches sein würde, war sicher auch der SED-Führung klar. Vermutlich kreisten die Gespräche, die Pieck, Grotewohl und Ulbricht vom 29. März bis zum 10. April 1952 in Moskau führten, um die Frage, ob die Sowjetunion für den Preis der Neutralisierung Gesamtdeutschlands die DDR aufgeben wollte oder nicht[39].

Der dann folgende Notenwechsel zwischen den Westmächten und der Sowjetunion (s. oben, Kap. III.2) enthob die DDR-Führung der Sorgen, die sie eventuell gehabt haben mochte, denn die Westmächte waren ebensowenig wie die Bundesregierung bereit, auf die Westbindung der Bundesrepublik zu verzichten. Grundsätzlich hielt die SED zwar an ihrer gesamtdeutschen Propaganda fest, nicht zuletzt deshalb, weil sie mit der Behauptung, die deutsche Nation existiere nicht mehr, der »Nationalen Front« den Boden entzogen hätte; tatsächlich aber war auch die SED-Führung nicht mehr an Einheit und Neutralität interessiert, denn das hätte das Ende ihrer Macht bedeutet. So versuchte sie, vollendete Tatsachen zu schaffen, indem sie damit begann, den »Sozialismus in einem halben Land«[40] aufzubauen.

4. Die 2. Parteikonferenz der SED 1952 und der Ausbau zur Volksdemokratie

Der Ausbau der DDR zu einer Volksdemokratie nach dem Muster anderer unter sowjetischem Einfluß stehender Staaten erreichte 1952 ein neues Stadium durch staatliche Maßnahmen, die auf eine schärfere Abgrenzung der DDR von der Bundesrepublik, eine Zentralisierung der Verwaltung im Innern und auf eine stärkere Eingliederung der DDR in den sowjetischen Block abzielten. Programmatisch formuliert wurden diese Ziele auf der 2. Parteikonferenz der SED, die vom 9. bis 12. Juli 1952 tagte.

Den Hintergrund der Konferenz bildete der Notenwechsel zwischen der Sowjetunion und den Westmächten über die deutsche Frage: Am 9. Juni wurde die westliche Antwortnote auf die Stalin-Note vom 10. März 1952 im Kreml übergeben. In den einleitenden Passagen des Konferenz-Beschlusses[41] hieß es: *»Die Welt ist in zwei Lager gespalten, in das Lager des Sozialismus und in das Lager des Imperialismus ... In Deutschland ist die zentrale Frage der Kampf um einen Friedensvertrag und um eine Wiederherstellung der Einheit Deutschlands.«* Die Spaltung Deutschlands sei verursacht worden durch die Politik der amerikanischen, britischen und französischen »Okkupationsmächte«. Ihre Absicht, einen »Separatpakt« mit dem »Bonner Vasallenregime« zu schließen, bedrohe den Frieden und gefährde die deutsche Nation. Daher stellte die 2. Parteikonferenz fest: *»Der Sturz des Bonner Vasallenregimes ist die Voraussetzung für die Wiederherstellung der Einheit Deutschlands.«* Weiter hieß es in dem Beschluß: *»Der Kampf um einen Friedensvertrag und gegen den von der Bonner Vasallenregierung unterzeichneten Generalkriegsvertrag erfordert, daß das deutsche Volk unter Führung der Arbeiterklasse die Sache der Erhaltung des Friedens und der Wiederherstellung der Einheit Deutschlands ... in seine eigenen Hände nimmt«.*

Daraus ergaben sich mehrere Aufgaben:

1. *»Die Schaffung der Aktionseinheit der kommunistischen, sozialdemokratischen, christlichen und parteilosen Arbeiter, das Bündnis der Arbeiterklasse mit den werktätigen Bauern und der Zusammenschluß aller deutschen Patrioten in der Friedensbewegung und in der Nationalen Front des demokratischen Deutschland«.* Diese Aktionseinheit erforderte zugleich aber auch *»den entschiedenen Kampf gegen die rechten sozialdemokratischen Führer und Gewerkschaftsführer, die den Feinden der Nation Hilfsdienste leisten.«*

2. *»Die Sicherung des Friedens, des demokratischen Fortschritts und des sozialistischen Aufbaus in der Deutschen Demokratischen Republik und*

211

in Berlin gegenüber Aggressionsakten vom Westen erfordert die Festigung und Verteidigung der Grenzen der Deutschen Demokratischen Republik, die Stärkung der demokratischen Volksmacht, der demokratischen Ordnung und Gesetzlichkeit und die Organisierung bewaffneter Streitkräfte, die mit der neuesten Technik ausgerüstet und imstande sind, die Errungenschaften der Werktätigen vor einem imperialistischen Angriff zu schützen«.

3. Die Konferenz stellte daher fest: *»Die politischen und die ökonomischen Bedingungen sowie das Bewußtsein der Arbeiterklasse und der Mehrheit der Werktätigen sind so weit entwickelt, daß der Aufbau des Sozialismus zur grundlegenden Aufgabe in der Deutschen Demokratischen Republik geworden ist«.*

4. *»Hauptinstrument bei der Schaffung der Grundlagen des Sozialismus«* war nach Ansicht der Parteikonferenz *»die Staatsmacht«.* Daher galt es, *»die volksdemokratischen Grundlagen der Staatsmacht ständig zu festigen. Die führende Rolle hat die Arbeiterklasse, die das Bündnis mit den werktätigen Bauern, der Intelligenz und anderen Schichten der Werktätigen geschlossen hat. Es ist zu beachten, daß die Verschärfung des Klassenkampfes unvermeidlich ist und die Werktätigen den Widerstand der feindlichen Kräfte brechen müssen«.*

Gerade zu diesem Zeitpunkt den Beschluß zu fassen, in der DDR den Sozialismus aufzubauen, und zum Kampf gegen das »Bonner Vasallenregime« aufzurufen, konnte nur als Signal dafür aufgefaßt werden, daß die SED-Führung nicht ohne weiteres bereit sein würde, die Existenz der DDR im Interesse eines neutralisierten Gesamtdeutschland zur Disposition zu stellen und sich selbst auf dem Altar einer allgemeinen Ost-West-Entspannung zu opfern. Da er geeignet schien, den sowjetischen Vorschlag vom 10. März in den Augen der Westmächte unglaubwürdig zu machen, stieß der Beschluß der 2. Parteikonferenz bei den sowjetischen Genossen zunächst auch auf wenig Gegenliebe. Erst nach dem Ende des Notenwechsels lobte auch die Moskauer Parteiführung den Schritt der SED in Richtung Volksdemokratie als richtige Entscheidung[42].

Der Beschluß der 2. Parteikonferenz markierte das Ende der antifaschistisch-demokratischen Phase in der politischen Rhetorik der DDR-Führung. Mit dem Konzept der »Nationalen Front« aller Antifaschisten hatte sie bislang den volksdemokratischen Charakter der DDR verdeckt. Nun definierte sich die DDR ausdrücklich als Volksdemokratie. Damit war seit 1948 eine Form der Diktatur des Proletariats gemeint, die mit dem sowjetischen System identisch war.

Die Aufgaben, die die Parteikonferenz formulierte, und die Mittel, die zur Erreichung des Ziels verwendet werden sollten, entsprachen den

Maßnahmen, die die anderen Ostblockländer seit 1948 ergriffen hatten, um den Sozialismus sowjetischer Prägung einzuführen. Dabei stand die SED-Führung vor besonderen Schwierigkeiten, die sich aus der Teilung Deutschlands ergaben: Sie beherrschte nur einen Teil des Landes; der Lebensstandard im anderen Teil Deutschlands lag höher als in der DDR; die gesamtdeutsche Tradition war im Bewußtsein der Bevölkerung noch sehr stark verankert. Es war daher höchst zweifelhaft, ob die Bevölkerung die nun verstärkt betriebene Politik der Ostorientierung und des Staatssozialismus akzeptieren würde.

Mit der Abgrenzung gegenüber der Bundesrepublik hatte die DDR-Führung schon vorher begonnen, als sie die damals in der DDR noch »Demarkationslinie« genannte innerdeutsche Grenze (die in der Bundesrepublik nach wie vor als »Zonengrenze« bezeichnet wurde) besonders sicherte. Am 26. Mai 1952 erließ die Regierung der DDR eine Verordnung über Sperrmaßnahmen an der Grenze. Entlang der Demarkationslinie wurde eine Sperrzone eingerichtet, bestehend aus einem zehn Meter breiten Kontrollstreifen unmittelbar an der Demarkationslinie, einem anschließenden 500 m breiten Schutzstreifen und einer etwa 5 km breiten Sperrzone. Das Überschreiten des 10-m-Kontrollstreifens war verboten. Innerhalb des 500-m-Schutzstreifens war der Aufenthalt - etwa für Feldarbeiten -nur während des Tages gestattet. Für die Einreise in die 5-km-Sperrzone mußten Einwohner der DDR einen Passierschein beantragen[43]. Die Grenze nach Westen war nunmehr nur noch unter Schwierigkeiten zu überqueren, es gab jedoch immer noch die Möglichkeit, die DDR über West-Berlin zu verlassen.

> »Sicherung der Staatsgrenze West« 1952

Als erste Schritte zum Aufbau des Sozialismus in der DDR sollten Staatsaufbau und Verwaltung weiter zentralisiert, die Justiz durch Ausarbeitung neuer Gesetzbücher umgestaltet, nationale Streitkräfte aufgestellt und die Landwirtschaftlichen Produktionsgenossenschaften verstärkt gefördert werden.

Zur »Stärkung der Staatsmacht« wurden am 23. Juli 1952 durch Gesetz die fünf Länder der DDR - Mecklenburg, Brandenburg, Sachsen-Anhalt, Thüringen und Sachsen - aufgelöst und an ihrer Stelle vierzehn Verwaltungsbezirke eingerichtet. (Nach dem Bau der Mauer kam 1961 Ost-Berlin als fünfzehnter Bezirk dazu.) Die obersten Organe der mittleren Verwaltungsebene waren nun die Bezirkstage und Bezirksräte. In den Bezirkstagen saßen je nach Größe des Bezirks 60 bis 90 Abgeordnete, verteilt nach dem bei Volkskammerwahlen üblichen Schlüssel. Der Rat des Bezirks war gleichzeitig vollziehende Gewalt und Verwaltungsorgan. Die Sekretäre, die an der Spitze der Bezirksräte standen, gehörten alle der SED an[44].

> Auflösung der Länder 1952

Aus den bisher 132 wurden 217 Stadt- und Landkreise gebildet. Die durchschnittliche Einwohnerzahl der Kreise sank von 118000 auf 70000. Auch auf dieser Ebene mußten neue Verwaltungen und Parteivorstände eingesetzt werden. So entwickelte sich aus der Verwaltungsreform »das größte kaderpolitische Revirement der DDR-Geschichte«[45]. Am 17. Juli 1952 setzte die Regierung nach sowjetischem Vorbild ein Präsidium des Ministerrates ein, das die Volkswirtschaft und die staatlichen Organe operativ leiten sollte. Bis 1953 wuchs der Ministerrat, dem nun auch Vorsitzende von Kommissionen und Staatssekretäre angehörten, auf 40 Personen an, davon waren 31 SED-Mitglieder. Im Präsidium des Ministerrats war das Übergewicht der SED noch deutlicher: Von 16 Mitgliedern gehörten 12 der SED an[46].

Schul- und Hochschulreform

Aus den Thesen der 2. Parteikonferenz entwickelte die SED auch eine neue schulpolitische Konzeption. Schon vor Gründung der DDR war die Partei bemüht gewesen, traditionelle Bildungsprivilegien abzubauen, alle Begabungsreserven auszuschöpfen und gleichzeitig politisch-ideologischen Einfluß auf die Jugend zu nehmen. Daher waren Schulverwaltung, Lehrpläne, Schulbücher und nicht zuletzt die Lehrerausbildung Zug um Zug verändert worden. Bereits 1949 gab es an den allgemeinbildenden Schulen über 45000 sogenannte Neulehrer und nur noch 20000 Lehrer, die vor 1945 ausgebildet worden waren. An den Oberschulen machten die Neulehrer 1950/51 etwa ein Drittel des Personals aus; ungefähr ein Drittel der Schüler stammte aus der Arbeiterschaft[47].

Ein Beschluß des Politbüros der SED vom 29. Juli 1952 »*zur Erhöhung des wissenschaftlichen Niveaus des Unterrichts und zur Verbesserung der Parteiarbeit an den allgemeinbildenden Schulen*« forderte die Erziehung der Jugendlichen zu »*allseitig entwickelten Persönlichkeiten, die fähig und bereit sind, den Sozialismus aufzubauen*«. Auf der Grundlage des Marxismus-Leninismus sollten sich die Schüler »*die Grundlagen der Wissenschaft und der Produktion aneignen*«. Diese Prinzipien versuchte die SED in der Schulpolitik durchzusetzen, bis sie Ende 1955 die polytechnische Erziehung in den Mittelpunkt stellte.

Eine Hochschulreform war bereits vor der 2. Parteikonferenz eingeleitet worden. Der erste Schritt war 1949 die Errichtung der Arbeiter- und Bauern-Fakultäten, an denen die von der Partei gewünschte »neue Intelligenz« herangezogen wurde. Spätestens Anfang 1951 verloren die Hochschulen ihre Autonomie und die Länder ihre Zuständigkeit für das Hochschulwesen: Zur einheitlichen Leitung aller Universitäten wurde das Staatssekretariat für Hochschulwesen gebildet, das im Februar 1951 das Zehnmonate-Studienjahr mit genauen Studien- und Stoffplänen einführte. Alle Studierenden mußten nun ein gesellschaftswissenschaftliches Grundstudium absolvieren, das die Grundlagen des Marxismus-Leninismus vermittelte. Nach der 2. Parteikonferenz baute der Staat das Hochschulwesen verstärkt aus: 1953 und 1954 entstanden zusätzlich zu den bestehenden 21 Hochschulen (sechs Universitäten und 15 Wissenschaftlich-Technische Hochschulen) 25 neue Hochschulen, darunter drei Medizinische Akademien, sechs Pädagogische Institute, je eine Hochschule für Elektrotechnik, Finanzen, Schwermaschinenbau und andere technische Disziplinen. Die Zahl der Studierenden stieg von 28000 im Jahre 1951 auf 57500 im Jahre 1954; der Anteil der Arbeiter- und Bauernkinder an der Gesamtzahl der Studierenden betrug 1954 53 %.

Der von der SED-Parteikonferenz geforderte Aufbau bewaffneter Streitkräfte zur »Festigung und Verteidigung der Landesgrenzen« konnte auf Vorläufer zurückgreifen: Bereits 1948 hatte die sowjetische Militärverwaltung den Aufbau von »Bereitschaften« der Volkspolizei angeordnet. Die Stärke dieser Verbände wuchs bis 1951 auf etwa 65000 Mann, darunter waren auch Panzer- und Artillerie-Einheiten. Seit Anfang 1952 wurden sechs motorisierte Divisionen zusammengestellt und alle Einheiten zur »Kasernierten Volkspolizei« zusammengefaßt. Seestreitkräfte gab es bereits, eine Luftwaffe folgte bald. Die nun einsetzende verstärkte Aufrüstung wurde gerechtfertigt als Maßnahme gegen den »aggressiven amerikanischen und den revanchelüsternen westdeutschen Imperialismus«, denn inzwischen war der Aufbau der Bundeswehr beschlossen worden. Aus der Kasernierten Volkspolizei wurden bis Ende 1952 zwei Armeekorps formiert. Für eine paramilitärische Ausbildung der Jugendlichen sorgte die im Sommer 1952 gegründete »Gesellschaft für Sport und Technik«. Die Mitgliedschaft in der Gesellschaft war formal freiwillig; doch FDJ und andere Massenoranisationen warben mit Nachdruck Mitglieder. Ebenfalls 1952 wurden die ersten Betriebskampfgruppen gebildet. Sie sollten den Arbeitern die Macht der »Arbeiterklasse« demonstrieren und den Aufbau nationaler Streitkräfte unterstützen[48].

Die Kasernierte Volkspolizei

Der Beschluß der 2. Parteikonferenz, in der DDR mit dem Aufbau des Sozialismus zu beginnen, bedeutete vor allem, daß Schritte zur Kollektivierung der Landwirtschaft unternommen wurden. Die Bauern sollten verstärkt zum Eintritt in Landwirtschaftliche Produktionsgenossenschaften (LPG) bewogen werden. Die LPG waren Betriebe mit gemischt privat-genossenschaftlichem Eigentum. Vor allem der eingebrachte Boden blieb Privateigentum der Genossenschaftsmitglieder. Je nach dem Grad der gemeinschaftlichen Nutzung von Boden, Vieh, Maschinen, Wirtschaftsgebäuden und nach Verteilung der Erträge unterschied man in der DDR drei Typen von LPG:

Kollektivierung der Landwirtschaft

Beim Typ I wurde nur das Ackerland gemeinsam genutzt, die Tierhaltung betrieb jedes Mitglied individuell und bezog daraus auch individuelles Einkommen. Typ II existierte eigentlich nur als Übergangsstufe zu Typ III: Hier wurde schon eine gemeinsame Viehhaltung aufgebaut; Zugvieh, Traktoren und Maschinen konnten in die Genossenschaft eingebracht werden. Das Ideal der kollektivierten Landwirtschaft stellte der Typ III der LPG dar: Hier wurden alle Produktionsmittel (Land, Vieh, Gebäude, Maschinen) gemeinsam genutzt, die Erträge der LPG wurden vorwiegend entsprechend der geleisteten Arbeit, zum Teil aber auch entsprechend den eingebrachten Bodenanteilen, verteilt. Außerdem durften die Mitglieder der LPG auf einem kleinen Stück Land (höchstens einem halben Hektar) eine persönliche Hauswirtchaft betreiben und etwas Vieh halten[49].

In den Detailbeschlüssen der 2. Parteikonferenz hatte es noch geheißen, die Kollektivierung solle »auf völlig freiwilliger Grundlage« in Landwirtschaftlichen Produktionsgenossenschaften erfolgen. Der gleiche Prozeß sollte im Handwerk durch die Schaffung von »Produktionsgenossenschaften des Handwerks« (PGH) stattfinden.

In der Kollektivierungskampagne begannen regionale Parteistellen und Kreisbehörden jedoch bald, erheblichen Druck auf die Bauern auszuüben. Im Februar 1953 gestattete der Ministerrat den Kreisbehörden, Bauern, die »die Bestimmungen über die ordnungsgemäße Bewirtschaftung verletzt« oder »gegen die Gesetze der Deutschen Demokratischen Republik verstoßen« hatten, die »Bewirtschaftung« ihrer Felder zu untersagen, ihr Land unter staatliche Verwaltung zu stellen oder einer LPG zu übergeben. Die Werbung für die LPGs wurde unterstrichen durch die stärkere Steuer- und Soll-Belastung der Mittel- und Großbauern. Ähnlich sah es im Handwerk aus[50].

Repressalien gegen die Kirche

Mit der These von der unvermeidlichen Verschärfung des Klassenkampfes und der Aufforderung zum »täglich(en) konsequente(n) Kampf gegen die bürgerlichen Ideologien« hatte die 2. Parteikonferenz der SED der ganzen alten Gesellschaft den Kampf angesagt. Neben den Schulen und Hochschulen bekamen dies insbesondere die Kirchen zu spüren: Den Kirchen wurde untersagt, in den Schulen Religionsunterricht abzuhalten. Schulen und Universitäten begannen damit, Jugendliche und Studenten, die der »Jungen Gemeinde« angehörten, der Schule bzw. Hochschule zu verweisen.

Wachsende Unruhe in der Bevölkerung

Der Druck auf die Bauern, die Maßnahmen gegen das private Handwerk und die Aktionen gegen die Kirchen riefen Unruhe in der Bevölkerung hervor. Bischöfe protestierten gegen die Einschränkungen kirchlicher Rechte und die Diskriminierung von Gläubigen, Bauern und Handwerker verweigerten ihre Ablieferungen und Steuerzahlungen.

Diese Unruhe weitete sich auf die Industriebetriebe aus, als die Staats-

und Parteiführung beschloß, auch der Arbeiterschaft Opfer für den Aufbau des Sozialismus abzuverlangen. Denn der Aufbau des Sozialismus »in einem halben Land« war nicht nur ein riskantes, sondern auch ein teures Unternehmen. Geld kosteten vor allem der Aufbau der nationalen Streitkräfte, die Reorganisation der Verwaltung, der Ausbau des Hochschulwesens, die erhöhten Investitionen in der Schwerindustrie und nicht zuletzt die Kollektivierung der Landwirtschaft. Zunächst versuchte die Regierung, die erforderlichen Mittel beim »Klassenfeind« zu holen: Am 9. April 1953 entzog der Ministerrat allen DDR-Bürgern mit Arbeitsplatz in West-Berlin sowie allen Selbständigen und freiberuflich Tätigen mit ihren Angehörigen (außer Kindern unter 15 Jahren) die Lebensmittelkarten. Das Finanzministerium erhöhte die Einkommens- und Handwerkssteuer, schloß die Selbständigen aus der bis dahin allgemeinen Kranken- und Sozialversicherung aus und schaffte am 1. Mai die preisgünstigen Sonderzuteilungen für die »schaffende Intelligenz« ab[51].

Die so gesparten Summen schlossen die Finanzlücke jedoch nicht, und so mußte auch die Arbeiterklasse, die die SED als Träger des Sozialismus-Konzepts ursprünglich nicht hatte belasten wollen, zur Kasse gebeten werden. Zunächst wurde den Industrieministerien untersagt, höhere Löhne und Gehälter zu zahlen, als im Plan festgelegt war. Zugleich erging die Weisung, bis zum 31. März »konkrete Maßnahmen zur Erhöhung der Arbeitsnormen festzulegen«. Dann wurde die Branntweinsteuer erhöht, etliche rationierte Lebensmittel wurden teurer und mit dem Ende der Rationierung von Textilien und Schuhen stiegen auch deren Preise. Zuletzt folgten Preiserhöhungen für Marmelade und Kunsthonig. Das Finanzministerium strich die Subventionen für die bis dahin bis zu 75 % ermäßigten Arbeiterrückfahrkarten[52].

Als auch diese Maßnahmen keine finanzielle Entlastung brachten, entschloß sich die Parteiführung zu einem riskanten Schritt: Das Zentralkomitee der SED beschloß am 13./14. Mai 1953 auf seiner 13. Tagung[53], »daß die Minister, Staatssekretäre sowie die Werkleiter alle erforderlichen Maßnahmen zur Beseitigung des schlechten Zustandes in der Arbeitsnormung einleiten und durchführen mit dem Ziel, die Arbeitsnormen auf ein normales Maß zu bringen und eine Erhöhung der für die Produktion entscheidenden Arbeitsnormen um durchschnittlich mindestens 10 Prozent bis zum 1. Juni 1953 sicherzustellen«. Der Ministerrat der DDR übernahm am 28. Mai den Beschluß wörtlich, verlegte aber den Stichtag auf den 30. Juni 1953. So wurde der Beschluß am 2. Juni 1953 im Gesetzblatt der DDR veröffentlicht[54].

Die Normerhöhungen im Mai 1953

Die in der DDR herrschende Unruhe und Unzufriedenheit äußerte sich zunächst in einer wachsenden Abwanderung nach Westen. Im Dezember 1952 hatten knapp 17000 Menschen die DDR verlassen, im März 1953 waren es über 58000 - mehr als bis 1961 jemals in einem Monat aus der DDR in die Bundesrepublik überwechselten.

Flüchtlinge aus der DDR 1952/53[55]

Juli 1952	15 190
August	18 045
September	23 331
Oktober	19 475
November	17 156
Dezember	16 970
Januar 1953	22 396
Februar	31 613
März	58 605
April	36 695
Mai	35 484
Juni	40 381
Juli	17 260
August	14 682

Stalins Tod und die Folgen für die DDR

Der Tod Stalins am 5. März 1953 verunsicherte die DDR-Führung tief, schienen Stalins Nachfolger doch nicht nur den 1952 beschlossenen Aufbau des Sozialismus in der DDR, sondern sogar die Existenz der DDR in Frage stellen zu wollen. Stalins Nachfolger Georgij Malenkow hatte schon im Oktober 1952 den Grundsatz der friedlichen Koexistenz von Sozialismus und Kapitalismus verkündet. Von Berija, dem Innenminister und Chef der Geheimpolizei, hieß es, daß er bereit sein würde, die DDR für ein neutralisiertes Gesamtdeutschland aufzugeben[56].

Im April lehnte die neue sowjetische Führung jede wirtschaftliche Hilfe für die DDR ab und forderte die Ostberliner Regierung zu einem radikalen Kurswechsel in der Wirtschaftspolitik auf: Im Interesse eines höheren Lebensstandards der Bevölkerung sollte nun zu Lasten der Schwerindustrie die Konsumgüterindustrie vorrangig gefördert werden. Der Ende Mai ernannte Hohe Kommissar der Sowjetunion in Deutschland, Botschafter Wladimir S. Semjonow (bis Ende April Politischer Berater der aufgelösten Sowjetischen Kontrollkommission) forderte am 5. Juni 1953 einen sofortigen Kurswechsel. Im Führungsgremium der SED fand er Unterstützung beim Chefredakteur des »Neuen Deutschland«, Rudolf Herrnstadt, beim Minister für Staatssicherheit, Wilhelm Zaisser, beim Parteitheoretiker Anton Ackermann, beim Ersten Sekretär der Berliner SED, Hans Jendretsky, bei Elli Schmidt, der Vorsitzenden des Frauenbundes, und bei Heinrich Rau, dem Wirtschaftsko-

ordinator der DDR-Regierung. Diese hohen Parteifunktionäre waren
entweder Mitglieder oder Kandidaten des Politbüros. Sie forderten eine
umfassende Erneuerung der Partei und ihrer Politik und verlangten den
Rücktritt Walter Ulbrichts. Dieser wurde im Politbüro nur noch vom
Vorsitzenden der zentralen Parteikommission, Hermann Matern, und
vom Führer der FDJ, Erich Honecker, unterstützt[57].

Der Mai-Beschluß zur Normenerhöhung verstärkte die in den Betrieben schon seit April herrschende Unruhe und führte zu kurzen Streiks.
Am 9. Juni 1953 beschloß das Politbüro die Politik des »Neuen Kurses«. Die Parteiführung gab zu, *»daß seitens der SED und der Regierung der Deutschen Demokratischen Republik in der Vergangenheit
eine Reihe von Fehlern begangen wurde...Eine Folge war, daß zahlreiche Personen die Republik verlassen haben.«* Das Politbüro versicherte,
*»bei seinen Beschlüssen das große Ziel der Herstellung der Einheit
Deutschlands im Auge (zu haben), welches von beiden Seiten Maßnahmen erfordert, die die Annäherung der beiden Teile Deutschlands konkret erleichtern«.* Aus diesen Gründen hielt es das Politbüro des ZK der
SED für nötig, *»daß in nächster Zeit im Zusammenhang mit Korrektu-
ren des Planes der Schwerindustrie eine Reihe von Maßnahmen durchgeführt werden, die die begangenen Fehler korrigieren und die Lebenshaltung der Arbeiter, Bauern, der Intelligenz, der Handwerker und der
übrigen Schichten des Mittelstandes verbessern«*[58].

Der »Neue Kurs« lief auf eine Entschärfung des Klassenkampfes hinaus: Er sah eine Förderung von Geschäftsleuten und kleinen Gewerbetreibenden vor, nahm Rücksicht auf die Bauern, gewährte Erleichterungen im innerdeutschen Reiseverkehr und lockerte die Zulassungsbedin-
gungen zu den Hochschulen und Oberschulen für junge Leute »nicht-
proletarischer Herkunft«.

Am 11. Juni übernahm der Ministerrat diese Beschlüsse. Außerdem wi-
derrief er die Preiserhöhungen und erklärte, daß alle DDR-Bürger wieder Lebensmittelkarten »wie früher« erhalten würden. Enteignete Betriebe sollten zurückgegeben werden, »republikflüchtige Personen«
sollten bei ihrer Rückkehr in die DDR ihr Eigentum zurückerhalten[59].
Sogar gegenüber den Kirchen machte die Regierung Zugeständnisse:
Am 10. Juni 1953 hatten sich Bischof Otto Dibelius und andere Kir-
chenvertreter mit Ministerpräsident Otto Grotewohl getroffen; die
Regierung hörte auf, die Mitglieder der »Jungen Gemeinde« zu verfolgen[60].

Diese Erklärungen und Maßnahmen wirkten jedoch keineswegs beruhi-
gend auf die Arbeiterschaft, denn gerade die Normen wurden mit keinem Wort erwähnt. Offenbar waren sich die politische Führung und die
Wirtschafts- und Gewerkschaftsführung zu diesem Zeitpunkt noch völ-

»Neuer Kurs«
ohne Rücknah-
me der Norm-
erhöhungen

lig einig darüber, daß die Normenerhöhung notwendig und durchsetzbar sei. Denkbar ist aber auch, daß die Gruppe um Ulbricht durch Festhalten an den Normen den »neuen Kurs« von vornherein sabotieren und einen Aufstand förmlich provozieren wollte, um sich dann gegenüber den Reformkräften mit Gewalt durchzusetzen. Wie auch immer die Motivation gewesen sein mag: Die nicht widerrufene Normerhöhung provozierte den Arbeiteraufstand vom 17. Juni, festigte Ulbrichts Position und führte zum Sturz seiner innerparteilichen Gegner.

5. Der 17. Juni 1953

Die bisher geltenden Normen waren meist so angesetzt, daß sie in vielen Betrieben mit 75 % oder 100 % übererfüllt werden konnten. Die Arbeiter waren auf die Zuschläge für Mehrleistungen angewiesen, weil sie sonst die gestiegenen Kosten für den Lebensunterhalt nicht hätten aufbringen können. Und besonders hart hätte eine Normerhöhung die Arbeiter getroffen, die schon bisher Schwierigkeiten gehabt hatten, ihre Norm zu erfüllen.

Empfindlich reagierten vor allem die Arbeiter, die wie die Bauarbeiter an der Stalinallee in Berlin durch niedrige Normen und hohe Übererfüllung relativ viel verdient hatten. Sie waren die ersten, die am 15. Juni die Arbeit niederlegten und am 16. Juni zum Ministerrat marschierten, um dort die Herabsetzung der Normen zu fordern.

Der 16. Juni 1953

Auslöser für den Streik war ein Artikel im Gewerkschaftsblatt »Tribüne« vom 16. Juni 1953. Darin erklärte Otto Lehmann, Sekretär des FDGB-Bundesvorstandes ausdrücklich: »Die Beschlüsse über die Erhöhung der Normen sind in vollem Umfang richtig«[61]. Um 9 Uhr sammelten sich die ersten 80 Bauarbeiter der Stalinallee zu einem Demonstrationszug, der zum Gewerkschaftshaus führen sollte. Auf dem Marsch schlossen sich ihnen weitere Hunderte von Arbeitern an. Da das Gewerkschaftshaus verschlossen war, marschierten die Arbeiter weiter zum Haus der Ministerien in der Leipziger Straße. Inzwischen hatten sich Arbeiter von anderen Baustellen und aus den Betrieben Ost-Berlins angeschlossen, und der Zug zählte Tausende, wenn nicht Zehntausende von Teilnehmern. Vor dem Haus der Ministerien gesellten sich Jugendliche, Frauen und West-Berliner, die ohne Mühe über die Sektorengrenze herübergekommen waren, zu den Demonstranten.

Die Forderungen der Demonstranten, die sich zunächst auf die Rücknahme der Normerhöhung konzentriert hatten, gingen nun ins Politische über: »Rücktritt der Regierung« und »Freie Wahlen« wurde verlangt. Die protestierenden Arbeiter riefen nach Ulbricht und Grotewohl. Doch diese ließen sich nicht sehen. Der Minister für Erzbergbau und Hüttenwesen, Fritz Selbmann, ein alter Kommunist, der unter den Nationalsozialisten im Zuchthaus gesessen hatte, teilte mit, die Regierung habe ihren Beschluß vom 23. Mai zurückgenommen; er wurde trotzdem niedergeschrieen. Ein Volkskammerabgeordneter, der die Demonstranten beruhigen wollte, wurde ausgelacht: Es war Robert Havemann. Stattdessen rief ein Bauarbeiter zum Generalstreik am folgenden Tag auf. Alle sollten sich auf dem Strausberger Platz treffen.

Inzwischen hatten das turnusmäßig tagende Politbüro und der Ministerrat die Normerhöhung aufgehoben; Rundfunk und Lautsprecherwagen gaben diesen Beschluß bekannt. Darin hieß es: »*Das Politbüro hält es ... für völlig falsch, die Erhöhung der Arbeitsnormen in den Betrieben der volkseigenen Industrie um 10 Prozent auf administrativem Wege durchzuführen... Es wird vorgeschlagen, die von den einzelnen Ministerien angeordnete obligatorische Erhöhung der Arbeitsnormen als unrichtig aufzuheben... Das Politbüro fordert die Arbeiter auf, sich um die Partei und um die Regierung zusammenzuschließen und die feindlichen Provokateure zu entlarven, welche versuchen, Unstimmigkeiten und Verwirrung in die Reihen der Arbeiterklasse hineinzutragen*«[62].

Doch kaum jemand hörte darauf oder schenkte den Meldungen Glauben. Statt dessen vertrauten die Menschen in Ost-Berlin dem West-Berliner Rundfunksender RIAS oder dem Hamburger NWDR, die ausführlich aus Ost-Berlin berichteten. Am 16. Juni erschien eine Delegation Ost-Berliner Bauarbeiter im RIAS-Funkhaus und überbrachte eine Resolution mit der Bitte, sie auszustrahlen. Darin wurden folgende Forderungen aufgestellt: »*1. Auszahlung der Löhne nach den alten Normen schon bei der nächsten Lohnzahlung; 2. sofortige Senkung der Lebenshaltungskosten; 3. freie und geheime Wahlen; 4. keine Maßregelung der Streikenden und ihrer Sprecher*«[63].

Der RIAS verbreitete diese Resolution in seinen Nachrichtensendungen ab 19:30 Uhr 24 Stunden lang zur Nachrichtenzeit. Er sendete jedoch nicht den Aufruf zum Generalstreik. Das hatten die alliierten Stadtkommandanten ausdrücklich verboten. Der Minister für Gesamtdeutsche Fragen, Jakob Kaiser, versuchte am 16. Juni mäßigend auf die Demonstranten einzuwirken, indem er spätabends über den RIAS erklärte: »Gerade in diesem Augenblick, da die Politik der Wiedervereinigung immerhin in Bewegung geraten ist, sollte sich niemand zu gefahrvollen Aktionen verleiten lassen«. Das Gegenteil bewirkte ein Aufruf des West-Berliner DGB-Vorsitzenden Scharnowski am Morgen des 17. Juni. Er forderte nämlich dazu auf, »der Bewegung der Ostberliner Bauarbeiter beizutreten« und die »Strausberger Plätze überall« in der DDR aufzusuchen. Eine weitere Ausstrahlung dieses Aufrufs verboten die amerikanischen Rundfunkchefs. Die SPD kritisierte ihn wenig später in ihrem Bonner Pressedienst als »lebensgefährliche Provokation und begreifliche Verantwortungslosigkeit«[64].

Am Mittwoch, dem 17. Juni, zogen Berliner Arbeiter bei starkem Regen vom Strausberger Platz in die Innenstadt. Um 9 Uhr tauchten die ersten sowjetischen Panzerspähwagen am Alexanderplatz auf. Gegen 12 Uhr zogen schwere Panzer vom Typ T34 in der ganzen Innenstadt auf. Als um 11 Uhr Jugendliche die Rote Fahne vom Brandenburger Tor herunterholten und zerrissen, gingen die ersten Schüsse los. Jugendliche aus West-Berlin rannten über die Sektorengrenze, um sich mit den Demonstranten im Osten zu vereinigen. Am Nachmittag wurden Fahnen und Transparente zerstört, Grenzmarkierungen niedergerissen, Verwaltungsgebäude und Parteibüros gestürmt und verwüstet, das Columbushaus am Potsdamer Platz mit seiner Volkspolizei-Wache in Brand gesteckt. In der Friedrichstraße stürmte die Menge das Gebäude des Staatssicherheitsdienstes.

Um 13 Uhr verkündete der sowjetische Militärkommandant den Ausnahmezustand über den Ostsektor Berlins. Dennoch hielten die Demonstrationen an. Um 21 Uhr, dem Beginn der Ausgangssperre, die bis 5 Uhr morgens dauerte, war die Stadt aber wie ausgestorben. Der Arbeiteraufstand war in wenigen Stunden zusammengebrochen.

In den übrigen Bezirken der DDR breitete sich die Nachricht über die Vorgänge in Ost-Berlin sehr schnell aus. Nach offiziellen Angaben der SED kam es am 17. Juni 1953 in 272 Städten und Ortschaften zu Streiks, Demonstrationen und Unruhen. Träger der Bewegung waren überall Arbeiter; der Mittelstand und die Bauern verhielten sich weitgehend passiv. Nach DDR-Angaben beteiligten sich 5,5 %, nach westlichen Schätzungen 6,8 % der Industriearbeiter, ungefähr 300000 bis 400000 waren es insgesamt, an Streiks und Demonstrationen. Über 167 von 217 Stadt- und Landkreisen wurde der Ausnahmezustand verhängt. Am längsten dauerte er in Berlin und Leipzig an - bis zum 9. Juli[65].

Zentren des Aufstandes außerhalb Berlins waren die Industriegebiete in Sachsen und Thüringen, also die traditionellen Hochburgen der KPD. Politisch am weitesten reichten die Forderungen der Streikenden in Bitterfeld. Sie sandten der DDR-Regierung ein Telegramm mit folgenden Forderungen:

»1. Rücktritt der sogenannten Deutschen Demokratischen Regierung, die sich durch Wahlmanöver an die Macht gebracht hat,

2. Bildung einer provisorischen Regierung aus fortschrittlichen Werktätigen,

3. Zulassung sämtlicher großen demokratischen Parteien Westdeutschlands,

4. freie, geheime, direkte Wahlen in vier Monaten,
5. Freilassung sämtlicher politischer Gefangenen (direkt politischer, soge-
nannter Wirtschaftsverbrecher und konfessionell Verfolgter),
6. sofortige Abschaffung der Zonengrenze und Zurückziehung der Vopo,
7. sofortige Normalisierung des sozialen Lebensstandards,
8. sofortige Auflösung der sogenannten Nationalarmee,
9. keine Repressalien gegen einen Streikenden«[66].

Die sowjetischen Truppen demonstrierten ihre Macht, indem sie meist über die Köpfe der Demonstrierenden hinweg schossen. Oft griffen sie erst ein, als die Protestbewegung ihren Höhepunkt bereits überschritten hatte. Nach offiziellen Angaben der DDR fanden bei den Unruhen 19 Demonstranten, zwei unbeteiligte Personen und vier Polizisten bzw. Angehörige des Staatssicherheitsdienstes den Tod. Hunderte von Demonstranten und Polizisten wurden verletzt. In dieser Zahl sind diejenigen Demonstranten nicht enthalten, die sich nach West-Berlin flüchten konnten und von denen acht in West-Berliner Krankenhäusern an ihren Verletzungen starben. Die Zahl von 267 toten Demonstranten und 116 Toten unter den »Sicherheitskräften« sowie 18 Toten unter den sowjetischen Soldaten, die gelegentlich genannt wird, erscheint zu hoch gegriffen[67].

Der 17. Juni ist nach DDR-Darstellung von westlichen Provokateuren angezettelt worden. Dagegen ist festzuhalten, daß er von Arbeitern aus Ost-Berlin und der DDR getragen wurde. West-Berliner beteiligten sich nur am Rande an den Aktionen. Die West-Berliner und westdeutschen Rundfunksender und Zeitungen hatten eher eine informierende als eine stimulierende Funktion.

Der Aufstand entstand spontan und verlief weitgehend unorganisiert, ohne Führung und meist ohne konkrete Zielsetzung. Das unterscheidet ihn erheblich von späteren Aufständen und Freiheitsbestrebungen im kommunistischen Machtbereich wie 1956 in Ungarn, 1968 in der ČSSR oder 1981 in Polen. Die mangelnde Organisation und Führung war ein Grund für das schnelle Scheitern des Aufstandes.

Die Ziele der Bewegung wandelten sich im Laufe der Ereignisse: Streikten die Arbeiter anfangs für bessere Arbeitsbedingungen, so riefen sie schon bald nach dem Sturz derjenigen, die die schlechten Bedingungen zu verantworten hatten, und forderten eine demokratische Neuordnung des Staates. Der Wunsch nach Wiedervereinigung wurde nur selten laut und dann - wie die Bitterfelder Forderungen deutlich machen - eher indirekt formuliert. Insofern war es eine problematische Entscheidung, als der Deutsche Bundestag am 3. Juli 1953 beschloß, den 17. Juni als »Tag der deutschen Einheit« zum gesetzlichen Feiertag zu erheben.

Die Bundesregierung und die Westmächte verhielten sich gegenüber der

Volksbewegung in der DDR passiv. Die westliche Öffentlichkeit hoffte, daß die Streikenden erfolgreich sein würden, die Regierungen fürchteten, daß ein militärisches Eingreifen zu einem europäischen, wenn nicht weltweiten Konflikt eskalieren würde. Für die Bevölkerung der DDR brachte das Scheitern des Aufstandes die bittere Erkenntnis, daß sie auf sich allein gestellt die Machtverhältnisse in der DDR nicht würde ändern können. Diese Einsicht förderte einerseits die Resignation oder Verzweiflung, die sich in der bald wieder steigenden Zahl der Flüchtlinge ausdrückte, andererseits den Prozeß der Anpassung an die Verhältnisse, die man offenbar nicht ändern konnte.

6. Der »Neue Kurs« und die Integration der DDR in den Warschauer Pakt 1953-1955

Reaktionen der SED auf den 17. Juni

Die unmittelbare Reaktion der SED-Führung auf die Ereignisse vom 16. und 17. Juni war eine Mischung aus Selbstkritik, Zugeständnissen und Strafmaßnahmen. Als das ZK der SED am 21. Juni 1953 zu seiner 14. Tagung zusammenkam, räumte es in seinem veröffentlichten Beschluß ein: »*Wenn Massen von Arbeitern die Partei nicht verstehen, ist die Partei schuld, nicht die Arbeiter*«[68]. Das ZK bestätigte die Beschlüsse des ZK vom 9. Juni und des Ministerrats vom 11. Juni über den »Neuen Kurs«. Es nahm die Normerhöhungen ebenso zurück wie die Preiserhöhung für Arbeiterrückfahrkarten, erhöhte die Mindestrenten um zehn Mark monatlich und hob die Verordnung über die Herausnahme der freiwillig Versicherten aus der Sozialversicherung vom 19. März 1953 wieder auf. Andererseits erklärte das ZK die Ereignisse des 17. Juni zur »faschistischen Provokation gegen die DDR«. Bei dieser offiziellen Interpretation blieb es bis zum Ende der DDR.

Auf der Sitzung des Politbüros am 7. Juli 1953 wurde Ulbricht heftig kritisiert. Nur zwei Mitglieder - Matern und Honecker - sprachen sich eindeutig für sein Verbleiben im Amt aus[69]. Ulbricht konnte sich jedoch behaupten, weil er die Unterstützung der sowjetischen Führung genoß. Vor dem 15. Plenum des ZK der SED, das vom 24. bis 26. Juli 1953 tagte, räumte Ulbricht ein, daß die Parteiführung Fehler gemacht hatte: »*Der entscheidende Fehler bestand darin, daß die Parteiführung nicht erkannte, daß unter den in der Deutschen Demokratischen Republik vorhandenen Bedingungen der Aufbau des Sozialismus ('in ungefähr einem Drittel Deutschlands') nur allmählich erfolgen kann und mit einer ständigen Verbesserung der wirtschaftlichen und kulturellen Lage der Werktätigen verbunden sein muß*«. Ulbricht übernahm auch die »größte Verantwortung« für diese Fehler. Im übrigen wandte er sich

scharf gegen den »kapitulantenhaften Standpunkt der Gruppe Herrn-
stadt-Zaisser«, die »einen innerparteilichen Fraktionskampf geführt«
habe[70].

Im Beschluß der 15. ZK-Tagung wurden die Ereignisse des 17. Juni
wieder als »faschistische Provokation« definiert, die Agenten und Sabo-
teure westlicher Geheimdienste, der westdeutschen Regierung und der
SPD angezettelt hätten[71]. Zugleich bekräftigte aber das ZK die Absicht
der Parteiführung, die Lage der Bevölkerung durch Bevorzugung der
Konsumgüterindustrie, Zulassung des privaten Handels und Förderung
der privaten Bauernwirtschaften zu verbessern. Diese Maßnahmen sollten nicht zuletzt auch das »große nationale Ziel« verfolgen, »die Wiedervereinigung Deutschlands voranzubringen«. Der Ministerrat verfügte die Anhebung der Mindestlöhne in den VEBs um monatlich 20 bis 38
Mark.

Trotz des Eingeständnisses, daß im einzelnen Fehler gemacht worden
seien, hielt die SED-Führung an der »Generallinie« auf dem Weg zum
Sozialismus fest. Aus den Erfahrungen des 16. und 17. Juni 1953 zog sie
die Konsequenz, die »Rädelsführer« des Aufstandes zu verfolgen, die
Volkspolizei und den Staatssicherheitsdienst zu verstärken, die Partei zu
säubern und die Betriebskampfgruppen zu vergrößern.

Tausende von »Rädelsführern« und »Provokateuren« wurden verhaftet
und verurteilt. Es gibt keine offiziellen Zahlen über das Ausmaß der
Verfolgung, aber Schätzungen gehen von 1400 Verurteilungen aus. Sowjetische Militärgerichte haben minsdestens 19, DDR-Gerichte mindestens drei Todesurteile im Zusammenhang mit dem 17. Juni gefällt. Die
letzten der zu Freiheitsstrafen verurteilten Beteiligten an den Aktionen
vom 17. Juni 1953 sind erst 1964 - also elf Jahre später - aus der Haft
entlassen worden[72].

Westliche Schätzungen gehen davon aus, daß mindestens 20000 Funktionäre und ca. 50000 Mitglieder der SED als »Provokateure« »entlarvt«
und aus der Partei ausgeschlossen wurden - viele davon waren vor der
SED-Gründung Mitglieder der SPD gewesen. 1954 schieden mehr als
60 % der 1952 gewählten Mitglieder der SED-Bezirksleitungen und
71 % der 1953 gewählten Ersten und Zweiten Kreissekretäre aus[73].
Auch in den Gewerkschaftsführungen wurden die Kader ausgewechselt.

Zu den »Opfern« des 17. Juni gehörten auch die Verfechter des »neuen
Kurses«: Zunächst wurde Justizminister Max Fechner, der den Streikenden und Streikführern in Zeitungsinterviews Straffreiheit zugesichert und öffentlich auf das verfassungmäßige Streikrecht hingewiesen
hatte, durch Hilde Benjamin ersetzt, die sich als Vizepräsidentin des
Obersten Gerichtshofes in politischen Schauprozessen einen Namen
gemacht hatte. Fechner wurde verhaftet und erst 1956 amnestiert.

Zaisser und Herrnstadt wurden auf dem 15. Plenum des ZK der SED im Juli 1953 von ihren Ämtern abgelöst. Im Januar 1954 wurden sie auch aus der Partei ausgeschlossen. Anton Ackermann, Hans Jendretzky und Elli Schmidt wurden in das neu gebildete Politbüro nicht wieder aufgenommen. - Der Aufstand, der Ulbricht hatte entmachten sollen, festigte seine Macht. Der 17. Juni trug wahrscheinlich auch zum Sturz Berijas bei. Am 27. Juni wurde er von Offizieren der Roten Armee verhaftet, am 23. Dezember 1953 zum Tode verurteilt und hingerichtet.

Die sowjetische Führung unterstützte die Politik des Neuen Kurses in der DDR durch Zugeständnisse in der Reparationspolitik: Besprechungen, die Ulbricht, Grotewohl und Oelßner Ende Juli 1953 in Moskau führten, hatten zum Ergebnis, daß die Sowjetunion ab 1. Januar 1954 auf ihre noch offenen Reparationsforderungen verzichtete, 33 in SAG umgewandelte Industriebetriebe (darunter die Leuna-Werke in Halle) an die DDR zurückgab, Schulden erließ, einen Kredit in Höhe von einer halben Milliarde Rubel gewährte und ihre Stationierungskosten auf 5 % der DDR-Staatseinnahmen begrenzte (1954 machten sie 1,6 Mrd. Mark aus). Allerdings sicherte sich die Sowjetunion für Importe aus der DDR Sonderpreise, die erheblich unter den Weltmarktpreisen lagen. Auch Polen verzichtete auf Reparationen[74].

Nach dem Scheitern der Berliner Außenministerkonferenz (s. oben, Kap. III.3) verlieh die sowjetische Regierung der DDR am 25. März 1954 erweiterte Souveränitätsrechte. Dazu gehörte auch die Freiheit, »nach eigenem Ermessen über ihre inneren und äußeren Angelegenheiten einschließlich der Frage der Beziehungen zu Westdeutschland zu entscheiden«. Die Sowjetunion behielt jedoch alle Funktionen, »die mit der Gewährleistung der Sicherheit in Zusammenhang stehen und sich aus den Verpflichtungen ergeben, die die UdSSR aus den Vier-Mächte-Abkommen erwachsen« waren[75].

An eine auch nur geringfügige Erhöhung der Arbeitsnormen war nach dem 17. Juni nicht mehr zu denken; und so blieben wichtige Ziele des ersten Fünfjahresplans unerfüllt: Zwar konnte die Industrieproduktion gegenüber 1950 fast verdoppelt werden, statt um 60 % steigerte sich die industrielle Arbeitsproduktivität aber nur um 47 %; statt um 31 % stiegen die Löhne um 68 %. Die DDR verfügte nun über eine eigene Schwerindustrie, die unter schwierigen Umständen und mit großen Kosten aufgebaut worden war, doch es gab hier noch erhebliche Lücken. Vor allem war der Lebensstandard der Bevölkerung nicht so gestiegen, wie es die Führung versprochen und die Menschen erhofft hatten[76].

Daher hielt die Abwanderung gerade auch der jüngeren und qualifizierten Bewohner der DDR an: 1954 verließen 184 000, 1955 253 000 und 1956 knapp 280 000 Einwohner die DDR und gingen in den Westen.

Registrierte Flüchtlinge bzw. Antragsteller im Notaufnahmeverfahren[77]

Jahr	Gesamtzahl	Erwerbs-personen	%	Jugendliche bis 25 Jahre	%
1947	130 000				
1948	150 000				
1949	129 245	(erst ab 1952 aufgegliedert)			
1950	197 788				
1951	165 648				
1952	182 393	119 832	65,7	95 942	52,6
1953	331 390	199 496	60,2	161 243	48,3
1954	184 198	111 697	60,6	90 371	49,1
1955	252 870	159 073	62,9	132 562	52,4
1956	279 189	170 587	61,1	136 878	49,0
1957	261 622	169 003	64,6	136 651	52,2
1958	204 092	123 410	60,5	111 090	54,1
1959	143 917	87 344	60,7	77 060	54,1
1960	199 117	120 851	60,8	96 981	48,8
1961	133 700, die in den ersten 7 Monaten in West-Berlin eintrafen 47 433, die vom 1. bis 13. August in West-Berlin eintrafen.				

Rund 60 % waren Erwerbspersonen, rund die Hälfte war unter 25 Jahre alt (s. Tabelle). Die Motive für diese Wanderung waren vielfältig. Obwohl einige der Verordnungen, die Bauern und mittelständischen Gewerbetreibenden das Leben in der DDR schwer gemacht hatten, nach dem 17. Juni 1953 aufgehoben wurden, kamen gerade aus diesen Bevölkerungsschichten besonders viele Abwanderer. Auf dem Lande hatte die Abwanderung für die SED-Politik den Vorteil, daß verlassene Flächen den LPGs zugeschlagen wurden. Zwischen 1952 und 1956 wurden etwa 70 000 Betriebe infolge »Republikflucht« ihrer Besitzer verlassen. Darunter waren 30 % »Großbauern« (die mehr als 20 ha besaßen), der Rest Klein- und Mittelbauern, darunter viele der »Neubauern«, die nach 1945 von der Agrarreform profitiert hatten[78].

Nach dem 17. Juni hatten sich einige LPGs aufgelöst, doch Ende 1954 war der Stand vom Sommer 1953 wieder erreicht und überschritten worden: Die LPGs bewirtschafteten Ende 1955 ein Fünftel der landwirtschaftlichen Nutzfläche. Die meisten gehörten bereits zum Typ III. Dazu kamen staatliche Güter, die 1955 4,4 % des Bodens besaßen. Der größte Teil der Landwirtschaft befand sich aber immer noch im Privatbesitz von Bauernfamilien[79].

Kollektivierung von Landwirtschaft und Handwerk

Auch die Kollektivierung des Handwerks schritt nur langsam voran: Bis Ende 1953 waren gerade 47 PGHs mit 1800 Mitgliedern entstanden. 1957 waren es 295 Genossenschaften mit 8100 Mitgliedern. Gleichzeitig ging allerdings die Zahl der Handwerksbetriebe von 304000 im Jahre 1950 auf ca. 232000 Ende 1957 zurück. Für diesen Rückgang spielte wieder die »Republikflucht« ihrer Inhaber eine große Rolle. 1955 gab es in der DDR noch 13 000 gewerbliche Privatbetriebe. Sie hatten weniger als eine halbe Million Beschäftigte und produzierten knapp 15 % der Bruttoproduktion. Sie fanden sich hauptsächlich in der Leicht- und Lebensmittelindustrie, wo die Staatsbetriebe nur ein Viertel ausmachten, allerdings zwei Drittel der Arbeiter und Angestellten beschäftigten und rund 70 % der Produktion herstellten. Der staatliche Sektor umfaßte 1955 praktisch den gesamten Bereich der Energieversorgung, der Schwer-, Chemie-, Elektro- und metallverarbeitenden Industrie[80].

Auch der Großhandel war inzwischen fast völlig auf den Staat übergegangen. Der Anteil des privaten Einzelhandels am Umsatz sank zwischen 1950 und 1955 von 55 % auf weniger als ein Drittel; die staatliche HO setzte ein gutes Drittel um, die Genossenschaften ein weiteres Drittel[81].

Die Versorgungslage besserte sich nach Einführung des Neuen Kurses nur langsam; ein entscheidender Durchbruch gelang deshalb nicht, weil die zentrale Planung der Produktion zu unflexibel war und die Bürokratisierung aus Angst vor einem Machtverlust der SED auch nicht aufgehoben wurde. Die Preise blieben auf dem Stand von 1944 eingefroren. Die Differenz zwischen tatsächlichen Kosten und Verkaufspreisen mußten die Verbraucher als Steuerzahler über die staatlichen Subventionen selbst aufbringen. Die willkürliche Preisbildung führte zu großen Problemen bei der Wirtschaftsplanung und Industrieproduktion. Wenn beispielsweise der Abgabepreis für Roheisen um 70 % und bei Rohstahl um 20 % unter den Kosten lagen, dann mußten einerseits Subventionen aufgebracht werden, andererseits fehlte für die Produzenten der Anreiz, rentabel zu produzieren, und für den Verbraucher die Notwendigkeit, sparsam mit den Rohstoffen oder Halbfabrikaten umzugehen. Politische Erwägungen, nämlich die Notwendigkeit, die Machtposition der SED in der Wirtschaftsplanung und -lenkung aufrechtzuerhalten, sprachen gegen eine Reform des Systems, die aus wirtschaftlichen Gründen dringend notwendig war[82].

Der IV. Parteitag der SED fand vom 30. März bis zum 6. April 1954 statt. In den Referaten und Beschlüssen wurde deutlich, daß die Führung den im Juni 1953 begonnenen »Neuen Kurs« beenden wollte und daß die SED das »Tauwetter«, das nach Stalins Tod in der Sowjetunion eingesetzt hatte, nur teilweise mitmachen würde. Der Strukturwandel in Richtung Sozialismus sollte wieder energisch vorangetrieben werden. Abweichende Meinungen duldete die Parteiführung nicht. Der Stalinkult fand ein Ende, aber die Entstalinisierung - Abbau des Zentralismus und der Geheimpolizei beispielsweise - erfolgte nur zögernd. Formal übernahm die SED das Prinzip der »kollektiven Führung«, indem Ulbrichts Titel von »Generalsekretär« in »Erster Sekretär« geändert wurde, doch das schmälerte seine Machtstellung im Politbüro nicht im geringsten. Das Politbüro setzte sich zusammen aus den Mitgliedern Ebert, Grotewohl, Matern, Oelßner, Pieck, Rau, Schirdewan, Stoph und Ulbricht, dazu kamen die Kandidaten Honecker, Leuschner, Mückenberger und Warnke[83].

Im Oktober 1954 fanden erneut Wahlen zur Volkskammer und zu den Bezirkstagen statt. Wieder gab es die Einheitslisten der »Nationalen Front«. Die meisten Wähler konnten ihre Stimme nur noch offen abgeben. Das Ergebnis fiel ähnlich aus wie das von 1950: 99,46 % der Wähler stimmten angeblich der Einheitsliste zu. Von den 400 Abgeordneten der alten Volkskammer waren nur 180 wieder als Kandidaten nominiert und gewählt worden. Die Volkskammer bestimmte erneut Otto Grotewohl zum Ministerpräsidenten. Von den 28 Ministern der neuen Regierung gehörten 20 der SED an, von den 13 Mitgliedern des Präsidiums neun. Fünf der Regierungsmitglieder saßen gleichzeitig im Politbüro der SED, 11 im ZK der SED. Wilhelm Pieck war bereits im Jahr zuvor von der Volkskammer für weitere vier Jahre als Präsident der DDR bestätigt worden[84].

Die Erweiterung der Souveränitätsrechte der DDR im März 1954 mit ausdrücklicher Erwähnung des Rechts, die Beziehungen zur Bundesrepublik Deutschland selbst zu regeln, ließ bereits eine Tendenz der sowjetischen Deutschlandpolitik erkennen, die 1955 voll zum Ausdruck kam: Die beiden deutschen Staaten sollten als souveräne und gleichberechtigte Mitglieder der internationalen Staatenwelt ihre Beziehungen zueinander selbst regeln. Als Nikita Chruschtschow nach der gescheiterten Genfer Gipfelkonferenz nach Moskau zurückkehrte, verkündete er am 26. Juli 1955 in Ost-Berlin die Zweistaatentheorie. Fortan sei die Wiedervereinigung Deutschlands Sache der Deutschen selbst und nur möglich unter Wahrung der »politischen und sozialen Errungenschaften« der DDR. Mit dem Satz: »*Man kann die deutsche Frage nicht auf Kosten der Interessen der Deutschen Demokratischen Republik lösen*« machte Chruschtschow endgültig alle Hoffnungen zunichte, daß die Sowjetunion eventuell bereit sein könnte, die DDR zugunsten eines neutralisierten gesamtdeutschen Staates aufzugeben[85].

Parallel zur Integration der Bundesrepublik Deutschland in das westliche Bündnissystem vollzog sich nun die Integration der DDR in den

Ostblock. Unmittelbar nach Adenauers Besuch in Moskau (s. oben, Kap. III.6) trafen sich vom 17. bis 20. September 1955 Regierungsdelegationen der DDR und der UdSSR in Moskau und unterzeichneten am 20. September den »Vertrag über die Beziehungen zwischen der DDR und der UdSSR«, in dem auch die völlige Souveränität der DDR festgelegt war. Das Amt des sowjetischen Hohen Kommissars wurde aufgehoben; sowjetische Truppen blieben weiterhin in der DDR stationiert; die Sowjetunion erkannte die Viermächtevereinbarungen über Berlin weiter an[86].

Bereits am 14. Mai 1955 hatte die DDR zusammen mit anderen Staaten des sowjetischen Blocks den Warschauer Vertrag[87] unterzeichnet und begonnen, die Betriebskampfgruppen und die Kasernierte Volkspolizei zu verstärken. Am 18. Januar 1956 beschloß die Volkskammer die Errichtung eines »Ministeriums für nationale Verteidigung« und die Schaffung der »Nationalen Volksarmee« (NVA). Verteidigungsminister wurde der stellvertretende Ministerpräsident der DDR, Willy Stoph. Den Kern der neuen Armee bildeten 75000 Mann der Kasernierten Volkspolizei. Im Februar 1956 wurde die Nationale Volksarmee in die Streitkräfte des Warschauer Pakts integriert. Zu diesem Zeitpunkt umfaßte sie bereits 120000 Soldaten, davon 10000 in der Marine und 9000 in der Luftwaffe[88]. Die NVA unterschied sich insofern wesentlich von den anderen Armeen des Warschauer Pakts und auch von der Bundeswehr, als sie eine Freiwilligenarmee war. Solange die Fluchtmöglichkeit über West-Berlin bestand, ließ sich die Wehrpflicht in der DDR nicht durchsetzen. Sie wurde erst nach dem Bau der Mauer 1962 eingeführt.

7. Die Grenzen des ideologischen »Tauwetters«

Der 20. Parteitag der KPdSU und Chruschtschows Geheimrede vom 14. Februar 1956 wirkte auf die SED-Führung zunächst als Schock und forderte zu einer Neuorientierung heraus, die vielen Parteikadern schwer fiel. Am schnellsten arrangierte sich Walter Ulbricht mit der Moskauer Kritik an Stalin: Am 4. März 1956 erklärte er im »Neuen Deutschland«, Stalin habe nach dem Tode Lenins zwar bedeutende Verdienste beim Aufbau des Sozialismus und im Kampf gegen die Trotzkisten gehabt, als er sich *jedoch später über die Partei stellte und den Personenkult pflegte, erwuchsen der KPdSU und dem Sowjetstaat bedeutende Schäden«.* Ulbricht kam daher zu dem Schluß: *»Zu den Klassikern des Marxismus kann man Stalin nicht rechnen«[89].*

Auf der 3. SED-Parteikonferenz (24. - 30. März 1956), die den 20. Parteitag der KPdSU auswertete, wurden die Teilnehmer am 26. März zwar

Margin notes:

Die DDR wird souverän und Mitglied des Warschauer Pakts 1955

Die SED und der 20. Parteitag der KPdSU

mit Auszügen aus Chruschtschows Rede vertraut gemacht, die Parteiführung vermied jedoch eine »Fehlerdiskussion«. Im Mittelpunkt der Konferenz standen vielmehr Fragen der Staatsorganisation und der Wirtschaftspolitik.

Das Politbüro legte Richtlinien vor, in denen von »Demokratisierung« des Staatsapparates die Rede war. Außerdem sollten die Wirtschaftspläne wieder stärker auf die Produktionsmittelindustrien ausgerichtet, die Konsumgüterindustrie aber nicht vernachlässigt werden. Die Parteikonferenz beschloß »Maßnahmen zur breiteren Entfaltung der Demokratie«, die aber nirgends konkretisiert wurden.

Die »Direktive« für den Fünfjahrplan 1956 bis 1960 sah eine Modernisierung durch die »wissenschaftlich-technische Revolution« vor. Unter der Parole »Modernisierung, Mechanisierung, Automatisierung« kündigte die Direktive die schrittweise Mechanisierung und Automation industrieller Produktionsprozesse, die »friedliche Nutzung der Atomenergie« - d.h. den Bau von Atomkraftwerken -, die rasche Entwicklung der Plastikchemie und den Ausbau der Flugzeugindustrie an. Die Arbeitsproduktivität sollte laut Plan in der Staatsindustrie um mindestens 50 % erhöht, das Volkseinkommen um wenigstens 45 % und die industrielle Bruttoproduktion um 55 % gesteigert werden. Der wissenschaftlich-technische Fortschritt sollte dazu führen, daß bis Ende 1960 die tägliche Arbeitszeit (der 6-Tage-Woche) in allen Industriezweigen von acht auf sieben Stunden sinken und in einigen Industriezweigen sogar die 40-Stunden-Woche eingeführt werden könnte[90].

Aber auch in der DDR ließ sich auf Dauer eine Diskussion über den Stalinismus nicht umgehen. Der 20. Parteitag und die Erklärung der KPdSU vom 30. Juni 1956 über die »Überwindung des Personenkults« ermutigten vor allem oppositionelle Kräfte innerhalb der SED und brachte die stalinistisch gebliebene Führung der SED in Rechtfertigungszwang. Bei der Auswertung der 3. Parteikonferenz wurden Fragen laut wie »*Warum werden nicht Personen zur Verantwortung gezogen, die sich in der DDR ähnlicher Methoden wie Stalin bedient haben? Warum werden bei uns keine Minister abgesetzt?*« Das Politbüro der SED übernahm die Kritik teilweise und erklärte am 3. Juli 1956 im »Neuen Deutschland«, es sei erforderlich, »*daß wir unsere bisherige Arbeit auf allen Gebieten selbstkritisch beurteilen, entschlossen alle Hemmnisse und Fehler aufdecken und beseitigen und nach neuen Lösungen für verschiedene Fragen suchen*«[91].

Das ZK beschloß Ende Juli 1956 eine Resolution über die »nächsten ideologischen Aufgaben der Partei«. Sie verurteilte den »Dogmatismus« in den Natur-, Geistes- und Sozialwissenschaften sowie in der Parteiideologie und den Künsten und befürwortete den wissenschaftlichen

Meinungsstreit. Die 1953 gegen Dahlem, Ackermann, Jendretzky und Elli Schmidt verhängten Parteistrafen wurden aufgehoben, Fechner und Paul Merker aus dem Gefängnis entlassen. Die Freilassung von 20000 Häftlingen wurde in Aussicht gestellt und eine Strafrechtsreform angekündigt. Verbunden damit war eine scharfe Kritik an Justizministerin Hilde Benjamin und Generalstaatsanwalt Melsheimer, die aber beide im Amt blieben. An die westdeutsche Adresse gerichtet war die Ankündigung, daß die Volksarmee von 120000 Mann auf 90000 Mann verkleinert und die allgemeine Wehrpflicht nicht eingeführt werden sollte. In Aussicht gestellt wurden auch Erleichterungen im innerdeutschen Reiseverkehr[92].

Reformdiskussionen innerhalb der SED

Diese Beschlüsse und Ankündigungen spiegeln eine Auseinandersetzung wider, die im Sommer und Herbst 1956 innerhalb der SED-Führung stattfand. Spitzenfunktionäre wie Karl Schirdewan, Kaderchef der SED und Mitglied des Politbüros, Ernst Wollweber, Chef der Staatssicherheit, Fred Oelßner, »Chefideologe« und im Politbüro für Handel und Versorgung zuständig, Fritz Selbmann, stellvertretender Vorsitzender des Ministerrats und Leiter der Kommission für Industrie und Verkehr, und Gerhart Ziller, im Sekretariat des ZK zuständig für Wirtschaftsfragen, kritisierten die Überzentralisierung, die geringe Effektivität der DDR-Wirtschaft und entwickelten Vorschläge, die auf eine Kombination aus zentraler Planung und marktwirtschaftlichen Komponenten hinausliefen.

Oelßner wollte die unrentablen LPGs auflösen, und Selbmann hielt es für unsinnig, Veränderungen in der Wirtschaftslenkung der Sowjetunion auf den viel kleineren Wirtschaftsraum der DDR zu übertragen. Probleme der Gesellschafts-, speziell der Intelligenzpolitik diskutierten die ZK-Sekretäre Paul Wandel, zuständig für Kultur, und Kurt Hager, verantwortlich für Hochschulen und Wissenschaft. Schirdewan und Wollweber hielten die forcierte Durchsetzung des Sozialismus in der DDR auch deshalb für falsch, weil sie eine weitere Auseinanderentwicklung der beiden deutschen Gesellschaften zur Folge haben würde. Alle Reformer verfolgten nationalkommunistische Ziele. Sie wollten ihren eigenen Weg zum Sozialismus unabhängig von der Sowjetunion gehen. Weitgehend einig war sich die Opposition in der SED auch darüber, daß die angestrebten Reformen nicht mit Walter Ulbricht durchzuführen waren[93].

Wolfgang Harich und der »Dritte Weg«

Charakteristisch für diese nationalkommunistische Opposition in der SED und ihr Konzept des »Dritten Weges« war die Gruppe um Wolfgang Harich, den Chefredakteur der »Deutschen Zeitschrift für Philosophie«, Lektor beim Aufbau-Verlag und Dozenten an der Humboldt-Universität in Berlin. Diese Gruppe setzte sich vor allem aus Wissen-

232

schaftlern, Journalisten und Schriftstellern zusammen. Die meisten waren SED-Mitglieder und strebten eine durchgreifende Reform der DDR und der SED an. Sie stellten den sowjetischen Führungsanspruch in Frage und forderten eine Reinigung der Partei von allen stalinistischen und dogmatischen Elementen. Auf wirtschaftspolitischem Gebiet wollten sie die Produktion auf die Erhöhung des Lebensstandards umstellen, Gewinnbeteiligung in den staatlichen Betrieben einführen, Arbeiterräte gründen und die mittelständische Industrie fördern. Die Landwirtschaftlichen Produktionsgenossenschaften sollten aufgelöst, die Klein- und Mittelbauern gefördert werden. Im Bereich der Kultur- und Wissenschaftspolitik forderte die Harich-Gruppe die »Wiederherstellung der Geistesfreiheit« und der Autonomie der Universitäten, Beendigung des Kirchenkampfes und Auflösung des Staatssicherheitsdienstes. Auf politischer Ebene sollte mehr Demokratie eingeführt werden, indem die Wähler unter mehreren Kandidaten auf den Einheitlisten würden wählen können. Gefordert wurden außerdem die Wiederherstellung der Souveränität des Parlaments und eine durchgreifende Entbürokratisierung des gesamten Verwaltungsapparates.

Harich hielt es für möglich, daß eine von Grund auf erneuerte SED mit einer ebenfalls reformierten SPD zusammen die Grundlagen für ein vereintes sozial-demokratisches Deutschland legen könnte. In dem von ihm entwickelten Programm heißt es dazu: »*Da in Westdeutschland die Einheit der deutschen Arbeiterklasse durch die SPD verwirklicht worden ist, würde eine zukünftige einheitliche deutsche Arbeiterbewegung zwangläufig durch den größeren Einfluß der SPD mehr die Züge der SPD annehmen als die der reformierten SED, aber zweifellos würde diese künftige einheitliche deutsche Arbeiterbewegung stärker links orientiert sein als die heutige SPD...Uns trennt von der SPD gegenwärtig zwar vieles (bürgerlich-demokratische Illusionen, Tendenzen zum Opportunismus usw.), aber vor allem trennt uns von der SPD der Stalinismus. Darum muß sich die SED vom Stalinismus trennen, bevor eine Zusammenarbeit mit der SPD wirklich ehrlich möglich werden kann.*«

Als ersten Schritt zur Zusammenarbeit mit der SPD schlug Harich »*konspirative Zusammenarbeit der oppositionellen SED-Genossen mit der SPD zur Bekämpfung des Stalinismus*« vor, »*damit die ehrlichen und gesunden Kräfte der SED die SED von innen her erobern können*«. Danach könnten offizielle Kontakte zwischen der SPD und der reformierten SED aufgenommen werden, »*wobei bei einer Einheit keine Partei die andere schlucken darf*«. »*Stalinisten*«, so Harich weiter in seinem Programm, »*die sich bis zuletzt an den Verbrechen der Ulbricht-Gruppe beteiligt haben, dürfen nicht in die neue Arbeiterpartei aufgenommen werden*«[94].

Anders als in Polen und Ungarn, wo die Auseinandersetzung mit dem Stalinismus bald alle Gesellschaftsschichten ergriff und im Herbst 1956 zu nationalrevolutionären Massenbewegungen führte, blieb die Reform-Diskussion in der DDR beschränkt auf Spitzenfunktionäre und einige Intellektuelle. Manche Reformvorschläge der verschiedenen parteiinternen Diskussiongruppen konnten aber im Politbüro und im Sekretariat des ZK eine Mehrheit finden. Ulbrichts Position schien ernsthaft gefährdet zu sein.

Das Ende des ideologischen Tauwetters

Das Scheitern der Reformbemühungen in Polen und Ungarn im Herbst 1956 hatte jedoch das Ende der Reformgruppen in der SED-Führung zur Folge. Harich und seine Freunde wurden am 29. November 1956 verhaftet und vor allem wegen ihres Versuchs, »konspirative Kontakte« zur SPD herzustellen, vor Gericht gestellt. Am 9. März 1957 wurden Harich und sein Freunde Steinberger und Hertwig wegen »Bildung einer konspirativen staatsfeindlichen Gruppe« zu zehn Jahren Zuchthaus verurteilt[95]. Harich wurde im Dezember 1964 vorzeitig aus der Haft entlassen. In einem zweiten Prozeß wurden 1957 der Leiter des Aufbau-Verlages, Walter Janka, und Freunde verurteilt. Diese Prozesse wurden als drastische Exempel zur Warnung und Abschreckung der kritischen Intelligenz statuiert. Im Zuschauerraum saßen neben vielen abkommandierten Mitarbeitern des Staatssicherheitsdienstes und anderen Funktionären auch die Schriftsteller Willi Bredel und Anna Seghers sowie die Brechtwitwe und Chefin des Berliner Ensembles, Helene Weigel[96].

Der Prozeß gegen Harich markierte das Ende des intellektuellen »Tauwetters« in der DDR. Aber bereits vorher auf der 30. Tagung des SED-Zentralkomitees (30. Januar bis 1. Februar 1957), als Ulbricht bestätigte, daß sich in sämtlichen wichtigen wissenschaftlichen Institutionen »Aufweichungserscheinungen« zeigten, wurden die Weichen für eine Rückkehr zu stalinistischen Methoden gestellt[97].

Im Herbst 1957 begann die Parteiführung der SED eine breite Kampagne gegen den »Revisionismus« und eliminierte die Befürworter eines Reformkurses aus den entscheidenden Gremien. Auf der ZK-Tagung im Oktober 1957 übte Kurt Hager Selbstkritik und blieb im Amt. Wandel wurde abgesetzt[98]. Im Dezember 1957 ergänzte die Volkskammer das Strafgesetzbuch. Konnten bislang politische Vergehen nur nach Artikel 6 der Verfassung geahndet werden, so wurden nun Staatsverrat, Spionage und Sammlung von Nachrichten als Verbrechen definiert. Auch die Verbindung zu »anderen Staaten und deren Vertretern oder Gruppen, die einen Kampf gegen die Arbeiter- und Bauernmacht führen«, d.h. Verbindungen zu allen nichtkommunistischen Organisationen oder zu amtlichen Stellen der Bundesrepublik Deutschland, konnten nun mit Gefängnishaft bis zu drei Jahren bestraft werden. Straftatbestände wie »staatsgefährdende Propaganda und Hetze« sowie »Staatsverleumdung« öffneten der Verfolgung politisch Andersdenkender Tür und Tor. Auch »Verleitung zum Verlassen der DDR« stellte das neue Gesetz unter Strafe. Für schwere Fälle von Staatsverrat, Spionage und Diversion wurde sogar die Todesstrafe eingeführt[99].

Auf der 35. ZK-Sitzung im Februar 1958 wurden Schirdewan, Wollweber, Oelßner und Selbmann wegen verbotener »Fraktionsbildung« aus dem Politbüro bzw. dem ZK der SED verbannt. Ziller hatte sich im Dezember 1957 das Leben genommen. Von März bis Juni 1958 wurde fast ein Drittel der hauptamtlichen Parteiarbeiter in den SED-Bezirksleitungen ausgewechselt[100].

Diese »Säuberungen« in der Parteispitze und -basis machten unmißverständlich klar, daß die konservative Parteiführung unter Ulbricht entschlossen war, ihre Position zu behaupten und ihren Kurs der Re-Stalinisierung weiterzuverfolgen.

Gleichzeitig wurden Versprechungen der 3. Parteikonferenz eingelöst: Im Mai 1958 wurde die Rationierung für die letzten noch kontingentierten Lebensmittel aufgehoben. Vorher hatte die Regierung den Geldüberhang abgeschöpft: Am 13. Oktober 1957 wurden alle umlaufenden Banknoten für ungültig erklärt. Jeder DDR-Bürger konnte 300 Mark in neue Noten umtauschen; Sparguthaben blieben erhalten. Alle weiteren Beträge, die DDR-Bürger möglicherweise gehortet hatten - der Gesamtbetrag wurde auf 1,5 Mrd. Ost-Mark geschätzt - wurden auf Sonderkonten zur Überprüfung des »rechtmäßigen Besitzes« überwiesen. Diese »zweite Währungsreform« vernichtete erhebliche Mengen an Bargeld und bereitete die Aufhebung der Lebensmittelbewirtschaftung vor[101]. Zwar stiegen 1958 die Preise für bisher rationierte Waren, beispielsweise für Butter (von 2,10 auf 4,90 Mark das kg) und Fleisch, doch die staatlich subventionierten Brot- und Kartoffelpreise blieben niedrig, die HO-Preise sanken, und die Renten und Stipendien wurden um 9,00 bzw. 10,00 Mark erhöht[102].

Gleichzeitig stiegen auch die Grundlöhne. Gegenüber 1957 erhöhte sich der Durchschnittslohn von Arbeitern und Angestellten in Staatsbetrieben um 7 %. Er lag nun bei 494,00 Mark. Insgesamt verbesserte sich die Versorgung wegen der wachsenden Produktivität ganz erheblich. Die Wachstumsraten der Bruttoproduktion stiegen zwischen 1956 und 1959 kontinuierlich an; die Abwanderung in die Bundesrepublik ließ nach: 1956 verließen knapp 280000 Menschen die DDR, 1957 waren es 261000, 1958 204000 und 1959 rund 144000 Menschen. Darunter waren freilich immer noch 60 % Erwerbstätige und jeder zweite war jünger als 25 Jahre alt (s. Tabelle, S. 227). So hart diese Abwanderung die Wirtschaft der DDR traf und so sehr sie dem internationalen Ansehen der DDR schadete, sie hatte für die DDR-Führung auch den Vorteil, daß eventuelle Opponenten der DDR den Rücken kehrten. Die SED-Führung konnte 1958 hoffen, daß die Bevölkerung der DDR sich ihr gegenüber in wachsendem Maße loyal verhalten würde, wenn es ihr gelang, den erreichten wirtschaftlichen Aufschwung fortzusetzen.

8. Die »ökonomische Hauptaufgabe« und der Bau der Mauer

Der V. Parteitag der SED 1958 | Vom 10. bis 16. Juli 1958 trat der V. Parteitag der SED zusammen und verabschiedete eine Reihe von Beschlüssen, die einerseits soziale Leistungen versprachen, andererseits die soziale Umwälzung beschleunigen sollten. Walter Ulbrichts Position als Parteichef war wieder unbestritten. In seinem mehrstündigen Einleitungsreferat gab er die programmatische Losung aus: »*Vorwärts im Kampf für den Sieg des Sozialismus in der Deutschen Demokratischen Republik*«. Um dieses Ziel zu erreichen und der Westwanderung das materielle Motiv zu nehmen, beschloß der Parteitag: »*Die ökonomische Hauptaufgabe besteht darin, die Volkswirtschaft innerhalb weniger Jahre so zu entwickeln, daß die Überlegenheit der sozialistischen Gesellschaftsordnung gegenüber der kapitalistischen umfassend bewiesen wird. Deshalb muß erreicht werden, daß der Pro-Kopf-Verbrauch der werktätigen Bevölkerung an allen wichtigen Lebensmitteln und Konsumgütern höher liegt als der Pro-Kopf-Verbrauch der Gesamtbevölkerung in Westdeutschland*«[103].

Die »ökonomische Hauptaufgabe« | »*Der Schlüssel zur erfolgreichen Lösung dieser ökonomischen Hauptaufgabe*« war nach Ansicht von Parteiführung und Parteitag »*die rasche Steigerung der Arbeitsproduktivität*«. Ulbricht war der Meinung, daß diese »ökonomische Hauptaufgabe« bis 1961 zu lösen sei, wenn alle inneren Reserven mobilisiert würden und wenn die Sowjetunion und die volksdemokratischen Länder die DDR darin unterstützten. Er folgte mit seiner optimistischen Einschätzung Chruschtschow, der es für möglich hielt, daß die Sowjetunion bald die USA an der »Konsumlinie« schlagen würde. Freilich hatte sich die KPdSU nicht so enge Termine gesetzt wie die SED.

Daß die »Hauptaufgabe« sich nicht auf eine Propaganda-Aktion beschränkte, belegen die wirtschaftspolitischen Entscheidungen der nächsten Monate: Die Mehrzahl der Investitionsvorhaben wurde in der Konsumgüterindustrie realisiert. Gleichzeitig wurden aber auch traditionelle Zweige der Produktionsmittelindustrie gefördert, so die Chemie und insbesondere die Petrochemie, die auf der Grundlage sowjetischer Erdöllieferungen produzierte. *»Chemie gibt Brot, Wohlstand und Schönheit«* lautete die hübsche Parole, die diese Politik populär machen sollte.

Bereits ein Jahr später stellte sich heraus, daß das Ziel zu hoch gesteckt war. 1959 rangierte die DDR mit ihrer Industrieproduktion zwar auf dem neunten Platz unter den Industriestaaten; sie lag aber im Konsum um 25 % und in der Arbeitsproduktivität um 30 % hinter der Bundesrepublik zurück. Der Fünfjahresplan wurde 1959 abgebrochen und durch einen neuen Siebenjahresplan ersetzt, der eine Steigerung der Arbeitsproduktivität um 85 % bis zum Jahre 1965 anvisierte und einen Ausbau der Energiewirtschaft, der Elektrotechnik und der chemischen Industrie vorsah[104].

Der V. Parteitag bekräftigte noch einmal die seit 1956 eingeleitete Reform des Bildungswesens, nämlich die Einrichtung der obligatorischen »allgemeinbildenden zehnklassigen polytechnischen Oberschule«, die durch eine enge Verbindung des Schulunterrichts mit der Arbeit in der Produktion eine neue Generation von Werktätigen und technischer Intelligenz ausbilden sollte. Mit Beginn des neuen Schuljahres wurde am 1. September 1958 in den Klassen 7 bis 12 der Polytechnische Unterricht eingeführt. Im Januar 1959 beschloß das ZK Thesen über die »sozialistische Entwicklung des Schulwesens«, die die Grundlagen für das »Gesetz über die sozialistische Entwicklung des Schulwesens in der Deutschen Demokratischen Republik« vom 2. Dezember 1959 bildeten[105]. Damit wurden Fächer wie Werkunterricht und der Unterricht in der Produktion eingeführt. 70 % des Lehrstoffes sollten auf die Fächer Naturwissenschaften, Mathematik, Technik und Wirtschaftsfragen entfallen; die ideologische Erziehung sollte verstärkt' werden. Der Aufbau der »allgemeinbildenden zehnklassigen polytechnischen Oberschule« sollte bis 1964 abgeschlossen sein[106]. Reform des Schulwesens

In die gleiche Richtung zielte die von Ulbricht lancierte kulturpolitische Offensive, die sich auf Kirchen, Künste, Schulen und Hochschulen richtete. Das Ziel war auch hier die Überwindung bürgerlicher Kultur und die Ausbildung eines neuen sozialisitschen Bewußtseins - oder wie Ulbricht es ausdrückte - »eine tiefgreifende sozialistische Umwälzung der Ideologie und der Kultur« [107].

Eine wesentliche Komponente in diesem Konzept bildete die bald nach dem V. Parteitag ins Leben gerufene »Bewegung schreibender Arbeiter« (Losung: *»Greif zur Feder, Kumpel! Die sozialistische Nationalkultur braucht Dich!«*). Sie sollte dazu beitragen, die »Trennung von Kunst und Leben« zu überwinden. Begonnen hatte die Kampagne im »VEB Elektrochemisches Kombinat« in Bitterfeld, wo eine Jugendbrigade im Januar 1959 auf Anregung des FDGB und der SED dazu aufrief, »auf Der »Bitterfelder Weg«

sozialistische Weise zu arbeiten, zu lernen und zu leben« und beschloß, eine »Brigade der sozialistischen Arbeit zu werden«[108].

In Bitterfeld tagte am 24. April 1959 die 1. Bitterfelder Konferenz, die ein Programm für die künftige Kulturpolitik verabschiedete. Walter Ulbricht forderte in seinem Grundsatzreferat alle Beteiligten auf, »*praktische Maßnahmen durchzuführen, um den Arbeitern zu ermöglichen, die Höhen der Kultur zu erstürmen*«. Die Aufgabe bestand seiner Ansicht nach darin, »*auf der Grundlage des Aufbaus des Sozialismus die neue sozialistische Nationalkultur zu schaffen und mit ihrer Hilfe den Kampf um die Überwindung der Überreste der kapitalistischen Ideologie, der kapitalistischen und bürgerlichen Gewohnheiten zu führen*«[109].

»*Nach der Aussprache über die vorgetragenen Probleme der Entwicklung der sozialistischen Nationalkultur in Verbindung mit den Grundfragen des sozialistischen Aufbaus in der DDR und des friedlichen Wettbewerbs mit Westdeutschland*« beschloß die Konferenz u.a. »*1. die Bewegung des lesenden Arbeiters weiter zu entwickeln und sie zu ergänzen durch eine Bewegung des schreibenden Arbeiters, 2. die Schriftsteller, die sich die literarische Gestaltung von Problemen der sozialistischen Umwälzung in der DDR zum Thema nehmen, bevorzugt zu fördern*«[110].

Auf dem »Bitterfelder Weg« gingen dann Schriftsteller, Maler, Bildhauer und Musiker in die Betriebe, um neue Themen zu finden und die Arbeiter bei deren Bemühungen um kulturelle Selbständigkeit zu unterstützen. Die Arbeiter wurden aufgefordert, im Arbeitskollektiv um den Titel »Brigade der sozialistischen Arbeit« zu ringen, indem sie nicht nur hohe Produktionsleistungen erbrachten, sondern außerdem gemeinsam Theater besuchten, stilvolle Brigadefeiern arrangierten und auch ihre Freizeit »kulturvoll« gestalteten. Zur Selbstkontrolle führten sie ein »Brigadetagebuch«, möglichst präzise und möglichst literarisch. Da mit dem Titel auch Prämien zu gewinnen waren, wuchs die Bewegung rasch an. Ende 1959 waren es 900000, Mitte 1961 nahezu zwei Millionen Menschen, die diese Art von Brigaden oder Arbeitsgemeinschaften bilden wollten. In den Industriebetrieben schien eine Art Kulturrevolution in Gang zu kommen; die künstlerischen Ergebnisse des »Bitterfelder Weges« fielen bescheiden aus, wie die 2. Bitterfelder Konferenz im April 1964 feststellte[111].

Kollektivierung von Landwirtschaft und Handwerk

Auch für die Landwirtschaft sah der V. Parteitag eine weitere Modernisierung im sozialistischen Sinne vor, und das hieß beschleunigte Kollektivierung unter staatlichem Druck. Ab 1958 begannen die Maschinen-Traktoren-Stationen (MTS), die seit Ende der vierziger Jahre eingerichtet worden waren und die über die meisten landwirtschaftlichen Großgeräte verfügten, die privaten Bauern systematisch zu vernachlässigen und hauptsächlich die LPGs zu versorgen, um die zögernden Bauern zum Eintritt in die LPGs zu zwingen. Für die Bauern waren die LPGs unattraktiv, weil sie oft niedrige oder gar keine Gewinne erwirtschafteten. Es gibt Beispiele dafür, daß ein »arbeitsfähiges« LPG-Mitglied pro Jahr ganze 3400 Mark einnahm, während ein Produktionsarbeiter in einer MTS im gleichen Kreis auf 6100 Mark kam und ein guter Einzelbauer zwischen 20000 und 25000 Mark im Jahr erwirtschaftete[112].

Ende 1959 bewirtschafteten private Bauern noch immer rund die Hälfte der landwirtschaftlichen Nutzfläche, obwohl zwischen Anfang 1957 und Ende 1959 etwa 30000 Bauern abgewandert waren, die meisten von ihnen waren keine sogenannten Großbauern, sondern Klein- und Neu-Bauern. In den LPGs dominierten die ehemaligen Landarbeiter (ca. 130000) und die Neubauernfamilien (knapp 115000), die sogenannten Altbauern standen mit etwa 112000 Mitgliedern an dritter Stelle in den insgesamt 435000 Personen umfassenden LPGs[113].

Auch bei der Kollektivierung des Handwerks forderte die Parteiführung neue Anstrengungen. Die Erfolge blieben aber hinter den Erwartungen zurück. Allzu viel Druck konnte die Partei auf das Handwerk nicht ausüben, da es im Reparatur- und Dienstleistungssektor einen wichtigen Faktor in der Förderung des Konsums darstellte und deshalb nicht verunsichert werden durfte. Außerdem gab es kaum wirtschaftliche Gründe, warum sich beispielsweise Friseurbetriebe zu einer Genossenschaft zusammenschließen sollten. Immerhin wuchs die Zahl der Handwerksgenossenschaften bis Ende 1960 auf nahezu 3900 (Ende 1957 waren es 295 gewesen) und die der PGH-Migleder auf fast 144000 (Ende 1957: etwa 8100). Die Genossenschaften erbrachten Ende 1960 etwa 28 % der Leistungen des Gesamthandwerks. Ihnen standen noch immer mehr als 173000 private Betriebe mit etwa 434000 Beschäftigten gegenüber[114].

Die Zahl der privaten Industriebetriebe nahm zwischen Ende 1956 und Ende 1960 infolge von steuer- oder wirtschaftsrechtlicher Enteignungen oder von Betriebsaufgaben von etwa 12300 auf ca. 6500 ab, während die Zahl der halbstaatlichen Betriebe von 144 mit 14000 Arbeitern auf 4455 mit 290000 Arbeitern zunahm. Nach chinesischem Vorbild bot der Staat Privatbetrieben 50prozentige oder höhere Beteiligungen an. Die Firmen wurden dann als Kommanditgesellschaft weitergeführt, die bisherigen Eigentümer wurden persönlich haftende Gesellschafter. Diese halbstaatlichen Betriebe erzeugten Ende 1960 6,5 % des industriellen Bruttoprodukts, die verbleibenden Privatbetriebe kamen auf einen Anteil von neun Prozent[115].

Im Einzelhandel verlief die Entwicklung ähnlich. Hier wurden seit 1956 »Kommissionsverträge« zwischen der HO oder dem staatlichen Großhandel und privaten Geschäftsleuten abgeschlossen, um den privaten Bereich zurückzudrängen. Diese Kommissionshändler besorgten Ende 1960 zwar erst 6,5 % des Einzelhandelsumsatzes, zusammen mit der HO und der Konsumgenossenschaft drängten sie aber den privaten Einzelhandel zwischen 1956 und 1960 von ca. 30 % des Einzelhandelsumsatzes auf 16 % zurück[116].

Volkskammer-
wahlen 1958

Die Wahlen zur Volkskammer und zu den Bezirkstagen im November 1958 ergaben das übliche Ergebnis von 99,8 % Zustimmung für die Kandidaten der Einheitsliste. Die Volkskammer wählte erneut Otto Grotewohl zum Ministerpräsidenten, Walter Ulbricht zu seinem ersten Stellvertreter. Im Februar 1958 waren neun Ministerien aufgelöst worden, von den verbleibenden 23 Ministerien standen die wichtigsten unter der Leitung eines SED-Mitglieds, so Inneres (Maron), Staatssicherheit (Mielke), Justiz (Benjamin) und Kultur (Abusch).

Die neue
DDR-Fahne

Am 1. Oktober 1959 änderte die Volkskammer die Staatsflagge der DDR, um die Eigenständigkeit der DDR gegenüber der Bundesrepublik zu unterstreichen. Das Staatswappen der DDR - Hammer und Zirkel im Ährenkranz als Symbol für das Bündnis zwischen Arbeitern, Bauern und Intelligenz - wurde Bestandteil der schwarz-rot-goldenen Fahne.

Staatsrat und
nationaler Ver-
teidigungsrat
der DDR 1960

Als am 7. September 1960 Wilhelm Pieck starb, wurde an Stelle des Präsidentenamts ein Staatsrat geschaffen, der nicht nur die Kompetenzen des Präsidenten, sondern auch der Regierung übernahm. Der Staatsrat wurde von der Volkskammer gewählt. Er konnte nach der veränderten Verfassung die »allgemein verbindliche Auslegung« der Gesetze vornehmen, selbst »Beschlüsse mit Gesetzeskraft« erlassen und »grundsätzliche Beschlüsse zu Fragen der Verteidigung und Sicherheit des Landes« fassen. Er berief die Mitglieder des Nationalen Verteidigungsrates der DDR[117]. Zum Vorsitzenden des Staatsrates wurde Walter Ulbricht gewählt, der im Februar 1960 auch den Vorsitz des neu geschaffenen Nationalen Verteidigungsrats der DDR übernommen hatte. Der Nationale Verteidigungsrat hatte im Falle einer äußeren Gefahr und eines inneren Notstandes alle Vollmachten zum Schutze der DDR. Ulbricht machte aus dem Staatsrat eine Art »Überregierung« und bestimmte die Richtlinien der Politik, während die Regierung sich auf die Verwaltung des wirtschaftlichen und kulturellen Bereichs beschränkte.

Zu Beginn des Jahres 1960 schien sich die wirtschaftliche und politische Situation der DDR stabilisiert zu haben. Die Zahl der Flüchtlinge sank 1958 auf 204000 (gegenüber 261000 im Jahre 1957) und 1959 auf knapp 144000. Sie stieg aber sofort an, als die SED in der Kollektivierung 1960 einen schärferen Kurs einschlug und die Gefahr drohte, daß der Fluchtweg nach West-Berlin entgültig versperrt würde.

Am 27. November 1958 teilte die sowjetische Regierung den Westmächten

formell mit, sie betrachte den Berlin-Status als hinfällig und wolle West-Berlin binnen sechs Monaten in eine entmilitarisierte »Freie Stadt« um-wandeln. Der Status dieser »selbständigen politischen Einheit West-Berlin« solle von den vier Mächten und der DDR garantiert werden.
Wieweit dieses Berlin-Ultimatum Chruschtschows auf eine konkrete Initiative der DDR-Führung zurückging, ist nach wie vor unklar. Mit ihrem Schritt reagierte die sowjetische Führung aber sicherlich auch auf das ständige Drängen der DDR-Regierung, die für sie unhaltbare Situa-tion in Berlin zu klären. Ob die Sowjetunion die Westmächte in der Berlinfrage unter Druck setzen wollte, um sie für Deutschlandverhand-lungen zu gewinnen und eine atomare Aufrüstung der Bundeswehr zu verhindern, ob sie West-Berlin der DDR einverleiben wollte oder ob die Übertragung der sowjetischen Kontrollbefugnisse auf die DDR eine hermetische Abriegelung West-Berlins von Ost-Berlin vorbereiten soll-te, um die wirtschaftliche und politische Existenz der DDR zu sichern, all dies ist nicht eindeutig zu beantworten.

Die Deutschland- und Berlinverhandlungen zwischen den Weltmächten zogen sich bis 1961 ergebnislos hin (s. oben, Kap. III.7). Nach dem Wiener Treffen zwischen Chruschtschow und Kennedy im Juni 1961 war immerhin klar, daß die USA nicht bereit waren, am Status West-Berlins und seiner Zugangswege Abstriche zu machen, daß sie sich aber auch nicht in Entscheidungen einmischen würden, die die Sowjetunion in ihrer Interessensphäre fällen würde.

Inzwischen hatte die DDR-Führung durch innenpolitische Entschei-dungen dafür gesorgt, daß der Druck, die Berlinfrage zu klären, nicht nachließ, sondern eher noch zunahm: Zu Beginn des Jahres 1960 be-gann sie auf dem Lande mit einer hektischen Kollektivierungskampa-gne. Eingeleitet wurde sie durch eine ZK-Tagung, die ganz der Land-wirtschaft gewidmet war. Die Parteiführung rief dazu auf, »*die Gewin-nung der Bauern für die LPG durch beharrliche Überzeugungsarbeit zu einer Sache der ganzen Arbeiterklasse, der Kräfte der nationalen Front und breitester Kreise der fortschrittlichen Bauern*« zu machen[118].
Überall bildeten die SED-Kreisleitungen Agitationsbrigaden, die zur massiven Werbung in die Dörfer geschickt wurden. Mit Lautsprechern wurden ganze Orte oder widerstrebende Einzelbauern »beschallt«. Harte Folgen wurden denen angedroht, die weiterhin Einzelbauern bleiben wollten. Dieses rigorose Vorgehen zeigte bald Wirkungen: Am 4. März 1960 meldete der Bezirk Rostock die Vollkollektivierung der Landwirtschaft, am 12. März folgte Neubrandenburg, am 18. März Potsdam, am 19. März Frankfurt an der Oder - das Schlußlicht war am 14. April der Bezirk Karl-Marx-Stadt. Insgesamt traten in fünf Monaten mehr als 265000 Bauern den LPG bei. 2,5 Mill. Hektar landwirtschaftli-

che Nutzfläche wurden in LPG (davon mehr als die Hälfte sofort in den Typ III) überführt. Es entstanden etwa 9000 neue LPG. Rund 15000 Bauern gingen in den Westen. Am Ende des »sozialistischen Frühlings auf dem Lande«, wie die Propaganda die Kollektivierung verklärte, wurden rund 85 % der landwirtschaftlichen Nutzfläche der DDR von LPG bewirtschaftet. Ende 1959 waren es erst 45 % gewesen[119]. 1961 erzeugte der »sozialistische Sektor« (Staat und Genossenschaften) fast 90 % der landwirtschaftlichen Bruttoproduktion. Nur 30000 Bauern war es gelungen, vorerst noch selbständig zu bleiben. Ende 1962 waren es nur noch 10000[120].

Daß die Kollektivierung Unruhe stiften würde, muß der SED-Führung klar gewesen sein. Eine solche Kampagne ausgerechnet zu dem Zeitpunkt zu starten, wo die Berlin-Agitation schon genügend Beunruhigung hervorgerufen und den Strom der Flüchtlinge hatte anschwellen lassen, konnte nur den Sinn haben, die Sowjetunion dazu zu bringen, sich mit der Abriegelung West-Berlins einverstanden zu erklären, um die Existenzkrise, in die die DDR-Führung sich selbst hineinmanövriert hatte, zu beenden.

Die Zuspitzung der Berlin-Krise 1960/61

1960 waren etwa 199000 DDR-Bürger in den Westen gegangen; bis Juni 1961 folgten ihnen weitere 103000, allein im April 1961 waren es 30000. An den Berliner Sektorengrenzen wurden die Kontrollen verschärft, doch damit war die Bewegung nicht aufzuhalten. Im Juni, Juli und August 1961 flohen täglich 1500 bis 2000 Menschen nach Westberlin, vom 1. bis zum 13. August waren es 47433 (s. Tabelle, S. 227). Die SED startete eine Propaganda-Offensive, in der behauptet wurde, westliche »Menschenhändler« versuchten DDR-Bürger abzuwerben. Ihnen müsse der Zugang verwehrt werden. Daher wurde im September 1960 eine Genehmigungspflicht für Ost-Berlin-Aufenthalte von Westdeutschen verfügt. Im Gegenzug kündigte die Bundesregierung zum Jahresende das Interzonenhandelsabkommen von 1951. Damit lieferte sie wiederum der DDR-Propaganda Munition für die Behauptung, die Bundesregierung führe einen »Wirtschaftskrieg« gegen die DDR. Tatsächlich war die ostdeutsche Industrie auf vielen Gebieten von den Lieferungen aus der Bundesrepublik abhängig. Um den Ausfall der benötigten Ausrüstungen und Ersatzteile zu kompensieren, wurde ein Programm der »Störfreimachung« durch Ausweichen auf Lieferungen aus dem sozialistischen Lager, speziell der Sowjetunion, beschlossen[121].

Seit Anfang Februar 1960 hatten DDR-Delegationen die Vertreter der Warschauer-Pakt-Staaten bei jeder sich bietenden Gelegenheit darauf hingewiesen, daß die Situation an der Grenze mit West-Berlin unhaltbar sei, und Unterstützung zur Lösung des Problems gefordert. Anfang August gelang es der DDR-Regierung schließlich, die Verbündeten davon zu überzeugen, daß die DDR auf eine Katastrophe zusteuerte, wenn der Flüchtlingsstrom so weiterging. Die Partei- und Regierungschefs der Warschauer-Pakt-Staaten stellten ihre Bedenken bezüglich des Prestigeverlusts, den das ganze sozialistische Lager erleiden würde, zurück und gaben der SED-Führung grünes Licht, die von Ulbricht vorgesehenen Absperrungsmaßnahmen durchzuführen.

Sie schlugen der Ost-Berliner Regierung vor, *»an der Westberliner Grenze eine solche Ordnung einzuführen, durch die der Wühltätigkeit gegen die Länder des sozialistischen Lagers zuverlässig der Weg verlegt und rings um das ganze Gebiet Westberlins einschließlich seiner Grenze mit dem demokratischen Berlin eine verläßliche Bewachung und eine wirksame Kontrolle gewährleistet wird. Selbstverständlich werden diese Maßnahmen die geltenden Bestimmungen für den Verkehr und die Kontrolle an den Verbindungswegen zwischen Westberlin und Westdeutschland nicht berühren«*[122]. Die Verbündeten der DDR gingen offenbar davon aus, daß die USA allein für den Status West-Berlins eintreten, gegen Aktionen auf Ost-Berliner oder DDR-Territorium aber nichts unternehmen würden.

Am 11. August erteilte die Volkskammer der Regierung der DDR die Vollmacht, *»alle Maßnahmen vorzubereiten und durchzuführen, die sich aufgrund der Festlegungen der Teilnehmerstaaten des Warschauer Vertrages als notwendig erweisen«*[123]. Appelle der SED an die Bürger der DDR, den »Menschenhandel« über West-Berlin beenden zu helfen, gaben Gerüchten, daß Maßnahmen gegen die »Republikflucht« nach West-Berlin unmittelbar bevorstünden, neue Nahrung. Die Zahl der Flüchtlinge stieg von Tag zu Tag: Vom 1. bis 13. August wechselten 47433 Menschen nach West-Berlin über.

Im Juni 1961 hatte Walter Ulbricht auf die Frage einer Korrespondentin der »Frankfurter Rundschau«: *»Bedeutet die Bildung einer Freien Stadt Ihrer Meinung nach, daß die Staatsgrenze am Brandenburger Tor errichtet wird? Und sind Sie entschlossen, dieser Tatsache mit allen Konsequenzen Rechnung zu tragen?«* die Vermutung geäußert, es gebe in West-Berlin offenbar Menschen, *»die wünschen, daß wir die Bauarbeiter der Hauptstadt der DDR dazu mobilisieren, eine Mauer aufzurichten«*, und dann geantwortet: *»Niemand hat die Absicht, eine Mauer zu errichten«*[124].

Die Planung für einen solchen Mauerbau liefen damals aber bereits. Die Durchführung der Aktion sollte nach dem Willen der sowjetischen Führung allein DDR-Organen vorbehalten und strikt auf das Hoheitsgebiet der DDR beschränkt bleiben. Zuständig für die Planung und Durchführung der Aktion war Erich Honecker. Er hatte 1958 die Anklagen gegen die Schirdewan-Wollweber-Fraktion vorgetragen, war da-

Der Bau der Mauer am 13. August 1961

nach zum Vollmitglied des Politbüros und 1960 zum Sekretär des neugebildeten »Verteidigungsrates« aufgerückt. Er konnte sich mit dieser
Aktion als Nachfolger Ulbrichts profilieren.

Wie Honecker später in seinen Erinnerungen feststellte, verlief am 13.
August 1961 alles nach Plan: In den frühen Morgenstunden dieses
Sonntags riegelten Angehörige der Betriebskampfgruppen und der
Volksarmee Ost-Berlin durch Stacheldrahtverhaue ab. Türen und Fen-
ster von unmittelbar an der Grenze stehenden Häusern wurden zuge-
mauert. Der U- und S-Bahn-Verkehr wurde unterbrochen, das Straßen-
pflaster aufgerissen. Am 15. August begannen die DDR-Grenztruppen
mit dem Bau der über zwei Meter hohen Mauer, die Berlin fortan in
zwei Teile zerschnitt.

Die Errichtung der Mauer markierte den eigentlichen Gründungstag
der DDR, die nun niemand mehr verlassen konnte.

VI. Außen- und deutschlandpolitische Probleme der Regierung Erhard

Der Regierungswechsel von Adenauer zu Erhard vollzog sich auf dem Hintergrund weltpolitischer Veränderungen, die weitreichende Folgen für die deutsche Situation haben sollten: Mit der Kuba-Krise hatte der Kalte Krieg im Oktober 1962 seinen gefährlichen Höhepunkt, aber auch seinen Wendepunkt erreicht. Der sowjetischen Politik war es nicht gelungen, »einen weltpolitischen Durchbruch ohne Krieg, aber auf der Grundlage militärischer Stärke zu erzielen«[1]). Damit war auch die Gefahr, daß die Sowjetunion den Druck auf Berlin verschärfen würde, geringer geworden. Umgekehrt erkannte die amerikanische Regierung, daß ihre Politik der Zurückdrängung Sowjetrußlands aus dem von ihm 1945 gewonnenen Machtbereich in Europa gescheitert war. Die Regierung Kennedy proklamierte als neues Ziel ihrer Außenpolitik Entspannung und Friedenssicherung (s. Kap. III.9).

1. »Politik der Bewegung« und »Politik der kleinen Schritte«

Für die Bundesrepublik brachte der Übergang von der Konfrontations- zur Entspannungspolitik große innen- und außenpolitische Probleme mit sich. Denn die bisherige Auffassung, daß Entspannung in Europa nur durch Schritte zur Wiedervereinigung Deutschlands erreichbar sei, war nun geradezu umgekehrt worden: Entspannung in Europa wurde zur Voraussetzung für eine Verbesserung der Situation in Deutschland. Die Anpassung an die neue amerikanische Strategie vollzog sich in der Bundesrepublik daher wesentlich langsamer und zögernder als bei den anderen NATO-Mitgliedern. Sie setzte ein mit der Deutschland- und Ostpolitik Gerhard Schröders, die zwar nicht frei war von Unklarheiten und Widersprüchen, die aber die »neue« Ostpolitik der Großen Koalition 1966 und der sozial-liberalen Koalition 1969 vorbereitete.

Gerhard Schröder, der lange Jahre hindurch Adenauers Innenminister gewesen war, hatte im Herbst 1961 den als extrem antisowjetisch geltenden Außenminister Heinrich von Brentano abgelöst. Als am 16. Oktober

Neuorientierung der deutschen Ostpolitik

245

1963 Ludwig Erhard Bundeskanzler wurde, blieb Schröder Außenminister. Wie überhaupt Erhards erstes Kabinett beinahe identisch war mit dem letzten Kabinett Adenauers. Die wichigste personelle Veränderung war der Eintritt des FDP-Vorsitzenden Erich Mende als Vizekanzler und Minister für Gesamtdeutsche Fragen. Erhards Nachfolger als Wirtschaftsminister wurde Kurt Schmücker (CDU) (s. die Kabinettsliste im Anhang).

Erhards Regierungserklärung am 18. 10. 1963

Erhards Regierungserklärung vom 18. Oktober 1963[2]) machte in ihren zum Teil widersprüchlichen Aussagen zur Deutschland-Frage deutlich, wie schwierig es für die Bundesrepublik war, ihre Deutschlandpolitik an die Entspannungspolitik der USA anzupassen. Erhard begrüßte den Abschluß des Vertrages über die Einstellung von Kernwaffenversuchen zwischen den USA, der UdSSR und Großbritannien vom August 1963, weil Kontakte zwischen den USA und der Sowjetunion helfen könnten, Spannungen abzubauen. Er wandte sich jedoch entschieden gegen die Unterordnung der deutschen Frage unter die weltpolitischen Entspannungsbemühungen: »*Die Deutschland-Frage ist eine der Hauptursachen für die Spannungen in der Welt, und man kann nicht hoffen, diese Spannungen zu beseitigen, wenn die Deutschland-Frage ungelöst bleibt. In keinem Falle werden wir eine Maßnahme zu akzeptieren bereit sein, die den unbefriedigenden Stand, in dem sich das Deutschland-Problem befindet, statt zu verbessern verschlechtern würde – sei es, daß durch sie die unnatürliche Teilung unseres Landes sanktioniert oder gefestigt würde –, sei es, daß eine Anerkennung oder auch nur eine internationale Aufwertung des Regimes der sowjetisch besetzten Zone mit ihr verbunden wäre. Dies bleibt ein allgemeiner Grundsatz unserer Politik.*«

Wie sich die Bundesregierung die Verbindung zwischen Deutschlandpolitik und Entspannungspolitik dachte, deutete die Regierungserklärung verschlüsselt so an: »*Die Vorstellungen der Bundesregierung über die Lösung der deutschen Frage gehen von der Überlegung aus, daß alle Schritte notwendig mit Maßnahmen auf dem Gebiet der Sicherheit verbunden sein müssen. Wir sind uns bewußt, daß dabei auch die Interessen anderer Völker und Länder berührt werden. Ebenso wie wir von unseren Nachbarn erwarten, daß sie Verständnis für unser Verlangen nach Freiheit und Wiederherstellung der Einheit unseres Volkes aufbringen, wollen und müssen wir bereit sein, ihren berechtigten Interessen Rechnung zu tragen.*«

Etwas konkreter wurde Erhard, als er über die Beziehungen zwischen der Bundesrepublik und den osteuropäischen Staaten sprach: »*Die Bundesregierung wird der weiteren Verbesserung des Verhältnisses zwischen der Bundesrepublik Deutschland und den osteuropäischen Staaten ihre volle Aufmerksamkeit widmen. Sie ist bereit, mit jedem dieser Staaten*

Schritt für Schritt zu prüfen, wie man auf beiden Seiten Vorurteile ab-
bauen und vorhandenen Sorgen und Befürchtungen den Boden entzie-
hen kann. Im Zuge eines solchen Prozesses ist die Bundesregierung auch
bereit, im Rahmen ihrer Möglichkeiten den Wirtschaftsaustausch mit
diesen Ländern zu erweitern. In gleicher Weise begrüßt sie die Verstär-
kung kultureller Kontakte, wie sie sich mit einigen Ostblockländern be-
reits angebahnt haben.«

Die Regierungserklärung enttäuschte diejenigen, die sich von der neuen
Regierung auch neue Akzente – vor allem in der Deutschlandpolitik –
erhofft hatten. Dennoch ist in diesen Passagen – wenn auch nur andeu-
tungsweise – das neue Konzept sichtbar, das Außenminister Schröder
verfolgte: die Lösung der deutschen Frage durch eine Überwindung der
Teilung Europas in zwei feindliche Lager vorzubereiten. Bessere Beziehungen der Bundesrepublik Deutschland zu den osteuropäischen Staaten sollten deren Bestrebungen nach mehr Unabhängigkeit von Moskau
unterstützen und zu einer Auflösung der starren Blöcke beitragen.

Dabei wollte Schröder freilich weder die Oder-Neiße-Grenze anerkennen noch die DDR in seine Annäherungspolitik mit einbeziehen. Offenbar verfolgte er ganz im Gegenteil das Ziel, die DDR innerhalb des
Ostblocks zu isolieren. Ihn mögen Gedanken geleitet haben, wie sie der
amerikanische Ostexperte und spätere Sicherheitsberater von Präsident
Carter, Zbigniew Brzezinski, 1965 in seiner »Zwei-Zangen-Theorie« so
zusammenfaßte: *»Um das osteuropäische Interesse an Ostdeutschland*
auszuhöhlen, muß der Westen seine Haltung gegenüber Ostdeutschland
und dem übrigen Osteuropa scharf differenzieren. Gegenüber Ost-
deutschland ist eine Politik der Isolierung geboten; gegenüber Osteuro-
pa eine Politik der friedlichen Engagements – in wirtschaftlicher, kultu-
reller und schließlich auch politischer Hinsicht. Nur so wird Ostdeutsch-
land auf der Landkarte Europas zu einem politischen Anachronismus
werden – eine Quelle stetiger Peinlichkeiten für Moskau und nicht län-
ger ein Sicherheitsfaktor für die Osteuropäer«.[3])

Schröders »Politik der Bewegung« setzte bereits unter Adenauer ein
und schien zunächst erfolgreich zu sein: Am 7. März 1963 wurde ein
Handelsvertrag mit Polen unterzeichnet, der auch die Errichtung einer
bundesdeutschen Handelsmission in Warschau vorsah. Da diese nicht
den Status einer diplomatischen Vertretung haben würde, war die Hallstein-Doktrin nicht durchbrochen worden. (Sie legte fest, daß die Bundesrepublik keine diplomatischen Beziehungen zu Staaten unterhielt,
die die DDR anerkannten.) Von besonderer Bedeutung war das Abkommen auch deshalb, weil es sich auf das »Währungsgebiet der Deutschen Mark« bezog, also West-Berlin mit einschloß. Die polnische Regierung hatte sich damit gegen die Drei-Staaten-Theorie der DDR mit

Handelsab-
kommen mit
osteuropäischen
Staaten

ihrer Auffassung von der »selbständigen politischen Einheit West-Berlin« gestellt.⁴) Ähnliche Abkommen folgten im Oktober 1963 mit Rumänien, im November 1963 mit Ungarn und im März 1964 mit Bulgarien.

Die Handelsabkommen mit den osteuropäischen Staaten intensivierten die Wirtschaftsbeziehungen zwischen der Bundesrepublik und diesen Ländern und legten die Grundlage für bessere Beziehungen auch in anderen Bereichen. Doch die beabsichtigten Rückwirkungen auf das Deutschland-Problem blieben aus, denn inzwischen hatten die sowjetische und die DDR-Regierung die Stoßrichtung dieser Politik durchschaut und Gegenmaßnahmen ergriffen. Am 23. Januar 1964 teilte die sowjetische Regierung der Bundesregierung mit, daß sie das am 31. Dezember 1963 ausgelaufene Handelsabkommen nicht verlängern würde. Stein des Anstoßes war die Berlin-Klausel.⁵) Der am 12. Juni 1964 von der Sowjetunion und der DDR unterzeichnete »Vertrag über Freundschaft, gegenseitigen Beistand und Zusammenarbeit« sollte u. a. signalisieren, daß die Sowjetunion eine Isolierung der DDR im östlichen Bündnis nicht zulassen würde. Außerdem stellten die beiden Unterzeichner noch einmal klar, daß sie West-Berlin als eine »selbständige politische Einheit« betrachteten (s. unten S. 382 ff.). Sowjetischer Druck verhinderte schließlich, daß auch zwischen der Tschechoslowakei und der Bundesrepublik ein Handelsabkommen unter Einschluß West-Berlins zustande kam.

Trotz Festhaltens an der Hallstein-Doktrin und Durchsetzung der Berlin-Klausel mußte sich Außenminister Schröder gegen Kritik und Opposition aus der eigenen Partei verteidigen. Einigen Vertretern der CDU/CSU war der Außenminister mit der Errichtung der Handelsmissionen in den osteuropäischen Hauptstädten schon zu weit gegangen. Schröders Amtsvorgänger von Brentano etwa sah in den Handelsabkommen »eine schleichende Aufnahme diplomatischer Beziehungen und eine folgenschwere Durchlöcherung der Hallstein-Doktrin«.⁶)

»Politik der kleinen Schritte«

In dieser Situation gewann ein anderes deutschlandpolitisches Konzept in der öffentlichen Diskussion an Gewicht, der Gedanke nämlich, daß es eine notwendige Aufgabe der bundesdeutschen Politik sei, die Kontakte zu den Menschen in der DDR zu verbessern und einen Beitrag zur Erleichterung ihrer Lebensbedingungen zu leisten. Diese »Politik der kleinen Schritte« sollte kein Ersatz für die Wiedervereinigung sein, sie aber auch nicht behindern. Ihre Verfechter saßen vor allem in der SPD West-Berlins und in der Umgebung des Berliner Regierenden Bürgermeisters Willy Brandt, der am 15. Februar 1964 als Nachfolger des verstorbenen Erich Ollenhauer auch Vorsitzender der SPD wurde.

Am 15. Juli 1963 hielt der Leiter des Presse- und Informationsamts des Berliner Senats, Egon Bahr, vor der Evangelischen Akademie in Tutzing ein Referat, das weithin Beachtung fand.[7]) Bahr machte sich ausdrücklich die amerikanische Auffassung zu eigen, wonach die kommunistische Herrschaft in Ost- und Mitteleuropa nicht beseitigt, sondern nur verändert werden könnte, und zog daraus seine Folgerungen für die Deutschlandpolitik: *»Die Änderung des Ost-West-Verhältnisses, die die USA versuchen wollen, dient der Überwindung des Status quo, indem der Status quo zunächst nicht verändert werden soll. Das klingt paradox, aber es eröffnet Aussichten, nachdem die bisherige Politik des Drucks und Gegendrucks nur zu einer Erstarrung des Status quo geführt hat. Das Vertrauen darauf, daß unsere Welt die bessere ist, die im friedlichen Sinne stärkere, die sich durchsetzen wird, macht den Versuch denkbar, sich selbst und die andere Seite zu öffnen und die bisherigen Befreiungsvorstellungen zurückzustellen ... Die erste Folgerung, die sich aus einer Übertragung der Strategie des Friedens auf Deutschland ergibt, ist, daß die Politik des Alles oder Nichts ausscheidet. Entweder freie Wahlen als erster Schritt oder Ablehnung, das alles ist nicht nur hoffnungslos antiquiert und unwirklich, sondern in einer Strategie des Friedens auch sinnlos ... Wenn es richtig ist, was Kennedy sagte, daß man auch die Interessen der anderen Seite anerkennen und berücksichtigen müsse, so ist es sicher für die Sowjetunion unmöglich, sich die Zone zum Zwecke einer Verstärkung des westlichen Potentials entreißen zu lassen. Die Zone muß mit Zustimmung der Sowjets transformiert werden. Wenn wir soweit wären, hätten wir einen großen Schritt zur Wiedervereinigung getan.«*

»Wandel durch Annäherung«

Bahr brachte diese Zielsetzung auf die Formel »Wandel durch Annäherung« und schlug vor, unterhalb der juristisch-diplomatischen Anerkennung der DDR jede Form der Beziehungen, vor allem die Handelsbeziehungen und andere Formen wirtschaftlicher Kooperation, zu entwickeln und zu fördern, um so den Lebensstandard der Menschen in der DDR zu heben. Eine solche Politik würde zwar dazu beitragen, das DDR-Regime zu stabilisieren, sie würde aber auch eine entspanntere Atmosphäre schaffen und es der DDR-Regierung erlauben, ihren Bürgern größere Freiheiten etwa im Reiseverkehr und bei Besuchsregelungen zu gewähren.[8])

Ein erstes Ergebnis dieser »Politik der kleinen Schritte« war das Passierschein-Abkommen vom 17. Dezember 1963.[9]) Es ermöglichte erstmals seit dem Bau der Berliner Mauer West-Berlinern den Besuch ihrer Verwandten in Ost-Berlin, galt allerdings nur für die Zeit vom 19. Dezember 1963 bis zum 5. Januar 1964. Von den Anhängern einer Politik der menschlichen Erleichterungen, die zugleich helfen sollte, die natio-

Passierschein-Abkommen 1963–1966

nale Frage offenzuhalten, wurde das Abkommen als ein politischer Erfolg gewertet. Unter politischen und staatsrechtlichen Gesichtspunkten erschien das Abkommen jedoch problematisch: Es war ohne direkte Beteiligung der Bundesregierung in unmittelbaren Verhandlungen zwischen Vertretern der DDR und des Senats von West-Berlin ausgehandelt und unterzeichnet worden. Die DDR sah darin eine Anerkennung der von ihr vertretenen Drei-Staaten-Theorie; und für die Bundesregierung bedeutete die ganze Passierscheinfrage »so etwas wie ein trojanisches Pferd«, wie sich Bundeskanzler Erhard ausdrückte. Vor dem Deutschen Bundestag erklärte er am 9. Januar 1964: »*Mittels solcher List und Tücke soll die Drei-Staaten-Theorie zu uns hineingeschleust werden. Es geht um den bewußten Versuch, West-Berlin von der Bundesrepublik, aus der Verantwortung des Bundesrepublik zu lösen, ebenso natürlich auch das Verhältnis zu den westlichen Schutzmächten zu lockern.*«[10])

Erhard erläuterte zwar, daß während der Passierschein-Verhandlungen zwischen der Bundesregierung, dem Berliner Senat, den Botschaftern der Schutzmächte und den alliierten Kommandanten von Berlin »*zuletzt immer ein Einverständnis hergestellt werden konnte und daß vor allem die letzte Zustimmung, die wirklich an einem seidenen Faden hing, in sorgfältiger und und wirklich höchst verantwortungsbewußter Weise schließlich von allen Beteiligten getroffen wurde*«, doch kam es anläßlich weiterer Gespräche zwischen Vertretern der DDR und des Berliner Senats über ein Passierschein-Abkommen für Ostern 1964 zu Mißverständnissen und Meinungsverschiedenheiten zwischen dem Senat, der die humanitären Gesichtspunkte der Passierschein-Regelung in den Mittelpunkt stellte, und der Bundesregierung, die politische und rechtliche Bedenken anmeldete.

Diese Meinungsverschiedenheiten wurden in einem Gespräch zwischen Bundeskanzler Erhard und dem Regierenden Bürgermeister Brandt am 6. März 1964 beigelegt.[11]) Aber ein neues Passierschein-Abkommen wurde nicht mehr für Ostern, sondern erst am 24. September 1964 unterzeichnet. Es galt für zwölf Monate und vier Besuchsperioden. Für die erste Besuchsperiode vom 30. Oktober bis zum 12. November 1964 wurden rund 600 000 Passierscheine ausgegeben, für die zweite Besuchsperiode vom 19. Dezember 1964 bis zum 3. Januar 1965 waren es 821 000. Für Ostern und Pfingsten 1965 wurden Passierscheine für rund 800 000 Personen ausgegeben. Ein drittes Passierschein-Abkommen wurde am 25. November 1965 für die Zeit bis zum 31. März 1966 und ein viertes am 7. März für die Zeit bis zum 30. Juni 1966 unterzeichnet.

Wie die Meinungsverschiedenheiten über Sinn und Gefahren der Passierschein-Verhandlungen zeigen, hat das Berliner Konzept der »Politik

der kleinen Schritte« zunächst noch keinen Einfluß auf die Deutschland-
und Ostpolitik der Regierung Erhard ausgeübt. Als der Vorsitzende des
DDR-Staatsrats, Walter Ulbricht, am 25. April 1964 einen begrenzten
Zeitungsaustausch zwischen der DDR und der Bundesrepublik vorschlug, wobei in der DDR einige westdeutsche Zeitungen zum Verkauf
angeboten werden sollten, wenn auch in der Bundesrepublik das SED-
Zentralorgan »Neues Deutschland« frei verkauft werden dürfte, wurde
diese Gelegenheit, die Informationsmöglichkeiten der DDR-Bewohner
zu verbessern, nicht ergriffen: Die Bundesregierung traf keine politische
Entscheidung, sondern reagierte juristisch und ließ den Rechtsausschuß
des Bundestages prüfen, wie ein solcher Austausch sich in der Praxis
abspielen könnte, da ein freier Verkauf des »Neuen Deutschland« in der
Bundesrepublik nicht möglich sei.[12] Vorschläge zur Zusammenarbeit in
Jugendfragen, die Ulbricht am 4. Mai 1964 machte, fanden kein Echo.[13]

Zeitungs-
austausch mit
der DDR?

Während die DDR von Bonn weiterhin ignoriert wurde, versuchte die
Bundesregierung aber, ihr Verhältnis zur Sowjetunion zu verbessern.
Dabei spielte die Hoffnung eine Rolle, die sowjetische Regierung werde
sich angesichts der zunehmenden Feindseligkeiten der Volksrepublik
China im Westen Entlastung verschaffen wollen und in der Deutschland-Frage Konzessionen machen. Der Freundschaftsvertrag zwischen
der Sowjetunion und der DDR vom 12. Juni 1964 sprach zwar nicht für
diese Annahme, dennoch kommentierte der Minister für Gesamtdeutsche Fragen, Erich Mende, ihn mit den Worten: »*Ging es allein nach
dem Willen Moskaus, so wäre am 12. Juni 1964 die Teilung Deutschlands für weitere 20 Jahre besiegelt worden, aber es geht nicht allein
nach dem Willen Moskaus! Auch die Bäume der sowjetischen Politik
wachsen nicht in den Himmel. Die Sowjetunion ist vielmehr mehr und
mehr neben ihren wirtschaftlichen Schwierigkeiten auch dem Spannungsfeld zur Volksrepublik China unmittelbar ausgesetzt. Dieses Spannungsfeld hat sich über die politisch-ideologische Rivalität bereits in den
national-völkischen, in den rassischen, ja in den territorialen Bereich erweitert. Der Sowjetmacht sind Grenzen gesetzt.*[14]

Die Bundesre-
publik und die
Sowjetunion
1964

Außenminister Schröder beurteilte den Vertrag als einen Versuch, die
Stellung der DDR zu festigen, aber auch als Absage an den früheren sowjetischen Plan, mit der DDR einen Separat-Friedensvertrag zu
schließen und die Berlin-Frage neu aufzurollen. Der Freunschaftsver-
trag schuf seiner Ansicht nach zumindest keine neuen Konfliktstoffe.[15]
Am 13. Juni 1964 ließ die Bundesregierung den sowjetischen Partei-
und Regierungschef Chruschtschow wissen, daß sein Besuch in der
Bundesrepublik willkommen sei, falls er ein Zusammentreffen mit Erhard für nützlich hielte. Erhard machte gleichzeitig allerdings deutlich,
daß er für solch ein Gespräch keine fruchtbaren Ansatzpunkte erken-

nen könne.[16]) Zur Vorbereitung des Besuchs kam Chruschtschows Schwiegersohn, der Chefredakteur der Parteizeitung »Iswestja«, Alexej Adschubei, Ende Juli 1964 nach Bonn. Am 2. September wurde die offizielle Einladung noch ohne Termin für den Besuch bekanntgegeben.[17]) Am 15. Oktober 1964 aber mußte Chruschtschow alle Partei- und Regierungsämter niederlegen.

Spekulationen haben damals Chruschtschows Sturz mit seiner Absicht, die Bundesrepublik Deutschland zu besuchen und dabei eventuelle Konzessionen in der Deutschland-Frage zu machen, in Zusammenhang gebracht. Angesichts des gerade erst abgeschlossenen Freundschaftsvertrages mit der DDR ist es aber höchst unwahrscheinlich, daß Chruschtschow mehr im Sinn hatte als die Wiederaufnahme des von Adenauer im Juni 1962 gemachten Stillhalte-Angebots.[18])

2. Auseinandersetzungen um die Deutschland- und Ostpolitik und die »Friedensnote« der Bundesregierung

Zu einer öffentlichen Auseinandersetzung über die unterschiedlichen Konzeptionen in der Deutschlandpolitik kam es Anfang 1965, nachdem Walter Ulbricht in seiner Neujahrsansprache vom 31. Dezember 1964 einen »Humanisierungsplan« mit Rüstungsstopp in beiden deutschen Staaten sowie Verhandlungen über die Normalisierung der Beziehungen zwischen der DDR und der Bundesrepublik vorgeschlagen hatte (s. unten S. 386). Erich Mende nahm dazu am 5. Januar 1965 Stellung, wobei er gleichzeitig die von Willy Brandt vorgeschlagene »Politik der kleinen Schritte« ablehnte. Sie würden die deutsche Frage nicht lösen können, die große Konzeption müsse hinzukommen.[19])

Das SPD-Memorandum zur Deutschland- und Ostpolitik 1965

Daraufhin veröffentlichte am 25. Januar 1965 der Vorstand der SPD ein Memorandum Willy Brandts zur Deutschland- und Ostpolitik, dessen Grundzüge Brandt bereits im Mai 1964 dem amerikanischen Außenminister Dean Rusk bei einem Besuch in Washington vorgetragen und im August schriftlich zugesandt hatte. Eine Veröffentlichung war bisher wegen Meinungsverschiedenheiten mit der Bundesregierung unterblieben.[20]) Im Gegensatz zur Deutschland- und Ostpolitik der Bundesregierung nämlich sprach sich Brandt dafür aus, nicht auf die erhoffte große Chance zu warten, sondern alle »unpolitischen« Möglichkeiten einer Zusammenarbeit mit den osteuropäischen Staaten und der DDR auszuschöpfen, um damit die Lösung der politischen Probleme vorzubereiten. Auch das Brandt-Memorandum umging jedoch die zentrale Frage, wie eine Normalisierung des Verhältnisses zu den osteuropäi-

252

schen Staaten auch im »unpolitischen Bereich« möglich sein sollte, wenn die Bundesrepublik weiterhin an der Hallstein-Doktrin festhielt und nicht bereit war, die Oder-Neiße-Grenze als Westgrenze Polens anzuerkennen.

Wesentlich entschiedener äußerte sich in dieser Frage eine Denkschrift des Rates der Evangelischen Kirche Deutschlands, die am 14. Oktober 1965, also rund einen Monat nach den für Erhard erfolgreichen Bundestagswahlen, veröffentlicht wurde. Die EKD-Denkschrift über »Die Lage der Vertriebenen und das Verhältnis des deutschen Volkes zu seinen östlichen Nachbarn«[21]) ging ausführlich auf die Lage der Heimatvertriebenen in der Bundesrepublik sowie auf die Entwicklung in den ehemaligen deutschen Ostgebieten seit 1945 ein und stellte dann fest: »*Eine volle Wiederherstellung alten Besitzstandes, die in den ersten Jahren nach 1945 noch möglich gewesen wäre, ist 20 Jahre später unmöglich, weil sie Polen jetzt in seiner Existenz bedrohen würde, die Deutschland nach dem Gesagten zu respektieren hat.*« Diese Denkschrift löste eine breite, zum Teil leidenschaftlich geführte Diskussion in der Öffentlichkeit aus, in die auch die katholische Kirche einbezogen wurde.

EKD und Oder-Neiße-Grenze

Als am Ende des II. Vatikanischen Konzils die polnischen Konzilsteilnehmer ihre deutschen Amtsbrüder zur Teilnahme an der 1000-Jahr-Feier der Christianisierung Polens 1966 in Tschenstochau einluden, verbanden sie die Einladung mit einer Erklärung zum deutsch-polnischen Verhältnis.[22]) Sie drückten ihr Verständnis dafür aus, daß »*die polnische Westgrenze an der Oder und Neiße ... für Deutschland eine äußerst bittere Frucht des letzten Massenvernichtungskrieges, zusammen mit dem Leid der Millionen von Flüchtlingen und vertriebenen Deutschen*« sei, baten aber ihrerseits zu verstehen, daß die Oder-Neiße-Grenze »*für unser Vaterland, das aus dem Massenmorden nicht als Siegerstaat, sondern bis zum äußersten geschwächt hervorging, ... eine Existenzfrage*« sei.

Der Briefwechsel zwischen deutschen und polnischen Bischöfen 1965

Die deutschen Konzilsteilnehmer antworten am 5. Dezember 1965 in einem Schreiben[23]), das zur Grenzfrage zwar nicht konkret Stellung bezog, aber feststellte: »*Furchtbares ist von Deutschen und im Namen des deutschen Vokes dem polnischen Volke angetan worden. Wir wissen, daß wir die Folgen des Krieges tragen müssen, die auch für unser Land schwer sind. Wir verstehen, daß die Zeit der deutschen Besatzung eine brennende Wunde hinterlassen hat, die auch bei gutem Willen nur schwer heilt.*« Die deutschen Bischöfe versuchten den Begriff des Heimatrechts, den die Vertriebenenverbände in der Bundesrepublik verwandten, mit dem Anspruch auf Heimatrecht für die Polen, die seit einer Generation in den ehemaligen deutschen Ostgebieten lebten, zu versöhnen: »*Wenn diese Deutschen von ›Recht auf Heimat‹ sprechen, so liegt darin – von einigen Ausnahmen abgesehen – keine aggressive Absicht. Unsere Schlesier, Pommern und Ostpreußen wollen damit sagen, daß sie rechtens in ihrer alten Heimat gewohnt haben und daß sie dieser Heimat verbunden bleiben. Dabei ist ihnen bewußt, daß dort jetzt eine junge Generation heranwächst, die das Land, das ihren Vätern zugewiesen wurde, ebenfalls als Heimat betrachtet.«* Das Schreiben endete mit der Versicherung: *»Sie dürfen überzeugt sein, daß kein deutscher Bischof etwas anderes will und jemals etwas anderes fordern wird, als das brüderliche Verhältnis beider Völker in voller Aufrichtigkeit und ehrlichem Dialog.«*

Die öffentlichen Diskussionen über die Stellungnahmen der beiden großen Kirchen zum deutsch-polnischen Verhältnis zeigten, daß in der Oder-Neiße-Frage etwas in Bewegung geraten war. Statt juristischer Ansprüche wurden verstärkt moralische Verantwortung und politische Ziele erörtert. In der offiziellen Regierungspolitik schlug sich der Wandel vorerst jedoch nicht nieder. Die Regierungserklärung [24]), die Ludwig Erhard nach seiner Wiederwahl am 10. November 1965 vor dem Bundestag verlas, blieb bezüglich der osteuropäischen Staaten ziemlich allgemein. In der Deutschlandpolitik wiederholte sie die bekannte Position: *»Die Bundesregierung hält seit ihrem Bestehen an ihrem Alleinvertretungsrecht für alle Deutschen fest. Das heißt, daß wir in einer Anerkennung oder einer internationalen Aufwertung der Zone einen unfreundlichen Akt erblicken würden, der sich gegen die Wiederherstellung der deutschen Einheit richtet. wir werden in unseren Anstrengungen, eine solche Entwicklung zu verhindern, nicht nachlassen, selbst auf die Gefahr hin, da oder dort als störendes Element zu gelten.«*

Die »Friedensnote« der Bundesregierung 1966

Im Frühjahr 1966 versuchte die Bundesregierung, eine neue ostpolitische Initiative zu starten. Sie überreichte am 25. März allen Staaten, mit denen sie diplomatische Beziehungen unterhielt, aber auch allen osteuropäischen Staaten eine „Note zur Abrüstung und Sicherheit des Friedens".[25]) Diese »Friedensnote« betonte den Willen der Bundesregierung, an Abrüstungs- und Entspannungsmaßnahmen aller Art mitzuarbeiten und ihre Beziehungen zu »den Staaten und Völkern Osteuropas« zu verbessern. Fortschritte in der Lösung der deutschen Frage wurden nicht mehr zu Vorbedingung internationaler Entspannung gemacht, sondern umgekehrt von dieser erwartet. Die Bundesregierung schlug den Austausch von Gewaltverzichtserklärungen *»mit den Regierungen der Sowjetunion, Polens, der Tschechoslowakei und jedes anderen osteuropäischen Staates, der dies wünscht«,* vor. Gegenüber der Tschechoslowakei erklärte die Note, daß das Münchner Abkommen von 1938 *»von Hitler zerrissen wurde und keine territoriale Bedeutung mehr hat«.* Von einer Anerkennung der Oder-Neiße-Grenze gegenüber Polen war jedoch nicht die Rede. Hierüber sollte erst »zu gegebener Zeit«, d. h. nach Bildung einer freigewählten (gesamt-)deutschen Regierung und im Zusammenhang mit einem Friedensvertrag geredet werden. Schließlich erklärte sich die Bundesregierung bereit, einem Abkommen über die Nichtweiterverbreitung von Atomwaffen beizutreten und die damit verbundenen Kontrollen zu akzeptieren.

Mit der »Friedensnote« wollte sich die Bundesregierung in die Entspannungspolitik der Westmächte eingliedern. Da die Note die DDR jedoch mit keinem Wort erwähnte, kein Angebot zur Aufnahme diplomatischer Beziehungen zu den osteuropäischen Staaten enthielt und die Anerkennung der Oder-Neiße-Grenze unter Verweis auf den Fortbestand des Deutschen Reiches in den Grenzen von 1937 ausdrücklich ablehnte, blieb die Note in Osteuropa ohne jede positive Wirkung, sie löste vielmehr erbitterte Polemiken von sowjetischer und polnischer Seite aus, denen sich die DDR anschloß.

3. Der Briefwechsel zwischen SPD und SED über einen Redneraustausch

Die sozialdemokratische Opposition unterstützte die »Friedensnote« der Bundesregierung[26]), doch gleichzeitig startete die SPD eine Deutschland-Initiative, die auf die Öffentlichkeit mehr Eindruck machte als die halbherzigen Schritte der Regierung. Am 7. Februar 1966 hatte Ulbricht im Auftrag des ZK der SED an alle Delegierten des für Juni geplanten Parteitags der SPD in Dortmund einen »Offenen Brief« geschrieben, in dem er ein Zusammengehen von SED und SPD zur Lösung der Deutschland-Frage vorschlug[27]): *SED und SPD sind die bei weitem stärksten Parteien in Deutschland. Wenn die Beziehungen dieser beiden größten Parteien durch Feindseligkeit oder dadurch gekennzeichnet werden, daß man nicht miteinander spricht, dann bliebe die deutsche Frage auch in Zukunft blockiert ... Wir geben offen zu, daß die SED allein die Deutschland-Frage auch nicht lösen kann. Aber die beiden größten Parteien Deutschlands könnten gemeinsam den entscheidenden Beitrag zur Lösung der Deutschland-Frage leisten, wenn sie wenigstens ein Mindestmaß an Annäherung und Übereinstimmung in den Fragen des Friedens und an Zusammenarbeit bei der Überwindung der Spaltung fänden ... Um endlich eine Bresche in die Barrieren zu schlagen, die den Weg zur Überwindung der deutschen Spaltung blockieren, schlagen wir vor, noch im Jahre 1966 ein Gremium für die offene Aussprache der Deutschen aus Ost und West zu schaffen. Es sollte die Mög-*

Ulbrichts »Offener Brief« an die SPD 1966

lichkeit bieten, die vielfach noch gegensätzlichen Standpunkte und Auffassungen offen darzulegen und gemeinsam nach Lösungsmöglichkeiten zu suchen.«

Die »Offene Antwort« der SPD

In einer gemeinsamen Sitzung beschlossen der Parteivorstand, der Fraktionsvorstand sowie die Landes- und Bezirksvorstände der SPD am 18. März 1966, auf den »Offenen Brief« der SED mit einer »Offenen Antwort« zu reagieren.[28]) Darin stellte die SPD zunächst fest, daß es ihr *»außerordentlich schwer fällt, den ›Offenen Brief‹ zum Ausgangspunkt der öffentlichen Diskussion zu machen, der die Unterschrift desselben Mannes trägt, der bewirken könnte, daß der Schießbefehl aufgehoben wird«*, und formulierte dann sieben Fragen:

»1. Wie soll denn in Deutschland offen und unbefangen diskutiert werden, wenn auf Menschen geschossen wird, weil sie aus dem durch Minenfelder, Mauer und Drahtverhaue abgetrennten Teil ihres deutschen Vaterlandes ausbrechen wollen? Oder weil sie einfach nur von Deutschland nach Deutschland wollen – zu ihren Angehörigen, ihren Freunden, ihren Landsleuten.

2. Ist die SED bereit, nicht nur ausgewählten Funktionären, sondern jedem Mitglied ihrer Partei und allen ›Bürgern der DDR‹ – nicht nur Rentnern, sondern auch jüngeren Menschen – zu erlauben, die Bundesrepublik zu besuchen und sich hier ein eigenes Urteil über die tatsächliche Lage zu verschaffen?

3. Ist die SED bereit, im Bereich ihrer Verantwortung dazu beizutragen, daß den Menschen im gespaltenen Deutschland das Leben leichter gemacht wird?

4. Ist die SED bereit, ihre feindselige und schikanöse Haltung gegenüber Berlin aufzugeben?

5. Ist die SED zu einer freimütigen Diskussion in beiden Teilen Deutschlands bereit?

6. Ist die SED bereit, das Spielen mit dem Kriege aufzugeben? Will sich die SED für praktische Erleichterungen im geteilten Deutschland einsetzen?«

Den Vorschlag der SED, ein Gremium zur offenen Diskussion über das Deutschlandproblem zu schaffen, beantwortete die SPD mit dem Gegenvorschlag, *»die offene Aussprache aller Parteien in allen Teilen Deutschlands einzuleiten«*.

Die Diskussion über einen Redneraustausch

Die »Offene Antwort« der SPD wurde in den DDR-Zeitungen veröffentlicht und am 25. März 1966 mit einem zweiten »Offenen Brief« des ZK der SED beantwortet.[29]) Nach einer ausführlichen Kritik an den Verhältnissen in der Bundesrepublik und in West-Berlin griff das Schreiben den Vorschlag zu einem beiderseitigen Redner-Austausch auf und regte an, daß zunächst Vertreter der SPD auf einer SED-Veranstaltung in Karl-Marx-Stadt und SED-Sprecher auf einer Veranstaltung der SPD in Essen reden sollten.

Der SPD-Vorstand akzeptierte am 14. April 1966 den Vorschlag zu einem Redneraustausch für Chemnitz (Karl-Marx-Stadt) und Hannover (statt Essen) und benannte als Redner der SPD für beide Veranstaltungen Willy Brandt, Herbert Wehner und Fritz Erler. Die Veranstaltung in Karl-Marx-Stadt sollte zwischen dem 9. und 13. Mai, die in Hannover zwischen dem 16. und 20. Mai stattfinden. Im übrigen teilte die SPD der SED mit: »*Unsere Redner werden in beiden Städten über die Kernfrage der deutschen Politik sprechen; das heißt heute vor allem, wie den Menschen im gespaltenen Deutschland das Leben leichter gemacht werden kann. ... Wir werden uns bei den zuständigen Behörden vergewissern, daß den Rednern der SED aus Anlaß ihrer Teilnahme an der Veranstaltung in Hannover keine Schwierigkeiten erwachsen.*«[30])

In den folgenden Wochen kam es zu einer öffentlichen Auseinandersetzung über den Ort der gemeinsamen Veranstaltung in der Bundesrepublik. Die SPD hielt an Hannover fest, die SED beharrte auf Essen, »*weil die Stadt bedeutende Traditionen in der deutschen Arbeiterbewegung besitzt und führende Genossen des ZK der SED früher eng mit der Arbeiterklasse des Ruhrgebiets verbunden waren*«.[31]) Gleichzeitig fanden aber auch schon Besprechungen über Einzelheiten der Organisation und Durchführung der geplanten Veranstaltungen statt. Auf Wunsch der SED sollten sie nun nicht mehr im Mai, sondern erst im Juli 1966 stattfinden. Offenbar wollte die DDR-Führung erst den Dortmunder Parteitag der SPD abwarten.

Der 12. Ordentliche Parteitag der SPD in Dortmund (1.–5. Juni 1966) war nicht nur für die Diskussion über den geplanten Redneraustausch zwischen SPD und SED von Bedeutung, er präzisierte auch die Haltung der SPD zur deutschen Frage und war der Ort, »an dem die Deutschlandpolitik ihren Rubikon überschritt«.[32]) Helmut Schmidt sagte deutlich, daß die SPD-Führung aus der Viermächte-Verantwortung keine Chance mehr für die Wiedervereinigung Deutschlands ableite[33]). »*Die vier Mächte sind hinsichtlich Deutschlands nicht nur an ihre eigene Interessen, sondern auch an die Interessen der Nachbarnationen Deutschlands gebunden. Die gegenwärtige Interessenlage läßt auf absehbare Zeit keine aussichtsreiche Wiedervereinigungsinitiative der vier Mächte erwarten.*« Die Politik der Bundesregierung müsse daher zunächst darauf abzielen, die Lebensbedingungen in der DDR verbessern zu helfen.

Die Haltung von SPD und Bundesregierung

Helmut Schmidt erläuterte dies: »*Unsere konsequente Ablehnung des kommunistischen Zwangsregimes in der SBZ und ebenso der völkerrechtlichen Anerkennung der sogenannten DDR darf uns nicht daran hindern, alle unterhalb der Anerkennungsschwelle liegenden Möglichkeiten zur Verbesserung der innerdeutschen Situation zu prüfen. Wenn wir die Nation erhalten wollen, so dürfen wir uns nicht von den Zwirnsfäden der Bürokraten beider Seiten daran hindern lassen.«* In seinem Referat über die »Lage der Nation« faßte Willy Brandt die Vorstellungen seiner Partei dahingehend zusammen, die Bonner Politik müsse *»ein qualifiziertes Nebeneinander der beiden Gebiete Deutschlands«* erreichen.[34]) Die SPD forderte außerdem den Verzicht auf die Hallstein-Doktrin in den Beziehungen zu den osteuropäischen Staaten und die Aufnahme von diplomatischen Beziehungen zu diesen Ländern.

Die Stellungnahmen des SPD-Parteitages vermieden eine offene Frontstellung gegen die Regierungspolitik. Helmut Schmidt unterstrich vielmehr die Bedeutung der »Friedensnote« für die Einleitung *»einer umfassenden, einer nachhaltigen Friedens- und Versöhnungspolitik der Bundesregierung«.* Tatsächlich gab es Berührungspunkte zwischen der SPD und den Koalitionsparteien: Auch Erich Mende befürwortete auf dem Nürnberger Parteitag der FDP (6.–7. Juni) die Einrichtung gesamtdeutscher technischer Kommissionen und die Aufnahme diplomatischer Beziehungen zu den osteuropäischen Staaten.[35]) Den gleichen Vorschlag machte der Fraktionsvorsitzende der CDU, Rainer Barzel, am 17. Juni in einer Rede vor dem »Council on Germany« in New York.[36])

Die weitgehende Übereinstimmung zwischen SPD und Regierungslager, wie sie in Dortmund zum Ausdruck zu kommen schien, mag dazu beigetragen haben, daß die SED das Interesse an dem geplanten Rednernaustausch verlor. Entscheidender für den Entschluß, das ganze Unternehmen wieder abzusagen, war aber wohl die Befürchtung, daß es bei einem Auftreten von SPD-Vertretern in der DDR zu unliebsamen Demonstrationen gegen die SED und zum Ausbruch gesamtdeutscher Gefühle kommen könnte.[37]) Den Anlaß zur Absage bot ausgerechnet ein Gesetz, das den Redneraustausch erst ermöglichen sollte:

Das Scheitern des Projekts

Am 23. Juni 1966 verabschiedete der Bundestag gegen fünfzig Stimmen der CDU/CSU und zwei der FDP ein »Gesetz über eine befristete Freistellung von der deutschen Gerichtsbarkeit«[38]), das die Bundesregierung ermächtigte, *»Deutschen, die ihren Wohnsitz oder gewöhnlichen Aufenthalt außerhalb des Geltungsbereichs des Grundgesetzes haben, Freistellung von der deutschen Gerichtsbarkeit (zu) gewähren, wenn sie es bei Abwägung aller Umstände zur Förderung wichtiger öffentlicher Interessen für geboten hält«.* Damit sollte vermieden werden, daß Funktionäre der SED bei ihrer Einreise in die Bundesrepublik verhaftet wurden, weil gegen sie eventuell Haftbefehl vorlag. Und dahinter stand die Auffassung, daß das Deutsche Reich fortbestand, daß die Bundesre-

258

publik Deutschland quasi sein Rechtsvertreter war und daher alle Gesetze der Bundesrepublik auch für die Deutschen in der DDR galten und anzuwenden waren. In diesem Sinne paßte das Gesetz allerdings wenig zu den Bemühungen um ein »geregeltes Nebeneinander« der beiden »Gebiete«.

Die Regierung der DDR faßte das von ihr als »Handschellengesetz« bezeichnete Gesetz als Provokation auf. Bereits am 15. Juni 1966 hatte DDR-Ministerpräsident Stoph an Bundeskanzler Erhard deswegen geschrieben[39]): *»Die DDR ist ein souveräner und demokratischer Staat, der seine Hoheitsrechte und die Rechte seiner Bürger gegen solche völkerrechtswidrigen aggressiven Handlungen zu schützen weiß. Im Interesse der dringend notwendigen Entspannung und der Normalisierung der Beziehungen zwischen beiden deutschen Staaten, im Interesse der Erhaltung des Friedens in Europa wende ich mich im Namen der Regierung der DDR und im Namen aller friedliebenden Deutschen an die Regierung der westdeutschen Bundesrepublik, an Sie, Herr Bundeskanzler, mit der Aufforderung, die völkerrechtswidrige Ausschließlichkeitsanmaßung aufzugeben und insbesondere alle gesetzlichen Bestimmungen und Grundsatzurteile, die auf den revanchistischen Forderungen nach den Grenzen des Deutschen Reiches von 1937 basieren, aufzuheben, die Ausdehnung des Geltungsbereichs aller gesetzlichen Bestimmungen der Bundesrepublik auf Bürger der DDR und anderer Staaten sofort zu beenden. Es ist für die Regierung der westdeutschen Bundesrepublik höchste Zeit, ihre seit fast 17 Jahren betriebene Politik der Errichtung von Barrieren gegen die Annäherung und Verständigung beider deutscher Staaten zu beenden. Es ist an der Zeit, daß die Regierung der westdeutschen Bundesrepublik endlich die Grundprinzipien für das friedliche Zusammenleben zwischen den Staaten achtet.«*

Als der Bundestag das Gesetz annahm, sagte die SED am 29. Juni 1966 den Redneraustausch ab.[40]) Die Reden, die Willy Brandt, Herbert Wehner und Fritz Erler am 14. Juli in Karl-Marx-Stadt hatten halten wollen, wurden an diesem Abend über die Rundfunk- und Fernsehanstalten der Bundesrepublik ausgestrahlt. Brandt erklärte bei dieser Gelegenheit: *»Was in den letzten Monaten geschehen ist, kann nicht mehr aus der Welt geschafft werden. In Deutschland ist wieder viel über Deutschland gesprochen worden. Der Wille, ein Volk zu bleiben, ist stark sichtbar geworden. Wege, praktische Möglichkeiten wurden sichtbar. Diese Erfahrung und dieses Erlebnis dürfen und werden nicht mehr verlorengehen.«[41])*

Herbert Wehner[42]) sagte über die Möglichkeiten, zu innerdeutschen Beziehungen zu gelangen: *»Es kommt auf die Versuche an, Formen, und damit auch Rechtsformen, zu finden, durch die beide Seiten in Deutsch-*

land miteinander verkehren können, obwohl keine Seite die andere als ihresgleichen anerkennt. Das muß der Menschen willen möglich gemacht werden. Wir sagen frei heraus, daß wir nicht kommunistisch werden wollen. Aber wir sagen auch, was wir zu tun bereit und imstande sind, damit die Menschen in Deutschland ihren Frieden finden, ohne daß wir von den Kommunisten verlangen, sie müßten vorher aufhören, Kommunisten zu sein. Das gehört zu der Friedenspolitik in, um und für Deutschland, wie es Willy Brandt erklärt hat. Wir können den wirtschaftlichen Austausch im gespaltenen Deutschland von vielen Fesseln und Hemmungen freimachen. Der innerdeutsche Handel kann ein viel größeres Ausmaß annehmen. Es mußt doch endlich möglich gemacht werden, den sportlichen Verkehr und den Kulturaustausch wie unter normalen Menschen florieren zu lassen. Und warum müssen Zeitungen, Zeitschriften und Bücher daran gehindert werden, in jedem Teil Deutschlands gelesen zu werden? Nachbarschaftsverkehr könnte, selbst wenn er zunächst nur nach dem Modell der Berliner Passierscheinregelungen versucht würde, ein Anfang für mehr normalen Verkehr werden.«

4. Bonn zwischen Paris und Washington: »Gaullisten« gegen »Atlantiker«

Nach dem Regierungswechsel von Adenauer auf Erhard spitzte sich die Konfrontation zwischen »Atlantikern« und »Gaullisten« (s. oben, Kap. III.9) im Regierungslager weiter zu. Gegen Schröders Außenpolitik formierte sich in der CDU/CSU eine Fronde, die angeführt wurde von Konrad Adenauer, der weiterhin Parteivorsitzender war, und dem CSU-Vorsitzenden Franz Josef Strauß. Ihren Höhepunkt erreichten diese Auseinandersetzungen im Juli 1964: Am 3. und 4. Juli kam General de Gaulle zu einem Arbeitsbesuch nach Bonn und unterbreitete der überraschten Bundesregierung den Plan zu einer politischen Union Europas.[43]) Diese um die deutsch-französische Entente herumkristallisierte Union sollte die Kräfte Europas zusammenfassen und der europäischen Politik größere Unabhängigkeit von den USA erlauben. De Gaulle war der Meinung, daß die USA ihre Kräfte im Vietnam-Krieg überzogen hatten und daß sie sich daher früher oder später wegen ihrer ostasiatischen Interessen mit der Sowjetunion auf Kosten Europas einigen würden.

Erhard und Schröder reagierten auf den Plan uninteressiert bis ablehnend, was de Gaulle wiederum veranlaßte, zum Abschluß des Besuchs

Auseinandersetzungen über das deutsch-französische Verhältnis 1964

die deutsche Haltung zu kritisieren. Der deutsch-französische Vertrag habe nicht die Wirkungen gezeigt, die man sich davon erhofft hätte. Europa könne erst dann Wirklichkeit werden, so de Gaulle, wenn Deutschland und Frankreich sich einig seien. Er glaube allerdings, »*daß eine solche Union völlig den Vorstellungen der öffentlichen Meinung entspricht und daß der Tag kommen wird, an dem unsere beiden Völker eine gemeinsame Außenpolitik haben werden*«.[44])

Adenauer und Strauß machten sich de Gaulles Kritik zu eigen und benutzten sie zu einem offenen Angriff auf die Außenpolitik Erhards und Schröders. Auf der Landesversammlung der CSU in München[45]) (10.–12. Juli 1964) warf Franz Josef Strauß in Anwesenheit des Bundeskanzlers der Bundesregierung vor, die Möglichkeiten des deutsch-französischen Freundschaftsvertrages nicht genutzt zu haben. Ein deutsch-französisches Zusammengehen werde »Europas Renaissance« herbeiführen, behauptete Strauß. Er forderte daher erneut eine europäische Union auf der Grundlage der deutsch-französischen Zusammenarbeit. Seiner Meinung nach lag es im Eigeninteresse der USA, »*einen europäischen Partner zu bekommen, der nicht immer um Hilfe ruft und um Ratschläge bittet, sondern der eine eigene Rolle im Konzert des Westens spielen kann*«.

Erhard trat diesem Angriff ungewohnt energisch entgegen, indem er an die Richtlinienkompetenz des Bundeskanzlers erinnerte und seine Gegner aufforderte, durch ein konstruktives Mißtrauensvotum einen anderen Kanzler zu wählen, wenn sie kein Vertrauen mehr zu ihm hätten. Zur Sache erklärte Erhard, eine Union der Bundesrepublik mit Frankreich werde das Mißtrauen der kleineren EWG-Mitglieder erregen und daher die europäische Einheit und die atlantische Gemeinschaft nicht stärken, sondern schwächen. Im übrigen fühle er sich »*keineswegs als Satellit der Vereinigten Staaten, sondern ich bin zuerst Deutscher, dann bin ich Europäer, der sich den Vereinigten Staaten verbunden fühlt*«.[46])

Der Streit zwischen »Gaullisten« und »Atlantikern« war damit jedoch nicht beendet, er schwelte weiter – zumal zwei der Wortführer, Strauß und Schröder, Rivalen um die Nachfolge Erhards waren – und flammte Ende 1964 erneut auf. Anlaß war diesmal die unterschiedliche Haltung Frankreichs und der Bundesrepublik zur Frage der atlantischen Atomstreitmacht.

Der Plan für eine multinationale Atomstreitmacht (Mulitlateral Nuclear Force = MLF) war bereits 1959 entstanden: Gegen die auf Westeuropa gerichteten sowjetischen Mittelstreckenraketen sollten amerikanische Polaris-Raketen mit Atomsprengköpfen stationiert werden. Zuerst sah der Plan die Stationierung auf dem Kontinent vor. Doch nicht zuletzt

Das MLF-Projekt

261

mit Rücksicht auf die Bundesrepublik, die kein Verfügungsrecht über die auf ihrem Territorium postierten Atomwaffen gehabt hätte, sollten die Raketen ab 1960 auf U-Booten und seit 1963 auf Überwasserschiffen installiert werden.

Allianzpolitisch wichtig war der Gedanke, daß diese Flotte aus gemischten Besatzungen aller NATO-Staaten bestehen und dem NATO-Oberbefehlshaber unterstellt werden sollte. Die europäischen Bündnispartner sollten auf diese Weise an der amerikanischen Atommacht teilhaben, die Führung würde aber nach wie vor bei den Amerikanern liegen. Letztlich verbarg sich dahinter der dauernde Verzicht der Bundesrepublik auf Mitbesitz von und Mitbestimmung über Atomwaffen, auch wenn der amerikanische Außenminister Rusk am 27. Oktober 1963 in Frankfurt verkündete: »*Eine solche multilaterale Raketenflotte wäre von militärischer Wirksamkeit. Ihre zielsicheren und wohlgeschützten Raketen wären Teil eines Gesamtpotentials westlicher Abschreckungsmacht. Sie würde die atlantische Partnerschaft stärken, indem sie die Vereinigten Staaten und Europa durch ein unauflösbares nukleares Band verknüpfte. Die Raketen und Sprengköpfe wären gemeinsamer Besitz und stünden unter gemeinsamer Kontrolle; sie könnten nicht einseitig abgezogen werden. Sie [die MLF] würde ferner den europäischen Zusammenhalt stärken, indem sie den gegenwärtigen nicht-nuklearen Mächten die Gelegenheit böte, sich an dem Besitz, dem Personal und der Kontrolle einer schlagkräftigen Atomstreitmacht auf derselben Grundlage wie andere Mitglieder dieser Streitmacht zu beteiligen.*«[47])*

Im Abkommen von Nassau, das der britische Premierminister Macmillan und US-Präsident Kennedy am 21. Dezember 1962 unterzeichneten, hatte sich die britische Regierung bereit gefunden, das amerikanische Projekt der MLF zu unterstützen. Die französische Regierung unter de Gaulle setzte dem Projekt jedoch stärksten Widerstand entgegen, weil sie gegen jede Form von Integration und supranationaler Kontrolle war. Sie sah in der MLF eine Zementierung der amerikanischen Vormachtstellung in Europa mit englischer Beihilfe (und boykottierte u. a. deshalb den englischen EWG-Beitritt im Januar 1963).

Die Regierung Adenauer zögerte mit einer Stellungnahme zur MLF, weil sie wohl wußte, daß diese eine Entscheidung zwischen Paris und Washington verlangte. Erst nach dem Regierungswechsel machte sich Gerhard Schröder zum Anwalt der MLF. Er sah darin eine Gelegenheit, die deutsch-amerikanischen Beziehungen zu festigen und auf dieser Basis größere Bewegungsfreiheit für eine neue deutsche Ostpolitik zu gewinnen.[48]) Schröder befürwortete die MLF auch dann noch, als die anderen europäischen Verbündeten der USA, darunter auch die neue

Labour-Regierung Harold Wilsons in London, ihr Interesse daran schon verloren hatten bzw. nicht mehr bereit waren, die Kosten für die MLF zu tragen.

Auf der Tagung des NATO-Ministerrats, die vom 15. bis 17. Dezember 1964 in Paris stattfand, prallten der deutsche und der französische Standpunkt aufeinander. Schröder erklärte: »*Die Bundesregierung steht nach wie vor positiv zu dem Projekt der MLF*«[49]) und kritisierte die französische Haltung mit den Worten: »*Nachdem acht Bündnispartner mit Kenntnis dieses Rates 14 Monate verhandelt haben, müssen von jedem Kritiker konstruktive Gegenvorschläge erwartet werden. Vage Zukunftsprognosen sind in diesem Zeitpunkt nicht mehr angebracht.*« Als Ziel der MLF bezeichnete Schröder »*die Ermöglichung der Mitbeteiligung der nichtnuklearen Allianzpartner, die dies wünschen oder für notwendig halten, an der nuklearen Gesamtstrategie, von der ihre eigene Sicherheit vital berührt wird.*«

Das deutsche Interesse an der MLF begründete Schröder folgendermaßen: »*Für Deutschland geht es nicht darum, eine eigenständige nukleare Position zu erwerben. Unser Ziel ist und bleibt die Integration des Bündnisses in konventioneller und in nuklearer Hinsicht. Wir wissen sehr wohl, daß ein nuklearer Krieg unser Land zerstören würde. Deshalb gilt unser ganzes Bestreben der Abwendung eines solchen Krieges. Dieser Krieg wird aber nur dadurch abgewendet, daß es eine durchorganisierte, effektvolle und damit für den Gegner glaubwürdige und überzeugende Abschreckung gibt. Die Lückenlosigkeit des konventionell und nuklear in sich verklammerten Abschreckungssystems ist das Ziel all unserer Bemühungen. Deshalb wünschen wir den Verhandlungen über die neue multilaterale Nuklearstreitmacht einen baldigen Erfolg.*«

Gegen Schröders optimistische Auffassung von der Mitbeteiligung der nichtnuklearen Mächte an der amerikanischen Atomwaffe meldete der französische Außenminister Maurice Couve de Murville Bedenken an. Er zweifelte, ob die Konstruktion der MLF tatsächlich dazu geeignet sei, und wies auf den Widerspruch hin, daß einerseits der Grundsatz der Nichtverbreitung von Atomwaffen an nichtnukleare Mächte vertreten würde, andererseits aber die Idee verfolgt würde, »*den Ländern, die keine Nuklearwaffen besitzen, Rechte zu gewähren, die noch recht schlecht definiert seien. Wenn die Nichtverbreitung verwirklicht werde, seien diese Rechte illusorisch, und wenn die Rechte reell sein sollten, gebe es keine Nichtverbreitung*«.

Couve de Murville hatte damit den kritischen Punkt des Projektes angesprochen: In dem Maße, in dem sich die Möglichkeit eines amerikanisch-sowjetischen Atomsperrvertrages abzeichnete, begann das Interesse der amerikanischen Regierung an der MLF zu schwinden. Auch der deutsche Außenminister schien 1965 erkannt zu haben, daß die amerikanische Regierung letzten Endes nicht bereit sein würde, die NATO zur »vierten Atommacht« mit deutscher Beteiligung zu machen. Bald war von der MLF auf deutscher Seite jedenfalls kaum noch die Rede. Und umgekehrt mußten sich die deutschen »Gaullisten« mit der Zeit eingestehen, daß auch Frankreich offenbar nicht willens war, seine »Force de Frappe« in eine integrierte westeuropäische Atommacht einzubringen. Die französische EWG- und NATO-Politik 1965 und 1966 war geeignet, die Zweifel an einer pro-französischen Ausrichtung der deutschen Außenpolitik noch zu verstärken.

5. Probleme der westeuropäischen Integration und der NATO

Die Krise der EWG 1965

In der Nacht vom 30. Juni zum 1. Juli 1965 wurde die 172. Tagung des Ministerrats der Europäischen Wirtschaftsgemeinschaft ergebnislos abgebrochen. Der französische Außenminister Couve de Murville, zugleich amtierender Präsident des Ministerrats, stellte fest, eine Gemeinschaft, in der die Partner ihre Zusagen nicht einhielten, sei keine Gemeinschaft mehr, und erklärte die Verhandlungen für gescheitert. Die französische Regierung zog ihren ständigen Vertreter bei den europäischen Gemeinschaften zurück und beteiligte sich hinfort weder an den Tagungen des Rats der EWG noch an den Sitzungen der Ausschüsse der ständigen Vertreter, noch an den Beratungen über die Verwirklichung der europäischen Wirtschaftsunion.[50])
Anlaß für die Krise der EWG waren unterschiedliche Vorstellungen über die Finanzierung des gemeinsamen Agrarmarkts. Im Januar 1962 hatte der Ministerrat beschlossen, die gemeinsame Agrarpolitik durch Beitragsleistungen der Mitgliedsstaaten an den europäischen Ausrichtungs- und Garantiefonds für die Landwirtschaft zu finanzieren. Diese Regelung sollte bis zum 30. Juni 1965 gelten, dann sollte die weitere Finanzierung aufgrund von Vorschlägen der Kommission neu geregelt werden. Im März 1965 schlug die EWG-Kommission unter ihrem Vorsitzenden Walter Hallstein vor, die Mitgliedsbeiträge abzuschaffen und statt dessen die Zolleinnahmen direkt nach Brüssel überweisen zu lassen.[51]) Die Kommission würde dann in der Lage sein, den europäischen Agrarmarkt und die Wirtschaftspolitik aus eigenen Mitteln zu finanzieren. Die Kontrolle darüber sollte das Europäische Parlament ausüben. Dieses Verfahren hätte die Position der EWG-Kommission gegenüber

den Regierungen der EWG-Staaten entscheidend gestärkt und die Kommission zu einer supranationalen Behörde gemacht. Das aber widersprach de Gaulles Konzept vom »Europa der Vaterländer«, in dem die Entscheidungen von den nationalen Regierungen und nicht von europäischen Institutionen gefällt werden sollten. De Gaulle sah in der Kommission lediglich ein beratendes Gremium, das die Entscheidungen des Ministerrats vorbereitete. Allein der Ministerrat war für ihn die höchste Autorität der EWG, denn hier waren die Regierungen der souveränen Mitgliedsstaaten vertreten. Nach Meinung der französischen Regierung hatte die Kommission schon durch Vorlage dieser Reformvorschläge ihre Kompetenzen überschritten.

Auf der Ratstagung vom 14. und 15. Juni 1965 wandte sich der französische Vertreter gegen die Erweiterung der Haushaltsbefugnisse des Europäischen Parlaments und schlug vor, die Frage eigener Einnahmen der Gemeinschaft bis zum Ende der 1962 festgelegten Übergangszeit, nämlich bis zum 1. Januar 1970, zurückzustellen und die bisherige Regelung im Prinzip beizubehalten.[52]) Zu einer Kontroverse zwischen der französischen und der deutschen Delegation kam es über diesen Punkt nicht, denn auch die Bundesregierung war offenbar nicht willens, der Kommission eigene Mittel und damit supranationale Autorität einzuräumen. In der nächsten Sitzung des Ministerrats, die am 28. Juni 1965 begann, stießen dann die unterschiedlichen Positionen aufeinander: Die Niederlande, Italien und die Bundesrepublik wollten die Haushaltsbefugnisse des Europäischen Parlaments erweitern, Frankreich blieb bei seiner ablehnenden Haltung. Außerdem strebten die Niederlande und Italien statt der 1962 vorgesehenen Fünfjahres-Regelung lediglich ein provisorisches Finanzierungssystem für ein oder zwei Jahre an. Belgien und Luxemburg kamen der französischen Auffassung nahe, wobei die Begründung freilich der französischen Zielsetzung weniger entsprach. Der belgische Außenminister Paul Henri Spaak erklärte nämlich, daß man die Vollmachten des Europäischen Parlaments erst dann erweitern könne, wenn das Parlament aus allgemeinen Wahlen hervorgegangen sein – und dagegen hatte wiederum die französische Regierung Einwände. Obwohl der Kommissionsvorsitzende Hallstein am späten Abend des 30. Juni angekündigt hatte, daß die Kommission versuchen wollte, neue Vorschläge zu unterbreiten, brach Couve de Murville die Sitzung um Mitternacht ab. Die »Politik des leeren Stuhls«, die Frankreich nach dem 30. Juni 1965 betrieb, stürzte die EWG in eine schwere und anhaltende Krise. De Gaulle benutzte seinen Boykott als Druckmittel, um bei den anderen Mitgliedern der EWG Zugeständnisse in Grundsatzfragen durchzusetzen. Sie fanden ihren Niederschlag im sogenannten Luxemburg Kompromiß vom 29. Januar 1966.[53]) Die

Der Luxemburger Kompromiß vom 29. Januar 1966

265

Außenminister der EWG-Staaten einigten sich auf eine Finanzierung des Agrarmarktes im französischen Sinne, die Kommission erhielt keine eigenen Einkünfte, die Befugnisse des Europäischen Parlaments wurden nicht erweitert, und im Ministerrat durfte – entgegen den Römischen Verträgen – kein Mitgliedsstaat in wichtigen nationalen Fragen überstimmt werden. Der »Kompromiß« war auf ganzer Linie ein Sieg Frankreichs, das nun wieder auf allen Ebenen in der EWG mitarbeitete. Der Verzicht auf das Mehrheitsprinzip im Ministerrat bedeutete in der Praxis, daß der Ministerrat bei jeder Entscheidung den kleinsten gemeinsamen Nenner, auf den sich die Mitglieder noch einigen konnten, finden mußte, während die Kommission der EWG als Vertreterin des europäischen Gesamtinteresses an politischem Einfluß verlor.

Als am 1. Juli 1967 die Organe der Europäischen Gemeinschaft für Kohle und Stahl, der Europäischen Wirtschaftsgemeinschaft und der Europäischen Atomgemeinschaft zu einer gemeinsamen Kommission und zu einem gemeinsamen Rat zusammengeschlossen wurden, trat Walter Hallstein zurück. Auf Drängen der französischen Regierung wurde nicht er, sondern der Belgier Jean Rey zum ersten Vorsitzenden der neuen europäischen Kommission bestellt.[54])

Mit dem Luxemburger Kompromiß hatte sich das nationale Prinzip in der Europa-Politik gegenüber supranationalen Bestrebungen durchgesetzt. Der Prozeß der europäischen Einigung stagnierte. Nicht nur in Frankreich, sondern auch in anderen Mitgliedsländern traten die nationalen Interessen bei den Regierungen und in der öffentlichen Meinung wieder stärker in den Vordergrund. Die Jugend wandte sich enttäuscht vom europäischen Einigungswerke ab, das nur noch aus Marktordnungen für Obst und Gemüse zu bestehen schien. So gingen die in der wirtschaftlichen Vereinigung Westeuropas tatsächlich erreichten Erfolge, die Vollendung der Zollunion und des gemeinsamen Agrarmarktes zum 1. Juli 1968 beispielsweise, im öffentlichen Bewußtsein fast unter.

Die von de Gaulle heraufbeschworene Krise in der westeuropäischen Integration verhinderte, daß Europa das wurde, was der General in seinen Deklarationen immer wieder beschworen hatte: eine Dritte Kraft zwischen den USA und der Sowjetunion. Für die USA war das zersplitterte Europa kein ernst zu nehmender, gleichwertiger Partner, und auf die osteuropäischen Staaten konnte das Europa der sechs auch keine Anziehungskraft ausüben. Die Bundesrepublik hat die politische Schwächung Europas 1965 ebensowenig verhindern können wie die ebenfalls von de Gaulle verursachte militärische Schwächung der westlichen Allianz 1966.

Am 11. März 1966 zog Frankreich seine Vertreter aus den integrierten NATO-Stäben zurück, hob die Unterstellung der französischen Truppen in Deutschland unter das NATO-Kommando auf und bat um Verlegung des NATO-Hauptquartiers in ein anderes Land.[55]) Frankreich trat damit zwar nicht aus der NATO aus, entzog sich aber der supranationalen Integration der Allianz und versuchte, sie in ein herkömmliches Bündnis souveräner Staaten umzuwandeln. Das Ausscheiden Frankreichs aus der militärischen Integration der NATO stärkte die Position der Bundesrepublik im atlantischen Bündnis, bürdete ihr aber auch weitere finanzielle Lasten auf.

Frankreich, die Bundesrepublik und die NATO

Im Oktober 1966 begannen langwierige Verhandlungen zwischen der deutschen, der britischen und der amerikanischen Regierung über den Devisenausgleich für die Stationierungskosten der britischen Rheinarmee und der US-Truppen im Bundesgebiet. Sie führten erst am 28. April 1967 zu Vereinbarungen, die u. a. vorsahen, daß die Deutsche Bundesbank zum Ausgleich für die Devisenausgaben der amerikanischen Truppen in Deutschland von Juli 1967 bis Juni 1968 500 Mill. Dollar in mittelfristigen US-Staatspapieren anlegte. Gegenüber Großbritannien wollte sich die Bundesregierung »bemühen, als Devisenhilfen einen Betrag von 550 Mill. DM zu erreichen.«[56])

Angesichts der nationalistischen Politik de Gaulles, die darauf hinauslief, den europäischen Partnern die französische Führung statt der amerikanischen anzubieten, ohne das gleiche Maß an militärischer Sicherheit garantieren zu können, verstummte die Kritik der deutschen Gaullisten am Regierungskurs, denn auf die amerikanische Präsenz in West-Berlin und im Bundesgebiet wollten auch sie nicht verzichten.

6. Die Bundesrepublik zwischen Israel und den arabischen Staaten: Das Nah-Ost-Debakel 1965

Mit dem Abflauen des Kalten Krieges 1961/62 war es für die westdeutsche Außenpolitik nicht nur auf dem Feld der Deutschland- und Ostpolitik und in den Beziehungen zu den USA und den westeuropäischen Partnerstaaten schwierig, sich von alten Fixierungen des Ost-West-Konflikts zu lösen. Das gleiche galt auch für die Entwicklungspolitik und das Verhältnis zu den Staaten der sogenannten Dritten Welt. Seit 1961 gab es in Bonn ein eigenes Ministerium für Entwicklungshilfe (später: Ministerium für wirtschaftliche Zusammenarbeit), das bis 1966 Walter Scheel (FDP) leitete. Auch beteiligte sich die Bundesrepublik Deutschland in steigendem Maße an der Entwicklungshilfe in Afrika, Asien und Südamerika. Doch insgesamt blieb dies eine »Nebenlinie der Außenpolitik«[57]), die der Ost-West-Problematik untergeordnet wurde.

Hallstein-Doktrin und Entwicklungspolitik

Denn ein wesentlicher Teil der westdeutschen Entwicklungshilfe wurde geleistet, um die Entwicklungsländer davon zu überzeugen, daß die Bundesrepublik für ganz Deutschland spräche. Die Hallstein-Doktrin hatte in den Entwicklungsländern eine besondere Bedeutung: Wer sich auf Beziehungen zur DDR einließ, lief Gefahr, daß nicht nur die diplomatischen Beziehungen von Bonn abgebrochen, sondern auch die westdeutsche Entwicklungshilfe eingestellt wurde. Der Nutzen der Hallstein-Doktrin in diesem Bereich wurde erstmals in Frage gestellt, als die Bundesrepublik 1965 versuchte, ihre moralischen und politischen Verpflichtungen gegenüber Israel mit ihren politischen und wirtschaftlichen Interessen in der arabischen Welt zu vereinbaren, und dabei Schiffbruch erlitt.

Deutsche Waffen für Israel

Aufgrund des Wiedergutmachungsabkommens zwischen der Bundesrepublik und Israel vom 10. September 1952 zahlte die Bundesrepublik bis Mai 1965 knapp 3,5 Milliarden DM Wirtschaftshilfe an Israel und leistete damit einen nicht unerheblichen Beitrag zur wirtschaftlichen Stabilisierung des Landes.[58]) Nach Gesprächen einer israelischen Delegation mit dem damaligen Verteidigungsminister Strauß im Dezember 1957 begann die Bundesrepublik auch Waffen an Israel zu liefern, während Israel Ausrüstungsgegenstände an die Bundeswehr verkaufte.[59]) Offizielle diplomatische Beziehungen unterhielt die Bundesrepublik zu Israel nicht. Diese bestanden aber zu den arabischen Staaten, die sich über die deutsche Wirtschafts- und Militärhilfe an Israel beunruhigt zeigten, ihrerseits aber Kredite aus Bonn erhielten. Ägypten hatte bis Ende 1964 1,3 Millionen DM an Hilfen, Krediten und Bürgschaften aus Bonn bekommen.[60])

Der Konflikt mit Ägypten

Seit Mitte 1964 aber geriet dieser spannungsgeladene Modus vivendi in Bewegung: Auf Wunsch des amerikanischen Präsidenten Johnson begann die Bundesrepublik von der Bundeswehr ausrangierte amerikanische Panzer des Typs M 48 und auch Flugzeuge an Israel zu liefern.[61]) Gamal Abdel Nasser, der Präsident der Vereinigten Arabischen Republik (Ägypten), protestierte in scharfem Ton gegen diese Unterstützung des arabischen Gegners. Umgekehrt beschwerte sich Israel über die Beteiligung deutscher Wissenschaftler und Techniker an der Entwicklung eines ägyptischen Kampfflugzeuges. In dieser Situation machte Bundestagspräsident Gerstenmaier anläßlich eines Besuchs in Kario Ende 1964 dem ägyptischen Präsidenten den Vorschlag, die Bundesrepublik werde ihre Waffenlieferungen an Israel einstellen, dafür solle Ägypten die Normalisierung der Beziehungen zwischen der Bundesrepublik und Israel akzeptieren. Nasser scheint dagegen keine Einwände erhoben zu haben, doch der Plan wurde von Bonn nicht realisiert.[62])

Im Herbst 1964 besuchte der Stellvertretende Ministerpräsident der Sowjetunion, Alexander Schelepin, Kairo und bot Ägypten die dringend benötigte wirtschaftliche Unterstützung der Sowjetunion an. Als Gegenleistung für die sowjetische Hilfe und als Vergeltung für die Bonner Haltung im Konflikt zwischen Israel und den arabischen Staaten lud der ägyptische Staatspräsident am 24. Januar 1965 Walter Ulbricht zu einem Freundschaftsbesuch in die Vereinigte Arabische Republik (VAR) ein. Am 31. Januar 1965 wurden in Kairo drei Abkommen zwischen der VAR und der DDR paraphiert. Danach wollte sich die DDR an Industrialisierungsprojekten des zweiten Fünf-Jahres-Planes der VAR mit Investitionen und Ausrüstungen im Wert von 17 Millionen Dollar beteiligen, über ihre Außenhandelsorgane Kredite für andere Vorhaben der VAR gewähren und schließlich die wissenschaftlich-technische Zusammenarbeit mit Ägypten erweitern.

Als die Bundesregierung daraufhin »schwerwiegende Änderungen im deutsch-ägyptischen Verhältnis« androhte, drehte Nasser den Spieß um und forderte ein Ende der deutschen Waffenlieferungen an Israel, andernfalls er und die übrigen arabischen Staaten die Beziehungen zur Bundesrepublik abbrechen würden. Die Bundesregierung mußte nun unter auswärtigem Druck und in der Öffentlichkeit tun, wozu sie in internen Gesprächen nicht bereit gewesen war: Am 12. Februar 1965 beschloß das Bundeskabinett, keine Waffen mehr in Spannungsgebiete zu liefern. So verständlich diese Entscheidung grundsätzlich auch war, in dieser Situation setzte sich Bonn damit zwischen alle Stühle. Am heftigsten wurde die Bundesrepublik von Israel und von einflußreichen jüdischen Gruppen in den USA angegriffen. Aber auch die deutsche Öffentlichkeit kritisierte die unentschlossene und schwächliche Haltung der Regierung, die der ägyptischen Erpressung so schnell nachgegeben hatte.

Walter Ulbricht besuchte die VAR vom 24. Februar bis zum 2. März 1965. Er wurde mit allen Ehren empfangen und behandelt, eine formelle Anerkennung der DDR sprach die ägyptische Regierung gleichwohl nicht aus.[63]) Die Bundesregierung betrachtete die mit dem Besuch Ulbrichts verbundene Aufwertung der DDR als unfreundlichen Akt und beriet über Gegenmaßnahmen. Erhard erwog sogar den Abbruch der diplomatischen Beziehungen zu Ägypten. Nach stundenlangen Beratungen beschloß das Kabinett am 4. und 7. März, die Beziehungen zur VAR nicht abzubrechen, dafür aber die Beziehungen zu Israel aufzunehmen.[64]) Daraufhin beendeten am 12. und 16. Februar die arabischen Staaten mit Ausnahme von Tunesien, Libyen und Marokko ihre Beziehungen zur Bundesrepublik, ohne allerdings die DDR anzuerkennen.[65]) Als Sonderbotschafter des Bundeskanzlers reiste der CDU-Abgeordne-

Ulbrichts Ägyptenbesuch 1965

te Kurt Birrenbach am 7. März nach Israel, um bei der israelischen Regierung um Verständnis für die Einstellung der Waffenlieferungen zu werben und die Aufnahme der diplomatischen Beziehungen vorzubereiten. Am 14. März akzeptierte die Regierung, am 16. das Parlament Israels das Bonner Angebot.[66]) Am 12. Mai 1965 wurde eine gemeinsame Erklärung über die Aufnahme diplomatischer Beziehungen zwischen Israel und der Bundesrepublik veröffentlicht. Als erster deutscher Botschafter überreichte am 19. August 1965 Rolf Pauls sein Beglaubigungsschreiben in Jerusalem. Erster Botschafter Israels in Bonn wurde Asher Ben Natan.[67])

Die Nah-Ost-Krise und die sie begleitende Debatte in der deutschen Öffentlichkeit trugen dazu bei, die Position Ludwig Erhards als Bundeskanzler weiter auszuhöhlen. Sie führten darüber hinaus zu einer grundsätzlichen Diskussion über den Nutzen der Hallstein-Doktrin als Grundlage der bundesdeutschen Außenpolitik. Offensichtlich hatte sie sich in diesem Falle als Bumerang erwiesen. Die Frage war daher, so Außenminister Schröder auf der Kabinettssitzung am 4. März 1965, ob man das nationale Interesse, das man bisher stets als ein gesamtdeutsches verstanden hatte, nicht in Zukunft als Interesse der Bundesrepublik formulieren müßte und damit die Existenz von zwei deutschen Botschaften in den Hauptstädten der Welt in Kauf zu nehmen hätte.[68])

VII. Innenpolitische und wirtschaftliche Krisenerscheinungen 1963 bis 1966

In seiner Regierungserklärung hatte Ludwig Erhard 1963 vom Ende der Nachkriegszeit in Deutschland und Europa gesprochen. Er wiederholte diese Feststellung nach seiner Wiederwahl am 10. November 1965 mit Nachdruck. In der Tat ging die Phase des Wiederaufbaus, die Zeit des deutschen »Wirtschaftswunders«, zu Ende, anstelle unbegrenzten Wachstums erlebte die Wirtschaft der Bundesrepublik ihre erste große Krise. Während der Bundeskanzler das gewachsene Selbstbewußtsein der Bundesbürger auf die Formel »Wir sind wieder wer« brachte und das Ende der Klassengesellschaft sowie den Übergang von der Leistungsgesellschaft zur »Formierten Gesellschaft« verkündete, mehrten sich kritische Stimmen, die den »restaurativen Charakter« der bundesdeutschen Gesellschaft beklagten und die Befürchtung äußerten, daß mit dem Ende des wirtschaftlichen Wachstums die junge Demokratie der Bundesrepublik in eine Krise geraten könnte, weil ihr die gesellschaftliche Basis überzeugter Demokraten fehlte. Für das Wiedererstarken nationalistischer und autoritärer Tendenzen in der Bevölkerung sprach der Zulauf, den die 1964 gegründete Nationaldemokratische Partei Deutschlands (NPD) erhielt. Auch in anderer Hinsicht wurde die Bundesrepublik daran erinnert, daß sie der in den Zeiten wirtschaftlichen Aufschwungs weitgehend verdrängten Vergangenheit nicht entrinnen konnte: Parallel zum Aufstieg der NPD vollzogen sich die Diskussionen über die Verlängerung der Verjährungsfrist für Nazi-Verbrechen und der Auschwitz-Prozeß.

1. Gründung und Entwicklung der NPD

Am 28. November 1964 wurde in Hannover die Nationaldemokratische Partei Deutschlands (NPD) gegründet. Die meisten Teilnehmer der Gründungsversammlung, ein Großteil der Parteiführung und der Anhänger kamen aus der Deutschen Reichspartei (DRP), die erst 1965 offiziell aufgelöst wurde. Die DRP wiederum war die Nachfolgerin der

Gründung der NPD 1964

271

1952 vom Bundesverfassungsgericht als neonazistisch verbotenen Sozialistischen Reichspartei (SRP). Die neue Partei knüpfte also an eine Tradition rechtsextremer Parteien und Splittergruppen an, die bis zur 1946
gegründeten Deutschen Rechtspartei zurückreichte und letztlich an die
NSDAP und die konservative-völkische Deutsch Nationale Volkspartei
der Weimarer Zeit anknüpfte.¹) Einige Gründungsmitglieder der NPD
und viele ihrer Anhänger in Niedersachsen, Bremen und Schleswig-Holstein kamen aus der Gesamtdeutschen Partei (einer Verschmelzung der
Deutschen Partei und des Gesamtdeutschen Blocks/BHE) sowie den
verbliebenen selbständigen Landesverbänden der Deutschen Partei in
Niedersachsen und Bremen. BHE und DP hatten in den 50er Jahren
Wähler unter den Heimatvertriebenen und in bürgerlich konservativen
Kreisen mobilisieren können, waren dann aber zwischen CDU und FDP
aufgerieben worden.

Zum Vorsitzenden der NPD wählte die Gründungsversammlung den
Bremer Betonfabrikanten Fritz Thielen, ein ehemaliges Gründungsmit-
glied der CDU, der 1958 zur DP gegangen und deren Bremer Vorsitzender geworden war. Stellvertretender Vorsitzender wurde Adolf von
Thadden, 1939 Mitglied der NSDAP, 1949 Abgeordneter der Deutschen Rechtspartei im ersten Bundestag und seit 1961 Bundesvorsitzen-
der der Deutschen Reichspartei. Thadden brachte den überregionalen
Parteiapparat und die Publikationsorgane der DRP in die neue Partei
ein und verfügte daher von vornherein über den größten Einfluß innerhalb der NPD. Nach schweren innerparteilichen Auseinandersetzungen
übernahm Thadden im März 1967 auch offiziell den Vorsitz der Partei.
Fritz Thielen und viele seiner bürgerlich-konservativen Anhänger verließen daraufhin die NPD.²)

Programm
der NPD
In den ersten drei Jahren ihres Bestehens verfügte die NPD noch nicht
über ein Parteiprogramm. Erst der 3. Parteitag in Hannover verabschiedete im November 1967 ein offizielles Programm, das sich national-
konservativ gab.³) Nationale Forderungen wie Ablehnung der »Kollek-
tivschuldlüge«, Wiederherstellung der deutschen Einheit, Kampf gegen
Kommunismus und »Amerikanismus« wurden verbunden mit Angriffen
auf den »Monopolanspruch« der »Bonner Parteien« und ihre »Verzicht-
politik«. Innen- und wirtschaftspolitische Programmpunkte wie Stärkung der Staatsmacht und der öffentlichen und privaten Moral, Abwehr
der »Vermassung«, Schutz des Mittelstandes in einer »gegliederten
Volkswirtschaft«, besondere Förderung der »Ernährungswirtschaft« und
»die natürliche Bindung an Volk und Vaterland, Familie und Heimat«
als Grundlage aller Erziehung ließen erkennen, daß sich die NPD-Pro-
paganda vor allem an den selbständigen Mittelstand richtete, eine soziale
Gruppe, die sich von Großunternehmen und Unternehmerverbänden ei-

nerseits, von der organisierten Arbeiterschaft andererseits bedroht fühlte. Deutlicher als das verschleiernde Parteiprogramm, das taktische Rücksichten nahm, brachten die Parteizeitung »Deutsche Nachrichten« und das für die NPD-Mitglieder verfaßte »Politische Lexikon« zum Ausdruck, daß die NPD nicht lediglich eine neue national-konservative Partei war, sondern daß sie in ihrer Ideologie, ihrem Agitationsstil, im Aufbau von Feindbildern und Sündenböcken als Nachfolgeorganisation der NSDAP gelten konnte.[4])

Bei den Bundestagswahlen 1965 gewann die NPD 2,1 % der Stimmen, was Ludwig Erhard zu dem schönen Kommentar veranlaßte: »Alle Extremitäten der Politik haben keine Chance, in Deutschland festen Fuß zu fassen.«[5]) Immerhin hatte die DRP 1961 nur 0,8 % bekommen. Nach weiteren Erfolgen bei Kommunalwahlen in Mittelfranken und Schleswig-Holstein gelang der NPD im November 1966 bei den Landtagswahlen in Hessen und Bayern ein vielbeachteter Durchbruch: In Hessen erzielte sie 7,9 % der Stimmen und zog mit 8 Abgeordneten in den Landtag ein (die FDP erhielt nur 2 Mandate mehr). In Bayern verdrängte sie die FDP sogar ganz aus dem Landtag: Sie erhielt 7,4 % (die FDP nur 5,1 %) der Stimmen und 15 Mandate (s. die Tabellen im Anhang). Die Erfolgsserie setzte sich 1967 − wenn auch wegen der innerparteilichen Führungskrise im Frühjahr etwas abgeschwächt − fort und erreichte bei den Landtagswahlen in Baden-Württemberg 1968 ihren absoluten Höhepunkt[6]):

Wahlerfolge der NPD 1965–1968

Landtagswahlen	NPD-Stimmen in %	Mandate
Rheinland-Pfalz 23. 4. 1967	6,9	4
Schleswig-Holstein 23. 4. 1967	5,8	4
Niedersachsen 4. 6. 1967	7,0	10
Bremen 1. 10. 1967	8,8	8
Baden-Württemberg 28. 4. 1968	9,8	12

Die raschen Erfolge der NPD erregten Aufsehen und Besorgnis im In- und Ausland. Da sie in die Zeit der wirtschaftlichen Rezession fielen, drängten sich Parallelen zum Aufstieg der NSDAP in der Wirtschaftskrise von 1929 förmlich auf. In- und ausländische Beobachter suchten nach Erklärungen für den Erfolg der NPD. Sie analysierten die Sozialstruktur ihrer Mitglieder und Wähler und erörterten die politischen und wirtschaftlichen Faktoren, die den Zustrom zu dieser Partei verursacht haben könnten. Dabei ergab sich, daß unter den Mitgliedern der NPD der selbständige Mittelstand (Einzelhändler, Handwerker, Bauern, klei-

Gründe für den Aufstieg der NPD

ne Unternehmer, freie Berufe), gemessen an seinem Anteil an der Gesamtbevölkerung, überrepräsentiert war, während Arbeiter – vor allem Industriearbeiter – unterrepräsentiert waren, daß freilich der Anteil an Arbeitern aus mittelständischen Betrieben stieg. 1966 hatte die NPD gut 18 000 Mitglieder, 1969 waren es rund 50 000.[7])

Anfangs schien auch die Wählerschaft der NPD aus diesen sozialen Gruppen zu stammen, und tatsächlich erzielte die NPD ihre größten Erfolge in Gebieten, in denen Kleinindustrie, Handwerk, Einzelhandel und Landwirtschaft gemischt waren, so in Mittel- und Nordhessen oder in Oberfranken. Doch eine Analyse der Landtagswahlen 1967 und 1968 ergab, daß die NPD nicht nur in ländlichen Gebieten und Kleinstädten, sondern auch in den industriellen Ballungszentren Baden-Württembergs und in SPD-Hochburgen Wähler gewonnen hatte. Offenbar war es der Partei zunehmend gelungen, auch Arbeiter, Angestellte und kleine Beamte für sich zu gewinnen.[8])

Daß die NPD bei diesen Bevölkerungsgruppen und gerade 1966/67 ihre großen Erfolge verbuchen konnte, wurde in erster Linie auf die wirtschaftliche Rezession zurückgeführt. Die Krise erzeugte ein Gefühl wirtschaftlicher und sozialer Unsicherheit, eine Furcht vor dem Verlust des Arbeitsplatzes oder der selbständigen Existenz und aktivierte ein im deutschen Kleinbürgertum traditionelles und verbreitetes Mißtrauen gegen Parteien und »Parteienhader«, gegen Gewerkschaften, Sozialdemokraten, Gastarbeiter und demonstrierende Studenten. Die Propaganda der NPD gegen »Korruption und Cliquenwirtschaft«, gegen ausländische Arbeiter und Linksintellektuelle, gegen den »Verrat nationaler Interessen«, ihr Eintreten für »Ruhe und Ordnung«, Autorität und »Sauberkeit« in Staat und Familie ging auf die Vorurteile, Wertvorstellungen und Stimmungen des »unpolitischen Bürgers« ein. Die Bildung der Großen Koalition, die nur die kleine FDP als parlamentarische Opposition übrig ließ, begünstigte nicht nur die »Außerparlamentarische Opposition« (APO) von links, sondern auch die NPD, die zur rechten Protestpartei aufstieg.[9])

Die öffentliche Reaktion auf die NPD-Erfolge

Die Reaktionen der öffentlichen Meinung in der Bundesrepublik auf die Wahlerfolge der NPD waren recht vielfältig. Sie reichten von der Auffassung, der größte Teil der NPD-Wähler sei eher deutsch-national als nationalsozialistisch eingestellt, man solle die Partei daher weder verharmlosen noch verketzern, bis zu der Ansicht, die NPD sei nur die letzte Konsequenz aus der konservativ-reaktionären Entwicklung, die Gesellschaft und Politik in der Bundesrepublik in den letzten Jahren genommen hätten.[10]) Verbunden waren diese Beurteilungen entweder mit der Hoffnung, die NPD werde sich »zu einer neuen, national-konservativen verfassungstreuen Partei« entwickeln[11]) oder mit Forderungen nach Maßnahmen, die die Ausbreitung der Partei beschränken oder beenden sollten: Einführung des Mehrheitswahlrechts, das die NPD (und die FDP) aus den Parlamenten vertreiben würde, oder Verbot durch das Bundesverfassungsgericht.

Die Einführung des Mehrheitswahlrechts scheiterte auch unter der Regierung der Großen Koalition, weil vor allem die SPD Bedenken (s. S. 120) dagegen hatte. Für einen Verbotsantrag hätte das Material, das die NPD als Nachfolgeorganisation der verbotenen SRP auswies und ihre verfassungsfeindliche Programmatik und Zielsetzung bestätigte, ausgereicht. Für einen Verbotsantrag hätte auch gesprochen, daß nach verbreiteter Auffassung der Erfolg der NPD das Ansehen der Bundesrepublik im Ausland gefährdete, wo man nicht verstand, daß die NPD – wie es dem deutschen Parteiengesetz entsprach – auch noch Geld aus der Staatskasse bekam. Doch trotz dieser Materiallage und des wachsenden Drucks der in- und ausländischen Öffentlichkeit konnte sich die Bundesregierung, die neben Bundestag und Bundesrat allein antragsberechtigt ist, nicht entschließen, ein Verfahren gegen die NPD beim Bundesverfassungsgericht einzuleiten.

Als Argumente gegen ein solches Verfahren wurden in der Öffentlichkeit diskutiert, daß die politische Auseinandersetzung mit der NPD allemal einem Verbot vorzuziehen sei, daß man die Wurzeln des Neofaschismus mit einem Verbot nicht treffen würde und daß eine verbotene Partei im Untergrund gefährlicher, weil unkontrollierbarer sei, als wenn sie legal agieren dürfte. Auch könnte ein Verbotsurteil – wie die Folgen des KPD-Verbots 1956 gezeigt hätten – gefährlich für die freie Entfaltung der Demokratie sein, weil es eine Atmosphäre der Unsicherheit und der Verdächtigungen erzeuge. Ausschlaggebend für den Verzicht der Bundesregierung auf den Verbotsantrag war vermutlich die Hoffnung, daß die wiederauflebende Konjunktur und die in der Großen Koalition demonstrierte Einigkeit und Tatkraft der NPD das Wasser abgraben würden und daß im übrigen die ständige Drohung mit dem Verbot manchen Wähler abschrecken würde, der NPD seine Stimme zu geben.

In der Tat gingen die Stimmengewinne der NPD rapide zurück, als der wirtschaftliche Aufschwung wieder einsetzte. Bei den Bundestagswahlen 1969 erreichte die Partei nur noch 4,3 % der Stimmen und verfehlte damit die 5-Prozent-Marke für den Einzug in den Bundestag. Die in der Folgezeit einsetzenden innerparteilichen Streitigkeiten und die Unfähigkeit der NPD-Abgeordneten in den Landes- und Kommunalparlamenten, sich bei den Wählern als Alternative zu den »etablierten« Parteien zu profilieren, führten zu einem weiteren Niedergang der Partei bis zur völligen Bedeutungslosigkeit. Doch damit war das Problem des Rechtsradikalismus und des Neofaschismus in der Bundesrepublik keineswegs gelöst. Die ehemaligen NPD-Mitglieder oder Wähler hatten entweder bei anderen Parteien Zuflucht gefunden oder blieben als Nichtwähler abseits. Sie stellten jedoch weiterhin ein demokratiefeindliches Potential dar, das bei der nächsten wirtschaftlichen oder politischen Krise wieder aktiv werden konnte.

2. Die Debatte über die Verjährung nationalsozialistischer Gewaltverbrechen

Die Verfolgung von NS-Verbrechen bis 1965

Am 8. Mai 1965 jährte sich zum zwanzigsten Male das Ende des Zweiten Weltkrieges und des Dritten Reichs. Das Datum hatte politische und strafrechtliche Bedeutung, denn das deutsche Strafgesetzbuch sah vor, daß mit lebenslanger Haft bedrohte Verbrechen wie Mord, Beihilfe zum Mord und Mordversuch zwanzig Jahre nach der Tat verjährten, es sei denn ein gerichtliches Verfahren gegen den Täter eingeleitet worden. Das bedeutete, daß nach dem 8. Mai 1965 zwar die anhängigen Verfahren zu Ende geführt, aber niemand mehr wegen eines im Dritten Reich begangenen Gewaltverbrechens neu hätte angeklagt werden können. Das Bundeskabinett beschäftigte sich am 5. November 1964[12]) mit dem Problem und kam zu dem Ergebnis, daß eine rückwirkende Verlängerung der Verjährungsfrist wegen des im Grundgesetz verankerten Verbots rückwirkender Gesetze (»nulla poena sine lege − keine Strafe ohne Gesetz«) unmöglich sei. Sie appellierte an alle Staaten, ihr Unterlagen über Nazi-Verbrechen zur Verfügung zu stellen, damit eventuelle Verfahren noch vor Ablauf der Verjährungsfrist eingeleitet werden könnten. In der Bundesrepublik waren die Ermittlungsmaßnahmen konzentriert bei der »Zentralen Stelle der Landesjustizverwaltungen zur Aufklärung nationalsozialistischer Gewaltverbrechen« in Ludwigsburg. Die Ludwigsburger Zentralstelle war am 5. Oktober 1958 durch einen gemeinsamen Beschluß der Landesjustizminister gegründet worden und sollte zunächst Verbrechen »gegenüber Zivilpersonen außerhalb der eigentlichen Kriegshandlungen, insbesondere bei der Tätigkeit der sogenannten Einsatzkommandos« der SS und »in Konzentrationslagern und ähnlichen Lagern« systematisch erforschen. 1964 wurde ihre Zuständigkeit auf nationalsozialistische Gewalttaten im Bereich der späteren Bundesrepublik erweitert, und im April 1965 wurden der Zentralstelle die Vorermittlungen wegen aller nationalsozialistischer Gewalttaten übertragen.[13]) Eine Mehrheit im Bundeskabinett und der Bundesjustizminister erwarteten, daß die bisherige und die weitere Arbeit der Zentralstelle derart viele

Fälle von NS-Gewaltverbrechen ermitteln und damit der Verjährung entziehen würden, daß eine Verlängerung oder eine Aufhebung der Verjährungsfrist für die Strafverfolgung keinen großen praktischen Nutzen mehr haben würde.[14])

Die inzwischen im In- und Ausland einsetzende Debatte für und wider die Verjährungsfrist erhielt bald auch einen deutschlandpolitischen Akzent durch den Beschluß der DDR-Volkskammer vom 1. September 1964, daß Kriegsverbrechen nicht verjähren können.[15]) Am 9. Dezember 1964 forderte der Bundestag den Bundesjustizminister auf, bis zum 1. März 1965 zu berichten, »*ob in allen in Betracht kommenden Mordfällen der NS-Zeit Ermittlungen eingeleitet sind und die Unterbrechung der Verjährung sichergestellt ist, die auf Grund der bestehenden Gesetze am 8. Mai 1965 eintreten würde*«.[16])

Justizminister Ewald Bucher (FDP) gab diesen Bericht am 10. März 1965 vor dem Bundestag ab. Die sich anschließende Debatte gewann große politisch-moralische Bedeutung im Sinne einer von dem Philosophen Karl Jaspers am gleichen Tage veröffentlichten Mahnung: »*Sie* (die Entscheidung über die Verjährungsfrage) *wird durch die Weise, wie sie getroffen und wie sie begründet wird, durch die Sprache unserer Parlamentarier, durch den Ton ihrer Äußerungen, ein Zeugnis sein für die sittlich-politische Verfassung der heute in der Bundesrepublik maßgebenden Führer und damit für die Bundesrepublik selber in ihrem heutigen Zustand. Was entschieden wird, ist in bezug auf die materielle Realität ganz unbedeutsam. Aber in bezug auf die Erscheinung unseres politischen Wesens kann die Bedeutung gar nicht hoch genug eingeschätzt werden.*«[17]) Die Verjährungsdebatte 1965

Der Bundesjustizminister berichtete zunächst, daß etwa 80 000 Deutsche von deutschen, ausländischen und alliierten Gerichten für Kriegsverbrechen oder NS-Straftaten verurteilt worden seien.[18]) Die Staatsanwaltschaften hätten gegen mehr als 61 000 Personen Strafverfahren eingeleitet, dabei seien bisher 6100 Personen rechtskräftig verurteilt worden. Gegen fast 14 000 Personen seien noch Verfahren anhängig, in denen die Verjährung entweder bereits unterbrochen sei oder noch rechtzeitig bis zum 8. Mai 1965 unterbrochen werden könne. Außer den ca. 6000 in der Bundesrepublik und über 5000 von den drei westlichen Besatzungsmächten verurteilten Personen seien noch 12 000 Deutsche durch Gerichte in der »sowjetischen Besatzungszone«, mindestens 24 000 durch sowjetische Gerichte, fast 17 000 durch polnische und über 16 000 durch tschechoslowakische Gerichte verurteilt worden. Angesichts dieser Zahlen, so Bucher, könne die Behauptung, in der Bundesrepublik lebten noch Zehntausende von nationalsozialistischen Mördern unbestraft auf freiem Fuße, nicht ernst genommen werden. Bucher wollte aber auch nicht ausschließen, daß nach dem 8. Mai 1965 »*noch bisher unbekannte Taten von Bedeutung oder unbekannte Beschuldigungen von Rang bekannt würden«.*

Weder der Bundeskanzler noch das Kabinett hatten eine Entscheidung über die Stellungnahme zum Problem der Verjährung gefällt, da es sich hier um eine Frage handelte, *»die in erster Linie nach rechtlichen Überlegungen und somit aus dem Gewissen jedes einzelnen heraus entschieden werden müsse«.* Das gleiche galt für die Fraktionen, und so wurden in der anschließenden Debatte[19]) die Argumente für und wider die Verjährung unabhängig von der Parteizugehörigkeit der einzelnen Abgeordneten vorgetragen und begründet. Allerdings zeichnete sich eine Art »Großer Koalition« aus CDU/CSU-Abgeordneten und SPD-Abgeordneten ab, die für eine Verlängerung oder Aufhebung der Verjährungsfrist eintraten, während sich die FDP geschlossen für eine Beibehaltung der bisherigen Regelung aussprach.

So brachte eine Gruppe von CDU/CSU-Abgeordneten unter Führung von Ernst Benda einen Gesetzentwurf ein, der für Verbrechen, die mit lebenslanger Haft bedroht waren, überhaupt keine Verjährung mehr vorsah. In die gleiche Richtung ging ein Antrag des SPD-Abgeordneten Martin Hirsch; nur daß Hirsch die Aufhebung der Verjährungsfrist für Mord auch noch im Grundgesetz verankern wollte. Damit sollten eventuelle rechtliche Probleme, die sich aus der Verlängerung der Verjährungsfrist durch ein einfaches Gesetz ergeben konnten, vermieden werden.

Justizminister Bucher sprach sich in einer persönlichen Stellungnahme gegen eine Verlängerung der Verjährungsfrist für nationalsozialistische Gewaltverbrechen aus, weil er jedes rückwirkende Gesetz auf dem Gebiet des Strafrechts für eine Gefährdung der Rechtssicherheit hielt. Wer dagegen der materiellen Gerechtigkeit, also dem Bedürfnis nach Sühne, Vorrang einräumen wolle, der müsse sich — so Bucher — fragen, ob die Verlängerung der Verjährungsfrist *»wirklich der Gerechtigkeit zu einem überzeugenden Siege verhelfen würde«.* Schon jetzt ständen die Gerichte oft vor einer unlösbaren Aufgabe, weil immer mehr Zeugen ausfielen oder mangelndes Erinnerungsvermögen die Wahrheitssuche immer schwieriger mache.

Der ehemalige Justizminister Thomas Dehler (FDP) unterstützte seinen Parteifreund mit der Erklärung, *»daß der Wunsch, im Einklang mit dem Willen der Welt zu sein, vom deutschen Volk erfordere, nur schlicht und fest seinen Willen zum Recht darzutun. Zu diesem Recht gehöre aber auch, daß jede Schuld verjähre. Mangel an Recht und Rechtsstaatlichkeit bringe Schaden.«* Ein Argument gegen die undifferenzierte Verlängerung der Verjährung brachte der CDU-Abgeordnete Max Güde vor, wenn er daran erinnerte, daß einige führende Nationalsozialisten bereits nach drei oder fünf Jahren Haft wieder auf freien Fuß gesetzt worden seien, »während die Viert- oder Fünftrangigen, die hinter ihnen beteiligt waren, jetzt zur Aburteilung kämen und mit Strafen rechnen müßten, die weit über dem lägen, was die Größeren an Strafen wirklich verbüßt hätten«. Güde befürchtete einen »endlosen Prozeß dieser Dinge«, der sich weder gut für das deutsche Volk noch gut »für das große Bild der Gerechtigkeit« auswirken werde.

Die Befürworter einer Verlängerung oder Aufhebung der Verjährungsfrist betonten, daß es in erster Linie um eine politisch-moralische Entscheidung gehe und daß daher für die rechtlichen Bedenken eine Lösung gefunden werden müsse (Benda [CDU], Jahn [SPD], Arndt [SPD]). Sie wiesen darauf hin, daß der Grundsatz »nulla poena sine lege« sich nicht auf die Festlegung der Verjährungsfrist beziehe, sondern darauf, daß der Täter nicht wegen eines Tatbestandes bestraft werden dürfte, den er noch gar nicht für strafbar halten konnte. Das sei aber bei Mord nicht der Fall. Man könne also nicht deswegen jemand von der Bestrafung ausnehmen, weil er bei Begehen der Tat noch nicht wußte, ob sie nach zwanzig oder nach dreißig Jahren oder überhaupt nicht verjähre (Friedensburg [CDU]).

Die Entscheidung fiel erst am 25. März 1965.[20]) Im Rechtsausschuß einigten sich SPD- und CDU/CSU-Abgeordnete auf einen Kompromiß, den die CDU-Abgeordneten Dittrich und Barzel als Anregung Adenauers in der Debatte am 10. März bereits angesprochen hatten: Der Beginn der Verjährungsfrist für nationalsozialistische Gewaltverbrechen wurde vom 8. Mai 1945 auf den 1. Januar 1950 verschoben mit dem Argument, daß während der Besatzungszeit deutsche Gerichte zur Strafverfolgung kaum in der Lage gewesen seien. Der entscheidende erste Paragraph des »Gesetzes über die Berechnung strafrechtlicher Verjährungsfristen«[21]) lautete: »(1) Bei der Berechnung der Verjährungsfrist für die Verfolgung von Verbrechen, die mit lebenslangem Zuchthaus bedroht sind, bleibt die Zeit vom 8. Mai 1945 bis zum 31. Dezember 1949 außer Ansatz. In dieser Zeit hat die Verjährung der Verfolgung dieser Verbrechen geruht. (2) Absatz 1 gilt nicht für Taten, deren Verfolgung beim Inkrafttreten dieses Gesetzes bereits verjährt ist.«

Für das Gesetz stimmten 344 Abgeordnete (und alle 20 Berliner Abgeordneten), dagegen 96, darunter alle FDP-Abgeordneten, 4 Abgeordnete enthielten sich der Stimme. Die FDP hatte jede Mitwirkung an diesem Kompromiß abgelehnt, weil sie nach wie vor verfassungsrechtliche Bedenken gegen die rückwirkende Verlängerung der Verjährungsfrist hatte. Bundesjustizminister Bucher sah sich außerstande, das Gesetz zu unterzeichnen, und erklärte seinen Rücktritt. Sein Nachfolger wurde der CDU-Abgeordnete Karl Weber.[22])

In der öffentlichen Diskussion über die Verlängerung der Verjährungsfrist wurde immer wieder eine Verbindung zu dem gleichzeitig laufenden Prozeß gegen zwanzig ehemalige Aufseher des Konzentrationslagers Auschwitz gezogen. Der Frankfurter »Auschwitz-Prozeß«[23]) war
das bisher größte Strafverfahren gegen NS-Verbrechen; die Berichterstattung und Kommentierung war daher im In- und Ausland sehr ausführlich und engagiert. Verliefen die Debatten über die Verjährungsfrist
relativ abstrakt, so brachte der Auschwitz-Prozeß erneut höchst konkret
und eindringlich die grauenvollen Einzelheiten der Quälerei in den nationalsozialistischen Vernichtungslagern ans Licht und konfrontierte die
deutsche Öffentlichkeit mit einer Vergangenheit, die viele am liebsten
vergessen oder verdrängt hätten. In den Verhandlungen wurden nicht
nur das Verhalten der Angeklagten und die Motive dafür untersucht,
ausgesprochen und unausgesprochen ging es dabei auch immer um die
Mehrzahl der Deutschen, die das Regime, auf dessen Befehle sich die
Angeklagten zu ihrer Verteidigung beriefen, zugelassen und geduldet
hatten.

Vier Jahre dauerten die Prozeßvorbereitungen. In dieser Zeit wurden
rund 1300 Zeugenaussagen gesammelt. Der eigentliche Prozeß wurde
am 20. Dezember 1963 eröffnet. Nachdem zwanzig Monate verhandelt
worden war und 359 Zeugen aus neunzehn Nationen ausgesagt hatten,
verkündete das Schwurgericht beim Landgericht Frankfurt am 19. August 1965 seine Urteile. Zu lebenslanger Zuchthaushaft wurden sechs
Angeklagte verurteilt: der ehemalige SS-Rottenführer und Blockführer
Stefan Baretzki, der ehemalige Blockälteste der Strafkompanie Emil
Bednarek, der ehemalige SS-Oberscharführer und Angehörige der La-
ger-Gestapo Wilhelm Boger, der ehemalige SS-Hauptsturmführer und
Schutzhaftlagerführer Franz Hofmann, der ehemalige SS-Oberscharführer und Rapportführer Oswald Kaduk und der ehemalige SS-Oberscharführer Josef Klehr. Drei Angeklagte wurden freigesprochen, elf erhielten Zuchthausstrafen zwischen drei und vierzehn Jahren.[24])

Viele Beobachter fanden das Strafmaß im Vergleich zu den Straftaten
zu niedrig. Andererseits wurde anerkannt, daß das Gericht seine rechtlichen Möglichkeiten ausgeschöpft hatte. Die Problematik lag darin, daß
die Mittel der Justiz nur ausreichten, Einzelpersonen in nachweisbaren
Einzelfällen anzuklagen und abzuurteilen. Das Verbrecherische eines
Systems konnte man so aber nicht in den Griff bekommen. In seiner Begründung betonte das Gericht daher ausdrücklich, daß es weder berufen
noch in der Lage gewesen sei, die deutsche Vergangenheit zu bewältigen. Damit sollte der Auffassung begegnet werden, als könnten die Gerichte – quasi stellvertretend für das deutsche Volk – durch die Verur-
teilung von KZ-Aufsehern die NS-Vergangenheit aufarbeiten.[25])

Das Problem der Verjährung von NS-Verbrechen war mit dem »Gesetz über die Berechnung strafrechtlicher Verjährungsfristen« keineswegs gelöst, sondern nur verschoben worden, 1969 wiederholte sich die Diskussion für und wider die Verlängerung der Verjährungsfrist erneut. Eine wichtige Vorentscheidung für die Beratung und Entscheidung im Parlament fällte das Bundesverfassungsgericht am 26. Februar 1969 (verkündet am 22. April 1969).[26]) Danach war das »Gesetz über die Berechnung strafrechtlicher Bewährungsfristen« von 1965 vereinbar mit Art. 103 des Grundgesetzes. Außerdem ließ das höchste deutsche Gericht erkennen, daß es auch eine weitere Verlängerung oder sogar die Aufhebung der Verjährungsfrist für Mord als verfassungsmäßig ansehen würde.

Am 11. Juni 1969 beriet der Bundestag über drei Gesetzentwürfe[27]): Ein von der Regierung (nunmehr der Großen Koalition) ausgearbeiteter Entwurf sah die Aufhebung der Verjährungsfrist für Mord und Völkermord vor. (Die Vorschrift über die Bestrafung von Völkermord wurde erst 1954 in das Strafgesetzbuch eingeführt. Da nach dem Grundgesetz eine rückwirkende Anwendung von Straftatbeständen nicht möglich ist, konnte sie also auf NS-Verbrechen nicht angewandt werden. Hier mußte der Tatbestand des gemeinen Mordes herangezogen werden.) Ein SPD-Entwurf wollte die Verjährungsfrist für Mord auf 30 Jahre verlängern. Den Regierungsentwurf vertrat Justizminister Horst Ehmke (SPD). Er wurde unterstützt von dem ehemaligen Justizminister Richard Jaeger (CSU), der die Verjährungsfrist für Mord ebenfalls auf 30 Jahre verlängern wollte, allerdings für eine Differenzierung nach Tätern und Gehilfen eintrat. Gegen eine Verlängerung der Verjährungsfrist sprachen sich die meisten Abgeordneten der oppositionellen FDP sowie Abgeordnete der CSU aus. Sie wiederholten im wesentlichen die Bedenken, die E. Bucher und Th. Dehler 1965 vorgebracht hatten.

Aus den drei Vorlagen erarbeitete der Rechtsausschuß des Bundestages den Entwurf eines 9. Strafrechtsänderungsgesetzes, das für Völkermord keine Verjährung und für Mord eine Verjährungsfrist von 30 Jahren vorsah. Das Gesetz wurde am 26. Juni 1969 in namentlicher Abstimmung mit 279 (plus 18 Berliner) Stimmen gegen 126 (plus 2 Berliner) Stimmen bei 4 (plus einer Berliner) Enthaltungen angenommen und trat am 1. September 1969 in Kraft.[28])

Nach weiteren Debatten über die Verjährung von nationalsozialistischen Gewaltverbrechen hob der Bundestag schließlich am 3. Juli 1979 mit 255 gegen 222 Stimmen die Verjährungsfrist für Mord gänzlich auf.[29])

3. Die Krise im Verteidigungsministerium

Im Sommer 1966 kam es zu einer Krise im Bundesverteidigungsministerium, die ein militärisches Problem — nämlich die »Starfighter«-Abstürze — ausgelöst hatte, die im Kern aber eine Vertrauenskrise zwischen der militärischen und der politischen Führung der Bundeswehr aufdeckte, den Verteidigungsminister fast sein Amt kostete und rückblickend ein weiterer Faktor für das Ende der Regierung Erhard war.

Die Starfighter-Abstürze 1959 hatte der damalige Verteidigungsminister Strauß mit der US-Flugzeugfirma Lockheed einen Vertrag über die Lieferung des Düsenjägers F-104 »Starfighter« geschlossen. Zu diesem Zeitpunkt befand sich das Flugzeug noch im Entwicklungsstadium, und da das Bundesverteidigungsministerium nicht nur einen Jäger, sondern zugleich einen Bomber wünschte, wurden umfangreiche und kostspielige Umbauten und Neukonstruktionen notwendig. Hinzu kam, daß der »Starfighter» auch in der Lage sein sollte, Atombomben, über die allerdings nicht die Bundeswehr, sondern nur der amerikanische NATO-Verbündete verfügen durfte, abzuwerfen. Die Bedienung der hypermodernen, zum Teil aber auch nicht ausgereiften Technik des Jagdbombers stellte die Piloten und das technische Personal der Luftwaffe vor ungeahnte Probleme. Der größte Teil des Starfighter-Geschwaders befand sich in der Anfangszeit auf dem Boden, weil Ersatzteile und Mechaniker zur Behebung der aufgetretenen Schäden fehlten und nicht genügend Piloten die komplizierten Maschinen fliegen konnten. Unfälle und Abstürze häuften sich, 1965 stürzten 26 Starfighter ab, 15 Piloten fanden den Tod, Bundesverteidigungsminister v. Hassel erteilte Startverbot, hob es wieder auf und ließ technische Verbesserungen durchführen sowie Sicherheitsvorkehrungen treffen. Doch konnten diese Maßnahmen weder die aufgestörte Öffentlichkeit noch die Kritik der Opposition an der Führung der Bundeswehr zum Schweigen bringen.

Im Frühjahr 1966 waren 51 Starfighter abgestürzt. 27 Piloten hatten bereits den Tod gefunden.

Aufgrund einer großen Anfrage aller drei Fraktionen kam es am 24. März 1966 im Bundestag zu einer Debatte über Starfighter und Flugsicherheit[30]), in der Verteidigungsminister v. Hassel noch einmal den Wert des Starfighter-Waffensystems für die Sicherheit der Bundesrepublik und die Gesamtverteidigung des Westens unterstrich, aber auch einräumte: »*Die Unfallhäufung seit Mitte 1965 ist anomal; eine typische Starfighter-Ursache ist nicht festzustellen. Die Bundesregierung ist mit der Bundeswehr der Überzeugung, daß die Kurve der Unfallrate wieder sinken wird, kann jedoch nicht ausschließen, daß die Zahl der Unfälle durch eine*

Periode der Umstellung und die Vermehrung der Flugstunden weiterhin noch ungünstig beeinflußt bleibt.«
Der Verteidigungsminister verwies auf drei Probleme, die eine Beseitigung der festgestellten Mängel erschwerten: 1. Die Bundeswehr könne ein Abwandern von qualifizierten Technikern in die Wirtschaft nicht verhindern. 2. Die fliegerische Ausbildung werde durch die Enge des Raums und durch Rücksichtnahme auf die Bevölkerung der Bundesrepublik erschwert. 3. Maßnahmen zur Flugsicherheit des Starfighters müßten mit den Konsortial-Ländern abgestimmt werden, was zum Teil erhebliche Verzögerungen und Beschränkungen mit sich brächte.
Als Sprecher der Opposition warf Helmut Schmidt dem Verteidigungsminister vor, die Schwächen des Starfighter-Systems zu spät erkannt und Abhilfen ebenfalls zu spät und planlos eingeleitet zu haben. Er kritisierte die mangelhafte Organisation und Führung des Bundesverteidigungsministeriums und mahnte das immer noch ausstehende Organisationsgesetz des Bundesverteidigungsministeriums an. Ein Antrag der Opposition, den Verteidigungsminister zu tadeln, wurde abgelehnt.

Am 14. Juli 1966 gab das Bundesverteidigungsministerium den Absturz des 60. Starfighters seit 1961 bekannt; 34 Piloten waren mittlerweile ums Leben gekommen.[31]) Am 12. August 1966 bat der Inspekteur der Luftwaffe, Generalleutnant Werner Panitzki, den Verteidigungsminister um seine Entlassung. Dieser Schritt wurde aber erst bekannt, als Panitzki am 20. August 1966 in einem Interview mit der »Neuen Ruhr-Zeitung« heftige Kritik an der Organisation und politischen Führung des Bundesverteidigungsministeriums übte.[32]) Panitzki erklärte: *»Die Anschaffung des Starfighters war eine politische Entscheidung. Obwohl durch die Schwierigkeiten auf dem Gebiet der Wartung und Versorgung überfordert, hat sich die Luftwaffe bemüht, mit den an sie gestellten Anforderungen fertig zu werden. Nun, wo es gilt, die technischen und personellen Probleme gemeinsam zu lösen, wird uns von allen politischen Seiten Versagen vorgeworfen. Das ist die größte Enttäuschung meines Lebens.«* Der General kritisierte vor allem die langen und langsamen Instanzenwege und die Zersplitterung der Zuständigkeiten im Bundesverteidigungsministerium, die dazu geführt hätten, daß notwendige technische Verbesserungen beim »Starfighter« sich endlos verzögert hätten. Er forderte *»ein moderneres Management wie in den USA mit einer größeren Entscheidungsbefugnis für die Luftwaffe«.* Außerdem müsse die Personallage bei der Luftwaffe verbessert werden, damit die Piloten nicht nur wie bisher höchstens 180 Flugstunden pro Jahr, sondern die von der NATO geforderten 240 Flugstunden fliegen könnten. Denn *»der Mangel an Gelegenheit, mit den hochgezüchteten Waffensystemen vertraut zu werden, ist eines der Kernprobleme im Hinblick auf den Starfighter«.*

Rücktritt des Inspekteurs der Luftwaffe 1966

Rücktritt des
Generalinspek-
teurs der Bun-
deswehr 1966

Beinahe zur gleichen Zeit wie Panitzki, am 13. August 1966, reichte der Generalinspekteur der Bundeswehr — also ihr höchster Offizier —, General Heinz Trettner, seinen Abschied ein. Trettner begründete sein Rücktrittsgesuch damit, daß er vor dem sogenannten Gewerkschaftserlaß des Ministers nicht gehört worden war. Dieser Erlaß vom 1. August 1966 stellte fest, daß auch Soldaten wie alle anderen Staatsbürger das Recht haben, Gewerkschaften beizutreten und sich in ihnen zu betätigen, und räumte den Gewerkschaften das Recht ein, in den Kasernen Informationsmaterial zu vertreiben (nicht jedoch Versammlungen durchzuführen).[33]) Bisher war das nur dem Bundeswehrverband, einer Standesorganisation von aktiven Soldaten und Reservisten, gestattet worden. Alle politischen Beobachter waren sich einig darin, daß der Gewerkschaftserlaß nicht der Grund, sondern bestenfalls der Anlaß für General Trettners Rücktritt war und daß die beiden Generale nicht zufällig zum gleichen Zeitpunkt ihren Abschied eingereicht hatten, zumal auch noch der Befehlshaber im Wehrbereich III (Düsseldorf), Generalmajor Günther Pape — offiziell ebenfalls wegen des Gewerkschaftserlasses — um die Versetzung in den einstweiligen Ruhestand ersuchte. Der Rücktritt der Generale hatte vielmehr — wie es der ehemalige Verteidigungsminister Strauß formulierte — »eine schwelende Vertrauenskrise offengelegt«.[35])

Vertrauenskrise
im Bundes-
verteidigungs-
ministerium

Diese Vertrauenskrise kristallisierte sich um den Entwurf eines Organisationsgesetzes für das Bundesverteidigungsministerium. Darin war u. a. vorgesehen, daß als Vertreter des Verteidigungsministers, auch bei der Ausübung der militärischen Kommandogewalt und der Disziplinarbefugnis, der beamtete Staatssekretär des Verteidigungsministeriums fungieren sollte. Generalinspekteur Trettner war mit seiner Forderung, eine »politische Persönlichkeit« oder den Generalinspekteur für die Vertretung des Ministers vorzusehen, nicht durchgedrungen.[35]) Ebensowenig war es General Panitzki gelungen, im Verteidigungsministerium die Einrichtung von Waffensystem-Arbeitsstäben (z. B. für den »Starfighter«) mit Entscheidungsbefugnis durchzusetzen. In einer Sondersitzung des Verteidigungsausschusses des Bundestages wurde deutlich, daß General Trettner und mit ihm vermutlich eine ganze Reihe von hohen Militärs die Abtrennung der Verwaltung vom Kommandostrang nicht als Erleichterung, sondern als Kontrolle und Bevormundung der »Soldaten« durch die Politiker bzw. Beamten empfanden. In diesem Verhältnis habe, so Trettner, von Anfang an »eine große Unehrlichkeit« geherrscht.

Schützenhilfe erhielten die Generale ausgerechnet von der SPD-Opposition. Der stellvertretende Fraktionsvorsitzende und Verteidigungsexperte der SPD, Helmut Schmidt, beschuldigte am 26. August den Verteidigungsminister, die Krise, die er nun nicht mehr bewältigen könne, selbst heraufbeschworen zu haben, und nahm die Generale in Schutz. Von einem »Aufstand der Generale gegen die politische Gewalt« könne gar keine Rede sein. Die Generale hätten aus verständlicher Sorge um die ihnen anvertrauten Aufgaben gehandelt, wobei ihnen politische Nebenabsichten offenbar ferngelegen hätten.

Auch Schmidt forderte eine umfassende Neugliederung des Ministeriums. Angesichts der Unmöglichkeit, daß ein Mann allein die Vielfalt und den Umfang der politischen Aufgaben eines Verteidigungsministers als einzelner bewältigen könnte, ohne dabei Vernachlässigungen und Fehler zu begehen, müßte ihm mindesten ein weiterer Staatsminister oder ein parlamentarischer Staatssekretär zur Seite gestellt werden. Dieser politisch verantwortliche zweite Mann könnte den Minister auch bei der Ausübung der Befehls- und Kommandogewalt sowie gegenüber dem Parlament und in der NATO vertreten. Es sei jedenfalls ein Unding, diese Kompetenzen und Verantwortlichkeiten einem beamteten, dem Parlament nicht verantwortlichen Staatssekretär zu überlassen. Außerdem schlug Schmidt die Einrichtung von vier Hauptabteilungen für militärische Führung, für Technik und Rüstung, für langfristige Planung und für alle übrigen Verwaltungszweige vor.[36])

Die Krise hatte in erster Linie personelle Konsequenzen: Verteidigungsminister von Hassel versetzte die Generale Trettner und Panitzki am 25. August in den einstweiligen Ruhestand. Zum neuen Generalinspekteur der Bundeswehr wurde der bisherige Inspekteur des Heeres, Generalleutnant Ulrich de Maizière (unter gleichzeitiger Beförderung zum General), ernannt. De Maizières Nachfolger als Inspekteur des Heeres wurde sein bisheriger Stellvertreter, Generalmajor Josef Moll (unter gleichzeitiger Beförderung zum Generalleutnant). Neuer Inspekteur der Luftwaffe wurde der bisherige Chef des Stabes der alliierten Luftstreitkräfte Europa-Mitte, Generalleutnant Johannes Steinhoff. Steinhoff gab seine Zustimmung aber erst am 2. September, nachdem der Verteidigungsminister ihm größere Vollmachten als seinem Vorgänger eingeräumt hatte.[37]) Durch Steigerung der Flugstunden für die Piloten und durch Einführung eines industrieähnlichen Managements für den Boden-Service gelang es Steinhoff in der Folgezeit, die Zahl der »Starfighter«-Unfälle drastisch zu senken.

Wie sehr diese Vorgänge das Vertrauen in den Verteidigungsminister auch in den Reihen der Regierungsparteien erschüttert hatten, zeigte sich in der Sondersitzung des Bundestages am 21. September 1966.[38]) Veranlaßt hatte die Sitzung ein Antrag der SPD, den Bundeskanzler um die Entlassung v. Hassels zu ersuchen. Dieser Antrag wurde mit 236 gegen 199 Stimmen bei 1 Enthaltung zwar abgelehnt, da die Regierungs-

Die Krise wird beendet

parteien jedoch über 294 Sitze verfügten, war offensichtlich, daß sich beinahe 60 Abgeordnete der Regierungskoalition einer Vertrauenskundgebung für v. Hassel durch Fernbleiben entzogen hatten.

Während der Debatte teilte der Verteidigungsminister mit, daß er das geplante Organisationsgesetz des Bundesverteidigungsministeriums in drei Punkten ändern wolle: 1. Vertretung des Ministers durch ein anderes Kabinettsmitglied – und nicht durch den beamteten Staatssekretär, 2. Gleichstellung des Generalinspekteurs mit dem Staatssekretär und nicht mit den Hauptabteilungsleitern, 3. durchgehender Befehlsstrang vom Kompaniechef über den Kommandierenden General und den Inspekteur der Teilstreitkräfte hinauf zum Generalinspekteur – statt Beschränkung der truppendienstlichen Befugnisse des Generalinspekteurs auf die territoriale Verteidigung, wie sie der Entwurf ursprünglich vorgesehen hatte. Mit diesen Vorschlägen machte sich v. Hassel – wie Pressekommentare zu Recht bemerkten – im wesentlichen die Forderungen zu eigen, die General Trettner wenige Wochen zuvor noch vergeblich vorgebracht hatte. Zu diesem Zeitpunkt war freilich das Ende des zweiten Kabinetts Erhard schon absehbar.

4. Der Beginn der Rezession und der Sturz Ludwig Erhards

Nach einer stürmischen Wiederaufbauphase mit sprunghaften Wachstumsraten in den 50er Jahren hatte sich das wirtschaftliche Wachstum in der Bundesrepublik seit der ersten Hälfte der 60er Jahre zwar verlangsamt, doch das Bruttosozialprodukt stieg weiter, und die Arbeitslosenquote hielt sich unter 1 %, wie die folgende Tabelle verdeutlicht[39]):

	Wachstum a)	Arbeitslosenquote
1960	+ 9,0	1,3 %
1961	+ 5,6	0,9 %
1962	+ 4,0	0,7 %
1963	+ 3,4	0,9 %
1964	+ 6,8	0,8 %
1965	+ 5,7	0,7 %

a) Bruttosozialprodukt in Preisen von 1962. Veränderungen gegenüber dem Vorjahr in %

Zwischen Herbst 1966 und Sommer 1967 indes erlebte die Bundesrepublik die erste scharfe Wirtschaftskrise seit ihrem Bestehen. Die Ursachen dieser Krise, die sich 1965 bereits abzeichnete, lagen — wie die Jahresgutachten des Sachverständigenrats zur Begutachtung der gesamtwirtschaftlichen Entwicklung 1966 und 1967 feststellten — im Rückgang der privaten und öffentlichen Investitionen. So ließen die Inlandsbestellungen im Maschinenbau bereits im Frühjahr 1965 auffällig nach, die Baugenehmigungen im Hochbau und die öffentlichen Tiefbauaufträge gingen seit Frühjahr 1966 zurück. Es wurde mehr produziert als verkauft, die Lagerbestände wuchsen, Kapazitäten wurden stillgelegt, Arbeiter entlassen.[40]

War das Bruttosozialprodukt 1965 noch um 5,7 % gegenüber dem Vorjahr gestiegen, so betrug die Steigerungsrate 1966 nur noch 2,8 %; und 1967 fiel das Bruttosozialprodukt erstmals in der deutschen Nachkriegsgeschichte sogar um 0,2 %.[41] Die Zahl der Konkurse stieg von 2 928 im Jahre 1965 auf 3 301 im Jahre 1966 und 3 930 im Jahre 1967. Die Krise zwang viele Firmen auch zu Zusammenschlüssen mit größeren Unternehmen: 1964 hatte es 36 Unternehmenszusammenschlüsse gegeben, 1965 waren es 50, 1966 43 und 1967 65[42]. Rückwirkungen dieser wirtschaftlichen Überproduktions- und Absatzkrise auf den Arbeitsmarkt wurden im Sommer 1966 sichtbar. Die Zahl der Arbeitslosen wuchs stetig, die Zahl ausländischer Arbeiter sank[43]:

Jahr/Monat	Arbeitslose	Ausländ. Arbeitnehmer
1966		
Juli	101 476	1 314 031
August	105 743	
September	112 726	1 313 491
Oktober	145 804	
November	216 382	1 105 756
Dezember	371 623	
1967		
Januar	621 156	1 068 025
Februar	673 572	
März	576 847	1 054 639
April	501 303	
Mai	458 461	
Juni	400 773	1 023 747

Verstärkt wurde die Krise durch die restriktive Geld- und Kreditpolitik der Bundesbank. Die Preise stiegen 1965 gegenüber 1964 um 3,4 % und

1966 gegenüber 1965 um 3,5 %.[44]) Die Bruttolohnsteigerungen betrugen 1965 9,1 % gegenüber 1964 und 1966 7,3 % gegenüber 1965.[45]) Um die in solchen Steigerungsraten sich abzeichnende Inflationsgefahr zu bekämpfen, erhöhte die Bundesbank noch im Herbst 1966 den Diskontsatz um einen Prozentpunkt von 4 % auf 5 %. Diese Maßnahme verteuerte die Kredite, verringerte die ohnehin geringe Neigung zu neuen Investitionen bei Unternehmern und privaten Bauherren und bewog schließlich auch die staatlichen Institutionen, zahlreiche Projekte zurückzustellen, obwohl die nachlassende Investitionstätigkeit das Gegenteil erfordert hätte.[46])

Durch ihr Verhalten hat die Bundesbank 1965/1966 die Konjunkturpolitik der Bundesrepublik Deutschland stärker bestimmt als die Bundesregierung. Die Abneigung des Bundeskanzlers gegen jede Art staatlicher Wirtschaftsplanung und -lenkung ging so weit, daß er selbst wirtschaftliche Prognosen und eine darauf abgestellte lang- oder mittelfristige Finanzplanung des Staates ablehnte. Zwar hatte sich aufgrund eines Gesetzes vom 14. August 1963 am 14. Februar 1964 in Bonn der »Sachverständigenrat zur Begutachtung der gesamtwirtschaftlichen Entwicklung« konstituiert, doch die vom Bundespräsidenten ernannten, von der Bundesregierung unabhängigen »Fünf Weisen« vermochten mit ihren Gutachten noch keinen Einfluß auf die Wirtschaftspolitik der Bundesregierung auszuüben. Bundeskanzler Erhard lehnte es weiterhin ab, von staatlicher Seite steuernd oder aktiv in den Wirtschaftsprozeß einzugreifen, und beschränkte sich weitgehend auf moralische Appelle an Produzenten, Konsumenten und Lohnempfänger, in ihren Forderungen und Ansprüchen Maß zu halten. Dieser Mangel an Aktivität und Initiative stieß in zunehmendem Maße auf Kritik nicht nur bei der Opposition, sondern auch in den Reihen der CDU und CSU.

Auf diesem Hintergrund fand der Wahlkampf zu den Bundestagswahlen im Sommer und Herbst 1965 statt. Wie gereizt die politische Stimmung war, zeigte sich u. a. darin, daß Ludwig Erhard Schriftsteller wie Rolf Hochhuth, Martin Walser oder Günter Grass, die die Regierungspolitik kritiziert und nach einer neuen Regierung gerufen hatten, in öffentlichen Reden als »ganz kleine Pinscher« beschimpfte oder erklärte: »*Ich muß diese Dichter nennen, was sie sind: Banausen und Nichtskönner, die über Dinge urteilen, von denen sie einfach nichts verstehen ... Es gibt einen gewissen Intellektualismus, der in Idiotie umschlägt ... Alles, was sie sagen, ist dummes Zeug.*«[46a])

Bereits im Vorfeld der Bundestagswahlen von 1965 stellten Erhards Kritiker in der CDU/CSU öffentliche Überlegungen über eine zukünftige große Koalition zwischen CDU/CSU und SPD an. Als Argumente für eine solche Koalition wurden neben der Notstandsverfassung und der

Gründung des »Sachverständigenrates« 1963–1964

Wahlen zum 5. Bundestag 1965

Anpassung an die neue amerikanische Entspannungspolitik auch die Neuordnung der öffentlichen Finanzen und eine aktive staatliche Wirtschaftspolitik ins Feld geführt. So erklärte der CDU-Vorsitzende Konrad Adenauer im September 1965: »*Die Grundlagen unseres Wohlstands, unserer Position auf den auswärtigen Märkten, ja die geordnete Verwaltung unseres Staatswesens werden binnen kurzem aufs äußerste bedroht sein, wenn wir uns der Neuordnung unserer öffentlichen Finanzen noch länger entziehen. Sie verlangt die Selbstbeschränkung der Ausgaben-Kompetenz des Parlaments, aber auch eine bessere gegenseitige Abgrenzung der Bundes- und der Länder-Aufgaben sowie der Aufgaben der Gemeinden — als Voraussetzung dafür, daß die Steuer-Einnahmen besser verteilt werden können. Die erforderlichen Gesetzesänderungen sind jedoch ohne die SPD nicht möglich. Es ist ferner kaum anzunehmen, daß man ohne die Mitwirkung der SPD zu einer vernünftigen Mäßigung der Lohnpolitik und der Sozialausgaben kommen kann.*«[47])

Auch Bundespräsident Lübke gehörte zu den Befürwortern einer großen Koalition. Doch Ludwig Erhard sprach sich entschieden dagegen aus. Das Ergebnis der Bundestagswahlen vom 19. September 1965 nahm fürs erste den Befürwortern einer großen Koalition den Wind aus den Segeln. Erhard, der im Wahlkampf als »Vater des Wirtschaftswunders« das Zugpferd der CDU/CSU gewesen war, konnte sich in seiner Politik bestätigt fühlen. Die CDU/CSU steigerte ihren Stimmenanteil von 45,4% (1961) auf 47,6% und die Zahl ihrer Bundestagssitze von 242 auf 245. Die SPD verbuchte allerdings noch größere Gewinne: Ihr Stimmenanteil stieg von 36,2% auf 39,3%, die Zahl ihrer Mandate von 190 auf 202 (s. Tabelle im Anhang). Eindeutiger Verlierer dieser Bundestagswahl war die FDP. Ihr Stimmenanteil sank von 12,8% auf 9,5%, die Zahl ihrer Bundestagsmandate von 67 auf 49. Offenbar hatten die Wähler den »Umfall« der FDP-Führung 1961 nicht vergessen, und offenbar war es der FDP nicht gelungen, ihr liberales Profil in der Koalition mit dem wirtschaftsliberalen Kanzler Erhard deutlich zu machen. Als Folge der Wahlniederlage vom September 1965 wuchs in der FDP-Führung das Bemühen, stärker als bisher die eigene Position gegenüber dem Koalitionspartner deutlich zu machen und nach außen zu vertreten.

Schon die Gespräche über eine Fortsetzung der Koalition zwischen CDU/CSU und FDP gestalteten sich schwierig. Ein Konfliktpunkt betraf allerdings nicht das Verhältnis FDP—CDU, sondern brachte die Spannungen zwischen der CSU und den »Gaullisten« in der CDU einerseits, der FDP sowie den »Atlantikern« in der CDU andererseits zum Ausdruck. Die FDP war nicht bereit, den Vorsitzenden der CSU, Franz Josef Strauß, in einem Kabinett zu akzeptieren. Andererseits lehnten die

Koalitionsver-
handlungen

CSU und führende »Gaullisten« der CDU wie Konrad Adenauer Gerhard Schröder als Außenminister ab. Adenauer warf Schröder vor, die Entfremdung zwischen Deutschland und Frankreich verursacht zu haben. Um die Gefährlichkeit der Schröderschen Außenpolitik deutlich zu machen, ging er so weit, die Gefahr einer sowjetisch-französischen Einkreisung der Bundesrepublik zu beschwören.[48]) Da aber in den außen- und deutschlandpolitischen Zielsetzungen zwischen Mende, Schröder und Erhard weitgehend Übereinstimmung bestand, setzten sie sich auch in dieser Personalfrage, die zugleich eine Entscheidung für ein außenpolitisches Konzept bedeutete, gegen die Opposition innerhalb der CDU/CSU durch.

Schwieriger war das Problem Haushaltsdeckung. Die ursprünglich für den 3. November 1965 geplante Regierungserklärung Ludwig Erhards mußte auf den 10. November vertagt werden, weil sich die Koalitionspartner zunächst nicht darüber einigen konnten, wie und wo 7 Mrd. DM beim Haushalt für das Jahr 1966 eingespart werden konnten. Die

Erhards Regierungserklärung 1965

Regierungserklärung Erhards[49]) befaßte sich dann auch hauptsächlich mit »Sicherheit und Stabilität unseres wirtschaftlichen und sozialen Lebens«. Erhard stellte fest: »*Unser deutsches Modell einer modernen Wirtschafts- und Sozialordnung gerät aus dem Höhenflug des einstmals als › Wunder‹ erschienenen Erfolges in die natürliche Phase allgemeiner, alltäglicher Bewährung.*« Angesichts der zukünftigen Schwierigkeiten solle sich das deutsche Volk »*nicht Überlegungen nach Verkürzung der Arbeitszeit hingeben*«, sondern sich lieber die Frage stellen, »*ob es in seiner Lage nicht zweckmäßiger und sinnvoller wäre, die tariflich vereinbarte wöchentliche Arbeitszeit um 1 Stunde zu erhöhen*«. Erhard hatte erkannt: »*Die Obergrenze des möglichen Wirtschaftswachstums wird in den nächsten Jahren unter den heute gegebenen Bedingungen keinesfalls höher liegen als bisher. Es gibt keinen anderen Ausweg: Wir müssen unsere Ansprüche zurückstecken oder mehr arbeiten.*«

Als Maßnahme zur Sanierung der Staatsfinanzen kündigte er an, das Subventionsvolumen systematisch abzubauen, Ausgabeverpflichtungen auf Grund bestehender Gesetze zu kürzen, Sparmaßnahmen in allen Ressorts durchzusetzen und eine Finanzreform einzuleiten. Der Bundeskanzler erwartete von den Ländern und Gemeinden, daß auch sie ihre Haushaltspolitik dem vordringlichen Ziel der Stabilität unterordnen und sich in ihren Ausgaben ebenfalls größte Mäßigung auferlegen würden. Er kündigte als Schwerpunkte künftiger Regierungsarbeit die Finanzreform, eine Neuordnung der Aufgaben und Ausgaben von Bund und Ländern, sowie eine Neuverteilung des Steueraufkommens an.

Mit seiner Forderung nach wirtschaftlicher Stabilität konnte sich Erhard auf den Sachverständigenrat berufen, wenn beide auch hinsichtlich der

Ursachen für die Gefährdung der Stabilität und der zu ergreifenden Maßnahmen unterschiedlicher Ansicht waren. Das zweite Jahresgutachten des Sachverständigenrats vom 19. Dezember 1965[50]) führte die Preissteigerung von 1965 in erster Linie auf stark überhöhte Ausgaben der öffentlichen Hände, auf kräftig ausgeweitete Investitionen und auf Lohnerhöhungen zurück, die weit über den Produktionsfortschritt hinausgingen. Um eine ähnliche Entwicklung für 1966 zu verhindern, schlugen die »Fünf Weisen« eine »Konzertierte Aktion der Öffentlichen Hand, der Unternehmer und Gewerkschaften im Sinne einer Stabilisierung ohne Stagnation« vor.

In der Bundestagsdebatte über das Sachverständigen-Gutachten am 16. und 17. Februar 1966[51]) erklärte Bundeswirtschaftsminister Schmücker (CDU), er sei sich mit den Sachverständigen darüber einig, »daß die Konjunktur sich zunehmend abschwäche und differenzierter werde«, er meinte aber, daß »kein Anlaß zu Schwarzmalerei und Krisenhysterie bestehe, jedenfalls dann nicht, wenn sich auf allen Seiten die Vernunft durchsetzt«. Bundeskanzler Erhard erschien der Vorschlag des Sachverständigenrats, die Teuerungsrate in drei Jahren von 3 % auf Null zu senken, zu mechanistisch. Damit wurde dem Sachverständigengutachten, wie sich der wirtschaftspolitische Sprecher der SPD-Fraktion, Professor Karl Schiller, ausdrückte, »ein Staatsbegräbnis erster Klasse mit allen protokollarischen Ehren bereitet«.[52])

Daß den Wählern, die Ludwig Erhard im Herbst 1965 noch so eindrucksvoll bestätigt hatten, inzwischen Zweifel an der wirtschaftspolitischen Kompetenz der Regierungskoalition gekommen waren, zeigte sich bei den Wahlen zum Landtag von Nordrhein-Westfalen am 10. Juli 1966 recht deutlich. Noch vor den Bundestagswahlen hatte Ludwig Erhard diese Landtagswahlen zu Testwahlen erklärt, die das Ergebnis der Bundestagswahlen bestätigen sollten. Der Wahlkampf wurde daher weitgehend mit bundespolitischen Argumenten geführt. Eine große Rolle spielte aber auch die Strukturkrise des Ruhrgebiets, die die CDU-geführte Regierung Franz Meyers bisher nicht hatte in den Griff bekommen können. Angesichts dieser Existenzkrise und der wachsenden Besorgnis um Arbeitsplätze wirkten die Maßhalteappelle des Bundeskanzlers bestenfalls hilflos. Erhards erneute Angriffe auf Intellektuelle, die das politische und geistige Klima in der Bundesrepublik als restaurativ bezeichnet hatten, machten deutlich, wie weit die Polarisierung der unterschiedlichen politischen Lager bereits fortgeschritten war.

Der »Test« der nordrhein-westfälischen Landtagswahl ging für Erhard und die CDU negativ aus: Die SPD verfehlte die absolute Mehrheit nur knapp und wurde mit 49,5 % der Stimmen (gegenüber 43,3 % in den Landtagswahlen von 1962) stärkste Partei in Nordrhein-Westfalen. Die

Landtagswahlen in NRW 1966

FDP konnte sich mit 7,4% (1962: 6,9%) gut behaupten. Die CDU fiel von 46,4% im Jahre 1962 auf 42,8% zurück. Im Landtag verfügte die SPD nunmehr über 99 statt 90, die FDP über 15 statt 14 und die CDU über 86 statt 96 Sitze. Die Möglichkeit einer SPD/FDP-Koalition war also rein rechnerisch gegeben. Doch CDU und FDP einigten sich noch einmal auf eine Koalition nach Bonner Muster. Bei der Wahl des Ministerpräsidenten erhielt der CDU-Kandidat Franz Meyers im ersten Wahlgang jedoch nicht die erforderliche Mehrheit von 101 Stimmen, sondern nur 100. Der SPD-Gegenkandidat Heinz Kühn erhielt 99 Stimmen, ein Abgeordneter hatte sich der Stimme enthalten. Da die SPD-Fraktion geschlossen für Kühn gestimmt hatte, muß sich ein CDU- oder FDP-Abgeordneter der Stimme enthalten haben. Meyers wurde am 25. Juli im zweiten Wahlgang, in dem die einfache Mehrheit genügte, mit dem gleichen Stimmenverhältnis von 100:99:1 Stimmen gewählt.

Wachsende Kritik an Erhard

Die Landtagswahlen von Nordrhein-Westfalen und die anschließende Regierungsbildung wurden von der CDU wie von der FDP als Warnzeichen verstanden. Führende Unionspolitiker äußerten öffentlich ihre Zweifel an Erhards Fähigkeit zur Führung der Regierung und zur Bewältigung der politischen und wirtschaftlichen Probleme der Bundesrepublik. Die Befürworter eines Führungswechsels und einer großen Koalition mit der SPD gewannen in der Partei an Boden. Die FDP-Führung unterschätzte die Ernsthaftigkeit dieser Bestrebungen und erkannte zu spät, daß mit dem Autoritätsverlust Erhards auch ihre eigene Position im Regierungslager schwächer wurde. Andererseits mußte sie es früher oder später auf einen Konflikt mit der CDU/CSU ankommen lassen, wollte sie nach den empfindlichen Verlusten in der Bundestagswahl nicht weitere Wähler aus dem Mittelstand und dem kleineren Unternehmertum an die CDU/CSU verlieren. Daher wehrten sich die FDP-Minister in den Haushaltsverhandlungen im Herbst 1966 gegen jeden Versuch, den Haushalt durch Steuererhöhungen auszugleichen. Das Ergebnis war der Zerfall der Regierung Erhard und die Bildung der Großen Koalition.

Streit um den Haushalt 1967

Am 29. September 1966 einigte sich das Bundeskabinett nach mehrstündigen Beratungen auf den Haushalt 1967, der nur durch eine Reihe von Einsparungen bei Ausgaben und Steuervergünstigungen ausgeglichen werden konnte. Steuererhöhungen waren nicht beabsichtigt. Am 9. Oktober kündigte der stellvertretende Fraktionsvorsitzende der FDP, Wolfgang Mischnick, an, daß die FDP-Fraktion den Regierungsvorschlag zur Einschränkung der staatlichen Sparförderung ablehnen werde. Daraufhin fanden am 10. Oktober noch einmal Gespräche über einen Etatausgleich zwischen den Koalitionspartnern statt. Nunmehr schlugen die FDP-Minister erstmals Einsparungen im Verteidigungshaushalt vor. Am 14. Oktober forderte Erich Mende eine »durchgreifende Strukturveränderung« des Gesamthaushalts und stellte ihn damit prinzipiell wieder in Frage.

Als das Bundesfinanzministerium am 18. Oktober bekanntgab, daß für das Haushaltsjahr 1967 rund 1 Mrd. DM weniger Steuereinnahmen zu erwarten seien, erklärte die CDU/CSU-Fraktion, daß sie einen Ausgleich des Haushalts durch Einsparungen und den Abbau von Steuervorteilen erreichen wolle, daß als »allerletztes Mittel« aber auch Steuererhöhungen ins Auge gefaßt werden müßten. Die FDP lehnte Steuererhöhungen weiterhin ab und beharrte auch in den Gesprächen, die am 24. und 25. Oktober beim Bundeskanzler stattfanden, auf ihrem Standpunkt. Am 26. Oktober schien sich endlich eine Einigung abzuzeichnen. Das Bundeskabinett erörterte in einer 10stündigen Sitzung *»mögliche Ausgabenkürzungen und mögliche Einnahmeverbesserungen durch weiteren Abbau von Steuervergünstigungen«* und einigte sich schließlich darauf, *»daß, erst wenn diese beiden Maßnahmen zur Schließung verbleibender Lücken nicht ausreichen, Steuererhöhungen in Betracht gezogen werden müssen«.*

Als am nächsten Tag einige Zeitungen, darunter in großer Aufmachung die BILD-Zeitung, die Meldung brachten, die FDP falle wie 1961 wieder um, beschloß die FDP-Fraktion nach mehrstündigen Beratungen, die Koalition mit der CDU/CSU zu beenden. Als Begründung wurde angeführt: *»Die von der CDU/CSU beabsichtigten Steuererhöhungen, die der angestrebten Stabilität entgegenwirken, können die bestehenden politischen Schwierigkeiten nicht beseitigen.«* Die Minister Mende (Gesamtdeutsche Fragen und Vizekanzler), Bucher (Wohnungswesen und Städtebau), Dahlgrün (Finanzen) und Scheel (Wirtschaftliche Zusammenarbeit) erklärten ihren Rücktritt.

Die FDP verläßt die Koalition

Die Entscheidung der FDP-Fraktion, in der Frage der Steuererhöhungen nicht nachzugeben und lieber die Zusammenarbeit mit der CDU/CSU aufzukündigen, war nicht zuletzt im Hinblick auf die bevorstehenden Landtagswahlen in Hessen und in Bayern gefallen. Die Ergebnisse konnten freilich weder als eindeutige Bestätigung noch als eindeutige Ablehnung des Fraktionskurses angesehen werden. Bei den Wahlen in Hessen vom 6. November 1966 sank der Anteil der FDP von 11,5 % auf 10,4 %. Die SPD behauptete ihre absolute Mehrheit: 1962 − 50,8 %, 1966 − 51,0 %. Der CDU-Anteil sank von 28,8 % auf 26,4 %. Größte Aufmerksamkeit erregte das Abschneiden der NPD, die 7,9 % der Stimmen gewann und mit 8 Abgeordneten erstmals in einen Landtag einzog (s. Tabelle im Anhang). Die Verluste von FDP und CDU wurden ebenso wie die Gewinne der NPD als Protest gegen die Bonner Koalition interpretiert, andererseits sah die SPD im Ausgang der Landtagswahl eine Bestätigung ihrer Landespolitik.

Bei den Landtagswahlen in Bayern, die am 20. November stattfanden, verlor die FDP nur geringfügig, ihr Stimmenanteil sank von 5,9% auf 5,1%. Da sie aber in keinem Regierungsbezirk die im bayerischen Wahlgesetz vorgeschriebene Mindestzahl von 10% der in einem Regierungsbezirk abgegebenen Stimmen erhielt, ging sie bei der Verteilung der Sitze im Landtag leer aus. Die NPD kam auf 7,4% der Stimmen und — da sie in Mittelfranken 12% der Stimmen erhalten hatte — auf 5 Mandate im Landtag. Die CSU konnte ihren Anteil von 47,5% auf 48,2% ausbauen, die SPD behauptete sich mit 35,8% gegenüber 35,5% 1962 (s. Tabelle im Anhang).

VIII. Die Große Koalition und die Überwindung der Wirtschaftskrise

1. Die Bildung der Großen Koalition

Nach dem Ausscheiden der FDP-Minister beauftragte Bundeskanzler Erhard CDU/CSU-Minister mit der Wahrnehmung der Geschäfte dieser verwaisten Ressorts. Aber es war klar, daß das CDU/CSU-Minderheitskabinett nicht von langer Dauer sein würde. Für eine neue Koalitionsregierung gab es grundsätzlich drei Möglichkeiten: die Neuauflage einer Koalition zwischen CDU/CSU und FDP mit veränderter Zusammensetzung, eine große Koalition zwischen CDU/CSU und SPD und eine Koalition zwischen SPD und FDP. Alle drei Möglichkeiten sind von den handelnden Politikern und der Öffentlichkeit diskutiert worden. Eindeutig war dabei immer, daß Ludwig Erhard in keinem Falle mehr eine Rolle spielen würde. Zu groß war der Autoritätsverfall des Kanzlers in der Öffentlichkeit wie in der eigenen Partei. Seine Gegner warfen ihm Führungsschwäche vor, kritisierten die Unfähigkeit, die Wirtschafts- und Haushaltsprobleme in den Griff zu bekommen, und die Nachgiebigkeit in den Verhandlungen mit Amerikanern und Briten über die Stationierungskosten. Hinzu kamen die Vertrauenskrise im Bundesverteidigungsministerium und die alten außenpolitischen Differenzen zwischen »Gaullisten« und »Atlantikern«.

Erhard selbst erklärte am 1. November 1966, an seiner Person solle eine Regierungsbildung nicht scheitern.[1] Diese Erklärung machte den Weg frei für die Nominierung eines neuen Kanzlerkandidaten durch die CDU/CSU-Fraktion. Andererseits bestand immer noch die Möglichkeit, daß SPD und FDP gemeinsam ein konstruktives Mißtrauensvotum gegen Erhard einbringen und statt seiner einen neuen Kanzler wählen würden. Als Sondierung in diese Richtung wurde ein Antrag aufgefaßt, den die SPD-Fraktion des Bundestages am 31. Oktober einbrachte. Er lautete: »*Der Bundeskanzler wird ersucht, dem Bundestag gemäß Art. 68 des Grundgesetzes alsbald einen Antrag vorzulegen, ihm das Vertrauen auszusprechen.*«[2] Natürlich wußte auch die SPD, daß es Sache des Bundeskanzlers war, zu entscheiden, wann er die Vertrauensfrage stellen woll-

Koalitions-
sondierungen

295

te. Mit dem Antrag sollte das Verhalten von CDU/CSU und FDP getestet werden, oder — wie es Herbert Wehner in der Debatte über diesen Antrag am 8. November ausdrückte: »*Der Bundeskanzler bekommt durch die Abstimmung des Deutschen Bundestages die Möglichkeit, seine Lage klar vor Augen zu sehen. Er möge dann selbst entscheiden, was er zu tun bereit und fähig ist ... Die Fraktion der SPD wird nach den Erfahrungen, die sie mit diesem Schritt und die sie mit der Haushaltsberatung machen wird, die nächsten Schritte tun, die das Grundgesetz möglich macht, zum Beispiel das konstruktive Mißtrauensvotum.*«[3])

Die CDU/CSU hielt den Antrag für unzulässig und lehnte ihn ab. Die FDP stimmte zu, wollte diese Zustimmung aber nicht als »Vorwegnahme koalitionspolitischer Entscheidungen« verstanden wissen. Der Abgeordnete Knut von Kühlmann-Stumm forderte die SPD auf: »*Auch Sie, meine Herren von der SPD, werden eines Tages Farbe bekennen müssen, was Sie wollen. Sie werden vor der deutschen Öffentlichkeit darlegen müssen, ob Sie selbst eine Regierung führen, ob Sie Juniorpartner in einer anderen Regierung sein oder ob Sie weiter die Funktion der Opposition erfüllen wollen. Sie sollten nicht den Versuch unternehmen, sich dieser Verantwortung durch die Forderung nach Neuwahlen zu entziehen.*«[4]) Er bekundete die Bereitwilligkeit der FDP, »*auf sachlicher Grundlage Verhandlungen über die Bildung einer neuen Bundesregierung mit denjenigen politischen Kräften in diesem Haus zu führen, die uns dazu auffordern*«. Ludwig Erhard lehnte es entschieden ab, dem Antrag zu folgen und versicherte erneut: »*Ich klebe nicht an meinem Sessel; an mir wird eine regierungsfähige Mehrheit nicht scheitern. Ich glaube, klarer kann eine Aussage nicht lauten. Aber ich lehne es ab, hier an einem Schauprozeß teilzunehmen.*«[5]) — Der Bundestag nahm den SPD-Antrag mit 255 gegen 246 Stimmen an.

Am gleichen Tag bildete die SPD-Fraktion eine Kommission für Koalitionsverhandlungen, der Willy Brandt, Herbert Wehner, Alex Möller, Karl Schiller, Fritz Erler und Helmut Schmidt angehörten, und formulierte ein Acht-Punkte-Programm der Sachfragen, die eine zukünftige Bundesregierung zu lösen hätte.[6]) Die Fraktion forderte: *1. eine Klärung des Bonner Verhältnisses zu Washington und Paris, 2. den Verzicht auf atomaren Mitbesitz, 3. Normalisierung des Verhältnisses zu den östlichen Nachbarvölkern, 4. Klarheit über „unseren eigenen Handlungsspielraum gegenüber den Ostberliner Machthabern«, 5. Maßnahmen, die der deutschen Wirtschaft einen neuen Aufschwung ermöglichen, 6. Ordnung der Staatsfinanzen, 7. eine Neuordnung der finanziellen Verhältnisse zwischen Bund, Ländern und Gemeinden, 8. Wirtschaftliches Wachstum, finanzielle Ordnung und soziale Stabilität als innenpolitische Grundlage »für den Fortschritt unserer Gesellschaft und für eine kontinuierliche Politik nach innen und außen«.*

Ebenfalls am 8. November schlug der Bundesvorstand der CDU der Fraktion der CDU/CSU vier Kandidaten für die Nachfolge Ludwig Erhards als Kanzler vor: den Fraktionsvorsitzenden der CDU, Rainer Barzel, Bundestagspräsident Eugen Gerstenmaier, den Ministerpräsidenten von Baden-Württemberg, Kurt Georg Kiesinger, und Außenminister Gerhard Schröder.[7]) Gerstenmaier zog seine Kandidatur am 9. November zurück. Bei der Wahl des Kanzlerkandidaten am 10. November erhielt Kiesinger, der Kompromißkandidat zwischen dem »Gaullisten« Barzel und dem »Atlantiker« Schröder, im ersten Wahlgang mit 97 Stimmen zwar mehr Stimmen als Schröder (76) und Barzel (56), aber nicht die absolute Mehrheit von 126 der 244 anwesenden Fraktionsmitglieder. Im zweiten Wahlgang entfielen auf Kiesinger 118, auf Schröder 80 und auf Barzel 42 Stimmen, und erst im dritten Wahlgang erhielt Kiesinger mit 137 Stimmen (Schröder 81, Barzel 26) die absolute Mehrheit der Fraktion. Anschließend bildete die CDU/CSU-Fraktion eine Kommission für Koalitionsverhandlungen mit »beiden möglichen Koalitionspartnern« unter dem Vorsitz Kiesingers. Ihr gehörten neben Bundeskanzler Erhard u. a. der Fraktionsvorsitzende Barzel, der CSU-Vorsitzende Strauß und die Bundesminister Heck, Schmücker, Lücke und Dollinger an.

K. G. Kiesinger wird Kanzlerkandidat der CDU/CSU

Gegen die Nominierung Kiesingers zum Kanzlerkandidaten der Union wurde in der Öffentlichkeit, teilweise aber auch in der eigenen Partei, Kritik laut, weil Kiesinger (Jahrgang 1904) Mitglied der NSDAP gewesen war und als Rechtsanwalt beim Berliner Kammergericht während des Krieges an die rundfunkpolitische Abteilung des Auswärtigen Amtes als wissenschaftlicher Hilfsarbeiter dienstverpflichtet gewesen war. Zu seiner Entlastung ließ Kiesinger am 9. November 1966 ein Dokument vom 7. November 1944 veröffentlichen, in dem ein Denunziant dem Reichssicherheitshauptamt meldete, Kiesinger sabotiere antijüdische Aktionen des Reichsrundfunks.[8])

Am 11. November bedauerten der SPD-Vorstand und die SPD-Bundestagsfraktion in einer gemeinsamen Erklärung, daß sich keine der anderen Parteien für eine Lösung der Regierungskrise durch Neuwahlen einsetze und schlug vor, daß sich die Partei- und Fraktionsvorsitzenden der anderen Bundestagsparteien »über die sachlichen Notwendigkeiten der deutschen Politik nach innen und außen gemeinsam beraten«.[9]) Am gleichen Tag veröffentlichte die SPD eine ausführliche Erläuterung ihrer 8 Punkte vom 8. November.[10]) Die CDU/CSU lehnte das Verhandlungsprogramm der SPD ab, die FDP nahm an. Dennoch verhandelte die SPD nicht nur mit der FDP, sondern auch mit der CDU/CSU über eine künftige Koalition.

Im Verlauf der Gespräche zwischen SPD und FDP erklärte die FDP-

Verhandlungen zwischen SPD und FDP

Führung, sie werde im Falle einer Kandidatur von Willy Brandt für das Amt des Bundeskanzlers, etwa bei Einbringung eines konstruktiven Mißtrauensvotums, mit allen Stimmen hinter Brandt stehen.[11]) Die Mehrheit einer solchen SPD/FDP-Koalition wäre jedoch sehr knapp gewesen, denn für die Wahl eines Bundeskanzlers wären die Stimmen von 249 der 496 »regulären« Abgeordneten des Bundestages erforderlich gewesen. SPD und FDP zusammen verfügten über 252 Mandate, die CDU/CSU über 245.

Anders sah die Situation aus, wenn die Stimmen der Berliner Abgeordneten mitgezählt wurden; dann verschob sich das Verhältnis zugunsten einer Kombination SPD/FDP auf 267 zu 251 Stimmen der CDU/CSU. Die Berliner Abgeordneten hatten allerdings noch nie bei einer Bundeskanzlerwahl (wohl aber bei der Wahl des Bundespräsidenten) mitgestimmt, und so kam es zu einer Debatte über das Stimmrecht der Berliner Abgeordneten, in die sich auch die Alliierten einschalteten. Am 12. November 1966 erklärte ein Sprecher der amerikanischen Botschaft, daß sich an der Auffassung der Alliierten, wonach die Berliner Stimmen bei einer solchen Wahl kein Gewicht hätten, nichts geändert habe. Willy Brandt verwahrte sich zwar vorsichtig gegen diese alliierte Intervention, aber damit war diese Frage erledigt.[12])

Sachlich und personell gab es Berührungspunkte zwischen SPD und FDP. Neben Willy Brandt sprach sich vor allem der Vorsitzende der SPD in Nordrhein-Westfalen, Heinz Kühn, für eine Koalition mit der FDP aus. Er bereitete gemeinsam mit Willi Weyer von der FDP eine SPD/FDP-Koalition in Düsseldorf vor. Befürwortet wurde eine Wende der FDP zur SPD auch vom ehemaligen Entwicklungshilfeminister Walter Scheel und vom Parlamentarischen Geschäftsführer der FDP-Fraktion, Hans-Dietrich Genscher. Andererseits gab es auf dem rechten Flügel der FDP Vorbehalte gegen die SPD und in der SPD eine starke Gruppe, die eine Große Koalition mit der CDU/CSU dem unsicheren Bündnis mit den Freien Demokraten vorzog.

Wieweit die Meinungsverschiedenheiten über die Gemeindefinanzen, die Lockerung der restriktiven Wirtschaftspolitik und die dynamische Rente, die in den Verhandlungen zwischen FDP und SPD auftauchten, tatsächlich unüberbrückbar waren, sei dahingestellt. Ausschlaggebend für das Scheitern der Verhandlungen zwischen FDP und SPD waren sicher der Zweifel auf seiten der SPD, ob tatsächlich genügend FDP-Abgeordnete ein konstruktives Mißtrauensvotum gegen Ludwig Erhard und die Wahl Willy Brandts zum Kanzler unterstützen würden, und die Ansicht, daß überhaupt die Mehrheitsverhältnisse zu knapp sein würden, um die notwendigen innen- und außenpolitischen Veränderungen einzuleiten.[13]) Als fest stand, daß die FDP im neuen bayerischen Landtag nicht mehr vertreten sein würde, setzte sich jedenfalls die Linie Herbert Wehners durch, der bereits 1962 und 1964 für eine große Koalition mit der CDU/CSU eingetreten war.

Nach zehnstündigen Beratungen stimmte die SPD-Bundestagsfraktion in der Nacht vom 26. zum 27. November 1966 einer Fortführung der Koalitionsgespräche mit der CDU/CSU zu. Auch der Parteirat, der Parteivorstand und die Kontrollkommission der SPD billigten in der darauffolgenden Nacht — ebenfalls nach stundenlangen Beratungen — den Beschluß der Fraktion und beauftragten mit 73 gegen 19 Stimmen die Verhandlungskommission, abschließend mit der CDU/CSU über eine gemeinsame Koalitionsregierung zu verhandeln. Das Verhandlungsergebnis der Kommission einschließlich der personellen Regelungen für die neue Regierung wurde schließlich in der Nacht vom 30. November auf den 1. Dezember durch die SPD-Bundestagsfraktion mit 126 zu 53 Stimmen bei 8 Enthaltungen gebilligt.[14]

Verhandlungen zwischen SPD und CDU/CSU

Wie umstritten die Entscheidung zugunsten einer Koalition mit der CDU/CSU innerhalb der SPD war, lassen nicht nur die langwierigen Sitzungen der Spitzengremien der Partei erkennen, der Unmut und die Unzufriedenheit vieler Bezirks- und Lokalorganisationen der Partei äußerten sich in Protestresolutionen und Kundgebungen gegen die geplante Große Koalition. Sie richteten sich speziell gegen die Bereitschaft der SPD-Führung, Franz Josef Strauß in einer gemeinsamen Regierung zu akzeptieren und einen Bundeskanzler mit NS-Vergangenheit ausgerechnet zu einem Zeitpunkt zu unterstützen, da die NPD in Hessen und Bayern in den Landtag einzog. Allgemein wurde in den Protestaktionen die Befürchtung deutlich, daß die SPD die Mitverantwortung für eine verfehlte Innen-, Wirtschafts- und Außenpolitik übernehmen würde.

Charakteristisch für die Kritik am Entschluß der Parteiführung ist ein Brief, den der Schriftsteller Günter Grass an Willy Brandt schrieb und den der »Vorwärts« am 30. November 1966 veröffentlichte.[15] Darin warnte Grass: »*Diese Entscheidung* (für die Koalition mit der CDU/CSU) *wird mich und viele meiner Freunde gegen ihren und meinen Willen in eine linke Ecke drängen und zum bloßen, obendrein politisch machtlosen Widerpart der NPD degradieren. Wie sollen wir weiterhin die SPD als Alternative verteidigen, wenn das Profil eines Willy Brandt im Proporz-Einerlei der Großen Koalition nicht mehr zu erkennen sein wird? Zwanzig Jahre verfehlte Außenpolitik werden durch Ihr Eintreten in eine solche Regierung bemäntelt sein. Der unheilbare Streit der CDU/CSU wird auf die SPD übergreifen. Ihre Vorstellung vom ›anderen Deutschland‹ wird einer lähmenden Resignation Platz machen, die große und tragische Geschichte der SPD wird für Jahrzehnte ins Ungefähre münden. Die allgemeine Anpassung wird endgültig das Verhalten zu Staat und Gesellschaft bestimmen.*

Günter Grass' Appell an Willy Brandt

*Die Jugend unseres Landes jedoch wird sich vom Staat und seiner Verfas-
sung abkehren, sie wird sich nach Links und Rechts verrennen, sobald diese
miese Ehe beschlossen sein wird.«*
Bereits am 28. November hatte Willy Brandt auf die Frage, wie er die
Diskussion um Kiesinger und Strauß in der Öffentlichkeit beurteile, geantwortet: *»daß erstens die Sachprobleme nicht aus den Augen verloren
werden sollten und daß man zweitens aus Herrn Strauß nicht die Zentralfi-
gur der deutschen Ostpolitik machen muß«.* Was Kiesinger betraf, so betonte Brandt, daß er mit ihm im Auswärtigen Ausschuß des Bundestages
gut zusammengearbeitet habe und daß er im übrigen »in einer partner-
schaftlichen Zusammenarbeit« mit ihm »auch ein Stück Darstellung der
deutschen Wirklichkeit sehen« würde.[16] In seiner Antwort an Günter

Brandts
Antwort an
Günter Grass

Grass, die ebenfalls im »Vorwärts« veröffentlicht wurde, schrieb
Brandt:[17] *»Die Große Koalition enthält Risiken. Gefühl und Willen zur
Führung wiesen vielen von uns einen anderen Weg. Nach sehr ernster Prüfung und vor dem Hintergrund der dürren Ziffern im Bundestag und angesichts der Aufgaben im Inneren und nach außen habe ich zu dem Ergebnis
kommen müssen, daß der andere Weg nicht gangbar war. Wenn sich die
SPD, schwer genug, zur Großen Koalition durchringt, gibt es alles andere
als die Selbstgefälligkeit, es ›endlich geschafft zu haben‹. Wir wissen, daß
wir Zähigkeit und Kraft und Nüchternheit brauchen, damit der Schritt der
SPD unserem Volke nützt und Ihre Sorgen nicht Wirklichkeit werden. Es
wird kein Zudecken von Versäumnissen und Fehlern und keinen faden politischen Eintopf geben. Die Große Koalition wird zu einem Fehlschlag führen, wenn sie sich nicht deutlich von dem abhebt, was in die Regierungskrise geführt hat. Dies ist die begrenzte, heute mögliche Alternative zum bisherigen Trott. Die SPD wird sich messen lassen an ihren bisherigen Forderungen. In einer Koalition gleichwertiger Partner wird Politik erst recht nicht
gegen die SPD gemacht werden können. Sorgen um das Profil Willy
Brandts sollten Sie sich nicht machen. Sie, Ihre Freunde und viele der kritischen jungen Menschen dürfen sich gerade jetzt nicht in das Abseits der Resignation oder des bloßen Protestes stellen. Die demokratische Linke und
unser Land würden nicht nur ärmer, sondern auch schwächer werden. Das
Gewissen der Sozialdemokratischen Partei schlägt nicht außerhalb dieser
Partei. Niemand sollte den Stab brechen, solange wir nicht die Chance gehabt haben zu beweisen, was jetzt möglich ist. Für uns ist dies ein neuer Beginn. Wir werden in das neue Kapitel der deutschen Geschichte wesentliche
neue Elemente einführen. Dafür werden wir Verantwortung tragen und gerade das geistige Deutschland nicht enttäuschen.«*
Am 30. November 1966 erklärte Ludwig Erhard seinen Rücktritt und
verabschiedet sich in einer Rundfunk- und Fernsehansprache von der
deutschen Bevölkerung.[18] Am 1. Dezember wählte der Bundestag den

bisherigen Ministerpräsidenten von Baden-Württemberg, Kurt Georg Kiesinger, mit 340 (und 16 Berliner) Stimmen gegen 109 (und 3 Berliner) Stimmen bei 23 (und 3 Berliner) Enthaltungen zum neuen Bundeskanzler.[19]) Das Ergebnis verriet, daß außer den FDP-Abgeordneten auch Mitglieder der neuen Regierungskoalition gegen Kiesinger gestimmt bzw. sich der Stimme enthalten hatten.

Das Kabinett Kiesinger, das am Nachmittag des 1. Dezember vereidigt wurde, umfaßte die führenden Politiker beider Parteien: Von der CDU/CSU neben dem Bundeskanzler den bisherigen Außenminister Schröder als Verteidigungsminister und seinen Widersacher, den CSU-Vorsitzenden Strauß, als Finanzminister, dazu die im Amt verbleibenden Minister Paul Lücke (Inneres), Hermann Höcherl (Landwirtschaft) und Katzer (Arbeit und Sozialordnung), von der SPD als Außenminister und Vizekanzler den bisherigen Berliner Regierenden Bürgermeister und Parteivorsitzenden Willy Brandt, als Wirtschaftsminister den Ökonomie-Professor Karl Schiller, als Justizminister Gustav Heinemann, der aus Protest gegen Adenauers Aufrüstungspolitik die CDU verlassen (1952), die Gesamtdeutsche Volkspartei gegründet und 1957 zur SPD gewechselt hatte, und schließlich den entschiedensten Befürworter der Großen Koalition, Herbert Wehner, als Minister für Gesamtdeutsche Fragen (s. die vollständige Kabinettsliste im Anhang). Als parlamentarische Staatssekretäre fungierten im Bundeskanzleramt Karl Theodor Freiherr von und zu Guttenberg (CSU) und im Innenministerium Ernst Benda (CDU). Große Bedeutung für die Koordinierung der beiden Partner der Großen Koalition hatten schließlich die beiden Fraktionsvorsitzenden Helmut Schmidt (SPD) und Rainer Barzel (CDU/CSU).

Nachfolger Kiesingers als Ministerpräsident von Baden-Württemberg wurde sein Parteifreund Hans Filbinger. Am 16. Dezember 1966 wurde in Stuttgart die bisherige CDU/FDP-Koalition nach Bonner Muster in eine Große Koalition aus CDU und SPD umgebildet.[20]) Ein ähnlicher Versuch, die Landesregierung in Nordrhein-Westfalen auf eine stabile Grundlage zu stellen, scheiterte jedoch. Die SPD-Fraktion lehnte den Vorschlag zu einer Großen Koalition mit der CDU eindeutig ab. Verhandlungen mit der FDP führten am 1. Dezember zu einer Einigung.

Am 8. Dezember stürzten SPD und FDP durch ein konstruktives Mißtrauensvotum mit 112 von 197 Stimmen den CDU-Ministerpräsidenten Franz Meyers und wählten Heinz Kühn zu seinem Nachfolger.[21]) Damit war der Versuch einer Harmonisierung der Regierungskoalition in Bonn und Düsseldorf gescheitert, gleichzeitig aber auch der Weg zu einer kleinen »sozial-liberalen« Koalition in Bonn offen. Kühn und sein FDP-Stellvertreter Willi Weyer gehörten 1969 zu den energischen Befürwortern einer Koalition zwischen SPD und FDP.

2. Das Regierungsprogramm

Am 13. Dezember 1966 gab Bundeskanzler Kiesinger vor dem Bundestag die Regierungserklärung der Großen Koalition ab.[22]) Gleich zu Beginn seiner Ausführungen ging er auf die Erwartungen und Befürchtungen ein, die die Bildung der neuen Regierungskoalition begleitet hatten, und kündigte ein neues Wahlgesetz, d. h. die Einführung des Mehrheitswahlrechts zur Ausschaltung der FDP und der NPD, an: »*Die stärkste Absicherung gegen einen möglichen Mißbrauch der Macht ist der feste Wille der Großen Koalition, diese nur auf Zeit, also bis zum Ende dieser Legislaturperiode fortzuführen. Während dieser Zusammenarbeit soll nach Auffassung der Bundesregierung ein neues Wahlrecht grundgesetzlich verankert werden, das für künftige Wahlen zum Deutschen Bundestag nach 1969 klare Mehrheiten ermöglicht. Dadurch wird ein institutioneller Zwang zur Beendigung der Großen Koalition und eine institutionelle Abwehr der Notwendigkeit zur Bildung von Koalitionen überhaupt geschaffen.*«
Da die neue Regierung die Frucht der wirtschaftlichen Krisensituation und der schwierigen Haushaltslage war, beschäftigte sich die Regierungserklärung hauptsächlich mit diesen beiden Bereichen. Kiesinger kündigte eine Neuordnung der Haushaltspolitik, eine mittelfristige Finanzplanung und eine Neuordnung der Aufgabenverteilung zwischen Bund und Ländern an und bekannte sich ausdrücklich zu den wirtschaftspolitischen Zielsetzungen, die im Gesetz über die Bildung des Sachverständigenrats festgelegt waren, »*im Rahmen der marktwirtschaftlichen Ordnung gleichzeitig Stabilität des Preisniveaus, hohen Beschäftigungsgrad und außenwirtschaftliches Gleichgewicht bei stetigem und angemessenem Wachstum anzustreben*«. Konzentrieren wollte sich die Bundesregierung auf die Einzelziele, die am stärksten gefährdet waren, nämlich »*das optimale Wirtschaftswachstum und die Sicherung eines hohen Beschäftigungsstandes*«. Eine »*expansive und stabilitätsorientierte Wirtschaftspolitik*« sei daher das Gebot der Stunde.
Der Bundeskanzler appellierte an die Bundesbank, die Kreditrestriktionen weiter zu lockern, und kündigte gezielte Ausgaben des Bundes zur Belebung der Investitionstätigkeit an. Falls es sich als notwendig erweisen sollte, werde die Bundesregierung für den Straßenbau, die Modernisierung von Bundesbahn und Bundespost etc. einen Betrag von 2,5 Milliarden DM vorsehen. Um Stabilität im Wachstum zu erreichen, werde die Bundesregierung eine konzertierte Aktion zwischen Gewerkschaften und Unternehmerverbänden »zu einem stabilitätsgerechten Verhalten im Aufschwung« einleiten und fördern. Als Ziel einer solchen »kontrollierten Expansion« visierte die Bundesregierung ein Wachstum des realen

302

Bruttosozialprodukts um ca. 4 % an. Die Verabschiedung eines umfassenden »Gesetzes zur Förderung der Stabilität und des Wachstums der Wirtschaft« sollte die Voraussetzung für diese Wirtschaftspolitik sein. Die außenpolitischen Passagen der Regierungserklärung ließen das Bemühen erkennen, die Wiedervereinigungsfrage und die deutsche Ostpolitik in die Entspannungspolitik der USA einzureihen und die Vorschläge der SPD für eine Politik der kleinen Schritte mit der Ostpolitik Gerhard Schröders zu verbinden. Kiesinger knüpfte an die Friedensnote vom März 1966 an und wiederholte das Angebot der Bundesregierung, mit der Sowjetunion und den anderen osteuropäischen Staaten Gewaltverzichtserklärungen auszutauschen. Ausdrücklich erwähnt wurde wiederum die Notwendigkeit, mit Polen zu einer Aussöhnung zu gelangen. Hinsichtlich der Grenzfrage blieb es aber bei dem Vorbehalt einer gesamtdeutschen Friedensvertragsregelung. Die Regierungserklärung betonte erneut, daß *»das unter Androhung von Gewalt zustande gekommene Münchner Abkommen nicht mehr gültig ist«,* daß aber die Bundesregierung z. B. hinsichtlich der Staatsangehörigkeit der Sudetendeutschen eine »Obhutspflicht« habe und daher die Folgeprobleme des Münchner Abkommens lösen müsse.

Über die Friedensnote ihrer Vorgängerin ging die neue Regierung insofern hinaus, als sie sich bereit erklärte, *»das ungelöste Problem der deutschen Teilung in dieses Angebot zum Austausch von Gewaltverzichtserklärungen einzubeziehen«.*[23]) Daß damit die Bereitschaft, auch mit der DDR Gewaltverzichtserklärungen auszutauschen, signalisiert werden sollte, hat Bundeskanzler Kiesinger später ausdrücklich bestätigt. Wie dies freilich ohne Anerkennung der DDR möglich sein sollte, war das große Problem der Deutschlandpolitik der folgenden Jahre.

Die Regierungserklärung Kiesingers hielt am Alleinvertretungsanspruch der Bundesrepublik fest, kündigte gleichzeitig aber auch eine Politik zur Erleichterung der Teilung für die Menschen in beiden Teilen Deutschlands an: *»Auch diese Bundesregierung betrachtet sich als die einzige deutsche Regierung, die frei, rechtmäßig und demokratisch gewählt und daher berechtigt ist, für das ganze deutsche Volk zu sprechen. Das bedeutet nicht, daß wir unsere Landsleute im anderen Teil Deutschlands, die sich nicht frei entscheiden können, bevormunden wollen. Wir wollen, soviel an uns liegt, verhindern, daß die beiden Teile unseres Volkes sich während der Trennung auseinanderleben. Wir wollen entkrampfen und nicht verhärten, Gräben überwinden und nicht vertiefen. Deshalb wollen wir die menschlichen, wirtschaftlichen und geistigen Beziehungen mit unseren Landsleuten im anderen Teil Deutschlands mit allen Kräften fördern. Wo dazu die Aufnahme von Kontakten zwischen Behörden der Bundesrepublik und solchen im anderen Teil Deutschlands notwendig ist, bedeutet dies keine Anerkennung ei-*

nes zweiten deutschen Staates. Wir werden diese Kontakte von Fall zu Fall so handhaben, daß in der Weltmeinung nicht der Eindruck erweckt werden kann, als rückten wir von unserem Rechtsstandpunkt ab.«[24])

Die Regierungserklärung wurde im In- und Ausland überwiegend positiv aufgenommen. Die Erwartungen waren groß, daß es dieser Regierung mit ihrer starken Parlamentsmehrheit gelingen müßte, die Wirtschaft wieder anzukurbeln, innenpolitische Probleme schnell und auf Dauer zu lösen und in der Deutschlandpolitik neue Akzente zu setzen.

3. Die Überwindung der Wirtschaftskrise

Schiller und Strauß

Hauptaufgabe und wichtigstes Ziel der Großen Koalition war die Überwindung der wirtschaftlichen Krise durch eine aktive staatliche Konjunkturpolitik. Der neue Wirtschaftsminister Professor Karl Schiller (SPD) war ein Anhänger der Theorien des englischen Wirtschaftswissenschaftlers J. M. Keynes, die forderten, daß in wirtschaftlichen Krisenzeiten der Staat eine antizyklische Politik betreiben müsse, also nicht sparen dürfe, sondern durch gezielte Staatsausgaben die wirtschaftlichen Aktivitäten wieder ankurbeln solle. Die durch eine großzügige Ausgabenpolitik entstehenden Haushaltslücken müßten durch Kreditaufnahme überbrückt werden. Nach Überwindung der Krise würden höhere Steuereinnahmen die Verzinsung und Tilgung dieser Kredite ebenso wie einen Ausgleich des Haushalts ermöglichen.

Die von Keynes propagierte und von Schiller verfolgte Politik des »deficit spending« konnte funktionieren, weil eine Zeitlang der CSU-Finanzminister Strauß eng mit dem sozialdemokratischen Wirtschaftsminister zusammenarbeitete und auch die Bundesbank diese Politik unterstützte. Der erste Haushaltsentwurf der Großen Koalition, den das Kabinett am 19. Januar 1967 beschloß[25]), sah eine Schließung der Deckungslücke von 3677,6 Mill. DM durch Kürzungen der Ausgaben um 2531 Mill. DM und Verbesserung der Einnahmen um 1146,5 Mill. DM vor. Gleichzeitig wurde ein sogenannter Eventualhaushalt in Höhe von 2,5 Mrd. DM beschlossen. Dieser sollte aus Krediten finanziert werden und ein reiner Investitionshaushalt für »vordringliche Maßnahmen bei der Bundesbahn, der Bundespost, im Verkehrsbau sowie im Bereich Wissenschaft und Forschung« sein.

Das 1. Konjunkturprogramm 1967

Der Bundestag verabschiedete den Haushalt 1967 und das erste konjunkturpolitische Investitionsprogramm der Bundesregierung am 23. Februar 1967. Danach erhielten die Bundesbahn 750 Mill. DM und die Bundespost 485 Mill. DM für Aufträge; 534 Mill. DM wurden in den

Bau von Autobahnen und Fernstraßen und 150 Mill. DM für den sozialen Wohnungsbau investiert. Dazu kamen 200 Mill. DM für Wohnungsbau und Aufschließungsarbeiten zur Unterbringung von Angehörigen der Bundeswehr, 200 Mill. DM für den Landeskulturbau, 73 Mill. DM für Wissenschaft und Forschung, 50 Mill. DM für den Ausbau der Bundeswasserstraßen, 20 Mill. DM zur Förderung der Entwicklung der elektronischen Datenverarbeitung und 20 Mill. DM für den Bau von Studentenwohnheimen.[26])

Am 6. Juli 1967 beschloß die Bundesregierung ein zweites Konjunkturprogramm[27]), »*da der Konjunkturrückschlag des vergangenen Herbstes zu schwer und am Anfang des Jahres bereits zu weit fortgeschritten gewesen ist, um allein durch Ausfuhrexpansion und den ersten Investitionshaushalt des Bundes wieder in einen neuen Aufschwung zu münden*«, auch wenn es gelungen sei, »*den Rückschlag abzubremsen und in jüngster Zeit sogar eine leichte Besserung zu bewirken*«[28]). Das Programm wurde am 19. Juli mit Vertretern der Unternehmensverbände und der Gewerkschaften im Rahmen der Konzertierten Aktion erörtert, gemäß Stabilitäts- und Wachstumsgesetz am 3. August vom Konjunkturrat für die öffentliche Hand gebilligt und am 8. September 1967 vom Bundestag verabschiedet.[29])

Das 2. Konjunkturprogramm 1967

Es sah Investitionen des Bundes, der Länder und der Gemeinden von zusammen 5,3 Mrd. DM vor. Investiert werden sollten diese Mittel in den Bereichen Wissenschaft und Forschung (Hochschulen, Kernforschungsanlagen, elektronische Datenverarbeitung), Gesundheitswesen (Krankenhäuser, Turn- und Sportstätten), Familie und Jugend (Familienferienstätten, Jugendbildungsstätten, Studentenwohnheime), Verkehrs- und Nachrichtenwesen (Ausbau des Straßennetzes, Rationalisierung der Bundesbahn, Verbesserung der Schiffahrtswege, Sicherung des Luftverkehrs), Wasserwirtschaft und Abwasserbeseitigung, Küstenschutz und Landesverteidigung (Infrastrukturmaßnahmen, Fahrzeuge, Nachrichtenmittel). Dabei sollten strukturschwache Wirtschaftsregionen wie die Steinkohlenreviere, das Zonenrandgebiet und Berlin bevorzugt berücksichtigt werden.

Waren die Konjunkturprogramme der Bundesregierung gedacht als staatliche Sofortmaßnahmen, die den Konjunktureinbruch möglichst schnell beheben und einen neuen Konjunkturaufschwung einleiten sollten, so verfolgte die Wirtschafts- und Finanzpolitik der Großen Koalition darüber hinaus das Ziel, grundsätzlich die Möglichkeiten des Staates zur Steuerung des Konjunkturverlaufs und der gesamtwirtschaftlichen Entwicklung überhaupt zu erweitern und dabei die Kompetenzen des Bundes (und der Bundesregierung) gegenüber den Ländern zu stärken. Gesetzgeberischen Ausdruck fand diese Zielsetzung im »Gesetz zur

Förderung der Stabilität und des Wachstums in der Wirtschaft« (Stabili-
täts- und Wachstumsgesetz), das der Bundestag am 10. Mai 1967 ohne
Gegenstimmen bei nur einer Enthaltung verabschiedete.[30])
Die Entstehungsgeschichte des Gesetzes reicht bis 1964, also noch in die
Regierungszeit Ludwig Erhards zurück. Anfang 1966 machte eine Ex-
pertenkommission in einem Gutachten zur Finanzreform Vorschläge für
die Neuordnung der staatlichen Finanzen. Mitte 1966 nahm das Kabinett den Entwurf eines »Gesetzes zur Förderung der wirtschaftlichen
Stabilität« an. Darin ging es hauptsächlich um ein Instrumentarium zur
Dämpfung der Konjunktur. In den folgenden Bundestags-Beratungen
setzte die SPD-Opposition unter Führung von Schiller eine Reihe von
Änderungen durch, die das Gesetz in Richtung auf den Gesichtspunkt
des wirtschaftlichen Wachstums erweiterten — was später in der Benen-
nung des Gesetzes seinen Niederschlag fand. Die Bildung der Großen
Koalition erleichterte und beschleunigte dann die Annahme des Gesetzes.
Als Begründung für das Stabilitäts- und Wachstumsgesetz wurde angeführt, daß auch in einer marktwirtschaftlichen Ordnung der Staat die
Aufgabe habe, stützend und korrigierend in den Wirtschaftsablauf einzugreifen. Das vorhandene Instrumentarium reiche nicht mehr aus, um
die notwendige Wirkung auf Preise und Konjunkturverlauf zu erzielen.
Die öffentliche Hand sollte in die Lage versetzt werden, die volkswirtschaftliche Gesamtnachfrage durch Streckung oder Raffung ihrer Investitionsvorhaben beeinflussen zu können. Ein Zentralbegriff der Schiller-
schen Wirtschaftspolitik war die »Globalsteuerung«. Im Gegensatz zu
dirigistischen Einzeleingriffen in privatwirtschaftliche Entscheidungen
sollte die Globalsteuerung die gesamtwirtschaftliche Entwicklung durch
eine Veränderung der Rahmenbedingungen für das einzelwirtschaftliche
Handeln steuern. Das Gesetz sollte das bisherige, weitgehend auf die
Kreditpolitik beschränkte Instrumentarium der Konjunkturpolitik erweitern und eine auf mehrere Jahre angelegte systematische Wirtschafts-
und Finanzpolitik, die zugleich kurzfristig und flexibel auf konjunktu-
relle Entwicklungen reagieren konnte, möglich machen.[31])
Da das Stabilitäts- und Wachstumsgesetz in wichtigen Punkten das Verhältnis von Bund und Ländern berührte, wurde es abgesichert durch eine Grundgesetzänderung, die der Bundestag ebenfalls am 10. Mai 1967
mit 336 Stimmen bei 28 Enthaltungen annahm. Art. 109 GG hatte bis
dahin lediglich aus dem Satz bestanden: »Bund und Länder sind in ihrer
Haushaltswirtschaft selbständig und voneinander unabhängig.« Er wurde erweitert und präzisiert. Der neue Art. 109 GG lautete: »*(1) Bund
und Länder sind in ihrer Haushaltswirtschaft selbständig und voneinander
unabhängig. (2) Bund und Länder haben bei ihrer Haushaltswirtschaft den*

Erfordernissen des gesamtwirtschaftlichen Gleichgewichts Rechnung zu tragen. (3) Durch Bundesgesetz, das der Zustimmung des Bundesrates bedarf, können Grundsätze für eine konjunkturgerechte Haushaltswirtschaft und für eine mehrjährige Finanzplanung aufgestellt werden. (4) Zur Abwehr einer Störung des gesamtwirtschaftlichen Gleichgewichts können durch Bundesgesetz, das der Zustimmung des Bundesrates bedarf, Vorschriften über 1. Höchstbeträge, Bedingungen und Zeitfolge der Aufnahme von Krediten durch Gebietskörperschaften und Zweckverbände und 2. eine Verpflichtung von Bund und Ländern, unverzinsliche Guthaben bei der Deutschen Bundesbank zu unterhalten (Konjunkturausgleichsrücklagen), erlassen werden. Ermächtigungen zum Erlaß von Rechtsverordnungen können nur der Bundesregierung erteilt werden. Die Rechtsverordnungen bedürfen der Zustimmung des Bundesrates. Sie sind aufzuheben, soweit der Bundestag es verlangt; das Nähere bestimmt das Bundesgesetz.«

Das Stabilitäts- und Wachstumsgesetz selbst bestimmte in Paragraph 1: *»Bund und Länder haben bei ihren wirtschafts- und finanzpolitischen Maßnahmen die Erfordernisse des gesamtwirtschaftlichen Gleichgewichts zu beachten. Die Maßnahmen sind so zu treffen, daß sie im Rahmen der marktwirtschaftlichen Ordnung gleichzeitig zur Stabilität des Preisniveaus, zu einem hohen Beschäftigungsstand und außenwirtschaftlichem Gleichgewicht bei stetigem und angemessenem Wirtschaftswachstum beitragen.«*

Das Gesetz schrieb vor, daß die Bundesregierung im Januar eines jeden Jahres dem Bundestag und dem Bundesrat einen Jahreswirtschaftsbericht vorlegen muß, worin sie Stellung zum Jahresbericht des Sachverständigenrats nehmen und ihre wirtschafts- und finanzpolitischen Ziele darlegen muß (§ 2). Das Gesetz verpflichtete die Bundesregierung zu einer fünfjährigen Finanzplanung, die jährlich fortgeschrieben werden muß und in der »*Umfang und Zusammensetzung der voraussichtlichen Ausgaben und die Deckungsmöglichkeiten in ihren Wechselbeziehungen zu der mutmaßlichen Entwicklung des gesamtwirtschaftlichen Leistungsvermögens darzustellen«* sind (§ 9). Sollte eines der im § 1 benannten Ziele gefährdet sein, so mußte die Bundesregierung »*Orientierungsdaten für ein gleichzeitiges, aufeinander abgestimmtes Verhalten (Konzertierte Aktion) der Gebietskörperschaften, der Gewerkschaften und Unternehmensverbände zur Verfügung«* stellen (§ 3).

Am umfangreichsten sind die Ausführungen des Gesetzes über die Maßnahmen zur Konjunkturbeeinflussung durch die öffentliche Hand. Länder und Gemeinden wurden zur Auskunft über ihre Haushaltspolitik, ihre Finanzplanung und ihren Kreditbedarf verpflichtet. Zur Abstimmung dieser wirtschaftlichen Aktivitäten war ein Konjunkturrat der öffentlichen Hand mit Vertretern von Bund, Ländern und Gemeinden vorgesehen (§ 18), der sich am 13. Juli 1967 konstituierte. Auch die Länder wurden zu einer fünfjährigen Finanzplanung verpflichtet; die Möglichkeiten zur Kreditaufnahme wurden beschränkt. Zur Begrenzung der staatlichen Nachfrage in Zeiten überschäumender Konjunktur konnte die Bundesregierung aufgrund des Gesetzes bestimmen, daß Bund und Länder bis zu 3 % ihrer im vergangenen Jahr erzielten Steuereinnahmen als Konjunkturausgleichsrücklage bei der Bundesbank stillegten − vorher mußten sie freilich den Konjunkturrat anhören und die Zustimmung des Bundesrates einholen. Bei zu geringer Nachfrage und nachlassender Konjunktur sollten Bund und Länder wiederum auf die Rücklagen zurückgreifen können oder Kredite aufnehmen dürfen, um vorbereitete Investitionsprogramme beschleunigt in die Tat umzusetzen.

Um auch die private Investitions- und Konsumnachfrage staatlicherseits beeinflussen zu können, sah das Stabilitäts- und Wachstumsgesetz neue Möglichkeiten zur Abschreibung von Investitionen und zur Verringerung der Steuerschuld vor. Die Bundesregierung erhielt die Möglichkeit, bei einer Störung des gesamtwirtschaftlichen Gleichgewichts die Einkommen- und Körperschaftsteuer um bis zu 10 % zu erhöhen oder zu senken (§§ 26 − 28).

Die »Konzertierte Aktion« Die in § 3 des Stabilitäts- und Wachstumsgesetzes vorgesehene »Konzertierte Aktion« war bereits vor Inkrafttreten des Gesetzes in Gang gesetzt worden. Ihre »Orientierungsdaten« über die wirtschaftliche Entwicklung gab die Bundesregierung erstmals am 14. Februar 1967 einem Gesprächskreis bekannt, der aus ca. 50 Vertretern der Unternehmensverbände, des Deutschen Gewerkschaftsbundes, der Deutschen Angestelltengewerkschaft, des Wirtschaftsministeriums, des Finanzministeriums, der Bundesbank und des Sachverständigenrats bestand. Bundeswirtschaftsminister Schiller sah in der Konzertierten Aktion − die sich anfangs vierteljährlich, dann immer seltener zusammenbringen ließ − eine notwendige Ergänzung zu der im Stabilitäts- und Wachstumsgesetz geregelten staatlichen Globalsteuerung der Wirtschaft. Die Konzertierte Aktion schien geeignet, die durch die Tarifautonomie der Gewerkschaften und Arbeitgeberverbände verursachte »einkommenspolitische Lükke« der Wirtschaftspolitik zu schließen. Sie sollte die beiden Tarifparteien an den »Tisch der gesellschaftlichen Vernunft« (K. Schiller) bringen, wo sie dann anhand der Orientierungsdaten über wirtschaftliches Wachstum, Preissenkung, Beschäftigungslage und Zahlungsbilanz Tarifvereinbarungen rational und im Sinne des gesamtwirtschaftlichen Gleichgewichts aushandeln konnten.[32])

Die Konzertierte Aktion konnte anfangs die in sie gesetzten Erwartungen noch erfüllen, weil alle Beteiligten ein Interesse daran hatten, die Rezession möglichst schnell zu überwinden. Je deutlicher sich aber der erneute Konjunkturaufschwung abzeichnete, desto schärfer brachen auch die Interessengegensätze zwischen Unternehmensverbänden und Gewerkschaften wieder auf. Während die Unternehmensverbände von der Konzertierten Aktion eine Begrenzung der gewerkschaftlichen Lohnforderungen erwarteten, waren die Gewerkschaften auf die Dauer nicht bereit, sich auf die Anpassung ihrer Lohnforderungen an die mehr oder weniger zuverlässigen Orientierungsdaten und Prognosen des Bundeswirtschaftsministers einzulassen — zumal sie auch zunehmend unter den Druck ihrer Mitglieder gerieten.

Die im Stabilitäts- und Wachstumsgesetz sichtbar werdende Kompetenzerweiterung des Bundes gegenüber den Ländern und Gemeinden wurde 1969 verstärkt durch das Finanzreformgesetz.[33]) Durch Änderung des Grundgesetzes wurde der Bund an Gemeinschaftsaufgaben, insbesondere am Bau und Ausbau der Hochschulen und bei Forschungsvorhaben, finanziell beteiligt (Art. 91a und 91b GG). Außerdem erhielt der Bund die Kompetenz, gezielte Finanzhilfen für Investitionen der Länder, »*die zur Abwehr einer Störung des gesamtwirtschaftlichen Gleichgewichts oder zum Ausgleich unterschiedlicher Wirtschaftskraft im Bundesgebiet oder zur Förderung des Wirtschaftswachstums erforderlich sind*«, zu leisten (Art. 104a GG). In diesem Zusammenhang wurden auch das Steuersystem und die Verteilung des Steueraufkommens neu geregelt (Art. 106, 3 GG). War der Bund bislang an der aufkommensstarken Einkommen- und Körperschaftsteuer nur mit 35 %, die Länder dagegen mit 65 % beteiligt, so wurden nunmehr die Anteile auf 50:50 festgesetzt. An der Aufteilung der ebenfalls aufkommensstarken Umsatzsteuer wurden auch die Gemeinden beteiligt. Die Finanzreform 1969

Auf einer anderen Ebene der Wirtschaftsgesetzgebung der Großen Koalition lag das seit langem vorbereitete Gesetz über die Einführung der Mehrwertsteuer zum 1. Januar 1968, das den Bundestag am 26. April 1967 passierte.[34]) Hier ging es einmal darum, die deutsche Umsatzsteuer an Regelungen der anderen EWG-Staaten anzupassen, zum anderen sollte die Mehrwertsteuer Wettbewerbsverzerrungen, die die alte Umsatzsteuer verursacht hatte, abschaffen. Mit Einführung der Mehrwertsteuer wurde nicht mehr der Umsatz, d. h. der Übergang einer Ware von einem Unternehmer zum anderen, sondern der Wertzuwachs oder »Mehr«-Wert, den die Ware durch Bearbeitung oder Verarbeitung erhielt, besteuert. Die Mehrwertsteuer bildete nicht wie die alte Umsatzsteuer einen Bestandteil der Kosten der Unternehmer, sondern einen durchlaufenden Posten. Jeder Unternehmer konnte die Steuer, die ihm von seinen Lieferanten in Rechnung gestellt wurde, von seiner eigenen Steuerschuld absetzen. Vorteile, wie sie bisher vertikal verflochtene Unternehmen und Konzerne genossen hatten, fielen damit weg. Der Steuersatz betrug zunächst 10 % bzw. 5 % für bestimmte Warengrup- Die Einführung der Mehrwertsteuer 1968 pen wie Lebensmittel, Bücher und andere Druckerzeugnisse. Am 14. Juli 1967 beschloß das Bundeskabinett im Zusammenhang mit den Haushaltsberatungen, die Mehrwertsteuer ab 1. Juli 1968 auf 11% bzw. 5,5% zu erhöhen.[35])

Von der Krise zum Boom

Das Stabilitäts- und Wachstumsgesetz wurde im In- und Ausland stark beachtet, schien hiermit doch zum ersten Mal die Voraussetzung für eine wirksame Steuerung des Wirtschaftsprozesses unter Beibehaltung der Marktwirtschaft gegeben zu sein. Entsprechend hoch waren die Erwartungen an die Auswirkungen des Gesetzes und der auf seiner Grundlage ergriffenen konjunkturpolitischen Maßnahmen. Tatsächlich hat die wirtschaftliche Entwicklung in der Bundesrepublik nach 1967 sehr schnell wieder einen Aufschwung genommen; die Krise ging in einen Boom über, wie ihn so plötzlich und so intensiv kaum jemand erwartet hatte. Das Bruttosozialprodukt – wichtigster Indikator für das wirtschaftliche Wachstum – erhöhte sich 1968 gegenüber 1967 um 7,1% und 1969 noch einmal um 8,2% gegenüber 1968. Die Arbeitslosenquote, die 1967 2,1% betragen hatte, ging 1968 auf 1,5% und 1969 auf 0,8% zurück.[36]) Die Industrieproduktion stieg 1968 um 11,7% gegenüber 1967, der Umsatz der Industrie steigerte sich im selben Zeitraum um 14,5%.[37]) Auch die Löhne stiegen nicht nur nominal, sondern auch real, d. h. unter Berücksichtigung der Steuern, der Sozialabgaben und der Geldentwertung. 1968 betrug die Steigerung der Bruttolöhne gegenüber 1967 durchschnittlich 6,2%, 1969 sogar 9,2% gegenüber 1968. Real waren das 3,5% bzw. 5,3%. Die höchsten Lohnsteigerungen in der deutschen Nachkriegsgeschichte überhaupt erfolgten 1970, nämlich 14,7% gegenüber 1969 bei den Bruttolöhnen und 8,7% bei den Reallöhnen.[38])

Die im Stabilitäts- und Wachstumsgesetz bezeichneten Instrumente der staatlichen Globalsteuerung, die befristete Zusammenarbeit zwischen Unternehmensverbänden und Gewerkschaften in der Konzertierten Aktion und schließlich die in engem Zusammenwirken von Bundeswirtschaftsminister und Bundesfinanzminister gestarteten Konjunkturprogramme des Bundes und der Länder haben ohne Zweifel diesen Aufschwung beschleunigt und verstärkt. Ausgelöst hat den Boom aber bereits die Krise, die ihm vorausging. In der Rezession waren zahlreiche kleine und mittlere Betriebe bankrott gegangen oder hatten sich mit größeren zusammenschließen müssen. Die Gewerkschaften hatten sich mit niedrigen Tarifabschlüssen begnügt. Beide Faktoren begünstigten die Startbedingungen für die überlebenden Unternehmen.

Da infolge der Rezession Löhne und Preise in der Bundesrepublik langsamer stiegen als bei ihren wichtigsten Handelspartnern, wuchs überdies die ausländische Nachfrage nach deutschen Produkten und Dienstleistungen stetig. Der deutsche Export steigerte sich 1968 gegenüber 1967 von 87,1 Mrd. DM auf 99,6 Mrd. DM, d. h. um 14,4% und 1969 weiter auf 114 Mrd. DM, d. h. erneut um 14,5%.[39]) Der Außenhandelsüberschuß erhöhte sich von 16,86 Mrd. DM 1967 auf 18,37 Mrd. DM 1968 und sank 1969 auf 15,58 Mrd. DM.[40]) Hatte der Anteil der Ausfuhren am Bruttosozialprodukt 1966 bei 16,4% gelegen, so stieg er 1967 auf 17,6%, 1968 auf 18,4% und 1969 auf 18,8%. Die Direktinvestitionen deutscher Unternehmer im Ausland, die von 1952 bis 1965 gerade 8,3 Mrd. DM erreicht hatten, verdoppelten sich zwischen 1965 und 1969 auf 17,6 Mrd. DM.[41])

Diese wachsende Auslandsnachfrage stimulierte die durch staatliche Investitionsprogramme geförderte Konjunktur in solchem Maße, daß als ungewöhnlich geltende Preissteigerungen eintraten. 1967 lag der Preisauftrieb bei 1,4%, 1968 bei 1,5%, aber 1969 schon bei 2,8%.[42]) Bei Baupreisen betrug die Steigerungsrate im Sommer 1969 sogar 4,8% gegenüber dem Vorjahr.[43]) Die Bundesregierung versuchte 1969, die Konjunktur zu dämpfen, um die Preise stabil zu halten. So wurden im März 1969 1,8 Mrd. DM Haushaltmittel vorerst gesperrt, damit sie die Nachfrage nicht weiter aufheizten.[44]) Im Juli 1969 legte die Bundesregierung weitere 7 Mrd. DM still mit dem Beschluß, die zu erwartenden Steuermehreinnahmen des Bundes und der Länder nicht zu investieren, sondern zur vorzeitigen Schuldentilgung zu benutzen und/oder für die im Stabilitäts- und Wachstumsgesetz vorgesehene Konjunkturrücklage zu verwenden.[45])

Aus der starken Auslandsabhängigkeit der deutschen Wirtschaft ergab sich eine weitere Ursache für die Preissteigerungen: die »importierte Inflation«. Sie hatte ihren Ursprung in den USA, wo infolge der enormen Ausgaben für den Vietnam-Krieg die Preise Ende der sechziger Jahre ständig stiegen. Der Dollar verlor an Wert gegenüber anderen Währungen, da der Weltmarkt mit Dollars überschwemmt wurde. Auf der Währungskonferenz von Bretton Woods, die im Juli 1944 die Währungssysteme der kapitalistischen Welt geregelt hatte, war der Dollar als »Leitwährung« mit einem Wert von $^1/_{35}$ Unze (= 0,888 g) Feingold festgesetzt worden. Das Verhältnis anderer Währungen zum Dollar regelte sich nicht durch den Markt, sondern durch Auf- und Abwertungen, die die Regierungen beschlossen.

1968 entwickelte sich eine internationale Währungskrise, deren Anlaß die Schwäche des französischen Franc nach den Pariser Mai-Unruhen war und in deren Zusammenhang monatelang über eine Abwertung des Franc und eine Aufwertung der Deutschen Mark diskutiert wurde. Die Spekulationen erreichten einen Höhepunkt anläßlich der Tagung der Gouverneure der Notenbanken der sogenannten Zehnergruppe (USA, Kanada, Frankreich, Bundesrepublik Deutschland, Italien, Japan, Nie-

Der Streit um die Aufwertung der Mark

311

derlande, Schweden, Großbritannien, Belgien und die Schweiz als Beobachter) bei der Bank für Internationalen Zahlungsausgleich in Basel am 16. und 17. November 1968.[46]) Doch am 19. November 1968 beschloß die Bundesregierung, die Mark nicht aufzuwerten, sondern steuerliche Maßnahmen zur Regelung der Ein- und Ausfuhr und zur Verminderung des »chronischen« deutschen Außenhandelsüberschusses zu ergreifen: Die Importe wurden steuerlich um 4 % entlastet; die Exporte um 4 % belastet.[47])

Als vom 20. bis 22. November 1968 auf Einladung von Bundeswirtschaftsminister Schiller eine Konferenz der Minister und Notenbankpräsidenten der Zehnergruppe in Bonn stattfand[48]), interpretierte die Londoner »Times« Ereignis und Tagungsort als Ausdruck der Tatsache, daß »die wirtschaftliche, finanzielle und politische Führerschaft Westdeutschlands über Westeuropa plötzlich« sichtbar geworden und so »das Primat der Macht in Westeuropa . . . von Paris nach Bonn gewandert« sei.[49])

Der deutsche Beitrag zur Stabilisierung des Weltwirtschaftssystems verteuerte zwar deutsche Exporte und ermutigte Importe, hielt in seiner Wirkung aber nicht lange an. Im Frühjahr 1969 wurde erneut mit einer Aufwertung der Mark gerechnet. Innerhalb der Bundesregierung waren die Meinungen geteilt: der sozialdemokratische Wirtschaftsminister Schiller war dafür, der CSU-Finanzminister Strauß dagegen. Strauß wurde von Bundeskanzler Kiesinger unterstützt, Schiller von Außenminister Brandt. Der Streit über die Aufwertung der Mark zog sich den ganzen Sommer 1969 hindurch hin und war schließlich auch eines der zentralen Themen des Wahlkampfes zu den Bundestagswahlen vom Herbst 1969.[50]) Der Beschluß zur Aufwertung der Mark — und zwar um 8 % gegenüber dem Dollar — wurde dann von der neuen sozial-liberalen Regierung am 24. Oktober 1969 gefaßt.

IX. Große Koalition und Außerparlamentarische Opposition

Die Große Koalition war gebildet worden mit dem Ziel, eine wirtschaftliche Krise zu überwinden, um eine innenpolitische zu vermeiden. Doch gerade die Einhelligkeit der beiden großen Volksparteien und die relative Bedeutungslosigkeit der parlamentarischen Opposition nährten das bereits vorher spürbare Unbehagen und die Kritik am politischen und gesellschaftlichen System der Bundesrepublik in einem Maße, daß eine regelrechte Massenbewegung entstand, die außerhalb der Parlamente und der Parteien eine Veränderung von Staat und Gesellschaft anstrebte.

Daß die politischen Parteien diese Unruhe vor allem unter der jungen Generation nicht eher erkannten und bei der Formulierung ihrer politischen Zielvorstellungen berücksichtigten, ist nicht zuletzt darauf zurückzuführen, daß sie sich allzu selbstzufrieden als einzige Instanzen der politischen Willensbildung betrachteten und diese Position mit staatlicher Finanzhilfe auszubauen suchten. Das mit der finanziellen Unabhängigkeit der Parteiführungen gegenüber ihren Mitgliedern einhergehende Nachlassen der innerparteilichen Diskussion, der Verlust an innerparteilicher Demokratie, trug dazu bei, daß sich eine außerparlamentarische Opposition bildete, deren wichtigste Antriebskräfte die als unbefriedigend empfundene Situation an den Hochschulen, die Erstarrung der politischen Verhältnisse der Bundesrepublik nach innen und nach außen und die als Verletzung politisch-moralischer Prinzipien der westlichen Demokratie angesehene Kriegführung der USA in Vietnam waren.

1. Parteienfinanzierung und Parteiengesetz

Artikel 21 des Grundgesetzes, der erstmals die politischen Parteien in einer deutschen Verfassung verankert, fordert im letzten Absatz: »*Sie (die Parteien) müssen über die Herkunft ihrer Mittel öffentlich Rechenschaft geben.*« Mit dieser Vorschrift wollten die Väter des Grundgesetzes verhindern, daß politische Parteien von finanzstarken Interessengruppen abhängig wurden bzw. daß diese Interessenten demokratiefeindliche, radikale Parteien – wie etwa vor 1933 die deutsche Großindustrie Hitler und die NSDAP – unterstützen. Jahrelang geschah jedoch nichts, um die Forderung des Grundgesetzes praktisch einzulösen. Die Regierungsparteien CDU/CSU und FDP hatten kein Interesse daran, ihre Geldquellen offenzulegen. Beide hatten relativ wenig Mitglieder und finanzierten sich daher kaum aus Mitgliedsbeiträgen, sondern vielmehr aus Spenden von Unternehmen, Berufsverbänden und Einzelpersonen. Diese Spenden waren, besonders wenn sie nicht direkt an die Parteien, sondern an von diesen gegründete Fördergesellschaften gezahlt wurden, steuerlich absetzbar. Im Unterschied dazu verfügte die SPD über Erträge aus Vermögen sowie über ein hohes Beitragsaufkommen ihrer Mitglieder. Sie drängte daher auf eine Verwirklichung des Verfassungsgebots.

Das Urteil des Bundesverfassungsgerichts von 1958

Auf Antrag der SPD-geführten hessischen Regierung erklärte das Bundesverfassungsgericht 1958 die Absetzmöglichkeit von Spenden für politische Parteien für verfassungswidrig.[1]) Da die Steuerprogression Spender mit hohen Einkommen gegenüber Spendern mit kleineren Einkommen begünstigte, kam diese Regelung, so das Gericht, vor allem solchen Parteien zugute, die sich programmatisch und politisch besonders auf finanzkräftige Kreise einstellten. Die Chancengleichheit der Parteien sei also nicht gewahrt.

Da nunmehr der steuerliche Anreiz wegfiel, gingen die Spenden an politische Parteien auffällig zurück. Da andererseits das Bundesverfassungsgericht staatliche Zuschüsse an die bei den Wahlen beteiligten Parteien zugelassen hatte, einigten sich die Bundestagsparteien auf eine direkte Parteienfinanzierung aus dem Bundeshaushalt. 1959 wurden erstmals 5 Mill. DM als Zuschuß für die »politische Bildungsarbeit« der Parteien angesetzt, 1962 wurde der Posten »Sondermittel für die Aufgaben der Parteien nach Art. 21 GG« auf 20 Mill. DM und 1964 und 1965 auf jeweils 38 Mill. DM erhöht.[2]) Nutznießer waren allein die im Bundestag vertretenen Parteien, denen außerdem noch erhebliche Beträge aus den Landeshaushalten zuflossen. 1965 erhielt die SPD insgesamt 19,7 Mill. DM aus öffentlichen Kassen, die CDU 18,1 Mill. DM, die CSU 5,8 Mill. DM und die FDP 7,4 Mill. DM.[3])

...und von 1966

Am 19. Juli 1966 entschied das – wiederum von Hessen angerufene – Bundesverfassungsgericht[4]), daß staatliche Zuschüsse für die *gesamte* Tätigkeit der politischen Parteien im Bereich der politischen Meinungs- und Willensbildung nicht mit dem Grundgesetz zu vereinbaren seien. Das Gericht begründete seine Entscheidung folgendermaßen: *»Der Grundgesetzgeber hat sich, indem er die freiheitliche demokratische Grund-*

ordnung geschaffen hat, für einen freien und offenen Prozeß der Meinungs-
und Willensbildung des Volkes entschieden. Dieser Prozeß muß sich vom
Volk zu den Staatsorganen, nicht umgekehrt von den Staatsorganen zum
Volk hin, vollziehen. Den Staatsorganen ist es grundsätzlich verwehrt, sich
in bezug auf diesen Prozeß zu betätigen ... *Mit dem demokratischen*
Grundsatz der freien und offenen Meinungs- und Willensbildung vom Volk
zu den Staatsorganen ist es nicht vereinbar, den Parteien Zuschüsse aus
Haushaltsmitteln des Bundes für ihre gesamte Tätigkeit im Bereich der poli-
tischen Meinungs- und Willensbildung zu gewähren.« Zulässig sei lediglich, den Parteien, *»die an der politischen Willensbildung des Volkes in er-*
ster Linie durch Beteiligung an den Parlamentswahlen mitwirken, aus
Haushaltsmitteln die notwendigen Kosten eines angemessenen Wahlkamp-
fes zu erstatten«.

Im übrigen stellte das Bundesverfassungsgericht auf Antrag der Gesamtdeutschen Partei, der Bayernpartei und der NPD fest, daß eine Bewilli-
gung der Haushaltsmittel nur für die drei bzw. vier im Bundestag vertretenen Parteien den Grundsatz der Chancengleichheit verletzte, und forderte den Gesetzgeber auf, für den Fall einer Erstattung der Wahlkampfkosten grundsätzlich alle Parteien, die sich an Wahlen beteiligt
hatten, bei der Verteilung der Mittel zu berücksichtigen.

Das Urteil brachte die Parteien in Zugzwang; die Große Koalition zwischen SPD und CDU/CSU und die Zustimmung der FDP machten
schließlich die Einigung über ein Parteiengesetz möglich. Am 28. Juni
1967 verabschiedete der Bundestag fast einstimmig ein Gesetz über die
politischen Parteien, das am 24. Juli 1967 in Kraft trat.[5]) Das Parteiengesetz definierte die verfassungsrechtliche Stellung und die Aufgaben
der Parteien, regelte die Rechte der Mitglieder und die demokratische
Willensbildung innerhalb der Parteien, befaßte sich mit der Kandidaten-
aufstellung und bestimmte hinsichtlich der Finanzierung und der öffentlichen Rechenschaftsablegung folgendes: Parteien, die sich an der Bundestagswahl mit eigenen Wahlvorschlägen beteiligt hatten, wurden ihre
Wahlkampfkosten erstattet (§ 18). Zu diesem Zweck wurde eine Wahlkampfkostenpauschale von 2,50 DM je Wahlberechtigten festgelegt. Die
so errechnete Wahlkampfkostenpauschale sollte an diejenigen Parteien
verteilt werden, die nach dem endgültigen Wahlergebnis entweder 2,5%
aller im Bundesgebiet abgegebenen Zweitstimmen oder 10% der in einem Wahlkreis abgegebenen Erststimmen erreicht hatten. Im ersten Fall
sollten die Parteien ihren Anteil an der Wahlkampfkostenpauschale entsprechend ihrem Anteil an den Zweitstimmen erhalten, im zweiten Falle
einen Betrag von 2,50 DM für jede Erststimme in dem Wahlkreis bzw.
in den Wahlkreisen, in denen die Mindeststimmenzahl von 10% erreicht
worden war.

Das Parteien-
gesetz 1967

Parteien, die diese Voraussetzungen bei der jeweils vorangegangenen Bundestagswahl erfüllt hatten, konnten bereits vor der nächsten Bundestagswahl Abschlagszahlungen erhalten (§ 20). Paragraph 22 bestimmte, daß die Bundesländer die Erstattung in gleicher Weise regeln konnten, wobei Parteien nationaler Minderheiten von der 2,5 %- bzw. 10 %-Klausel ausgenommen wurden. Schließlich setzte das Gesetz fest, daß den Parteien die Wahlkampfkosten für die Bundestagswahlen vom 19. September 1965 erstattet werden sollten (§ 39, 2).

Auf Antrag von drei kleineren Parteien, darunter der NPD, befaßte sich das Bundesverfassungsgericht mit dem Parteiengesetz und stellte in seinem Urteil vom 3. Dezember 1968[6]) fest, daß einige Bestimmungen des Gesetzes gegen das Grundgesetz verstießen. In der 2,5 %-Klausel sah das Gericht eine Verletzung des Rechts der politischen Parteien auf Chancengleichheit. Die Richter argumentierten: »*Bei der Wahlkampfkostenerstattung, bei der grundsätzlich alle Parteien, die am Wahlkampf teilgenommen haben, berücksichtigt werden müssen, kann ein Mindeststimmenanteil nicht mit dem Hinweis, Wahlen sollten funktionsfähige Parlamente schaffen, sondern nur durch die für jede Wahl unerläßliche Voraussetzung gerechtfertigt werden, daß die zur Wahl gestellten Vorschläge und Programme ernst gemeint, das heißt, allein auf den Wahlerfolg und nicht auf sonstige Ziele gerichtet sind. Deshalb sind an den Nachweis der Ernsthaftigkeit der Wahlkampfbemühungen erheblich höhere Anforderungen zu stellen als an den Nachweis der Ernsthaftigkeit von Wahlvorschlägen.*« Doch einen Mindeststimmenanteil von 2,5 % sahen die Richter als zu hoch an, denn nach den Ergebnissen der letzten Bundestagswahl müßte eine Partei rund 835 000 Stimmen erhalten, um auf einen Anteil von 2,5 % zu kommen. Das Bundesverfassungsgericht hielt dagegen einen Anteil von 0,5 % (das wären auf der gleichen Berechnungsgrundlage 167 000 Stimmen) als Nachweis für die Ernsthaftigkeit der Wahlkampfbemühungen einer Partei für ausreichend.

Die Erstattung der Wahlkampfkosten für die Bundestagswahl 1965 erklärte das Gericht ebenfalls für verfassungswidrig, denn die politischen Parteien hätten bis 1965 bereits Zuwendungen aus dem Bundeshaushalt bekommen, die das Bundesverfassungsgericht 1966 für verfassungswidrig erklärt hatte. Sie müßten für die Finanzierung des Wahlkampfes ausreichen. Neben anderen Punkten monierte das Gericht schließlich, daß nicht einzusehen sei, warum das Parteiengesetz bei der Offenlegung von Parteispenden einen Unterschied zwischen natürlichen und juristischen Personen machte.

Eine Folge dieses Urteils war, daß die im Bundestag vertretenen Parteien rund 6,5 Mill. DM, die sie als Wahlkampfkostenerstattung für die Bundestagswahl 1965 bereits erhalten hatten, wieder zurückzahlen bzw. mit zukünftigen Erstattungen verrechnen mußten. Der Bundestag zog seine Konsequenzen aus dem Urteil, indem er am 13. Juni 1969 das Parteiengesetz entsprechend den konkreten Vorschlägen des Gerichts änderte: Die 2,5%-Klausel wurde durch eine 0,5%-Klausel ersetzt, der Unterschied zwischen natürlichen und juristischen Personen bei der Offenlegung von Parteispenden wurde beseitigt, für beide galt jetzt die 20000-DM-Grenze. Die Regelung der Wahlkampfkostenerstattung in den Bundesländern wurde den Landtagen überlassen.[7]   Die Änderung des Parteiengesetzes 1969

Bereits bei Verabschiedung des Parteiengesetzes 1967 wurde in der Öffentlichkeit kritisiert, daß die Parteien ausgerechnet in einer Zeit sinkender Steuereinnahmen sich selbst großzügig aus der Staatskasse bedienten. Das Verbot des Bundesverfassungsgerichts, den Unterhalt der Parteien aus Haushaltsmitteln zu bestreiten, sei durch das Parteiengesetz weniger befolgt als umgangen worden. In der Praxis zeigte sich in den folgenden Jahren, daß die Erstattung der Kosten eines »angemessenen Wahlkampfes« durch die öffentliche Hand nicht verhindern konnte, daß Wahlkämpfe immer eher anfingen und immer kostspieliger wurden und daß sie die Tendenz zu »inhaltsleeren Materialschlachten« eher noch verstärkte.[8]

Einerseits wurden die Parteien, da die Erstattungsbeträge aus dem Bundeshaushalt zwischen 25 und 40% ihrer jährlichen Gesamteinnahmen ausmachten, immer abhängiger von der staatlichen Finanzierung, andererseits hörten sie keineswegs auf, sich um Spenden zu bemühen. Die Pflicht zur Offenlegung größerer Spenden wurde in zunehmendem Maße umgangen, indem Spenden nicht mehr als solche in Erscheinung traten, sondern als Honorare für (wertlose) Gutachten, als Sach- und Dienstleistungen oder über Strohmänner und Fördergesellschaften gezahlt wurden.

Auch nach Senkung der Bedingungen für die Erstattung der Wahlkampfkosten begünstigte das Parteiengesetz die im Bundestag vertretenen Parteien und machte es kleinen Parteien und Neugründungen schwer bis unmöglich, mit ihnen zu konkurrieren. Für die innere Struktur der Parteien war die staatliche Parteienfinanzierung nicht ohne Problem. Da die Parteiführungen und -bürokratien finanziell nicht mehr allein auf die Beiträge der Mitglieder und Spender angewiesen waren, verstärkte sich ihre Neigung, unabhängig von der Basis und den ehrenamtlichen Helfern Entscheidungen zu treffen. Eine Reaktion auf diese durch das Parteiengesetz zwar nicht verursachte, aber begünstigte Tendenz waren die Außerparlamentarische Opposition und die Gründung von Basisgruppen und Bürgerinitiativen in den 70er Jahren.

2. Studentenbewegung und Außerparlamentarische Opposition (APO)

Funktions-
verlust des
Parlaments

Seit Bildung der Großen Koalition standen den 447 Abgeordneten der Regierungsparteien CDU/CSU und SPD nur 49 FDP-Abgeordnete als parlamentarische Opposition im Bundestag gegenüber. Eine kritische Auseinandersetzung mit der Regierungspolitik im Parlament war dieser winzigen Oppositionspartei nur eingeschränkt möglich. Das Funktionieren der parlamentarischen Opposition wurde weiter behindert durch die in allen Bundestagsparteien feststellbare Tendenz, die innerparteiliche Diskussion zugunsten von Entscheidungen in den Führungsgruppen von Parteispitze und Fraktion zurückzudrängen. Das Parteiengesetz von 1967 (s. oben S. 81 f.) verstärkte diese Tendenz zur Verselbständigung der Führung von der Basis noch. Öffentliche und parlamentarische Auseinandersetzungen über die Koalitionspolitik versuchten die Koalitionspartner — jedenfalls anfangs noch — durch ein System der Vorverständigung zu vermeiden. Im „Kressbronner Kreis" (so genannt nach dem Ort der Zusammenkünfte) trafen sich seit Ende 1966 Spitzenpolitiker der CDU, der CSU und der SPD, um unter Ausschluß der Parteiöffentlichkeit Kabinettsentscheidungen vorzubereiten.⁹)

Dieser unter den Bedingungen der Großen Koalition deutlich werdende Funktionsverlust des Parlaments und der parlamentarischen Opposition begünstigte das Entstehen einer außerparlamentarischen Opposition, wie sie in diesem Sinne in der Bundesrepublik bisher nicht existiert hatte. Neben der Opposition im Parlament hatte es immer oppositionelle Strömungen außerhalb des Parlaments gegeben, die, von Interessengruppen und Organen der öffentlichen Meinung vertreten, mehr oder minder starken Einfluß auf die parlamentarische Opposition oder die Regierungsparteien ausgeübt hatten. 1967 machte sich aber eine Bewegung bemerkbar, die sich selbst als »Außerparlamentarische Opposition« oder »APO« bezeichnete und deren Forderungen sich ausdrücklich auch gegen das parlamentarische System und die »etablierten« Parteien richtete. Neben dem Funktionsverlust des Parlaments und dem Versiegen der innerparteilichen Diskussionen über Grundsatzfragen hat insbesondere die Entwicklung der SPD zur Volks- und Regierungspartei zur Herausbildung dieser Außerparlamentarischen Opposition im engeren Sinne beigetragen. Seit dem Godesberger Programm von 1959 hatte sich die SPD von allen Mitgliedern und Gruppierungen getrennt, die auf einer sozialistischen Programmatik und auf einer Fundamentalkritik des Wirtschafts- und Gesellschaftssystems der Bundesrepublik beharrten oder an Kontakten mit der DDR festhielten. Diese ausgeschlossenen oder aus-

Die Ursprünge
der APO

318

getretenen Vertreter einer innerparteilichen Opposition setzten dann ihre Diskussionen und ihre Arbeit außerhalb der Partei fort in neuen Gruppierungen wie der Vereinigung Unabhängiger Sozialisten (1960), der Deutschen Friedensunion (1960), dem Sozialistischen Bund (1962) oder der Arbeitsgemeinschaft Sozialistische Opposition (1967).[10])

Zu diesen Gruppierungen gehörte auch der Sozialistische Deutsche Studentenbund (SDS). Die SPD hatte sich im Juli 1960 vom SDS getrennt und ihm die finanzielle Unterstützung gestrichen, weil der SDS nicht bereit gewesen war, sich auf den Boden des Godesberger Programms zu stellen. Im November 1961 erklärte die Parteiführung die Mitgliedschaft im SDS sogar für unvereinbar mit der Mitgliedschaft in der SPD.[11]) Der SDS fristete fortan sein Leben im Schatten des im Mai 1961 gegründeten SPD-treuen Sozialdemokratischen Hochschulbundes (SHB), bis er 1966 große Bedeutung für die Formierung der Außerparlamentarischen Opposition gewann. Der SDS

Eine weitere Wurzel der APO lag in der Ostermarsch-Bewegung der Atomwaffengegner. Diese von christlichen, pazifistischen und sozialistischen Gruppen gebildete und nur locker organisierte Protestbewegung hatte 1960 mit 1000 Marsch- und Kundgebungsteilnehmern begonnen. 1961 beteiligten sich an den Ostermärschen und -kundgebungen bereits 23 000 Menschen, 1962 und 1963 waren es jeweils 50 000, 1964 schon 100 000, 1965 130 000, 1966 145 000 und 1967 schließlich 150 000.[12]) Die Aufrufe der Ostermarsch-Bewegung zum »Kampf gegen den Atomtod« wurden von Intellektuellen, Geistlichen, Gewerkschaftsfunktionären, Betriebsräten und Vertretern von Jugend- und Studentenorganisationen unterzeichnet.[13]) Die Bewegung wandte sich bald nicht nur gegen Atomwaffen, sondern gegen Rüstung überhaupt. Seit 1962 nannte sie sich daher »Ostermarsch der Atomwaffengegener – Kampagne für Abrüstung« und seit September 1963 nach Umstellung der Namensbestandteile »Kampagne für Abrüstung – Ostermarsch der Atomwaffengegner«. An den Märschen beteiligten sich Gewerkschaftsmitglieder, Angehörige christlicher und sozialistischer Jugendorganisationen und Wehrdienstverweigerer, aber auch ehemalige Mitglieder und Sympathisanten der verbotenen KPD. Die Vorstände von SPD und DGB lehnten daher – ebenso wie die damaligen Regierungsparteien CDU/CSU und FDP – die Ostermarsch-Bewegung als kommunistisch gesteuert oder unterwandert ab.[14]) Die Ostermarsch-Bewegung

Daß nicht die Ostermarsch-Bewegung, sondern der SDS ab 1966 zum Kern der Außerparlamentarischen Opposition wurde, ist darauf zurückzuführen, daß der SDS dank einer intensiven Theoriedebatte besser als alle anderen außerparlamentarischen Gruppierungen in der Lage zu sein schien, die wirtschaftlichen und politischen Krisenerscheinungen der sechziger Jahre auf den Begriff zu bringen und daraus Folgerungen für Programmatik und Aktivität zu ziehen, die über die nur auf einen Krisen- oder Kritikpunkt konzentrierten Aktionen z. B. der Atomwaffengegner hinausgingen. Außerdem unterhielt der SDS über die gewerkschaftliche Bildungsarbeit Kontakte zu den Gewerkschaften und schien damit eine Aktionsbasis zu bieten, die über seine studentischen Ursprünge hinausreichte.

Die Lage an den Hochschulen Ausgangspunkt der SDS-Aktivität war allerdings die Lage an den Hochschulen. Seitdem Georg Picht 1964 durch seine Artikel über die »Deutsche Bildungskatastrophe« auf den Nachholbedarf der Bundesrepublik im Bildungswesen aufmerksam gemacht hatte, begannen die für die Kulturpolitik zuständigen Länderregierungen mit dem räumlichen, sachlichen und personellen Ausbau der bestehenden Hochschulen und mit der Gründung neuer Universitäten − z. B. in Bochum 1965, in Konstanz 1966 und in Regensburg 1967. Dieser Erweiterung in quantitativer Hinsicht entsprach jedoch keine Strukturreform der Institution Hochschule. Unter dem Schlagwort »Demokratisierung der Hochschule« forderten der Verband Deutscher Studentenschaften (VDS) und der SDS die Abschaffung der alten »Ordinarien-Universität«, die Einführung der Drittelparität zwischen Professoren, Assistenten und Studenten in den Entscheidungsgremien der Hochschulen sowie absolute Meinungsfreiheit innerhalb der Hochschulen und schließlich das politische Mandat für die Studentenschaften. Die Forderungen der Studentenbewegung wurden von den in der Bundesassistentenkonferenz organisierten Assistenten unterstützt.

Zur Durchsetzung ihrer Forderungen bedienten sich die Studenten neuartiger Verweigerungs- und Protestformen, wie Go-in, Sit-in, Teach-in, die erstmals in den USA erprobt worden waren. Aus dem Blockieren, Sprengen und »Umfunktionieren« von Lehrveranstaltungen und Sitzungen akademischer Gremien entwickelte sich seit 1965 eine regelrechte Studentenrevolte, die wie in den USA bald den akademischen Bereich verließ und nicht nur die Reform der Universität, sondern die Umgestaltung der Gesellschaft forderte.[15]

Marxistische Gesellschafts- und Systemkritik Grundlage der Gesellschaftskritik des SDS, die maßgeblich für die deutsche Studentenbewegung wurde und über diese auch die Außerparlamentarische Opposition beeinflußte, war die Wiederentdeckung des Marxismus. Nachdem die Beschäftigung mit Marx in der Bundesrepublik und in West-Berlin jahrelang im Zeichen des Antikommunismus gestanden hatte, übte die positive Interpretation des Historischen Materialismus und seine Verknüpfung mit Elementen des Existentialismus und der Tiefenpsychologie Freuds eine große Faszination auf die Studentenbewegung aus. Richtungweisend war hier vor allem der Philosoph Herbert Marcuse, der schon die amerikanische Studentenbewegung beeinflußt hatte. Sein 1967 auf Deutsch erschienenes Buch »Der eindimensionale Mensch« kritisierte die Überflußgesellschaft, in der sich die Menschen widerstandslos von einer umfassenden Manipulationsmaschinerie in Politik, Wirtschaft, Verwaltung und Kulturbetrieb ergreifen ließen, ohne sich ihrer Unfreiheit bewußt zu sein. Nach Marcuse unterwarfen sich die Menschen willig dem »Konsumterror« und ließen sich für die Erhaltung des Status quo einspannen, obwohl dieser doch ihre natürlichen Bedürfnisse unbefriedigt ließ und sie an der Entfaltung ihrer Fähigkeiten hinderte. Dabei boten gerade der erreichte Fortschritt in Wissenschaft und Technik, die Verkürzung der Arbeitszeit ungeahnte Möglichkeiten zur Entwicklung einer von Not und Zwang entlasteten Kultur, in der Vernunft und Sinnlichkeit versöhnt sein könnten. − Einflußreich war auch die sogenannte »Frankfurter Schule« der Soziologen Theodor W. Adorno und Max Horckheimer, die in ihrer Theorie von der »autoritären Persönlichkeit« psychoanalytische und soziologische Ansätze zu einer kritischen Analyse der bürgerlichen Gesellschaft und des Faschismus verbanden.[16])

Auf dieser theoretischen Grundlage nahm die Auseinandersetzung der Studentenbewegung und der APO mit der politischen Wirklichkeit der Bundesrepublik von vornherein antikapitalistische Züge an. Die Kritik richtete sich gegen die Gesellschaftsordnung und das politische System der Bundesrepublik, die als »reaktionär« und »verkrustet« charakterisiert wurden. Bei der Gründung der Bundesrepublik Deutschland habe sich die durch das Dritte Reich und den Zweiten Weltkrieg kompromittierte Generation auf den wirtschaftlichen Wiederaufbau konzentriert, die politische Ordnung aber den »Großvätern« aus der Weimarer Republik überlassen, ohne daß die gesellschaftlichen Bedingungen, die das Dritte Reich möglich gemacht hätten, kritisch reflektiert, geschweige denn geändert worden wären. Das Ergebnis sei eine selbstzufriedene Wohlstandsgesellschaft, unfähig zur Einsicht in gesellschaftliche Mängel und unwillig zur Reform.

Die Versäumnisse im Bereich des Bildungs- und Erziehungswesens wurden von der APO als Zeichen für den mangelnden Willen und die allgemeine Unfähigkeit des »Establishments« zur Reform gewertet. Zum »Establishment« gehörten danach auch die Parteien und Parlamente. Da von ihnen keine Anstöße zur Reform zu erwarten waren, mußten diese von außerhalb der Parlamente gegeben werden. Die APO kritisierte die unvollkommene Verwirklichung der demokratischen Normen des Grundgesetzes und forderte die Demokratisierung aller Gesellschaftsbereiche. Diskutiert wurde auch die Umgestaltung der parlamentarischen Demokratie in eine Art von Rätesystem. Darin deutete sich bereits der

Übergang eines Teiles der *Außer*parlamentarischen Opposition zur *anti*parlamentarischen Opposition an.[17]) Konkreter Ansatzpunkt der Kritik war der Kampf gegen die von der Großen Koalition geplanten Notstandsgesetze (s. unten S. 92 ff.). Hier wurden Kräfte und Massen mobilisiert, die den Rahmen einer rein studentischen Protestbewegung in jeder Hinsicht sprengten.

Die Kritik an den gesellschaftlichen Verhältnissen und der politischen Situation in der Bundesrepublik weitete sich aus zu einer umfassenden Kritik an der Realität der westlichen Demokratien. Angriffspunkt war hier vor allem der Krieg, den die USA, die westliche Führungsmacht, in Vietnam führte und der offensichtlich zu den Freiheits- und Selbstbestimmungsforderungen der westlichen Tradition ebenso im Widerspruch stand wie die Unterdrückung antikolonialer Befreiungsbewegungen durch die USA und andere Bündnispartner der Bundesrepublik oder die Unterstützung, die die USA und die Bundesrepublik autoritären Regimen in Südamerika, Asien und Afrika gewährten.[18])

Der Schah-Besuch in Berlin

Ein Ereignis aus diesem Zusammenhang löste im Sommer 1967 die erste große Konfrontation zwischen APO und Establishment aus und verschaffte der APO den Durchbruch in die nationale und internationale Öffentlichkeit. Vom 27. Mai bis 4. Juni 1967 statteten der Schah von Persien, Mohammed Reza Pahlewi, und seine Frau Farah Diba der Bundesrepublik einen Staatsbesuch ab. Wegen der Unterdrückung und Verfolgung der Opposition im Iran war damit zu rechnen, daß in der Bundesrepublik lebende Schah-Gegner, die vor allem unter den persischen Studenten zahlreich waren, gegen den Schah protestieren würden. Die Bundesregierung ergriff daher ungewöhnliche Sicherheitsvorkehrungen: Autobahnstrecken und Straßen, die der Schah und seine Begleitung passierten, wurden für den gesamten Verkehr gesperrt, der Verkehr auf dem Rhein wurde stillgelegt, Häuser und Geschäfte wurden geschlossen oder von der Polizei besetzt.[19])

Der 2. Juni 1967

Als der Schah am 2. Juni 1967 Berlin besuchte, kam es trotz der auch hier getroffenen Sicherheitsmaßnahmen zu Demonstrationen. Schah-Anhänger — die sogenannten »Jubel-Perser« — hatten sich vor den polizeilichen Absperrungen aufstellen dürfen; bei der Ankunft des Schahs vor der Berliner Oper gerieten persische und deutsche Schah-Gegner mit den »Jubel-Persern« aneinander. Während sich der Schah und seine Frau die »Zauberflöte« anhörten, versuchte die Polizei vor dem Opernhaus die Demonstranten in Nebenstraßen abzudrängen und zu zerstreuen. In einem Hof, in den sich Schaulustige und Demonstranten geflüchtet hatten, stießen Demonstranten und Polizisten zusammen; dabei erschoß ein Polizeibeamter den 26jährigen Studenten Benno Ohnesorg.[20]) Dieser Vorfall war das weithin beachtete Signal und der Beginn einer gewalttätigen Konfrontation zwischen Studentenbewegung und Staatsgewalt. Sie versetzte Berlin monatelang in eine Art Ausnahmezustand und führte zum Rücktritt des Polizeipräsidenten, des Innensenators und schließlich des Regierenden Bürgermeisters Heinrich Albertz im September 1967. Die studentische Opposition interpretierte die Maßnahmen der Polizei als Vorgriff auf die Notstandsgesetze und verstärkte ihre Aktionen gegen die geplante Gesetzgebung. Gleichzeitig richteten sich studentische Aktionen gegen den Springer-Konzern. Der Springer-Presse wurde vorgeworfen, daß sie durch die Art ihrer Berichterstattung und Kommentierung die Bevölkerung entweder gar nicht oder verkürzt und verfälscht über die Ziele der Studentenbewegung unterrichtet hätte und eine regelrechte Hetze gegen Studenten und »Linke« im Lande schürte. In sogenannten »direkten Aktionen« versuchten studentische Gruppen, die Auslieferung von Springer-Zeitungen zu verhindern. Mit dem Schlachtruf »Enteignet Springer!« wollten sie das Recht auf Meinungs- und Informationsfreiheit gegen die wirtschaftliche und meinungsbildende Monopolstellung des Verlagshauses verteidigen.[21]) In ihren Erklärungen machten die Demonstranten einen Unterschied zwischen »Gewalt gegen Personen«, die sie ablehnten, und »Gewalt gegen Sachen«, die sie als legitimes Mittel zur Durchsetzung ihrer Ziele ansahen. In der Praxis ließ sich diese Unterscheidung, wie sich alsbald herausstellte, aber gar nicht aufrechterhalten.

»Enteignet Springer!«

Einen Höhepunkt erreichten die »Studentenunruhen« zu Ostern 1968. Am Gründonnerstag, dem 11. April 1968, versuchte der 23jährige Anstreicher Josef Bachmann auf dem Kurfürstendamm in Berlin Rudi Dutschke, einen der Wortführer und »Ideologen« des Berliner SDS und der Studentenbewegung, zu erschießen. Dutschke wurde schwer verletzt, Bachmann — nach einem Schußwechsel mit der Polizei ebenfalls schwer verletzt — wurde festgenommen.[22]) Die Tat Bachmanns wurde von der APO und der Studentenbewegung, aber auch von verschiedenen »etablierten« Zeitungen und Zeitschriften mit der Berichterstattung der Springer-Presse über die Studentenbewegung in Zusammenhang gebracht, zumal Bachmann erklärte, er habe Dutschke erschießen wollen, weil Dutschke ein Kommunist sei, und er hasse Kommunisten.

Attentat auf Rudi Dutschke

In den Ostertagen 1968 protestierten und demonstrierten studentische Organisationen und Gruppen der Außerparlamentarischen Opposition in West-Berlin und in zahlreichen Städten der Bundesrepublik gegen den Mordanschlag auf Dutschke und die darin zum Ausdruck kommende Mentalität. Versuche, Verlags- und Druckhäuser des Springer-Konzerns zu blockieren, führten zu teilweise blutigen Konfrontationen mit der Polizei und zu regelrechten Barrikadenkämpfen. Bei Demonstrationen um ein Münchner Verlagshaus wurden der 32jährige Photoreporter

Die Osterunruhen 1968

Klaus Frings und der 24jährige Student Rüdiger Schreck — vermutlich durch verirrte Steinwürfe der Demonstranten — tödlich verletzt.[23])

Erste Reaktionen der Politiker

In einer Fernsehansprache wandte sich Bundeskanzler Kiesinger am 13. April 1968 gegen die »*kleinen, aber militanten linksextremistischen Kräfte, die sich die Zerstörung unserer parlamentarisch-demokratischen Ordnung offen zum Ziel gesetzt haben*«, und rief den »*weit überwiegende(n) Teil der Studentenschaft, der für die Aufrechterhaltung unserer demokratisch-parlamentarischen Ordnung eintritt*«, auf, sich »*den radikalen Rädelsführern (zu) verweigern*«.[24])

Justizminister Heinemann (SPD) erklärte am 14. April: »*Wer mit dem Zeigefinger allgemeiner Vorwürfe auf den oder die vermeintlichen Anstifter oder Drahtzieher zeigt, sollte daran denken, daß in der Hand mit dem ausgestreckten Zeigefinger zugleich drei andere Finger auf ihn selbst zurückweisen. Damit will ich sagen, daß wir alle uns zu fragen haben, was wir selber in der Vergangenheit dazu beigetragen haben könnten, daß ein Antikommunismus sich bis zum Mordanschlag steigerte und daß Demonstranten sich in Gewalttaten der Verwüstung bis zur Brandstiftung verloren haben. Sowohl der Attentäter, der Rudi Dutschke nach dem Leben trachtete, als auch die 11 000 Studenten, die sich an den Demonstrationen vor Zeitungshäusern beteiligten, sind junge Menschen. Heißt das nicht, daß wir Älteren den Kontakt mit Teilen der Jugend verloren haben oder ihnen unglaubwürdig wurden? Heißt das nicht, daß wir Kritik ernst nehmen müssen, auch wenn sie aus der jungen Generation laut wird?*«[25])

Landtagswahlen in Baden-Württemberg 1968

Am 28. April 1968 fanden in Baden-Württemberg Landtagswahlen statt. Dabei erlitt die SPD mit 29% (gegenüber 37,3% 1964) der Stimmen eine empfindliche Niederlage, und die NPD konnte mit 9,8% der Stimmen ihr bisher bestes Wahlergebnis feiern. In Pressekommentaren wurde der Erfolg der NPD u. a. auf ihre Forderung nach härteren Maßnahmen gegen protestierende Studenten zurückgeführt. Zwei Tage später,

Bilanz der Osterunruhen im Bundestag

am 30. April 1968, befaßte sich der Bundestag in einer Sondersitzung mit den Ursachen und Auswirkungen der Osterunruhen.[26]) Auch Innenminister Benda zog in seinem Bericht über die Ereignisse eine Verbindungslinie zwischen Studentenunruhen und NPD-Erfolgen: »*Staat und Gesellschaft sind intakt; sie verfügen über genügend eigene Abwehrkräfte, um die extremen Gedanken und Bestrebungen nicht nur mit Zwangsmitteln unter die Herrschaft von Recht und Gesetz zu bringen, sondern sie auch politisch zu überwinden. Auch das Ausland möge die innenpolitische Situation nicht falsch beurteilen; weder befindet sich die Bundesrepublik, wie die Kommunisten hoffen mögen, in einer vorrevolutionären Epoche, noch bereitet sich, wie andere glauben mögen, ein Wiederaufleben des nazistischen Ungeistes vor. Wahr ist leider nur, wie wir seit Sonntag wissen, daß der Links- und Rechtsradikalismus sich gegenseitig hochsteigern.*«

324

Nach einer vorläufigen Bilanz des Innenministers hatten sich an den fünf Tagen über Ostern in 26 Städten gewalttätige Auseinandersetzungen zwischen Demonstranten und Polizei abgespielt. Daran hatten sich an einzelnen Tagen zwischen 4000 und 11 000 Personen beteiligt. Die Gesamtzahl der Demonstranten, also einschließlich der friedlichen, bezifferte Benda auf jeweils 5000 bis 18 000, wobei die Teilnehmer an Ostermärschen nicht mitgezählt waren. Gegen 827 Personen waren polizeiliche Ermittlungsverfahren wegen Auflauf, Aufruhr, Landfriedensbruch, Brandstiftung und Körperverletzung eingeleitet worden. Aufgeschlüsselt nach Berufen ergab sich, daß sich unter diesen Demonstranten nur 92 Schüler und 286 Studenten befanden, daß die übrigen Arbeiter, Angestellte und Berufslose waren. Daraus zog Benda den Schluß, daß es falsch wäre, »*die Gewaltaktionen als Studentenunruhen zu bezeichnen. Neben militanten Studentenorganisationen, insbesondere dem SDS, waren andere Personen auch höheren Lebensalters beteiligt, deren Verhalten nicht den Studenten zugerechnet werden kann. Es wäre falsch und ungerecht, die große Mehrheit der Studenten für das Verhalten einer kleinen Gruppe verantwortlich zu machen.*«
Der Innenminister beurteilte den SDS als verfassungsfeindliche Organisation. Die Voraussetzungen für ein Verbot seien gegeben, da der SDS »die revolutionäre Transformation der bestehenden Ordnung« anstrebe. Dennoch hätten er und das Kabinett beschlossen, »derzeit von einem Verbot abzusehen«, denn ein Verbot würde nur bewirken, daß die Anhänger des SDS in andere Organisationen ausweichen und daß sich »selbst unpolitische Studenten und Professoren« mit dem SDS solidarisierten. Damit aber würde der Differenzierungsprozeß innerhalb der Studentenschaft, der Beginn einer Distanzierung vom SDS und einer Isolierung der radikalen Elemente unter den Studenten nur blockiert. Abschließend erklärte Benda: »*Jede antiparlamentarische Aktion ist grundgesetzwidrig: ihr muß mit Entschiedenheit begegnet werden. Dagegen kann eine außerparlamentarische Diskussion dem Parlamentarismus auch da nützlich sein, wo sie Parlament und Regierung im demokratischen Sinne herausfordert. Jede nicht antiparlamentarische Gruppe, welche die Meinung mündiger Bürger auf dem Boden der verfassungsmäßigen Ordnung äußert, sollte dem Parlament stets willkommen sein. Wo es um solche geistige und ruhig auch kämpferische Auseinandersetzung geht, werden wir uns ihr nicht entziehen.*«
Auch die übrigen Redner der Regierungsparteien — Helmut Schmidt, Rainer Barzel und Bundeskanzler Kiesinger — wandten sich gegen Gewalt als Mittel der politischen Auseinandersetzung und verteidigten die Rechts- und Sozialordnung der Bundesrepublik gegen die »elitäre Arroganz einiger akademischer Gruppen« (H. Schmidt). Der Vorsitzende

der FDP-Fraktion, Walter Scheel, benannte die Bildung der Großen Koalition als eine Ursache der Unruhen und kritisierte das teilweise brutale Vorgehen der Polizei. Wenn die Polizei das einzige Mittel zum Schutz der Ordnung sei, dann sei man nicht mehr weit entfernt vom Polizeistaat.

Der SDS und der VDS sahen in der Bemerkung des Innenministers über die Verfassungsfeindlichkeit des SDS und in den Diskussionsbeiträgen eine Bestätigung dafür, wie berechtigt ihr Mißtrauen gegen die geplanten Notstandsgesetze, insbesondere gegen den möglichen Einsatz der Bundeswehr im Falle des inneren Notstandes und gegen die Einschränkung der Freizügigkeit war.[27])

3. Der Kampf um die Notstandsgesetze

Nach den Osterunruhen traten die Auseinandersetzungen um die Notstandsgesetze in ihr letztes Stadium. Den Hintergrund dieser parlamentarischen Debatten und außerparlamentarischen Demonstrationen bildeten bürgerkriegsähnliche Unruhen in Frankreich. Sie begannen am 3. Mai 1968 mit Straßenschlachten zwischen Studenten und Polizisten in Paris und steigerten sich im Laufe des Monats über Solidaritätskundgebungen der Gewerkschaften zu einer politisch motivierten Streikbewegung, die bald das ganze Land erfaßte. Trotz persönlicher Verbindungen zwischen der französischen und der deutschen Studentenbewegung griffen die Unruhen in Frankreich nicht auf die Bundesrepublik über. Der Deutsche Gewerkschaftsbund lehnte Streiks zur Durchsetzung von Zielen der Außerparlamentarischen Opposition ab. Die Protestaktionen gegen die Verabschiedung der Notstandsgesetze verliefen friedlich, die Gewalttätigkeiten der Osterunruhen wiederholten sich nicht.

Die Warnung von Weimar

Die Verfassung der Weimarer Republik hatte in dem berühmt gewordenen Artikel 48 für den Fall des inneren Notstandes folgendes bestimmt: »*Wenn ein Land die ihm nach der Reichsverfassung oder den Reichsgesetzen obliegenden Pflichten nicht erfüllt, kann der Reichspräsident es dazu mit Hilfe der bewaffneten Macht anhalten.*

Der Reichspräsident kann, wenn im Deutschen Reiche die öffentliche Sicherheit und Ordnung erheblich gestört oder gefährdet wird, die zur Wiederherstellung der öffentlichen Sicherheit und Ordnung nötigen Maßnahmen treffen, erforderlichenfalls mit Hilfe der bewaffneten Macht einschreiten. Zu diesem Zwecke darf er vorübergehend die in den Artikeln 114 (Freiheit der Person), 115 (Unverletzlichkeit der Wohnung), 117 (Brief-, Post-, Telegraphen- und Telefongeheimnis), 118 (Meinungsfreiheit), 123

(Versammlungsfreiheit), 124 (Vereinigungsfreiheit) und 153 (Eigentums-
recht) festgesetzten Grundrechte ganz oder zum Teil außer Kraft setzen.
Von allen gemäß Abs. 1 oder Abs. 2 dieses Artikels getroffenen Maßnahmen
hat der Reichspräsident unverzüglich dem Reichstag Kenntnis zu geben.
Die Maßnahmen sind auf Verlangen des Reichstages außer Kraft zu setzen.
Bei Gefahr im Verzuge kann die Landesregierung für ihr Gebiet einstweili-
ge Maßnahmen der in Abs. 2 bezeichneten Art treffen. Die Maßnahmen sind
auf Verlangen des Reichspräsidenten oder des Reichstages außer Kraft zu
setzen.
Das Nähere bestimmt ein Reichsgesetz.«

Das im Schlußsatz erwähnte Gesetz wurde nie erlassen, und so konnte
der Artikel 48 sehr großzügig ausgelegt und angewandt werden. Die auf
Art. 48 beruhenden Notverordnungen des Reichspräsidenten haben in
erheblichem Maße zur Zerstörung der Weimarer Republik ab 1930 und
zur Machtübernahme der Nationalsozialisten beigetragen. In Erinnerung an diesen Notstandsartikel und an seine schwerwiegenden Folgen
für das Schicksal der ersten deutschen Republik haben die Mitglieder
des Parlamentarischen Rats davon abgesehen, im Grundgesetz für die
Bundesrepublik Deutschland Vorschriften für den Fall des Notstands
aufzunehmen. Im Januar 1960 legte Innenminister Gerhard Schröder jedoch den ersten Entwurf für eine Notstandsgesetzgebung vor.[28]) Er begründete die Vorlage damit, daß erstens das Grundgesetz keine Regelung enthalte, wie man Gefahren, die der staatlichen Existenz und der
freiheitlichen Ordnung der Bundesrepublik drohten, entgegentreten
könnte, und daß zweitens nur durch eine entsprechende Grundgesetzer-
gänzung die alliierten Vorbehaltsklauseln aus dem Artikel 5, 2 des
Deutschland-Vertrages vom 26. Mai 1952 abgelöst werden könnten.
Dieser Artikel bestimmte, daß »*die von den drei Mächten bisher innege-*
habten oder ausgeübten Rechte in bezug auf den Schutz der Sicherheit von
in der Bundesrepublik stationierten Streitkräften« erst dann erlöschen,
wenn »*die zuständigen deutschen Behörden entsprechende Vollmachten*
durch die deutsche Gesetzgebung erhalten haben und dadurch instand ge-
setzt sind, wirksame Maßnahmen zum Schutz der Sicherheit dieser Streit-
kräfte zu treffen, einschließlich der Fähigkeit, einer ernstlichen Störung der
öffentlichen Sicherheit und Ordnung zu begegnen«.
Da eine Grundgesetzänderung eine Zweidrittelmehrheit im Bundestag
erforderte, war sie nicht ohne Zustimmung der SPD durchzusetzen.
Doch die SPD lehnte den Schröderschen Entwurf einer Notstandsverfassung ab, da er sich nicht auf den äußeren Notfall, also den Fall eines
Krieges oder einer drohenden Kriegsgefahr, beschränkte, sondern auch
im sogenannten inneren Notfall wirksam werden sollte. Führende SPD-
Politiker sahen darin die Gefahr, »*daß wesentliche Grundrechte wie das*

Erste Entwürfe
für Notstands-
gesetze 1960

Koalitions- und Streikrecht aufgehoben werden könnten und die freiheitliche Ordnung der Bundesrepublik ... durch die Aufhebung der Freiheit« geschützt werden sollte.[29])

Die SPD war nicht grundsätzlich gegen Notstandsgesetze. Sie wollte sie zu dieser Zeit jedoch nur auf den äußeren Notstand begrenzt wissen und ihre Handhabung nicht der Regierung allein überlassen, sondern der Kontrolle von Bundestag und Bundesrat unterstellen.[30]) Prinzipiell gegen jede Notstandsgesetzgebung wandten sich von Anfang an die Gewerkschaften.[31]) Sie sahen darin einen Versuch der Regierung, das Streik- und Koalitionsrecht einzuschränken, und die Gefahr, daß im »Notfall« die Exekutive mit polizeilichen oder gar militärischen Mitteln gegen streikende Arbeiter vorgehen könnte.

Nach den Bundestagswahlen von 1961 versuchte der neue Innenminister Hermann Höcherl (CSU), die Opposition gegen die Notstandsgesetze durch direkte Gespräche mit Mitgliedern der SPD-Fraktion und Spitzenfunktionären des DGB zu überwinden. Auf dem Kölner Parteitag der SPD im Mai 1962 wurde die Notwendigkeit einer Notstandsgesetzgebung auch für den Fall des inneren Notstandes unter bestimmten Bedingungen anerkannt und mit der Ablösung der alliierten Vorbehalts-

... und 1962

rechte begründet.[32]) Im Oktober 1962 legte die Bundesregierung die neuen Entwürfe für Notstandsgesetze dem Bundestag vor, der sie diskutierte und an den Rechtsausschuß überwies.[33])

Während der Rechtsausschuß noch beriet, formierte sich die Außerparlamentarische Opposition gegen die Notstandsgesetze. Den Kern bildeten nach wie vor die Gewerkschaften. Die außergewerkschaftliche Opposition sammelte sich in der »Kampagne für Abrüstung« und im SDS, dessen Aktivitäten sich zunächst noch auf den Hochschulbereich beschränkten, der aber bald zur ideologischen und organisatorischen Führungsinstanz der gegen die Notstandsgesetze gerichteten Opposition aufstieg.[34])

Die Notstandsgesetze scheitern 1965

Am 17. März 1965 legte der Rechtsausschuß seinen Bericht zu den Notstandsgesetzen vor, im Mai führten die Fraktionsvorsitzenden der Bundestagsparteien Gespräche über den Abschluß der Notstandsgesetzgebung.[35]) Zur gleichen Zeit organisierte der SDS in Bonn einen Kongreß, an dem sich auch der Sozialdemokratische Hochschulbund (SHB) und der Liberale Studentenbund (LSD) beteiligten, um die studentischen Aktivitäten gegen die Notstandsgesetzgebung zu koordinieren.[36]) Die IG Metall rief wiederholt den DGB und andere Gewerkschaften zu Aktionen gegen die Notstandsgesetze auf.[37]) Bereits im April hatten 215 Professoren an den DGB und seine Mitgliedsgewerkschaften appelliert, die Notstandsgesetze zu bekämpfen. Ihnen schlossen sich im Mai weitere Hochschullehrer und über 600 evangelische Geistliche an.[38])

Die Opposition des DGB und der IG Metall blieb nicht ohne Wirkung auf die SPD: Am 29. Mai 1965 beschlossen Parteivorstand, Parteirat und Kontrollkommission der Partei, der Notstandsverfassung in der laufenden Legislaturperiode nicht mehr zuzustimmen.[39]) Offiziell begründet wurde diese Entscheidung mit Differenzen über die geplante Pressezensur, die Überwachung des Brief- und Telefonverkehrs, die arbeitsrechtliche Stellung von Dienstverpflichteten und die Weisungsbefugnisse der Bundesregierung gegenüber den Bundesländern im Falle des Notstandes. Diese Differenzen waren freilich nicht so gravierend, daß sie eine Einigung zwischen SPD und Regierungsparteien unmöglich gemacht hätten. Daher waren sich alle Pressekommentare einig in der Auffassung, daß die SPD-Führung vor den gewerkschaftlichen Protesten, der innerparteilichen Kritik und der Opposition der SPD-Jugendorganisationen zurückgewichen war, um die Chancen der Partei bei den bevorstehenden Bundestagswahlen nicht zu verschlechtern.

Am 24. Juni 1965 wurde der Gesetzentwurf zur Ergänzung des Grundgesetzes um Notstandsartikel im Bundestag abgelehnt, da die notwendige Zweidrittelmehrheit nicht zustande kam.[40]) Auch ein Gesetzentwurf zur Einschränkung des Brief-, Post- und Fernmeldegeheimnisses scheiterte an der Ablehnung der SPD. Dagegen wurden die sogenannten einfachen Notstandsgesetze, zu deren Verabschiedung die einfache Mehrheit genügte, teils mit den, teils gegen die Stimmen der SPD angenommen.

Dabei handelte es sich einmal um ein Gesetz zur Bildung eines sogenannten »Zivilschutzcorps« mit humanitären Aufgaben wie Brandschutz, Bergungsdienst und Sanitätsdienst in Not- und Katastrophenfällen[41]), zum anderen um vier Sicherstellungsgesetze (Wasser-, Wirtschafts-, Verkehrs- und Ernährungssicherstellungsgesetz), die die Bundesregierung und andere Organe der Exekutive ermächtigten, im Verteidigungsfall oder bei Versorgungskrisen die notwendigen Maßnahmen zur Versorgung der Bevölkerung zu ergreifen.[42]) Angenommen wurden schließlich noch ein Gesetz, das Bauherren zur Errichtung von Schutzräumen verpflichtete (Schutzbaugesetz), und ein »Selbstschutzgesetz«, das die Nachbarschaftshilfe, das Aufsuchen von Schutzräumen, die Anlage eines Notvorrats etc. im Verteidigungsfall regelte.[43]) Das Selbstschutzgesetz, das Schutzbaugesetz und das Gesetz über das Zivilschutzcorps wurden kurz nach den Wahlen durch das Haushaltssicherungsgesetz vom 20. Dezember 1965 suspendiert, da die dafür erforderlichen Haushaltsmittel fehlten.[44]) Die Gesetze wurden in veränderter Form im Mai 1968 erneut verabschiedet.[45])

Nach den Bundestagswahlen von 1965 verfolgte der neue Innenminister Paul Lücke (CDU) die Pläne seines Vorgängers weiter. Eine Zwölfer-

Kommission aus je drei Abgeordneten der SPD- und FDP-Fraktion, vier Abgeordneten der CDU/CSU-Fraktion und zwei Länderministern als Beauftragten des Bundesrats beriet weiter über Ergänzungen des Grundgesetzes für den Fall des Notstands.[46]) Vom 17. bis 21. Oktober 1966 tagte in einem Bunker in der Eifel das sog. Notparlament aus 22 Abgeordneten aller im Bundestag vertretenen Parteien und 11 Vertretern der Bundesländer. Dieses Notparlament, amtlich der Ständige Ausschuß, war im Entwurf des Rechtsausschusses 1965 vorgesehen, vom Parlament aber noch nicht bewilligt worden. Nicht nur der Innenminister, der bei dieser Übung als Bundeskanzler im Notfall fungiert hatte, sondern auch Sprecher der drei Bundestagsfraktionen äußerten sich zufrieden mit der Arbeitsweise und dem Funktionieren dieses Gremiums. Sie betonten übereinstimmend die Notwendigkeit, die Vorbehaltsrechte der Alliierten möglichst bald durch eine deutsche Regelung zu ersetzen.[47])

Inzwischen hatte die Außerparlamentarische Opposition gegen die Notstandsgesetze sich weiter verstärkt: Am 14. Mai 1966 lehnte der 7. Ordentliche Bundeskongreß des DGB jede Notstandsgesetzgebung ab »welche die demokratischen Grundrechte einschränkte und besonders das Versammlungs-, das Koalitions- und das Streikrecht der Arbeitnehmer und ihrer gewerkschaftlichen Organisationen bedrohten«.[48]) Im Sommer 1966 formierte sich die gegen die Notstandsgesetze gerichtete Außerparlamentarische Opposition im Kuratorium »Notstand der Demokratie«.[49]) Die Initiative zur Gründung des Kuratoriums war ausgegangen vom SDS und von der »Kampagne für Abrüstung«, die damit ihr Aktionsfeld auf innen- und gesellschaftspolitische Probleme ausdehnte. Im Januar 1968 änderte sie daher ihren Namen in »Kampagne für Demokratie und Abrüstung«. Dem Kuratorium gehörten neben Wissenschaftlern, Schriftstellern und Pastoren auch Spitzenfunktionäre verschiedener Einzelgewerkschaften, jedoch nicht des DGB an. Im Oktober 1966 organisierte das Kuratorium in Frankfurt den Kongreß »Notstand der Demokratie«, der u. a. von der IG Metall, der IG Chemie, der Gewerkschaft Holz und der Gewerkschaft Leder getragen wurde. An der Abschlußkundgebung auf dem Frankfurter Römerberg am 30. Oktober nahmen 20 000 Menschen teil.[50])

Die Bildung der Großen Koalition beschleunigte die Beratungen über die Notstandsgesetze erheblich. Bereits am 10. März 1967 einigte sich die Bundesregierung auf einen Entwurf zur Ergänzung des Grundgesetzes.[51]) Am 29. Juni 1967 fand die erste Lesung der nunmehr von der SPD unterstützten Notstandsverfassung im Bundestag statt.[52]) Der Deutsche Gewerkschaftsbund hielt jedoch an seiner Opposition gegen die Notstandsgesetze fest: Am 5. Juli 1967 verabschiedete der Bundesausschuß des DGB in Düsseldorf einstimmig eine Entschließung, die noch einmal die Beschlüsse des 7. Bundeskongresses bestätigte.[53]) Obwohl der DGB anerkannte, daß einige seiner Bedenken, etwa im Zusammenhang mit der geplanten Einschränkung der Presse-, Versammlungs- und Vereinigungsfreiheit, in dem neuen Entwurf berücksichtigt worden waren, so erblickte er doch in dem Entwurf insgesamt und in der Kombination der Notstandsverfassung mit den verschiedenen »einfachen« Notstandsgesetzen die Gefahr für »*erhebliche Grundrechtseinschränkungen und weitreichende Eingriffe in unantastbare Prinzipien und in die Struktur unserer Verfassung*«. Der DGB forderte, daß im Zusammenhang mit den Beratungen über die Notstandsverfassung auch die »einfachen« Notstandsgesetze mit den darin möglichen Eingriffen in das Koalitions- und Streikrecht sowie das Grundrecht der Freiheit der Berufswahl und der Freiheit von Arbeitszwang aufgehoben wurden.

Der DGB lehnt ab

Die parlamentarische Opposition hatte bei der ersten Lesung die Notstandsverfassung abgelehnt. Am 1. Oktober 1967 brachte die FDP im Bundestag einen Gesetzentwurf »zur Sicherung der rechtsstaatlichen Ordnung im Verteidigungsfall« ein.[54]) Im Gegensatz zur Regierungsvorlage wollte dieser Entwurf Notstandsregelungen auf den Verteidigungsfall beschränken und nicht auch für den zivilen Notstand in Friedenszeiten gelten lassen. Der FDP-Entwurf wurde am 4. Oktober 1967 ohne Begründung und Aussprache an den Rechtsausschuß überwiesen.

Ein Gegenentwurf der FDP und Veränderungsvorschläge der Regierung 1967

Um die Bedenken und den Widerstand gegen die Notstandsgesetze auszuräumen, legte Innenminister Lücke am 23. Oktober 1967 die vom Bundeskabinett verabschiedeten Veränderungsvorschläge für die bereits 1965 beschlossenen Gesetze zur Sicherstellung der Wirtschaft, der Ernährung und des Verkehrs vor. Darin waren nach Meinung des Ministers die Eingriffsmöglichkeiten der Exekutive weiter begrenzt und die Mitarbeit des Parlaments verstärkt worden. Außerdem einigte sich das Kabinett auf den Entwurf eines Arbeitssicherstellungsgesetzes, das »im Zustand äußerer Gefahr und in Zeiten bedrohlicher Spannung« den »lebens- und verteidigungswichtigen Arbeitsbedarf« sicherstellen, das Streikrecht aber unberührt lassen sollte.[55]) In einer Kritik dieser Entwürfe wies die IG Metall darauf hin, daß in ihnen weniger die verfassungsrechtlichen Bedenken der Opposition berücksichtigt als vielmehr die finanzielle Belastung der Wirtschaft verringert worden sei.[56])

Als Zugeständnis an die parlamentarische und Außerparlamentarische Opposition, was das Verfahren anging, veranstaltete der Rechtsausschuß des Bundestages im November und Dezember 1967 öffentliche Anhörungsverfahren[57]), in denen Sprecher der Außerparlamentarischen Opposition, wie die Professoren Abendroth und Ridder, oder Gewerkschaftsführer, wie Rosenberg, Brenner, Kluncker und Reuter, ihre Posi-

Das öffentliche Anhörungsverfahren 1967

tionen vertreten konnten. Doch die Hearings beeinflußten weder die Entwürfe zur Notstandsgesetzgebung noch veränderten sie die Haltung der Außerparlamentarischen Opposition zu den Notstandsgesetzen. Der Kampf gegen die Notstandsgesetze wurde im Frühjahr 1968 vielmehr zum einigenden Band zwischen Studentenbewegung und Gewerkschaften. Das Kuratorium »Notstand der Demokratie« und die »Kampagne für Demokratie und Abrüstung« bereiteten gegen die für Mai 1968 vorgesehene 2. und 3. Lesung der Notstandsgesetze im Bundestag einen Sternmarsch der Außerparlamentarischen Opposition nach Bonn vor, um zu demonstrieren, »daß in der Notstandsopposition eine ernst zu nehmende Kraft steckt, deren Widerstand nicht zu brechen ist«.[58])

Der Stern-
marsch auf
Bonn 1968

Am Sternmarsch auf Bonn und an der abschließenden Kundgebung am 11. Mai 1968 beteiligten sich nach Angaben der Polizei 20 000 bis 22 000, nach Angaben der Organisatoren ungefähr 70 000 Menschen, ohne daß es zu gewalttätigen Auseinandersetzungen mit der Polizei kam.[59]) Unter den Teilnehmern dieser Massendemonstration waren zahlreiche Anhänger des SDS sowie Funktionäre und Mitglieder der IG Metall. Der DGB hatte den Sternmarsch nicht offiziell unterstützt, sondern zu einer eigenen Großkundgebung gegen die Notstandsgesetze ebenfalls am 11. Mai 1968 nach Dortmund aufgerufen. Daran beteiligten sich zirka 15 000 Menschen − Metallarbeiter, Bergleute, Transportarbeiter und Angestellte zumeist. Parallel zu diesen beiden Großkundgebungen fanden Protestdemonstrationen in Frankfurt, München, Göttingen, Hamburg, Berlin und Freiburg statt, an denen sich schätzungsweise 150 000 Personen beteiligten.[60])

Schon auf dem Nürnberger Parteitag der SPD im März 1968 hatte die Mehrheit der Delegierten die Haltung der SPD-Minister und der Bundestagsfraktion trotz zum Teil heftiger Kritik einzelner Delegierter bzw. Unterbezirke insgesamt gebilligt und die von der Fraktion und den Regierungsmitgliedern erreichten Verbesserungen begrüßt.[61]) So konnten am 15. und 16. Mai 1968 die Notstandsgesetze den Bundestag in zweiter

Die 2. Lesung
der Notstands-
gesetze 1968

Lesung mit großer Mehrheit passieren.[62]) Am 17. Mai wies der SPD-Vorsitzende und Bundesaußenminister Willy Brandt in einem Rundschreiben an alle Organisationsgliederungen der SPD noch einmal auf die Verbesserungen hin, die die SPD im Entwurf des Rechtsausschusses von 1965 mittlerweile durchgesetzt hätte.[63])

Am 19. Mai 1968 meldete der DGB-Bundesvorstand seine »schwerwiegenden Bedenken« gegen die Notstandsverfassung an, erklärte aber ausdrücklich: *»Der DGB wird daher bis zur 3. Lesung weiterhin die ihm in einer parlamentarischen Demokratie zur Verfügung stehenden demokratischen Mittel ausschöpfen und dabei erneut, gestützt auf entsprechendes Material, den Bundestagsabgeordneten seine Bedenken vortragen. Wie bisher* *wird der DGB alle Maßnahmen ausschließlich in eigener Verantwortung durchführen und sich nicht von anderen Gruppen in unkontrollierbare Aktionen drängen lassen. Der Bundesvorstand des DGB lehnt einen allgemeinen Streik (Generalstreik) zur Verhinderung der Notstandsgesetze ausdrücklich ab, denn er hält es für einen Verstoß gegen die Grundsätze der parlamentarischen Demokratie, gegen einen mit großer Mehrheit gefaßten Beschluß des Bundestages zum Streik aufzurufen.«*[64])

Am 27. Mai 1968 erklärten die drei Westmächte ihre Bereitschaft, nach Inkrafttreten der Notstandsverfassung auf ihr bisheriges Vorbehaltsrecht zum Schutz ihrer Streitkräfte zu verzichten.[65]) Am 30. Mai 1968 verabschiedete der Bundestag in dritter Lesung die Notstandsverfassung, die sogenannten einfachen Notstandsgesetze und das Gesetz zur Beschränkung des Brief-, Post- und Fernmeldegeheimnisses (Gesetz zu Art. 10 des GG).[66]) In der namentlichen Abstimmung über die Notstandsverfassung stimmten 384 Abgeordnete mit Ja, 100 (darunter 1 CDU-Abgeordneter, 53 SPD-Abgeordnete und 46 FDP-Abgeordnete) stimmten mit Nein, ein Abgeordneter enthielt sich der Stimme. Der Verteidigungs- und ehemalige Innenminister Schröder, der die Vorlagen bereits im Kabinett als zu weich kritisiert hatte, nahm an der Abstimmung nicht teil.[67]) Die Notstandsverfassung trat am 28. Juni 1968 in Kraft.

Der Bundestag verabschiedet die Notstandsgesetze

Die Notstandsverfassung[68]) (amtlich: »17. Gesetz zur Ergänzung des Grundgesetzes«) ergänzte das Grundgesetz für den Fall des inneren und äußeren Notstandes sowie für den Fall von Naturkatastrophen und außergewöhnlichen Unfällen. Neu eingefügt wurde ein Abschnitt IVa mit Art. 53a über den »Gemeinsamen Ausschuß« und ein Abschnitt Xa mit den Artikeln 115a bis 115l über den »Verteidigungsfall«. Der Gemeinsame Ausschuß aus Bundestag und Bundesrat, das sogenannte Notparlament, besteht aus 22 Bundestagsabgeordneten (die sich wiederum im Verhältnis der Fraktionsstärken auf die einzelnen Bundestagsfraktionen verteilen) und 11 Mitgliedern des Bundesrats. Er muß auch in Normalzeiten über alle zivilen und militärischen Pläne der Bundesregierung für den Verteidigungsfall unterrichtet werden. Die Mitglieder dieses Ausschusses verfügen daher über vertrauliche Informationen, die andere Bundestagsabgeordnete und Mitglieder des Bundesrats nicht haben. Der gemeinsame Ausschuß waltet als Ersatzparlament für Bundestag und Bundesrat, wenn er mit einer Zweidrittelmehrheit oder mindestens der Mehrheit seiner Mitglieder feststellt, daß dem *»rechtzeitigen Zusammentritt des Bundestages unüberwindliche Hindernisse entgegenstehen oder daß dieser nicht beschlußfähig ist«* (Art. 115e, 1 GG). Der Gemeinsame Ausschuß nimmt die Befugnisse der einfachen Gesetzgebung wahr, falls und solange der Bundestag am Zusammentreffen gehindert ist.

Die Artikel 115a bis 115l ersetzten den Art. 59 über die Feststellung des

Die verfassungsändernden Notstandsgesetze

Verteidigungsfalls und regelten die Kompetenzen von Bundestag, Bundesrat, Gemeinsamem Ausschuß, Bundespräsident, Bundeskanzler und Bundesregierung, aber auch der Bundesländer im Verteidigungsfall, d. h. für den Fall, daß die Bundesrepublik mit Waffengewalt angegriffen wird oder daß ein solcher Angriff unmittelbar droht, was vom Bundestag bzw. im Notfall auch vom Gemeinsamen Ausschuß mit einer Mehrheit von zwei Dritteln aller abgegebenen Stimmen, mindestens jedoch mit der Mehrheit der Mitglieder von Bundestag bzw. Gemeinsamem Ausschuß festgestellt werden muß (Art. 115a, Abs. 1 und 2).

Ein ebenfalls neu eingeführter Artikel 80a ermächtigte die Bundesregierung, bestimmte Rechtsverordnungen anzuwenden im Verteidigungsfalle und »wenn der Bundestag den Eintritt des Spannungsfalles« festgestellt hat. Auch dies kann nur mit Zweidrittelmehrheit der abgegebenen Stimmen geschehen (80a, 1). Die Maßnahmen sind aufzuheben, wenn der Bundestag es verlangt (80a, 2). Allerdings »*ist die Anwendung solcher Rechtsvorschriften auch auf der Grundlage und nach Maßgabe eines Beschlusses zulässig, der von einem internationalen Organ im Rahmen eines Bündnisvertrages mit Zustimmung der Bundesregierung gefaßt wird. Maßnahmen nach diesem Absatz sind aufzuheben, wenn der Bundestag es mit der Mehrheit seiner Mitglieder verlangt*« (80a, 3).

Neu eingeführt wurde auch ein Artikel 12a, der den Verteidigungsdienst regelt. Nach Art. 12a, Abs. 3 können Wehrpflichtige im Verteidigungsfall durch Gesetz zu »*zivilen Dienstleistungen für Zwecke der Verteidigung einschließlich des Schutzes der Zivilbevölkerung in Arbeitsverhältnisse verpflichtet werden*«. Nach Abs. 4 können Frauen zwischen 18 und 25 Jahren durch Gesetz zu Dienstleistungen im zivilen Sanitäts- und Heilwesen sowie in ortsfesten Militärlazaretten dienstverpflichtet werden, wenn im Verteidigungsfall nicht genügend Freiwillige zu finden sind. Absatz 6 des Artikels 12a schließlich bestimmte: »*Kann im Verteidigungsfall der Bedarf an Arbeitskräften für die in Absatz 3 Satz 2 genannten Bereiche auf freiwilliger Grundlage nicht gedeckt werden, so kann zur Sicherung dieses Bedarfs die Freiheit der Deutschen, die Ausübung eines Berufs oder den Arbeitsplatz aufzugeben, durch Gesetz oder auf Grund eines Gesetzes eingeschränkt werden.*«

In Artikel 9, der das Grundrecht der Vereinigungsfreiheit sichert, wurde Absatz 3 durch einen Satz ergänzt, der bestimmte: »*Maßnahmen nach den Artikeln 12a, 35 Abs. 2 und 3, Art. 87a, Abs. 4 und Art. 91 dürfen sich nicht gegen Arbeitskämpfe richten, die zur Wahrung und Förderung der Arbeits- und Wirtschaftsbedingungen von Vereinigungen im Sinne des Satzes 1 geführt werden*«. (Satz 1 lautet: »*Alle Deutschen haben das Recht, Vereine und Gesellschaften zu bilden*«.)

Wichtig für die Regelung des sog. »Inneren Notstandes« war die Veränderung und Ergänzung des Artikels 87 über den »Einsatz der Streitkräfte«. Absatz 4 lautete nunmehr: »*Zur Abwehr einer drohenden Gefahr für den Bestand oder die freiheitliche demokratische Grundordnung des Bundes oder eines Landes kann die Bundesregierung, wenn die Voraussetzungen des Artikels 91 Abs. 2 vorliegen und die Polizeikräfte sowie der Bundesgrenzschutz nicht ausreichen, Streitkräfte zur Unterstützung der Polizei und des Bundesgrenzschutzes beim Schutze von zivilen Objekten und bei der Bekämpfung organisierter und militärisch bewaffneter Aufständischer einsetzen. Der Einsatz von Streitkräften ist einzustellen, wenn der Bundestag oder der Bundesrat es verlangen.*«

Der hier erwähnte Artikel 91, Abs. 2 lautete nunmehr: »*Ist das Land, in dem die Gefahr (für den Bestand oder die freiheitliche demokratische Grundordnung) droht, nicht selbst zur Bekämpfung bereit oder in der Lage, so kann die Bundesregierung die Polizei in diesem Lande und die Polizeikräfte anderer Länder ihren Weisungen unterstellen sowie Einheiten des Bundesgrenzschutzes einsetzen.*«

An Artikel 35 wurden zwei Absätze angefügt, die den Einsatz von Polizei, Bundesgrenzschutz und Bundeswehr und die Weisungsbefugnisse der Bundesregierung gegenüber Länderregierungen im Katastrophenfall regelten.

Unter den von der Notstandsgesetzgebung betroffenen Einschränkungen der Grundrechte war die wichtigste und umstrittenste die Beschränkung des Brief-, Post- und Fernmeldegeheimnisses durch Veränderung von Artikel 10. Nach Absatz 2 dieses Artikels durften Beschränkungen des Brief-, Post- und Fernmeldegeheimnisses nur auf Grund eines Gesetzes angeordnet werden. »*Dient die Beschränkung dem Schutze der freiheitlichen demokratischen Grundordnung oder des Bestandes oder der Sicherheit des Bundes oder eines Landes*«, so bestimmte Art. 10, Abs. 2 nunmehr, »*so kann das Gesetz bestimmen, daß sie dem Betroffenen nicht mitgeteilt wird und daß an die Stelle des Rechtsweges die Nachprüfung durch von der Volksvertretung bestellte Organe und Hilfsorgane tritt.*«

Das »Gesetz zur Beschränkung des Brief-, Post- und Fernmeldegeheimnisses (Gesetz zu Artikel 10 Grundgesetz)« vom 13. August 1968[69]) präzisierte die Ziele der Beschränkung noch einmal: »*Zur Abwehr von drohenden Gefahren für die freiheitliche demokratische Grundordnung oder den Bestand oder die Sicherheit des Bundes oder eines Landes einschließlich der Sicherheit der in der Bundesrepublik Deutschland stationierten Truppen der nichtdeutschen Vertragsstaaten des Nordatlantikvertrages oder der im Land Berlin anwesenden Truppen einer der Drei Mächte sind die Verfassungsschutzbehörden des Bundes und der Länder, das Amt für Sicherheit der Bundeswehr und der Bundesnachrichtendienst berechtigt, dem Brief-, Post- oder Fernmeldegeheimnis unterliegende Sendungen zu öffnen und einzuse-*

335

hen, sowie den Fernschreibverkehr mitzulesen, den Fernmeldeverkehr abzu-
hören und auf Tonträger aufzunehmen.« (Art. 1, § 1, 1).
Hinsichtlich der Kontrolle der Beschränkungsmaßnahmen »durch von
der Volksvertretung bestellte Organe und Hilfsorgane« bestimmte dieses
»einfache« Notstandsgesetz in § 9:
»(1) Der nach § 5 Abs. 1 für die Anordnung von Beschränkungsmaßnah-
men zuständige Bundesminister unterrichtet in Abständen von höchstens
sechs Monaten ein Gremium, das aus fünf vom Bundestag bestimmten Ab-
geordneten besteht, über die Durchführung dieses Gesetzes.
(2) Der zuständige Bundesminister unterrichtet monatlich eine Kommission
über die von ihm angeordneten Beschränkungsmaßnahmen. Die Kommis-
sion entscheidet von Amts wegen oder auf Grund von Beschwerden über die
Zulässigkeit und Notwendigkeit von Beschränkungsmaßnahmen. Anord-
nungen, die die Kommission für unzulässig oder nicht notwendig erklärt,
hat der zuständige Bundesminister unverzüglich aufzuheben.
(3) Die Kommission besteht aus dem Vorsitzenden, der die Befähigung zum
Richteramt besitzen muß, und zwei Beisitzern. Die Mitglieder der Kommis-
sion sind in ihrer Amtsführung unabhängig und Weisungen nicht unter-
worfen. Sie werden von dem in Absatz 1 genannten Gremium nach Anhö-
rung der Bundesregierung für die Dauer einer Wahlperiode des Bundestages
bestellt. Die Kommission gibt sich eine Geschäftsordnung, die der Zustim-
mung des in Absatz 1 genannten Gremiums bedarf. Vor der Zustimmung ist
die Bundesregierung zu hören.
(4) Durch den Landesgesetzgeber wird die parlamentarische Kontrolle der
nach § 5 Abs. 1 für die Anordnung von Beschränkungsmaßnahmen zustän-
digen obersten Landesbehörden und die Überprüfung der von ihnen ange-
ordneten Beschränkungsmaßnahmen geregelt.
(5) Im übrigen ist gegen die Anordnung von Beschränkungsmaßnahmen
und ihren Vollzug der Rechtsweg nicht zulässig.«
Eine weitere Grundgesetzänderung betraf den Artikel 11, der das
Grundrecht der Freizügigkeit sichert. Dieses Recht durfte nunmehr
durch Gesetz oder auf Grund eines Gesetzes auch dann eingeschränkt
werden, wenn es »zur *Abwehr einer drohenden Gefahr für den Bestand*
oder die freiheitliche demokratische Grundordnung des Bundes oder eines
Landes« erforderlich ist.

Das Wider-
standsrecht

Im Zuge der Notstandsgesetzgebung wurde schließlich in Artikel 20,
Abs. 4 ausdrücklich ein Widerstandsrecht eingeführt: »*Gegen jeden, der*
es unternimmt, diese Ordnung zu beseitigen, haben alle Deutschen das
Recht zum Widerstand, wenn andere Abhilfe nicht möglich ist.« Kritiker
der Notstandsgesetzgebung sahen in diesem Verfassungsartikel allerdings die Gefahr, daß das Widerstandsrecht des Bürgers gegen verfas-
sungswidrige Gewalt von Staatsorganen verkehrt werden könnte in eine

Art von Selbst- oder Lynchjustiz gegen mißliebige Personen oder Personengruppen, die der Absicht verdächtigt werden, die Verfassungsordnung der Bundesrepublik zu beseitigen.[70])

Die Auseinandersetzungen um die Notstandsgesetze und die Massendemonstrationen gegen ihre Verabschiedung markierten den Höhepunkt der Außerparlamentarischen Opposition im engeren Sinne. Sie deuteten aber auch schon ihren Zerfall an. Das ohnehin spannungsvolle Verhältnis zwischen Gewerkschaften und Studentenbewegung zerbrach, nachdem die Gewerkschaftsführungen Streiks gegen die Verabschiedung der Notstandsgesetze abgelehnt hatten. Das Kuratorium »Notstand der Demokratie« hatte seine Funktion verloren und löste sich auf.[71]) *Die APO zerfällt*

Im September 1968 gaben ehemalige Funktionäre der verbotenen KPD die Konstituierung einer neuen kommunistischen Partei für die Bundesrepublik bekannt.[72]) Diese offiziell auf dem Essener Parteitag im April 1969 gegründete »Deutsche Kommunistische Partei« (DKP) verfolgte nicht nur das Ziel, ehemalige KPD-Mitglieder wieder in einer legalen Organisation zu sammeln, sie verstand sich auch als Auffangbecken für Angehörige der Außerparlamentarischen Opposition. Wieweit die Regierung der Großen Koalition die Gründung der DKP auch unter diesem Gesichtspunkt geduldet hat, ist umstritten.[73]) Blieb die Partei auch in Landtags- und Bundestagswahlen bedeutungslos, so erzielte sie doch Erfolge an den Hochschulen. Der SDS büßte mehr und mehr an Bedeutung und Einfluß ein. Davon profitierten der SHB, der wie früher der SDS bald mit der Mutterpartei in Konflikte geriet, und der von der DKP gegründete »Marxistische Studentenbund Spartakus«.[74]) Eine neue Studentengeneration organisierte sich aber auch in maoistischen Splitterorganisationen oder in »antiautoritären« Basisgruppen. *Die Gründung der DKP 1969*

Das Ende der Großen Koalition und die Aufbruchstimmung nach Bildung der sozial-liberalen Koalition im Herbst 1969 trugen weiter zum Verfall der APO bei. Zahlreiche Notstandsgegner zogen sich resigniert aus der APO und aus der Politik überhaupt zurück. Andere machten sich auf den »langen Marsch« durch die Institutionen (R. Dutschke), um ihre politischen Zielvorstellungen nunmehr innerhalb der »etablierten« Organisationen und Institutionen und mit deren Hilfe zu verwirklichen. Vor allem auf dem linken Flügel der SPD, bei den Jungsozialisten (Jusos), im SHB und in manchen Gewerkschaften gaben bald die ehemaligen »68er« den Ton an. Ideologische Elemente, Organisationsformen und Aktionsmethoden der APO lebten in den Bürgerinitiativen und in den ökologischen und pazifistischen Gruppierungen der 70er Jahre fort.[75])

X. Die Ost- und Deutschlandpolitik der Großen Koalition

Wie die Regierungserklärung Kiesingers vom 13. Dezember 1966 erkennen ließ, versuchte die Große Koalition in der Ost- und Deutschlandpolitk das Konzept der SPD von den »menschlichen Erleichterungen« mit der »Politik der Bewegung« gegenüber den osteuropäischen Staaten, wie sie Gerhard Schröder betrieben hatte, zu verbinden und sich aktiv in die Entspannungspolitik der Westmächte gegenüber Osteuropa und der Sowjetunion einzuschalten. Mit Willy Brandt als Außenminister und Herbert Wehner als Minister für Gesamtdeutsche Fragen saßen zwei führende Sozialdemokraten an den für die Ost- und Deutschlandpolitik wichtigen Schaltstellen der neuen Regierung. Gerhard Schröder gehörte dem Kabinett als Verteidigungsminister an.

1. Schwierigkeiten des deutsch-deutschen Dialogs: Der Briefwechsel Stoph/Kiesinger

Die Deutschlandpolitik der Großen Koalition begann sich »von den angesammelten juristischen Fiktionen und bürokratischen Hemmnissen« zu befreien[1]) und den Kontakt mit der DDR — und zwar mit Beamten wie mit politischen Vertretern — im Interesse der dort lebenden Menschen zu suchen. Sie wollte die DDR nicht länger isolieren, sondern sie in den Entspannungsprozeß einbeziehen, dabei aber die völkerrechtliche Anerkennung der DDR vermeiden. Grundlage für diese in sich widersprüchliche Zielsetzung war die Hoffnung, daß die Reformtendenzen in den osteuropäischen Staaten weiter wachsen würden und daß eine Politik enger wirtschaftlicher und kultureller Beziehungen zwischen der Bundesrepublik und diesen Staaten die Furcht vor dem »westdeutschen Revanchismus« verschwinden lassen würde. Auch die DDR würde sich den Auswirkungen dieser Entwicklungen in Richtung auf einen reformierten und humanisierten Kommunismus nicht entziehen können, was wiederum die Anerkennung ihrer Existenz durch Politiker und öffentliche Meinung in der Bundesrepublik erleichtern würde. Die Hoffnung

auf eine so anzubahnende »Wiedervereinigung Europas« – wie ein da
mals oft gebrauchtes Schlagwort lautete[2]) – stützte sich nicht nur au
die moskaukritische Haltung einiger kommunistischer Parteien in West
europa, sondern vor allem auf die Reformdiskussionen und die Reform
bewegungen in der Tschechoslowakei und in Rumänien.

Ein erster Schritt der neuen Regierung zur Verbesserung der Beziehun
gen mit den osteuropäischen Staaten, zugleich eine Fortsetzung de
Schröderschen Ostpolitik, war die Aufnahme diplomatischer Beziehun
gen zwischen der Bundesrepublik und Rumänien am 31. Januar 1967.[3]
Bundeskanzler Kiesinger versicherte in seiner Erklärung vor dem Bun
destag am 1. Februar 1967 zwar, dieser Schritt bedeute keine Änderung
des Rechtsanspruchs, »daß die Bundesrepublik allein berechtigt ist, fü
das ganze deutsche Volk zu sprechen«[4]), doch indem die Bundesregie
rung die Existenz zweier deutscher diplomatischer Vertretungen in Bu
karest akzeptierte, gab sie die Hallstein-Doktrin und de facto den Al
leinvertretungsanspruch auf.

Die schnelle Einigung mit Rumänien war möglich, weil es zwischen de
Bundesrepublik und Rumänien keine gravierenden Probleme gab wie in
Verhältnis zu Polen oder zur ČSSR und weil zum anderen die rumäni
sche Regierung bereits seit 1963 bemüht war, ihren außenpolitischer
Spielraum gegenüber Moskau zu erweitern. Um so größer war dann
auch das Mißtrauen der sowjetischen Führung und der DDR-Regierung
gegen die so einsetzende Ostpolitik der Großen Koalition, schien diese
doch weiterhin nichts anderes als die Isolierung der DDR zu bezwek
ken.

Bereits auf der Bukarester Konferenz des Warschauer Pakts im Jul
1966 waren die Mitglieder des Warschauer Pakts zur Solidarität mit de
DDR verpflichtet und die Forderungen formuliert worden, die die Bun
desrepublik Deutschland erfüllen sollte, ehe ernsthafte Verhandlungen
mit ihr in Frage kämen: Verzicht auf Kernwaffen, Anerkennung aller
europäischen Grenzen, insbesondere der Oder-Neiße-Grenze, Aner
kennung der Ungültigkeit des Münchner Abkommens von Anfang an,
Aufgabe des Alleinvertretungsanspruchs und der Hallstein-Doktrin, An
erkennung der Existenz zweier deutscher Staaten und West-Berlins als
»selbständiger politischer Einheit«.[5])

Die Karlsbader
Konferenz der
kommunisti-
schen Parteien
Osteuropas
1967
Auf einer Tagung des Warschauer Pakts in Warschau vom 8. bis 10. Fe
bruar 1967 wurde nun die Bukarester Führung wegen ihrer mangelnden
Solidarität mit der DDR getadelt.[6]) Die Karlsbader Konferenz der kom
munistischen und Arbeiterparteien Europas (24.–26. April 1967), an
der die rumänische KP und der jugoslawische Bund der Kommunisten
allerdings nicht teilnahmen, wurde hauptsächlich zu dem Zweck einbe
rufen, die Mitglieder des Warschauer Pakts auf die solidarische Abwehr

gegen die neue Bonner Ostpolitik zu verpflichten.⁷) Gegen die Absicht der Bundesregierung, über zweiseitige Gewaltverzichtsabkommen zu verhandeln, setzte der polnische Partei- und Regierungschef Gomulka einen Vertragsentwurf, nach dem alle Staaten Europas, also auch die DDR, kollektiv ihren Verzicht auf Gewaltanwendung und -androhung erklären sollten. Quasi als Umkehrung der Hallstein-Doktrin wurde nun eine Art »Ulbricht-Doktrin« formuliert, wonach kein Mitgliedstaat des Warschauer Pakts diplomatische Beziehungen zur Bundesrepublik Deutschland aufnehmen durfte, ehe diese nicht die DDR, die Oder-Neiße-Grenze und West-Berlin als »selbständige politische Einheit« anerkannt hatte.

Die zum Abschluß der Konferenz verabschiedete Erklärung⁸) stellte u. a. fest: *»Die Anerkennung der DDR und die Verteidigung ihrer souveränen Rechte ist zu einer der Hauptaufgaben des Kampfes um die europäische Sicherheit geworden. Die Existenz und die Entwicklung eines sozialistischen deutschen Staates, der auf dem Boden des Friedens steht, besitzt nicht nur grundlegende Bedeutung für das deutsche Volk, sondern auch für den Frieden in ganz Europa.«*

Die Konferenzteilnehmer traten für die Schaffung eines »Systems der kollektiven Sicherheit« ein, dem »die Grundsätze der friedlichen Koexistenz von Staaten unterschiedlicher Gesellschaftsordnung« zugrunde liegen sollten. Dies setzte ihrer Meinung aber voraus, *»daß von allen europäischen Ländern die reale Lage respektiert wird, wie sie sich nach dem Kriege entwickelt hat«.* Und daraus ergaben sich folgende Forderungen:

»die Anerkennung der Unantastbarkeit der bestehenden Grenzen in Europa und insbesondere der Grenze an Oder und Neiße sowie der Grenze zwischen den beiden deutschen Staaten;

die Anerkennung der Existenz zweier souveräner und gleichberechtigter deutscher Staaten: der Deutschen Demokratischen Republik und der westdeutschen Bundesrepublik, was von der Bundesrepublik den Verzicht auf die Alleinvertretungsanmaßung erfordert;

die Verhinderung des Zutritts der Bundesrepublik zu Kernwaffen in jeglicher Form, darunter in der sogenannten europäischen multilateralen oder atlantischen Form;

Anerkennung, daß das Münchner Diktat vom Augenblick seines Abschlusses an ungültig ist.«

Eine weitere Forderung betraf *»die Normalisierung der Beziehungen zwischen allen Staaten und der DDR wie auch zwischen den beiden deutschen Staaten und zwischen der besonderen politischen Einheit West-Berlin und der DDR«.*

Eine Folge dieser von Moskau und Ost-Berlin bei ihren Verbündeten durchgesetzten Verpflichtung zur unbedingten Solidarität mit der DDR war, daß Verhandlungen zwischen der Bundesregierung mit Ungarn und mit der ČSSR über die Aufnahme diplomatischer Beziehungen ins Stocken gerieten. Immerhin konnte mit der ČSSR im August 1967 ein Abkommen über den Austausch von Handelsmissionen unterzeichnet werden.[9]) Am 31. Januar 1968 wurden die diplomatischen Beziehungen zu Jugoslawien, die 1957 wegen Anerkennung der DDR durch Belgrad abgebrochen worden waren, wieder aufgenommen.[10]) Diese Zurücknahme der damaligen »Bestrafung« brachte den Verzicht auf die Hallstein-Doktrin noch deutlicher zum Ausdruck als die Aufnahme diplomatischer Beziehungen zu Rumänien, denn da Jugoslawien ein blockfreier Staat war, konnte hier nicht einmal die »Geburtsfehlertheorie« wie für die zum sowjetischen Block gehörenden Staaten Osteuropas, die die DDR von Anfang an hatten anerkennen müssen, in Anspruch genommen werden.

Parallel zu den Aktionen und Erklärungen des Warschauer Pakts steigerte die DDR-Führung ihre Bemühungen um eine Abgrenzung von der Bundesrepublik einerseits und um eine verstärkte Integration in das osteuropäische Bündnissystem andererseits. Am 20. Februar 1967 wurde das Gesetz über die Staatsbürgerschaft der Deutschen Demokratischen Republik (Staatsbürgergesetz) verkündet. Das Gesetz ging von zwei getrennten deutschen Staatsnationen aus und hob daher das noch in der DDR-Verfassung verankerte Prinzip einer deutschen Staatsangehörigkeit nach dem Reichs- und Staatsbürgergesetz vom 22. Juli 1913 auf (s. unten S. 133). Mitte März 1967, also noch vor der Karlsbader Konferenz, schloß die DDR Freundschafts- und Beistandsverträge mit der ČSSR und mit Polen nach dem Vorbild des Beistandspakts mit der UdSSR von 1964. Damit sollte die Integration der DDR in das osteuropäische Bündnissystem auch für den Fall einer eventuellen Auflösung des Warschauer Pakts, wie ihn der in Bukarest 1966 proklamierte Plan für ein europäisches Sicherheitssystem vorsah, abgesichert werden.

Ebenfalls noch vor der Karlsbader Konferenz hatte Bundeskanzler Kiesinger in einer Regierungserklärung vom 12. April 1967 der DDR-Führung sechzehn Vorschläge zur Verbesserung des alltäglichen Lebens im geteilten Deutschland gemacht.[11]) Dabei handelte es sich um

»I. Maßnahmen zur Erleichterung des täglichen Lebens für die Menschen in den beiden Teilen Deutschlands, wie
a) verbesserte Reisemöglichkeiten vor allem für Verwandte, mit dem Ziel der Entwicklung eines normalen Reiseverkehrs,
b) Passierscheinregelungen in Berlin und zwischen den Nachbargebieten beider Teile Deutschlands,
c) Erleichterung des Zahlungsverkehrs durch innerdeutsche Verrechnung und beiderseitige Bereitstellung von Reisezahlungsmitteln,

d) Erleichterung des Empfangs von Medikamenten und Geschenksendungen,
e) Ermöglichung der Familienzusammenführung, insbesondere der Kinderrückführung.
II. Maßnahmen zur verstärkten wirtschaftlichen und verkehrspolitischen Zusammenarbeit, wie
a) Ausweitung und Erleichterung des innerdeutschen Handels, dazu auch öffentliche Bürgschaften und Einräumung von Kreditlinien,
b) Austausch zwischen den beiderseitigen Energiemärkten, Herstellung einer rationellen Elektrizitätsverbundwirtschaft,
c) gemeinsamer Ausbau der Herstellung neuer Verkehrsverbindungen: insbesondere Brücken, Autostraßen, Wasserstraßen, Eisenbahn,
d) verbesserte Post- und Telefonverbindungen, insbesondere Wiederherstellung des Telefonverkehrs in ganz Berlin,
e) Erörterung wirtschaftlicher und technischer Zweckgemeinschaften.
III. Rahmenvereinbarungen für den wissenschaftlichen, technischen und kulturellen Austausch, wie
a) entbürokratisierter Verkehr zwischen Hochschulen, Forschungsinstituten und wissenschaftlichen Gesellschaften,
b) zeitgemäße Formen der wissenschaftlichen und technischen Zusammenarbeit,
c) schrittweise Freigabe des ungehinderten Bezugs von Büchern, Zeitschriften und Zeitungen,
d) Besuche von Jugendgruppen und Schulklassen,
e) freier innerdeutscher Sportverkehr,
f) freier Austausch und Verkehr kultureller Vereine und Institutionen.«

Der Vorstand der SPD unterstützte diese Vorschläge in einem Offenen Brief an die Delegierten des VII. Parteitags der SED[12]), gleichwohl erläuterte Herbert Wehner in einem Fernsehinterview, daß die Regierungserklärung Kompromißformulierungen enthalte, die nicht in allen Punkten den Vorstellungen der SPD entsprächen. Kurz nach seiner Amtsübernahme hatte Wehner im Dezember 1966 der Bevölkerung der DDR das Recht zugebilligt, ihre gesellschaftliche Entwicklung selbst zu bestimmen, auch wenn diese zu den Überzeugungen der Bundesregierung in Gegensatz stehen sollte. Damit ging Wehner über Kiesingers Erklärung hinaus, wonach die Bundesregierung sich die Wiedervereinigung Deutschlands nicht als Ausdehnung des Geltungsbereichs des Grundgesetzes vorstellte. Wehner deutet auch an, daß er sich eine österreichische Lösung für die DDR und einen Verzicht der Bundesrepublik auf eine territoriale Wiedervereinigung mit der DDR vorstellen könnte für den Fall, daß sich die DDR in die jugoslawische Richtung entwickeln würde.[13])

Demnach sollte die Eigenstaatlichkeit der DDR nur dann anerkannt werden, wenn sich ihre Regierung auch auf die Zustimmung der Bevölkerung stützen könnte. Auf einen solchen Weg, eine Annäherung von unten nach oben, wollte und konnte sich die DDR-Führung indes nicht einlassen. Sie beharrte auf völkerrechtlicher Anerkennung und legte Wert auf Kontakte zwischen den Regierungen. Als Antwort auf Kiesingers Regierungserklärung schlug Walter Ulbricht am 17. April ein Treffen der beiden Regierungschefs vor.[14]) Am 10. Mai 1967 folgte ein Brief von Stoph an Kiesinger[15]), der — anders als frühere Botschaften der DDR-Führung — im Bundeskanzleramt auch angenommen und beantwortet wurde.

Stophs Brief an
Kiesinger
10. 5. 1967

Stoph ging auf die in Kiesingers Erklärung vom 12. April aufgezählten praktischen Fragen nicht ein, sondern schlug direkte Verhandlungen zwischen den Regierungschefs beider deutscher Staaten entweder in Ost-Berlin oder in Bonn vor mit dem Ziel, *»ordnungsgemäße Vereinbarungen herbeizuführen über*

— die Aufnahme normaler Beziehungen zwischen beiden deutschen Staaten;

— den Verzicht beider deutscher Staaten auf die Anwendung von Gewalt in den gegenseitigen Beziehungen;

— die Anerkennung der gegenwärtigen Grenzen in Europa, insbesondere der Grenze zwischen beiden deutschen Staaten;

— die Herabsetzung der Rüstungsausgaben beider deutscher Staaten um jeweils die Hälfte;

— den Verzicht beider deutscher Staaten auf Besitz, Verfügungsgewalt oder Beteiligung an der Verfügungsgewalt über Kernwaffen in jeglicher Form sowie ihre Bereitschaft zur Teilnahme an einer atomwaffenfreien Zone in Mitteleuropa;

— das Eintreten der Regierung der DDR und der Regierung der Bundesrepublik für normale Beziehungen beider deutscher Staaten zu den anderen europäischen Staaten und für die Herstellung diplomatischer Beziehungen aller europäischen Staaten zu beiden deutschen Staaten.«

Nach Stophs Ansicht war »eine Vereinbarung über die Normalisierung der Beziehungen zwischen beiden deutschen Staaten« die Voraussetzung sowohl für Entspannung in Europa als auch für »eine ordnungsgemäße Regelung vieler Fragen zwischen der DDR und der Bundesrepublik«. Zu den Vorschlägen der Bundesregierung über einen gegenseitigen Gewaltverzicht schrieb Stoph: *»Notwendig ist, daß die Bundesregierung, ausgehend von den Realitäten, ihre ebenso rechtswidrige wie unfriedliche Alleinvertretungsanmaßung aufgibt. Wenn die Bundesregierung wirklich für einen Gewaltverzicht zwischen beiden deutschen Staaten wäre, wie sie mehrfach erklärte, so kann dies nicht unter Umgehung der Deutschen*

Demokratischen Republik über dritte Staaten erfolgen. Mit der notwendigen friedenssichernden Wirkung und völkerrechtlichen Verbindlichkeit kann der Gewaltverzicht nur zwischen den Beteiligten, der Regierung der Deutschen Demokratischen Republik und der Regierung der westdeutschen Bundesrepublik, vereinbart werden.«

Zum Schluß des Briefes hieß es noch einmal: *»Die Regierung der Bundesrepublik Deutschland sollte sich in dieser Zeit, da die Lösung dringender Probleme im Interesse der Erhaltung des Friedens und der Sicherheit unerläßlich ist, endlich von den Realitäten leiten lassen. Das hartnäckige Negieren der im Ergebnis des Zweiten Weltkrieges entstandenen realen Lage in Europa widerspricht den Interessen der europäischen Sicherheit und kann der westdeutschen Bevölkerung selbst nur zum Nachteil gereichen. Es ist an der Zeit, die Beziehungen zwischen beiden deutschen Staaten zu normalisieren. Zur Aufnahme entsprechender Verhandlungen, die von den Außenministern beider deutscher Staaten vorbereitet werden könnten, lade ich Sie zu einem noch zu vereinbarenden Termin in den Amtssitz der Deutschen Demokratischen Republik ein. Ich wäre auch bereit, mich mit Ihnen in Ihrem Amtssitz in Bonn zu treffen. Ich sehe Ihrer Antwort entgegen.«*

Nach langen Beratungen zwischen den Koalitionspartnern und einem Erfolg der CDU in den niedersächsischen Landtagswahlen am 4. Juni 1967 beantwortete Bundeskanzler Kiesinger am 13. Juni 1967 den Brief Stophs.[16]) Er verwies auf seine Regierungserklärung vom 12. April und bestand darauf, *»darüber zu sprechen, wie wir verhindern können, daß die Deutschen in der Zeit der erzwungenen Teilung sich menschlich auseinanderleben«.* Die Realität, die sowohl er als auch Stoph anerkennen müßten, sei *»der Wille der Deutschen, ein Volk zu sein«.* Er schlug daher vor, daß Beauftragte beider Seiten Gespräche über die in der Regierungserklärung aufgezählten praktischen Fragen aufnehmen sollten. Kiesingers Antwort vom 13. 6. 1967

Die DDR-Führung veröffentlichte die Vorschläge Kiesingers nicht und ließ sich mit einer Antwort Zeit. In der Zwischenzeit wurde der Dialog in Offenen Briefen und öffentlichen Erklärungen und Gegenerklärungen weitergeführt, wobei der Ton immer polemischer wurde und die Teilnehmer bewußt aneinander vorbeiredeten.[17]) Stophs Antwort vom 18. September 1967[18]) enthielt den »Entwurf eines Vertrages über die Herstellung und Pflege normaler Beziehungen zwischen der DDR und der BRD«. Darin war die Normalisierung der Beziehungen zwischen *»der sozialistischen Deutschen Demokratischen Republik und der Bundesrepublik Deutschland, die Beziehungen souveräner Staaten deutscher Nation sind«,* vorgesehen. Darüber hinaus enthielt der Vertragsentwurf auch eine Vereinbarung über Gewaltverzicht sowie über *»die Anerkennung der bestehenden Grenzen in Europa, einschließlich der Oder-Neiße-Grenze und der Grenze zwischen der Deutschen Demokratischen Republik und der* Stophs Entwurf für einen deutsch-deutschen Vertrag

Bundesrepublik Deutschland, die Anerkennung West-Berlins als selbständige politische Einheit, die Anerkennung der Nichtigkeit des Münchner Abkommens von Anfang an sowie Verzicht beider deutscher Staaten, in irgendeiner Form Zugang zu Kernwaffen zu erlangen oder Kernwaffen auf ihren Territorien zu lagern«.

Kiesinger beantwortete Stophs Schreiben am 28. September 1967, ohne auf den Vertragsentwurf einzugehen. Er beharrte auf seinen Vorschlägen vom 12. April bzw. 13. Juni und schlug deren Veröffentlichung in der DDR vor.[19])

Das Ende des Briefwechsels

Hiermit endete der erste deutsch-deutsche Dialog auf Regierungsebene. Die DDR-Führung hatte deutlich gemacht, daß sie ohne völkerrechtliche Anerkennung nicht bereit war, über menschliche Erleichterungen zu sprechen. In der Großen Koalition waren die Meinungen über den Wert dieses Briefwechsels geteilt. Die SPD-Führung hielt an ihrer Auffassung fest, daß Kontakte mit der DDR-Regierung nützlich seien, um den Ost-West-Gegensatz zu entschärfen oder ihn zumindest nicht weiter zu schüren. In der CDU und CSU dagegen mehrten sich die Stimmen, die einen Abbruch des Briefwechsels forderten, weil sie darin die Gefahr einer De-facto-Anerkennung der DDR sahen.

Kiesinger versuchte zwischen beiden Positionen zu vermitteln und durch seine Antworten an Stoph den Entspannungswillen der Bundesregierung unter Beweis zu stellen. Daß er sich der in seiner Partei überwiegenden Strömung letztlich aber nicht entziehen konnte, zeigte sich, als er Ende 1967 gegen die von ihm so genannte »Anerkennungspartei« zu polemisieren begann.[20]) Damit waren zunächst Journalisten bzw. Zeitungen und Zeitschriften wie der »Spiegel« und die »Zeit« gemeint, die eine Anerkennung der DDR für notwendig hielten. Die Kritik galt aber auch einem Mann wie Wilhelm Wolfgang Schütz, dem Chef des überparteilichen, vom Bund finanzierten Kuratoriums Unteilbares Deutschland. Schütz veröffentlichte Ende 1967 ein Memorandum[21]), das feststellte, Bonn könne die Bevölkerung der DDR nicht vertreten, andererseits aber auch die DDR nicht als Ausland betrachten, da die beiden deutschen Staaten eine Gemeinschaft seien. Die Bundesrepublik müsse aber die wirtschaftlichen und kulturellen Beziehungen zur DDR verstärken und sogar konsularische Beziehungen zu ihrer Regierung aufnehmen, um die Lebensbedingungen der DDR-Bevölkerung zu verbessern. Damit hatte Schütz zum Ausdruck gebracht, was auch viele SPD-Politiker dachten, so etwa Egon Bahr, der in einem Fernseh-Interview im September 1967 den insistierenden Journalisten sagte: »*Wir haben ihn* (den Status quo) *doch akzeptiert. Wenn die Bundesregierung sagt, Gewaltverzicht, na, was ist das denn anderes?«*[22])

346

2. Der Notenwechsel über Gewaltverzicht mit der Sowjetunion und die Verhärtung der DDR-Position

Den Austausch von Gewaltverzichtserklärungen hatte bereits die Regierung Erhard in ihrer Friedensnote vom 25. März 1966 allen osteuropäischen Staaten vorgeschlagen. Kurt Georg Kiesinger hatte dieses Angebot in seiner Regierungserklärung am 13. Dezember 1966 und in seinem Brief an Willi Stoph vom 13. Juni 1967 auch auf die DDR ausgedehnt. Der feierlich erklärte Verzicht auf Gewaltanwendung schien ein Weg zu sein, wie die Bundesregierung aller Welt ihre Bereitschaft, die bestehenden Verhältnisse in Europa und Deutschland zu akzeptieren, bekunden konnte, ohne sie doch ausdrücklich und völkerrechtlich verbindlich anerkennen zu müssen. Die Hoffnung auf eine friedliche Revision der deutschen Verhältnisse blieb damit erhalten, und die Bundesrepublik konnte nicht länger als Friedensstörer angeprangert werden, nur weil sie auf der Wiedervereinigung Deutschlands bestand.[23]) Die Regierung der Großen Koalition legte allerdings Wert darauf, den Gewaltverzicht nicht von Block zu Block auszusprechen, wie es die Karlsbader Erklärung der kommunistischen Parteien gefordert hatte, sondern zweiseitige Erklärungen auszutauschen, um zwischen den Vertragspartnern differenzieren zu können.

Die Reaktion der Sowjetunion auf das bundesdeutsche Angebot war alles andere als ermutigend. In einer Note vom 12. Oktober 1967[24]) verlangte die sowjetische Regierung, bevor sie mit der Bundesregierung verhandelte, volle Klarheit darüber, ob die Bundesregierung bereit sei, *»Gewaltverzichtserklärungen auch mit der DDR auszutauschen, und zwar unter den gleichen Bedingungen wie mit den anderen sozialistischen Staaten«.* In einer weiteren Note vom 21. November 1967[25]) wiederholte die sowjetische Regierung nicht nur die üblichen Anerkennungsforderungen, sie machte darüber hinaus auch ihren Anspruch geltend, aufgrund der sogenannten Feindstaatenklausel in Artikel 53 und 107 der UNO-Charta von 1945 als Siegermacht des Zweiten Weltkrieges auch nach dem Austausch von Gewaltverzichtserklärungen militärisch gegen die Bundesrepublik vorgehen zu dürfen, falls diese den Frieden bedrohte.

Die Sowjetunion unterstützte ihren Anspruch auf dieses in der sog. Feindstaatenklausel der UNO-Charta festgelegte »Interventionsrecht« in einer weiteren Note vom 8. Dezember 1967 an die Bundesregierung und die drei Westmächte.[26]) Diese Note befaßte sich mit der Entwicklung der NPD und erinnerte daran, *»daß das Potsdamer Abkommen die restlose Vernichtung der National-sozialistischen Partei und ihrer Filialen«,* das Verbot *»jeder nazistischen oder militaristischen Tätigkeit oder Propaganda«*

sowie »*der nazistischen oder militaristischen Doktrinen*« und schließlich die »*Nichtzulassung aktiven Nazismus zur politischen und gesellschaftlichen Betätigung*« gefordert habe.

Die Bundesregierung wies die in der Note enthaltenen Vorwürfe und Verdächtigungen am 22. Dezember 1967 zurück[27]) und erläuterte ihre Vorstellungen noch einmal am 9. April 1968[28]): »*Die Bundesregierung ist bereit, mit jedem Mitglied des Warschauer Pakts Verhandlungen über den Austausch von Erklärungen über den Gewaltverzicht in verbindlicher Form aufzunehmen. Sie ist auch bereit, mit dem anderen Teil Deutschlands über einen verbindlichen Gewaltverzicht zu sprechen.*« Sie wandte sich jedoch entschieden gegen jedes Interventionsrecht der ehemaligen Feindstaaten, denn »*ein solcher Vorbehalt würde den Gewaltverzicht einseitig jeder praktischen Bedeutung entkleiden*«.

Sowjetische Proteste gegen die Bundespräsenz in West-Berlin

Der polemische Notenwechsel wurde begleitet von Protesten und Maßnahmen der Sowjetunion und der DDR gegen die Bundespräsenz in West-Berlin. Am 6. Januar 1968 protestierte der sowjetische Botschafter in Bonn, S. K. Zarapkin, beim Bundeskanzler gegen die »provokatorischen Maßnahmen« der Bundesregierung in West-Berlin.[29]) Am 13. Februar 1968 folgte sein Ost-Berliner Amtskollege Abrassimow, der in einer Protestnote an die Botschafter der USA, Englands und Frankreichs behauptete: »*Die Regierung der deutschen Bundesrepublik ist bestrebt, West-Berlin allmählich in ihre Kriegsvorbereitungen mit einzubeziehen, obwohl diese Versuche den besonderen Status West-Berlins, der durch entsprechende interalliierte Abkommen festgelegt wurde, nicht ändern können.*«[30])

Um das Recht auf Bundespräsenz in West-Berlin zu demonstrieren, tagten am 4. März 1968 alle Bundestagsausschüsse und Fraktionen, am 5. und 6. März auch das Bundeskabinett unter Vorsitz des Bundeskanzlers in West-Berlin.[31]) Daß die Bundesregierung indessen nicht auf Konfrontationskurs mit der DDR gehen wollte, zeigte sich im »Bericht zur Lage der Nation im geteilten Deutschland«, den Bundeskanzler Kiesinger zum ersten Mal am 11. März 1968 vor dem Bundestag abgab.[32]) Darin bekräftigte er nicht nur die Bereitschaft seiner Regierung, »*über alle praktischen Fragen des Zusammenlebens der Deutschen mit der Regierung in Ost-Berlin zu verhandeln*«, er erneuerte auch sein Angebot, mit Ministerpräsident Stoph über einen Gewaltverzicht zu sprechen. Eine völkerrechtliche Anerkennung der DDR als Ausland lehnte er allerdings nach wie vor ab.

Auf dem Nürnberger Parteitag der SPD erklärte Willy Brandt ebenfalls im März 1968, der mit der DDR zu vereinbarende Gewaltverzicht müsse ebenso verbindlich sein wie Gewaltverzichtsabkommen mit anderen Staaten des Warschauer Pakts; die Bundesregierung müsse ihren Willen deutlich machen, »*die bestehenden Grenzen in Europa, insbesondere die gegenwärtige polnische Westgrenze, zu respektieren und anzuerkennen*«[33]). Beide Äußerungen beschworen erregte Diskussionen zwischen den Koalitionspartnern herauf. Doch die DDR war offenbar noch nicht bereit, auf Entspannungssignale zu antworten: Am 10. März 1968 verbot der DDR-Innenminister, Generaloberst Dickel, Mitgliedern der NPD oder Bürgern der Bundesrepublik und West-Berlins, »die sich im neonazistischen Sinne betätigten«, die Ein- und Durchreise in bzw. durch die DDR.[34]) Die Bundesregierung protestierte aus prinzipiellen Gründen gegen diese Maßnahmen.

Behinderungen des Berlin-Verkehrs durch die DDR

Am 13. April folgte eine Anordnung Dickels, die den Ministern und leitenden Beamten der Bundesregierung bis auf weiteres die Durchreise durch die DDR nach West-Berlin verwehrte.[35]) Begründet wurde diese Anordnung u. a. mit dem im Potsdamer Abkommen vorgeschriebenen Kampf gegen den Nazismus und Militarismus einerseits, den Mordanschlag auf Rudi Dutschke andererseits und schließlich mit der Vorbereitung der Notstandsgesetze, bei der der in Berlin wohnhafte Innenminister Benda federführend war.

Infolgedessen wurde verordnet: »*Aus Anlaß des rechtswidrigen Eingreifens des Innenministers der Bundesrepublik, Benda, gegen Angelegenheiten der selbständigen politischen Einheit West-Berlin und der Anwendung der Notstandspolitik der Bonner Regierung gegen die demokratischen Kräfte in West-Berlin kann den Ministern und leitenden Beamten der westdeutschen Bundesregierung bis auf weiteres die Durchreise durch das Hoheitsgebiet der Deutschen Demokratischen Republik nach West-Berlin nicht gestattet werden. Diese Maßnahme wird die wirtschaftlichen und kulturellen Außenbeziehungen West-Berlins nicht beeinträchtigen.*«

Unter Verweis auf diese Anordnung wurde am 26. April 1968 der Regierende Bürgermeister von Berlin, Klaus Schütz, der zugleich der turnusmäßige Präsident des Bundesrats war, am Grenzkontrollpunkt Babelsberg von DDR-Grenzbeamten an der Weiterfahrt durch die DDR gehindert.[36])

Einen Höhepunkt erreichten die Maßnahmen der DDR gegen die Bindungen zwischen West-Berlin und der Bundesrepublik am 11. Juni 1968, als die DDR die Paß- und Visumpflicht im innerdeutschen Reiseverkehr einführte.[37]) Für die Ein- und Ausreise in die bzw. aus der DDR sowie für die Durchreise durch die DDR nach und von Berlin brauchten fortan alle Bürger der Bundesrepublik und West-Berlins ein Visum der DDR-Behörden. Außerdem mußten westdeutsche und West-Berliner Transportunternehmen nunmehr eine sogenannte »Steuerausgleichsabgabe« für die Benutzung der Straßen und Wasserstraßen der DDR bezahlen. Daraufhin verabschiedete der Bundestag am 17. Juni 1968 ein

Die DDR führt die Paß- und Visumspflicht ein

Berlin-Hilfe-Gesetz, das durch Vergünstigungen für den Wohnungsbau und Investitionen die Wirtschaftskraft West-Berlins stärken sollte.[38])

Die Bundesregierung und die Westalliierten protestierten gegen diese Behinderung des Berlin-Verkehrs. Willy Brandt wies in einer Unterredung mit dem sowjetischen Botschafter in Ost-Berlin, Pjotr Abrassimow, am 18. Juni 1968 auf die schädlichen Wirkungen der DDR-Maßnahmen für die Entspannungsbemühungen hin.[39]) Der am 24. und 25. Juni 1968 in Reykjavik tagende NATO-Ministerrat betonte die Verantwortlichkeit der vier Mächte für Deutschland und Berlin als Ganzes und protestierte gegen die einseitige Verletzung alliierter Rechte durch die DDR.[40]) Willy Brandt wiederholte bei dieser Gelegenheit noch einmal die Bereitschaft der Bundesregierung, auch mit der DDR Gewaltverzichtserklärungen auszutauschen und auf jeden Versuch zu verzichten, *die sozialen Strukturen im anderen Teil Deutschlands durch Gewalt zu verändern*.

In Reykjavik beschloß die NATO überdies, den Warschauer-Pakt-Staaten Verhandlungen über einen beiderseitigen ausgewogenen Truppenabbau in Europa vorzuschlagen. Dieses »Signal von Reykjavik« leitete die Gespräche über »beiderseitige ausgewogene Truppenverminderung« (MBFR) in Wien ein.[41]) Doch die DDR beharrte auf völkerrechtlicher Anerkennung durch Bonn (Note vom 21. Juli und Rede Ulbrichts vor der Volkskammer am 9. August 1968[42]). Als die Sowjetunion am 5. Juli 1968 auf die Bonner Noten zum Gewaltverzicht vom April 1968 antwortete, geschah dies in polemischem Ton. Die Note warf der Bundesregierung vor, sie betreibe den Austausch von Gewaltverzichtserklärungen nur, um »ihre ganze revanchistische Plattform in allen Hauptfragen der europäischen Sicherheit unangetastet« zu lassen.[43]) Am 11. Juli veröffentlichte die Sowjetunion Auszüge aus dem bisher vertraulichen Notenwechsel, wie um zu demonstrieren, daß sie an einen Fortgang der Gespräche nicht glaubte bzw. keinen Wert mehr darauf legte.[44])

3. Das Ende des »Prager Frühlings« und die Ostpolitik der Bundesrepublik

Je mehr die Regierung der Großen Koalition sich bemüht hatte, ihre Beziehungen zu den osteuropäischen Staaten zu entspannen, mit der Sowjetunion in Verhandlungen über Gewaltverzicht einzutreten und auch das Verhältnis zur DDR in praktischen Fragen zu normalisieren, desto härter waren die Reaktionen der Sowjetunion und der DDR ausgefallen. Die Sowjetunion hatte die Feindstaatenklausel der UNO-Charta wiederentdeckt und gemeinsam mit ihren Verbündeten gegen die wachsende Bedrohung durch Neofaschismus, Revanchismus und Militarismus in der Bundesrepublik polemisiert. Diese Taktik verfolgte offenbar den Zweck, die Befürworter der Entspannungspolitik in der Bundesrepublik zu desavouieren und die Entspannungspolitik der Großen Koalition zu blockieren. Um so leichter konnte dann die Bundesrepublik als Friedensstörer an den Pranger gestellt und die Staaten des Warschauer Pakts zur Abwehr der westdeutschen Bedrohung auf eine gemeinsame Politik nach innen und nach außen eingeschworen werden.

Inzwischen hatten sich nämlich in der ČSSR Entwicklungen vollzogen, die sowohl die sowjetische als auch die polnische und die DDR-Führung mit wachsender Unruhe beobachteten. Anfang Januar 1968 war der stalinistische Partei- und Regierungschef Novotny durch eine neue Führung um Alexander Dubček abgelöst worden.[45]) Die Dubček-Gruppe begann längst fällige Reformen im Staats-, Wirtschafts- und Kulturleben der ČSSR durchzuführen. Der »Prager Frühling« brachte mehr Redefreiheit, größere Autonomie für Gewerkschaften und Kulturorganisationen, er verbesserte die Wirtschaftsführung, hielt aber am Führungsanspruch der kommunistischen Partei und an der Zugehörigkeit der ČSSR zum Warschauer Pakt fest. Gleichwohl sah die sowjetische Führung im Prager »Reformkommunismus«, der vor allem in der DDR und in Polen positive Resonanz fand, eine Gefahr für die Einheitlichkeit des sozialistischen Lagers und einen Angriff auf ihren Führungsanspruch. Nachdem Drohungen mit Truppenmanövern und ein Ultimatum des Warschauer Pakts im Juli 1968 ihre Wirkung auf die Prager Führung verfehlt hatten, marschierten am 21. August 1968 die Sowjetunion und ihre Verbündeten, darunter auch Einheiten der DDR-Volksarmee, in die ČSSR ein, setzten die tschechoslowakische Führung unter Dubček ab und machten dem Versuch, einen »Sozialismus mit menschlichen Zügen« zu verwirklichen, ein Ende.[46])

Der »Prager Frühling«

Die Intervention der Warschauer-Pakt-Staaten am 21. 8. 1968

Begründet wurde die militärische Intervention des Warschauer Pakts gegen die ČSSR hauptsächlich mit der »Subversion des westdeutschen Imperialismus«, der angeblich die Reformmaßnahmen angezettelt und sogar einen Einmarsch in die ČSSR vorbereitet hätte.[47]) Daß diese Behauptung weder in den neutralen noch in den osteuropäischen Ländern ernstgenommen wurde, war bereits ein Erfolg der Entspannungspolitik der Großen Koalition. Dennoch stürzte die Intervention des Warschauer Pakts gegen die Prager Reformpolitik die Ost- und Deutschlandpolitik der Großen Koalition in eine tiefe Krise.

Die zur Rechtfertigung der Intervention am 12. November 1968 verkündete Breschnew-Doktrin behauptete, daß die sozialistischen Staaten in ihrer Souveränität insofern beschränkt seien, als diese »den Interessen

Die Breschnew-Doktrin

351

des internationalen Sozialismus« nicht widersprechen dürfe. Sollte der Sozialismus in einem Lande gefährdet sein, so wären die übrigen Mitglieder des sozialistischen Lagers zu »militärischer Hilfe für ein Bruderland« verpflichtet. Die westliche Politik der Auflockerung der Blöcke schien damit ebenso gescheitert zu sein wie die Bemühungen der osteuropäischen Länder um eine eigenständige, nationalkommunistische Entwicklung.

Das Ende des Prager Frühlings und die Breschnew-Doktrin ließen die schwelenden Gegensätze innerhalb der Großen Koalition offen zum Ausbruch kommen. Eine Minderheit der CDU/CSU hatte die Entspannungspolitik von Anfang an für verfehlt gehalten und sah sich nun bestätigt. Die Mehrheit der CDU hatte die »Politik der Bewegung« gegenüber den osteuropäischen Staaten unterstützt, um den Friedenswillen der Bundesrepublik zu beweisen, ohne sich davon aber praktische Ergebnisse etwa in der Deutschlandfrage zu versprechen. Für verbesserte Kontakte mit den osteuroäischen Staaten wollten sie daher keineswegs Rechtsansprüche der Bundesrepublik, wie den Alleinvertretungsanspruch oder die Oder-Neiße-Grenze, aufs Spiel setzen. Für beide Richtungen in der CDU/CSU war die Regierung bis hart an die Grenze zur Aufgabe solcher Positionen oder auch schon darüber hinaus gegangen, ohne dafür etwas anderes erhalten zu haben als feindselige Antworten und Maßnahmen, die die deutsche Teilung eher vertieften als überwanden. Der 21. August 1968 war daher für große Teile der CDU/CSU ein Beweis dafür, daß die bisherige Ostpolitik der Großen Koalition gescheitert war. Moskau hatte alle Angebote nur als Zeichen der Schwäche interpretiert. Als notwendig wurde daher eine Rückkehr zu den außenpolitischen Prinzipien Konrad Adenauers angesehen.[48])

Dagegen blieb die SPD-Führung bei ihrer Überzeugung, daß Veränderungen innerhalb des Ostblocks und auch innerhalb der DDR möglich seien und daß Verhandlungen geführt werden könnten, wenn die verschiedenen Anerkennungsforderungen der Sowjetunion und der DDR nicht Vorbedingungen, sondern Gegenstand von Verhandlungen würden. Die Intervention gegen Prag erschien aus dieser Perspektive als Beweis dafür, daß die neue Ostpolitik und die inneren Entwicklungen in Osteuropa die Sowjetunion in die Defensive gedrängt hatten. Der Westen müsse daher seine offensive Ostpolitik fortsetzen. Argumentiert wurde auch, daß die Sowjetunion durch die Intervention ihre Führungsrolle in Osteuropa nachdrücklich bestätigt und die Kontrolle über ihren Interessen- und Machtbereich wiederhergestellt hatte. Aus dieser gesicherten Basis heraus würde sie eher zu Verhandlungen über Gewaltverzicht und Abrüstung mit dem Westen bereit sein als früher.[49])

Daß sich tatsächlich die Aussichten für eine Entspannung in Europa im

Frühjahr 1969 spürbar verbesserten, lag freilich nicht an der bundesdeutschen Ostpolitik, sondern hing mit der weltpolitischen Entwicklung,
vor allem mit Veränderungen in Ostasien, zusammen. Am 2. März 1969
stießen am Grenzfluß Ussuri chinesische und sowjetische Truppen aufeinander. Die sowjetisch-chinesischen Spannungen steigerten sich zum
offenen Konflikt. In Washington hatte im Januar 1969 der Republikaner
Richard Nixon den Demokraten Lyndon B. Johnson als Präsident abgelöst. Nixon und sein Sicherheitsberater Henry Kissinger waren entschlossen, den Krieg in Vietnam zu beenden, die Beziehungen zur Sowjetunion wie zu China zu verbessern und das weltpolitische Überenga-
gement der USA zu verringern. Auch die amerikanische Außenpolitik
war daher an einer Fortsetzung der Entspannungspolitik in Europa, d. h.
vor allem an einer Entschärfung der deutschen Frage, interessiert.

Ein wichtiges Indiz für die wachsende sowjetische Entspannungsbereit-
schaft waren einmal die praktische Zurücknahme der sowjetischen Drohungen gegen den Berlinverkehr anläßlich der Wahlen des Bundespräsidenten in Berlin am 4. und 5. März 1969[50]) und vor allem die Beschlüsse
der Budapester Konferenz des Warschauer Pakts vom 17. März 1969.[51])
Sie nahmen z. T. die Beschlüsse der Budapester Konferenz von 1966
wieder auf. Doch an Stelle eines europäischen Sicherheits*systems* wurde
jetzt eine europäische Sicherheits*konferenz* vorgeschlagen. Statt der
Endgültigkeit und Unwiderruflichkeit wurde die Unantastbarkeit der
Grenzen in Europa gefordert. Die bekannten Forderungen nach Anerkennung der DDR und der Oder-Neiße-Grenze sowie nach Verzicht
auf Atomwaffen durch die Bundesrepublik wurden wiederholt, und
zwar als »Hauptvoraussetzungen für die Gewährleistung der europäischen Sicherheit«, jedoch nicht als Voraussetzungen für die Aufnahme
von Verhandlungen zwischen den Staaten des Warschauer Pakts und
der Bundesrepublik.

Statt Anerkennung der Tatsache, »daß zwei deutsche Staaten bestehen«,
verlangte der »Budapester Appell« die Anerkennung der »Existenz der
DDR«. Hier lag gegenüber früheren Forderungen ein wichtiger Formu-
lierungsunterschied, der von Außenminister Brandt und der SPD sogleich als Ermutigung für ihre Entspannungsbemühungen aufgenommen
wurde. Zur Anerkennung der staatlichen Existenz der DDR — aber
nicht zu ihrer völkerrechtlichen Anerkennung als »Ausland« — war die
SPD ja spätestens seit dem Nürnberger Parteitag 1968 ebenso bereit wie
zu der vom Warschauer Pakt geforderten »Respektierung und Anerkennung« der Oder-Neiße-Grenze, was den Vorbehalt einer endgültigen
Regelung durch einen gesamtdeutschen Friedensvertrag nicht unmöglich
machte.[52]) Die entscheidende Frage war indes, ob die Sowjetunion und
die DDR bereit sein würden, als Gegenkonzession zur Anerkennung des

Status quo zwischen der Bundesrepublik und der DDR bzw. zwischen der Bundesrepublik und Polen den Status quo in Berlin — die institutionellen Bindungen West-Berlins an die Bundesrepublik und den freien Zugang zur Stadt — vertraglich anzuerkennen.[53])

Am 10. April 1969 erklärte ein NATO-Beschluß, der sich mit der vom Warschauer Pakt vorgeschlagenen Sicherheitskonferenz befaßte: »*Die Minister sind der Auffassung, daß eine europäische Friedensregelung unter anderem Fortschritte bei der Beseitigung bestehender Spannungsquellen im Herzen Europas voraussetzt. Sie sind der Meinung, daß konkrete Maßnahmen zur Verbesserung der Lage in Berlin, zur Wahrung des freien Zugangs zu dieser Stadt und zur Beseitigung von Einschränkungen des Verkehrs und der Verbindungen zu den beiden Teilen Deutschlands einen wesentlichen Beitrag zu diesem Ziel darstellen würden*«.[54]) Als Antwort darauf konnte die Rede betrachtet werden, die der sowjetische Außenminister Gromyko am 10. Juli 1969 vor dem Obersten Sowjet hielt und in der die sowjetische Regierung ihre Bereitschaft zu Viermächte-Verhandlungen über Berlin kundtat.[55]) Am 6. und 7. August griffen die drei Westmächte mit dem Einverständnis der Bundesregierung dieses Angebot auf.[55a]) Der polnische Partei- und Regierungschef Gomulka äußerte sich positiv über Willy Brandts Formel von der »Anerkennung und Respektierung« der Oder-Neiße-Grenze und schlug der Bundesregierung am 17. Mai 1969 Verhandlungen über einen Grenzvertrag vor, ohne die Anerkennung der DDR zur Vorbedingung zu machen.[56]) Schließlich beantwortete die sowjetische Regierung die Vorschläge, die die Bundesregierung im Juli 1969 zur Frage des Gewaltverzichts gemacht hatte, noch kurz vor den Bundestagswahlen am 12. September 1969 mit einer Einladung zu mündlichen Verhandlungen in Moskau.[57])

Damit waren Anknüpfungspunkte gegeben und Gespräche eingeleitet. Entscheidungen wurden bis zu den Bundestagswahlen im Herbst 1969 jedoch nicht mehr gefällt, denn bereits Anfang 1969 hatte der Wahlkampf eingesetzt und darin prallten nun die unterschiedlichen Positionen der beiden Koalitionspartner auch in außenpolitischer Hinsicht immer unversöhnlicher aufeinander. Gegen Brandts Zielsetzung, Entspannung mit der Sowjetunion, Osteuropa und der DDR auf der Basis des Status quo zu suchen, führte die CDU/CSU Argumente ins Feld, die wieder hinter die Regierungserklärung Kiesingers vom Dezember 1966 zurückfielen.[58]) Teile der FDP wiederum waren bereit, auch hier »die alten Zöpfe« abzuschneiden und sich auf den »Boden der Realitäten« zu stellen. Auf außenpolitischem Gebiet zeichnete sich bereits die kleine SPD/FDP-Koalition ab, die nach den Wahlen die unter der Großen Koalition eingeleiteten Kontakte und Gespräche weiterführen und in den Ostverträgen der Jahre 1970 bis 1972 zum Abschluß bringen sollte.

4. Das Ende der Großen Koalition

Je näher der Termin der Bundestagswahlen 1969 rückte, desto schärfer traten die unterschiedlichen Ansichten in der Deutschland- und Ostpolitik, in der Innen- und Finanzpolitik sowie in der Wirtschaftspolitik hervor. Strittige Probleme wurden nicht gelöst, sondern — so eine Formel Bundeskanzler Kiesingers — »ausgeklammert«. Vor allem in der SPD wuchs die Opposition gegen die Große Koalition und die Kritik an der Parteiführung. Unter dem Einfluß und dem Druck der Gewerkschaften und der Außerparlamentarischen Opposition kam auch die innerparteiliche Diskussion wieder in Gang.

Schon auf dem Nürnberger Parteitag der SPD vom 17. bis 21. März 1968[59]) wurde ein Antrag, der die Bildung der Großen Koalition nachträglich billigen sollte, nur mit knapper Mehrheit angenommen. Auf dem gleichen Parteitag verkündete Willy Brandt unter Zustimmung der Delegierten seine These von der Anerkennung der staatlichen Existenz der DDR und von der Anerkennung und Respektierung der polnischen Westgrenze, die beim Koalitionspartner heftige Gegenreaktionen auslöste (s. oben S. 114). Einen weiteren Gegensatz zur CDU/CSU markierte der Beschluß des Parteitages, die Unterzeichnung des Vertrages über die Nichtverbreitung von Atomwaffen zu befürworten. Nürnberger Parteitag der SPD (März 1968)

Schließlich verschob der SPD-Parteitag die Entscheidung über eine Reform des Wahlrechts, was einer Ablehnung gleichkam. Ein Kernstück aus dem Regierungsprogramm der Großen Koalition war damit hinfällig geworden. Innenminister Paul Lücke (CDU) zog daraus die Konsequenz und trat am 2. April 1968 zurück.[60]) Sein Nachfolger wurde Ernst Benda (CDU). Die ablehnende Haltung der SPD zum Mehrheitswahlrecht war beeinflußt von den Ergebnissen der Landtagswahlen 1967 und 1968, bei denen die SPD durchweg schlecht abgeschnitten hatte. Die Einführung des Mehrheitswahlrechts würde, so schien es, die Vorherrschaft der CDU/CSU in Bonn auf absehbare Zeit festigen, während das geltende Verhältniswahlrecht der FDP eine Überlebenschance bot und damit der SPD einen möglichen Koalitionspartner erhielt. Die SPD lehnt das Mehrheitswahlrecht ab

Nur bei den Landtagswahlen in Schleswig-Holstein am 23. April 1967 hatte die SPD einen Zuwachs von 36 000 Stimmen (= 0,2 Prozentpunkte) und einen Sitz erzielen können. Bei den Wahlen zum Berliner Abgeordnetenhaus (12. März 1967) und zu den Landtagen von Rheinland-Pfalz (23. April 1967) und Niedersachsen (4. Juni 1967) hatte sie Verluste zwischen 1,8 und 5 Prozentpunkten einstecken müssen. Auch die FDP verlor Stimmen. Gewinner waren die CDU, die Zuwächse zwischen 4,1 Prozentpunkten (Berlin und Niedersachsen) und 2,3 Prozent- Landtagswahlen 1967–1968 punkten (Rheinland-Pfalz) erzielte, und die NPD, die in die Landtage von Schleswig-Holstein, Rheinland-Pfalz und Niedersachsen einzog (s. Übersichten im Anhang).

Bei den Bürgerschaftswahlen in Bremen büßte die SPD am 1. Oktober 1967 ihre absolute Mehrheit von 54,7 % ein und kam nur noch auf 46 % der Stimmen. Die CDU gewann 0,6 Prozentpunkte dazu, und die FDP konnte erstmals seit Bildung der Großen Koalition einen Wahlerfolg verbuchen: Ihr Stimmenanteil stieg von 8,4 % auf 10,5 %. Die NPD kam auf 8,8 % und zog mit acht Abgeordneten in die Bürgerschaft ein (s. Anhang). In Pressekommentaren wurde das schlechte Abschneiden der SPD zum einen darauf zurückgeführt, daß sie erstmals ohne die überragende Gestalt Wilhelm Kaisens angetreten war, daß aber darüber hinaus auch ein Großteil sozialdemokratischer Stammwähler aus Protest gegen die Koalitionspolitik der Partei entweder gar nicht oder die Deutsche Friedensunion (DFU) − die mit 4,2 % der Stimmen den Einzug in die Bürgerschaft nur knapp verfehlte − gewählt hätten. Im übrigen wurde das Bremer Wahlergebnis als Beweis dafür interpretiert, daß die Große Koalition die kleineren Parteien nicht erschlagen, sondern im Gegenteil gefördert hatte.[61])

Der Trend setzte sich nach dem Nürnberger Parteitag der SPD fort: Bei den Landtagswahlen in Baden-Württemberg rutschte die SPD am 28. April 1968 von 37,3 % auf 29 % der Stimmen und verlor zehn ihrer 47 Mandate. Die CDU gewann 2 Prozentpunkte und ein Mandat, die FDP steigerte sich von 13,1 % und 14 Mandaten auf 14,4 % und 18 Mandate, und die NPD zog mit 9,8 % der Stimmen und 12 Abgeordneten in das siebente Landesparlament ein (s. Anhang). In einem Kommentar zum Wahlergebnis schrieb die »Zeit«[62]): *»Etwas mehr als ein Jahr Große Koalition hat genügt, um 10 Jahre stetigen sozialdemokratischen Wachstums in der Opposition zunichte zu machen ... Herbert Wehner, der seine Partei in Bonn wie in Stuttgart in das Bündnis mit der CDU geführt hat, ist mit seiner Strategie gescheitert, die Sozialdemokraten durch Selbstentäußerung an die Macht zu bringen. Im Gegenteil: Seit dem Ergebnis von Stuttgart ist es klar, daß die Aussichten für einen wirklichen Regierungswechsel, eine Machtübernahme der SPD, auf Jahre hinaus geschwunden sind.«*

Umorientierung der FDP

Die Erfolge der FDP in Bremen und Baden-Württemberg konnten als Bestätigung für den neuen Kurs aufgefaßt werden, den die Partei in der Opposition eingeschlagen hatte. Als die FDP 1966 unerwartet in die Rolle einer praktisch aussichtslosen Opposition geraten war, begriff zunächst nur eine Minderheit in der Partei diese Situation als Neuorientierung. Diese »Linken« in der FDP drängten auf einen neuen Kurs in der Deutschland- und Ostpolitik und auf Reformen in der Innenpolitik. Sie konnten sich dabei auf einen Wandel in der Mitglieder- und Wähler-struktur der FDP berufen: Der Anteil der Selbständigen ging zugunsten der Angestellten, insbesondere der leitenden Angestellten, zurück. Diese »sozialen Aufsteiger« wollte die FDP halten bzw. gewinnen durch ein Programm, das neuen gesellschaftlichen Entwicklungen gegenüber auf-geschlossen war und außenpolitisch keine Tabus mehr kannte.[63])

Gegen den Parteivorsitzenden Erich Mende war eine Umorientierung der FDP von einem »nationalliberalen« zu einem »sozialliberalen« Kurs nicht möglich. Es war daher ein wichtiger Schritt in Richtung auf eine Bonner Koalition mit der SPD, wie sie in Düsseldorf seit dem Dezember 1967 bereits bestand, als Erich Mende auf eine neue Kandidatur zum Parteivorsitzenden verzichtete und die Partei auf dem Freiburger Partei-tag (29.–31. Januar 1968) Walter Scheel zum neuen Parteivorsitzenden wählte[64]). Zum neuen Parteivorstand gehörte auch der international an-erkannte Soziologe Ralf Dahrendorf. In einer vielbeachteten Rede vor dem Parteitag über »Politik der Liberalität statt Bündnis der Unbeweg-lichkeit«[65]) machte Dahrendorf die Erstarrung der Verhältnisse in der Bundesrepublik für die »Unruhe, die sich vielerorts breitmacht«, verant-wortlich und forderte »eine Gesellschaftspolitik der Liberalität«, in deren Mittelpunkt nicht Sicherheit, sondern Offenheit stehen müßte.

Darunter verstand Dahrendorf eine Politik, die dem einzelnen Bürger die Möglichkeit gab, seine ihm durch die Verfassung und die Gesetzge-bung eingeräumten Rechte auch tatsächlich wahrzunehmen. Eine ent-scheidende Voraussetzung dafür war seiner Meinung nach das »Bürger-recht auf Bildung«. Das Ziel liberaler Innen- und Gesellschaftspolitik sollte die Erneuerung der Bundesrepublik im Sinne einer »Offenen Ge-sellschaft« und nicht im Sinne einer »Formierten Gesellschaft«, wie sie Ludwig Erhard vorgeschwebt hatte, sein. Als außenpolitisches Pro-gramm der FDP formulierte Walter Scheel Zielvorstellungen, die – wie die Normalisierung des Verhältnisses zur DDR und zu den osteuropäi-schen Staaten, der Verzicht auf die Hallstein-Doktrin und die Respek-tierung der Oder-Neiße-Grenze – der SPD näherkamen als der CDU/CSU. Scheel vermied jedoch aus Rücksicht auf den konservativen Flügel der FDP jede Koalitionsaussage zugunsten der SPD.[66])

Offenkundig wurde die Annäherung zwischen FDP und SPD anläßlich der Wahl des Bundespräsidenten im März 1969. Um die Wahl des Bun-despräsidenten von den Bundestagswahlen und dem damit verbundenen Wahlkampf zu trennen, hatte sich Bundespräsident Heinrich Lübke be-reit erklärt, vor Ablauf seiner Amtszeit, nämlich zum 30. Juni 1968 zu-rückzutreten.[67]) Die Wahl seines Nachfolgers sollte am 5. März 1968 in Berlin stattfinden. So hatte es Bundestagspräsident Eugen Gerstenmaier (CDU) festgelegt, bevor auch er am 23. Januar 1969 sein Amt aufgab.

Der Freiburger
Parteitag
der FDP
(Januar 1968)

Gerstenmaier war ins Zwielicht und unter den Druck der Öffentlichkeit, des Parlaments und schließlich auch seiner eigenen Partei geraten, als sich herausstellte, daß er im Rahmen der Wiedergutmachung 281 000 DM als Versorgungsbezüge für eine theologische Professur erhalten hatte, weil ihm 1938 aus politischen Gründen die Habilitation verweigert und damit die Aussichten auf eine solche Professur verbaut worden waren. Außerdem hatte Gerstenmaier angeblich die Formulierung der einschlägigen 7. Novelle zum Wiedergutmachungsgesetz beeinflußt und sich damit zwar im Rahmen der gesetzlichen Möglichkeit bewegt, aber politisch unglaubwürdig gemacht.[68]) Gerstenmaiers Nachfolger als Bundestagspräsident wurde der ehemalige Verteidigungsminister Kai Uwe von Hassel (CDU).

Die Parteien der Großen Koalition konnten sich nicht auf einen gemeinsamen Kandidaten für das Amt des Bundespräsidenten einigen. Die CDU/CSU stellte Verteidigungsminister Gerhard Schröder, die SPD Justizminister Gustav Heinemann als Kandidaten auf. Entscheidend für den schließlichen Sieg des SPD-Kandidaten war, daß es der Parteiführung der FDP am Vorabend der Wahl gelang, fast alle FDP-Wahlmänner der Bundesversammlung für Heinemann zu gewinnen.[69]) In den ersten beiden Wahlgängen erreichte keiner der beiden Kandidaten die erforderliche Mehrheit der Mitglieder der Bundesversammlung (mindestens 519). Heinemann kam im ersten Wahlgang auf 514, Schröder auf 501 Stimmen, 5 Wahlmänner enthielten sich der Stimme, 3 Stimmen waren ungültig. Im zweiten Wahlgang bekam Heinemann 511, Schröder 507 Stimmen, 5 Wahlmänner enthielten sich. Erst im dritten Wahlgang, in dem die einfache Mehrheit ausreichte, wurde Heinemann mit 512 Stimmen gegen 506 Stimmen für Schröder bei 5 Enthaltungen zum dritten Präsidenten der Bundesrepublik Deutschland gewählt.[70])

Wenige Tage nach seiner Wahl erklärte Heinemann in einem Interview, das am 8. März in der »Stuttgarter Zeitung« veröffentlicht wurde: »*Es hat sich jetzt ein Stück Machtwechsel vollzogen, und zwar nach den Regeln einer parlamentarischen Demokratie. Man hat oft, und ich glaube mehr aus gutem Grund, gesagt, daß eine solche Demokratie ihre Bewährungsprobe erst dann bestanden habe, wenn eben nach ihren Regeln auch einmal ein Machtwechsel zustande gekommen ist. Das ist hier nicht in breiter Front der Fall, das wird sich erst bei der Bundestagswahl ergeben, aber immerhin doch in einem beachtlichen Stück.*«[71])

Diese Äußerung Heinemanns löste bei der CDU/CSU einen Sturm der Entrüstung aus. Die Verärgerung und die Enttäuschung über den Ausgang der Bundespräsidentenwahl auf seiten der CDU/CSU, die Meinungsverschiedenheiten über die DM-Aufwertung im Sommer 1969 und grundsätzliche Differenzen in der Ostpolitik zwischen den Koalitionspartnern führten dazu, daß die Große Koalition bis zu den auf den 28. September 1969 anberaumten Bundestagswahlen nur noch als Regierung auf Zeit bestand und beide Partner versuchten, sich bei den Wählern durch Distanzierung voneinander zu profilieren. Für die SPD schien diese Abgrenzung vom konservativen Koalitionspartner um so notwendiger, als gerade in der Endphase des Wahlkampfes, im September 1969, eine Reihe von gewerkschaftlich nicht geleiteten »wilden« Streiks die Unzufriedenheit vieler Arbeiter über die Lohnentwicklung und ihren Anteil am wirtschaftlichen Aufschwung seit 1966 signalisierten.

Nach den Stimmenverlusten der SPD in den vergangenen Landtagswahlen, den Stimmengewinnen der CDU/CSU, den Wandlungen der FDP und den erstaunlichen Erfolgen der NPD wurde von der Bundestagswahl am 28. September 1969 ein Urteil der Wähler erwartet sowohl über die Zukunft der NPD auf Bundesebene als auch über ein künftiges Regierungsbündnis, das die Große Koalition ablösen sollte. Eindeutig fiel das Wahlergebnis jedoch nicht aus. Die SPD gewann zwar Prozentpunkte, die CDU/CSU aber behauptete sich gut, und die FDP erlitt eine schwere Niederlage: Fast zwei Fünftel ihrer Wähler von 1965 waren zu anderen Parteien übergegangen. Mit 5,8% gelangte die Partei gerade noch über die 5%-Hürde. Die NPD blieb mit 4,3% knapp darunter. Ein Abflauen neonazistischer Tendenzen in der Bundesrepublik ließ sich daraus nicht schließen, denn immerhin hatte die Partei ihren Anteil gegenüber 1965 verdoppeln können.

Offenbar hatte die FDP in dieser Wahl einen großen Teil ihrer alten Anhänger verloren und noch nicht genügend neue gewonnen, um den Verlust wieder wettzumachen. Trotz dieser Wahlniederlage und großzügiger Koalitionsangebote der CDU/CSU entschloß sich die FDP-Führung zu einer Koalition mit der SPD. Die neue sozial-liberale Koalition verfügte über eine sehr knappe Mehrheit von 12 Bundestagsabgeordneten. Darunter waren einige FDP-Mitglieder, die den neuen Kurs der Parteiführung nur sehr widerstrebend mitmachten.

Der von Heinemann angesprochene »Machtwechsel« war also eingetreten: Nach 20 Jahren Regierungszeit standen CDU und CSU in der Opposition. Was skeptische Beobachter im Ausland und Kritiker im Inland kaum für möglich gehalten hatten: Trotz Enttäuschung, Empörung und Verärgerung auf seiten der neuen Opposition vollzog sich der »Machtwechsel« ohne Staatskrise und auch ohne »Bartholomäusnacht«. Ein auffälliger Wechsel der hohen Beamten in den Ministerien fand nur im Kanzleramt und in dem bis dahin von F. J. Strauß geleiteten Finanzministerium statt. Der »Machtwechsel« bewies die von der Außerparlamentarischen Opposition bezweifelte Wandlungsfähigkeit des politischen Sy-

Wahlen zum 6. Bundestag

Der »Machtwechsel«

stems. Er erneuerte und verschärfte den Konflikt zwischen Regierung und parlamentarischer Opposition, der in der Zeit der Großen Koalition geruht hatte, und machte damit die Außerparlamentarische Opposition weitgehend funktionslos.

XI. Die Deutsche Demokratische Republik 1963 bis 1969

Mit dem Bau der Berliner Mauer errichtete die DDR-Führung 1961 ein unüberwindliches Hindernis gegen die weitere Abwanderung qualifizierter Arbeitskräfte nach West-Berlin und in die Bundesrepublik. Die Mauer war eine wesentliche Voraussetzung für den wirtschaftlichen Aufschwung der DDR und die Steigerung des Lebensstandards ihrer Bevölkerung. Gegründet auf diese wirtschaftliche Stärke, festigte sich die Stellung der DDR-Führung im Innern und nach außen. Die DDR wurde im Laufe der sechziger Jahre zur zweitstärksten Industriemacht im Rat für Gegenseitige Wirtschaftshilfe (RGW) und zum wichtigsten wirtschaftlichen und politischen Partner der Sowjetunion. Sie begann, mit der Bundesrepublik Deutschland um Anerkennung in der Dritten Welt zu wetteifern, und wurde in zunehmendem Maße auch von Politikern und Teilen der öffentlichen Meinung in der Bundesrepublik als zweiter deutscher Staat zur Kenntnis genommen und nicht länger als »Zone« geringgeschätzt.

Diese Entwicklung steigerte nicht nur das Selbstbewußtsein der DDR-Führung, die sich in wirtschaftspolitischer und ideologischer Hinsicht vom sowjetischen Vorbild zu emanzipieren suchte, sie förderte auch ein Eigenbewußtsein der DDR-Bevölkerung. Darin mischte sich der Stolz auf die — im Vergleich zur Bundesrepublik unter viel schwierigeren Bedingungen — vollbrachte Aufbauleistung mit einer reservierten Haltung gegenüber »den« Westdeutschen und der Einsicht, daß eine Wiedervereinigung in absehbarer Zeit nicht zu erwarten sei und daß man sich daher im System des »realen Sozialismus« so gut wie möglich einrichten müsse.

1. Das »Ökonomische System des Sozialismus« und die wirtschaftliche Entwicklung

Bereits auf dem VI. Parteitag der SED (15. bis 21. Januar 1963) hatte Walter Ulbricht eine Neuorientierung der Wirtschaftspolitik nach dem

»Grundsatz des höchsten ökonomischen Nutzeffekts« und der »materiellen Interessiertheit« angekündigt.[1]) Wie wichtig diese Neuorientierung genommen wurde, zeigte sich auch in den personalpolitischen Entscheidungen des Parteitages: eine Reihe von Wirtschaftsspezialisten
rückte ins Politbüro der SED ein. Am 24./25. Juni 1963 verabschiedete
eine Wirtschaftskonferenz der SED das »Neue Ökonomische System
der Planung und Leitung der Volkswirtschaft« (NÖSPL). Es wurde am
11. Juli vom Ministerrat und am 15. Juli vom Staatsrat der DDR als
Richtlinie der künftigen Wirtschaftspolitik beschlossen und verkündet.[2])

Das neue System hielt an den Grundprinzipien der sozialistischen Wirtschaftspolitik – dem gesellschaftlichen Eigentum an Produktionsmitteln
und der zentralen Planung – fest, versuchte aber, diese »Zentralverwal-
tungswirtschaft« leistungsfähiger und flexibler zu machen, indem man in
verstärktem Maße die technisch-wissenschaftliche Intelligenz in die Planung und Leitung einbezog und die »materielle Interessiertheit« zur
Steigerung der individuellen und betrieblichen Leistungen ausnutzte. Die
Betriebe sollten in begrenztem Maße über die Verwendung erzielter Gewinne entscheiden können. Durch Festlegung neuer Arbeitsnormen und
Leistungskennziffern und durch ein System von Geld- und Urlaubsprä-
mien sollten Werktätige und Betriebsleitungen zu größeren Leistungen
angespornt und damit Rentabilität und Produktivität der DDR-Wirtschaft insgesamt gesteigert werden.
Bei der Umsetzung des NÖSPL in die Praxis traten alsbald Schwierigkeiten auf. Ein wirklicher Kosten-Nutzen-Vergleich war nicht immer
möglich, da auch die bis 1967 in drei Etappen durchgeführte Industrie-
preisreform nicht die geforderten »kostengerechten« Preise festsetzen
konnte. Das komplizierte System der Löhne, Prämien und Urlaubsver-
günstigungen führte nicht nur zu Leistungssteigerungen, sondern auch
zu Unzufriedenheit bei den Betroffenen. Die Arbeiter konnten die
Grundlagen für ihre Entlohnung nicht mehr durchschauen und fühlten
sich ungerecht behandelt, zumal die Leistung und damit die Entlohnung
oft abhängig war von Faktoren, die nicht der einzelne Arbeiter selbst,
sondern die Betriebsleitung oder die zentrale Planung zu verantworten
hatten: fehlendes Material, veraltete Maschinen, mangelnde Ersatzteile
usw. Ein grundsätzliches Problem des NÖSPL lag schließlich darin, daß
die Stärkung der Eigenverantwortlichkeit und Eigeninitiative der Betriebe das Prinzip der zentralen Planung und einheitlichen Strukturpolitik
durchlöcherte und letztlich den Führungsanspruch der SED zu gefährden schien.

Das ZK der SED zog daraus auf seiner 11. Tagung (15.–18. Dezember
1965) die Konsequenzen und leitete die sogenannte zweite Phase des
Neuen Ökonomischen Systems ein, womit u. a. die teilweise Verlage-

rung wirtschaftlicher Entscheidungen an die VVB und die Betriebe wieder rückgängig gemacht wurde. Der Volkswirtschaftsrat wurde aufgelöst. Aus seinen Industrieabteilungen wurden im Januar 1966 acht Industrieministerien gebildet, die die zum jeweiligen Industriezweig gehörenden VVBs leiten, koordinieren und kontrollieren sollten.[3]) Walter Ulbricht erklärte bei dieser Gelegenheit: »*Das Neue Ökonomische System der Planung ist unser Instrument, mit dessen Hilfe wir die Aufgaben des umfassenden Aufbaus des Sozialismus und der technischen Revolution in der DDR lösen und den Übergang vom Kapitalismus zum Sozialismus in der DDR vollenden. Mit dem neuen Ökonomischen System der Planung und Leitung schaffen wir uns die Grundlagen der ökonomischen Gesetze des Sozialismus. Das eigene ökonomische System des Sozialismus in der DDR. Es ist das ökonomische System eines sozialistischen Staates, der die unerhörten Belastungen der imperialistischen Vergangenheit, insbesondere des faschistischen Weltkrieges und der Spaltung des Landes, im wesentlichen gemeistert hat.*«[4])

Der VII. Parteitag der SED (17.–22. April 1967) verkündete den Übergang vom Neuen Ökonomischen System der Planung und Leitung zum »Ökonomischen System des Sozialismus« (ÖSS) und das Konzept der »strukturbestimmenden Aufgaben«. Die ursprünglich vorgesehene allgemeine Modernisierung der Volkswirtschaft der DDR sollte nun konzentriert werden auf Wachstumsindustrien oder sogenannte strukturbestimmende Zweige der Industrie wie Chemie, Maschinen- und Fahrzeugbau sowie Elektrotechnik und Elektronik. Und für diese Schwerpunktprogramme galten wieder zentral festgelegte Plankennziffern. Unter dem Schlagwort »Überholen ohne einzuholen« sollte der Modernisierungs- und Effektivitätsrückstand der DDR-Wirtschaft gegenüber dem Westen aufgeholt werden.[5])

In seinen ersten Jahren hatte das NÖSPL positive Auswirkungen auf die Entwicklung der DDR-Wirtschaft und den Lebensstandard der Bevölkerung. Das gesamtwirtschaftliche Wachstum verlief recht stetig: Zwischen 1960 und 1969 stieg das Bruttosozialprodukt in der DDR jährlich um durchschnittlich knapp 5 %. Lag es 1960 nach westlichen Berechnungen bei 90,4 Mrd. M, so betrug es 1965 107,2 Mrd. M und 1970 137,7 Mrd. M. Nach Berechnungen des Deutschen Instituts für Wirtschaftsforschung in Berlin (West) betrug das Bruttosozialprodukt der DDR 1967 pro Kopf der Bevölkerung 78 % des Bruttosozialprodukts der Bundesrepublik.[6])

Legt man die für die DDR-Statistik zentrale Meßziffer des Nationaleinkommens (das im Unterschied zur Berechnung des Bruttosozialprodukts den größten Teil der Dienstleistungen nicht einschließt) zugrunde, so steigerte sich das Nationaleinkommen der DDR von 71,0 Mrd. M im

Jahre 1960 auf 84,2 Mrd. M 1965 und 108,7 Mrd. M 1970. Besonders eindrucksvoll war die Steigerung der Industrieproduktion. Sie trug 1960 mit 41,2 Mrd. M, 1965 mit 51,9 Mrd. M und 1970 mit 68,8 Mrd. M zum Nationaleinkommen bei.[7]) 1969 konnte die DDR-Führung anläßlich der 20-Jahr-Feiern der DDR darauf verweisen, daß die DDR mit 17 Millionen Einwohnern eine größere Industrieproduktion aufzuweisen hatte als das Deutsche Reich 1936 mit einer Bevölkerung von über 60 Millionen.[8]) An der Spitze des Wachstums standen Elektrotechnik und Elektronik sowie die chemische Industrie.

Beachtlich waren auch die Steigerungsraten im Baugewerbe: 1960 wurden 9,66 Mrd. M in Bauten investiert, 1965 waren es 12,51 Mrd. M und 1970 18,58 Mrd. M. Der Löwenanteil dieser Investitionen ging in Industrieanlagen, nur ein verhältnismäßig kleiner Anteil kam dem Wohnungsbau zugute: 1960 waren es mit 2,88 Mrd. M 29,8 % des gesamten Bauvolumens, 1965 mit 3,2 Mrd. M 25,6 % und 1970 mit 3,86 Mrd. M 20,8 %. In der Bundesrepublik − die von Kriegszerstörungen stärker betroffen war als die DDR und einen großen Bevölkerungszuwachs zu verkraften hatte − war der Anteil des Wohnungsbaus am Gesamtvolumen der Bauwirtschaft im gleichen Zeitraum erheblich höher: 1960 betrug er 43,1 %, 1965 41,5 % und 1970 38,3 %. Erst in den 70er Jahren wuchs der Anteil des Wohnungsbaus am Gesamtvolumen der Bauwirtschaft in der DDR wieder, während er in der Bundesrepublik stagnierte.[9])

Immerhin wirkten sich die Leistungen im Wohnungsbau der DDR auch schon in den sechziger Jahren positiv auf den Lebensstandard der Bevölkerung aus: Die Gesamtzahl der Wohnungen in der DDR stieg zwischen 1961 und 1968 von 5583 auf 6023. Da die Bevölkerung nicht wuchs, sondern sogar geringfügig abnahm (von 17,125 Mill. auf 17,084 Mill.), kamen 1968 auf 1000 Personen 352 Wohnungen, 1961 waren es nur 327 gewesen. Zum Vergleich: In der Bundesrepublik kamen 1961 auf 1000 Personen nur 292 Wohnungen und 1968 325. Auch die Wohnfläche pro Person vergrößerte sich zwischen 1961 und 1968 von 17,2 m² auf 18,69 m² (in der Bundesrepublik von 19,7 m² auf 23 m²).[10])

Die Steigerung des Lebensstandards läßt sich auch an der Versorgung mit langlebigen und hochwertigen Konsumgütern ablesen. So stieg zwischen 1963 und 1968 die Produktion von Waschmaschinen von 255 600 auf 327 200 Stück, die Produktion von Kühlschränken von 245 128 auf 377 000 und die Produktion von Pkw von 83 413 auf 114 600 Stück. Nur die Produktion von Fernsehgeräten ging im gleichen Zeitraum von 579 963 auf rund 400 000 zurück. 1960 verfügten nur 6 von 100 DDR-Haushalten über eine Waschmaschine, 1965 waren es bereits 28 und 1970 54.[11])

Bei Kühlschränken, Fernsehgeräten und Autos verlief die Entwicklung ähnlich: In je 100 Haushalten waren vorhanden

	1960	1965	1970
Kühlschränke	6	26	56
Fernsehempfänger	17	49	69
Pkw	3 ³	8	16

Steigende Tendenz zeigte auch die Entwicklung der Löhne in der DDR. Lag der durchschnittliche Bruttolohn je Arbeitnehmer 1960 bei 501 M monatlich, so war er 1965 auf 552 M und 1970 auf 647 M gestiegen. Noch günstiger sah die Entwicklung beim Nettoeinkommen aus, das die Bruttolöhne abzüglich Steuern und Sozialabgaben, aber zuzüglich der unentgeltlichen Leistungen des Bildungs-, Gesundheits- und Sozialwesens erfaßt. Das durchschnittliche Nettoeinkommen eines DDR-Arbeitnehmers wuchs von monatlich 494 M im Jahre 1960 auf 556 M 1965 und 653 M 1970.

Vergleicht man diese Entwicklung mit der Bundesrepublik, so war dort 1960 — abgesehen vom allerdings erheblichen Kaufkraftunterschied zwischen DM und M — der durchschnittliche Bruttolohn eines Arbeitnehmers mit 508 DM nicht viel höher als der eines DDR-Arbeitnehmers. 1965 aber lag er mit 770 DM um beinahe 40 % und 1970 mit 1135 sogar um 75 % über dem durchschnittlichen Bruttolohn eines DDR-Arbeitnehmers. Beim Nettoeinkommen lag ein westdeutscher Arbeitnehmer 1960 mit durchschnittlich 480 DM im Monat etwas unter dem durchschnittlichen Nettoeinkommen eines DDR-Arbeitnehmers, 1965 übertraf er diesen mit 709 DM aber um 27,5 % und 1970 mit 980 DM um 50 %.[12] Wird die unterschiedliche Kaufkraft der beiden Währungen in den Vergleich einbezogen, so lag nach Berechnungen des Deutschen Instituts für Wirtschaftsforschung in Berlin (West) das reale Einkommen von Arbeitnehmerhaushalten in der DDR 1960 um gut 30 % unter dem von Arbeitnehmerhaushalten in der Bundesrepublik. Bis 1969 vergrößerte sich dieser Abstand auf rund 40 %.[13] *(Der Vergleich mit der Bundesrepublik)*

Verglichen mit den übrigen Ländern des RGW, verlief die Entwicklung der DDR-Wirtschaft in den sechziger Jahren eindeutig positiv: Die DDR stieg nicht nur zur zweitgrößten Industrie- und Handelsmacht des RGW nach der Sowjetunion auf, im Hinblick auf das Pro-Kopf-Einkommen und den Lebensstandard stand sie vor oder neben der ČSSR an der Spitze der RGW-Länder, gefolgt von Ungarn, während Bulgarien, Polen, Rumänien und auch die UdSSR gegenüber dieser Spitzengruppe einen beträchtlichen Nachholbedarf hatten.[14] *(Die DDR im RGW)*

1969/70 allerdings wurden die Schwierigkeiten offenkundig, die das

Konzept der »Strukturbestimmenden Aufgaben« verursacht hatte. Die bevorzugte Förderung der Schwerpunktprogramme brachte das volkswirtschaftliche Gleichgewicht durcheinander. Die Industriezweige, die nicht in den Genuß dieser Förderungen kamen, konnten die von ihnen geforderten Leistungen als Zuliefer- oder weiterverarbeitende Betriebe nicht erbringen, und so waren auch die geförderten Industriezweige nicht in der Lage, ihre Pläne zu erfüllen.[15])

Als auf der 14. Tagung des ZK der SED vom 9. bis 11. Dezember 1970 die Bilanz des Fünfjahresplans 1966 bis 1970 gezogen wurde, mußte festgestellt werden, daß zwar die Industrieproduktion jährlich um 6% zugenommen hatte, daß aber wichtige Ziele des Plans nicht erreicht worden waren. Das galt für die Energieversorgung, die Zulieferindustrie, das Bauwesen und die Nahrungsmittelversorgung der Bevölkerung, deren Mängel sich mit den ungünstigen Witterungsbedingungen nicht entschuldigen ließen. Vor allem für 1969 und 1970 waren die Planziele nicht erreicht worden; die Arbeitsproduktivität war um die Hälfte unter dem Soll geblieben.[16]) Diese Befunde und die gleichzeitigen Streiks in Polen veranlaßten das Zentralkomitee der SED, das Neue Ökonomische System zu beenden und zu einer straffen zentralen Planung und Leitung der Wirtschaft zurückzukehren. Die Entscheidungsbefugnisse der Betriebe, der VVB und anderer mittlerer Instanzen wurden eingeschränkt, indem beispielsweise den Betrieben wieder mehr Plankennziffern vorgegeben wurden, die zentrale staatliche Leitung wurde verstärkt und konzentriert. Mit dieser Entscheidung setzte die SED ihren politischen und wirtschaftlichen Führungsanspruch erneut durch. Das Scheitern des Neuen Ökonomischen Systems war einer der Gründe für die Ablösung Walter Ulbrichts durch Erich Honecker im Mai 1971.

2. Festigung im Innern und Abgrenzung nach außen 1963 – 1964

Nach dem VI. Parteitag 1963 traf die DDR-Führung eine Reihe von Entscheidungen, die einmal dazu dienten, durch »materielle Anreize« die Arbeitsproduktivität zu steigern, die zum andern aber auch das Ziel verfolgten, durch verstärkte Leistungen des Staates die Bevölkerung der DDR für ihre Regierung und die von der SED propagierte Gesellschaftsform einzunehmen. Andere Maßnahmen schließlich dienten dem Zweck, die DDR weiter von der Bundesrepublik Deutschland abzugrenzen und die Opposition in der DDR zum Schweigen zu bringen.

Am 22. September 1963 beschloß der Ministerrat der DDR vier Verordnungen über Schichtprämien, Zusatzurlaub, Rentenerhöhung und die Verlängerung des Schwangerschaftsurlaubs.[17]) Im Zusammenhang mit dem Neuen Ökonomischen System stand die Verordnung, wonach ab 1. Oktober 1963 *»Arbeiter, Meister, Ingenieure und andere direkt in der Produktion bzw. zur Leitung der Produktion Beschäftigte in den volkseigenen und ihnen gleichgestellten Betrieben der Industrie, des Bauwesens, des Verkehrswesens und des Post- und Fernmeldewesens nach Leistung differenzierte Schichtprämien für Nachtarbeit im Dreischichtsystem«* erhalten sollten. Damit sollte ein materieller Anreiz zur Verstärkung der Dreischichtarbeit, d. h. zur besseren Ausnutzung sogenannter hochproduktiver Anlagen und Maschinen, gegeben werden. Dementsprechend sollten die Werktätigen, die an solchen Anlagen arbeiteten, auch die höchsten Schichtprämien – bis zu 7 Mark – erhalten. »Materielle Anreize« für die Bevölkerung

In dieselbe Richtung wies die Verordnung über die Gewährung eines leistungsabhängigen Zusatzurlaubs an Werktätige, die in bestimmten Betrieben der Volkswirtschaft vorbildliche Leistungen bei der Planerfüllung vollbrachten. Ihnen konnte ab 1. Januar 1964 ein Zusatzurlaub von bis zu vier Tagen gewährt werden, Voraussetzung dafür war allerdings, daß das Betriebskollektiv im Vorjahr seine Planaufgaben voll erfüllt hatte und daß gesichert war, daß der Arbeitsausfall durch Steigerung der Arbeitsproduktivität im laufenden Planjahr ausgeglichen wurde. Eingeführt wurde die neue Regelung zunächst auch nur in den Betrieben, *»die für die rasche Entwicklung unserer nationalen Wirtschaft von besonderer Bedeutung sind«.*

Ab 1. Januar 1964 sollten die Renten, die in der DDR immer noch höchst bescheiden waren, erhöht werden. Dafür sollten im Staatshaushalt jährlich 550 Mill. M bereitgestellt werden. Die Verbesserung kam vor allem den Rentnern zugute, die auf ein langes Arbeitsleben zurückblicken konnten. Aber auch die Renten für Rentner, die nur zehn Jahre oder weniger gearbeitet bzw. versichert gewesen waren, wurden erhöht. Durch eine weitere Verordnung wurde der Schwangerschafts- und Wochenurlaub für alle berufstätigen Frauen auf 14 Wochen verlängert. Wegen vorzeitiger Entbindung nicht in Anspruch genommener Schwangerschaftsurlaub sollte im Anschluß an den Wochenurlaub genommen werden. – Nach dem VII. Parteitag, am 28. August 1967, führte auch die DDR durchgängig die Fünf-Tage-Woche ein.[18])

Am 2. Januar 1964 wurden neue Personalausweise eingeführt, in denen erstmals als Staatsangehörigkeit »Bürger der Deutschen Demokratischen Republik« eingetragen war.[19]) Hier zeichnete sich bereits die Aufgabe der mit der Bundesrepublik gemeinsamen deutschen Staatsangehörigkeit ab, die das Staatsangehörigkeitsgesetz vom 20. Februar 1967 Einführung einer eigenen DDR-Staatsangehörigkeit 1967

dann gesetzlich fixierte.[20]) In der Präambel zum »Gesetz über die Staatsbürgerschaft der Deutschen Demokratischen Republik« (Staatsbürgergesetz) hieß es: *»Mit der Gründung der DDR entstand in Übereinstimmung mit dem Völkerrecht die Staatsbürgerschaft der DDR. Sie ist Ausdruck der Souveränität der DDR und trägt zur weiteren allseitigen Stärkung des sozialistischen Staates bei. Die Staatsbürgerschaft der DDR ist die
Zugehörigkeit ihrer Bürger zum ersten friedliebenden, demokratischen und
sozialistischen Staat, in dem die Arbeiterklasse die politische Macht im
Bündnis mit der Klasse der Genossenschaftsbauern, der sozialistischen Intelligenz und den anderen werktätigen Schichten ausübt.«*
Als Staatsbürger der DDR galt nach dem Gesetz, *»wer a) zum Zeitpunkt
der Gründung der DDR deutscher Staatsangehöriger war, in der DDR seinen Wohnsitz oder ständigen Aufenthalt hatte und die Staatsbürgerschaft
der DDR seitdem nicht verloren hat; b) zum Zeitpunkt der Gründung der
DDR deutscher Staatsangehöriger war, seinen Wohnsitz oder ständigen
Aufenthalt außerhalb der DDR hatte, danach keine andere Staatsbürgerschaft erworben hat und entsprechend seinem Willen durch Registrierung
bei einem dafür zuständigen Organ der DDR als Bürger der DDR geführt
wird; c) nach den geltenden Bestimmungen die Staatsbürgerschaft der DDR
erworben und sie seitdem nicht verloren hat.«*
Diese Bestimmung wurde in der Bundesrepublik so interpretiert, daß alle
Deutschen, die am 7. Oktober 1949 in der DDR gelebt hatten, inzwischen aber in die Bundesrepublik übergesiedelt waren, weiterhin als
DDR-Bürger galten. Da Kinder mit der Geburt die Staatsbürgerschaft
der DDR erwarben, wenn ihre Eltern oder ein Elternteil DDR-Bürger
waren (§ 5), konnten auch noch die Kinder von ehemaligen DDR-Bewohnern, die jetzt in der Bundesrepublik lebten, als DDR-Bürger angesehen werden. Befürchtet wurde, daß ehemalige DDR-Bewohner, die
die DDR besuchten, auf Grund des Staatsbürgergesetzes wegen »Republikflucht« bestraft werden könnten. Andererseits hatte der Staatsrat der
DDR bereits am 21. August 1964 allen *»Bürgern der DDR, die vor dem
13. August 1961 unter Verletzung der gesetzlichen Bestimmungen außerhalb
der DDR Aufenthalt genommen haben«*, im Falle ihrer Rückkehr Straffreiheit zugesichert.[21])
In seinen Schlußbestimmungen setzte das Staatsbürgergesetz die gesetzliche Grundlage für die gemeinsame Staatsangehörigkeit der Deutschen
in der Bundesrepublik und in der DDR, das Reichs- und Staatsangehörigkeitsgesetz vom 22. Juli 1913 mit den dazu erlassenen Änderungs-
und Ergänzungsbestimmungen, außer Kraft. Im Namen der Bundesregierung erklärte Staatssekretär Karl-Günther von Haase dazu am 20.
Februar 1967: *»Dieser Volkskammerbeschluß liegt auf der Linie, die seit einiger Zeit von der SED verfolgt wird, die Spaltung Deutschlands weiter zu*

vertiefen und die Existenz zweier deutscher Staaten, unabhängig vom Willen des deutschen Volkes, glaubhaft zu machen. Die Bundesregierung erklärt demgegenüber in voller Übereinstimmung mit dem Willen des ganzen deutschen Volkes: Es gibt nicht zwei Völker, es gibt nur ein deutsches Volk. Das ›Gesetz über die Staatsbürgerschaft der DDR‹ steht im Widerspruch zu der Tatsache, daß das Reichs- und Staatsangehörigkeitsgesetz von 1913 weiter gültig ist, das für alle Deutschen die Frage der Staatsangehörigkeit regelt. Mit diesem Gesetz stimmt auch die Verfassung der sogenannten DDR von 1949 überein, in deren bisher nicht geändertem Artikel 1 es heißt: Es gibt nur eine deutsche Staatsangehörigkeit ... Die Bewohner im anderen Teil Deutschlands bleiben deutsche Staatsangehörige nach Maßgabe des Deutschen Reichs- und Staatsangehörigkeitsgesetzes vom 22. Juli 1913 und haben Anspruch darauf, von allen deutschen Behörden im Inland und Ausland als solche behandelt zu werden.«[22])

Am 19. März 1964 wurden in einer »Anordnung über die Ordnung in den Grenzgebieten und den Territorialgewässern der DDR«[23]) wie bereits 1952 entlang der Grenze zwischen DDR und Bundesrepublik ein »Schutzstreifen« von ca. 500 m Breite und eine »Sperrzone« von etwa 5 km Breite festgelegt. Bewohner dieses Grenzgebiets erhielten einen entsprechenden Vermerk in ihre Personalausweise, der sie zum Aufenthalt im »Schutzstreifen« bzw. in der »Sperrzone« berechtigte. Sie wurden verpflichtet, alle Personen, die sich ohne Genehmigung in den beiden Zonen aufhielten, den Sicherheitsorganen zu melden. Aus dem »Schutzstreifen« entwickelte sich im Lauf der nächsten Jahre eine von Volkspolizisten und Hunden scharf bewachte, mit Stacheldrahtverhauen, Selbstschußanlagen und Minengürtel unpassierbar gemachte Grenzbefestigung. Dennoch versuchten immer wieder DDR-Bürger unter Lebensgefahr, diese Hindernisse zu überwinden, um in die Bundesrepublik zu gelangen. Die Todesopfer, die diese Grenzanlage forderte, der »Todesstreifen« und der Schießbefehl belasteten fortan das deutsch-deutsche Verhältnis ebenso stark wie die Methoden, mit denen die DDR-Führung Kritiker im eigenen Lande mundtot zu machen suchte.

Großes Aufsehen erregte im Westen vor allem der Fall Havemann. Professor Robert Havemann (1910–1982), der seit 1932 Mitglied der KPD war, 1943 als Leiter der Widerstandsgruppe »Europäische Union« vom NS-Volksgerichtshof zum Tode verurteilt worden und bis 1945 inhaftiert gewesen war, hielt im Wintersemester 1963/64 an der Humboldt-Universität in Ost-Berlin eine Vorlesungsreihe über das Thema »Naturwissenschaftliche Aspekte philosophischer Probleme«, in der er mit den Folgen des Stalinismus in der DDR abrechnete und mehr Informations- und Bewegungsfreiheit für die DDR-Bürger forderte. Im Februar 1964 wurde er deswegen von der SED-Führung scharf gerügt. Havemann wehrte sich gegen diese Angriffe, indem er dem »Hamburger Echo«, einer sozialdemokratischen Tageszeitung, ein Interview gewährte, das am 11. März 1964 veröffentlicht wurde.[24])

Darin erklärte Havemann ausdrücklich, daß er eine öffentliche Reaktion auf seine Vorlesungsreihe nicht nur vorausgesehen, sondern auch beabsichtigt habe: »*Was in den anderen Ländern des sozialistischen Lagers schon seit langem möglich ist*«, so Havemann, »*sollte auch in der DDR möglich sein. Mir kommt es darauf an, alle Entartungserscheinungen der stalinistischen Zeit dadurch zu überwinden, daß ich sie offenherzig kritisiere und schonungslos beim Namen nenne. Keine Gesellschaftsordnung kann es sich leisten, Mißstände, die als solche erkannt sind, auf die Dauer bestehen zu lassen. Um dieses Ziel zu erreichen, muß den Bürgern der DDR Mut gemacht werden, sich an dieser Diskussion zu beteiligen.*«

Wenn argumentiert würde, daß wegen der besonderen Verhältnisse im geteilten Deutschland manches in der DDR nicht möglich sei, was in anderen sozialistischen Staaten selbstverständlich sei, so zog Havemann daraus den entgegengesetzten Schluß: »*Den Bürgern der DDR muß mehr Freiheit gegeben werden, als die Bewohner westlicher Länder genießen. Nur auf dieser Grundlage kann der Sozialismus wieder offensiv und erfolgreich sein.*«

Havemann wehrte sich gegen westdeutsche Pressekommentare, die ihn als grundsätzlichen Gegner der DDR und als ideologischen Konvertiten vereinnahmen wollten, und gegen DDR-Kritiker, die ihm vorgeworfen hatten, er wolle den dialektischen Materialismus über Bord werfen: »*Nichts davon trifft zu. Nicht als Enttäuschter des sozialistischen Gedankens, sondern als sein überzeugter Anhänger fordere ich die restlose Überwindung von Stalinismus und Dogmatismus in allen Erscheinungsformen. Das Ziel muß eine Gesellschaftsordnung sein, in der der freiheitliche Sozialismus verwirklicht ist. Was den dialektischen Materialismus betrifft, so halte ich ihn für die höchst entwickelte Form der Philosophie. Das kann jeder in meinen Vorlesungsmanuskripten nachlesen, die ich habe vervielfältigen lassen.*«

Trotz dieser Versicherungen und obwohl Havemann das Interview sofort dementierte, wurde er am 12. März 1964 aus der SED ausgeschlossen, da er »*unter der Flagge des Kampfes gegen den Dogmatismus von der Linie des Marxismus-Leninismus abgewichen ist und sich des Verrats an der Sache der Arbeiter- und Bauernmacht schuldig gemacht hat*«. Am gleichen Tag entzog ihm das Staatssekretariat für das Hoch- und Fachschulwesen auch die Lehrbefugnis mit der Begründung: »*Indem er öffentlich in Interviews mit westlichen Pressevertretern unsere Arbeiter- und Bauernmacht verleumdete und es nicht für unter seiner Würde hielt, sich der Publikationsorgane in Westdeutschland zu bedienen und damit die gegen die*

370

DDR gerichteten Pläne der Militaristen und Revanchisten zu unterstützen, hat er die mit einer Berufung übernommene Verpflichtung und die gesetzlich festgelegten Pflichten eines Hochschullehrers der DDR gröblichst verletzt.«

Parteiausschluß und Berufsverbot hinderten Havemann freilich nicht daran, weiterhin seine Kritik am »realen Sozialismus« in der DDR auszusprechen. Mehr als zuvor war er dabei auf die Vermittlung durch westliche Medien angewiesen. Zusammen mit seinem Freund, dem Liedermacher Wolf Biermann, wurde er in den folgenden Jahren zum Inbegriff des Systemkritikers, der den »realen Sozialismus« aus der Sicht des »wahren Sozialismus« kritisierte.

3. Das »einheitliche sozialistische Bildungssystem«

Die Maßnahmen zur Unterdrückung einer inneren Opposition liefen parallel zu Bemühungen der DDR- und SED-Spitze, ihr Verhältnis zur Jugend zu verbessern. Da nicht zu übersehen war, wie stark auch die Jugendlichen in der DDR sich in Freizeit, Kleidung, Haarschnitt, Musik und Tanz an westlichen Vorbildern und Idolen orientierten, wurden 1963 und 1964 in einer Phase der Liberalisierung früher verpönte »westliche Lebensgewohnheiten« von der FDJ toleriert, um die Jugendlichen an Staat und Partei zu binden. Kritische Dichter wie Wolf Biermann und Heinz Kahlau durften auftreten; in Ost-Berlin wurden öffentliche »Streitgespräche« veranstaltet, in denen Hunderte von Jugendlichen über aktuelle Fragen diskutierten.[25]) Problematisch blieb dabei, inwieweit SED und FDJ ihren Anspruch, der Jugend zum »sozialistischen Bewußtsein« zu verhelfen, noch durchsetzen konnten, wenn diese Jugendlichen unter dem Einfluß westlicher Vorbilder politisch desinteressiert oder dem eigenen System gegenüber kritisch eingestellt waren.

Das Spannungsverhältnis zwischen Liberalität der Lebensweise und politischer Schulung der Jugendlichen versuchte das Politbüro der SED im September 1963 in einem Kommuniqué über Jugendfragen zu lösen. Darin wurde der Jugend mehr Verantwortung zugestanden und versichert, daß die Partei die Jugend weder gängeln noch ihre Entwicklung sich selbst überlassen wolle.[26]) Am 4. Mai 1964 verabschiedete die Volkskammer ein neues Jugendgesetz, das das alte vom Februar 1950 ablösen sollte.[27])

Das Jugendgesetz von 1964

Das Gesetz formulierte, wie Willy Stoph anläßlich der Verabschiedung erklärte, die Erwartungen, »*die der Staat und die Gesellschaft in die Fähigkeit und die Kenntnisse, in den Mut und die Charakterstärke, in den Lei-*

stungswillen und den Forschungsdrang der Jugend setzen. Das neue Jugendgesetz weist der Jugend den Platz zu, den sie bei der Gestaltung der nationalen Wirtschaft, bei der Entwicklung von Wissenschaft und Kultur, bei der Herausbildung neuer sozialistischer Beziehungen zwischen den Menschen einnehmen soll.«

Im Zusammenhang mit Ausführungen über die Rolle der Jugend im Produktionsprozeß, insbesondere ihre Bedeutung für die Verwirklichung des Volkswirtschaftsplans und die Steigerung der Arbeitsproduktivität, sah das Gesetz den Zusammenschluß von Jugendlichen auf Betriebsebene in »Jugendbrigaden, Jugendbereichen, Jugendobjekten und anderen Jugendkollektiven« vor. Berufswünsche und Berufsausbildung der Jugendlichen sollten durch die staatliche Planungskommission gelenkt werden. Das Gesetz bestimmte insbesondere: »Die Mädchen sind bei der Berufswahl und bei der Berufsbildung besonders zu unterstützen. Sie sollen verstärkt für technische Berufe gewonnen werden.« Und im Zusammenhang mit der studierenden Jugend hieß es in § 18: »Für das Studium in den technischen und mathematisch-naturwissenschaftlichen Fachrichtungen sind mehr Mädchen zu gewinnen.«

Über die Zusammenarbeit der verschiedenen für die Erziehung und Ausbildung der Jugendlichen zuständigen Instanzen, einschließlich der Eltern, hieß es schließlich: »Die Staats- und Wirtschaftsorgane, insbesondere die Organe der Volksbildung, des Gesundheitswesens und der Kultur, sind verpflichtet, in enger Zusammenarbeit mit der Schule und den gesellschaftlichen Organisationen eine wirksame pädagogische Aufklärung zur Hilfe für die Eltern bei der sozialistischen Erziehung ihrer Kinder zu entwickeln.« Nach Ansicht der DDR-Führung sollte das Jugendgesetz eine »neue Etappe unserer staatlichen Jugendpolitik« einleiten und sogar Wirkungen auf die Jugend in der Bundesrepublik ausüben: »Damit schaffen wir die besten Voraussetzungen dafür, daß auch die westdeutsche Jugend sich ihrer Lage bewußt wird und erfolgreich den Kampf um ihre Rechte führen kann«, verkündete Willy Stoph vor der Volkskammer.[28]

Das »einheitliche sozialistische Bildungswesen« Zwei Tage vor Verabschiedung des Jugendgesetzes, am 2. Mai 1964, wurde der Entwurf eines Gesetzes veröffentlicht, das in seinen Auswirkungen auf den Alltag und den Lebensweg der DDR-Jugendlichen noch bedeutsamer war als das Jugendgesetz: das »Gesetz über das einheitliche sozialistische Bildungswesen«, das am 24. Februar 1965 verkündet wurde. Es hat Inhalt und Organisation des DDR-Bildungswesens bis heute festgelegt.[29] Als Aufgabe des sozialistischen Bildungssystems bestimmte das Gesetz, »die Bürger zu befähigen, die sozialistische Gesellschaft zu gestalten, die technische Revolution zu meistern und an der Entwicklung der sozialistischen Demokratie mitzuwirken«. Grundsätzlich sollten Bildung und Erziehung mit dem Leben verbunden sein, Theorie mit Praxis, Lernen und Studieren mit »produktiver Tätigkeit« (§ 4, 1). Im einzelnen hieß das:

— »*Durch die Verbindung von Bildung und Erziehung mit produktiver Arbeit, von Theorie und Praxis im Bildungs- und Erziehungsprozeß ist zu sichern, daß die Schüler, Lehrlinge und Studenten zur schöpferischen Arbeit, zur stetigen Vervollkommnung ihrer Kenntnisse, Fähigkeiten und Fertigkeiten, zum Anwenden des Gelernten in der Praxis und zum selbständigen Forschen befähigt werden.*

— *Die Verbindung von Unterricht und produktiver Arbeit schließt in der Oberschule die Berufs- und Studienorientierung ein. Sie soll dazu beitragen, die Übereinstimmung zwischen den volkswirtschaftlichen Erfordernissen und den Begabungen und Neigungen des einzelnen herzustellen.*

— *Die Aktivität und die Verantwortung der Jugend werden durch die Mitwirkung am gesellschaftlichen Leben in den Bildungseinrichtungen, in der Volkswirtschaft und in der Öffentlichkeit gefördert. Im Bildungs- und Erziehungsprozeß wird die Jugend durch die Lösung konkreter Aufgaben zum bewußten Handeln für den Sozialismus erzogen.*«

Wie die grundsätzliche Einheit von Bildung und Erziehung im sozialistischen Bildungssystem erreicht werden sollte, machen u. a. folgende Passagen des Gesetzes deutlich: »*Die Schüler, Lehrlinge und Studenten sind zur Liebe zur Deutschen Demokratischen Republik und zum Stolz auf die Errungenschaften des Sozialismus zu erziehen, um bereit zu sein, alle Kräfte der Gesellschaft zur Verfügung zu stellen, den sozialistischen Staat zu stärken und zu verteidigen. Sie sollen die Lehren aus der deutschen Geschichte, besonders der Geschichte der deutschen Arbeiterbewegung, begreifen. Sie sind im Geiste des Friedens und der Völkerfreundschaft, des sozialistischen Patriotismus und Internationalismus zu erziehen.*

Die Schüler, Lehrlinge und Studenten sind zur Liebe zur Arbeit, zur Achtung der Arbeit und der arbeitenden Menschen zu erziehen. Sie sollen darauf vorbereitet werden, körperliche und geistige Arbeit zu leisten, sich im gesellschaftlichen Leben zu betätigen, Verantwortung zu übernehmen und sich in der Arbeit und im Leben zu bewähren.

Den Schülern, Lehrlingen und Studenten sind gründliche Kenntnisse des Marxismus-Leninismus zu vermitteln. Sie sollen die Entwicklungsgesetze der Natur, der Gesellschaft und des menschlichen Denkens erkennen und anzuwenden verstehen und feste sozialistische Überzeugungen gewinnen. So werden sie befähigt, den Sinn des Lebens in unserer Zeit zu begreifen, sozialistisch zu denken, zu fühlen und zu handeln und für die Überwindung von Widersprüchen und Schwierigkeiten bei der Lösung von Aufgaben zu kämpfen.

Der Bildungs- und Erziehungsprozeß und das Leben der Schüler, Lehrlinge und Studenten sind so zu gestalten, daß sie im Kollektiv und durch das Kol-

lektiv zum bewußten staatsbürgerlichen und moralischen Verhalten erzogen werden. Sie sollen verstehen lernen, daß Hilfsbereitschaft, Freundlichkeit, Höflichkeit und Zuvorkommenheit, Achtung gegenüber ihren Eltern und allen älteren Menschen sowie ehrliche und saubere Beziehungen zwischen den Geschlechtern Charaktereigenschaften der sozialistischen Persönlichkeit sind.«

Die grundlegenden Bestandteile des einheitlichen sozialistischen Bildungssystems, wie sie das Gesetz festlegte, sind

1. die Einrichtungen der Vorschulerziehung wie Kinderkrippen, Kindergärten, Spiel- und Lernnachmittage, deren Arbeit auf staatliche Bildungs- und Erziehungspläne gegründet ist, deren Besuch aber nicht obligatorisch ist,
2. die zehnklassige allgemeinbildende polytechnische Oberschule,
3. die Einrichtungen der Berufsausbildung,
4. die zur Hochschulreife führenden Einrichtungen, vor allem die Erweiterte allgemeinbildende polytechnische Oberschule,
5. die Ingenieur- und Fachschulen,
6. die Universitäten und Hochschulen,
7. die Einrichtungen der Aus- und Weiterbildung der Werktätigen.

Die allgemein-
bildende
polytechnische
Oberschule

Den Kern dieses Bildungssystems bildete die bereits 1959 eingeführte zehnklassige allgemeinbildende polytechnische Oberschule. Sie ist die Pflichtschule für alle Kinder und Jugendlichen, die damit prinzipiell zehn Jahre eine allgemeinbildende Schule besuchen müssen. Auch nach Erlaß des Gesetzes war es allerdings möglich, die Schule bereits nach dem achten Schuljahr zu verlassen und eine Berufsausbildung zu beginnen. Seit 1965 hat sich aber der Anteil der Schüler, die die neunte und zehnte Klasse besuchten, ständig erhöht. 1965/66 besuchten 72% aller Schüler die 9. Klasse einer polytechnischen Oberschule, 1970 waren es 85%. 1965 hatten 53,6% der Schulabgänger den Abschluß der 10. Klasse, 1970 70,7%.[30])

Die polytechnische Oberschule ist eine Gesamtschule, denn die Schüler, die die Hochschulreife anstreben, wechseln nicht nach der 4. oder 6. Klasse — wie im gegliederten Schulsystem der Bundesrepublik — in weiterführende Schulen über. Kennzeichnend für die polytechnische Oberschule ist außerdem die Verbindung von Schule und Produktion durch den polytechnischen Unterricht, der in der 7. Klasse einsetzt. Inhalt dieses Unterrichts sind »Einführung in die sozialistische Produktion« bezogen auf Industrie und Landwirtschaft, Technisches Zeichnen und vor allem »Produktive Arbeit« in einem Volkseigenen Betrieb oder in einer Landwirtschaftlichen Produktionsgenossenschaft (LPG). Unterricht und Arbeit in der Produktion bieten noch keine berufliche Grundausbildung, sollen aber berufsvorbereitend sein.[31])

374

Die Erweiterte polytechnische Oberschule umfaßt 12 Klassen. Die Abiturstufe der Klassen 11 und 12 soll auf die Leistungen der zehnklassigen polytechnischen Oberschule aufbauen und auf das Hochschulstudium vorbereiten. Der polytechnische Unterricht wird hier als »wissenschaftlich-produktive Arbeit« in Zusammenarbeit mit Betrieben und wissenschaftlichen Institutionen fortgeführt. Da das Leistungsniveau der »normalen« Abschlußklassen der 10klassigen polytechnischen Oberschulen offenbar für den Übergang auf die Abiturstufe der Klassen 11 und 12 nicht ausreichte, wurden ab 1967 sogenannte Vorbereitungsklassen eingerichtet, die geeignet erscheinende Schüler der 9. und 10. Klasse auf den Besuch der Erweiterten Oberschule vorbereiten sollten.[32]

Die Möglichkeit zum Besuch der Erweiterten Oberschule wird von der DDR-Verfassung und vom Gesetz über das einheitliche sozialistische Bildungswesen abhängig gemacht von Leistung, gesellschaftlichen Erfordernissen und der Sozialstruktur der Bevölkerung. Staatliche Stellen konnten und können daher den Zugang je nach den Erfordernissen der DDR-Wirtschaft und -Gesellschaft beschränken oder erweitern. Der einzelne Schüler oder seine Eltern haben demgegenüber nur geringe Einflußmöglichkeiten.[33]

Auf der Grundlage des Gesetzes über das einheitliche sozialistische Bildungswesen wurde 1967 die dritte Hochschulreform eingeleitet, die außer den Universitäten und Technischen Hochschulen auch die Fach- und Ingenieurhochschulen betraf.[34] Ziel der Reform war es, die Planung auch im Bildungsbereich zu verbessern und mit der Planung im wirtschaftlichen Bereich enger zu verzahnen. Die Reform setzte an bei der Veränderung der Organisationsstruktur der Hochschulen: An die Stelle der Fakultäten und Institute traten Fachsektionen; die Stellung der Rektoren wurde gestärkt. Unter inhaltlichen Gesichtspunkten war das wichtigste Ergebnis der Hochschulreform die Einführung einer Regelstudienzeit von vier Jahren und die Gliederung des Studiengangs in die drei festgelegten Abschnitte Grundstudium, Fachstudium, Forschungsstudium. Neue Studienfächer wurden eingeführt, neue Studienpläne entworfen, um die Ausbildung der Studenten stärker auf den Bedarf der Gesellschaft, wie ihn Staats- und Parteiführung definierten, auszurichten.

Trotz dieser Veränderungen erwies sich die Planung im Hochschulbereich, vor allem die möglichst genaue Berechnung des Bedarfs an Hoch- und Fachschulabsolventen, nach wie vor als äußerst schwierig. Da die wirtschaftlichen Perspektivpläne nur für fünf Jahre entworfen wurden, die Entwicklung in Wissenschaft und Technik sich oft in unvorhersehbarer Weise vollzog und die Ausbildung in allen Fächern sich über einen längeren Zeitraum erstreckte, erwies es sich als praktisch unmöglich, die

Die erweiterte
polytechnische
Oberschule

Die 3. Hoch-
schulreform
1967

Zulassung zum Studium, die Aufschlüsselung der Studenten nach Fachrichtungen und nach Qualifikationsstufen (Hochschul- oder Fachhochschulabschluß) exakt vorauszuplanen. Die Zahl der Studierenden in der DDR stieg zwischen 1960 und 1964 von 101773 auf 110664, stagnierte 1968 bei 110581 und erreichte 1969 122790.[35] Auf je 1000 Einwohner im Alter zwischen 18 und 45 Jahren kamen 1960 in der DDR 18 Studenten (in der Bundesrepublik nur 11); 1969 waren es 17 (in der Bundesrepublik 14).[36] Von 1961 bis 1971 stieg der Anteil der Hochschulabsolventen an den Berufstätigen in der Wirtschaft von 2,18 % auf 4,26 %. Ende der 60er Jahre zeichnete sich ein Überangebot von Hochschulabsolventen ab, während es an qualifizierten Facharbeitern fehlte.[37] Seit 1971/72 wurden daher die Zulassungszahlen für alle Bereiche des Hochschulwesens gesenkt und die Studienmöglichkeiten für Berufstätige im Fern- und Abendstudium erheblich eingeschränkt.

Grundsätze für die Berufsausbildung

Nach Erlaß des Gesetzes über das einheitliche sozialistische Bildungssystem wurde auch ein neues Konzept der Berufsausbildung erarbeitet. Es fand seinen Niederschlag 1968 in den »Grundsätzen für die Weiterentwicklung der Berufsausbildung im einheitlichen sozialistischen Bildungssystem«.[38] Als Ziel der Berufsausbildung proklamierten die »Grundsätze«, »allseitig entwickelte klassenbewußte, hochqualifizierte Facharbeiter heranzubilden, die sich durch ein hohes sozialistisches Bewußtsein und sozialistische Verhaltensweisen auszeichnen, die über hohe Allgemeinbildung und gefestigtes politisches Wissen, umfassende berufliche Kenntnisse, Fähigkeiten und Fertigkeiten verfügen, die vielseitig im Arbeitsprozeß einsetzbar sind, sich ständig weiterbilden und bereit sind, ihr Wissen und Können für die Stärkung und Verteidigung der Deutschen Demokratischen Republik, des sozialistischen Staates deutscher Nation, schöpferisch einzusetzen«.

Als Konsequenz aus der Einführung der zehnjährigen Schulpflicht und der polytechnischen Erziehung verkürzten die »Grundsätze« die Lehrzeit in den meisten Berufen auf zwei Jahre. Sie verringerten die Zahl der Ausbildungsberufe und führten sogenannte berufliche Grundlagenfächer und Grundberufe ein. Die beruflichen Grundlagenfächer sollten neben allgemeinbildenden politischen und ökonomischen Kenntnissen vor allem Kenntnisse in der Automatisierungstechnik und der elektronischen Datenverarbeitung vermitteln. Zu Grundberufen wurden bisherige Ausbildungsberufe zusammengefaßt, deren mathematisch-naturwissenschaftliche, technische und technologische Grundlagen verwandt waren. Sie sollten die Grundlage für spätere Spezialisierungen je nach Bedarf der Industriezweige und der Betriebe legen und die Facharbeiter vielfältiger einsetzbar machen. 1968/69 wurde mit der Ausbildung in den ersten fünf Grundberufen begonnen.

4. Auf dem Weg zur »entwickelten sozialistischen Gesellschaft«

Die wirtschaftliche und innenpolitische Festigung der DDR spiegelte sich wider in den Berichten, Referaten und Beschlüssen des VII. Parteitags der SED, der vom 17. bis 22. April 1967 in Ost-Berlin stattfand.[39]) Walter Ulbricht eröffnete den Parteitag mit einem Referat über »die gesellschaftliche Entwicklung in der DDR bis zur Vollendung des Sozialismus«. In seinen Ausführungen über das Verhältnis der beiden deutschen Staaten zueinander wiederholte Ulbricht seine Forderungen nach Aufnahme »normaler Beziehungen« zwischen der DDR und der Bundesrepublik und betonte in diesem Zusammenhang: *»Die SED, wir deutschen Marxisten und Leninisten haben niemals den einheitlichen friedlichen und fortschrittlichen, den demokratischen und antiimperialistischen deutschen Staat abgeschrieben und werden das auch niemals tun. Und unsere größten Vorkämpfer, Marx, Engels und Karl Liebknecht, waren die größten deutschen Patrioten. Aber ich möchte erklären: Was der Imperialismus gesprengt hat, wird die Arbeiterklasse der beiden deutschen Staaten im engsten Bündnis untereinander wieder einen. Die Imperialisten haben Deutschland gespalten. Die Arbeiterklasse der beiden deutschen Staaten wird es wieder zusammenfügen.«[40])*

Der VII. Parteitag der SED
(April 1967)

Im Mittelpunkt von Ulbrichts Rede standen Wirtschaftsfragen. Als Hauptaufgabe der Partei und der Arbeiterklasse bezeichnete Ulbricht die *»Meisterung der sozialistischen Ökonomie und der wissenschaftlich-technischen Revolution«.* Es ginge darum, *»von der Mittelmäßigkeit in Forschung und Technik abzukommen und die Voraussetzungen und Bedingungen für echte Spitzenleistungen im umfassendsten Sinne zu schaffen«.* Denn *»die Beherrschung dieses Prozesses durch volle Wirksamkeit des ökonomischen Systems des Sozialismus«* entscheide letztlich darüber, *»in welchem Tempo und Umfang sich die materiellen und geistig-kulturellen Lebensbedingungen der sozialistischen Menschengemeinschaft unseres Staates entwickeln«.*

Die Herausbildung der »sozialistischen Menschengemeinschaft« in der DDR war nach Ulbricht bestimmt einmal *»durch die Wissenschaft als unmittelbare Produktivkraft in allen Bereichen der materiellen Produktion, durch die Organisation und Leitung komplexer Prozesse«* und zum anderen *»durch die Entwicklung der Menschen zu sozialistischen Persönlichkeiten, die in allen Klassen und Schichten deutlich erkennbar sind«.* Ein Manifest des Parteitags an die Bürger der DDR proklamierte als Ziel der Parteiarbeit die *»Gestaltung des entwickelten gesellschaftlichen Systems des Sozialismus«.*[41])

377

Welche Bedeutung diese Formeln ideologisch und politisch hatten, wurde klarer, als Ulbricht im September 1967 anläßlich des 100. Jahrestages des Erscheinens von Karl Marx' »Kapital« erklärte, der Sozialismus sei nicht lediglich eine »kurzfristige Übergangsphase« auf dem Weg zum Kommunismus — wie der Marxismus-Leninismus bisher gelehrt hatte —, sondern *»eine relativ selbständige sozialökonomische Formation in der historischen Epoche des Übergangs vom Kapitalismus zum Kommunismus«.*[42]) Mit dieser ideologischen Konstruktion versuchte die SED-Führung, die Eigenart der in der DDR errichteten wirtschaftlichen und gesellschaftlichen Verhältnisse nicht nur gegenüber der Bundesrepublik Deutschland hervorzuheben, sie wollte auch mit der KPdSU gleichziehen, die behauptete, sie habe in der Sowjetunion den Sozialismus bereits verwirklicht und sei auf dem Wege zum Kommunismus. Die SED-Führung stellte damit den Monopol-Anspruch der KPdSU auf Auslegung marxistisch-leninistischer Grundsätze in Frage und erhob ihrerseits den Anspruch, ein Vorbild für die Verwirklichung des Sozialismus in einem industrialisierten Land zu sein. Mit der Etikettierung der eigenen wirtschaftlich-gesellschaftlichen Entwicklung als Sozialismus zog sie den Anspruch der Sowjetunion, den Sozialismus bereits verwirklicht zu haben, in Zweifel, denn die Sowjetunion hatte die Wirtschaftsreformen, auf die die SED-Führung ihre Sozialismus-Definition stützte, nicht durchgeführt.

Kein Wunder also, daß auf der im Oktober 1970 stattfindenden Theorie-Konferenz der Zeitschrift »Probleme des Friedens und des Sozialismus« vor allem sowjetische Gesellschaftswissenschaftler die SED-Position heftig angriffen.[43]) — Der XXIV. Parteitag der KPdSU, an dem an der Spitze der DDR-Delegation auch Walter Ulbricht teilnahm, bekräftigte im April 1971 noch einmal den ideologischen Führungsanspruch der sowjetischen Partei. Am 15. April 1971 machte das Politbüro der SED die Beschlüsse des XXIV. Parteitags der KPdSU auch für die SED verbindlich und beendete damit die ideologische Sonderentwicklung der DDR. Das Politbüro der SED versicherte ausdrücklich, »daß die vom XXIV. Parteitag der KPdSU ausgearbeiteten Leitsätze (...) von allgemein gültiger theoretischer und politischer Bedeutung für unsere Sozialistische Einheitspartei, für die Beantwortung der Grundfragen der Gestaltung der entwickelten sozialistischen Gesellschaft in der DDR sind«.[44])

Die auf dem VII. Parteitag der SED ausgesprochene Abgrenzung gegenüber der »kapitalistischen« Bundesrepublik und die beabsichtigte Gestaltung der »sozialistischen Menschengemeinschaft« in der DDR fand 1968 ihren gesetzgeberischen Ausdruck im neuen Strafgesetzbuch und in der neuen Verfassung der DDR.

Bereits im Dezember 1965 war das Familienrecht aus dem Zivilrecht herausgelöst und ein eigenes Familiengesetzbuch geschaffen worden mit der Zielsetzung, im Bereich von Ehe, Familie und Verwandtschaft »sozialistische Beziehungen und ein sozialistisches Bewußtsein« zu fördern.[45]) Das Familienrecht regelte nicht mehr in erster Linie Vermögensangelegenheiten, sondern Beziehungen zwischen Personen. Das Familiengesetzbuch setzte die völlige Gleichstellung von Mann und Frau in der Ehe fest, führte das Zerrüttungsprinzip im Scheidungsrecht ein und bezeichnete die Erziehung der Kinder als »vornehmste« und »bedeutende staatsbürgerliche Aufgabe« der Eltern, gleichzeitig aber auch als »Aufgabe und Anliegen der gesamten Gesellschaft«.

Am 12. Januar 1968 billigte die Volkskammer ein neues Strafgesetzbuch und eine neue Strafprozeßordnung der DDR.[46]) Das neue DDR-Strafgesetzbuch trat ab 1. Juli 1968 an die Stelle des alten deutschen Strafgesetzbuches von 1871, das zu Teilen bis dahin auch für die DDR noch Gültigkeit besessen hatte. Die Präambel des DDR-Strafgesetzbuches zog einen deutlichen Trennungsstrich zwischen DDR und Bundesrepublik; denn da hieß es u. a.: *»Das sozialistische Strafgesetzbuch ist Bestandteil des einheitlichen sozialistischen Rechtssystems der DDR. Es dient im besonderen dem entschiedenen Kampf gegen die verbrecherischen Anschläge auf den Frieden und die DDR, die vom westdeutschen Imperialismus und seinen Verbündeten ausgehen und die Lebensgrundlagen unseres Volkes bedrohen. Es dient zugleich dem Kampf gegen Straftaten, die aus dem Fortwirken der Überreste der kapitalistischen Zeit erwachsen und durch feindliche Einflüsse und moralische Verfallserscheinungen aus den imperialistischen Staaten genährt werden. Damit gewährleistet das sozialistische Strafrecht den wirksamen Schutz der sozialistischen Staats- und Gesellschaftsordnung und der sozialistischen Gesetzlichkeit.«*

Im übrigen sollte dem neuen Strafrecht der DDR das Prinzip zugrunde liegen, Verbrechen zu verhindern und die Strafe nicht als Vergeltung, sondern als Erziehungsmaßnahme anzuwenden. Im Bereich der zwischenmenschlichen Beziehungen fielen Tatbestände des alten Strafgesetzbuches wie Verleumdung und Beleidigung, Kuppelei, Homosexualität unter Erwachsenen, Ehebruch u. ä. fort. Nicht mit dem Erziehungsprinzip zu vereinbaren waren die Beibehaltung der Todesstrafe für Mord und vor allem für politische Delikte und überhaupt die drakonischen Strafandrohungen im Bereich des politischen Strafrechts. Dieser Bereich wurde so weit ausgedehnt, daß nicht nur die staatliche Ordnung und die Staatsorgane, sondern auch die Gesellschaftsordnung und die Wirtschaft der DDR samt den darin tätigen Personen mit ihren Symbolen und Emblemen durch das Strafrecht geschützt werden sollten. Dazu gehört z. B. das ungenehmigte Verlassen der Republik, das je nach

Begleitumständen als »*staatsfeindlicher Menschenhandel*« (§ 105) oder »*ungesetzlicher Grenzübertritt*« (§ 213) geahndet werden kann. Darunter fällt auch das Sammeln von »*Nachrichten, die geeignet sind, die gegen die Deutsche Demokratische Republik oder andere friedliebende Völker gerichtete Tätigkeit von Organisationen, Einrichtungen, Gruppen oder Personen zu unterstützen*« (§ 98). Bestraft werden kann ein DDR-Bürger auch dafür, daß er zu »*Organisationen, Einrichtungen, Gruppen oder Personen, die sich eine gegen die staatliche Ordnung der Deutschen Demokratischen Republik gerichtete Tätigkeit zum Ziel setzen, in Kenntnis dieser Ziele oder Tätigkeiten in Verbindung setzt*« (§ 219). Dabei brauchte es sich nicht einmal um geheime Informationen zu handeln. Diese Strafandrohungen sollten eine breite politische Diskussion in der DDR selbst oder im Ausland bzw. in der Bundesrepublik über Themen, die den Staats- und Parteiorganen der DDR nicht genehm waren, von vornherein unterbinden.

Die neue
Verfassung der
DDR 1968 Im Februar 1968 wurde der Entwurf einer neuen, »sozialistischen« Verfassung der DDR veröffentlicht. Es folgte eine »Volksaussprache«, an der sich in über 750 000 Veranstaltungen die Partei-, Massen- und Betriebsorganisationen beteiligten und die einige Veränderungen wie die Einfügung des Grundrechts auf Glaubens- und Gewissensfreiheit und des religiösen Bekenntnisses zur Folge hatte. Die neue Verfassung wurde am 26. März 1968 von der Volkskammer bestätigt. Am 6. April 1968 fand — erstmals in der Geschichte der DDR — ein Volksentscheid über die Verfassung statt. 94,5 % der Wahlberechtigten stimmten ihr zu, in Ost-Berlin waren es »nur« 90,9 %. Das Ergebnis lag unter den Ergebnissen der Wahlen zur Volkskammer und zur Stadtverordnetenversammlung von Ost-Berlin vom 2. Juli 1967, bei denen 99,93 % der Stimmen für die Einheitslisten der Nationalen Front abgegeben worden waren.[47] Am 9. April 1968 wurde die neue DDR-Verfassung verkündet.[48] Hatte sich die erste DDR-Verfassung vom 7. Oktober 1949 noch stark am Vorbild der Weimarer Reichsverfassung orientiert und den Gedanken der deutschen Einheit vielfach berücksichtigt, so war die neue Verfassung nach dem Vorbild der Volksdemokratien gearbeitet. Sie betonte die führende Rolle der SED und drängte die Idee der deutschen Einheit in den Hintergrund. Artikel I erklärte: »*Die Deutsche Demokratische Republik ist ein sozialistischer Staat deutscher Nation. Sie ist die politische Organisation der Werktätigen in Stadt und Land, die gemeinsam unter Führung der Arbeiterklasse und ihrer marxistisch-leninistischen Partei den Sozialismus verwirklichen.*« Die neue Verfassung gab den gesamtdeutschen Geltungsanspruch der alten auf, formulierte in Artikel 8,2 aber eine Art Wiedervereinigungswunsch: »*Die Deutsche Demokratische Republik und ihre Bürger erstreben darüber hinaus die Überwindung der vom Imperialismus der deutschen Nation aufgezwungenen Spaltung Deutsch-*

lands, die schrittweise Annäherung der beiden deutschen Staaten bis zu ihrer Vereinigung auf der Grundlage der Demokratie und des Sozialismus.« Indem sie die führende Rolle der SED betonte, entsprach die neue Verfassung den realen Machtverhältnissen in der DDR eher als die alte Verfassung. Andererseits wurden im Grundrechtskatalog Rechte aufgeführt, die — wie die Freiheit der Persönlichkeit (Art. 19), die Gewissens- und Glaubensfreiheit (Art. 20) oder die Meinungsfreiheit sowie die Presse- und Rundfunkfreiheit (Art. 27) — in der Wirklichkeit keineswegs garantiert sind. Auch die Bestimmung in Artikel 54, wonach die Abgeordneten der Volkskammer »in freier, allgemeiner, gleicher und geheimer Wahl« zu wählen seien, wird durch die »offenen Abstimmungen« immer wieder durchbrochen.

5. Zwischen Moskau und Bonn: Die Außenpolitik der DDR

Das Ende des Kalten Krieges und die Einleitung der Entspannungspolitik zwischen den Supermächten zwang nicht nur die Außenpolitik der Bundesrepublik Deutschland zu einer Neuorientierung, auch die Außenpolitik der DDR geriet in Anpassungsschwierigkeiten. Sie ergaben sich daraus, daß alle Schritte der Sowjetunion in Richtung auf Entspannung ihres Verhältnisses zu den USA und insbesondere zur Bundesrepublik die Gefahr einschlossen, daß Interessen der DDR geopfert würden. So war die Außenpolitik der DDR-Führung unter Walter Ulbricht ab 1963 von dem Bemühen geprägt, sich gegen Konzessionen der Sowjetunion auf Kosten der DDR zu wehren, eine gewisse Unabhängigkeit von der sowjetischen Außenpolitik zu erlangen und überhaupt die Stellung der DDR innerhalb des Warschauer Pakts zu festigen.
Meinungsverschiedenheiten zwischen Ost-Berlin und Moskau über den außenpolitischen Kurs wurden bald nach dem Bau der Berliner Mauer sichtbar, als die DDR-Führung weiterhin und mit Nachdruck den Abschluß eines Friedensvertrages zwischen der Sowjetunion und der DDR forderte, die sowjetische Führung unter Chruschtschow aber nichts unternahm, um einen solchen Separatfriedensvertrag auch wirklich abzuschließen. Auf dem VI. Parteitag der SED im Januar 1963 äußerte Ulbricht in Anwesenheit Chruschtschows *»die verständliche Ungeduld...*
mancher Menschen« darüber, *»daß die Vorbereitung eines deutschen Friedensvertrages so lange Zeit in Anspruch nimmt«.* Chruschtschow belehrte ihn daraufhin mit dem Verweis: *»Sie (die sozialistischen Länder) haben die Grenze mit West-Berlin ihrer Kontrolle unterstellt. Und das war der wichtigste Schritt zur Festigung der Souveränität der Deutschen Demokratischen Republik.«*[49])

Statt des separaten Friedensvertrages wurde am 12. Juni 1964 der »Vertrag über Freundschaft, gegenseitigen Beistand und Zusammenarbeit« zwischen der DDR und der UdSSR unterzeichnet.[50]) Dieser Vertrag hatte folgenden Wortlaut:

Artikel 1

Die Hohen Vertragschließenden Seiten werden, ausgehend von der vollen Gleichberechtigung, der gegenseitigen Achtung der staatlichen Souveränität, der Nichteinmischung in die inneren Angelegenheiten sowie von den hohen Prinzipien des sozialistischen Internationalismus, indem sie die Prinzipien des gegenseitigen Vorteils und der gegenseitigen brüderlichen Hilfe verwirklichen, auch künftig die Beziehungen der Freundschaft und engen Zusammenarbeit auf allen Gebieten entwickeln und festigen.

Artikel 2

Die Hohen Vertragschließenden Seiten werden im Interesse des Friedens und der friedlichen Zukunft der Völker, darunter des deutschen Volkes, unbeirrt für die Beseitigung der Überreste des Zweiten Weltkrieges, für den Abschluß eines deutschen Friedensvertrages und die Normalisierung der Lage in West-Berlin auf seiner Grundlage eintreten.
Beide Seiten gehen davon aus, daß bis zum Abschluß eines deutschen Friedensvertrages die Vereinigten Staaten von Amerika, Großbritannien und Frankreich nach wie vor ihre Verantwortung für die Verwirklichung der Forderungen und Verpflichtungen auf dem Territorium der Bundesrepublik Deutschland tragen, die die Regierungen der vier Mächte gemeinsam im Potsdamer und in anderen internationalen Abkommen zur Ausrottung des deutschen Militarismus und Nazismus und zur Verhinderung einer deutschen Aggression übernommen haben.

Artikel 3

Die Hohen Vertragschließenden Seiten vereinen ihre Anstrengungen zur Gewährleistung des Friedens und der Sicherheit in Europa und in der ganzen Welt in Übereinstimmung mit den Zielen und den Grundsätzen der Satzung der Organisation der Vereinten Nationen. Sie werden alle von ihnen abhängigen Maßnahmen treffen, um auf der Grundlage der Prinzipien der friedlichen Koexistenz die Lösung grundlegender internationaler Pro-

382

bleme zu fördern, wie die allgemeine und vollständige Abrüstung einschließlich solcher Teilmaßnahmen, die zur Einstellung des Wettrüstens und zur Minderung der internationalen Spannungen beitragen, sowie die Beseitigung des Kolonialismus, die Beilegung territorialer und Grenzstreitigkeiten zwischen den Staaten mit friedlichen Mitteln und andere.

Artikel 4

Angesichts der bestehenden Gefahr eines Aggressionskrieges seitens militaristischer und revanchistischer Kräfte erklären die Hohen Vertragschließenden Seiten feierlich, daß die Unantastbarkeit der Staatsgrenzen der Deutschen Demokratischen Republik einer der Grundfaktoren der europäischen Sicherheit ist. Sie bekräftigen ihre feste Entschlossenheit, in Übereinstimmung mit dem Warschauer Vertrag über Freundschaft, Zusammenarbeit und gegenseitigen Beistand die Unantastbarkeit dieser Grenzen gemeinsam zu gewährleisten.
Die Hohen Vertragschließenden Seiten werden auch alle notwendigen Maßnahmen ergreifen, um eine Aggression der Kräfte des Militarismus und Revanchismus, die eine Revision der Ergebnisse des Zweiten Weltkrieges anstreben, zu verhindern.

Artikel 5

Im Falle eines bewaffneten Überfalls irgendeines Staates oder irgendeiner Staatengruppe auf eine der Hohen Vertragschließenden Seiten in Europa wird die andere Hohe Vertragschließende Seite dieser in Übereinstimmung mit den Bestimmungen des Warschauer Vertrages über Freundschaft, Zusammenarbeit und gegenseitigen Beistand sofortigen Beistand erweisen.
Von den ergriffenen Maßnahmen wird dem Sicherheitsrat in Übereinstimmung mit den Bestimmungen der Satzung der Organisation der Vereinten Nationen Mitteilung gemacht werden. Diese Maßnahmen werden eingestellt, sobald der Sicherheitsrat die Maßnahmen ergreift, die zur Wiederherstellung und Erhaltung des Weltfriedens und der Sicherheit erforderlich sind.

Artikel 6

Die Hohen Vertragschließenden Seiten werden West-Berlin als selbständige politische Einheit betrachten.

Artikel 7

Die Hohen Vertragschließenden Seiten bekräftigen ihren Standpunkt, daß angesichts der Existenz zweier souveräner deutscher Staaten — der Deutschen Demokratischen Republik und der Bundesrepublik Deutschland — die Schaffung eines friedliebenden, demokratischen, einheitlichen deutschen Staates nur durch gleichberechtigte Verhandlungen und eine Verständigung zwischen beiden souveränen deutschen Staaten erreicht werden kann.

Artikel 8

Die Hohen Vertragschließenden Seiten werden auf der Grundlage des gegenseitigen Vorteils und der uneigennützigen brüderlichen Zusammenarbeit, in Übereinstimmung mit den Grundsätzen des Rates für Gegenseitige Wirtschaftshilfe, die wirtschaftlichen und wissenschaftlich-technischen Beziehungen zwischen beiden Staaten maximal entwickeln und festigen, in Übereinstimmung mit den Grundsätzen der internationalen sozialistischen Arbeitsteilung die Koordinierung der Volkswirtschaftspläne, die Spezialisierung und Kooperation der Produktion verwirklichen und durch die Annäherung und Abstimmung der nationalen Wirtschaften beider Staaten ein Höchstmaß an Produktivität sichern.
Beide Seiten werden auch weiterhin ihre Beziehungen auf kulturellem, gesellschaftlichem und sportlichem Gebiet wie auf dem Gebiet des Touristenverkehrs entwickeln.

Artikel 9

Dieser Vertrag berührt nicht Rechte und Pflichten der beiden Seiten aus geltenden zweiseitigen und anderen internationalen Abkommen einschließlich des Potsdamer Abkommens.

Artikel 10

Dieser Vertrag wird für die Dauer von zwanzig Jahren vom Tage des Inkrafttretens gültig sein. Wenn ihn nicht eine der Hohen Vertragschließenden Seiten zwölf Monate vor Ablauf der Geltungsdauer des Vertrages kündigt, bleibt der Vertrag weitere zehn Jahre in Kraft.
Im Falle der Schaffung eines einheitlichen, demokratischen und friedliebenden deutschen Staates oder des Abschlusses eines deutschen Friedensvertrages

kann dieser Vertrag vor Ablauf der Frist von zwanzig Jahren auf Wunsch jeder Hohen Vertragschließenden Seite überprüft werden.

Artikel 1 und 4 fixierten die Anerkennung der DDR durch die Sowjetunion noch einmal vertraglich. Artikel 5 und 8 unterstrichen die engen Bindungen zwischen beiden Staaten. In einigen Punkten unterstützte der Vertrag die Auffassung der DDR-Führung in der Deutschland- und Berlin-Politik, so wenn in Artikel 7 »gleichberechtigte Verhandlungen und eine Verständigung zwischen beiden souveränen deutschen Staaten« als Voraussetzung für »die Schaffung eines friedliebenden, demokratischen, einheitlichen deutschen Staates« genannt werden oder wenn in Artikel 6 West-Berlin als »selbständige politische Einheit« bezeichnet wird.

Andererseits enthielt der Vertrag auch Passagen, die als Entgegenkommen gegenüber westlichen Positionen interpretiert werden konnten. Das galt besonders für die Berlin-Problematik. Hier war die vor dem Mauerbau von der DDR und der Sowjetunion gemeinsam erhobene Forderung nach einer entmilitarisierten »freien Stadt« durch die Formel ersetzt worden, daß West-Berlin als »selbständige politische Einheit« zu »betrachten« (und nicht zu »behandeln«!) sei. Da nach Artikel 9 die Rechte und Pflichten der Sowjetunion aus dem Potsdamer Abkommen nicht berührt wurden, stellte der Vertrag auch den Viermächtestatus von Berlin nicht ausdrücklich in Frage. Und wenn in Artikel 2 und 10 vom »Abschluß eines deutschen Friedensvertrages« die Rede war, so konnte das als endgültiger Verzicht auf einen Separatfrieden zwischen der DDR und der Sowjetunion gedeutet werden.[51]

Die DDR-Führung zeigte im Herbst 1964 eine gewisse Bereitschaft, der Bundesrepublik in Fragen menschlicher Erleichterungen entgegenzukommen, indem sie nicht nur am 24. September 1964 ein weiteres Passierscheinabkommen mit dem Berliner Senat abschloß (s. oben S. 15), sondern bereits vorher (am 9. September 1964) allen im Rentenalter stehenden Bürgern der DDR erlaubte, jährlich eine Besuchsreise von bis zu vier Wochen zu Verwandten in die Bundesrepublik und nach West-Berlin zu unternehmen. Diese Regelung ging auf eine Anregung des Landesbischofs der evangelisch-lutherischen Kirche in Thüringen, Moritz Mitzenheim, zurück. Die ersten Rentner machten sich am 2. November 1964 auf die Reise. Bis zum 30. September 1965 besuchten insgesamt 1 667 656 DDR-Rentner Verwandte in der Bundesrepublik und in West-Berlin.[52]

Rentner-Reisen in den Westen

Kurze Zeit darauf wurden diese Ansätze zu menschlichen Erleichterungen im innerdeutschen Verkehr freilich wieder in Frage gestellt, denn die DDR-Führung erschwerte die Reisen in umgekehrter Richtung. Am

25. November 1964 ordnete das DDR-Finanzministerium an, daß ab 1. Dezember 1964 alle aus der Bundesrepublik und dem westlichen Ausland kommenden Besucher der DDR pro Tag ihres Aufenthaltes 5,– DM zum offiziellen Kurs in »Mark der Deutschen Notenbank« (so lautete seit dem 1. August 1964 die offizielle Bezeichnung für die DDR-Währung) umtauschen mußten. Für Bewohner West-Berlins wurde der Betrag des Zwangsumtauschs auf 3,– DM festgelegt. Offiziell begründet wurde diese Anordnung als Maßnahme gegen Währungsspekulationen.[53])

Die Bundesregierung sah in der Anordnung einen weiteren Versuch, die Spaltung Deutschlands zu vertiefen und versuchte ihn mit wirtschaftlichen Sanktionen zu bekämpfen. Am 2. Dezember 1964 wurde der Leiter der Treuhandstelle für den Interzonenhandel, Alfred Pollak, angewiesen, die Gespräche mit einem DDR-Vertreter über Kreditwünsche der DDR abzubrechen. In diesen Gesprächen ging es hauptsächlich um eine Erhöhung der kurzfristigen Kreditlinie (Swing), die die Bundesrepublik der DDR für Maschinen und andere Industrieprodukte eingeräumt hatte, von 100 Mill. DM auf 500 Mill. DM und eine Erhöhung der Kreditlinie für sogenannte weiche Waren von 100 Mill. DM auf 200 Mill. DM.[54])

Wenig glaubwürdig wirkte auf diesem Hintergrund der sogenannte Humanisierungsplan, den Walter Ulbricht am 27. Dezember 1964 vorlegte.[55]) Darin schlug Ulbricht »*im Interesse der Humanisierung, der Erhaltung des Friedens Verhandlungen zwischen Vertretern beider deutscher Regierungen über die Normalisierung der Beziehungen zwischen beiden deutschen Staaten*« vor und forderte im einzelnen 1. ein Verbot der Atomrüstung in Deutschland, einen Rüstungsstopp und die Verminderung der Rüstungsausgaben. 2. »*Verhandlungen zum Zwecke der Herstellung normaler Beziehungen zwischen beiden deutschen Staaten und zwischen der DDR und West-Berlin. 3. Beseitigung aller Diskriminierungen im Handel zwischen den beiden deutschen Staaten und Vereinbarungen über die Schaffung von gegenseitigen Handelsvertretungen. 4. Verhandlungen der beiden deutschen Staaten mit den vier Mächten über die Beseitigung der Reste des 2. Weltkrieges und Maßnahmen zur friedlichen Lösung der deutschen Frage.*«

Vor allem die Forderungen nach Anerkennung der DDR und nach Anerkennung West-Berlins als »besondere politische Einheit« machten diesen Plan für die Bundesregierung unannehmbar.

Anfang 1965 gelang der DDR-Außenpolitik ihr erster Ausbruch aus der weltpolitischen Isolierung: Ägyptens Staatspräsident Nasser lud Walter Ulbricht zu einem Staatsbesuch ein.[56]) Auch wenn dieser Besuch, der international großes Aufsehen erregte (s. oben S. 269), noch nicht die Anerkennung der DDR durch die Vereinigte Arabische Republik oder andere arabische Staaten zur Folge hatte, so förderte er doch das Ansehen des zweiten deutschen Staates gerade unter den Entwicklungsländern, zumal sich die DDR dort in verstärktem Maße als Vorkämpfer gegen Neokolonialismus und Imperialismus zu profilieren verstand. Unterhalb der diplomatischen Anerkennung war die DDR im März 1965 bereits in vielen Staaten Afrikas, Asiens und Südamerikas vertreten. So durch Generalkonsulate in Burma, Ceylon, Indonesien, Irak, Kambodscha, Tansania, der Vereinigten Arabischen Republik (wo der Generalkonsul den persönlichen Rang eines Botschafters hatte und gleichzeitig Bevollmächtigter der DDR für andere arabische Staaten war) und im Jemen, durch ein Konsulat in Syrien und durch Handelsvertretungen in Algerien, Ghana, Guinea, Indien, dem Libanon, Mali, Marokko und dem Sudan.[57])

In seinem Rechenschaftsbericht[58]) anläßlich des 9. Plenums des ZK der SED (26.–28. April 1965) führte Walter Ulbricht die »Krise der Bonner Nahostpolitik« darauf zurück, daß die Bundesrepublik nicht Entwicklungshilfe an die arabischen Staaten, sondern »Hilfe für die Schaffung der imperialistischen Militärbasis der USA und Westdeutschlands in Israel« leiste. Im Zusammenhang mit der in der Bundesrepublik diskutierten »Deutschlandinitiative« wiederholte er seine Vorschläge vom Dezember 1964 und stellte finanzielle Forderungen an die Bundesrepublik. Nach Ulbrichts Ansicht war der Widerspruch zwischen den »*objektiven Erfordernissen der technischen Revolution und unseren volkswirtschaftlichen Möglichkeiten*« eine »*Folge des kalten Wirtschaftskrieges, den die westdeutschen Imperialisten bis 1961 gegen die DDR geführt haben*«.

Ulbricht berief sich auf den sozialdemokratischen Wirtschaftswissenschaftler Professor Baade, der die volkswirtschaftlichen Verluste der DDR bis 1961 auf rund 100 Mrd. Mark beziffert hatte, und errechnete selbst einen Verlust von sogar 120 Mrd. Mark. Dieser Betrag setzte sich, so Ulbricht, zusammen »*aus den Reparationen, die die DDR für ganz Deutschland geleistet hat, unseren Verlusten an Nationaleinkommen durch Produktionsausfall, durch den gesellschaftlichen Aufwand für den Unterhalt, die Erziehung und die Ausbildung der abgeworbenen Kader, durch Grenzgängerei in West-Berlin, durch den Schwindelkurs und den Schmuggel nach West-Berlin sowie einige andere Verluste. Selbstverständlich fordern wir von der Bundesrepublik die Begleichung dieser Schulden an die DDR. Der uns zugefügte Verlust an Nationaleinkommen entspricht etwa der Summe der Investitionen, die wir in den Jahren von 1950 bis 1961 in unsere Volkswirtschaft hineingesteckt haben. Stellt euch vor, wie unsere Volkswirtschaft heute aussähe, wenn wir diese Summe von rund 120 Mrd. Mark zusätzlich investiert hätten*«.

Die DDR stellt finanzielle Forderungen an die Bundesregierung

387

Daß die DDR bzw. die sowjetische Besatzungszone Reparationen für ganz Deutschland an die Sowjetunion geleistet und u. a. deshalb wirtschaftlich schwierigere Startbedingungen als die Bundesrepublik gehabt hatte, wurde in der öffentlichen Meinung der Bundesrepublik mit der Zeit akzeptiert — wenn auch eingeschränkt durch Verweise auf das widersprüchliche Verhalten der Sowjetunion, die einerseits ihre »brüderliche Verbundenheit« mit den Bewohnern ihrer Besatzungszone betont hatte und dort den Sozialismus hatte verwirklichen wollen, andererseits aber dessen Entwicklung durch den Abzug von Reparationen erschwert hatte.

Für ganz und gar unannehmbar hielten Politiker und öffentliche Meinung in der Bundesrepublik aber die Forderung, die durch die Sozialisierung von Industrie und Landwirtschaft in der DDR eingetretenen Vermögensverluste zu ersetzen oder für die vor 1961 aus der DDR geflüchteten Arbeitskräfte ein »Kopfgeld« zu zahlen.[59]) So trugen die Forderungen Ulbrichts zu einer weiteren Verschärfung der Spannungen zwischen den beiden deutschen Staaten bei.

Im Herbst 1965 gelang der DDR nach dem Ägypten-Besuch Ulbrichts der zweite Durchbruch auf dem Weg zur internationalen Anerkennung. Diesmal erwies sich der Sport als Mittel der Politik. An den Olympischen Spielen in Tokio hatte 1964 noch eine gesamtdeutsche Mannschaft teilgenommen. Am 8. Oktober 1965 entschied das Internationale Olympische Komitee, für die Olympischen Spiele 1968 in Mexiko zwei deutsche Mannschaften — allerdings unter gleicher Flagge (Schwarz-Rot-Gold mit den olympischen Ringen) und gleicher Hymne (Beethovens »Hymne an die Freude«) — zuzulassen. Gleichzeitig nahm das IOC das Nationale Olympische Komitee der DDR als Vollmitglied für das »geographische Gebiet Ostdeutschlands« auf. 1968 beschloß das IOC dann, daß ab 1972 die DDR-Mannschaft mit eigener Flagge und Hymne auftreten dürfte.[60])

Die Gründung eines Staatssekretariats für gesamtdeutsche Fragen im Dezember 1965 und das Angebot der SED an die SPD zu direkten Gesprächen über die Wiedervereinigung Deutschlands im Februar 1966 (s. oben S. 254) waren der Beginn einer »Kontaktoffensive«[61]), bei der es der DDR-Staats- und Parteiführung in erster Linie darum ging, diejenigen Kräfte in der Bundesrepublik zu mobilisieren, die mit der Deutschlandpolitik der Bundesregierung unzufrieden waren und für direkte Kontakte zur DDR eintraten. Als sich im Briefwechsel über den Redneraustausch zwischen SED und SPD herausstellte, daß die SPD nicht bereit war, in entscheidenden Punkten von der Deutschlandpolitik der Bundesregierung abzuweichen, und gleichzeitig in der DDR die Hoffnungen auf eine Wiedervereinigung in der Bevölkerung immer offener zutage traten, brach die SED den Kontakt wieder ab und ging auf Distanz zur SPD.

Die Politik der Abgrenzung verstärkte sich noch nach dem Eintritt der SPD in die Regierung der Großen Koalition, die von der SED als »Notstandsdiktatur" bezeichnet und als »Front der reaktionären Kräfte" abgelehnt wurde.[62]) In seiner Neujahrsansprache am 1. Januar 1967 erklärte Walter Ulbricht[63]): *Trotz der zweifellos vorgeschrittenen gegensätzlichen Entwicklung der beiden deutschen Staaten gibt es gemeinsame Interessen des Volkes beider Staaten, über die eine Verständigung möglich sein sollte.* Doch er machte auch klar, daß eine Wiedervereinigung in absehbarer Zukunft unmöglich bzw. nur unter sozialistischen Vorzeichen denkbar sein werde: *Sozialismus und monopolkapitalistische Herrschaft lassen sich nicht in einem Staat vereinigen. Ein Zurück in das Mittelalter der gesellschaftlichen Entwicklung, zum Kapitalismus, gibt es für die Bürger der sozialistischen DDR nicht. Eine Vereinigung zwischen der sozialistischen DDR und einer vom Monopolkapital beherrschten westdeutschen Bundesrepublik ist also unmöglich. Die Wiedervereinigung, richtiger gesagt, die Vereinigung der beiden deutschen Staaten, ist abhängig von einer durchgreifenden demokratischen Umwälzung in Westdeutschland. Das kann ein langer Prozeß sein. Um so dringlicher aber wird die Ordnung des Neben- und Miteinanderlebens. Und wir meinen, daß wir zielbewußt auf einen Weg hinsteuern sollten, der in der Zukunft zur Zusammenarbeit, in eine Konföderation führen könnte.*

In einem Zehnpunktekatalog zählte Ulbricht dann einzelne Maßnahmen und Vereinbarungen auf, die *die erste Etappe des Weges zu einer Konföderation* einleiten sollten: *1. Die Regierungen der beiden deutschen Staaten treffen eine Vereinbarung über die Aufnahme normaler Beziehungen zueinander. 2. Die Regierungen der beiden deutschen Staaten schließen einen Vertrag, der den Verzicht auf die Anwendung von Gewalt in den gegenseitigen Beziehungen zum Inhalt hat. 3. Die Regierungen der beiden deutschen Staaten anerkennen in gleichlautenden vereinbarten Erklärungen die gegenwärtig bestehenden Grenzen in Europa. 4. Die Regierungen der beiden deutschen Staaten vereinbaren vertraglich die Herabsetzung ihrer Rüstungsausgaben um jeweils die Hälfte. 5. Die Regierungen der beiden deutschen Staaten erklären ihren Verzicht auf Besitz, Verfügungsgewalt oder Beteiligung an der Verfügungsgewalt über Atomwaffen in irgendeiner Form. Zugleich vereinbaren und versichern sie verbindlich in gleichlautenden und gleichzeitigen Erklärungen ihre Bereitschaft zur Teilnahme an einer atomwaffenfreien Zone in Europa. 6. Die Regierungen beider deutscher Staaten setzen sich für die Herstellung normaler Beziehungen beider deutscher Staaten zu allen anderen europäischen Staaten und für die Herstellung diplomatischer Beziehungen aller europäischer Staaten zu beiden deutschen*

Ulbrichts Konföderationsvorschlag 1967

Staaten ein. 7. Die Regierungen der beiden deutschen Staaten schließen einen Vertrag, durch den sie sich verpflichten, gemeinsam und gleichzeitig für beide deutsche Staaten den Status einer von den Mächten garantierten Neutralität anzunehmen. 8. Die Regierungen der beiden deutschen Staaten schließen einen Vertrag, in welchem sie sich zur Respektierung der unabhängigen Entwicklung West-Berlins als besonderes eigenständiges Territorium verpflichten. 9. Die Regierung der DDR und der Senat von West-Berlin schließen einen Vertrag, in dem sich der Senat verpflichtet, den Kalten Krieg gegen die DDR einzustellen, während die Regierung der DDR sich verpflichtet, den Transitverkehr zunächst für den Zeitraum bis zur Bildung einer deutschen Konföderation zu gewährleisten. 10. Die Regierungen der beiden deutschen Staaten beauftragen eine auf paritätischer Basis aus bevollmächtigten Vertretern gebildete Kommission zu prüfen, wie weit die grundlegenden Bestimmungen des Potsdamer Abkommens, welche die Sicherung des Friedens und der Demokratie in Deutschland garantieren sollten, in den beiden deutschen Staaten durchgeführt worden sind. Diese Kommission erstattet öffentlich Bericht über das Prüfungsergebnis und macht Vorschläge für eventuell notwendige Maßnahmen.«

In einer Stellungnahme zu Ulbrichts Vorschlägen bedauerte der neue Bundesminister für Gesamtdeutsche Fragen, Herbert Wehner, am 7. Januar 1967 in einer Rundfunkansprache[64]) *»den Eindruck der Unversöhnlichkeit oder richtiger gesagt: der Unzugänglichkeit gegenüber allen sachlich vorgebrachten westlichen Vorschlägen zur Entkrampfung der Verhältnisse im gespaltenen Deutschland«*, den Ulbrichts Rede hinterlassen habe. *»Ungeachtet der enttäuschenden Sturheit, mit der Walter Ulbricht in seinen übrigen Punkten an den nachweisbaren Handlungen und Erklärungen der Bundesregierung vorübergegangen ist«*, hielt Wehner Ulbrichts Vorschlag, eine paritätische Kommission zu bilden, die die Verwirklichung der Potsdamer Beschlüsse in der Bundesrepublik und in der DDR nachprüfen sollte, gleichwohl für *»nachdenkenswert«*.

Folgen hatte diese Anregung jedoch nicht. Als die Bundesrepublik am 31. Januar 1967 diplomatische Beziehungen zu Rumänien aufnahm, verstärkte die DDR-Regierung ihre Bemühungen um Abgrenzung nach Westen einerseits, um Integration im Osten andererseits. Am 2. Februar 1967 wurde das Staatssekretariat für gesamtdeutsche Fragen in ein Staatssekretariat für westdeutsche Fragen umbenannt. Das Ministerium für Außenhandel und Innerdeutschen Handel wurde im Juli zum Ministerium für Außenwirtschaft. Die Presse der DDR schrieb eine Zeitlang nicht mehr SPD, sondern nur noch SP, um den gesamtdeutschen Anspruch der westdeutschen Sozialdemokraten zu bestreiten.[65]) Ihren Höhepunkt erreichte diese Kampagne zur Tilgung aller gesamtdeutschen Bezüge mit dem Staatsbürgergesetz vom 20. Februar 1967.

Auf der Warschauer Außenminister-Konferenz (8.—10. Februar 1967) gelang es der DDR mit Unterstützung der Sowjetunion, die übrigen Mitglieder des Warschauer Paktes auf die »Ulbricht-Doktrin« zu verpflichten: Anders als Rumänien sollten die übrigen Staaten des Pakts erst dann diplomatische Beziehungen zur Bundesrepublik aufnehmen, wenn diese die DDR anerkannt hatte.[66]) Auch die Unterzeichnung von Freundschafts- und Beistandspakten mit Polen (10. März), der ČSSR (17. März), Ungarn (18. Mai) und Bulgarien (7. September)[67]) dienten der Durchsetzung dieses Prinzips und der weiteren Festigung des östlichen Bündnisses, woran die Sowjetunion angesichts der Entwicklung in der Tschechoslowakei und ihres Konflikts mit China ein ebenso großes Interesse hatte wie die DDR.

Auf dem VII. Parteitag der SED (17.—22. April 1967, s. oben S. 377) wiederholte Ulbricht seine Absage an die deutsche Wiedervereinigung. In dem kurz danach einsetzenden Briefwechsel zwischen Ministerpräsident Stoph und Bundeskanzler Kiesinger (s. oben S. 344) erhob die DDR wieder ihre bekannten Maximalforderungen nach völkerrechtlicher Anerkennung der DDR und Anerkennung West-Berlins als »selbständiger politischer Einheit«, die die Bundesregierung nicht akzeptieren konnte.

Daß 1967 ein Krisenjahr in den deutsch-deutschen Beziehungen war, ließ auch die Entwicklung des innerdeutschen Handels erkennen: Seit 1963 war der Umsatz mehr oder weniger stetig gewachsen; doch 1967 sanken die Bezüge der Bundesrepublik aus der DDR um 6,1% und die Lieferungen in die DDR um 8,8% gegenüber 1966. 1968 stiegen die Bezüge wieder an, doch die Lieferungen gingen weiter zurück, um erst 1969 wieder — und zwar in ungewöhnlichem Maße — anzusteigen.[68]) Die Anordnung des DDR-Innenministers vom April 1968, die Ministern und leitenden Beamten der Bundesregierung die Durchreise durch die DDR nach West-Berlin verwehrte, und die Einführung des Paß- und Visumzwangs im Reise- und Transitverkehr verfolgten offenbar das Ziel, die Bundesregierung durch Druck auf Berlin zur völkerrechtlichen Anerkennung der DDR zu zwingen — und sei es auch indirekt über den Abschluß völkerrechtlicher Verträge über internationale Probleme. Am 21. Juni 1968 machte der Staatsrat der DDR in einer Erklärung zum Stand der Beziehungen zwischen den beiden deutschen Staaten[69]) folgende Vorschläge: »*1. Die Regierungen beider deutscher Staaten verpflichten sich, dem der Verhütung eines Kernwaffenkrieges dienenden internationalen Vertrag über die Nichtweiterverbreitung von Kernwaffen unverzüglich beizutreten. (Alle Bürger der beiden deutschen Staaten sollten verstehen, daß die Weiterverbreitung von Kernwaffen für Europa, insbesondere für seine so dicht besiedelte Mitte, verheerende Folgen haben könn-*

Der innerdeutsche Handel

Neue DDR-Vorschläge zur deutschen Frage 1968

Entwicklung des innerdeutschen Handels[a]

Jahr	Bezüge	Liefe-rungen	Umsatz	Saldo	Bezüge	Liefe-rungen	Umsatz
	in Mill. DM				Veränderung gegenüber dem Vorjahr in %		
1955	588	563	1151	− 25	30,7	23,8	27,2
1956	654	699	1353	46	11,2	24,3	17,6
1957	817	846	1663	29	25,1	21,0	23,0
1958	858	800	1659	− 58	5,0	− 5,4	− 0,3
1959	892	1079	1970	187	3,9	34,8	18,8
1960	1123	960	2082	−163	26,2	−11,0	5,5
1961	941	873	1814	− 68	−16,2	− 9,0	−12,9
1962	914	853	1767	− 62	− 2,8	− 2,3	− 2,6
1963	1022	860	1882	−163	11,8	0,8	6,5
1964	1027	1151	2178	124	0,5	33,9	15,8
1965	1260	1206	2467	− 54	22,7	4,8	13,2
1966	1345	1625	2971	280	6,7	34,8	20,4
1967	1264	1483	2747	219	− 6,1	− 8,8	− 7,5
1968	1440	1432	2872	− 7	13,9	− 3,4	4,5
1969	1656	2272	3928	616	15,1	58,6	36,8
1970	1996	2416	4412	420	20,5	6,3	12,3
1971	2319	2499	4817	180	16,2	3,4	10,4
1972	2381	2927	5308	546	2,7	17,2	10,2
1973	2660	2998	5658	338	11,7	2,4	6,6
1974	3252	3671	6923	419	22,3	22,4	22,4
1975	3342	3922	7266	580	2,8	6,8	5,0
1976	3877	4269	8146	392	16,0	8,9	12,1

[a]Bezüge und Lieferungen der BR Deutschland (einschließlich West-Berlins).

te.) 2. Abschluß eines völkerrechtlich gültigen Vertrages zwischen der Regierung der Deutschen Demokratischen Republik und der Regierung der westdeutschen Bundesrepublik, welcher die Lagerung von Kernsprengköpfen auf den Territorien der beiden deutschen Staaten ausschließt. 3. Abschluß eines völkerrechtlich gültigen Vertrages zwischen der Regierung der Deutschen Demokratischen Republik und der Regierung der westdeutschen Bundesrepublik über die Nichtanwendung von Gewalt in den Beziehungen zwischen den beiden deutschen Staaten. 4. Abschluß eines völkerrechtlich gültigen Vertrages zwischen der Regierung der Deutschen Demokratischen Republik und der Regierung der westdeutschen Bundesrepublik über die Anerkennung des Status quo und der bestehenden Grenzen in Europa.«

Die ständige Agitation gegen die »militaristische und imperialistische Politik« der Bundesrepublik diente gleichzeitig dazu, die Bevölkerung der DDR und die Partner des Warschauer Pakts vor einer Annäherung an den Westen, wie sie nach Meinung der DDR-Führung die ČSSR unter Dubček betrieb, zu warnen. Es ist durchaus wahrscheinlich, daß die DDR-Führung aus Furcht vor einer Infektion ihrer Bevölkerung mit dem Prager Reformkommunismus auf wirksame Maßnahmen gegen Dubček und seinen Kurs drängte und damit zu der sowjetischen Entscheidung, in der ČSSR militärisch zu intervenieren, beigetragen hat. Am 21. August 1968 beteiligten sich Einheiten der Nationalen Volksarmee der DDR an der Besetzung der ČSSR durch Truppen des Warschauer Pakts.

Die DDR beteiligt sich an der Intervention gegen die ČSSR

Einen neuen Höhepunkt erreichte der Druck der DDR auf West-Berlin anläßlich der Bundespräsidentenwahl im März 1969: Den Mitgliedern der Bundesversammlung wurde die Durchreise durch die DDR verboten; der Verkehr auf den Transitautobahnen wurde behindert; über Berlin durchbrachen Jagdflugzeuge mit Donnergetöse die Schallmauer[70]), und Gespräche über ein Passierscheinabkommen für Ostern 1969 scheiterten daran, das die DDR als Gegenleistung eine Verlegung der Wahl forderte. Auf dem 10. Plenum des ZK der SED (28.–29. April 1969) beharrte die SED auf ihrer Forderung nach völkerrechtlicher Anerkennung der DDR durch die Bundesrepublik. Die von der Bundesregierung vertretene Auffassung, daß es zwischen der DDR und der Bundesrepublik nur staatsrechtliche Beziehungen geben könne, lehnte Walter Ulbricht mit der Begründung ab: »*Der vom Gegner häufig gebrauchte Begriff ist eine reine Zweckkonstruktion, die darauf hinausläuft, die DDR zu einer Art westdeutschen Bundeslandes zu degradieren. Das heißt, die geplante Annektion der DDR soll juristisch vorbereitet werden.*«[71])

Druck auf West-Berlin 1969

Am 8. Mai 1969 wurde die DDR von dem südostasiatischen Königreich Kambodscha völkerrechtlich anerkannt.[72]) Die Bundesregierung der Großen Koalition stand vor der Frage, ob sie die Hallstein-Doktrin anwenden, d. h. die Beziehungen zu Kambodscha abbrechen und so der DDR dort ein Alleinvertretungsrecht überlassen sollte, oder ob sie die Hallstein-Doktrin über Bord werfen sollte.[73]) Die Bundesregierung entschied sich für eine Kompromißlösung: Die Beziehungen zu Kambodscha wurden nicht abgebrochen, sondern eingefroren; in Zukunft sollte die Anwendung der Hallstein-Doktrin von den jeweiligen Umständen abhängig gemacht werden. Der Durchbruch der DDR zur internationalen Anerkennung wenigstens in der Dritten Welt war offenbar nicht mehr aufzuhalten. 1969 nahmen auch der Sudan, der Irak und Ägypten diplomatische Beziehungen zur DDR auf. 1970 folgten die Zentralafrikanische Republik, Somalia, Algerien, Ceylon und Guinea.[74])

Die Anerkennung der DDR in Afrika und Asien

Im Frühjahr und Sommer 1969 wurde aber auch deutlich, daß der harte Konfrontationskurs der DDR gegenüber der Bundesrepublik immer mehr in Widerspruch zu den außenpolitischen Interessen der Sowjetunion geriet. Nachdem sie ihren Einfluß in Osteuropa durch die Intervention gegen die ČSSR wieder gefestigt hatte, zielte die Entspannungspolitik der sowjetischen Führung darauf ab, den Status quo in Osteuropa durch Abmachungen mit den USA und den westeuropäischen Staaten auch völkerrechtlich festzuschreiben, um den Rücken für die sich zuspitzende Auseinandersetzung mit China freizuhalten. Im März 1969 unterrichtete die Sowjetunion die Bundesregierung in auffälliger Weise über den Zusammenstoß von sowjetischen und chinesischen Truppen am Grenzfluß Ussuri. Zur gleichen Zeit beschränkte sie sich anläßlich der Bundespräsidentenwahl auf Proteste gegen deren Abhaltung in Berlin, ließ aber Repressalien, die über die Belästigungen und Störungen am Wahltag selbst hinausgegangen wären, nicht zu.[75])

Am 4. Juli 1969 nahm die Sowjetunion die Gespräche über einen Gewaltverzicht mit der Bundesrepublik wieder auf. In einer Rede vor dem Obersten Sowjet ließ Außenminister Gromyko am 10. Juli 1969 erkennen, daß die Sowjetunion den besonderen Status West-Berlins hinnehmen werde, wenn die Bundesrepublik ein Gewaltverzichtsabkommen unterschreiben und die Existenz der DDR akzeptieren würde.[76])

Als vom 7. bis 14. Juli 1969 eine Partei- und Regierungsdelegation der DDR nach Moskau reiste, nahm Walter Ulbricht erstmals nicht an einer solchen Mission teil.[77]) Die Moskauer Gespräche dienten in erster Linie dazu, die DDR-Außenpolitik auf den Entspannungskurs der Sowjetunion festzulegen und sie von ihren Maximalforderungen abzubringen. Eine gewisse Entspannung im deutsch-deutschen Verhältnis zeichnete sich

jedenfalls noch vor den Bundestagswahlen im Herbst ab. Am 16. September vereinbarten Vertreter des DDR-Verkehrsministeriums und der Hauptverwaltung der Deutschen Bundesbahn die Wiederaufnahme des 1967 unterbrochenen Verkehrs westdeutscher Kalizüge durch DDR-Gebiet bei Gerstungen. Am gleichen Tag begannen Verhandlungen zwischen Vertretern der beiden Verkehrsministerien über die Koordinierung von Straßenbauvorhaben und über den Transitverkehr in der Binnenschiffahrt und im Eisenbahnverkehr. Am 19. September wurden auch Verhandlungen zwischen Vertretern der beiden Postministerien über den innerdeutschen Postverkehr aufgenommen.[78]) Politische Verhandlungen waren allerdings erst nach dem Rücktritt Walter Ulbrichts 1971 erfolgreich. Sie führten zu einer grundsätzlichen Neuregelung der Beziehungen zwischen den beiden deutschen Staaten im Grundlagenvertrag von 1972.

Anmerkungen

I. Besatzungspolitik 1945–1949

[1] Auszugsweise abgedruckt bei Steininger, Deutsche Geschichte, S. 47–52.

[2] Lilge, S. 6.

[3] Abgedruckt bei Steininger, Deutsche Geschichte, S. 72–74.

[4] Zitiert nach Steininger, DIFF, S. 107.

[5] Truman, Memoiren, Bd. 1, Bern 1955, S. 285.

[6] Ursachen und Folgen, Bd. 24, S. 447 ff.; Benz: Potsdam 1945, S. 207–225.

[7] Zit. nach DIFF 1, S. 35

[8] G. F. Kennan: Memoiren eines Diplomaten, München 1971, S. 264 f.

[9] Ursachen und Folgen, Bd. 24, S. 398 ff.

[10] Steininger, Deutsche Geschichte, S. 127; Benz: Potsdam 1945, S. 165–170.

[11] Wortlaut auszugsweise bei Steininger, Deutsche Geschichte, S. 135–140.

[12] Steininger, Deutsche Geschichte, S. 131; s. a. Kleßmann: Die doppelte Staatsgründung, S. 86–92.

[13] Vgl. dazu: Lutz Niethammer: Die Mitläuferfabrik. Die Entnazifizierung am Beispiel Bayerns, Berlin/Bonn 1982.

[14] Zit. nach DIFF 5, S. 86.

[15] Zit. nach Steininger, Deutsche Geschichte, S. 133.

[16] DIFF 1, S. 42.

[17] Steininger, Deutsche Geschichte, S. 152; vgl. a. Tabelle mit den Reparationsverlusten der SBZ bei Kleßmann: Die doppelte Staatsgründung, S. 107.

[18] Kleßmann: Die doppelte Staatsgründung, S. 80–82.

[19] Vgl. ebda., S. 83.

[20] Zit. nach Wolfgang Leonhard: Die Revolution entläßt ihre Kinder, Frankfurt a. M. 1961, S. 294.

[21] Zit. nach DIFF 2, S. 24.

[22] So General Montgomery: Memoiren, München 1958, S. 431 f.

[23] Ursachen u. Folgen, Bd. 24, S. 254.

[24] Wortlaut auszugsweise bei Steininger, Deutsche Geschichte, S. 159.

[25] Wortlaut auszugsweise bei Steininger, Deutsche Geschichte, S. 159 f.
[26] Zit. nach Flechtheim, Bd. 2, S. 28.
[27] Zit nach DIFF 2, S. 28.
[28] Kleßmann: Die doppelte Staatsgründung, S. 141.
[29] Zit. nach Steininger, Deutsche Geschichte, S. 148.
[30] Zit. nach Kleßmann: Die doppelte Staatsgründung, S. 417.
[31] Zit. nach DIFF 3, S. 56.
[32] Flechtheim, Bd. 2, S. 32.
[33] Wortlaut auszugsweise bei Steininger, Deutsche Geschichte, S. 117; vollständig bei Huster-Kraiker, S. 424–429.
[34] Zit. nach DIFF 3, S. 70.
[35] Zusammengefaßt nach DIFF 1, S. 49.
[36] Wortlaut der Rede bei Huster-Kraiker, S. 309-319; auszugsweise auch bei Steininger, Deutsche Geschichte, S. 214–216.
[37] Wortlaut bei Huster-Kraiker, S. 319 ff.
[38] Wortlaut bei Huster-Kraiker, S. 335–340; auszugsweise bei Steininger, Deutsche Geschichte, S. 239 f.
[39] Benz, S. 64.
[40] Steininger, Deutsche Geschichte, 226 f.
[41] Kurt Schumacher am 31. 5. 1947 vor den Spitzengremien der SPD anläßlich der Unterzeichnung des Clay-Robertson-Abkommens, zit. bei Steininger, Deutsche Geschichte, S. 232.
[42] Benz, S. 67.
[43] Vgl. DIFF 3, S. 56.
[44] Wortlaut bei Huster-Kraiker, S. 341–343; auszugsweise bei Steininger, Deutsche Geschichte, S. 241 f.
[45] Wortlaut der Shdanow-Rede auszugsweise bei Steininger, DIFF, S. 119–122.
[46] Zitiert nach Benz, S. 96.
[47] Zit nach DIFF 2, S. 50.
[48] Wortlaut auszugsweise bei Steininger, Deutsche Geschichte, S. 304 f.
[49] Wortlaut bei Kleßmann: Die doppelte Staatsgründung, S. 456–458.
[50] Detaillierter Bericht bei Benz, S. 9–34.
[51] Benz, S. 79 f.
[52] Wortlaut bei Weber 2, S. 226 f.
[53] Wortlaut auszugsweise bei Steininger, Deutsche Geschichte, S. 306 f.
[54] Wortlaut auszugsweise bei Steininger, Deutsche Geschichte, S. 307–310.
[55] Wortlaut in: Ursachen u. Folgen Bd. 26, S. 245 ff..
[56] Wortlaut in: Ursachen u. Folgen, Bd. 26, S. 336 f.
[57] Wortlaut der Bekanntmachung vom 17. 1. 1949 in Ursachen u. Folgen, Bd. 26, S. 225 f.

[58] Wortlaut des Kommuniqués vom 28. 12. 48 auszugsweise bei Steininger, Deutsche Geschichte, S. 365 f.; des Abkommens vom 28. 4. 49 in: Ursachen u. Folgen, Bd. 26, S. 212 ff.
[59] DIFF 2, S. 54.
[60] Zit. nach Thurich, S. 52 f.
[61] Wortlaut bei Thurich, S. 52 f.
[62] Zit. nach Thurich, S. 50.

II. »Wirtschaftswunder«, soziale Marktwirtschaft und Kanzlerdemokratie

[1] DIFF 6, 19 u. Abelshauser, S. 53.
[2] Abelshauser, S. 57.
[3] Tabelle ebd., S. 56.
[4] DIFF 6, S. 20.
[5] Abelshauser, S. 66 f.
[6] DIFF 6, S. 22.
[7] Vgl. Abelshauser, S. 76–84.
[8] DIFF 6, S. 23.
[9] Steininger 2, S. 375; Tabaczek, S. 105.
[10] Ambrosius, in: Benz: Die Bundesrepublik Deutschland 1, S. 240–243; vgl. a. Kloten u. Vollmer, in: Löwenthal-Schwarz, S. 708 f.
[11] Lilge, S. 134; Balfour, S. 144.
[12] Abelshauser, S. 158.
[13] Balfour, S. 147.
[14] Ebda., S. 147.
[15] Hilger, in: Löwenthal-Schwarz, S. 97 f.
[16] Nahm, in: Löwenthal-Schwarz, S. 821–823.
[17] Ebd., S. 819–821.
[18] Lilge, S. 88.
[19] DIFF 6, S. 36.
[20] Ebd., S. 36 f.; Abelshauser, S. 143; Nahm, in: Löwenthal-Schwarz, S. 823–833.
[21] Vgl. Tabelle in DIFF 6, S. 38.
[22] Ebd., S. 39.
[23] Ebd., S. 40.
[24] Hilger, in: Löwenthal-Schwarz, S. 105 f.
[25] DIFF 3, S. 13.
[26] Kleßmann: Die doppelte Staatsgründung, S. 253 f.
[27] Lilge, S. 116.

[28] DIFF 6, S. 33.
[29] Kleßmann: Die doppelte Staatsgründung, S. 250 f.; Hockerts, S. 339–350.
[30] J. Weber: Geschichte der Bundesrepublik 3, S. 259.
[31] Zit. nach ebd., S. 246.
[32] Kleßmann: Die doppelte Staatsgründung, S. 244.
[33] Vgl. Lilge, S. 297 f.
[34] Zit. nach DIFF 6, S. 105.
[35] Kleßmann: Die doppelte Staatsgründung, S. 239.
[36] Ebd., S. 238.
[37] Zit. nach DIFF 6, S. 44.
[38] Zit. nach Kleßmann: Zwei Staaten, S. 126 f.
[39] DIFF 6, S. 53 f.
[40] Kleßmann: Zwei Staaten, S. 128.
[41] DIFF 6, S. 46 f.
[42] Lilge, S. 262.
[43] DIFF 6, S. 55 f.; Abelshauser, S. 144.
[44] Lilge, S. 184.
[45] Abelshauser, S. 141; Recktenwald, in: Löwenthal-Schwarz, S. 775.
[46] Helmut Schelsky: Die Bedeutung des Schichtbegriffs für die Analyse der gegenwärtigen deutschen Gesellschaft (1953), in: H. Schelsky: Auf der Suche nach Wirklichkeit. Gesammelte Aufsätze, Düsseldorf/Köln 1965, S. 332 ff.
[47] Hradil, in: Hettlage, S. 113.
[48] Lepsius, in: Löwenthal-Schwarz, S. 277–281; Kleßmann: Zwei Staaten, S. 39.
[49] Kleßmann: Zwei Staaten, S. 43; DIFF 6, S. 30 f.
[50] Kleßmann: Zwei Staaten, S. 57 f.; DIFF 6, S. 57-63.
[51] K. D. Bracher: Die Kanzlerdemokratie, in: Löwenthal-Schwarz, S. 179–194.
[52] Eschenburg, in: Löwenthal-Schwarz, S. 88.
[53] Auch zum Folgenden: Kleßmann: Die doppelte Staatsgründung, S. 251–253.
[54] Beide Zitate nach Thränhardt, S. 108.
[55] Ebd., S. 86.
[56] Wortlaut bei Kleßmann: Die doppelte Staatsgründung, S. 496 f.
[57] Ebd., S. 255.
[58] Auch die folgenden Zitate aus Lilge, S. 166.
[59] Dieses und das folgende Zitat ebda., S. 168.
[60] Kleßmann: Zwei Staaten, S. 118 f.
[61] Jahrbuch der öffentlichen Meinung 1968–1974, S. 200; auch bei Thränhardt, S. 101 u. Kleßmann: Zwei Staaten, S. 62.

[62] Thränhardt, S. 114.
[63] Wortlaut bei Flechtheim: Die Parteien, S. 215–233.
[64] Zit. nach Lilge, S. 238 f.; Wortlaut auszugsweise auch bei Sontheimer: Adenauer-Ära, S. 212–214.
[65] Lilge, S. 250.
[66] Flechtheim: Die Parteien, S. 500 f.

III. Westintegration und Wiedervereinigung

[1] Ursachen und Folgen 26, S. 425 f.
[2] Wortlaut bei L. Herbst, S. 209–213; vgl. a. ebda., S. 74 ff.
[3] Rede auf der Konferenz der Sozialen Arbeitsgemeinschaften der SPD am 24. 5. 1951, zit. nach Steininger, Deutsche Geschichte, S. 369.
[4] Zit. nach Steininger, Deutsche Geschichte, S. 363.
[5] Wortlaut auszugsweise bei Steininger, Deutsche Geschichte, S. 399 f.
[6] Wortlaut bei L. Herbst, S. 213–219; vgl. a. ebda., S. 87–94.
[7] Zit. nach Lilge, S. 93.
[8] Wortlaut auszugsweise bei Steininger, Deutsche Geschichte, S. 435–437.
[9] Vgl. dazu Steininger, Deutsche Geschichte, S. 409–428.
[10] Zit. nach Steininger, Deutsche Geschichte, S. 425 f.
[11] Wortlaut der amerikanischen Note bei Steininger, Deutsche Geschichte, S. 439 f.
[12] Wortlaut auszugsweise bei Steininger, Deutsche Geschichte, S. 442 f.
[13] Wortlaut der britischen Note bei Steininger, Deutsche Geschichte, S. 444–446.
[14] Wortlaut bei Steininger, Deutsche Geschichte, S. 403 f.
[15] Wortlaut bei Steininger, Deutsche Geschichte, S. 478–482.
[16] Wortlaut bei Steininger, Deutsche Geschichte, S. 482–484.
[17] Wortlaut bei Steininger, Deutsche Geschichte, S. 484–486. Die ablehnende Antwort Adenauers vom 25. 1. 55 ebda., S. 487–489.
[18] Zit. nach Steininger, Deutsche Geschichte, S. 474 f.
[19] Abschlußresolution der Konferenz von Messina bei L. Herbst, S. 227–230; vgl. a. ebda., S. 162 f.
[20] Zit., nach Steininger, Deutsche Geschichte, S. 493 f.
[21] Zit. nach Steininger, Deutsche Geschichte, S. 494 f.
[22] Vgl. dazu die Schilderung von Adenauer selbst in: Konrad Adenauer: Erinnerungen 1953–1955, S. 487 ff.
[23] L. Herbst, S. 168–170.
[24] Zit. nach Steininger, Deutsche Geschichte, S. 497.
[25] Tabaczek, S. 129.
[26] Wortlaut in AdG 1957, S. 6385.

[27] Dokumente zur Deutschlandpolitik III, 4 (1), S. 234–449.
[28] Zit. nach DIFF 5, S. 87.
[29] Adenauer: Erinnerungen 1955–1959, S. 376 ff.
[30] Zit. nach Lilge, S. 220.
[31] Zit. nach Lilge, S. 220.
[32] Text des Berlin-Ultimatums auszugsweise bei Steininger, Deutsche Geschichte, S. 507–510.
[33] Zit. nach Steininger, Deutsche Geschichte, S. 499.
[34] Willy Brandt: Begegnungen und Einsichten. Die Jahre 1960–1975, Homburg 1976, S. 84.
[35] Wortlaut in Europa-Archiv 1959, D 187 ff.
[36] Wortlaut der Regierungsstellungnahme in AdG 1959 v. 20. 3. 1959.
[37] Zit nach Steininger, Deutsche Geschichte, S. 500.
[38] Zit. nach Steininger, Deutscher Geschichte, S. 501.
[39] Zit. nach Lilge, S. 226 f.
[40] Zit. nach Lilge, S. 227.
[41] Steininger, Deutscher Geschichte, S. 505.
[42] Görtemaker, S. 62-64.
[43] Besson, S. 335.
[44] Wortlaut der Präambel bei L. Herbst, S. 233 f.
[45] Besson, S. 315.
[46] Dokumente zur Deutschlandfrage Bd. 3, S. 264 f.; Meissner, Deutsche Ostpolitik, S. 55.

IV. Das Ende der Ära Adenauer

[1] Auch zum Folgenden: Kleßmann: Zwei Staaten, S. 108–111.
[2] Zit. nach Lilge, S. 241
[3] Zit. nach Thränhardt, S. 103.
[4] Lilge, S. 245f.
[5] Dazu: Kleßmann: Zwei Staaten, S. 162–166, u. Jürgen Seifert (Hg.): Die Spiegel-Affäre, 2 Bde. Olten/Freiburg i. Br. 1966.

V. Die Deutsche Demokratische Republik 1949–1961

[1] Lilge, S. 66; Staritz, S. 37 f.
[2] DDR. Dokumente, S. 167 f.
[3] Lilge, S. 96; H. Weber, S. 44 f.
[4] H. Weber, S. 45.
[5] Ebda., S. 44.

[6] Vgl. DDR. Dokumente, S. 133–135. Zur Leitungsstruktur der SED 1950 s. die Übersichten in DIFF 2,2, S. 12 f.

[7] Vgl. DDR. Dokumente, S. 124 f.

[8] H. Weber, S. 50.

[9] Vgl. DDR. Dokumente, S. 177–179.

[10] Vgl. ebda., S. 195–197.

[11] Ebda., S. 187.

[12] Staritz, S. 62 f.

[13] Ebda., S. 56.

[14] H. Weber, S. 65.

[15] Zit. ebda., S. 54.

[16] Zit. nach Staritz, S. 59.

[17] Handbuch DDR-Wirtschaft 1977, S. 122 f.

[18] DIFF 2,2, S. 19; Kleßmann: Die doppelte Staatsgründung, S. 503 f.

[19] H. Weber, S. 66.

[20] Lilge, S. 98.

[21] DIFF 2,2, S. 19.

[22] Staritz, S. 40.

[23] H. Weber, S. 62.

[24] Staritz, S. 42. Zum Aufbau des wirtschaftlichen Lenkungsapparates s. Kleßmann: Die doppelte Staatsgründung, S. 271.

[25] Vgl. DDR. Dokumente, S. 181.

[26] Staritz, S. 49.

[27] Ebda., S. 50.

[28] Ebda., S. 44–47.

[29] Ebda., S. 40 f.

[30] Ebda., S. 41.

[31] »Neues Deutschland« v. 23. 2. 1950, zit. nach Staritz, S. 38.

[32] Zit. nach Lilge, S. 100.

[33] Ebda., S. 100.

[34] Ulbricht auf dem 3. Parteitag der SED im Juli 1950, zit. nach Staritz, S. 66.

[35] Kleßmann: Die doppelte Staatsgründung, S. 463.

[36] Lilge, S. 103.

[37] zit. ebda.

[38] Ebda., S. 103 f.

[39] Vgl. Staritz, S. 71.

[40] So die Charakterisierung der SED-Politik seit 1952 in Anspielung auf Stalins Konzept vom »Sozialismus in einem Land« durch Martin Jänicke: Der Dritte Weg. Die antistalinistische Opposition gegen Ulbricht seit 1953, Köln 1964; vgl. a. Staritz, S. 66 ff.

[41] Wortlaut bei Spittmann-Fricke, S. 175f.; DDR. Dokumente, S. 188–190.
[42] Vgl. Staritz, S. 76.
[43] Lilge, S. 97.
[44] Karte bei Lilge, S. 99; s. a. DDR. Dokumente, S. 190 f. u. H. Weber, S. 46.
[45] DIFF 2,2, S. 32.
[46] H. Weber, S. 46.
[47] Auch zum Folgenden: H. Weber, S. 68 f.
[48] Lilge, S. 100 f.; DIFF 2,2, S. 49.
[49] Handbuch DDR-Wirtschaft 1977, S. 148 f.
[50] Staritz, S. 81.
[51] Spittmann-Fricke, S. 8.
[52] Staritz, S. 80.
[53] Wortlaut bei Spittmann-Fricke, S. 178 f.
[54] Wortlaut ebda., S. 179.
[55] Ebda., S. 216–223.
[56] Meissner, S. 484 f.
[57] Spittmann-Fricke, S. 118.
[58] Beschluß des Politbüros vom 9. 6. 1953, Wortlaut ebda., S. 181 f.; s. a. Kleßmann: Die doppelte Staatsgründung, S. 519–521.
[59] Beschluß des Ministerrats vom 11. 6. 1953; Wortlaut bei Spittmann-Fricke, S. 182 f.
[60] Ebda., S. 10 f.
[61] Wortlaut des Artikels ebda., S. 184 f.
[62] Wortlaut ebda., S. 185.
[63] Ebda., S. 13 u. DIFF 2,2, S. 121.
[64] Alle Zitate nach DIFF 2,2, S. 121.
[65] Spittmann-Fricke, S. 14.
[66] Zit. ebda., S. 15.
[67] Ebda., S. 15.
[68] Beschluß der 14. Tagung des ZK der SED vom 21. 6. 1953, abgedruckt ebda., S. 188–192; vgl. a. Lilge, S. 125.
[69] Vgl. dazu jetzt R. Herrnstadt: Das Herrnstadt-Dokument, S. 126 f. (abgedruckt bei H. Weber, S. 55 f.)
[70] Auszugsweise abgedruckt bei Spittmann-Fricke, S. 195–199; DIFF 2,2, S. 122 f.
[71] Wortlaut des Beschlusses bei Spittmann-Fricke, S. 199–203.
[72] Ebda., S. 16 f.
[73] Ebda., S. 17 f. u. H. Weber, S. 57.
[74] Lilge, S. 126 u. Staritz, S. 87.
[75] zit. nach Lilge, S. 126.

[76] Staritz, S. 89 u. H. Weber, S. 68.
[77] DDR. Dokumente, S. 252 u. Lilge, S. 226.
[78] Staritz, S. 92 f.
[79] Handbuch DDR-Wirtschaft 1977, S. 147.
[80] Staritz, S. 94 u. H. Weber, S. 62.
[81] H. Weber, S. 63.
[82] Staritz, S. 95.
[83] Ebda., S. 57.
[84] H. Weber, S. 49; Lilge, S. 126 f.
[85] DDR. Dokumente, S. 217 f.
[86] Ebda., S. 218–220.
[87] Wortlaut in Auszügen bei Kleßmann: Die doppelte Staatsgründung, S. 472 f.
[88] DDR. Dokumente, S. 225; Lilge, S. 192.
[89] DDR.Dokumente, S. 225 f.
[90] Staritz, S. 105 f.; H. Weber, S. 89 f.
[91] Beide Zitate nach Lilge, S. 195.
[92] H. Weber, S. 78; Lilge, S. 195.
[93] Staritz, S. 110–112.
[94] Aus der »Plattform« Harichs vom November 1956, zit. nach Lilge, S. 199; vgl. a. DDR. Dokumente, S. 227–229.
[95] Staritz, S. 115.
[96] Walter Janka: Schwierigkeiten mit der Wahrheit, S. 90 f.; s. a. H. Weber, S. 83.
[97] Lilge, S. 200.
[98] Vgl. DDR. Dokumente, S. 230–232.
[99] H. Weber, S. 83.
[100] Staritz, S. 118; vgl. DDR. Dokumente, S. 235 f..
[101] Lilge, S. 202.
[102] Staritz, S. 119.
[103] Zit. nach DDR. Dokumente, S. 237 f.
[104] H. Weber, S. 90 f.
[105] Wortlaut bei Kleßmann: Zwei Staaten, S. 568–570.
[106] H. Weber, S. 92. Zum Aufbau des DDR-Schulsystems s. Kleßmann: Die doppelte Staatsgründung, S. 284.
[107] zit.nach Staritz, S. 126.
[108] Zitate ebda., S. 126 f.
[109] DDR. Dokumente, S. 239.
[110] Kleßmann: Zwei Staaten, S. 575.
[111] Vgl. Staritz, S. 127.
[112] Ebda., S. 128.

113. Ebda., S. 129.
114. Ebda., S. 130.
115. Ebda., S. 130; H. Weber, S. 88.
116. Staritz, S. 130.
117. DDR. Dokumente, S. 247 f.
118. Zit. nach Staritz, S. 135.
119. Handbuch DDR-Wirtschaft 1977, S. 147.
120. Staritz, S. 135; H. Weber, S. 87.
121. Staritz, S. 136.
122. Zit. nach Lilge, S. 227 f.
123. Zit. ebda., S. 228.
124. Zit. nach Staritz, S. 138.

VI. Außen- und deutschlandpolitische Probleme der Regierung Erhard

1. Löwenthal, S. 664.
2. Verhandlungen des Deutschen Bundestages, Bd. 53, S. 4 192–4 208; Erhard, S. 117–158.
3. Besson, S. 335.
4. Ebda., S. 331.
5. AdG 1964, S. 11 047.
6. Besson, S. 331.
7. Meissner, Deutsche Ostpolitik, S. 45.
8. Löwenthal, S. 667.
9. Lilge, S. 291–293.
10. Verhandlungen des Deutschen Bundestages, B. 54, S. 4 847.
11. Bulletin 1964, S. 377; Dok. zur Deutschlandfrage, Bd. 3, S. 346 f.
12. Dok. zur Deutschlandfrage, Bd. 3, S. 376 f.
13. Ebda., S. 381 f.
14. Bulletin 1964, S. 923 f.
15. Ebda., S. 866; Dok. zur Deutschlandfrage, Bd. 3, S. 413 f.
16. Dok. zur Deutschlandfrage, Bd. 3, S. 409.
17. Bulletin 1964, S. 1 269; Meissner, Deutsche Ostpolitik, S. 91.
18. Besson, S. 337 f.
19. Bulletin 1965, S. 29 f.; Dok. zur Deutschlandfrage, Bd. 3, S. 498–501.
20. Dok. zur Deutschlandfrage, Bd. 3, S. 515–520.
21. Ebda., S. 713–728; Europa-Archiv 21, 1966, D. 1–10.
22. Dok. zur Deutschlandfrage, Bd. 4, S. 3 f.; Europa-Archiv 21, 1966, D. 11–17.

23. Dok. zur Deutschlandfrage, Bd. 4, S. 28 f.; Europa-Archiv 21, 1966, D. 17–19.
24. Verhandlungen des Deutschen Bundestages, Bd. 60, S. 17–33.
25. Dok. zur Deutschlandfrage, Bd. 4, S. 124–129.
26. Verhandlungen des Deutschen Bundestages, Bd. 60, S. 1 609 f.; Meissner, Deutsche Ostpolitik, S. 127 f.
27. Dok. zur Deutschlandfrage, Bd. 4, S. 71–77.
28. Ebda., S. 177 ff.
29. Ebda., S. 130–138.
30. Ebda., S. 152–156.
31. Stellungnahme der SED vom 28. 4. 1996; ebda., S. 181–188, Zitat S. 183
32. Besson, S. 358.
33. Parteitag der SPD 1966, S. 449 f.; s. a. Schubert, S. 280 f.
34. Parteitag der SPD 1966, S. 59–90.
35. Dok. zur Deutschlandfrage, Bd. 4, S. 248 f.
36. Ebda., S. 259–264; Meissner, Deutsche Ostpolitik, S. 134 ff.; Europa-Archiv 21, 1966, D. 404–412, Besson, S. 359.
37. Besson, S. 360.
38. BGBl. 1966 I, S. 453 f.; Dok. zur Deutschlandfrage, Bd. 4, S. 278 f.
39. Dok. zur Deutschlandfrage, Bd. 4, S. 257 f.; vgl. a. die Protestnote der DDR an die »Staaten der Anti-Hitler-Koalition« v. 23. 7. 1966; ebda., S. 333–335.
40. Ebda., S. 297 f.
41. Ebda., S. 324.
42. Ebda., S. 325.
43. Bulletin 1964, S. 1 001–1 003.
44. Ebda. u. AdG 1964, S. 11 309.
45. Besson, S. 324.
46. Bulletin 1964, S. 1 063; Erhard, S. 79.
47. Europa-Archiv 18, 1964, D. 571; Besson, S. 318.
48. Besson, S. 318 f.
49. Europa-Archiv 20, 1965, D. 16–18; Dok. zur Deutschlandfrage, Bd. 3, S. 490 f.
50. Europa-Archiv 20, 1965, D. 428 f.; Müller-Roschach, S. 95 f.
51. Besson, S. 345; Müller-Roschach, S. 91 f.
52. Besson, S. 345.
53. Europa-Archiv 21, D. 85 f.; Müller-Roschach, S. 103 f.
54. Müller-Roschach, S. 110.
55. Besson, S. 347.
56. AdG 1967, S. 13 143 f.
57. Besson, S. 349.

58. Vogel, S. 46–112.
59. Ebda., S. 137–144.
60. Besson, S. 350.
61. Vogel, S. 175.
62. Ebda., S. 175–182; Besson, S. 351.
63. Ebda.
64. Ebda. u. Vogel, S. 184.
65. AdG 1965, S. 11 865.
66. Vogel, S. 182–185.
67. Ebda., S. 190 f.
68. Besson, S. 353.

VII. Innenpolitische und wirtschaftliche Krisenerscheinungen 1963–1966

1. Zu den Vorläufern der NPD s. Kühnl, S. 13–26.
2. Kühnl, S. 44–52.
3. Flechtheim, Dokumente, S. 541–560.
4. Kühnl, S. 80 f.
5. Ebda., S. 294.
6. Ebda., S. 70 f. u. Tabellen im Anhang.
7. Ebda., S. 221 u. 31; Sontheimer/Röhring, S. 408.
8. Kühnl, S. 232–235.
9. Scheuch, S. 443–450.
10. Kühnl, S. 316 f.
11. Ebda., S. 294.
12. Bulletin 1964, S. 1 569 f.
13. Steinbach, S. 48 f.
14. Ebda., S. 56.
15. GBl. der DDR 1964 I, S. 127.
16. Verhandlungen des Deutschen Bundestages, Bd. 56, S. 7 457–7 462.
17. Karl Jaspers, Wohin treibt die Bundesrepublik? München 1966, S. 19 f.
18. Verhandlungen des Deutschen Bundestages, Bd. 57, S. 8 516–8 519.
19. Ebda., S. 8 516–8 571; Steinbach, S. 56–60.
20. Verhandlungen des Deutschen Bundestages, Bd. 58, S. 8 759–8 791.
21. BGBl. 1965 I, S. 315.
22. AdG 1965, S. 11 767.
23. Dazu s. Langbein, Der Auschwitz-Prozeß. Auf den Ermittlungen des Auschwitz-Prozesses beruht: Peter Weiß, Die Ermittlung. Oratorium in 11 Gesängen, Reinbeck 1969.
24. Langbein, S. 867–901.

25. Langbein, S. 903–909. Vgl. a. Karl Forster (Hg.), Möglichkeiten und Grenzen für die Bewältigung historischer und politischer Schuld in Strafprozessen, Würzburg 1962.
26. Entscheidungen des BVerfG, Bd. 25, S. 269–295.
27. Verhandlungen des Deutschen Bundestages, Bd. 70, S. 13 052–13 069. Steinbach, S. 61–64.
28. Verhandlungen des Deutschen Bundestages, Bd. 70, S. 13 554–13 564; BGBl. 1969 I, S. 1065 f.
29. Verhandlungen des Deutschen Bundestages, Bd. 111, S. 13 233–13 313; Steinbach, S. 64–67. Zu den Verjährungsdebatten 1960–1979 s. die Dokumentation: Zur Verjährung nationalsozialistischer Verbrechen.
30. Verhandlungen des Deutschen Bundestages, Bd. 61, S. 1 510–1 596; s. a. Bulletin 1966, S. 321–326.
31. AdG 1966, S. 12 601.
32. AdG 1966, S. 12 678 f.
33. AdG 1966, S. 12 679, Anm. 2.
34. »Die Welt« vom 25. 8. 1966.
35. AdG 1966, S. 12 681.
36. AdG 1966, S. 12 680.
37. AdG 1966, S. 12 682.
38. Verhandlungen des Deutschen Bundestages, Bd. 62, S. 2 810–2 863; s. a. Bulletin 1966, S. 982–984 u. S. 991–996.
39. Kloten/Vollmar, S. 708.
40. Sachverständigenrat 1966, S. 24–38; ders. 1967, S. 27–40.
41. Kloten/Vollmar, S. 708.
42. Huffschmid, S. 62.
43. Deuerlein, S. 82; vgl. a. Sachverständigenrat 1967, S. 42
44. Kloten/Vollmar, S. 708.
45. Schmollinger/Müller, S. 107.
46. Sachverständigenrat 1967, S. 74–80.
46a.»Der Spiegel« 12. Jg., Nr. 30 v. 21. 7. 1965.
47. Die Politische Meinung 10, 1965, H. 108, S. 13 ff., zitiert nach Deuerlein, S. 53.
48. Interview mit der »Bild«-Zeitung v. 8. 10. 1965, zitiert nach AdG 1965, S. 12 136.
49. Verhandlungen des Deutschen Bundestages, Bd. 60, S. 17–33; s. a. Bulletin 1965, S. 1437–1449 (Zitate S. 18 u. 20).
50. Sachverständigenrat 1965; AdG 1965, S. 12 238.
51. Verhandlungen des Deutschen Bundestages, Bd. 60, S. 847–893 u. S. 917–979.
52. Ebda., S. 947.
53. AdG 1966, S. 12 621.

54. AdG 1966, S. 12 776.
55. AdG 1966, S. 12 777.
56. Ebda.

VIII. Die Große Koalition und die Überwindung der Wirtschaftskrise

1. AdG 1966, S. 12 799.
2. Verhandlungen des Deutschen Bundestages, Bd. 62, S. 3 296 – 3 304.
3. Ebda., S. 3 296.
4. Ebda., S. 3 303.
5. Ebda.
6. AdG 1966, S. 12 801.
7. Ebda.
8. Ebda.
9. AdG 1966, S. 12 836.
10. Dok. zur Deutschlandfrage, Bd. 4, S. 417.
11. AdG 1966, S. 12 837.
12. Dok. zur Deutschlandfrage, Bd. 4, S. 417.
13. S. den Brief Fritz Erlers an Willy Brandt v. 28. 11. 1966, in: AdG 1966, S. 12 839 u. Brandt, S. 173 f.
14. AdG 1966, S. 12 839 f.
15. AdG 1966, S. 12 841.
16. AdG 1966, S. 12 838; s. a. Brandt, S. 176.
17. AdG 1966, S. 12 841.
18. AdG 1966, S. 12 840.
19. Verhandlungen des Deutschen Bundestages, Bd. 62, S. 3 540.
20. AdG 1966, S. 12 877.
21. AdG 1966, S. 12 852.
22. Verhandlungen des Deutschen Bundestages, Bd. 63, S. 3 556 – 3 565; Kiesinger, S. 203 – 220; Texte zur Deutschlandpolitik, Bd. 1, S. 7 – 27.
23. Vgl. Griffith, S. 184.
24. Texte zur Deutschlandpolitik, Bd. 1, S. 24 f.
25. Bulletin 1967, S. 49 f.
26. Verhandlungen des Deutschen Bundestages, Bd. 63, S. 4 427 – 4 437.
27. Bulletin 1967, S. 625 – 633.
28. Ebda., S. 632.
29. Verhandlungen des Deutschen Bundestages, Bd. 64, S. 6 081 – 6 089; Bulletin 1967, S. 817 – 830.
30. BGBl. 1967 I, S. 582 – 589; s. a. Kloten/Vollmer, S. 704 f.; Sontheimer/Röhring, S. 584 – 586.

31. Aus dem Bericht des Wirtschaftsausschusses, Verhandlungen des Bundestages, Bd. 64, S. 5 098 f.
32. Sontheimer/Röhring, S. 339.
33. BGBl. 1969 I, S. 359 – 362.
34. BGBl. 1967 I, S. 545 – 561.
35. AdG 1967, S. 13 344.
36. Kloten/Vollmer, S. 708.
37. AdG 1969, S. 14 573.
38. Schmollinger/Müller, S. 107; s. a. Statistisches Bundesamt, Lange Reihen zur Wirtschaftsentwicklung 1976, S. 22 f.
39. Leo Brawand, Das ungerechte Wunder, in: K. D. Bracher, S. 104.
40. Dieter Boris, Geschichte und Struktur der Außenwirtschaftsbeziehungen der Bundesrepublik, in: Albrecht, S. 166.
41. Bundesministerium für Wirtschaft, Leistung in Zahlen 1975, Bonn 1976, S. 88.
42. Kloten/Vollmer, S. 708.
43. Brawand (s. Anm. 39), in: Bracher, S. 105.
44. Bulletin 1969, S. 293 f.
45. AdG 1969, S. 14 812.
46. AdG 1968, S. 14 336.
47. Gesetz über Maßnahmen zur außenwirtschaftlichen Absicherung gemäß § 4 des Gesetzes zur Förderung der Stabilität und des Wachstums der Wirtschaft, BGBl. 1968 I, S. 1 255 – 1 257; Bulletin 1968, S. 1 293 f.; Baring, S. 143.
48. AdG 1968, S. 14 338.
49. AdG 1968, S. 14 339.
50. Baring, S. 143 – 147.

IX. Große Koalition und Außerparlamentarische Opposition

1. Entscheidungen des BVerfG, Bd. 8, S. 51 – 71; Sontheimer/Röhring, S. 463.
2. Sontheimer/Röhring, S. 463.
3. Grosser, S. 219.
4. Entscheidungen des BVerfG, Bd. 20, S. 56 – 119, Zitat S. 56.
5. BGBl. 1967 I, S. 773 – 781.
6. Entscheidungen des BVerfG, Bd. 24, S. 300 – 362, Zitat S. 341 f.
7. BGBl. 1969 I, S. 925 f.
8. Sontheimer/Röhring, S. 466.
9. Deuerlein, S. 88.
10. Otto, S. 43 f.
11. Jürgen Briem, Der SDS. Die Geschichte des bedeutendsten Studentenverbandes der BRD seit 1945, Frankfurt 1976, S. 369 – 402.

12. Otto, S. 147.

13. Ebda., S. 118 – 122.

14. Ebda., S. 125.

15. Zur Diskussion um die Hochschulreform und zur Entwicklung der studentischen Protestbewegung s. Jacobsen/Dollinger/Bredow, S. 21 – 69 u. B. Rabehl, Von der antiautoritären Bewegung zur sozialistischen Opposition, in: Rebellion der Studenten, S. 151 – 178, sowie den Beitrag von Uwe Bergmann, ebda., S. 7 – 32.

16. Zur Rezeption von Marx, Marcuse u. der Frankfurter Schule durch die Studentenbewegung s. die Beiträge von Rudi Dutschke u. Wolfgang Levèvre in: Rebellion der Studenten, S. 33 – 93 u. S. 94 – 150.

17. Otto, S. 146.

18. Ebda.

19. AdG 1967, S. 13 211 f.

20. AdG 1967, S. 13 212.

21. Otto, S. 162 f.

22. AdG 1968, S. 13 885. Bachmann nahm sich im Februar 1970 im Gefängnis das Leben. Rudi Dutschke starb an den Spätfolgen des Anschlags am 24. 12. 1979 in Aarhus (Dänemark) (AdG 1979, S. 23 124).

23. AdG 1968, S. 13 885; Otto, S. 172; Baring, S. 71 – 80.

24. Bulletin 1968, S. 393; Baring, S. 75.

25. Heinemann, S. 334 – 336; Baring, S. 70 f.

26. Verhandlungen des Deutschen Bundestages, Bd. 67, S. 8 989 – 9 050; Bericht Bendas auch in Bulletin 1968, S. 425 – 430.

27. AdG 1968, S. 13 902 f.

28. Krohn, S. 33 – 40.

29. Erich Ollenhauer auf dem SPD-Parteitag 1960, Otto, S. 155.

30. Krohn, S. 40 – 50.

31. Ebda., S. 50 – 58.

32. Ebda., S. 61 – 68.

33. Ebda., S. 81 – 90.

34. Ebda., S. 91 – 109.

35. Ebda., S. 109.

36. Otto, S. 157.

37. Krohn, S. 113 – 115.

38. Ebda., S. 120 f.

39. Ebda., S. 131; AdG 1965, S. 11 888.

40. Verhandlungen des Deutschen Bundestages, Bd. 59, S. 9 687 – 9 745.

41. BGBl. 1965 I, S. 782 – 795.

42. Wassersicherstellungsgesetz, in BGBl. 1965 I, S. 1 225 – 1 228 u. S. 1 817; Wirtschaftssicherstellungsgesetz, Verkehrssicherstellungsgesetz, Ernährungssicherstellungsgesetz, ebda., S. 920 – 944.

43. BGBl. 1965 I, S. 1 232 – 1 253.
44. BGBl. 1965 I, S. 2 065 – 2 072.
45. BGBl. 1968 I, S. 776 – 796; s. a. Krohn, S. 143.
46. Verhandlungen des Bundestages, Bd. 61, S. 2 081 f.
47. AdG 1966, S. 12 773.
48. DGB, Protokoll des 7. Ordentlichen Bundeskongresses, Berlin, 9. – 14. Mai 1966. Anträge u. Entschließungen, S. 12 f.
49. Krohn, S. 180 – 209.
50. Ebda., S. 201 f.; Otto, S. 157.
51. AdG 1967, S. 13 096 – 13 098; Krohn, S. 218.
52. Verhandlungen des Deutschen Bundestages, Bd. 64, S. 5 856 – 5 902; Krohn, S. 241 – 244.
53. AdG 1967, S. 13 304 f.; Krohn, S. 245 f.
54. Verhandlungen des Deutschen Bundestages, Bd. 64, S. 5 856 – 5 902; Krohn, S. 265 – 270.
55. AdG 1967, S. 13 480.
56. Krohn, S. 256.
57. Krohn, S. 257 – 259.
58. Otto, S. 172.
59. Krohn, S. 283 – 290.
60. Krohn, S. 297 – 304.
61. Ebda., S. 274 – 278.
62. Verhandlungen des Deutschen Bundestages, Bd. 67, S. 9 313 – 9 379 u. 9 413 – 9 478; Krohn, S. 292 – 296.
63. AdG 1968, S. 13 919 f.
64. AdG 1968, S. 13 984.
65. Bulletin 1968, S. 569; BGBl. 1968 I, S. 714 – 716.
66. Verhandlungen des Deutschen Bundestages, Bd. 67, S. 9 606 – 9 655; Krohn, S. 307 – 314.
67. AdG 1968, S. 13 941.
68. BGBl. 1968 I, S. 709 – 714. Eine synoptische Darstellung des Grundgesetzes mit sämtlichen Änderungen von 1949 bis 1972 enthält J. Seifert, Grundgesetz und Restauration. Neufassungen des Verkehrssicherstellungsgesetzes v. 8. 10. 1968, BGBl. 1968 I, S. 1 082 – 1 091; des Wirtschaftssicherungsgesetzes v. 3. 10. 1968, ebda., S. 1 069 – 1 074; des Ernährungssicherstellungsgesetzes v. 4. 10. 1968, ebda., S. 1 075 – 1 081.
69. BGBl. 1968 I, S. 949 – 952.
70. Seifert, S. 36.
71. Otto, S. 175.
72. AdG 1968, S. 14 214.
73. Hillgruber, S. 111.
74. Sontheimer/Röhring, S. 330.

75. Vgl. Baring, S. 89—93.

X. Die Ost- und Deutschlandpolitik der Großen Koalition

1. Löwenthal, S. 673.
2. Besson, S. 373.
3. Meissner, Deutsche Ostpolitik, S. 181; Löwenthal, S. 674.
4. Verhandlungen des Deutschen Bundestages, Bd. 63, S. 4 170; Europa-Archiv 22, 1967, D. 115.
5. Besson, S. 375.
6. Griffith, S. 205; Löwenthal, S. 675.
7. Besson, S. 378—380; Görtemaker, S. 52 f.
8. Europa-Archiv 22, 1967, D. 259—266, Zitate D. 261 u. 263; vgl. a. Besson, S. 379; Griffith, S. 205.
9. Meissner, Deutsche Ostpolitik, S. 217; Besson, S. 377.
10. Meissner, Deutsche Ostpolitik, S. 240 f.; Besson, S. 377.
11. Verhandlungen des Deutschen Bundestages, Bd. 63, S. 4 170; Texte zur Deutschlandpolitik, Bd. 1, S. 45—47.
12. Texte zur Deutschlandpolitik, Bd. 1, S. 48—50.
13. H. Wehner im »Vorwärts« v. 14. 12. 1966, Dok. zur Deutschlandfrage, Bd. 4, S. 428 f.; Interview Wehners mit amerikanischen Journalisten am 1. 2. 1967, ebda., S. 468 ff.; Besson, S. 404.
14. Texte zur Deutschlandpolitik, Bd. 1, S. 51—53; Besson, S. 406.
15. Texte zur Deutschlandpolitik, Bd. 1, S. 65—68.
16. Ebda., S. 69 f.
17. Ebda., S. 84—90 u. S. 97—109; Löwenthal, S. 675 f.
18. Texte zur Deutschlandpolitik, Bd. 1, S. 124—129.
19. Ebda., S. 156 f.
20. Griffith, S. 189.
21. W. W. Schütz, Deutschland-Memorandum. Eine Denkschrift und ihre Folgen, Frankfurt 1968.
22. Besson, S. 382.
23. Ebda., S. 382 f.
24. Meissner, Moskau—Bonn, S. 1 093—1 095.
25. Ebda., S. 1 095—1 101.
26. Ebda., S. 1 102—1 107.
27. Ebda., S. 1 111 f.
28. Ebda., S. 1 116—1 121.
29. Dok. zur Deutschlandfrage, Bd. 5, S. 2 f.
30. Ebda., S. 26.
31. Ebda., S. 61.

32. Verhandlungen des Deutschen Bundestages, Bd. 66, S. 8 168 – 8 176; Texte zur Deutschlandpolitik, Bd. 2, S. 119 – 128; Kiesinger, S. 228 – 244; Vogelsang, S. 342.
33. Parteitag der SPD 1968, Protokoll, S. 92, 110 f. u. S. 722; Löwenthal, S. 678.
34. GBl. der DDR 1968 II, S. 110; Texte zur Deutschlandpolitik, Bd. 2, S. 117 f.
35. GBl. der DDR 1968 II, S. 199; Texte zur Deutschlandpolitik, Bd. 2, S. 199.
36. AdG 1968, S. 13 884.
37. GBl. der DDR 1968 II, S. 331 – 334; Texte zur Deutschlandpolitik, Bd. 2, S. 177 ff.
38. BGBl. 1968 I, S. 833 – 837; s. a. Texte zur Deutschlandpolitik, Bd. 2, S. 191 – 199.
39. Brandt, S. 252 f.; Dok. zur Deutschlandfrage, Bd. 5, S. 173; Griffith, S. 198.
40. Europa-Archiv 23, 1968, D. 357 – 360; Texte zur Deutschlandpolitik, Bd. 3, S. 36 f.; Griffith, S. 199; Brandt, S. 191 f.
41. Görtemaker, S. 59.
42. Texte zur Deutschlandpolitik, Bd. 3, S. 45 – 60; Besson, S. 411.
43. Meissner, Moskau – Bonn, S. 1 126 – 1 135; Griffith, S. 200.
44. AdG 1968, S. 14 049; Europa-Archiv 23, 1968, D. 361; Griffith, S. 200.
45. AdG 1968, S. 13 646.
46. AdG 1968, S. 14 125 – 14 143.
47. Löwenthal, S. 677.
48. Besson, S. 416.
49. Löwenthal, S. 678.
50. Griffith, S. 225.
51. Görtemaker, S. 55; Griffith, S. 226 f.
52. Löwenthal, S. 679.
53. Griffith, S. 227.
54. Dok. zur Deutschlandfrage, Bd. 5, S. 484; Vogelsang, S. 319.
55. Dok. zur Deutschlandfrage, Bd. 5, S. 645 – 648; Vogelsang, S. 310 f. u. 348.
55a.Vogelsang, S. 348; Löwenthal, S. 679.
56. Dok. zur Deutschlandfrage, Bd. 5, S. 565 – 568; Griffith, S. 228.
57. Dok. zur Deutschlandfrage, Bd. 5, S. 689 f.; Vogelsang, S. 321.
58. Besson, S. 435.
59. Parteitag der SPD 1968, Protokoll, S. 993 f.
60. AdG 1968, S. 13 876.
61. AdG 1967, S. 13 441.
62. AdG 1968, S. 13 893.
63. Zur innerparteilichen Auseinandersetzung in der FDP s. die Dokumentation bei Flechtheim, S. 334 – 399.
64. Flechtheim, S. 400 – 406, Baring, S. 95 – 102.
65. Flechtheim, S. 402 – 406.

66. AdG 1968, S. 13 741 f.
67. Zum Ende von Lübkes Amtszeit s. Baring, S. 37 – 42.
68. AdG 1969, S. 14 461 – 14 463.
69. Baring, S. 113 – 119.
70. Ebda., S. 120 f.; zu Heinemanns Werdegang s. ebda., S. 56 – 63.
71. Baring, S. 122.

XI. Die Deutsche Demokratische Republik 1963–1969

1. Lilge, S. 284 – 287.
2. GBl. der DDR 1963 II, S. 453 – 481; DDR-Handbuch, S. 629 – 634; Handbuch DDR-Wirtschaft, S. 58; Erbe 2, S. 15 – 20.
3. DDR-Handbuch, S. 632; Erbe 2, S. 20 – 22; Weber, S. 95.
4. »Neues Deutschland« v. 18. 12. 1965, zitiert bei Deuerlein, S. 167.
5. Handbuch DDR-Wirtschaft, S. 60; Erbe 2, S. 251.
6. Handbuch DDR-Wirtschaft, S. 103, 106, 307; Erbe 2, S. 248.
7. Handbuch DDR-Wirtschaft, S. 309.
8. Weber, S. 96.
9. Handbuch DDR-Wirtschaft, S. 315 f.
10. BRD/DDR, S. 365.
11. AdG 1964, S. 11 029 u. AdG 1969, S. 14 891. Handbuch DDR-Wirtschaft, S. 237, dort auch die folgende Tabelle.
12. Handbuch DDR-Wirtschaft, S. 339 f.
13. Ebda., S. 232 f.
14. Ebda., S. 245.
15. Ebda., S. 60.
16. Weber, S. 96.
17. AdG 1963, S. 10 812.
18. AdG 1967, S. 13 150.
19. Deuerlein, S. 158.
20. GBl. der DDR 1967 I, S. 3 – 5; Dok. zur Deutschlandfrage, Bd. 4, S. 488 f.
21. GBl. der DDR 1964 I, S. 128.
22. Dok. zur Deutschlandfrage, Bd. 4, S. 490.
23. GBl. der DDR 1964 II, S. 257 – 262; Siegler, Wiedervereinigung, Bd. 2, S. 11.
24. Havemann, S. 127 – 130; AdG 1964, S. 11 115 f.
25. Weber, S. 85.
26. Ebda., S. 86.
27. GBl. der DDR 1964 I, S. 75 – 86.
28. AdG 1964, S. 11 203.

29. GBl. der DDR 1965 I, S. 83 – 106; DDR-Handbuch, S. 224 – 248; Erbe 2, S. 333 – 346.
30. Erbe 1, S. 328; s. a. BRD/DDR, S. 400 f.
31. Erbe 2, S. 337 – 343.
32. Ebda., S. 343 f.
33. Ebda.
34. Ebda., S. 367 – 380; DDR-Handbuch, S. 874 – 881.
35. BRD/DDR, S. 412.
36. Ebda., S. 202.
37. Erbe 2, S. 370 f.
38. Ebda., S. 348 – 365; DDR-Handbuch, S. 238.
39. Weber, S. 80; AdG 1967, S. 13 123 – 13 128.
40. Protokoll VII. Parteitag der SED, Bd. 1, S. 69.
41. Ebda., Bd. 4, S. 282 – 293; Erbe 2, S. 24.
42. Erbe 2, S. 231.
43. Ebda., S. 26.
44. Ebda., S. 39.
45. GBl. der DDR 1966 I, S. 1 – 18; DDR-Handbuch, S. 272 – 275; Erbe 2, S. 203 – 205.
46. GBl. der DDR 1968 I, S. 1 – 48 u. 49 – 96, Einführungsgesetz ebda., S. 97 – 100; DDR-Handbuch, S. 844 – 848; Erbe 2, S. 207 – 216.
47. Weber, S. 90.
48. GBl. der DDR 1968 I, S. 199 – 222; vgl. Klaus Sorgenicht u. a., Verfassung der Deutschen Demokratischen Republik. Dokumente, Kommentar, 2 Bde. Berlin/DDR 1969 u. Herwig Roggemann, Die DDR-Verfassungen, Berlin (West) 1976.
49. Jacobsen, S. 359.
50. Dok. zur Außenpolitik der DDR, Bd. 12, S. 1 021 – 1 025; Deuerlein, DDR 1945 – 1970, S. 268 – 271.
51. Jacobsen, S. 429.
52. Dok. zur Deutschlandfrage, Bd. 3, S. 453 f.; AdG 1965, S. 12 151.
53. GBl. der DDR 1964 II, S. 903; Dok. zur Deutschlandfrage, Bd. 3, S. 470.
54. Siegler, Wiedervereinigung, Bd. 2, S. 46.
55. Dok. zur Deutschlandfrage, Bd. 3, S. 497 f.
56. Dok. zur Außenpolitik der DDR, Bd. 13, S. 840 – 896.
57. AdG 1965, S. 11 733; vgl. a. das Verzeichnis der Auslandsvertretungen der DDR in: Dok. zur Außenpolitik der DDR, Bd. 13, S. 953 – 958.
58. Dok. zur Deutschlandfrage, Bd. 3, S. 610 – 612; Deuerlein, DDR 1945 – 1970, S. 277 f.
59. Deuerlein, S. 168.
60. Siegler, Wiedervereinigung, Bd. 2, S. 89; Jacobsen, S. 430.
61. Jacobsen, S. 430 f.

62. Jacobsen, S. 431.
63. Dok. zur Deutschlandfrage, Bd. 4, S. 439 – 441.
64. H. Wehner, Gedanken, S. 42 ff.; Dok. zur Deutschlandfrage, Bd. 4, S. 443 f.
65. Dok. zur Deutschlandfrage, Bd. 4, S. 471; Jacobsen, S. 432.
66. Jacobsen, S. 431 f.
67. Dok. zur Außenpolitik der DDR, Bd. 15, S. 951 – 956 (Polen); S. 1036 – 1040 (ČSSR); S. 1 053 – 1 057 (Ungarn); S. 816 – 821 (Bulgarien).
68. Jacobsen, S. 466; BRD/DDR, S. 231.
59. Dok. zur Deutschlandfrage, Bd. 5, S. 208 – 214; Texte zur Deutschlandpolitik, Bd. 2, S. 246 f.
70. Jacobsen, S. 434.
71. Ebda.
72. Dok. zur Außenpolitik der DDR, Bd. 17, S. 421.
73. Besson, S. 430.
74. Weber, S. 99; s. a. das Verzeichnis der Auslandsvertretungen der DDR in: Dok. zur Außenpolitik der DDR, Bd. 17, S. 1 010 – 1 016.
75. Jacobsen, S. 363.
76. Ebda., S. 435.
77. Dok. zur Deutschlandfrage, Bd. 5, S. 648 – 650.
78. Ebda., S. 691 f.

Ausgewählte Literatur

Dokumente, Erinnerungen, Reden

Adenauer, Konrad, Erinnerungen, 4 Bde., Stuttgart 1965 ff.

Archiv der Gegenwart, hg. v. H. v. Siegler, Jg. 40–46, 1963–1969 (AdG).

Die Auswärtige Politik der Bundesrepublik Deutschland, hg. v. Auswärtigen Amt, Bonn 1972.

Basisdaten. Zahlen zur sozio-ökonomischen Entwicklung der Bundesrepublik Deutschland, bearb. v. R. Ermrich, Bonn 1975[2].

Brandt, Willy, Begegnungen und Einsichten. Die Jahre 1960–1975, Hamburg 1976.

Bulletin des Presse- und Informationsamtes der Bundesregierung, Bonn 1963–1969.

Bundesgesetzblatt, hg. v. Bundesminister der Justiz, Jg. 1963–1969.

Datenhandbuch zur Geschichte des Deutschen Bundestages 1949 bis 1982, bearb. v. Peter Schindler, hg. v. Presse- und Informationszentrum des Deutschen Bundestages, Bonn 1983.

DDR. Dokumente zur Geschichte der Deutschen Demokratischen Republik 1945–1985, hg. v. Hermann Weber, München 1986.

Deuerlein, Ernst, DDR 1945–1970. Geschichte und Bestandsaufnahme, München 1975[5].

Dokumentation zur Deutschlandfrage, hg. v. H. v. Siegler, Bd. 3–5, Bonn 1966 u. 1970.

Dokumente zur Außenpolitik der Deutschen Demokratischen Republik, Bd. 11 (1963) bis 17 (1969).

Dokumente zur Deutschlandpolitik, hg. v. Bundesministerium für innerdeutsche Beziehungen, Reihe III, 4 Bde. (1955–1958), Bonn 1961–1969, Reihe IV, 12 Bde. (1958–1966), Bonn 1971–1972.

Entscheidungen des Bundesverfassungsgerichts , hg. v. Mitgliedern des Bundesverfassungsgerichts, Bd. 8 (1959), Bd. 20 (1967), Bd. 24 u. 25 (1969).

Erhard, Ludwig, Wirken und Reden, hg. v. W. Hoch, Ludwigsburg 1966.

Europa-Archiv. Zeitschrift für internationale Politik, hg. v. der Deutschen Gesellschaft für Auswärtige Politik. Dokumente, Bd. 18–24 (1963–1969).

Flechtheim, O. K. (Hg.), Dokumente zur parteipolitischen Entwicklung in Deutschland seit 1945, Bd. 6, Berlin 1968.

Flechtheim, Ossip (Hg.), Die Parteien in der Bundesrepublik Deutschland, Hamburg 1973.

Gesetzblatt der Deutschen Demokratischen Republik, hg. v. Büro des Ministerrats, Jg. 1963–1969.

Havemann, Robert, Fragen, Antworten, Fragen. Aus der Biographie eines deutschen Marxisten, München 1970.

Heinemann, Gustav, Es gibt schwierige Vaterländer . . . Reden und Aufsätze 1919–1969, hg. v. H. Lindemann, Frankfurt 1977.

Jacobsen, H.-A., H. Dollinger u. W. v. Bredow (Hg.), Die deutschen Studenten. Der Kampf um die Hochschulreform. Eine Bestandsaufnahme, München 1969.

Jahrbuch der öffentlichen Meinung 1968–1973, hg. v. Elisabeth Noelle-Neumann u. P. E. Neumann, Institut für Demoskopie Allensbach, Bonn 1974.

Kiesinger, Kurt Georg, Stationen 1949/1969, Tübingen 1969.

Langbein, Hermann (Hg.), Der Auschwitz-Prozeß. Eine Dokumentation in zwei Bänden, Frankfurt 1965.

Meissner, Boris (Hg.), Die deutsche Ostpolitik 1961–1970. Kontinuität und Wandel, Dokumentation, Köln 1970.

Meissner, Boris (Hg.), Moskau–Bonn. Die Beziehungen zwischen der Sowjetunion und der Bundesrepublik Deutschland 1955–1973. Dokumentation, Bd. 2: 1961–1973, Köln 1975.

Parteitag der Sozialdemokratischen Partei Deutschlands vom 1. bis 5. Juni 1966 in Dortmund. Protokoll der Verhandlungen.

Parteitag der Sozialdemokratischen Partei Deutschlands vom 17. bis 21. März 1968 in Nürnberg. Protokoll der Verhandlungen.

Protokoll der Verhandlungen des VII. Parteitages der Sozialistischen Einheitspartei Deutschlands, 17. bis 22. April 1967, 4 Bde., Berlin/DDR 1967.

Rückerl, Adalbert, Die Strafverfolgung von NS-Verbrechen 1945–1978. Eine Dokumentation, Heidelberg 1979.

Schubert, Klaus v., Sicherheitspolitik der Bundesrepublik Deutschland. Dokumentation 1945–1977, Köln 1980[2].

Siegler, Heinrich v. (Hg.), Wiedervereinigung und Sicherheit Deutschlands, Bd. 2: 1964–1967, Bonn etc. 1968.

Steininger, Rolf (Hg.), Deutsche Geschichte 1945–1961. Darstellung und Dokumente in 2 Bdn., Frankfurt a. M. 1983.

Texte zur Deutschlandpolitik, hg. v. Ministerium für innerdeutsche Beziehungen, Bd. 1–3 (13. 12. 1966–31. 8. 1969), Bonn 1968 u. 1970.

Thurich, Eckart (Hg.), Die Teilung Deutschlands. Dokumente zur deutschen Frage, Frankfurt 1982.

Ursachen und Folgen. Vom deutschen Zusammenbruch 1918 und 1945 bis zur staatlichen Neuordnung Deutschlands in der Gegenwart, hg. und bearb. v. H. Michaelis u. E. Schraepler, Bd. 24, Berlin 1960.

Verhandlungen des Deutschen Bundestages. Stenographische Berichte, 4. u. 5. Wahlperiode, Bd. 53–70 (1963–1969).

Weber, W. u. W. Jahn (Bearb.), Synopse zur Deutschlandpolitik 1941 bis 1973, Göttingen 1973.

Wehner, Herbert, Gedanken zur Regierungserklärung. Reden und Interviews vom 3. Dez. 1966 bis 30. Jan. 1967, Bonn und Berlin 1967.

Wilharm, Irmgard (Hg.), Deutsche Geschichte 1962–1983. Dokumente in 2 Bdn., Frankfurt a. M. 1985.

Zur Verjährung nationalsozialistischer Verbrechen. Dokumentation der parlamentarischen Bewältigung des Problems 1960–1979, 3 Teile, hg. v. Presse- u. Informationszentrum des Deutschen Bundestages (Zur Sache 3/80–5/80), Bonn 1980.

Darstellungen

Abelshauser, Werner, Wirtschaftsgeschichte der Bundesrepublik Deutschland (1945–1980), Frankfurt 1983.

Albrecht, Ulrich u. a., Beiträge zu einer Geschichte der Bundesrepublik Deutschland, Köln 1979.

Balfour, Michael, West Germany. A Contemporary History, London 1982.

Baring, Arnulf (in Zusammenarbeit m. M. Görtemaker), Machtwechsel. Die Ära Brandt/Scheel, Stuttgart 1982.

Benz, Wolfgang (Hg.), Die Bundesrepublik Deutschland. Geschichte in 3 Bänden. Frankfurt 1983.

Benz, Wolfgang, Die Gründung der Bundesrepublik. Von der Bizone zum souveränen Staat, München 1984.

Besson, Waldemar, Die Außenpolitik der Bundesrepublik. Erfahrungen und Maßstäbe, München 1970.

Bracher, Karl Dietrich, Nach 25 Jahren. Eine Deutschland-Bilanz, München 1970.

BRD/DDR. Systemvergleich 1: Politik, Wirtschaft, Gesellschaft. Bericht und Materialien zur Lage der Nation, hg. v. Bundesministerium für innerdeutsche Beziehungen, Bonn 1971.

DDR – Das politische, wirtschaftliche und soziale System, hg. v. H. Rausch u. Th. Stammen, München 1978[4].

DDR-Handbuch. Wiss. Leitung P. Ch. Ludz, hg. v. Bundesministerium für innerdeutsche Beziehungen, Köln 1979[2].

Deuerlein, Ernst, Deutschland 1963–1970, Hannover 1977[4].

DIFF. Deutsches Institut für Fernstudien an der Universität Tübingen, Deutsche Geschichte nach 1945, Teil 1: Nachkriegsjahre und Bundesrepublik Deutschland, 12 Studienbriefe, Tübingen 1986–1989.

DIFF2. Deutsches Institut für Fernstudien an der Universität Tübingen, Deutsche Geschichte nach 1945, Teil 2: Geschichte der DDR, 5 Studienbriefe, Tübingen 1989–1990.

Doering-Manteuffel, Anselm, Die Bundesrepublik Deutschland in der Ära Adenauer. Außenpolitik und innere Entwicklung 1949–1963, Darmstadt 1988[2].

Erbe, Günter u. a., Politik, Wirtschaft und Gesellschaft in der DDR. Studientexte für die politische Bildung, Opladen 1979 (Erbe 1), 2. verbesserte u. erweiterte Aufl. 1980 (Erbe 2).

Fichter, Tilmann, SDS und SPD. Parteilichkeit jenseits der Partei, Opladen 1987.

Geschichte der Bundesrepublik Deutschland. Bd. 1: Th. Eschenburg, Jahre der Besatzung 1945–1949; Bd. 2: H.-P. Schwarz, Die Ära Adenauer 1949–1957; Bd. 3: Ders., Die Ära Adenauer 1957–1963; Bd. 4: Klaus Hildebrand, Von Erhard zur Großen Koalition 1963–1969, Stuttgart 1981–1985.

Glaser, Hermann, Kulturgeschichte der Bundesrepublik Deutschland, 3 Bde., München/Wien 1985–1989.

Görtemaker, Manfred. Die unheilige Allianz. Die Geschichte der Entspannungspolitik 1943–1979, München 1979.

Griffith, William E., Die Ostpolitik der Bundesrepublik Deutschland, Stuttgart 1981.

Grosser, Alfred, Deutschlandbilanz. Geschichte Deutschlands seit 1945, München 1970.

Handbuch DDR-Wirtschaft, hg. v. Deutschen Institut für Wirtschaftsforschung Berlin, Reinbek 1977.

Herbst, Ludolf, Option für den Westen. Vom Marshallplan bis zum deutsch-französischen Vertrag, München 1989.

Hettlage, Rolf (Hg.), Die Bundesrepublik. Eine historische Bilanz, München 1990.

Hillgruber, Andreas, Deutsche Geschichte 1945–1975. Die »deutsche Frage« in der Weltpolitik, Frankfurt etc. 1978[3].

Hockerts, Hans Günther, Sozialpolitische Entscheidungen im Nachkriegsdeutschland, Stuttgart 1980.

Huffschmid, Jörg, Marktwirtschaft in der Bundesrepublik. Geschichte, Probleme und Perspektiven, in: Albrecht u. a., Beiträge zu einer Geschichte der Bundesrepublik Deutschland, Köln 1979, S. 40–77.

Huster, Ernst-Ulrich, G. Kraiker, B. Scherer, F.-K. Schlotmann, M. Welteke, Determinanten der westdeutschen Restauration 1945–1949, Frankfurt a. M. 1972.

Jacobsen, H.-A., G. Leptin, U. Scheuner, E. Schulz (Hg.), Drei Jahrzehnte Außenpolitik der DDR. Bestimmungsfaktoren, Instrumente, Aktionsfelder, München/Wien 1979.

Kleßmann, Christoph, Die doppelte Staatsgründung. Deutsche Geschichte 1945–1955, Göttingen 1983.

Kleßmann, Christoph, Zwei Staaten, eine Nation. Deutsche Geschichte 1955–1970, Göttingen 1988.

Kloten, Norbert u. Rainer Vollmer, Stabilität und Wachstum in der Wirtschaftspolitik, in: R. Löwenthal u. H. P. Schwarz (Hg.), Die zweite Republik, Stuttgart 1974, S. 703–727.

Krohn, Maren, Die gesellschaftlichen Auseinandersetzungen um die Notstandsgesetze, Köln 1981.

Kühnl, Reinhard, Rainer Rilling u. Christine Sager, Die NPD: Struktur, Ideologie und Funktion einer neofaschistischen Partei, Frankfurt 1969[2].

Lehmann, Hans Georg, Chronik der Bundesrepublik Deutschland 1945/49–1981, München 1981.

Lehmann, Hans Georg, Chronik der DDR. 1945/49 bis heute, München 1987.

Lilge, Herbert, Deutschland 1945–1963, Hannover 1982[17].

Löwenthal, Richard, Vom kalten Krieg zur Ostpolitik, in: R. Löwenthal u. H.-P. Schwarz (Hg.), Die zweite Republik, Stuttgart 1974, S. 604–699.

Löwenthal, Richard und Hans-Peter Schwarz (Hg.), Die zweite Republik. 25 Jahre Bundesrepublik Deutschland – eine Bilanz, Stuttgart 1974.

Morsey, Rudolf, Die Bundesrepublik Deutschland. Entstehung und Entwicklung bis 1969, München 1987.

Müller-Roschach, Herbert, Die deutsche Europapolitik. Wege und Umwege zur politischen Union Europas, Baden-Baden 1974.

Otto, Karl A., Vom Ostermarsch zur APO. Geschichte der außerparlamentarischen Opposition in der Bundesrepublik 1960–1970, Frankfurt/New York 1980.

Picht, Robert (Hg.), Das Bündnis im Bündnis. Deutsch-französische Beziehungen im internationalen Spannungsfeld, Berlin 1982.

Rebellion der Studenten oder Die neue Opposition. Eine Analyse v. U. Bergmann, R. Dutschke, W. Lefèvre, B. Rabehl, Reinbek 1968.

Reichelt, Paul, Deutsche Chronik 1945–1970. Daten und Fakten aus beiden Teilen Deutschlands, Bd. 1: 1945–1957, Bd. 2: 1958–1970, Freudenstadt 1970 u. 1971.

Roggemann, Herwig, Die DDR-Verfassungen, Berlin 1976.

Rupp, Hans-Karl, Politische Geschichte der Bundesrepublik Deutschland. Entstehung und Entwicklung, Stuttgart 1978.

Sachverständigenrat zur Begutachtung der gesamtwirtschaftlichen Entwicklung, Jahresgutachten 1964/65: Stabiles Geld – stetiges Wachstum, Stuttgart u. Mainz 1965,
Jahresgutachten 1966/67: Expansion und Stabilität, ebda. 1966,
Jahresgutachten 1967/68: Stabilität und Wachstum, ebda. 1967,

Scheuch, Erwin K., Politischer Extremismus in der Bundesrepublik, in: R. Löwenthal u. H.-P. Schwarz (Hg.), Die zweite Republik, Stuttgart 1974.

Schmollinger, Horst u. Peter Müller, Zwischenbilanz. 10 Jahre sozialliberale Politik 1969–1979. Anspruch und Wirklichkeit, Hannover 1980.

Schuster, Dieter, Die deutschen Gewerkschaften seit 1945, Stuttgart 1973.

Schwarz, Hans-Peter, Adenauer. Der Staatsmann 1952–1967, Stuttgart 1991.

Schwarz, Hans-Peter (Hg.), Adenauer und Frankreich. Die deutsch-französischen Beziehung 1958 bis 1969, Bonn 1985.

Schwarz, Hans-Peter, Vom Reich zur Bundesrepublik. Deutschland im Widerstreit der außenpolitischen Konzeptionen in den Jahren der Besatzungsherrschaft 1945–1949, Neuwied 1966, 2. Aufl. Stuttgart 1980.

Seifert, Jürgen, Grundgesetz und Restauration. Verfassungsgeschichtliche Analyse und synoptische Darstellung des Grundgesetzes vom 23. Mai 1949 mit sämtlichen Änderungen, Darmstadt u. Neuwied 1974.

Sontheimer, Kurt, Die Adenauer-Ära. Grundlegung der Bundesrepublik, München 1991.

Sontheimer, Kurt u. H. H. Röhring (Hg.), Handbuch des politischen Systems der Bundesrepublik Deutschland, München 1978[2].

Sontheimer, Kurt u. Wilhelm Beck (Hg.), Die DDR, Politik, Gesellschaft, Wirtschaft, Hamburg 1979[5].

Spittmann, Ilse u. Karl Wilhelm Fricke (Hg.), 17. Juni 1953. Arbeiteraufstand der DDR, Köln 1982.

Staritz, Dietrich: Geschichte der DDR 1949–1985, Frankfurt a. M. 1985.

Steinbach, Peter, Nationalsozialistische Gewaltverbrechen. Die Diskussion in der deutschen Öffentlichkeit nach 1945, Berlin 1981.

Stöß, Richard (Hg.), Die Parteien der Bundesrepublik Deutschland seit 1945, 2 Bde., Opladen 1983/84.

Tabaczek, Martin u. Johannes Altenberend, Deutschland nach 1945. Die Teilung Deutschlands und die Entwicklung der Bundesrepublik im internationalen Kräftefeld, Paderborn 1988.

Thränhardt, Dietrich, Geschichte der Bundesrepublik Deutschland, Frankfurt 1986.

Vogel, Rolf, Deutschlands Weg nach Israel. Eine Dokumentation, Stuttgart 1967.

Vogelsang, Thilo, Das geteilte Deutschland, München 1982[11].

Weber, Hermann, DDR – Grundriß der Geschichte 1945–1981, Hannover 1982.

Weber, Jürgen (Hg.), Geschichte der Bundesrepublik Deutschland. Analyse und Dokumentation in Text, Bild und Ton, 3 Bde., Paderborn 1979–1982.

Wettig, Gerhard, Die Sowjetunion, die DDR und die Deutschlandfrage 1965 bis 1976. Einvernehmen und Konflikt im sozialistischen Lager, Stuttgart 1976.

Anhang

1. Die Ergebnisse der Bundestagswahlen 1949–1969

1. BUNDESTAG, 14. 8. 1949

Wahlbeteiligung 78,5%

Parteien	Stimmen	%	Sitze (+ Berliner Abgeordnete)
CDU/CSU	7 359 084	31,0	139 (+2)
SPD	6 934 975	29,2	131 (+5)
FDP,DVP	2 829 920	11,9	52 (+1)
KPD	1 361 706	5,7	15
BP	986 478	4,2	17
DP	939 934	4,0	17
ZP	727 505	3,1	10
WAV	681 888	2,9	12
DKP,DRP	429 031	1,8	5
Sonstige	1 481 877	6,2	4

2. BUNDESTAG, 6. 9. 1953

Wahlbeteiligung 86,0%

Parteien	Zweitstimmen	%	Sitze (+ Berliner Abgeordnete)
CDU/CSU	12 443 981	45,2	243 (+ 6)
SPD	7 944 943	28,8	151 (+11)
FDP/DVP	2 629 163	9,5	48 (+ 5)
GB/BHE	1 616 953	5,9	27
DP	896 128	3,3	15
KPD	607 860	2,2	-
BP	465 641	1,7	-
GVR	318 475	1,2	-
DRP	295 739	1,1	-
Zentrum	55 835	0,8	3[1]
Sonstige	115 311	0,5	-

1) darunter ein Mitglied der CDU, das über die Landesliste der Deutschen Zentumspartei gewählt worden ist

424

3. BUNDESTAG, 15. 9. 1957

Wahlbeteiligung 87,8%

Parteien	Zweitstimmen	%	Sitze (+ Berliner Abgeordnete)
CDU/CSU	15 008 399	50,2	270 (+ 8)
SPD	9 495 571	31,8	169 (+12)
FDP	2 307 135	7,7	41 (+ 2)
GB/BHE	1 374 066	4,6	-
DP	1 007 282	3,4	17
Sonstige	750 257	2,5	-

4. BUNDESTAG, 17. 9. 1961

Wahlbeteiligung 87,7%

Parteien	Zweitstimmen	%	Sitze (+ Berliner Abgeordnete)
CDU/CSU	14 298 372	45,3	242 (+ 9)
SPD	11 427 355	36,2	190 (+13)
FDP	4 028 766	12,8	67
GDP	870 756	2,8	-
DFU	609 918	1,9	-
Sonstige	315 734	1,0	-

5. BUNDESTAG, 19. 9. 1965

Wahlbeteiligung 86,8%

Parteien	Zweitstimmen	%	Sitze (+ Berliner Abgeordnete)
CDU/CSU	15 524 068	47,6	245 (+ 6)
SPD	12 813 186	39,3	202 (+15)
FDP	3 096 739	9,5	49 (+ 1)
NPD	664 193	2,0	-
DFU	434 182	1,3	-
Sonstige	88 074	0,3	-

6. BUNDESTAG, 28. 9. 1969

Wahlbeteiligung 86,7%

Parteien	Zweitstimmen	%	Sitze (+ Berliner Abgeordnete)
CDU/CSU	15 195 187	46,1	242 (+ 8)
SPD	14 065 716	42,7	227 (+13)
FDP	1 903 422	5,8	30 (+ 1)
NPD	1 422 010	4,3	-
Sonstige	379 689	1,1	-

Quelle: Datenhandbuch zur Geschichte des Deutschen Bundestages 1949 bis 1982, Bonn 1983, S. 34-37.

2. Bundesregierungen 1949–1969

KABINETT ADENAUER I (20. 9. 1949–20. 10. 1953)

Kanzler: Konrad Adenauer (CDU),
    seit 15. 3. 51 auch Außenminister
Stellvertreter und Marshallplan: Franz Blücher (FDP)
Inneres: Gustav Heinemann (CDU) bis 11. 10. 50,
    seit 13. 10. 50 Robert Lehr (CDU)
Justiz: Thomas Dehler (FDP)
Finanzen: Fritz Schäffer (CSU)
Wirtschaft: Ludwig Erhard (CDU)
Ernährung, Landwirtschaft und Forsten: Wilhelm Niklas (CSU)
Arbeit und Sozialordnung: Anton Storch (CDU)
Verkehr: Hans-Christoph Seebohm (DP)
Post- und Fernmeldewesen: Hans Schuberth (CSU)
Wohnungsbau: Eberhard Wildermuth (FDP) bis 9. 3. 52,
    ab 19. 7. 52 Fritz Neumayer (FDP)
Vertriebene, Flüchtlinge und Kriegsgeschädigte: Hans Lukaschek
    (CDU)
Gesamtdeutsche Fragen: Jakob Kaiser (CDU)
Angelegenheiten des Bundesrates: Heinrich Hellwege (DP)

KABINETT ADENAUER II (20. 10. 1953–29. 10. 1957)

Kanzler: Konrad Adenauer (CDU)
Stellvertreter und Wirtschaftliche Zusammenarbeit: Franz Blücher
  (FDP/FVP)
Auswärtiges: Konrad Adenauer (CDU) bis 6. 6. 55,
  ab 8. 6. 55 Heinrich von Brentano (CDU)
Inneres: Gerhard Schröder (CDU)
Justiz: Fritz Neumayer (FDP/FVP),
  ab 16. 10. 56 Hans-Joachim von Merkatz (DP)
Finanzen: Fritz Schäffer (CSU)
Wirtschaft: Ludwig Erhard (CDU)
Ernährung, Landwirtschaft und Forsten: Heinrich Lübke (CDU)
Arbeit und Sozialordnung: Anton Storch (CDU)
Verteidigung: Theodor Blank (CDU) ab 7. 6. 55–16. 10. 56,
  danach Franz Josef Strauß (CSU)
Verkehr: Hans-Christoph Seebohm (DP)
Post- und Fernmeldewesen: Hans Schuberth (CSU) bis 9. 12. 53,
  ab 10. 12. 53–14. 11. 56 Siegfried Balke (parteilos/CSU),
  ab 15. 11. 56 Ernst Lemmer (CDU)
Wohnungsbau: Viktor-Emanuel Preusker (FDP/FVP)
Vertriebene, Flüchtlinge und Kriegsgeschädigte: Theodor Oberländer
  (GB/BHE/CDU)
Gesamtdeutsche Fragen: Jakob Kaiser (CDU)
Angelegenheiten des Bundesrates: Heinrich Hellwege (DP)
  bis 7. 6. 55, ab 8. 6. 55 Hans-Joachim von Merkatz (DP)
Atomfragen: Franz Josef Strauß (CSU) ab 21. 10. 55–16. 10. 56,
  danach Siegfried Balke (CSU)
Familienfragen: Franz-Josef Wuermeling (CDU)
Besondere Aufgaben: Robert Tillmanns (CDU) bis 12. 11. 55,
  Hermann Schäfer (FDP/FVP) bis 16. 10. 56, Waldemar Kraft (GB/
  BHE/CDU) bis 16. 10. 56, Franz Josef Strauß (CSU) bis 19. 10. 55

KABINETT ADENAUER III (29. 10. 1957–14. 11. 1961)

Kanzler: Konrad Adenauer (CDU)
Stellvertreter und Wirtschaft: Ludwig Erhard (CDU)
Auswärtiges: Heinrich von Brentano (CDU)
Inneres: Gerhard Schröder (CDU)
Justiz: Fritz Schäffer (CDU)
Finanzen: Franz Etzel (CDU)
Ernährung, Landwirtschaft und Forsten: Heinrich Lübke (CDU) bis

15. 9. 59, ab 14. 10. 59 Werner Schwarz (CDU)
Arbeit und Sozialordnung: Theodor Blank (CDU)
Verteidigung: Franz Josef Strauß (CSU)
Verkehr: Hans-Christoph Seebohm (DP/CDU)
Post- und Fernmeldewesen: Richard Stücklen (CSU)
Wohnungsbau: Paul Lücke (CDU)
Vertriebene, Flüchtlinge und Kriegsgeschädigte: Theodor Oberländer
   (CDU) bis 4. 5. 60, ab 27. 10. 60 Hans-Joachim von Merkatz
   (DP/CDU)
Gesamtdeutsche Fragen: Ernst Lemmer (CDU)
Angelegenheiten des Bundes und der Länder: Hans-Joachim von Mer-
   katz (DP/CDU)
Atomkernenergie und Wasserwirtschaft: Siegfried Balke (CSU)
Familien- und Jugendfragen: Franz-Josef Wuermeling (CDU)
Wirtschaftlicher Besitz des Bundes: Hermann Lindrath (CDU)
   bis 27. 2. 60, ab 4. 5. 60 Hans Wilhelmi (CDU)

KABINETT ADENAUER IV (14. 11. 1961–13. 12. 1962)

Kanzler: Konrad Adenauer (CDU)
Stellvertreter und Wirtschaft: Ludwig Erhard (CDU)
Auswärtiges: Gerhard Schröder (CDU)
Inneres: Hermann Höcherl (CSU)
Justiz: Wolfgang Stammberger (FDP) bis 19. 11. 62
Finanzen: Heinz Starke (FDP) bis 19. 11. 62
Ernährung, Landwirtschaft und Forsten: Werner Schwarz (CDU)
Verteidigung: Franz Josef Strauß (CSU)
Verkehr: Hans-Christoph Seebohm (CDU)
Arbeit und Sozialordnung: Theodor Blank (CDU)
Post- und Fernmeldewesen: Richard Stücklen (CSU)
Wohnungswesen, Städtebau und Raumordnung: Paul Lücke (CDU)
Vertriebene, Flüchtlinge und Kriegsgeschädigte: Wolfgang Mischnick
   (FDP) bis 19. 11. 62
Gesamtdeutsche Fragen: Ernst Lemmer (CDU)
Familien- und Jugendfragen: Franz-Josef Wuermeling (CDU)
Bundesrat: Hans-Joachim von Merkatz (CDU)
Atomkernenergie und Wasserwirtschaft: Siegfried Balke (CSU)
Schatz: Hans Lenz (FDP) bis 19. 11. 62
Wirtschaftliche Zusammenarbeit: Walter Scheel (FDP) bis 19. 11. 62
Gesundheitswesen: Elisabeth Schwarzhaupt (CDU)
Besondere Aufgaben: Heinrich Krone (CDU)

KABINETT ADENAUER V (14. 12. 1962–15. 10. 1963)

Kanzler: Konrad Adenauer (CDU)
Stellvertreter und Wirtschaft: Ludwig Erhard (CDU)
Auswärtiges: Gerhard Schröder (CDU)
Inneres: Hermann Höcherl (CSU)
Justiz: Ewald Bucher (FDP)
Finanzen: Rolf Dahlgrün (FDP)
Ernährung, Landwirtschaft und Forsten: Werner Schwarz (CDU)
Arbeit und Sozialordnung: Theodor Blank (CDU)
Verteidigung: Franz Josef Strauß (CSU) beauftragt bis zum 9. 1. 63,
    Nachfolger Kai-Uwe von Hassel (CDU)
Verkehr: Hans-Christoph Seebohm (CDU)
Post- und Fernmeldewesen: Richard Stücklen (CSU)
Wohnungswesen, Städtebau und Raumordnung: Paul Lücke (CDU)
Vertriebene, Flüchtlinge und Kriegsgeschädigte: Wolfgang Mischnick
    (FDP)
Gesamtdeutsche Fragen: Rainer Barzel (CDU)
Bundesrat: Alois Niederalt (CSU)
Familien- und Jugendfragen: Bruno Heck (CDU)
Wissenschaft: Hans Lenz (FDP)
Schatz: Werner Dollinger (CSU)
Wirtschaftliche Zusammenarbeit: Walter Scheel (FDP)
Gesundheitswesen: Elisabeth Schwarzhaupt (CDU)
Besondere Aufgaben: Heinrich Krone (CDU)

KABINETT ERHARD I (16. 10. 1963 – 26. 10. 1965)

Kanzler: Ludwig Erhard (CDU)
Vizekanzler und Gesamtdeutsche Fragen: Erich Mende (FDP)
Auswärtiges: Gerhard Schröder (CDU)
Inneres: Hermann Höcherl (CSU)
Justiz: Ewald Bucher (FDP) bis 27. 3. 1965; ab 1. 4. 1965 Karl Weber (CDU)
Finanzen: Rolf Dahlgrün (FDP)
Wirtschaft: Kurt Schmücker (CDU)
Ernährung: Werner Schwarz (CDU)
Arbeit: Theodor Blank (CDU)
Verteidigung: Kai Uwe v. Hassel (CDU)
Verkehr: Hans-Christoph Seebohm (CDU)
Post: Richard Stücklen (CSU)
Wohnungswesen: Paul Lücke (CDU)

Vertriebene: Hans Krüger (CDU) bis 7. 2. 1964; ab 19. 2. 1964 Ernst Lemmer (CDU)
Bundesrat: Alois Niederalt (CSU)
Familie: Bruno Heck (CDU)
Wissenschaft: Hans Lenz (FDP)
Schatz: Werner Dollinger (CSU)
Wirtschaftliche Zusammenarbeit: Walter Scheel (FDP)
Gesundheitswesen: Elisabeth Schwarzhaupt (CDU)
Besondere Aufgaben: Heinrich Krone (CDU), Ludger Westrick (parteilos/CDU)

KABINETT ERHARD II (26. 10. 1965 – 30. 11. 1966)

Kanzler: Ludwig Erhard (CDU)
Vizekanzler und Gesamtdeutsche Fragen: Erich Mende (FDP); bis 28. 10. 1966
Auswärtiges: Gerhard Schröder (CDU)
Inneres: Paul Lücke (CDU)
Justiz: Richard Jaeger (CSU)
Finanzen: Rolf Dahlgrün (FDP) bis 28. 10. 1966; ab 8. 11. 1966 Kurt Schmük-ker (CDU)
Wirtschaft: Kurt Schmücker (CDU)
Ernährung: Hermann Höcherl (CSU)
Arbeit: Hans Katzer (CDU)
Verteidigung: Kai Uwe v. Hassel (CDU)
Verkehr: Hans Christoph Seebohm (CDU); ab 3. 11. 1966 auch Vizekanzler
Post: Richard Stücklen (CSU)
Wohnungswesen: Ewald Bucher (FDP) bis 28. 10. 1966; ab 8. 11. 1966 Bruno Heck (CDU)
Vertriebene (ab 8. 11. 1966 auch Gesamtdeutsche Fragen): Johann Baptist Gradl (CDU)
Bundesrat: Alois Niederalt (CSU)
Familie: Bruno Heck (CDU)
Wissenschaft: Gerhard Stoltenberg (CDU)
Wirtschaftliche Zusammenarbeit: Walter Scheel (FDP) bis 28. 10. 1966; ab 8. 11. 1966 Werner Dollinger (CSU)
Schatz: Werner Dollinger (CSU)
Gesundheitswesen: Elisabeth Schwarzhaupt (CDU)
Angelegenheiten des Bundesverteidigungsrates: Heinrich Krone (CDU)
Besondere Aufgaben (Chef des Bundeskanzleramtes): Ludger Westrick (CDU) bis 15. 9. 1966

KABINETT KIESINGER (1. 12. 1966 – 20. 10. 1969)

Kanzler: Kurt Georg Kiesinger (CDU)
Vizekanzler und Auswärtiges: Willy Brandt (SPD)
Inneres: Paul Lücke (CDU) bis 2. 4. 1968; dann Ernst Benda (CDU)
Justiz: Gustav Heinemann (SPD) bis 26. 3. 1969; dann Horst Ehmke (SPD)
Finanzen: Franz Josef Strauß (CSU)
Wirtschaft: Karl Schiller (SPD)
Ernährung: Hermann Höcherl (CSU)
Arbeit: Hans Katzer (CDU)
Verteidigung: Gerhard Schröder (CDU)
Verkehr: Georg Leber (SPD)
Post: Werner Dollinger (CSU)
Wohnungswesen: Lauritz Lauritzen (SPD)
Vertriebene: Kai Uwe v. Hassel (CDU) bis 5. 2. 1969; ab 7. 2. 1969 Heinrich
    Windelen (CDU)
Gesamtdeutsche Fragen: Herbert Wehner (SPD)
Bundesrat: Carlo Schmid (SPD)
Familie: Bruno Heck (CDU) bis 2. 10. 1968; ab 16. 10. 1968 Aenne Brauksiepe
    (CDU)
Wissenschaftliche Forschung: Gerhard Stoltenberg (CDU)
Schatz: Kurt Schmücker (CDU)
Wirtschaftliche Zusammenarbeit: Hans-Jürgen Wischnewski (SPD) bis 2. 10.
    1968; ab 16. 10. 1968 Erhard Eppler (SPD)
Gesundheitswesen: Käte Strobel (SPD)

*Quelle: H. G. Lehmann: Chronik der Bundesrepublik Deutschland
    1945/49–1981, München 1981, S. 177–182*

3. Landtagswahlen 1946–1969

BAYERN Verfassungsgebende Landesversammlung 30. 6. 1946

Wahlbeteiligung 72,1%

Parteien	Stimmen	%	Sitze
CSU	1 585 000	58,3	109
SPD	786 000	28,8	51
KPD	145 000	5,3	9
WAV	138 000	5,1	8
LDP/FDP	69 000	2,5	3

HESSEN Verfassungsberatende Großhessische Landesversammlung
30. 6. 1946

Wahlbeteiligung 70,8%

Parteien	Stimmen	%	Sitze
SPD	655 090	44,3	42
CDU	550 342	37,3	35
KPD	144 272	9,7	7
LDP/FDP	120 346	8,1	6
Sonstige	8 223	0,6	-

BREMEN 13. 10. 1946

Wahlbeteiligung 81,6%

Parteien	Stimmen	%	Sitze
SPD	370 164	48,0	51
CDU	148 419	19,3	12
BDV/FDP	130 414	16,9	12
KPD	88 458	11,5	3
NLP	{33 291	1,1	-
SAP		3,2	2

Koalition SPD/BDV-FDP/KPD, Bürgermeister Wilhelm Kaisen (SPD)

HAMBURG 13. 10. 1946

Wahlbeteiligung 79,0%

Parteien	Stimmen	%	Sitze
SPD	1 210 010	43,1	83
CDU	749 153	26,7	16
FDP	509 632	18,2	7
KPD	291 701	10,4	4
Sonstige	47 309	1,6	-

Koalition SPD/FDP, KPD (bis 28. 7. 1948), Bürgermeister Max Brauer (SPD)

BERLIN Gesamtberliner Magistrat 20. 10. 1946

Wahlbeteiligung 92,3%

Parteien	Stimmen	%	Sitze
SPD	999 170	48,7	63
CDU	454 202	22,2	29
SED	405 992	19,8	26
LPD/FDP	192 527	9,3	12

Koalition SPD/CDU/SED/LPD-FDP, Oberbürgermeister Otto Ostrowski (SPD); ab 24. 6. 1947 Ernst Reuter (SPD), von der Alliierten Militärkommandantur nicht bestätigt; ab 8. 5. 1947 amtierende Oberbürgermeisterin Louise Schroeder (SPD) bis 7. 12. 1948

BRANDENBURG 20. 10. 1946

Wahlbeteiligung 91,5%

Parteien	Stimmen	%	Sitze
SED	634 787	43,9	44
CDUD	442 634	30,6	31
LDPD	298 607	20,6	20
VdgB	70 791	4,9	5

Allparteienregierung, Ministerpräsident Karl Steinhoff (SPD), ab 5. 12. 1949 Hans Jahn (SED)

MECKLENBURG 20. 10. 1946

Wahlbeteiligung 90,0%

Parteien	Stimmen	%	Sitze
SED	551 594	49,5	45
CDUD	379 829	34,1	31
LDPD	138 662	12,5	11
VdgB	43 663	3,9	3

Allparteienregierung, Ministerpräsident Wilhelm Höcker (SED), ab 19. 7. 1951 Kurt Bürger (SED)

SACHSEN 20. 10. 1946

Wahlbeteiligung 92,5%

Parteien	Stimmen	%	Sitze
SED	1 616 068	49,1	59
CDUD	766 859	23,3	28
LDPD	813 224	24,7	30
VdgB	57 356	1,7	2
Kulturbund	18 340	0,6	1
Sonstige	19 148	0,6	

Allparteienregierung, Ministerpräsident Rudolf Friedrichs (SED), ab 30. 7. 1947 Max Seydewitz (SED)

SACHSEN-ANHALT 20. 10. 1946

Wahlbeteiligung 91,6%

Parteien	Stimmen	%	Sitze
SED	1 068 703	45,8	51
CDUD	507 765	21,8	24
LDPD	696 669	29,9	33
VdgB	57 374	2,5	2

Allparteienregierung, Ministerpräsident Erhard Hübener (LDPD), ab 1. 10. 1949 Werner Bruschke (SED)

THÜRINGEN 20. 10. 1946

Wahlbeteiligung 87,5%

Parteien	Stimmen	%	Sitze
SED	818 967	49,3	50
CDUD	314 742	18,9	19
LDPD	472 959	28,5	28
VdgB	55 191	3,3	3

Allparteienregierung, Ministerpräsident Rudolf Paul (SED),
ab 9. 10. 1947 Werner Eggerath (SED)

WÜRTTEMBERG-BADEN 24. 11. 1946

Wahlbeteiligung 71,7%

Parteien	Stimmen	%	Sitze
CDU	487 085	38,4	39
SPD	404 706	31,9	32
DVP/FDP	247 710	19,5	19
KPD	130 253	10,2	10

Koalition DVP-FDP/CDU/SPD/KPD (bis 27. 7. 1948), Ministerpräsident Reinhold Maier (DVP)

BAYERN 1. 12. 1946

Wahlbeteiligung 75,7%

Parteien	Stimmen	%	Sitze
CSU	1 595 000	52,3	104
SPD	873 000	28,6	54
WAV	226 000	7,4	13
FDP/LDP	172 000	5,6	9
Sonstige		6,1	-

Koalition CSU/SPD/WAV; ab 21. 9. 47 CSU-Regierung, Ministerpräsident Hans Ehard (CSU)

HESSEN 1. 12. 1946

Wahlbeteiligung 73,2%

Parteien	Stimmen	%	Sitze
SPD	686 423	42,7	38
CDU	495 667	30,9	28
LDP/FDP	251 430	15,7	14
KPD	171 373	10,7	10

Koalition SPD/CDU, Ministerpräsident Christian Stock (SPD)

NIEDERSACHSEN 20. 4. 1947

Wahlbeteiligung 65,1%

Parteien	Stimmen	%	Sitze
SPD	1 066 470	43,4	65
CDU	489 422	19,9	30
NLP/DP	440 367	17,9	27
FDP	215 815	8,8	13
KPD	138 977	5,6	8
Zentrum	101 283	4,1	6
DRP	7 198	0,3	-

Koalition SPD/CDU/NLP-DP/Zentrum/KPD (bis 5. 2. 1948); ab 9. 6. 1948 Koalition SPD/CDU/Zentrum, Ministerpräsident Hinrich Wilhelm Kopf (SPD)

NORDRHEIN-WESTFALEN 20. 4. 1947

Wahlbeteiligung 67,4%

Parteien	Stimmen	%	Sitze
CDU	1 873 680	37,6	92
SPD	1 601 651	32,0	64
KPD	701 017	14,0	28
Zentrum	489 092	9,8	20
FDP	298 658	5,9	12
Sonstige	38 981	0,7	-

Koalition CDU/SPD/KPD (bis 7. 2. 1948)/Zentrum, Ministerpräsident Karl Arnold (CDU)

SCHLESWIG-HOLSTEIN 20. 4. 1947

Wahlbeteiligung 69,8%

Parteien	Stimmen	%	Sitze
SPD	462 717	43,8	43
CDU	359 933	34,1	21
SSW	82 684	9,3	6
FDP	53 299	5,0	-
KPD	49 871	4,7	-
Sonstige	33 894	3,1	-

SPD-Regierung, Ministerpräsident Hermann Lüdemann (SPD);
ab 29. 8. 1949 Bruno Diekmann (SPD)

BADEN 18. 5. 1947

Wahlbeteiligung 67,8%

Parteien	Stimmen	%	Sitze
CDU	239 285	55,9	34
SPD	95 818	22,3	13
LDP	60 976	14,2	9
KPD	31 701	7,6	4

Koalition CDU/SPD; ab 1. 1. 48 CDU-Regierung, Ministerpräsident
Leo Wohleb (CDU)

RHEINLAND-PFALZ 18. 5. 1947

Wahlbeteiligung 77,9%

Parteien	Stimmen	%	Sitze
CDU	540 319	47,2	48
SPD	398 199	34,3	34
DVP	109 878	9,8	11
KPD	100 453	8,7	8

Koalition CDU/SPD/DVP/KPD; ab 9. 4. 1948 Koalition CDU/SPD,
Ministerpräsident Peter Altmeier (CDU)

WÜRTTEMBERG-HOHENZOLLERN 18. 5. 1947

Wahlbeteiligung 66,4%

Parteien	Stimmen	%	Sitze
CDU	204 927	54,2	32
SPD	78 550	20,7	12
DVP	66 985	17,7	11
KPD	27 536	7,2	5
Sonstige		0,2	-

Koalition CDU/SPD/DVP (bis 20. 9. 1949), Staatspräsident Lorenz Bock (CDU); ab 13. 8. 1948 Gebhard Müller (CDU)

SAARLAND Gesetzgebende Versammlung 5. 10. 1947

Wahlbeteiligung

Parteien	Stimmen	%	Sitze
CVP	230 062	51,2	28
SPS	147 255	32,8	17
DPS/FDP	34 253	7,6	3
KP	37 934	8,4	2

Koalition CVP/SPS, Ministerpräsident Johannes Hoffmann (CVP)

BREMEN 12. 10. 1947

Wahlbeteiligung 67,8%

Parteien	Stimmen	%	Sitze
SPD		41,7	46
CDU		22,0	24
BDV-FDP		13,9	17
KPD		8,8	10
DP		3,9	3
Sonstige		9,7	-

Koalition SPD/BDV-FDP, Bürgermeister Wilhelm Kaisen (SPD)

BERLIN Magistrat der Westsektoren 5. 12. 1948

Wahlbeteiligung 86,3%

Parteien	Stimmen	%	Sitze
SPD	858 109	64,5	60
CDU	258 496	19,4	21
LPD/FDP	214 224	16,1	17

Koalition SPD/CDU/LPD-FDP, Oberbürgermeister Ernst Reuter (SPD)

HAMBURG 16. 10. 1949

Wahlbeteiligung 70,5%

Parteien	Stimmen	%	Sitze
SPD	337 697	42,8	65
VBH*	272 649	34,5	40
DP	104 728	13,3	9
KPD	58 134	7,4	5
RSF	15 505	2,0	1
Sonstige	527	0,0	-

* Vaterstädtischer Bund (CDU/FDP/DKP)

Koalition SPD/FDP; ab 28. 2. 1950 SPD-Regierung, Bürgermeister Max Brauer (SPD)

NORDRHEIN-WESTFALEN 18. 6. 1950

Wahlbeteiligung 72,3%

Parteien	Stimmen	%	Sitze
CDU	2 286 644	36,9	93
SPD	2 005 312	32,3	68
FDP	748 926	12,1	26
Zentrum	466 497	7,5	16
KPD	338 862	5,5	12
Sonstige	354 876	5,7	-

CDU-Regierung; ab 16. 9. 1950 Koalition CDU/Zentrum, Ministerpräsident Karl Arnold (CDU)

SCHLESWIG-HOLSTEIN 9. 7. 1950

Wahlbeteiligung 78,2%

Parteien	Stimmen	%	Sitze
SPD	360 188	27,5	19
BHE	306 570	23,4	15
CDU	258 907	19,7	16
DP	125 663	9,6	7
FDP	92 454	7,1	8
SSW	71 811	5,5	4
Sonstige	95 165	7,2	-

Koalition CDU/DP/BHE/FDP, Ministerpräsident Walter Bartram (CDU); ab 25. 6. 1951 Koalition CDU/FDP, Ministerpräsident Friedrich Wilhelm Lübke (CDU); ab 31. 7. 1951 Koalition CDU/BHE/DP/FDP (bis Januar 1952), Ministerpräsident Friedrich Wilhelm Lübke (CDU)

HESSEN 19. 11. 1950

Wahlbeteiligung 64,9

Parteien	Stimmen	%	Sitze
SPD	821 286	44,6	47
FDP	588 739	31,8	21
CDU	348 148	18,8	12
Sonstige	92 932	5,0	-

SPD-Regierung, Ministerpräsident Georg-August Zinn (SPD)

WÜRTTEMBERG-BADEN 19. 11. 1950

Wahlbeteiligung 57,2%

Parteien	Stimmen	%	Sitze
SPD	476 262	33,0	34
CDU	379 487	26,3	28
DVP	303 510	21,1	22
GB-BHE	212 431	14,7	16
KPD	70 368	4,9	-

Koalition DVP/SPD, Ministerpräsident Reinhold Maier (DVP)

BAYERN, 26. 11. 1950

Wahlbeteiligung 79,8%

Parteien	Stimmen	%	Sitze
SPD	2 588 549	28,0	63
CSU	2 527 370	27,4	64
BP	1 657 713	17,9	39
BHE	1 163 148	12,3	26
FDP	653 741	7,1	12
Sonstige	647 319	7,0	-

Koalition CSU/SPD/BHE, Ministerpräsident Hans Ehard (CSU)

BERLIN 3. 12. 1950

Wahlbeteiligung 90,4%

Parteien	Stimmen	%	Sitze
SPD	654 211	44,7	61
CDU	361 050	24,6	34
FDP	337 589	23,0	32
Sonstige	111 620	7,6	-

Koalition SPD/CDU/FDP, Regierender Bürgermeister Ernst Reuter (SPD); ab 22. 10. 1953 Koalition CDU/FDP, Regierender Bürgermeister Walther Schreiber (CDU)

RHEINLAND-PFALZ 29. 4. 1951

Wahlbeteiligung 74,8%

Parteien	Stimmen	%	Sitze
CDU	563 274	39,2	43
SPD	488 374	34,0	38
FDP	240 071	16,7	19
Sonstige	145 531	10,1	-

Koalition CDU/FDP, Ministerpräsident Peter Altmeier (CDU)

NIEDERSACHSEN 6. 5. 1951

Wahlbeteiligung 75,8%

Parteien	Stimmen	%	Sitze
SPD	1 123 199	33,7	64
NU*	790 766	23,8	35
GB-BHE	496 569	14,9	21
SRP	366 793	11,0	16
FDP	278 088	8,4	12
Zentrum	110 473	3,3	4
DRP	74 017	2,2	3
KPD	61 364	1,8	2
DSP	25 546	0,8	1

* Niederdeutsche Union (CDU/DP)
Koalition SPD/GB-BHE/Zentrum (bis 1. 12. 1953), Ministerpräsident Hinrich Wilhelm Kopf (SPD)

BREMEN 7. 10. 1951

Wahlbeteiligung 83,3%

Parteien	Stimmen	%	Sitze
SPD	130 471	39,1	43
DP	49 007	14,7	16
FDP/BDV	39 432	11,8	12
CDU	30 172	9,1	9
SRP	25 813	7,7	8
KPD	21 244	6,4	6
BHE	18 744	5,6	2
Parteilose	14 355	4,3	4
Sonstige	4 262	1,2	-

Koalition SPD/FDP-BDV/CDU, Bürgermeister Wilhelm Kaisen (SPD)

BADEN-WÜRTTEMBERG 9. 3. 1952

Wahlbeteiligung 63,7%

Parteien	Stimmen	%	Sitze
CDU	982 727	35,9	50
SPD	765 032	28,0	38
DVP/FDP	491 711	18,0	23
GB/BHE	170 751	6,3	6
KPD	119 604	4,4	4
Sonstige	200 995	7,3	-

Koalition DVP-FDP/SPD/GB-BHE; ab 30. 9. 1953 Koalition CDU/SPD/DVP-FDP/GB-BHE, Ministerpräsident Gebhard Müller (CDU)

SAARLAND 30. 11. 1952

Wahlbeteiligung 93,1%
gültige Stimmen 70,3%

Parteien	Stimmen	%	Sitze
CVP	239 405	54,7	29
SPS	141 872	32,4	17
KP	41 404	9,5	4
Sonstige	14 669	7,3	-

Koalition CVP/SPS; ab 12. 7. 1954 CVP-Regierung, Ministerpräsident Johannes Hoffmann (CVP); ab 29. 10. 1955 Übergangsregierung aus Parteilosen, Ministerpräsident Heinrich Welsch

HAMBURG 1. 11. 1953

Wahlbeteiligung 80,8%

Parteien	Stimmen	%	Sitze
HB*	504 084	50,0	62
SPD	455 402	45,2	58
Sonstige	48 586	4,8	-

* Hamburger Bürgerblock: CDU, FDP, DP, DKP
Koalition CDU/FDP/DP, Bürgermeister Kurt Sieveking (CDU)

NORDRHEIN-WESTFALEN 27. 6. 1954

Wahlbeteiligung 72,6%

Parteien	Stimmen	%	Sitze
CDU	2 855 988	41,3	90
SPD	2 387 718	34,5	76
FDP	793 736	11,5	25
Zentrum	278 863	4,0	9
Sonstige	606 764	8,7	-

Koalition CDU/FDP/Zentrum, Ministerpräsident Karl Arnold (CDU); 20. 2. 1956 Koalition SPD/FDP/Zentrum, Ministerpräsident Fritz Steinhoff (SPD)

SCHLESWIG-HOLSTEIN 12. 9. 1954

Wahlbeteiligung 78,6

Parteien	Stimmen	%	Sitze
SPD	396 073	33,2	25
CDU	384 875	32,2	25
GB/BHE	167 320	14,0	10
FDP	89 415	7,5	5
DP	61 277	5,1	4
Sonstige	95 328	8,0	-

Koalition CDU/GB-BHE/FDP, Ministerpräsident Kai-Uwe von Hassel (CDU)

BAYERN, 28. 11. 1954

Wahlbeteiligung 82,5%

Parteien	Stimmen	%	Sitze
CSU	3 691 954	38,0	83
SPD	2 733 946	28,1	61
BP	1 286 937	13,2	28
GB/BHE	990 109	10,2	19
FDP	703 924	7,2	13
Sonstige	317 308	3,3	-

Koalition SPD/BP/GB-BHE/FDP, Ministerpräsident Wilhelm Hoegner (SPD); ab 16. 10. 1957 Koalition CSU/GB-BHE/FDP, Ministerpräsident Hanns Seidel (CSU)

HESSEN 28. 11. 1954

Wahlbeteiligung 82,4%

Parteien	Stimmen	%	Sitze
SPD	1 065 733	42,6	44
CDU	603 691	24,1	24
FDP	513 421	20,5	21
GB/BHE	192 390	7,7	7
Sonstige	126 038	5,0	-

Koalition SPD/GB-BHE, Ministerpräsident Georg-August Zinn (SPD)

BERLIN 5. 12. 1954

Wahlbeteiligung 91,8%

Parteien	Stimmen	%	Sitze
SPD	684 906	44,6	64
CDU	467 117	30,4	44
FDP	197 204	12,8	19
Sonstige	186 666	12,2	-

Koalition SPD/CDU, Regierender Bürgermeister Otto Suhr (SPD), ab 3. 10. 1957 Willy Brandt (SPD)

NIEDERSACHSEN 24. 4. 1955

Wahlbeteiligung 77,5%

Parteien	Stimmen	%	Sitze
SPD	1 181 963	35,2	59
CDU	894 018	26,6	43
DP	415 183	12,4	19
GB/BHE	370 407	11,0	17
FDP	264 841	7,9	12
DRP	126 692	3,8	6
KPD	44 788	1,3	2
Zentrum	37 563	1,1	1
Sonstige	22 323	0,7	-

Koalition DP/CDU/GB-BHE/FDP; ab November 1957 Koalition DP/SPD/CDU, Ministerpräsident Heinrich Hellwege (DP)

RHEINLAND-PFALZ 15. 5. 1955

Wahlbeteiligung 76,0%

Parteien	Stimmen	%	Sitze
CDU	741 384	46,8	51
SPD	501 751	31,7	36
FDP	201 847	12,7	13
Sonstige	138 847	8,8	-

Koalition CDU/FDP, Ministerpräsident Peter Altmeier (CDU)

BREMEN 9. 10. 1955

Wahlbeteiligung 84,9%

Parteien	Stimmen	%	Sitze
SPD	174 127	47,8	52
CDU	65 749	18,0	18
DP	60 557	16,6	18
FDP	31 486	8,6	8
KPD	18 229	5,0	4
Sonstige	14 558	4,0	-

Koalition SPD/CDU/FDP, Bürgermeister Wilhelm Kaisen (SPD)

SAARLAND 18. 12. 1955

Wahlbeteiligung 90,3%

Parteien	Stimmen	%	Sitze
CDU	149 525	25,4	14
DPS	142 602	24,2	13
CVP	128 658	21,8	12
SPD	84 414	14,3	7
KP	38 698	6,6	2
SPS	34 285	5,8	2
Sonstige	10 997	1,9	-

Koalition CDU/DPS/SPD, Ministerpräsident Hubert Ney (CDU); ab
4. 6. 1957 Ministerpräsident Egon Reinert (CDU); ab April 1959 Koalition CDU/SPD, Ministerpräsident Franz Josef Röder

BADEN-WÜRTTEMBERG 4. 3. 1956

Wahlbeteiligung 70,2%

Parteien	Stimmen	%	Sitze
CDU	1 392 635	42,6	56
SPD	942 732	28,9	36
DVP	541 221	16,6	21
GB/BHE	204 339	6,3	7
Sonstige	185 242	5,7	-

Allparteienregierung, Ministerpräsident Gebhard Müller (CDU);
ab 17. 12. 1958 Ministerpräsident Kurt Georg Kiesinger (CDU)

HAMBURG 10. 11. 1957

Wahlbeteiligung 77,3%

Parteien	Stimmen	%	Sitze
SPD	553 390	53,9	69
CDU	330 991	32,2	41
FDP	88 201	8,6	10
DP	42 285	4,1	-
Sonstige	11 657	1,1	-

Koalition SPD/FDP, Bürgermeister Max Brauer (SPD); ab 20. 12. 1960
Paul Nevermann (SPD)

NORDRHEIN-WESTFALEN 6. 7. 1958

Wahlbeteiligung 76,6%

Parteien	Stimmen	%	Sitze
CDU	4 011 419	50,5	104
SPD	3 115 738	39,2	81
FDP	566 258	7,1	15
Sonstige	254 763	3,2	-

CDU-Regierung, Ministerpräsident Franz Meyers (CDU)

SCHLESWIG-HOLSTEIN 28. 9. 1958

Wahlbeteiligung 78,9%

Parteien	Stimmen	%	Sitze
CDU	540 774	44,4	33
SPD	436 966	35,9	26
GB/BHE	84 262	6,9	5
FDP	65 140	5,4	3
SSW	34 136	2,8	2
Sonstige	55 737	4,6	-

Koalition CDU/FDP, Ministerpräsident Kai-Uwe von Hassel (CDU)

BAYERN, 23. 11. 1958

Wahlbeteiligung 76,6%

Parteien	Stimmen	%	Sitze
CSU	4 192 904	45,6	101
SPD	2 839 300	30,8	64
GB/BHE	793 628	8,6	17
BP	742 424	8,1	14
FDP	512 344	5,6	8
Sonstige	123 220	1,3	-

Koalition CSU/FDP/GB-BHE, Ministerpräsident Hanns Seidel (CSU); ab 27. 1. 1960 Hanns Ehard (CSU)

HESSEN 23. 11. 1958

Wahlbeteiligung 82,3%

Parteien	Stimmen	%	Sitze
SPD	1 235 361	46,9	48
CDU	843 041	32,0	32
FDP	250 310	9,5	9
GB/BHE	193 996	7,4	7
Sonstige	111 149	4,2	-

Koalition SPD/GB-BHE, Ministerpräsident Georg-August Zinn (SPD)

BERLIN 7. 12. 1958

Wahlbeteiligung 92,9%

Parteien	Stimmen	%	Sitze
SPD	850 127	52,6	78
CDU	609 097	37,7	55
FDP	61 119	3,8	-
Sonstige	96 165	5,9	-

Koalition SPD/CDU, Regierender Bürgermeister Willy Brandt (SPD)

NIEDERSACHSEN 19. 4. 1959

Wahlbeteiligung 78,0%

Parteien	Stimmen	%	Sitze
SPD	1 356 485	39,5	65
CDU	1 058 687	30,8	51
DP	424 524	12,4	20
GB/BHE	285 942	8,3	13
FDP	179 522	5,2	8
Sonstige	132 236	3,8	-

Koalition SPD/GB-BHE/FDP, Ministerpräsident Hinrich Wilhelm Kopf (SPD); ab 21. 12. 1961 Georg Diederichs (SPD)

RHEINLAND-PFALZ 19. 4. 1959

Wahlbeteiligung 77,2%

Parteien	Stimmen	%	Sitze
CDU	829 236	48,4	52
SPD	596 984	34,9	37
FDP	165 937	9,7	10
DRP	87 349	5,1	1
Sonstige	32 848	1,9	-

Koalition CDU/FDP, Ministerpräsident Peter Altmeier (CDU)

BREMEN 11. 10. 1959

Wahlbeteiligung 79,2%

Parteien	Stimmen	%	Sitze
SPD	210 808	54,9	61
CDU	56 849	14,8	16
DP	55 647	14,5	16
FDP	27 450	7,2	7
Sonstige	33 417	8,7	-

Koalition SPD/FDP, Bürgermeister Wilhelm Kaisen (SPD)

BADEN-WÜRTTEMBERG 15. 5. 1960

Wahlbeteiligung 59,0%

Parteien	Stimmen	%	Sitze
CDU	1 162 206	39,5	51
SPD	1 044 301	35,4	44
FDP/DVP	459 320	15,6	18
GB/BHE	197 349	6,7	7
Sonstige	84 090	2,9	-

Koalition CDU/FDP-DVP/GB-BHE, Ministerpräsident Kurt Georg Kiesinger (CDU).

SAARLAND 4. 12. 1960

Wahlbeteiligung 79,1%

Parteien	Stimmen	%	Sitze
CDU	195 060	36,6	19
SPD	159 698	30,0	16
DPS/FDP	73 718	13,8	7
SVP	60 557	11,4	6
DDU	26 743	5,0	2
Sonstige	17 056	3,2	-

Koalition CDU/DPS-FDP, Ministerpräsident Franz Josef Röder (CDU)

HAMBURG 12. 11. 1961

Wahlbeteiligung 72,3%

Parteien	Stimmen	%	Sitze
SPD	567 793	57,4	72
CDU	287 619	29,1	36
FDP	95 061	9,6	12
DFU	28 511	2,9	-
Sonstige	9 829	1,0	-

Koalition SPD/FDP, Bürgermeister Paul Nevermann (SPD); ab 7. 6. 1965 Herbert Weichmann (SPD)

NORDRHEIN-WESTFALEN 8. 7. 1962

Wahlbeteiligung 73,4%

Parteien	Stimmen	%	Sitze
CDU	3 752 116	46,4	96
SPD	3 497 179	43,3	90
FDP	553 426	6,9	1
Sonstige	279 846	3,5	-

Koalition CDU/FDP, Ministerpräsident Franz Meyers (CDU)

SCHLESWIG-HOLSTEIN 23. 9. 1962

Wahlbeteiligung 70,1%

Parteien	Stimmen	%	Sitze
CDU	516 073	45,0	34
SPD	449 470	39,2	29
FDP	90 310	7,9	5
GDP	48 459	4,2	-
SSW	26 883	2,3	1
Sonstige	14 801	1,3	-

CDU-Regierung, Ministerpräsident Kai-Uwe von Hassel (CDU);
ab 7. 1. 1963 Koalition CDU/FDP, Ministerpräsident Helmut Lemke
(CDU)

HESSEN 11. 11. 1962

Wahlbeteiligung 77,7%

Parteien	Stimmen	%	Sitze
SPD	1 340 625	50,8	51
CDU	760 435	28,8	28
FDP	301 783	11,5	11
GDP/BHE	167 090	6,3	6
Sonstige	66 870	2,5	-

Koalition SPD/GDP-BHE, Ministerpräsident Georg-August Zinn
(SPD)

BAYERN, 25. 11. 1962

Wahlbeteiligung 76,9%

Parteien	Stimmen	%	Sitze
CSU	4 663 528	47,5	108
SPD	3 465 168	35,3	79
FDP	577 836	5,9	9
BP	469 877	4,8	8
Sonstige	639 968	6,5	-

CSU-Regierung, Ministerpräsident Alfons Goppel (CSU)

BERLIN 17. 2. 1963

Wahlbeteiligung 90,1%

Parteien	Stimmen	%	Sitze
SPD	962 197	61,9	89
CDU	448 459	28,8	41
FDP	123 382	7,9	10
Sonstige	20 929	1,3	-

Koalition SPD/FDP, Regierender Bürgermeister Willy Brandt (SPD); ab 14. 12. 1966 Heinrich Albertz (SPD)

RHEINLAND-PFALZ 31. 3. 1963

Wahlbeteiligung 75,5%

Parteien	Stimmen	%	Sitze
CDU	778 282	44,4	46
SPD	713 657	40,7	43
FDP	177 405	10,1	11
Sonstige	83 822	4,7	-

Koalition CDU/FDP, Ministerpräsident Peter Altmeier (CDU)

NIEDERSACHSEN 19. 5. 1963

Wahlbeteiligung 76,9%

Parteien	Stimmen	%	Sitze
SPD	1 608 927	44,9	73
CDU	1 351 449	37,7	62
FDP	316 552	8,8	14
Sonstige	305 316	8,5	-

Koalition SPD/FDP, ab Mai 1965 Koalition SPD/CDU, Ministerpräsident Georg Diederichs (SPD)

BREMEN 29. 9. 1963

Wahlbeteiligung 76,1%

Parteien	Stimmen	%	Sitze
SPD	216 347	54,7	57
CDU	114 222	28,9	31
FDP	33 036	8,4	8
DP	20 448	5,2	4
Sonstige	11 312	2,9	-

Koalition SPD/FDP, Bürgermeister Wilhelm Kaisen (SPD);
ab 20. 7. 1965 Willy Dehnkamp (SPD)

BADEN-WÜRTTEMBERG 26. 4. 1964

Wahlbeteiligung 67,7 %

Parteien	Stimmen	%	Sitze
CDU	1 671 674	46,2	59
SPD	1 350 314	37,3	47
FDP/DVP	472 492	13,1	14
GB/BHE	65 759	1,3	-
Sonstige	125 421	1,6	-

Koalition CDU/FDP/DVP, seit dem 16. Dezember 1966 Koalition CDU/SPD, Ministerpräsident Kurt Georg Kiesinger (CDU);
ab 16. 12. 1966 Hans Filbinger (CDU)

SAARLAND 27. 6. 1965

Wahlbeteiligung 81,8 %

Parteien	Stimmten	%	Sitze
CDU	254 143	42,7	23
SPD	241 954	40,7	21
FDP/DPS	49 524	8,3	4
SVP/CVP	30 750	5,2	2
DDU	18 585	3,1	-

Koalition CDU/FDP/DPS, Ministerpräsident Franz Josef Röder

HAMBURG 27. 3. 1966

Wahlbeteiligung: 69,8 %

Parteien	Stimmten	%	Sitze
SPD	558 754	59,0	74
CDU	284 501	30,0	38
FDP	64 837	6,8	8
Sonstige	39 710	4,2	-

SPD-Senat, Bürgermeister Herbert Weichmann (SPD)

NORDRHEIN-WESTFALEN 10. 7. 1966

Wahlbeteiligung 76,5 %

Parteien	Stimmen	%	Sitze
SPD	4 226 604	49,5	99
CDU	3 653 184	42,8	86
FDP	633 765	7,4	15
Sonstige	28 940	0,3	-

Koalition CDU/FDP, Ministerpräsident Franz Meyers (CDU); seit dem
8. 12. 1966 Koalition SPD/FDP, Ministerpräsident Heinz Kühn (SPD)

HESSEN 6. 11. 1966

Wahlbeteiligung 80,6 %

Parteien	Stimmen	%	Sitze
SPD	1 442 230	51,0	52
CDU	745 409	26,4	26
FDP	293 994	10,4	10
NPD	224 674	7,9	8
GPD/BHE	121 326	4,3	-

SPD-Regierung, Ministerpräsident Georg August Zinn; ab 3. 10. 1969
Albert Osswald

BAYERN 20. 11. 1966

Wahlbeteiligung 80,6 %

Parteien	Stimmen*	%	Sitze
CSU	5 074 342	48,2	110
SPD	3 768 973	35,8	79
FDP	539 131	5,1	-
NPD	781 813	7,4	15
Bayernpartei	361 172	3,4	-
GPD/BHE	15 249	0,1	-

* Jeder Wähler hatte 2 Stimmen

CSU-Regierung, Ministerpräsident Alfons Goppel (CSU)

BERLIN 12. 3. 1967

Wahlbeteiligung 86,2 %

Parteien	Stimmen	%	Sitze
SPD	829 694	56,9	81
CDU	479 945	32,9	47
FDP	103 973	7,1	9
SED	29 925	2,0	-
Sonstige	15 507	1,1	-

Koalition SPD/FDP, Regierender Bürgermeister Heinrich Albertz
(SPD); ab 19. 10. 1967 Klaus Schütz (SPD)

RHEINLAND-PFALZ 23. 4. 1967

Wahlbeteiligung 78,5 %

Parteien	Stimmen	%	Sitze
CDU	861 142	46,7	49
SPD	679 177	36,8	39
FDP	153 089	8,3	8
NDP	127 680	6,9	4
DFU	22 871	1,2	-

Koalition CDU/FDP, Ministerpräsident Peter Altmeier (CDU);
ab 21. 5. 1969 Helmut Kohl (CDU)

SCHLESWIG-HOLSTEIN 23. 4. 1967

Wahlbeteiligung 74,1 %

Parteien	Stimmen	%	Sitze
CDU	566 950	46,0	34
SPD	486 274	39,4	30
FDP	72 589	5,9	4
NPD	72 093	5,8	4
SSW*	23 577	1,9	1
DFU	11 517	1,0	-

* Südschleswigscher Wählerverband, für den die 5-Prozent-Klausel nicht gilt.

Koalition CDU/FDP, Ministerpräsident Helmut Lemke (CDU)

NIEDERSACHSEN 4. 6. 1967

Wahlbeteiligung 75,8 %

Parteien	Stimmen	%	Sitze
SPD	1 538 776	43,1	66
CDU	1 491 092	41,7	63
FDP	245 318	6,9	10
NPD	249 197	7,0	10
Sonstige	47 175	1,3	-

Koalition SPD/CDU, Ministerpräsident Georg Diederichs (SPD)

BREMEN 1. 10. 1967

Wahlbeteiligung 77,0 %

Parteien	Stimmen	%	Sitze
SPD	186 795	46,0	50
CDU	119 647	29,5	32
FDP	42 731	10,5	10
NPD	35 894	8,9	8
DFU	17 240	4,3	-

Koalition SPD/FDP, Bürgermeister Hans Koschnik (SPD)

BADEN-WÜRTTEMBERG 28. 4. 1968

Wahlbeteiligung 70,7 %

Parteien	Stimmen	%	Sitze
CDU	1 718 261	44,2	60
SPD	1 124 696	29,0	37
FDP/DVP	560 145	14,4	18
NPD	381 569	9,8	12
Sonstige	99 976	2,9	-

Koalition CDU/SPD, Ministerpräsident Hans Filbinger /CDU)

Quellen: AdG, Bd. 16–19; Geschichte der Bundesrepublik Deutschland, Bd. 1–4. Für die Wahlen in der SBZ: H. Weber (Hg.): Parteiensystem zwischen Demokratie und Volksdemokratie, Köln 1982, S. 553.

4. Zeittafel

1945

4.2.-11.2.	Konferenz von Jalta.
12.4.	US-Präsident Franklin D. Roosevelt stirbt; Nachfolger wird Harry S. Truman.
30.4.	Selbstmord Hitlers Die »Gruppe Ulbricht« trifft in Deutschland ein.
8.5.	Bedingungslose Kapitulation der deutschen Streitkräfte in Reims und Berlin-Karlshorst.
23.5.	Verhaftung der Regierung Dönitz durch britische Truppen in Flensburg.
5.6.	Übernahme der Regierungsgewalt in Deutschland durch die vier Besatzungsmächte.
9.6.	Bildung der Sowjetischen Militäradministration Deutschlands (SMAD).
10.6.	Die SMAD gestattet die Gründung antifaschistischer Parteien und freier Gewerkschaften in der SBZ und Berlin.
11.6.	Gründungsaufruf des ZK der KPD in der sowjetischen Zone.
15.6.	Aufruf des Berliner Zentralausschusses der SPD. Gründung des FDGB.
17.6.	Gründung der CDU in Köln.
26.6.	Gründung der CDU in Berlin. Verabschiedung der Charta der Vereinten Nationen in San Francisco.
1.- 4.7.	Besetzung der von den Amerikanern geräumten Gebiete von Sachsen und Thüringen sowie der von den Briten geräumten Küste Mecklenburgs durch sowjetische Truppen; Übernahme der Westberliner Sektoren durch die Westalliierten.
5.7.	Gründung der LDPD in Berlin.
9.7.	Die SMAD verfügt die Errichtung von fünf Ländern in der SBZ: Thüringen, Sachsen, Brandenburg, Mecklenburg, Sachsen-Anhalt.
14.7.	Block antifaschistisch-demokratischer Parteien in Berlin.
17.7.-2.8.	Potsdamer Konferenz.
23.7.	Die SMAD verfügt die Schließung der Großbanken in der SBZ.
27.7.	Die SMAD setzt elf deutsche Verwaltungen in der SBZ ein.

6.8.	Die USA werfen über Hiroshima die erste Atombombe ab.
9.8.	Die USA werfen über Nagasaki die zweite Atombombe ab.
30.8.	Der Alliierte Kontrollrat nimmt seine Tätigkeit auf.
2.9.	Kapitulation Japans.
3.9.	Beginn der Bodenreform in der SBZ.
10.9.- 2.10.	Erste Tagung des alliierten Rats der Außenminister in London.
19.9.	Bildung der Länder Bayern, Württemberg-Baden und Groß-Hessen durch die amerikanische Militärregierung.
5. - 7.10.	SPD-Konferenz in Wennigsen bei Hannover.
13.10.	Gründung der CSU in Bayern.
14.10.	Der Alliierte Kontrollrat erklärt den I.G. Farben-Konzern für beschlagnahmt.
17.10.	Beschluß der Länderchefs der US-Zone über die Bildung des Länderrats der US-Zone.
18.10.	Das Internationale Militärgericht beginnt in Berlin mit dem Prozeß gegen 24 deutsche Hauptkriegsverbrecher (ab 20. 11. 1945 nach Nürnberg verlegt). Stuttgarter Schuldbekenntnis der Evangelischen Kirche in Deutschland.
17.11.	Die Krupp-Werke werden der Kontrolle der britischen Militärregierung unterstellt.
16.- 22.12	Zweite Konferenz des Rats der Außenminister in Moskau.
20.-21.12.	60er Konferenz von SPD und KPD in Berlin.
22.12.	Entschädigungslose Enteignung des Kohlebergbaus durch die britische Administration.
26.12.	Beschlagnahme der Saargruben durch die französische Administration.

1946

15.2.	Konstituierung des Zonenbeirats der britischen Zone in Hamburg.
5.3.	Gesetz zur Befreiung vom Nationalsozialismus und Militarismus in der amerikanischen Zone.
7.3.	Gründung der FDJ.
26.3.	Der Kontrollrat beschließt den ersten Industrieplan für Deutschland.
10.4.	Der Alliierte Kontrollrat erlaubt die Bildung von Betriebsräten in ganz Deutschland.
21./22.4.	Zusammenschluß von SPD und KPD zur SED in der SBZ.
25.4.-16.5.	Dritte Konferenz des Rats der Außenminister in Paris

	(erste Phase); zweite Phase vom 15.6.-12.7.1946.
9.5.-11.5.	Erster Nachkriegsparteitag der SPD in Hannover.
26.5.	General Clay stoppt Reparationslieferungen aus der US-Zone an Frankreich und die UdSSR.
30.6.	Volksabstimmung über die »Enteignung von Kriegsverbrechern und Naziaktivisten« in Sachsen. Wahlen zu den Verfassungsgebenden Landesversammlungen in der US-Zone.
23.8.	Gründung der Länder Schleswig-Holstein und Nordrhein-Westfalen.
30.8.	Gründung des Landes Rheinland-Pfalz.
5.9.-11.9.	Britisch-amerikanische Vereinbarung über den Zusammenschluß beider Zonen.
6.9.	Stuttgarter Rede des US-Außenministers Byrnes.
30.9./1.10.	Urteilsverkündungen im Nürnberger Hauptkriegsverbrecherprozeß.
4./5.10.	Interzonenkonferenz der deutschen Ministerpräsidenten (anwesend nur Vertreter der amerikanischen und britischen Zone) in Bremen.
20.10.	Kreis- und Landtagswahlen in der SBZ sowie Wahlen zur Stadtverordnetenversammlung in Groß-Berlin.
1.11.	Gründung des Landes Niedersachsen.
4.11.-2.12.	Vierte Konferenz des Außenministerrats in New York.
2.12.	New Yorker Abkommen über die Fusion der amerikanischen und britischen Besatzungszone.
22.12.	Errichtung der Zollgrenze zwischen dem Saarland und der französischen Zone.

1947

3.2.	Ahlener Programm der CDU der britischen Zone.
25.2.	Formelle Auflösung des Staates Preußen durch den Kontrollrat
10.3.-24.4.	Fünfte Konferenz des Rats der Außenminister in Moskau.
12.3.	Truman-Doktrin.
22.- 25.4.	Gründungskongreß des DGB der britischen Zone in Bielefeld.
30.5.	Die SMAD verstaatlicht den Bergbau in der SBZ.
5.6.	Rede des amerikanischen Außenministers Marshall an der Harvard-Universität über ein wirtschaftliches Aufbauprogramm für Europa.
6.-7.6.	Münchener Ministerpräsidentenkonferenz aller deutschen

	Länder.
10.6.	Einrichtung des Wirtschaftsrats der Bizone.
27.6.-2.7.	Konferenz der UdSSR, Großbritanniens und Frankreichs über den Marshallplan
12.7.-22.9.	Europäische Wirtschaftskonferenz in Paris.
6.8.	Der Landtag von Nordrhein-Westfalen verabschiedet das Gesetz über die Sozialisierung der Kohlewirtschaft, dem die britische Militäradministration die Zustimmung verweigert.
22.-27.8.	Londoner Konferenz der drei Westmächte über Bizone und Ruhrkohle.
September	Gründung der »Gruppe 47«.
20.-24.9.	II. Parteitag der SED.
30.9.	Gründungstagung der Kominform in Warschau.
6.11.	Gründung des Gewerkschaftsrates der Bizone unter Vorsitz von Heinrich Böckler.
25.11.-15.12.	Sechste Konferenz des Außenministerrats in London.
6./7.12.	Tagung des 1. Deutschen Volkskongresses in Berlin.
19.12.	Die CDU-Vorsitzenden Kaiser und Lemmer werden von der SMAD abgesetzt.

1948

1.1.	Konstituierung des NWDR als Anstalt des öffentlichen Rechts auf Anordnung der britischen Militärregierung.
3.1.	Einführung der französischen Währung im Saarland.
3.2.	Streik von circa drei Millionen Arbeitnehmern in der Bizone wegen der schlechten Ernährungslage.
5.2.	Neuordnung der deutschen Bizonenverwaltung. Gründung der Bank Deutscher Länder.
23.2.-6.3.	Sechsmächtekonferenz in London.
17.3.	Brüsseler Pakt zwischen England, Frankreich und den Benelux-Staaten.
17./18.3.	2. Deutscher Volkskongreß in Berlin.
20.3.	Letzte Sitzung des Alliierten Kontrollrats.
16.4.	Gründung der OEEC durch 16 Staaten in Paris.
20.4.-2.6.	Zweite Sitzungsperiode der Londoner Sechsmächtekonferenz.
1.6.	Unterzeichnung des Londoner Abkommens.
16.6.	Letzte Sitzung der Berliner Kommandatur.
20.6.	Währungsreform in den Westzonen.
22.6.	Währungsreform in der SBZ.

24.6.	Beginn der Berlin-Blockade durch die UdSSR.
26.6.	Beginn der »Luftbrücke« zur Versorgung West-Berlins.
1.7.	Die drei westalliierten Militärgouverneure übergeben den elf westdeutschen Ministerpräsidenten die »Frankfurter Dokumente«.
3.7.	Die SMAD stellt bewaffnete und kasernierte Einheiten der Volkspolizei auf.
8.-10.7.	Koblenzer Konferenz der westdeutschen Ministerpräsidenten über die »Frankfurter Dokumente«.
13.7.	Zusammenschluß der lutherischen, reformierten und calvinistischen Kirchenverbände aller Zonen zur Evangelischen Kirche in Deutschland (EKD).
26.7.	Einigung zwischen Militärgouverneuren und westdeutschen Ministerpräsidenten in Frankfurt/Main über die »Frankfurter Dokumente«.
1.8.	Die Bizone wird durch den Einschluß der französischen Besatzungszone zur Trizone erweitert.
10.8.-23.8.	Verfassungskonvent in Herrenchiemsee.
1.9.	Konstituierung des Parlamentarischen Rates in Bonn.
13.10.	Adolf Hennecke übererfüllt sein Soll mit 380 Prozent; Beginn der Aktivistenbewegung in der SBZ.
12.11.	24-stündiger Proteststreik gegen Erhards Wirtschaftspolitik.
26.11.	In der SBZ werden die Betriebsräte abgeschafft und durch BGL ersetzt.
30.11.	Spaltung des Berliner Magistrats.
5.12.	Wahlen zu den Stadt- und Bezirksverordnetenversammlungen in West-Berlin.
28.12.	Sechsmächteabkommen über Internationale Ruhrbehörde.

1949

14.1.	Wahl Ernst Reuters zum Oberbürgermeister von West-Berlin.
17.1.	Einrichtung des Militärischen Sicherheitsamts der Westalliierten.
25.1.	Gründung des RGW.
25.-28.1.	I. Parteikonferenz der SED
19.3.	Der Deutsche Volksrat billigt die Verfassung für eine »Deutsche Demokratische Republik«.
4.4.	Gründung der NATO.
8.4.	Washingtoner Abkommen über Fusion der drei Westzonen.

1950

8.2.	Bildung des Ministeriums für Staatssicherheit der DDR.
15.2.	Programm der »Nationalen Front«.
3.3.	Verträge zwischen Frankreich und dem Saarland.
23.3.	Der Bundestag verabschiedet das Gesetz über den sozialen Wohnungsbau.
9.5.	Bekanntgabe des Schuman-Plans in Paris und Bonn.
11.-13.5.	Londoner Konferenz der drei Westmächte über die Deutschlandfrage.
15.6.	Der Bundestag beschließt den Beitritt der Bundesrepublik zum Europarat.
25.6.	Beginn des Korea-Krieges.
6.7.	Görlitzer Vertrag zwischen Polen und der DDR über die Anerkennung der Oder-Neiße-Grenze.
20.-24.7.	III. Parteitag der SED.
25.7.	1. Tagung des ZK der SED; Walter Ulbricht wird Generalsekretär.
5.8.	Verkündung der Charta der Heimatvertriebenen in Stuttgart.
17.8.	Die Regierung der DDR verabschiedet den ersten Fünfjahrplan.
29.8.	Adenauers Memorandum über die Sicherung des Bundesgebiets nach außen und innen.
12.-18.9.	Konferenzen der Außen- und Verteidigungsminister der drei Westmächte in New York.
29.9.	Die DDR wird Mitglied im RGW.
11.10.	Rücktritt des Bundesinnenministers Heinemann. Himmeroder Denkschrift.
15.10.	Volkskammerwahlen in der DDR.
19.10.	Der Bundestag verabschiedet das Bundesversorgungsgesetz.
20.-21.10.	Die Prager Konferenz der Ostblockstaaten protestiert gegen die Aufrüstung der Bundesrepublik.
20.-22.10.	Erster Bundesparteitag der CDU; Wahl Adenauers zum Bundesvorsitzenden.
24.10.	Pleven-Plan über die Bildung einer europäischen Armee mit deutscher Beteiligung. Ernennung Theodor Blanks zum »Beauftragten des Bundeskanzlers für die mit der Vermehrung der alliierten Truppen zusammenhängenden Fragen«.

1951

30.1.	Appell der DDR-Volkskammer »Deutsche an einen Tisch«.

15.2.	Bildung des Bundesgrenzschutzes.
6.3.	Kleine Revision des Besatzungsstatuts: Die Bundesrepublik darf ein Außenministerium errichten und diplomatische Beziehungen aufnehmen.
15.3.	Wiedererrichtung des Auswärtigen Amts. Bundesaußenminister wird zunächst Bundeskanzler Adenauer.
10.4.	Der Bundestag verabschiedet das Gesetz über die Mitbestimmung im Montan-Bereich.
11.4.	Der Bundestag verabschiedet das Gesetz zur Regelung der Rechtsverhältnisse der unter Art. 131 GG fallenden Personen.
18.4.	Unterzeichnung des Vertrags über die Montanunion.
20.9.	Interzonenhandelsabkommen zwischen der Bundesrepublik und Behörden der DDR.
28.9.	Das Bundesverfassungsgericht in Karlsruhe nimmt seine Tätigkeit auf.
8.10.	Aufhebung der Rationierung für die meisten Waren in der DDR.
9.12.	Volksentscheid über die Bildung eines Südwest-Staates (Baden-Württemberg).
20.12.	Die UN-Vollversammlung beschließt, eine Kommission zur Untersuchung der Voraussetzungen für gesamtdeutsche Wahlen in beide Teilen Deutschlands zu entsenden.
21.12.	Aufhebung des Ruhrstatuts.

1952

11.1.	Ratifikation des Vertrags über die Gründung der Montanunion im Bundestag.
16.1.	Die DDR verweigert der UN-Kommission die Einreise.
28.2.	Beginn der Londoner Schuldenkonferenz.
1.3.	Rückgabe von Helgoland unter deutsche Verwaltung.
10.3.	»Stalin-Note« zur Frage eines Friedensvertrages mit Deutschland.
20.3.	Beginn der Wiedergutmachungsverhandlungen zwischen Vertretern der Bundesrepublik, Israels und der jüdischen Weltorganisationen in Wassenaar bei Den Haag.
25.3.	Antwortnote der drei Westmächte auf die sowjetische Note vom 10. März.
9.4.	In einer 2. Note spricht sich die Sowjetunion für freie gesamtdeutsche Wahlen aus.
29.4.	Rückgabe von 66 SAG-Betrieben an die DDR.

8.5.	Die DDR-Regierung kündigt den Aufbau »nationaler Streitkräfte« an.
13.5.	Antwort der drei Westmächte auf die sowjetische Note vom 9. April.
16.5.	Der Bundestag verabschiedet das Lastenausgleichs Gesetz.
26.5.	Unterzeichnung des Generalvertrags (Deutschlandvertrag) und der Zusatzverträge in Bonn. Die DDR errichtet entlang der Grenze eine Sperrzone.
27.5.	Unterzeichnung des Vertrags über die Europäische Verteidigungsgemeinschaft (EVG) in Paris.
9.-12.7.	Die II. Parteikonferenz der SED beschließt den »planmäßigen Aufbau des Sozialismus« in der DDR.
19.7.	Der Bundestag verabschiedet das Betriebsverfassungsgesetz.
23.7.	In der DDR werden die Länder aufgelöst und durch 14 Verwaltungsbezirke ersetzt.
25.7.	Der Vertrag über die Europäische Gemeinschaft für Kohle und Stahl (EGKS, Montanunion) tritt in Kraft; Aufhebung des Ruhrstatuts.
8.8.	Abschluß der Londoner Schuldenkonferenz.
20.8.	Tod des SPD-Vorsitzenden Kurt Schumacher.
10.9.	Unterzeichnung des »Wiedergutmachungsabkommens« zwischen der Bundesrepublik und Israel.
24.-28.9.	Der SPD-Parteitag in Dortmund beschließt ein Aktionsprogramm. Erich Ollenhauer wird Vorsitzender.
2.10.	Explosion der ersten britischen Atombombe.
23.10.	Das Bundesverfassungsgericht verbietet die Sozialistische Reichspartei (SRP).
1.11.	Explosion der ersten amerikanischen Wasserstoffbombe auf dem Atoll Eniwetok.
4.11.	Wahl General Eisenhowers zum amerikanischen Präsidenten.
30.11.	Gründung der Gesamtdeutschen Volkspartei (GVP) unter Vorsitz von Gustav Heinemann.

1953

27.2.	Unterzeichnung des Londoner Abkommens über die Regelung der deutschen Auslandsschulden.
5.3.	Tod Stalins.
19.3.	Der Bundestag verabschiedet den Deutschland- und den EVG-Vertrag in dritter Lesung.

25.3.	Der Bundestag verabschiedet das Bundesvertriebenengesetz.
28.5.	Die DDR-Regierung erhöht die Arbeitsnormen.
11.6.	Die DDR-Regierung kündigt einen »neuen Kurs« an.
16.6.	Protest der Arbeiter von der Stalinallee in Ost-Berlin gegen die Normerhöhungen.
17.6.	Volksaufstand in der DDR.
25.6.	Der Bundestag verabschiedet das Bundeswahlgesetz mit bundesweiter Fünfprozentklausel.
10.-14.7.	Washingtoner Außenministerkonferenz der drei Westmächte.
27.7.	Waffenstillstand in Korea.
29.7.	Der Bundestag verabschiedet das Bundesergänzungsgesetz zur Entschädigung für Opfer der nationalsozialistischen Verfolgung.
12.8.	Explosion der ersten sowjetischen Wasserstoffbombe.
6.9.	Wahlen zum Zweiten Deutschen Bundestag.
7.9.	Nikita Chruschtschow wird Erster Sekretär der KPdSU.
29.9.	Tod des Regierenden Bürgermeisters von Berlin, Ernst Reuter (SPD).

1954

1.1.	Rückgabe der letzten 33 SAG-Betriebe an die DDR.
12.1.	Der US-Außenminister John Foster Dulles entwickelt das Konzept der »massiven Vergeltung«.
25.1.-18.2.	Außenministerkonferenz der Vier Mächte über Deutschland in Berlin.
25.3.	Die DDR erhält erweiterte Souveränitätsrechte.
26.3.	Der Bundestag billigt die »erste Wehrergänzung« des Grundgesetzes.
30.3.-6.4.	IV. Parteitag der SED in Ost-Berlin.
30.8.	Ablehnung des EVG-Vertrages durch die französische Nationalversammlung.
28.9.-3.10.	Die Londoner Neun-Mächte-Konferenz erarbeitet eine Neuregelung für die Westintegration und den Wehrbeitrag der Bundesrepublik.
17.10.	Volkskammer-Wahlen in der DDR.
23.10.	Unterzeichnung der Pariser Verträge.
17.12.	Der NATO-Rat beschließt eine Reduktion der konventionellen Streitkräfte und verstärkte Ausrüstung mit taktischen Kernwaffen.

1955

18.1.	Nationale Volksarmee und Ministerium für Nationale Verteidigung in der DDR.
29.1.	In der Frankfurter Paulskirche protestieren Wissenschaftler und Politiker gegen die Pariser Verträge.
27.2.	Der Bundestag billigt die Pariser Verträge.
21.3.	Das Saargebiet wird selbständig, bleibt aber wirtschaftlich mit Frankreich verbunden.
18.-24.4.	Konferenz von 29 blockfreien Staaten in Bandung.
5.5.	Die Pariser Verträge treten in Kraft; die Bundesrepublik wird souverän.
9.5.	Aufnahme der Bundesrepublik in die NATO.
14.5.	Gründung des Warschauer Pakts.
15.5.	Unterzeichnung des österreichischen Staatsvertrages durch die Außenminister der vier Großmächte.
1.-3.6.	Konferenz der Außenminister der Montanunion in Messina; Beschluß über die Bildung eines Gemeinsamen Marktes und einer Europäischen Atomgemeinschaft.
18.-23.7.	Genfer Konferenz der Regierungschefs der vier Großmächte.
26.7.	Chruschtschow verkündet in Ost-Berlin die sowjetische Zweistaatendoktrin.
9.-13.9.	Besuch einer Regierungsdelegation unter Bundeskanzler Adenauer in Moskau.
20.9.	Sowjetische Souveränitätserklärung für die DDR.
22.9.	Erste Formulierung der »Hallstein-Doktrin« in einer Note der Bundesregierung an die Westmächte.
23.10.	Die Bevölkerung des Saarlandes lehnt das Saar-Statut ab; Rücktritt der Regierung Hoffmann.
27.10.-16.11.	Außenministerkonferenz der Vier Mächte mit Beobachterdelegationen der DDR und der Bundesrepublik in Genf.

1956

14.-25.2.	XX. Parteitag der KPdSU.
20.2.	Ablösung der Regierung Arnold (CDU) in Düsseldorf durch konstruktives Mißtrauensvotum.
25.2.	Die FDP scheidet aus der Bonner Regierungskoalition aus.
6.3.	Der Bundestag verabschiedet die »zweite Wehrergänzung« des Grundgesetzes und das Soldatengesetz.
24.-30.3.	III. Parteikonferenz der SED.

4.6.	Deutsch-französische Einigung über die Angliederung des Saarlandes an die Bundesrepublik zum 1. Januar 1957.
28.-29.6.	Arbeiteraufstand in Posen.
7.7.	Der Bundestag verabschiedet das Wehrpflichtgesetz.
17.8.	Verbot der KPD mitsamt ihren Hilfs- und Nachfolgeorganisationen durch das Bundesverfassungsgericht.
16.10.	Umbildung der Bundesregierung. Franz Josef Strauß (CSU) wird Verteidigungsminister.
23.10.-4.11.	Revolution in Ungarn; Niederschlagung durch sowjetische Truppen.
27.10.	Unterzeichnung der Saarverträge.
29.10.	Angriff Israels auf Ägypten.
5.11.	Landung britischer Fallschirmjägertruppen am Suez Kanal.
6.11.	Feuereinstellung am Suezkanal.
	Wiederwahl Eisenhowers.

1957

1.1.	Eingliederung des Saarlandes in die Bundesrepublik.
21.1.	Der Bundestag verabschiedet das Rentenreformgesetz (Dynamische Rente).
9.3.	Wolfgang Harich wird in Ost-Berlin zu zehn Jahren Zuchthaus verurteilt.
25.3.	Unterzeichnung der Verträge zur Gründung der Europäischen Wirtschaftsgemeinschaft und der Europäischen Atomgemeinschaft auf dem Kapitol in Rom.
1.4.	Einberufung der ersten Wehrpflichtigen zur Bundeswehr. General Speidel wird Befehlshaber der NATO-Landstreitkräfte Europa-Mitte.
4.4.	Adenauer spricht sich auf einer Pressekonferenz für die Ausrüstung der Bundeswehr mit Atomwaffen aus.
11.4.	Der Bundestag verabschiedet das Gesetz über den Wehrbeauftragten.
12.4.	»Göttinger Erklärung« von 18 deutschen Atomwissenschaftlern gegen die Ausrüstung der Bundeswehr mit Atomwaffen.
10.5.	Atomdebatte im Bundestag.
15.9.	Wahlen zum dritten Deutschen Bundestag.
2.10.	Erste Fassung des Rapacki-Plans zur Schaffung einer atomwaffenfreien Zone in Mitteleuropa.
3.10.	Wahl Willy Brandts zum Regierenden Bürgermeister von Berlin.

4.10.	Der sowjetische Sputnik umkreist die Erde.
10.10.	Aufnahme diplomatischer Beziehungen zwischen Jugoslawien und der DDR.
13.10.	Der Ministerrat der DDR verfügt den Umtausch der seit 1948 in Umlauf befindlichen Banknoten (»2. Währungsreform«).
19.10.	Abbruch der diplomatischen Beziehungen zu Jugoslawien durch die Bundesrepublik (erstmalige Anwendung der »Hallstein-Doktrin«).
16.- 19.12.	Die Konferenz der Regierungschefs der NATO-Staaten beschließt Maßnahmen zur Modernisierung der westlichen Verteidigung, u. a. Lagerung von Mittelstreckenraketen und Atomsprengköpfen in Europa.

1958

1.1.	Die Verträge über die EWG und Euratom treten in Kraft.
7.3.	Gründung des Arbeitsausschusses »Kampf dem Atomtod«.
7.–19.3.	In Gesprächen mit dem sowjetischen Botschafter in Bonn, Smirnow, schlägt Adenauer eine »Österreich-Lösung« für die DDR vor.
25.3.	Der Bundestag beschließt die Ausrüstung der Bundeswehr mit Atomwaffen im Rahmen der NATO.
27.3.	Rücktritt des sowjetischen Ministerpräsidenten Bulganin; Nikita Chruschtschow wird sein Nachfolger.
5.4.	Fünf-Punkte-Vorschlag des Führers der britischen Labour-Opposition, Hugh Gaitskell, für ein Disengagement in Europa.
19.4.	Massenkundgebung der Aktion »Kampf dem Atomtod« in zahlreichen deutschen Städten.
28.5.	Abschaffung der Lebensmittelkarten in der DDR.
1.6.	General Charles de Gaulles wird französischer Staatspräsident.
1.7.	Inkrafttreten des Gleichberechtigungsgesetzes für Mann und Frau auf dem Gebiet des bürgerlichen Rechts.
10. -16.7.	Der V. Parteitag der SED beschließt, den Lebensstandard der Bundesrepublik bis 1961 zu überholen.
30.7.	Das Bundesverfassungsgericht erklärt die geplanten Volksabstimmungen über die Ausrüstung der Bundeswehr mit Atomwaffen für verfassungswidrig.
9.10.	Tod Papst Pius' XII.; Nachfolger Johannes XXIII.

23.10.	De Gaulle kündigt die Atombewaffnung Frankreichs an.
16.11.	Wahlen zur Volkskammer und zu den Bezirkstagen der DDR.
27.11.	Sowjetisches Berlin-Ultimatum.
1.12.	Errichtung der Zentralstelle zur Verfolgung national-sozialistischer Gewaltverbrechen in Ludwigsburg.

1959

4.1.	Gründung der EFTA in Stockholm.
10.1.	Die sowjetische Regierung veröffentlicht den Entwurf eines Friedensvertrages mit Deutschland.
6.2.	Bestellung von 96 »Starfighter«-Flugzeugen in den USA durch das Bundesverteidigungsministerium.
14.2.	Der Deutsche Ausschuß für Erziehungs- und Bildungswesen legt einen »Rahmenplan zur Umgestaltung und Vereinheitlichung des allgemeinbildenden öffentlichen Schulwesens« vor.
16.2.	Antwortnoten der drei Westmächte auf die Sowjetnote vom 10.1.1959.
18.3.	Deutschlandplan der SPD.
19.3.	Der Bundestag verabschiedet das Sparprämien- und das Berlinhilfegesetz.
20.3.	Deutschlandplan der FDP.
8.4.	Adenauer kandidiert für das Amt des Bundespräsidenten.
24.4.	Erste Bitterfelder Kulturkonferenz.
29.-30.4.	Außenministerkonferenz der drei Westmächte und der Bundesrepublik in Paris.
11.5.-20.6.	Deutschlandkonferenz der Außenminister der Vier Mächte in Genf unter Beteiligung von Beobachtergruppen der Bundesrepublik und der DDR.
5.6.	Adenauer zieht seine Kandidatur für das Amt des Bundespräsidenten zurück.
1.7.	In Berlin wählt die Bundesversammlung Heinrich Lübke (CDU) zum neuen Bundespräsidenten.
13.7.-5.8.	Fortsetzung der Deutschlandkonferenz der Außenminister der Vier Mächte in Genf.
13.9.	Eine sowjetische Rakete erreicht den Mond.
15.9.-27.9.	Besuch Chruschtschows in den USA. Amerikanisch-sowjetisches Übereinkommen von Camp David.
1.10.	Die DDR-Volkskammer beschließt einen Siebenjahresplan zur Entwicklung der Volkswirtschaft und ändert die

Staatsflagge der DDR.

13.-15.11.	Die SPD verabschiedet auf einem Außerordentlichen Parteitag das Godesberger Programm.
2.12.	Einführung der zehnjährigen Schulpflicht in der DDR.
23.12.	Der Bundestag verabschiedet das Gesetz über die friedliche Nutzung der Atomenergie.

1960

10.2.	Bildung des Nationalen Verteidigungsrates der DDR.
14.4.	Die Kollektivierung der Landwirtschaft in der DDR wird abgeschlossen.
1.5.	Abschuß eines US-Aufklärungsflugzeuges vom Typ U2 über Swerdlowsk.
16.-17.5.	Die in Paris angesetzte Gipfelkonferenz scheitert an Chruschtschows Absage.
23.6.	Der Bundestag verabschiedet das »Gesetz über den Abbau der Wohnungszwangswirtschaft und über ein soziales Miet- und Wohnrecht«.
29.6.	Der Bundestag billigt die Privatisierung des Volkswagenwerkes.
30.6.	Eine Grundsatzrede Herbert Wehners im Bundestag leitet die Annäherung der SPD-Führung an die Außen- und Deutschlandpolitik der Bundesregierung ein.
1.7.	Die Bundestagsfraktion der DP bricht auseinander.
20.7.	Die SPD trennt sich vom SDS.
25.7.	Gründung der »Deutschland-Fernsehen GmbH«.
7.9.	Tod des Staatspräsidenten der DDR, Wilhelm Pieck.
12.9.	Bildung des Staatsrats der DDR; Vorsitzender: Walter Ulbricht.
13.9.	Die DDR erklärt die bundesrepublikanischen Pässe der West-Berliner für ungültig und erkennt nur noch die West-Berliner Personalausweise an.
8.11.	Wahl John F. Kennedys zum Präsidenten der USA.
21.-25.11.	9. Parteitag der SPD in Hannover. Willy Brandt wird zum Kanzlerkandidaten für die Bundestagswahlen 1961 nominiert.
17.12.	Gründung der DFU in Stuttgart.

1961

28.2.	Das Bundesverfassungsgericht erklärt die »Deutsch-

land-Fernseh-GmbH« für verfassungswidrig.

6.3.	Aufwertung der Deutschen Mark gegenüber dem US-Dollar um 4,75% (1$ = 4 DM).
18.3.	Bundesverteidigungsminister Franz Josef Strauß wird zum Vorsitzenden der CSU gewählt.
11.4.	Beginn des Eichmann-Prozesses in Jerusalem.
12.4.	Erster bemannter Raumflug mit dem russischen Astronauten Gagarin.
	Die Volkskammer verabschiedet das »Gesetzbuch der Arbeit«.
17.-20.4.	Invasionsversuch auf Kuba durch Exilkubaner (»Unternehmen Schweinebucht«).
31.5.	Der Bundestag verabschiedet die Gesetze zur Lohnfortzahlung im Krankheitsfall und zur Förderung der Vermögensbildung der Arbeitnehmer (312 DM-Gesetz).
3.-4.6.	Chruschtschow und Kennedy treffen in Wien zusammen.
4.6.	Die Sowjetunion fordert in einem Memorandum die Umwandlung West-Berlins in eine entmilitarisierte Freie Stadt.
6.6.	Staatsvertrag über das bundeseinheitliche Zweite Deutsche Fernsehprogramm mit Sitz in Mainz.
11.-12.6.	Die Westmächte lehnen das Sowjetmemorandum vom 4.6. ab.
30.6.	Das Bundessozialhilfegesetz wird verkündet.
25.7.	Kennedy verkündet in einer Rundfunkrede die »drei Grundfreiheiten« für West-Berlin.
13.8.	Errichtung der Mauer in Berlin.
19.-21.8.	Der amerikanische Vizepräsident Lyndon B. Johnson und General Lucius D. Clay besuchen Berlin.
22.8.	Adenauer in Berlin.
17.9.	Wahlen zum vierten Deutschen Bundestag.
17.-31.10.	XXII. Parteikongreß der KPdSU in Moskau; Aufhebung des Berlin-Ultimatums.
24.11.	Das Bundesministerium für wirtschaftliche Zusammenarbeit (BMZ) wird errichtet.
15.12.	Der ehemalige SS-Obersturmbannführer Adolf Eichmann wird in Israel zum Tode verurteilt.

1962

24.1.	Einführung der allgemeinen Wehrpflicht in der DDR.
17.2.	Flutkatastrophe in Norddeutschland.

18.3.	Waffenstillstandsabkommen zwischen Frankreich und der algerischen Exilregierung. Ende des Algerien-Krieges.
25.3.	Das »Nationale Dokument« der Nationalen Front in der DDR bekräftigt die Zweistaatlichkeit Deutschlands.
9.7.	Die USA zünden eine Wasserstoffbombe im Weltraum.
4.-9.9.	Staatsbesuch de Gaulles in der Bundesrepublik.
6.- 28.9.	NATO-Stabsübung »Fallex«.
10.10.	Eröffnung des Zweiten Vatikanischen Konzils in Rom.
22. - 28.10.	Kuba-Krise.
26.10.	Durchsuchung der Redaktionsräume des »Spiegel« in Hamburg sowie Verhaftung des Herausgebers Augstein und mehrerer Redakteure.
19.11.	Wegen der »Spiegel-Affäre« erklären die FDP-Bundesminister ihren Rücktritt aus der Bundesregierung.
14.12.	Fünftes und letztes Kabinett Adenauer ohne Franz Josef Strauß als Minister.
18.12.	Die Bundesregierung verhängt ein Exportverbot für Stahlröhren in die Sowjetunion.

1963

14.1.	Die Bundesrepublik bricht die diplomatischen Beziehungen zu Kuba ab, weil die kubanische Regierung am 12.1. die DDR anerkannt hat.
15.-21.1.	VI. Parteitag der SED; das »Neue ökonomische System«.
22.1.	Adenauer und de Gaulle unterzeichnen in Paris den Vertrag über deutsch-französische Zusammenarbeit (Elysée-Vertrag).
28.–29.1.	Verhandlungen über eine Aufnahme Großbritanniens in die EWG scheitern am Einspruch Frankreichs.
7.3.	Handelsabkommen zwischen der Bundesrepublik und Polen und Errichtung einer deutschen Handelsmission in Warschau.
1.4.	Das Zweite Deutsche Fernsehen (ZDF) nimmt den Sendebetrieb auf.
16.5.	Der Bundestag ratifiziert den Deutsch-Französischen Vertrag.
23.-26.6.	Staatsbesuch Kennedys in der Bundesrepublik und in West-Berlin.
15.7.	Egon Bahr prägt in seiner Tutzinger Rede das Stichwort vom »Wandel durch Annäherung«.
5.8.	Die Außenminister der Sowjetunion, der USA und Großbritanniens unterzeichnen in Moskau ein Abkommen über

	das Verbot von Kernwaffenversuchen.
19.8.	Beitritt der Bundesrepublik zum Moskauer Atomstoppabkommen.
30.9.	Rücktritt des Staatssekretärs im Bundeskanzleramt, Hans Globke.
15. 10.	Rücktritt von Bundeskanzler Konrad Adenauer.
16. 10.	Wahl Ludwig Erhards zum Bundeskanzler.
17. 10.	Vereinbarung zwischen der Bundesrepublik und Rumänien über die Errichtung von Handelsvertretungen.
20. 10.	Wahlen zur Volkskammer der DDR; 99,95 % für die Einheitsliste.
22. 11.	Präsident John F. Kennedy wird in Dallas (Texas) ermordet. Nachfolger: Vizepräsident Lyndon B. Johnson.
22. 11.	Der DGB nimmt ein neues Grundsatzprogramm an.
12. 12.	Tod des ehemaligen Bundespräsidenten Theodor Heuss.
14. 12.	Tod des SPD-Vorsitzenden Erich Ollenhauer.
17. 12.	Erstes Passierscheinabkommen für den Besuch von Westberlinern in Ost-Berlin.

1964

2. 1.	Ausgabe neuer Personalausweise der DDR mit dem Vermerk „Bürger der Deutschen Demokratischen Republik".
14. 2.	Der Sachverständigenrat zur Begutachtung der gesamtwirtschaftlichen Entwicklung konstituiert sich.
15./16. 2.	Außerordentlicher Parteitag der SPD: Wahl des Regierenden Bürgermeisters von Berlin, Willy Brandt, zum neuen Parteivorsitzenden.
12./13. 3.	Angriffe der SED auf Prof. Robert Havemann, der von seinen Verpflichtungen als Hochschullehrer entbunden wird.
19. 3.	Die Ministerpräsidenten der Bundesländer beschließen die Errichtung und Finanzierung neuer Universitäten in Bochum, Bremen, Konstanz und Regensburg sowie einer Technischen Hochschule in Dortmund.
2. 5.	Entwurf der Grundsätze für ein einheitliches sozialistisches Bildungssystem in der DDR.
4. 5.	Die DDR-Volkskammer beschließt ein neues Jugendgesetz.
5. 6.	Der Bundestag billigt das Moskauer Atomwaffenversuchsabkommen.

12. 6.	Vertrag über Freundschaft, Beistand und Zusammenarbeit zwischen der DDR und der UdSSR.
1. 7.	Wiederwahl Heinrich Lübkes zum Bundespräsidenten.
1. 9.	Die DDR-Volkskammer bestätigt Straffreiheit für Flüchtlinge, die die DDR vor dem 13. August 1961 verlassen haben.
10. 9.	Der DDR-Ministerrat genehmigt Rentnerreisen in die Bundesrepublik.
24. 9.	Willi Stoph wird als Nachfolger des am 21. 9. gestorbenen Otto Grotewohl Vorsitzender des Ministerrats der DDR.
24. 9.	Zweites Passierscheinabkommen für den Besuch von Westberlinern in Ost-Berlin.
15. 10.	Sturz Chruschtschows; kollektive Führung der UdSSR durch Breschnew, Kossygin und Podgorny.
26.−28. 10.	Die Ministerpräsidenten der Bundesländer einigen sich auf eine Vereinheitlichung des Schulwesens in der Bundesrepublik und einen einheitlichen Beginn des Schuljahres am 1. August.
25. 11.	Die DDR-Regierung setzt ab 1. 12. 1964 einen Zwangsumtausch für Besucher aus der Bundesrepublik, West-Berlin und dem nichtsozialistischen Ausland fest.
28. 11.	Gründung der Nationaldemokratischen Partei Deutschlands (NPD) in Hannover.
15.−17. 12.	NATO-Ratstagung: Bundesaußenminister Schröder befürwortet die MLF.

1965

5. 2.	Passierscheinabkommen für Ostern und Pfingsten 1965.
24. 2.−2. 3.	Staatsbesuch Walter Ulbrichts in Ägypten.
25. 2.	Gesetz über das einheitliche sozialistische Bildungssystem von der DDR-Volkskammer angenommen.
25. 3.	Der Bundestag spricht sich für die Verlängerung der Verfolgungsfrist für nationalsozialistische Gewaltverbrechen aus.
26. 3.	Bundesjustizminister Bucher (FPD) tritt deswegen zurück.
12. 5.	Bekanntgabe der Aufnahme diplomatischer Beziehungen zwischen der Bundesrepublik und Israel.
18.−25. 5.	Staatsbesuch von Königin Elizabeth II. von Großbritannien in der Bundesrepublik.
15. 7.	Bund-Länder-Abkommen über die Gründung des Bildungsrats.
19. 8.	Urteile im Auschwitz-Prozeß.
19. 9.	Wahlen zum 5. Deutschen Bundestag.
8. 10.	Das IOC beschließt, zu den Olympischen Spielen 1968 zwei deutsche Mannschaften zuzulassen.

16. 10.	Denkschrift des Rats der Evangelischen Kirche in Deutschland über »Die Lage der Vertriebenen und das Verhältnis des deutschen Volkes zu seinen östlichen Nachbarn«.
18. 11.—5. 12.	Briefwechsel zwischen dem deutschen und dem polnischen Episkopat über das deutsch-polnische Verhältnis.
25. 11.	Passierscheinabkommen für Weihnachten und Neujahr 1965/66.
3. 12.	Erich Apel, Vorsitzender der Staatlichen Planungskommission der DDR, begeht Selbstmord.
15.—18. 12.	11. Tagung des ZK der SED beschließt die 2. Etappe des »Neuen Ökonomischen Systems«.
18. 12.	Bildung eines neuen DDR-Staatssekretariats für gesamtdeutsche Fragen.
20. 12.	Die DDR-Volkskammer verabschiedet das »Familiengesetzbuch der DDR«, das am 1. 4. 1966 in Kraft tritt.
22. 12.	Der Ministerrat der DDR beschließt die Auflösung des Volkswirtschaftsrats und die Errichtung von neun Industrie-Ministerien.

1966

29. 1.	Der Luxemburger Kompromiß beendet die EWG-Krise.
11. 2.	Beginn des Briefwechsels zwischen SED und SPD über einen Redneraustausch durch einen offenen Brief der SED an die Delegierten des Dortmunder Parteitags der SPD.
7. 3.	Passierscheinregelung für Ostern und Pfingsten 1966.
21.—23. 3.	Bundesparteitag der CDU: Wahl Ludwig Erhards zum Parteivorsitzenden und Konrad Adenauers zum Ehrenvorsitzenden.
25. 3.	»Friedensnote« der Bundesregierung an fast alle Staaten außer der DDR.
13. 5.	Der Bundeskongreß des DGB lehnt jede Notstandsgesetzgebung ab.
1.—5. 6.	Der SPD-Parteitag in Dortmund bestätigt die Bereitschaft zum Redner-Austausch mit der SED und zur Verabschiedung einer Notstandsverfassung.
29. 6.	Die SED rückt vom geplanten Redneraustausch mit der SPD wieder ab.
1. 7.	Frankreich verläßt die militärische Integration der NATO.
4.—6. 7.	Bukarester Konferenz des Warschauer Pakts: Vorschlag einer europäischen Sicherheitskonferenz.

25. 8.	Wegen Meinungsverschiedenheiten mit Bundesverteidigungsminister v. Hassel treten Generalinspekteur H. Trettner und Luftwaffeninspekteur W. Panitzki zurück. Nachfolger werden Ulrich de Maizière und Johannes Steinhoff.
28. 9.	Bei seinem Aufenthalt in den USA sagt Bundeskanzler Erhard der amerikanischen Regierung die Erfüllung von Devisenverpflichtungen über 3,6 Mrd. DM bis zum 30. Juni 1967 zu.
6. 10.	Übereinkunft über die Passierscheinstelle für dringende Familienangelegenheiten (Härtestelle).
27. 10.	Die FDP scheidet aus der Regierungskoalition aus.
30. 11.	Rücktritt von Bundeskanzler Erhard.
1. 12.	Wahl Kurt Georg Kiesingers (CDU) zum Bundeskanzler einer Regierung der Großen Koalition aus CDU/CSU und SPD.
8. 12.	Bildung einer Regierungskoalition aus SPD und FDP in Nordrhein-Westfalen unter Heinz Kühn (SPD).
16. 12.	Bildung einer Regierungskoalition aus CDU und SPD in Baden-Württemberg unter Hans Filbinger (CDU).

1967

31. 1.	Aufnahme diplomatischer Beziehungen zwischen der Bundesrepublik und Rumänien.
2. 2.	Umbenennung des DDR-Staatssekretariats für gesamtdeutsche Fragen in Staatssekretariat für westdeutsche Fragen.
14. 2.	Erstes Treffen der »Konzertierten Aktion«.
20. 2.	Gesetz über die Staatsbürgerschaft der Deutschen Demokratischen Republik (Staatsbürgergesetz).
23. 2.	Erstes Konjunkturprogramm der Bundesregierung.
15. 3.	Freundschaftsvertrag zwischen der DDR und Polen.
17. 3.	Freundschaftsvertrag zwischen der DDR und der ČSSR.
12. 4.	Regierungserklärung Bundeskanzler Kiesingers zur Deutschlandfrage.
17.–22. 4.	VII. Parteitag der SED in Ost-Berlin.
19. 4.	Tod Konrad Adenauers.
24.–26. 4.	Karlsbader Konferenz der kommunistischen und Arbeiterparteien Europas.
3. 5.	DDR-Ministerrat beschließt die Einführung der 5-Tage-Woche.
11. 5.	Brief des DDR-Ministerpräsidenten Stoph an Bundeskanzler Kiesinger leitet einen deutsch-deutschen Briefwechsel auf Regierungsebene ein.

18. 5.	Freundschaftsvertrag zwischen der DDR und Ungarn.
22./23. 5.	Bundesparteitag der CDU: Wahl K. G. Kiesingers zum Vorsitzenden.
27. 5.–4. 6.	Staatsbesuch des Schahs Reza Pahlewi von Iran in der Bundesrepublik und West-Berlin löst Protestkundgebungen und Unruhen aus, dabei wird am
2. 6.	in West-Berlin der Student Benno Ohnesorg erschossen.
13. 6.	Antwort von Bundeskanzler Kiesinger auf den Brief von Ministerpräsident Stoph.
14. 6.	Das Gesetz zur Förderung der Stabilität und des Wachstums der Wirtschaft (Stabilitätsgesetz) tritt in Kraft.
1. 7.	Die Exekutiven der Europäischen Gemeinschaft für Kohle und Stahl, der Europäischen Wirtschaftsgemeinschaft und von Euratom werden verschmolzen.
2. 7.	Wahlen zur Volkskammer der DDR; 99,93 % für die Einheitsliste.
24. 7.	Annahme des Parteiengesetzes durch den Bundestag.
3. 8.	Vereinbarung zwischen der Bundesrepublik und der ČSSR über die Errichtung von Handelsvertretungen.
8. 8.	Der Bundestag billigt die mittelfristige Finanzplanung für 1967 bis 1971 und ein Konjunkturprogramm von 5,3 Mrd. DM.
7. 9.	Freundschaftsvertrag zwischen der DDR und Bulgarien.

1968

1. 1.	Einführung der Mehrwertsteuer in der Bundesrepublik.
12. 1.	Die Volkskammer billigt das neue Strafgesetzbuch und eine neue Strafprozeßordnung der DDR, die am 1. 7. 1968 in Kraft treten.
30. 1.	Bundesparteitag der FDP in Freiburg: Walter Scheel löst Erich Mende als Parteivorsitzenden ab.
31. 1.	Die Bundesrepublik und Jugoslawien nehmen die diplomatischen Beziehungen wieder auf.
11. 3.	Im 1. »Bericht zur Lage der Nation« schlägt Bundeskanzler Kiesinger der DDR Verhandlungen über einen gegenseitigen Gewaltverzicht vor.
17.–21. 3.	Der SPD-Parteitag in Nürnberg verschiebt die Entscheidung über die Einführung des Mehrheitswahlrechts.
28. 3.	Bundesinnenminister Lücke tritt wegen der Verschiebung der Wahlrechtsreform zurück.
6. 4.	Volksentscheid für die neue DDR-Verfassung: 94,49 % der Wahlberechtigten stimmen zu.

9. 4.	Die neue Verfassung der DDR tritt in Kraft.
11. 4.	Rudi Dutschke wird durch einen Anschlag verletzt. Danach kommt es zu »Osterunruhen« vor allem in Berlin, Frankfurt, Hamburg und München.
30. 5.	Annahme der Notstandsgesetze durch den Deutschen Bundestag.
11./12. 6.	Die DDR führt die Paß- und Visapflicht für Transitreisen von und nach West-Berlin und eine »Steuerausgleichsabgabe« für den Güterverkehr ein.
24./25. 6.	NATO-Ministerratstagung in Reykjavik: Vorschlag über beiderseitige und ausgewogene Truppenverminderung in Europa (»Signal von Reykjavik«).
1. 7.	Der gemeinsame Zolltarif der EWG tritt in Kraft.
28. 6.	Der Bundestag billigt ein Amnestiegesetz für bis zum 1. Juni 1968 begangene politische Straftaten.
21. 8.	Militärische Intervention des Warschauer Pakts in die ČSSR.
27. 10.	Gründung der Deutschen Kommunistischen Partei (DKP).
12. 11.	Verkündung der Breschnew-Doktrin über die begrenzte Souveränität sozialistischer Staaten.
20.−22. 11.	Konferenz der Notenbankpräsidenten und Fachminister der »Zehner-Gruppe« in Bonn.

1969

20. 1.	Richard M. Nixon als Nachfolger von Lyndon B. Johnson neuer Präsident der USA.
31. 1.	Rücktritt von Bundestagspräsident Eugen Gerstenmaier; Nachfolger wird Kai Uwe von Hassel (CDU).
25.−27. 2.	Besuch Nixons in Bonn und Berlin.
2. 3.	Gefechte zwischen sowjetischen und chinesischen Grenztruppen am Ussuri.
5. 3.	Wahl Gustav Heinemanns (SPD) zum Bundespräsidenten.
17. 3.	»Budapester Appell« des Warschauer Pakts: Vorschlag einer Konferenz über Sicherheit und Zusammenarbeit in Europa.
18. 4.	Rücktritt de Gaulles.
9. 5.	Beschluß der Bundesregierung, die DM nicht aufzuwerten.
9. 5.	Der Bundestag verabschiedet das 1. und 2. Strafrechtsreformgesetz.
12. 5.	Im Rahmen der Finanzverfassungsreform erhält der Bund neue Kompetenzen im Bildungs- und Hochschulwesen.

10. 6.	Die evangelischen Kirchenleitungen der DDR verabschieden eine »Ordnung des Bundes der Evangelischen Kirchen der DDR« und trennen sich damit organisatorisch von der EKD.
15. 6.	George Pompidou neuer französischer Staatspräsident.
10. 7.	Aufnahme diplomatischer Beziehungen zwischen der DDR und der Vereinigten Arabischen Republik.
18. 7.	Unterzeichnung des Gründungsvertrags über die Gesamtgesellschaft Ruhrkohle AG.
20. 7.	Erste Landung amerikanischer Astronauten auf dem Mond.
29. 7.	Abkommen von Yaoundé über die Assoziierung von 18 afrikanischen Staaten mit der EWG.
4. 8.	Das 9. Strafrechtsänderungsgesetz hebt die Verfolgungsverjährung für Völkermord auf und verlängert die Verjährungsfrist für Mord auf 30 Jahre.
19. 8.	Das Gesetz über die rechtliche Stellung der nichtehelichen Kinder beseitigt die bürgerlich-rechtliche Diskriminierung nichtehelich geborener Kinder in der Bundesrepublik.
16. 9.	Verhandlungen zwischen Beauftragten der Verkehrsministerien der Bundesrepublik und der DDR.
19. 9.	Verhandlungen zwischen Beauftragten der Deutschen Bundespost und des Postministeriums der DDR.
28. 9.	Wahlen zum 6. Deutschen Bundestag.
29. 9.	Ratifizierung des Atomwaffensperrvertrags durch die DDR.
21. 10.	Wahl Willy Brandts (SPD) zum neuen Bundeskanzler; Bildung einer SPD-FDP-Regierung.
24. 10.	Aufwertung der DM um 8,5 %.
28. 11.	Unterzeichnung des Atomwaffensperrvertrages durch die Bundesrepublik Deutschland.

5. Personenregister

6. Sachregister

7. Abkürzungen

AdG	Archiv der Gegenwart (s. Literaturverzeichnis)
APO	Außerparlamentarische Opposition
BDA	Bundesvereinigung der Deutschen Arbeitgeberverbände
BDI	Bundesverband der Deutschen Industrie
BDV	Bremer Demokratische Volkspartei
BGBl	Bundesgesetzblatt
BGL	Betriebsgewerkschaftsleitung(en)
BHE	Bund der Heimatvertriebenen und Entrechteten
BP	Bayernpartei
BVerfG	Bundesverfassungsgericht
BVG	Bundesversorgungsgesetz
CDU	Christlich Demokratische Union
CSU	Christlich Soziale Union
CVP	Christliche Volkspartei (des Saarlands)
DAG	Deutsche Angestelltengewerkschaft
DBD	Demokratischer Bauernbund Deutschlands
DDR	Deutsche Demokratische Republik
DDU	Deutsche Demokratische Union
DFD	Demokratischer Frauenbund Deutschlands
DFU	Deutsche Friedensunion
DGB	Deutscher Gewerkschaftsbund
DIFF	Deutsches Institut für Fernstudien an der Universität Tübingen (s. Literaturverzeichnis)
DIHT	Deutscher Industrie- und Handelstag
DKP	Deutsche Konservative Partei, Deutsche Kommunistische Partei
DP	Deutsche Partei
DPS	Demokratische Partei Saar
DRP	Deutsche Reichspartei
DVP	Demokratische Volkspartei
EFTA	Europäische Freihandelszone
EGKS	Europäische Gemeinschaft für Kohle und Stahl
EKD	Evangelische Kirche in Deutschland
ERP	European Recovery Program = Europäisches Wiederaufbauprogramm
EVG	Europäische Verteidigungsgemeinschaft
EWG	Europäische Wirtschaftsgemeinschaft
FDGB	Freier Deutscher Gewerkschaftsbund
FDJ	Freie Deutsche Jugend
FDP	Freie Demokratische Partei

FVP	Freie Volkspartei
GB	Gesamtdeutscher Block
GBl	Gesetzblatt (der DDR)
GDP	Gesamtdeutsche Partei
GG	Grundgesetz für die Bundesrepublik Deutschland
GVP	Gesamtdeutsche Volkspartei
HO	Handelsorganisation
KPD	Kommunistische Partei Deutschlands
KPdSU	Kommunistische Partei der Sowjetunion
LAG	Lastenausgleichsgesetz
LDPD	Liberal-Demokratische Partei Deutschlands
LPG	Landwirtschaftliche Produktionsgenossenschaft
LSD	Liberaler Studentenbund Deutschlands
MBFR	Mutual Balanced Forces Reduction = beiderseitige ausgewogene Truppenverminderung
MfS	Ministerium für Staatssicherheit
MLF	Multilateral Nuclear Force = Multinationale Atomstreitmacht
MTS	Maschinen-Traktoren-Station
NATO	North Atlantic Treaty Organization = Nordatlantik-Pakt
NDPD	National-Demokratische Partei Deutschlands
NLP	Niedersächsische Landespartei
NöSPL	Neues ökonomisches System der Planung und Leitung der Volkswirtschaft
NPD	Nationaldemokratische Partei Deutschlands
NRW	Nordrhein-Westfalen
NSDAP	Nationalsozialistische Deutsche Arbeiterpartei
NVA	Nationale Volksarmee (der DDR)
OECD	Organization for Economic Cooperation and Development = Oganisation für wirtschaftliche Zusammenarbeit und Entwicklung
OEEC	Organization for European Economic Cooperation = Organisation für europäische wirtschaftliche Zusammenarbeit
öSS	ökonomisches System des Sozialismus
PGH	Produktionsgenossenschaft des Handwerks
RGW	Rat für Gegenseitige Wirtschaftshilfe
SAG	Sowjetische Aktiengesellschaft(en)
SAP	Sozialistische Arbeiterpartei
SBZ	Sowjetische Besatzungszone
SDS	Sozialistischer Deutscher Studentenbund
SED	Sozialistische Einheitspartei Deutschlands
SHB	Sozialdemokratischer Hochschulbund
SKK	Sowjetische Kontrollkommission

SPD	Sozialdemokratische Partei Deutschlands
SRP	Sozialistische Reichspartei
SSW	Südschleswigscher Wählerverband
SVP	Saarländische Volkspartei
VAR	Vereinigte Arabische Republik
VdgB	Vereinigung der gegenseitigen Bauernhilfe
VVN	Vereinigung der Verfolgten des Nazi-Regimes
VDS	Verband Deutscher Studentenschaften
VEB	Volkseigener Betrieb
VVB	Vereinigung Volkseigener Betriebe
WAV	Wirtschaftliche Aufbauvereinigung
WEU	Westeuropäische Union
ZK	Zentralkomitee
ZPKK	Zentrale Parteikontrollkommission (der SED)